Jürgen Turek
Globalisierung im Zwiespalt

Jürgen Turek (M.A.), geb. 1959, arbeitet und wirkt am Centrum für angewandte Politikforschung (C.A.P) der Ludwig-Maximilians-Universität München und war dort 12 Jahre Leiter der Forschungsgruppe Zukunftsfragen. Von 2007 bis 2010 war er dort zudem als stellvertretender Direktor ein enger Mitarbeiter des renommierten Münchner Politikwissenschaftlers Prof. Dr. Werner Weidenfeld. Der Inhaber der Unternehmensberatung Turek Consulting und C.A.P-Fellow ist Autor mehrerer Bücher zu globalen Fragen und zahlreicher Artikel in Fachbüchern, Fachzeitschriften und der Presse.

JÜRGEN TUREK

Globalisierung im Zwiespalt

Die postglobale Misere und Wege, sie zu bewältigen

[transcript]

Bibliografische Information der Deutschen Nationalbibliothek
Die Deutsche Nationalbibliothek verzeichnet diese Publikation in der Deutschen Nationalbibliografie; detaillierte bibliografische Daten sind im Internet über http://dnb.d-nb.de abrufbar.

Umschlaggestaltung: Kordula Röckenhaus, Bielefeld
Satz: Justine Buri, Bielefeld
Printed in Germany
Print-ISBN 978-3-8376-3785-4
PDF-ISBN 978-3-8394-3785-8

Gedruckt auf alterungsbeständigem Papier mit chlorfrei gebleichtem Zellstoff.
Besuchen Sie uns im Internet: *http://www.transcript-verlag.de*
Bitte fordern Sie unser Gesamtverzeichnis und andere Broschüren an unter: *info@transcript-verlag.de*

Inhalt

Prolog

Seit dem Ende des Ost-West-Konflikts ist ein Vierteljahrhundert vergangen. Stürme der Veränderung sind über den Globus gefegt. Damals war dies eine Welt des Kalten Krieges. Eine von Grenzen, Mauern und Schneisen zerschnittene Landschaft. Man konnte sich nicht frei bewegen. Schnell stieß man an eine Berliner Mauer, einen Eisernen Vorhang, einen Warschauer Pakt oder gegen irgendwelche Investitionsschranken oder Mobilitätsverbote (Friedman 1999: 69). Es war eine unverbundene und künstlich voneinander getrennte Welt. Sie war fragmentiert und viele Menschen waren isoliert. Das änderte sich nach dem Fall von Ideologien, Barrieren und Mauern. Schlagartig brach sich eine neue Welle der Globalisierung Bahn. Sie setzte Energien frei und eröffnete Optionen für eine friedlichere und integrierte Welt.

Die Bipolarität des Ost-West-Konflikts ist verblasst

Die Konfrontation des Westens mit dem sowjetischen Totalitarismus und die nukleare Rivalität zwischen West und Ost wurden Zeitgeschichte. Sie traten in den Hintergrund. Sozio-ökonomisch und kulturell wurden viele Rituale der Konfrontation und ihrer lebensweltlichen Ausprägungen kurios. Die Unterhaltungsliteratur und die gesamte Filmindustrie, die sich vier Jahrzehnte mit Filmen wie »Smylies Leute«, »Der Spion der aus der Kälte kam«, »Jagd auf Roter Oktober«, »Top Gun« oder »Eisstation Zebra« in der polarisierten Erlebniswelt des Kalten Krieges bewegten, waren über Nacht eine Antiquität. Eine vom Kalten Krieg geprägte politische Thriller-Literatur gespeist von so berühmten Schriftstellern wie Eric Ambler, Robert Ludlum, John le Carré oder Frederick Forsyth wurde urplötzlich uninteressant. Der Ost-West-Gegensatz verlor so auch kulturelle Grundierung. Der Fall der Berliner Mauer symbolisierte die Implosion einer über 40 Jahre geltenden weltpolitischen Ordnung, die sich Ende des 19. Jahrhunderts abzuzeichnen begann und sich dann Anfang des 20. Jahrhunderts brachial über die Welt gelegt hatte. Wie ein Kartenhaus fielen Ideologien, Bündnisse oder Lagerzugehörigkeiten in sich zusammen. Die Agenda der Politik veränderte sich im Zeitraffer. Nicht mehr Bipolarität, nukleare Rüstung, Abschreckung, kalter Krieg oder Lagerdenken bestimmten das Bild. Die Welt konnte plötzlich befreit über ihr globales Überleben und ein konstruktives Miteinander nachdenken. Mit den Millenniumszielen und der Millenniumserklärung der Vereinten Nationen (UNO) wurden Anfang der 2000er Jahre acht globale Entwicklungsziele für 2015 abgeleitet, die von der UNO auf dem Millenniums-Gipfel verabschiedet wurden. Konkret zielten die Millenniumsziele auf die Bekämpfung von Hunger und Armut, die Verbesserung der Schulbildung, die Gleichstellung der Geschlechter, die Senkung der Kindersterblichkeit, die Verbesserung der Gesundheit von Müttern, den Kampf gegen Aids und Malaria, ökologische Nachhaltigkeit und auf den Aufbau einer globalen Partnerschaft für Entwicklung. Diese Ziele wurden 2015 bestätigt und nochmals um weitere Punkte und Dimensionen erweitert. Damit, und mit dem Leitbild der Nachhaltigkeit in der Folge des Brundtland-Berichts, bekam die neue Globalisierung jenseits ihres ökonomischen Hintergrunds ein humanes Gesicht – zumindest programmatisch.

Erleichterung stellte sich ein, sogar Euphorie. Endlich war der Machtkonflikt zwischen Ost und West durchbrochen und viele Menschen hegten Hoffnungen auf eine friedliche und sichere Zukunft. Vor diesem Hintergrund machte das Bild vom »Ende der Geschichte« schnell die Runde, mit dem der amerikanische Politikwissenschaftler Francis Fukuyama den Siegeszug eines ökonomisch liberalen, rechtsstaatlichen und demokratischen Gemeinwesens auf der ganzen Erde beschwor (Fukuyama 1992).

Das Hoch eines gezähmten Kapitalismus im 21. Jahrhundert fiel jedoch aus. Auch kam die Endlosschleife einer globalen gerechten Wirtschaftsordnung nicht in Gang. Und der Welt fielen keine geläuterten Despoten und keine globale Ordnungspolitik in den Schoß. Und selbst die offene Gesellschaft, die George Soros Anfang der 2000er Jahre leidenschaftlich forderte (Soros 2001), hatte keine Konjunktur. Und ebenso positiv konnotierte politische Institutionen, Bündnisse und Kräfte verloren im Zeitverlauf an Attraktivität und Kraft. Dies bezieht die Vereinten Nationen, die keine globale Governance ausüben können genauso mit ein wie einzelne Personen oder Staaten, die sich keinen humanitären oder sozialstaatlichen Verpflichtungen unterordnen wollten. Oder Bündnisse und supranationale Gebilde wie zum Beispiel die Europäische Union, die in den 2010er Jahre bei zentralen gemeinschaftlichen Aufgaben als Gemeinschaft versagte und dann auch noch mit dem BREXIT Großbritanniens eines ihrer wichtigsten Mitglieder verlor. Die Gewaltnatur der Politik, die antagonistischen Antriebskräfte der Menschen und die Kraft der Geopolitik bestimmten weiterhin als mächtige Triebfedern der Geschichte das Bild. Die Polarisierung der Politik verschwand. Das Gegeneinander der Politik aber wurde weiter getrieben durch die Komplexität der menschlichen Natur und ihrer eigenartigen Gesellschaft.

Dunkle politische Wolken nach der postsowjetischen Euphorie der 1990er Jahre

Entgegen mancher postsowjetischen Euphorie und trotz der – theoretisch – vielen Chancen der Globalisierung zogen schnell wieder dunkle Wolken am politischen und sozio-ökonomischen Himmel auf. Eine legitimierte globale ›Governance‹ kam nicht in Gang. Nach dem Ende des Kalten Krieges wähnte der Westen sich als Sieger. Sensible Beobachter wie Peter Scholl-Latour warnten allerdings bereits in dieser Zeit vor der entstehenden Isolation Russlands, der Explosivität des Nahen Ostens und den Herausforderungen Chinas. Die aktuellen Konflikte im Kaukasus, in Pakistan oder im Irak sah Scholl-Latour zum Beispiel voraus (Scholl-Latour 2009). Der Schock der terroristischen Anschläge in den USA vom 11. September 2001 bewies zudem, dass sich die Kluft zwischen armen und reichen Ländern nicht schloss. Sozio-kulturelle Unterschiede und wirtschaftliche Ungleichheit hatten Bestand. Konflikte brachen sich nun außerhalb der einstmals kanalisierenden Ost-West-Gemengelage ihre Bahn. Die Annexion der Krim durch russische Truppen im Frühjahr 2014 überflutete die Kabinettstische der westlichen Welt mit den machtpolitischen Verhaltensweisen des 19. Jahrhunderts. Es folgte der ›unsichtbare‹ Krieg Russlands mit einer geheimen Armee gegen die Ukraine[1] (Reitschuster 2016). Teile des Westens, des Nordens und des Ostens in Afrika versanken in Bürgerkrieg, staatlichem Verfall, Krieg, Chaos und Genozid. Der Nahe und Mittlere Osten explodierte förmlich mit dem Auftauchen des sogenannten Islamischen Staats (IS). Die geopolitischen und geostrategischen Denk- und Verhaltensweisen des 19. und 20. Jahrhunderts wichen nicht der Denkweise eines globalen Ansatzes und der russische Premierminister Dmitrij Medwedew sprach auf der Münchner Sicherheitskonferenz 2016 angesichts der nach wie vor bestehenden politischen Asymmetrien zwischen dem Westen und dem russischen Reich von einem neuen Kalten Krieg.[2]

1 | Vgl. »Krieg ohne Kriegserklärung. Putins geheime Armee«, in: Der Spiegel Nr. 36, vom 1. September 2014.

2 | Vgl. Medwedew auf der Sicherheitskonferenz: Putin reloaded, in: Spiegel online vom 13. Februar 2016 unter www.spiegel.de/politik/ausland/dmitrij-medwedew-auf-der-sicherheitskonferenz-putin-reloaded-a-1077266.html, aufgerufen am 15. Februar 2016.

Die soziale Unruhe um gesellschaftliche Besitzstände und die Verteilungskonflikte waren mit Ende des Ost-West-Konfliktes nicht vorbei – sie bekamen mit der Globalisierung nur ein neues Gesicht

Dies zeigt: Die Unruhe gesellschaftlicher Verteilungskonflikte und archaische Machtkämpfe waren mit dem Zusammenbruch des Ost-West-Konflikts eben nicht vorbei. Auch trat der globale Gutmensch nicht auf den Plan. Globalisierung hob zwar die alles überlagernde Polarisierung zwischen Kapitalismus und Sozialismus sowie die Gefahr der nuklearen Zerstörung auf; gleichzeitig entstanden jedoch machtpolitische Vakua, sozio-ökonomische Reibungsflächen und Auffassungs- und Meinungsunterschiede kultureller Natur. Die Probleme der Menschheit bestanden fort oder haben durch Gegenwartsentwicklungen innerhalb sowie zwischen Gesellschaften und Kulturkreisen in zum Teil Besorgnis erregendem Maße zugenommen.

Die gefühlten und tatsächlichen sozio-ökonomischen Disparitäten der Globalisierung sind groß und wuchsen ständig an

In der öffentlichen und wissenschaftlichen Perzeption fielen und fallen deshalb die Gefühle hinsichtlich der sozio-ökonomischen Konsequenzen der neuen Globalisierung gemischt und polarisiert aus. Lowell Bryan und Diana Farrell von der global agierenden Unternehmensberatung McKinsey & Company, Inc. hoben wie viele andere seinerzeit euphorisch die revolutionäre Kraft der Globalisierung hervor. Die Welt stehe an der Schwelle zur dramatischsten wirtschaftlichen Umwälzung seit der industriellen Revolution. Im Rahmen dieser neuen Weltordnung würden nationale Volkswirtschaften zu einem historischen Begriff und die Vereinigung von Industrie- und Entwicklungsländer zu einer globalen Wirtschaft würde zu einer Win-Win-Situation führen (Bryan/Farrell 1999). Das war schon damals Wortgeklingel. Es fühlte sich aber im Rausch des Aufbruchs in eine neue Zeit gut an.

Differenzierter fiel die Zwischenbilanz des Ökonomen und Pulitzerpreisträgers Daniel Yergin und des Direktors der Cambridge Energy Research Associates (CERA), Joseph A. Stanislaw aus. Sie fragten, wer im 21. Jahrhundert die sozio-ökonomischen Verhältnisse so regeln kann, dass die Grundlagen für ein funktionierendes Gemeinwesen weiterhin gegeben sind: Staat oder Markt? Würden also die Mechanismen staatlicher Organisationen oder die Kräfte des Marktes die Ordnungskräfte der Globalisierung sein? Sie wiesen auf die Erfolgsgeschichte des Sozialstaates in Europa und den USA seit dem Zweiten Weltkrieg hin, auf die Krisenjahre einer staatlich regulierten Wirtschaft in den 1970er und 1980er Jahren und schließlich den Siegeszug des Marktes durch den gesamten Westen, durch Asien und Südamerika. Doch die Asienkrise in den 1990er Jahren und die ersten Vorboten globaler Verwerfungen führten auch hier zu der Erkenntnis, dass der Markt nicht alles halten kann, was er verspricht (Yergin/Stanislaw 1999). Für den Nobelpreisträger und Ökonom Joseph Stieglitz ist es deshalb immer entscheidend gewesen, wie der Prozess der ökonomischen Globalisierung gesellschaftlich antizipiert und vollzogen wird. Für ihn dominierten dabei die Ideologie freier Märkte und die Interessen der Finanzbranche und multinationaler Unternehmen. Die Politik vermochte und vermag es nicht, diesen Prozess zu steuern, wobei das globale Regime der wirtschaftlich relevanten Institutionen wie Internationaler Währungsfond (IWF) und Weltbank es ebenfalls nicht vermochten, ökonomische Vernetzungsprozesse global zu beherrschen. Die Deregulierung der internationalen Finanzmärkte war für ihn die wesentliche Ursache der Asienkrise Ende der 1990er Jahre und der Insolvenz Argentiniens im gleichen Jahrzehnt.

Dies zeigte die Ambivalenzen und Schattenseiten der Globalisierung auf. Stieglitz klagte an: IWF und Weltbank versprachen Wohlstand – und brachten Armut. In der Konsequenz plädierte er für einen ›Dritten Weg‹ zwischen Laissez-faire und Sozialismus, für einen richtigen regulatorischen Rahmen für eine humane Globalisierung im 21. Jahrhundert (Stieglitz 2002). Die amerikanischen Soziologen Richard Sennet und Amitai Etzioni sowie der deutsche Journalist Uwe Jean Heuser brachten schließlich eine psychologische und eine sozialpsychologische Komponente der Globalisierungsdebatte ins Spiel (Sennett 1998 und 2005; Etzioni 1997; Heuser 2000 und 2006). Alle drei stellten fest, dass der Mensch im Rahmen der globalisierten Wirtschaft in zunehmender Weise mit wirtschaftlichen Sachverhalten und mit komplexen Marktinformationen umzugehen hätte. Dies erfordere ein großes Maß an Aufmerksamkeit und Lebenszeit, die es für wirtschaftliche Kalküle aufzuwenden gäbe. Der Mensch sei aber in dieser Ausschließlichkeit dafür nicht geschaffen. Die Proklamation des Siegeszugs des Homo Oeconomicus ging an der Natur des Menschen vorbei. Es träten Zielkonflikte zwischen wirtschaftlichen Verhaltensweisen und den Bedürfnissen nach sozialem Zusammenhalt und fairen Verhältnissen auf. Ähnlich wie ein Jahrzehnt später Schirrmacher es formulierte, könnten so Gemeinschaftsinstitutionen nicht nur auf der Grundlage rationaler Gewinn-Verlust-Erwartungen funktionieren (Schirrmacher 2013).

Insofern stehe die Gesellschaft vor dem Problem, nach Lösungen zu suchen, welche Gemeinsinn und Freiheit im Schatten der Globalisierung bewahren und stärken. Diese Ambivalenzen und dieses »Unbehagen am Kapitalismus« (Heuser 2000) waren typisch für den aufkommenden ökonomischen Globalisierungsdiskurs, wie wir im weiteren sehen werden. Dies alles zeigte auf: das Zeitalter der Globalisierung ließ sich nicht mehr in Begriffen diametraler Gegensätze beschreiben. Grautöne in der öffentlichen Debatte bestimmten immer mehr das Bild. Unsicherheit kontrastierte mit Zukunftsgewissheit.

Die Vorgänge der Globalisierung wurden unübersichtlich und widersprüchlich. Es entstand das Bild einer Zwischengesellschaft, die im Aufbruch war zwischen Tradition und einer neuen Moderne (Robertson v. Trotha 2016).

Segen der Globalisierung ...

Globalisierung wurden zum Prägestempel der 1990er und der 2000er Jahre. Im Kontext des technologischen Fortschritts brachte sie großartige gesellschaftliche Entwicklungsmöglichkeiten auf den Weg und eröffnete neue Handlungsoptionen in vielen Politikfeldern. Das Internet eröffnete jedermann den Zugang zu allen öffentlich zugänglichen Informationen; es erschuf gleichzeitig Chancen gesellschaftlicher Teilhabe und politischer Partizipation. Die Menschen in Ost und West konnten sich unbefangen begegnen. Über das Staunen der Gemeinsamkeiten und der Ungefährlichkeit des Kontakts entstand Vertraulichkeit im Umgang mit dem vormals Fremden. Man konnte reisen und sich begegnen, ohne dass sich ein krankhaftes Regime, ein Geheimdienst oder die Polizei zwischen die Kontakte schob. Wenn man erlebt hat, wie sich die ›Stasi‹ in der DDR in alles und jedes einmischte und jeden Keim freiheitlichen Denkens und Wollens von Anfang an erstickte, versteht man die allzeit erdrückende Atmosphäre eines totalitären Systems nur allzu gut.[3]

Das Ende des Ost-West-Konflikts ermöglichte besonders Europa einen neuen Entwicklungsschub. Mit den europäischen Integrationsverträgen der 1990er und 2000er Jahre, der großen Osterweiterung der EU und der Einführung einer einheitlichen Währung, des Euro, gab der alte Kontinent seinen Bürgerinnen und Bürgern ein beachtliches friedens- und wirtschaftspolitisches Versprechen für die Zukunft ab. Der Welthandel sollte im Rahmen der Welthandelsorganisation (World Trade Organization, WTO) weiter liberalisiert werden, so dass möglichst viele Menschen besser versorgt werden können und die Menschheit insgesamt von einem unbehinderten Welthandel profitiert; regionale Freihandelszonen und spezifische Handelsabkommen in Nordamerika (inklusive Mexiko), in Südamerika, Europa und im pazifischen Raum boten regional maßgeschneiderte Optionen für diesen Zweck an. Gleichzeitig sollten Abkommen wie TTIP (Transatlantic Trade and Investment Partnership zwischen der EU und den USA), TPP (Trans-Pacific Partnership zwischen den USA und wichtigen Anrainerstaaten des pazifischen Raums) oder CETA (Comprehensive and Economic Trade Agreement zwischen der EU und Kanada) die Wirtschaftsbeziehungen zwischen den großen Handelszonen und Produktionsstätten der Welt freizügiger regulieren und einen besseren Wett-

3 | Vgl. zum Beispiel den Film »Das Leben der Anderen« von dem Regisseur Florian Henckel von Donnersmarck 2006.

bewerb zugunsten der Produzenten und Konsumenten von Waren und Dienstleistungen realisieren.

Die neue Globalisierung führte viele Menschen näher an den weltweiten technologischen Fortschritt heran, insbesondere in der Informations-, Kommunikations-, Bio- und Nanotechnologie. Die Gentechnologie versprach, bisher unheilbare Krankheiten zu heilen, im Fortpflanzungsprozess der Menschen präventiv einzugreifen oder den Ernteertrag der Agrarindustrie an die Nachfrage einer wachsenden Weltbevölkerung anzupassen. Friedensdividenden konnten realisiert und in zivile Bereiche umgelenkt werden. In der westlichen Welt nahmen Wohlstand, Sicherheit und Versorgung im Durchschnitt zu.

Auch in Schwellen- und Entwicklungsländern waren signifikante Entwicklungs- und Modernisierungsschübe zu verzeichnen. Im Globalisierungsreport der Bertelsmann Stiftung werden solche Entwicklungsfortschritte systematisch untersucht und Entwicklungsfortschritte oder Entwicklungsrückschläge zuverlässig belegt. Der Report 2014 basiert auf der Grundlage einer Ex-Post-Analyse von Szenario-Rechnungen von 42 Ländern im Zeitraum von 1990 bis 2011. In einem Szenario wurde angenommen, dass die Globalisierung ab dem Beginn des Untersuchungszeitraums nicht weiter voran geschritten wäre. Die Gegenüberstellung des Szenarios mit der tatsächlich zu beobachtenden Wirtschaftsentwicklung erlaubt, globalisierungsinduzierte Wertschöpfungsgewinne zu quantifizieren und über die Länder hinweg zu vergleichen. Mit anderen Worten: Der Report vergleicht die erwarteten Globalisierungseffekte mit den tatsächlich eingetretenen Entwicklungen auf der Grundlage der Wirtschaftsleistung pro Kopf in einem jeweiligen Land (Bertelsmann Stiftung 2014a: 6).

Den Report an dieser Stelle explizit zu erwähnen ist aufgrund seiner bemerkenswerten Aussagen wichtig. Er hebt zwei signifikante Entwicklungen hervor:

- »Summiert man die Differenzen des Bruttoinlandsprodukts je Einwohner zwischen dem Szenario und der historisch beobachteten Entwicklung über den gesamten Analysezeitraum, so verzeichnete Finnland mit im Durchschnitt jährlich 1.500 Euro je Einwohner die höchsten Globalisierungsgewinne unter allen untersuchten Ländern. Deutschland liegt in dieser Betrachtungsweise gemeinsam mit vielen kleineren europäischen Staaten im ersten Drittel des Rankings. Die großen Schwellenländer nehmen dagegen ausschließlich Plätze am Schluss der Rangliste ein;
- die schwachen Positionen der Schwellenländer – insbesondere Chinas – sind unter anderem auf deren niedrige Wirtschaftsleistung je Einwohner im Ausgangsjahr zurückzuführen. So beträgt der jahresdurchschnittliche globalisierungsinduzierte Einkommensgewinn je Einwohner in Relation

> zum Bruttoinlandsprodukt je Einwohner im Jahr 1990 für China rund 18,5 Prozent, für Deutschland hingegen knapp sechs Prozent und für die Vereinigten Staaten lediglich knapp zwei Prozent« (ebd.).

Dies und andere Untersuchungen zeigen auf: In weiten Teilen der Bevölkerung kamen ökonomische Globalisierungsgewinne in den 1990er und 2000er Jahren tatsächlich an – wenn auch in unterschiedlichem Maße.

In Asien, Südamerika und Afrika konnten zudem zum Teil erhebliche Fortschritte hin zu Demokratie und Marktwirtschaft verzeichnet werden (Bertelsmann Stiftung 2006, 2008, 2010 und 2012), auch wenn 2014 eine Abschwächung des Wandels zu verzeichnen war und etwa im arabischen Raum und in der Ukraine oder Zentralasien der Prozess der Demokratisierung stagnierte (Bertelsmann Stiftung 2014b). Leider konstatierte die Bertelsmann Stiftung dann mit dem Bericht zum Transformationsindex 2016 eine weitere Verschlechterung der Transformationsbemühungen hin zu Demokratie und Marktwirtschaft. Der Index dokumentierte weltweit die Zunahme von sozialen und politischen Spannungen und zeigte auf, dass Demokratie und Marktwirtschaft als soziale Gestaltungskonzepte in zunehmender Weise bedroht werden. Eine wichtige Einzelbeobachtung dabei ist: der Einfluss von Religion auf die Politik wächst weiter. Gesellschaftliche Auseinandersetzungen werden zunehmend entlang religiöser Konfliktlinien ausgetragen. Dieser Trend ist dem globalen Erstarken militanter und extremistischer Organisationen von dem sogenannten Islamischen Staat über Boko Haram und Al-Quaida bis zu den Taliban geschuldet. Die jüngste Erhebung zeigt, dass der Einfluss religiöser Dogmen auch Regierungen in gemäßigteren Ländern wie die Türkei erfasste, die nach dem gescheiterten Militärputsch von 2016 noch einmal despotischere Züge annahm als zuvor. Betrachtet man den längeren Zeitraum seit 2006, so sei der Einfluss der Religion der auf die Politik am stärksten negativ ausgeprägte von allen anderen Einflussfaktoren. Dies zeigt der Vergleich aller Indikatoren in der Transformation (Bertelsmann Stiftung 2016).[4]

Dennoch zeigen die Langzeitanalysen in vielen Ländern der Welt für die Entwicklung der vergangenen Jahrzehnte nach wie vor auch positive Entwicklungen auf, wenngleich sich in den 2016er Jahren zunehmend die Frage stellte, ob nun die negativen die positiven Entwicklungstendenzen überholen oder nicht. Der Bericht über die menschliche Entwicklung 2013 des Entwicklungsprogramms (United Nations Development Programme, UNDP) konstatiert unter dem Titel »Aufstieg des Südens: menschlicher Fortschritt in einer un-

4 | Vgl. auch »Unterdrückung, Verfolgung und Armut«. Der Transformationsindex 2016 der Bertelsmann Stiftung dokumentiert weltweit die Zunehme von politischen und sozialen Spannungen: Demokratie und Marktwirtschaft sind bedroht, in: change. Das Magazin der Bertelsmann Stiftung 2/2016, S. 66-69.

gleichen Welt« erhebliche Entwicklungsschübe in den Entwicklungsländern. Der Bericht, der auf einer breiteren Zahl von Indikatoren zur Messung von menschlichem Fortschritt fußt[5] als simplere Messmethoden der empirischen Sozialforschung oder der Ökonomie, stellt fest, dass die eindrucksvolle Transformation einer großen Anzahl von Entwicklungsländern zu dynamischen Volkswirtschaften mit wachsendem politischen Einfluss erhebliche Auswirkungen auf den Fortschritt der menschlichen Entwicklung ausgeübt hat. Er bemerkt weiter, dass während der letzten zehn Jahre alle Länder ihre Leistungen in den Dimensionen Bildung, Gesundheit und Einkommen, wie sie durch den Index der menschlichen Entwicklung (Human Development Index, HDI) gemessen werden, in solch einem Ausmaß gesteigert haben, dass kein Land, für das Daten vorliegen, im Jahr 2012 einen niedrigeren HDI-Wert hatte als im Jahr 2000. Da für diesen Zeitraum in Ländern mit niedrigerem HDI-Wert ein schnellerer Fortschritt zu verzeichnen war, kam es zu einer merklichen Annäherung der HDI-Werte weltweit, obwohl sich der Fortschritt in und zwischen den Regionen uneinheitlich abspielte (UNDP 2013).

Hinzu kommt, dass selbst in Afrika trotz der alles überschattenden Entwicklungen des islamischen Terrorismus auch beachtliche Modernisierungsfortschritte zu verzeichnen sind. Afrika ist nicht mehr der total abgehängte und nur mit negativen Schlagwörtern wie Bürgerkrieg, islamischer Terrorismus, Hunger, Despotie, Chaos und Migration assoziierte Kontinent. Zwar schürt der Abbau von Bodenschätzen Konflikte, Menschen fliehen vor brutaler Gewalt, Perspektivlosigkeit oder den Auswirkungen des Klimawandels, einzigartige Tier- und Pflanzen sterben aus. Und doch gibt es demokratische Aufbrüche, konsolidierte Volkswirtschaften mit einer wachsenden Mittelschicht und eine erstarkende Zivilgesellschaft, die heute das Ende der fremden Bereicherung von multinationalen Konzernen oder korrupten Eliten fordert. Mitunter gelingt es dort sogar, die immensen Rohstoffvorkommen des schwarzen Kontinents gerechter zu verteilen und kriegerische Auseinandersetzungen sowie den Verlust der Artenvielfalt zu begrenzen (Politische Ökologie 2015: 141).

Zudem waren technologische Fortschritte zu verzeichnen. Mobilität, Logistik auf Land, dem Wasser, in der Luft und im Weltall ermöglichten Quantensprünge in der Produktion von Werkstoffen oder im Transport von Waren, Dienstleistungen und Ideen. Maschinenbautechnologische, informationstechnologische, physikalische und chemische oder medizintechnologische sowie hygienische Innovationen waren die Grundlage für Problemlösungen für

5 | Das Programm geht davon aus, dass sich menschliche Entwicklung nicht nur an Einkommenszuwächsen oder der steigenden wirtschaftlichen Leistungskraft von Menschen ablesen lässt, sondern dass Indikatoren wie Soziales, Umwelt, Bildung oder Gesundheit für den Fortschritt menschlicher Entwicklung ebenso bedeutend sind wie die Entwicklung ihrer Einkommen oder ihrer Volkswirtschaft.

menschliche Grundbedürfnisse und die Umwelt. Sie ermöglichten neuartige Entwicklungspfade und vernetzten die Menschheit in einer ungeahnten Art und Weise. Der internationale Handel mit Waren und Dienstleistungen vermehrte sich um ein vielfaches und die ökonomischen Wachstumsraten schossen in die Höhe.

... korrespondiert mit schwierigen Herausforderungen

Doch wo Licht ist, ist auch Schatten. Globalisierung hat auch ein abstoßendes, hässliches Gesicht. Sie ist mitunter riskant, gefährlich, kriminell und ruinös. Für Gesellschaften, Unternehmen und Betriebe sowie einzelne Menschen. Dementsprechend fordert sie die Politik heraus. Nach dem Einsturz von Mauern und Barrieren hat sich gezeigt, wie im Rahmen der Globalisierung, Raubtierkapitalismus, grenzenlose Gewalt, wuchernde Digitalisierung, massenhafter Betrug im Internet, Diskriminierung, organisierte Kriminalität, Proliferation von Massenvernichtungswaffen, kulturelle Provokationen und Konflikte, Flucht und Migration, demographischer Wandel, soziale Fragmentierung, Terrorismus und Staatsversagen (failing states) zu gewaltigen Herausforderungen für Individuen und Familien, soziale Gruppen, Regionen und Staaten sowie politische Institutionen, Unternehmen und zivilgesellschaftliche Akteure und auch die internationalen Beziehungen geworden sind. Hinzu kam, dass Versprechen der Globalisierung nicht eingelöst wurden oder die Menschen das Vertrauen in eine gerechtere und friedlichere Welt nicht mehr glauben mochten. Misstrauen kam auf. Politischer Skandal um Skandal reihte sich wie auf einer Perlenschnur auf. Von Südamerika über Afrika und Mittel- und Zentralasien erschütterten Konflikte und Korruption das Vertrauen in die herrschenden Verhältnisse. Auch in der westlichen Welt führten Korruption, Exklusion sowie Ungleichheit zu Unsicherheit und Aggression gegenüber Autoritäten, Parteien, Führungspersönlichkeiten in allen gesellschaftlichen Bereichen. Viel mehr als früher deckten die Whistleblower des 21. Jahrhunderts zudem Skandale auf. Ohnmacht und Aggression nahmen zu. Eine Verwahrlosung der Verhältnisse und eine Verrohung der Sitten waren die Folge, die sogar in der vermeintlich sauberen Welt des Sports mit den massiven Vorwürfen an Russland hinsichtlich eines systematischen Dopings im Nachgang zu den olympischen Winterspielen in Sotchi und im Vorfeld der Sommerolympiade in Rio de Janeiro 2016 ihren Ausdruck fanden. Alles und jedes erschien vielen Menschen nur noch als gekauft, manipuliert oder betrogen.

Die Finanzkrisen in den 2000er und 2010er Jahren sowie die »kokainneske New Economy«[6] Anfang des 21. Jahrhunderts haben dies illustriert; ebenso der

6 | So Hans Leyendecker in einem Kommentar in der Süddeutschen Zeitung vom 23. April 2013.

Völkermord auf dem Balkan oder der Kampf zwischen Okzident und Orient in Afghanistan und Irak, die Konfrontation mit Al-Quaida, die archaisch anmutenden Kämpfe der westlichen Welt mit Piraten im Golf von Aden zwischen Somalia und Jemen, die Spannungen im Nuklearstreit mit Iran oder die Verwerfungen im »Arabischen Frühling« und nicht zuletzt die Implosion Syriens und der Aufstieg des sogenannten Islamischen Staats (IS) haben tief verwurzelte Unversöhnlichkeiten innerhalb von zerfallenden Gesellschaften gezeigt. Kein Land und keine internationale Autorität konnten dem Einhalt gebieten, selbst die Welt-Ordnungsmacht USA nicht. Auch die Europäische Union zeigte sich mit Blick auf globale Herausforderungen als relativ handlungsunfähig. Obwohl sie mit dem Schengen-Abkommen und dem Dublin-Abkommen eine Regelung hinsichtlich der freizügigen Mobilität von Menschen in der EU und der Behandlung von Kriegs- und Armutsflüchtlingen vereinbart hatte, versagte sie 2014/2015 angesichts der Kriegs- und Armutsvölkerwanderung aus dem Nahen Osten, aus Nord- und Ostafrika oder aus dem Balkan als Gemeinschaft. Eine schnelle und legitimierte Behandlung der Problemlage kam nicht in Gang und Europa schottete sich mit Stacheldraht, Grenzzäunen und Zugangskontrollen von der Problematik ab. Die ›Festung Europa‹ war das Eingeständnis der Unmöglichkeit gemeinsamen europäischen Handelns in der Krise. Die europäische Krise wurde dann 2016 mit dem BREXIT mit dem Austrittsbeschluss der britischen Regierung ›gekrönt‹. Zudem blieb der Wunsch nach wirksamen regionalen Ordnungsstrukturen und/oder einer effizienten Weltregierung (Global Governance) Makulatur.

Die wirtschaftliche, politische und gesellschaftliche Berührungsdichte der Menschen auf dem Globus nimmt zu. Globalisierung verwirklicht zudem Erlebniswelten, die sich nicht nur im physischen Alltag abspielen, sondern zunehmend auch im virtuellen Alltag des Internet. Produktionsverlagerungen nach Asien, die intensive Ausbeutung von Rohstoffen in Afrika und Südamerika oder die weiter bestehenden Ungleichheiten zwischen entwickelter und sich entwickelnder Welt haben Bestand. Mit der wachsenden Zahl von Menschen und Ansprüchen steigt der Druck zur industriellen Ausbeutung der Erde an; Öko- und Rohstoffkonflikte zeichnen sich ab; die organisierte Kriminalität profitiert von einer optimierten Logistik, steigender Nachfrage nach ihren ›Produkten‹ und ›Dienstleistungen‹ und nutzt in der Globalisierung die fast schrankenlose Bewegungsfreiheit in vollen Zügen schamlos aus.

In vielen Gesellschaften öffnet sich die Schere zwischen Arm und Reich. Entwicklungsunterschiede in und zwischen verschiedenen Ländern nehmen zu; die Lebenserwartung steigt, doch die Chancen, davon zu profitieren, sind ungleich verteilt und kommen nicht bei jedem an. Fortschritte der Digitalisierung oder der Biomedizin, oder Chancen der Nanotechnologie liegen auf der Hand, aber sie werfen schwierige ethische, rechtliche und ordnungspolitische

Fragen auf. Kaum etwas anderes hat die radikale Verwandlung der Welt so sehr gezeigt wie die rasante Entwicklung der digitalen Revolution.

Die Snowden-Affaire um eine globale Überwachung und die totale Kontrollierbarkeit von Bürgern und der Zivilgesellschaft in den Jahren 2013/2014 hat einige dieser Aspekte verdeutlicht (Greenwald 2014). Damit erreichte die Ära des totalen Antiterrorkriegs der USA, die mit dem 11. September 2001 ihren Anfang nahm, einen dramatischen Höhepunkt.[7] Sie wurde bereits 2007 mit den Enthüllungen des Ex-CIA-Analysten John Kiriakou über die Waterboarding-Folter der amerikanischen Central Intelligence Agency (CIA) aufgeheizt und später dann mit dem Report des amerikanischen Senats über die Folterpraktiken der CIA in den 2000er Kriegsjahren gegen den Terror verifiziert.[8] Die Kontrolle globaler Datenströme erfuhr mit der Abhöraffäre um die deutsche Kanzlerin Angelika Merkel und andere Spitzenpolitiker in der Welt dann einen delikaten Akzent. Edward Snowden, der Bote der Informationen über die umfassenden amerikanischen Kontrollmechanismen der weltweiten Kommunikation, legte mit immer neuen Enthüllungen über den geheimen Krieg der USA gegen den Terrorismus nach, so dass sich die Abhöraktionen gegen die deutsche Kanzlerin oder andere Spitzenpolitiker im Nachhinein als läppisch erwiesen. Er entlarvte die USA als »einen Hegemon der Überwachung, als einen vom Terrorismus in die Paranoia getriebenen Machtmogul« (Weidenfeld 2014), dessen profilierende Wirkung für die Weltpolitik immer mehr verblasst. Gleichzeitig verlor die digitale Gesellschaft ihre Unschuld. Wikileaks und die Snowden-Affaire erzählen die Geschichte des ersten großen Zivilisationsbruches des digitalen Zeitalters.

Die Sozialstruktur veränderte sich, der Kitt gesellschaftlicher Beziehungen und vertrauter Routinen verlor an Bindekraft. Auch die normativen und geistigen Grundlagen der Länder auf dieser Welt gerieten unter Beschuss. Alles geriet in den Sog der Globalisierung. Lebensstile, Traditionen, Heimat, Mode und Geschmack, Religion und Mythologie oder sogar die lokale Folklore. Globalisierung führte zu einem neuen sozio-ökonomischen Zusammenhang. Die vergangenen zwei Dekaden mischten das Ordnungsgefüge der alten Welt auf. Dies war eine stille Revolution. Es zeigten sich wachsende Asymmetrien gesellschaftlicher Verhältnisse, eine enorme Beschleunigung des sozio-ökonomischen Wandels und zunehmende Abhängigkeiten sowie Störanfälligkeiten in einer vernetzten Gesellschaftswelt. So ergaben sich Konsequenzen für eine Welt, die sich entgegen der Verortungen im Nationalstaat mit den Eigenarten einer offenen transnationalen Technologiegesellschaft veranschaulichen lie-

7 | Vgl. die Dokumentation »Schweig Verräter« auf dem deutsch-französischen Fernsehkanal ARTE am 16. Dezember 2014.

8 | Vgl. unter anderem www.amnesty.ch/de/themen/folter/dok/2014/tag-der-menschen rechte-30-jahre-anti-folter-konvention, aufgerufen am 16. Dezember 2014.

ßen: größere Risiken, weniger Sicherheit, neue Chancen (Weidenfeld/Turek 2002). Dies wurde die Wegweisung für eine neue Normalität im 21. Jahrhundert.

Polarisierte Debatte um die Globalisierung

Im Konzert mit den Erwartungen zu den Chancen und Herausforderungen des technologischen und sozialen Wandels, gab es 20 Jahre lang eine kontroverse und nicht selten emotional aufgewühlte Betrachtung der neuen Globalisierung, die bald über den reinen Zusammenhang von Markt oder Staat hinaus reichte. Sie verband Sympathisanten und Befürworter auf der einen und Ablehner und Gegner auf der anderen Seite im fulminanten Streit miteinander. Politikwissenschaft, Ökonomie und Betriebswirtschaftslehre, Soziologie, Kultur- und Kommunikationswissenschaften sowie Naturwissenschaften und Technologieentwicklung und nicht zuletzt die Politik selbst trieben das Thema der globalisierten Zukunftsgesellschaft seit Anfang der 1990er Jahre deshalb voran. Der amerikanische Journalist und Pulitzer-Preisträger Thomas L. Friedmann analysierte zwischen 1999 und 2008 in anschaulicher Weise die Globalisierung und wandte sich schließlich Ende der 2000er Jahre der Frage zu, was in Zukunft zu tun sei (Friedmann 1999, 2006, 2008).

Es gab eine heftige Kontroverse zu den sozio-ökonomischen Folgen der Globalisierung ...

Kaum jemand hat in diesen 20 Jahren die Globalisierung wissenschaftlich so intensiv unter die Lupe genommen wie der Münchner Soziologe Ulrich Beck (Beck 1997, 1998a, 1998b, 2002). Er verstand es dabei, namhafte Kollegen zu einem dichten sozio-ökonomischen Diskurs zu gewinnen über die Chancen und Herausforderungen der neuen Globalisierung. Kritisch äußerte sich Edward Luttwak (Luttwak 2001), der insbesondere die Zuspitzungen der ökonomischen Konkurrenz im Rahmen eines Weltwirtschaftskrieges dramatisierte. Die französische Publizistin Vivianne Forrestier verstieg sich zu einem flammenden Plädoyer gegen den »Terror der Ökonomie« (Forrestier 1999), Hans-Peter Martin und Harald Schumann thematisierten die Globalisierungsfalle als Angriff auf Demokratie und Wohlstand (Martin/Schumann 1996) und prognostizierten die 20:80 Gesellschaft, bei der nur mehr ein Fünftel der Arbeitskräfte in Zukunft benötigt würden und 80 Prozent mit »Tittytainment« bei Laune gehalten werden müssten, einer Mischung aus Entertainment und Ernährung am Busen der wenigen Produktiven. Klaus von Dohnanyi fragte besorgt nach den Auswirkungen der neuen Globalisierung für Deutschland (Dohnanyi 1997). Der deutsche Sozialdemokrat Peter Glotz nahm den »Turbokapitalismus« kritisch unter die Lupe (Glotz 2000) und der französische Ökonom Thomas Picetty setzte 2014 mit seinem Buch »The Capital of the Twenty-First Century« dem Ganzen 15 Jahre später insofern die Krone auf, als dass er die Kontroverse um die Auswüchse der Globalisierung als Phänomen der 2010er Jahre beschrieb (Piketty 2014); ein Umstand, der bereits zum Ende der 1990er Jahre ersichtlich war aber noch viele Jahre brauchte, um endgültig in den Köpfen einer breiten Öffentlichkeit nachhaltig seinen Platz zu finden. Samuel Huntington legte bereits Mitte der 1990er Jahre mit seiner These vom »Clash of Civilization« sein Augenmerk auf die kulturellen Implikationen der Globalisierung, indem er einen Kampf der Kulturen als herausragendes Merkmal der globalisierten (Un-) Zivilisation beschrieb (Huntington 1996). In den 2000er Jahren schließlich kam eine allumfassende Globalisierungskritik mit Blick auf das Verhalten der weltweit agierenden Konzerne und insbesondere Banken auf, deren Ouvertüre Autoren wie Naomi Klein oder Noam Chomsky in den USA zum Vortrag brachten (Klein 2000; Chomsky 2006) und die sich schließlich in zornigen sozialen Bewegungen wie Attac[9] oder Occupy[10] politisch verdichteten.

In der Mitte der 2010er Jahre wurde Globalisierungskritik und das Unbehagen an der Internationalisierung dann immer mehr ein Thema der alltäglichen Politik. Zudem auch und insbesondere wahltaktischer Strategien. Als Migration und Flucht die Europäische Union 2015/2016 in die Knie zwang und Mauern und Zäune zur Abwehr von Kriegs-, Armuts- und Klimaflucht errichtet wurden, als die europäische und internationale Finanzkrise die Weltwirtschaft erschütterte, als der islamistische Terror den Westen zu asymmetrischen Kriegen zwang und als sich liberale demokratische Staaten in ihrem freiheitlichen Grundverständnis zunehmend von globalen Entwicklungen herausgefordert sahen, wurde die Anti-Globalisierung besonders in rechten Lagern zur ›politisch korrekten‹ Haltung und damit auch zum Wahlkampfthema. So hebelten rechtspopulistische und rechtsextreme Parteien das europäische Parteienspektrum aus; aber selbst wichtige Wahlkämpfe wie der US-Präsidentschaftswahlkampf 2016 und der französische Präsidentschaftswahlkampf 2017 wurden mit globalisierungsfeindlichen Themen und Tönen bestückt. In verstörender Einfachheit ging es oft nur um Verkürzungen: Grenzen hoch, Steuern runter,

9 | Attac ist eine globalisierungskritische Nichtregierungsorganisation, die weltweit ca. 90.000 Mitglieder hat und in 50 Ländern agiert, hauptsächlich allerdings in Europa. Attac wurde 1998 in Frankreich gegründet. Die deutsche Sektion entstand 2000.

10 | Die US-amerikanische Occupy-Wall-Street-Bewegung hielt von Mitte September bis Mitte November 2011 den New Yorker Zuccotti-Park in der Nähe zum Finanzzentrum der Wall Street besetzt. Sie forderte, dass soziale Ungleichheiten bekämpft und Spekulationsgeschäfte von Banken und der Einfluss der Wirtschaft auf die Politik eingedämmt werden müssen. Die Bewegung fand viele Anhänger in anderen Ländern, so auch in Deutschland, die mit teilweise spektakulären Aktionen unter anderem im Bankenviertel von Frankfurt a.M. für Aufsehen sorgten.

Islamisten raus. Kritik an der Globalisierung, an der Hochfinanz und am Fremden, darauf ließen sich alle populistischen Strömungen bis hin zu aussichtsreichen Präsidentschaftsbewerbern wie Donald Trump in den USA oder Marine le Pen in Frankreich gerne ein (Schieritz 2016). Donald Trump führte in den USA einen explizit nationalistischen Anti-Globalisierungs-Wahlkampf. Seine Botschaft dabei war klar: Globalisierung ist reversibel, also umkehrbar. Dies zwang seine Rivalin Hillary Clinton unter dem Druck der Rechten und Bernie Sanders auf der Linken (ihrer eigenen Partei), ihre Position zum Freihandelsabkommen TTP mit Asien zu revidieren. Gleichzeitig nahmen solche Positionen stark auf das Thema Migration oder Cybersicherheit Bezug und malten hier gerne den ›Teufel an die Wand‹. Trump etwa argumentierte, dass Migranten Jobs ›stehlen‹. Er sah sie darüber hinaus als Sicherheitsrisiko, wollte einen Abwehrwall gegen Einwanderer an der Grenze zu Mexiko bauen. ›Deglobalisierung‹ – ein neuer Begriff in der Debatte – ging so einher mit naiven Vorstellungen von Restriktionen, Kontrollen oder Vergeltung. Der amerikanische Wirtschaftshistoriker Harold James stellte mit Blick auf diese Simplizität ernüchternd fest: »[E]s ist kein Spiel, das jemand spielen möchte, der noch seine Sinne beisammen hat« (James 2016).

… und zusätzlich zu ihren technologischen Implikationen

Gleichzeitig entflammte eine Debatte über den Zusammenhang von Globalisierung und Technologie. Die neue Globalisierung ist – wie die Globalisierungsphasen davor – im wesentlichen technikbasiert. Hier spielen die Zusammenhänge von digitaler Ökonomie und ihren sozio-ökonomischen Konsequenzen eine besondere Rolle. Manuel Castells legte Anfang der 2000er Jahre sein Monumentalwerk zur digitalen Gesellschaft vor (Castells 2002, 2003a, 2003b); eine Avantgarde um Esther Dyson und Nicolas Negroponte spielten die Möglichkeiten der globalen digitalisierten Gesellschaft durch und propagierten die schöne neue Welt der digitale Netzwerkgesellschaft (Dyson 1997; Negroponte 1996). Michael Dertouzos legte mit dem Titel »What will be. How the New World of Information will Change our Lives« nach und beschrieb dort die ›postrevolutionäre Welt des digitalen Zeitalters‹ (Dertouzos 1997).

Eine ähnlich kontroverse Aufladung erfuhr die Kartierung des menschlichen Genoms. Obwohl dies in den Medien oft irrig als komplette ›Entschlüsselung‹ des menschlichen Erbgutes interpretiert worden ist, entstand eine aufgeregte Diskussion, was mit einer entschlüsselten menschlichen DNA alles getan werden könnte. Aufhänger dieser Kontroverse war der spektakuläre Wettlauf von zwei Großprojekten zum genauen Verständnis des menschlichen Erbgutes. Er wurde einerseits von dem seit 1990 laufenden Human Genome Project (HGP) bestimmt, dass als internationales Forschungsprojekt aus öffentlichen Mitteln finanziert wurde; andererseits gründete der US-amerikanische Unternehmer Craig Venter 1998 das Unternehmen Celera Corporation, um auf Basis privater Finanzierung die Gene des Menschen durch automatisierte Sequenzierung zu kartieren. So wurde Venter zum Konkurrenten des öffentlichen Projekts HGP – und zum Gegenstand öffentlicher Kritik. Selera Corporation gewann den Wettlauf gegen das öffentliche Projekt, in dem er die öffentlich zugänglichen Ergebnisse des Human Genome Projects geschickt nutzte, gleichzeitig eigene Ergebnisse für sich behielt. Die Sequenzierung einiger Gene ließ sich Celera Corporation mit dem Ziel neuer Pharmaprodukte patentieren. Schnell galt er in Teilen der Weltöffentlichkeit als rücksichtsloser Privatier von Allgemeingut, andererseits wurde ihm auch die Beschleunigung dieses Forschungsbereiches zugute gehalten.[11] Allerdings war die Kritik an beiden Projekten groß. Auf einmal wurden Entwicklungspfade deutlich, welche eine Desintegration der Gesellschaft und massive Eingriffe in die Schöpfung erahnen ließen. Angst kam auf, dass Asymmetrien durch biowissenschaftliche Innovationen bestimmte Gruppen bevorzugen und andere benachteiligen. Diese Problematik wurde nicht nur durch einen unterschiedlichen Zugang zu Nahrungsmitteln deutlich, sondern durch mögliche Diskriminierungen im Sozial- und Gesundheitswesen. Die Perspektive der Verlängerung und Verbesserung des Lebens warf die Besorgnis auf nach einem gerechten sozialen Regelungsbedarf. Anpassungen der Gesundheits- und Pensionssysteme waren plötzlich Fragen wie das Spektrum der Diskriminierungen gegenüber solchen, die gentechnische Einwirkungen befürworten und bezahlen können und jenen, die sich ihnen aus persönlichen Gründen verweigern oder diese nicht finanzieren können. Sorgen machten sich breit, dass die alltägliche Anwendung gentechnologischer Verfahren in Zukunft zu einer Spaltung von ›Machern‹ und ›Gemachten‹ führt. Die Ursache wurde in der starken Konzentration des Know-Hows und der Vermarktung in den Händen weniger Unternehmen oder Ländern gesehen. Einige wenige würden über die Definition menschlichen Lebens entscheiden, viele müssten mit ihren Auswirkungen leben (Weidenfeld/Turek 2002: 115). Auch diese Debatte war eine prägnante Ausprägung der Globalisierungskritik dieser Zeit.

Die 1990er Jahre, die 2000er Jahre und die 2010er Jahre waren und sind somit von großer Aufregung um die Umbrüche im globalen Miteinander geprägt, die zusätzlich von ersten Sorgen um den demographischen Wandel und die globalen Migrationsströme von Menschen angesichts von Terrorismus, Krieg, Vertreibung oder Klimakatastrophen geprägt wurden. Insgesamt war und bleibt das Ergebnis der Globalisierungsdebatte eine große intellektuelle Polarisierung, weltweit.

11 | Vgl. https://de.wikipedia.org/wiki/Craig_Venter, aufgerufen am 13. Oktober 2015.

McWorld versus Dschihad

Der amerikanische Politikwissenschaftler Benjamin Barber (Barber 1995) hat diese Polarisierung anschaulich mit zwei antagonistischen Megatrends beschrieben, die einer gleichzeitig existierenden Logik gehorchten: Auf der einen Seite ›McWorld‹, also der Trend zur Globalisierung der Weltwirtschaft, der Weltgesellschaft, der Weltkultur. Auf der anderen Seite ›Dschihad‹, der Trend zur Fragmentierung und Verabsolutierung der unmittelbar geltenden Lebensbereiche und der eigenen Werte-Welten. Der erste Trend ist die Geschichte der weltweiten Vernetzung der Metropolen, der Übergang von der nationalstaatlich verfassten Industrie- zur transnationalen Technologiegesellschaft, der Universalisierung der Lebensstile. Dies alles lief aber schon früh auf eine Erosion des Sozialstaats (Döring 1999), auf eine Auflösung nationaler Identitäten und kultureller Wertvorstellungen hinaus, auf eine ›Denationalisierung‹ der Lebenswelt. Der Sozialwissenschaftler Michael Zürn hat in einem Forschungsprojekt den gleichzeitig ablaufenden Prozess von Globalisierung und Fragmentierung Ende der neunziger Jahre empirisch erfasst und diese These wissenschaftlich belegt (Beisheim et al. 1999).

Die Fragmentierung ist neben der Globalisierung der zweite Trend der neuen Abschottung, des Verfalls der staatlichen Ordnung schlechthin, der neuen ›Terra incognita‹. Ulrich Menzel etwa schrieb in provozierender Weise: Es ist die Welt der »Spaltung der westlichen Gesellschaft in einen humankapitalintensiven Dienstleistungssektor mit hohem Einkommen und luxuriösem Lebensstil und die neue Armut, [...] des Neoprotektionismus [...] des Wiederauflebens von Nation, Ethnizität, Kulturrelativismus und Rassismus« (Menzel 1998). Das Ergebnis dieser Reflektionen war eine neue Landkarte der Konflikte an den Konfliktlinien von Arbeit und Kapital, von Technologie und Zugang, von Partizipation und Ausgrenzung, von kultureller Dominanz und Minderwertigkeitskomplexen. Im Wechsel zu dem neuen Millennium kamen weitere soziologische Bestandsaufnahmen der neuen Globalisierung auf. Trotz der Unglaublichkeit der terroristischen Attacken auf die USA, die mit dem Anschlag auf das World Trade Center im September 2001 ihren Höhepunkt entfalteten, versuchte die Welt mit ihrem Zusammenwachsen konstruktiv umzugehen. In der Wissenschaft machten gesellschaftliche Zukunftsbilder der Globalisierung die Runde.

Sie suchten angesichts wachsender Ängste und Verunsicherungen erklärende Differenzierung und nüchterne Sachlichkeit. Dem Münchner Publizisten Armin Pongs steht das Verdienst zu, im Rahmen einer systematischen und standardisierten Kommunikation mit namhaften internationalen Wissenschaftlern entsprechende Globalisierungsszenarios auszuloten (1999, 2000, 2003). So entstanden zwischen 1999 und 2003 zugespitzte Portraits von sozialen Vergesellschaftungsprozessen in der Globalisierung, die etwa Claus Leggewies ›Multikulturelle Gesellschaft‹ (1990), Anthony Giddens ›Moderne Gesellschaft‹ (1995) oder Richard Sennetts ›Der flexible Mensch‹ (Sennett 1998) umfassten. 2002 präsentierten die Münchner Politikwissenschaftler Jürgen Turek und Werner Weidenfeld mit ihrem Buch »Wie Zukunft entsteht« das Bild der ›Transnationalen Technologiegesellschaft‹, das auf das Zusammenwirken der Globalisierung und des technologischen Wandels als herausragendes soziales Merkmal verwies. Es entwickelte einen umfassenden Ansatz für die Beschreibung der Zukunftsgesellschaft in der globalisierten Welt. Schlussendlich brach sich in den 2010er Jahren die Debatte über eine Postwachstumsgesellschaft ihre Bahn, welche die Wachstumsphilosophie des Kapitalismus des 20. Jahrhunderts prinzipiell hinterfragte und angesichts der Globalisierung der Wirtschaft massiv die Frage einer alternativen Wirtschaft stellte (Le Monde Diplomatique 2015, Meusch 2015).

Die Globalisierung provozierte intellektuelle Suchbewegungen und einen Kampf um die Deutungshoheit über ihre Konsequenzen

Es ist interessant, dass es zu diesem Zeitpunkt intensive Versuche einer gesellschaftlichen Diagnose von Befindlichkeiten und Zukunftsrichtungen gab, die einerseits in der Kritik gelegentlich abfällig als »Bindestrich-Gesellschaften« abgetan wurden, andererseits aber in ihrer Kombination wie ein Puzzle wirkten, was die Globalisierung über die Summe ihrer einzelnen Teile definiert. Jede dieser Gesellschaftsbeschreibungen hob ein anderes Strukturmerkmal als dominant hervor, dass sich entweder auf die Wirtschaftsordnung, auf Oberflächenescheinungen des sozialen Verhaltens oder die gesellschaftliche Wirklichkeit oder auf die Sozialordnung bezog. Diese Begriffe konnten einzeln oder in ihrer Kombination keine zusammenfassende Interpretation der Sozialstruktur sein; ihr heuristischer Wert und ihre Bedeutung als Puzzleteile sozialer Wirklichkeit aber waren intellektuell bedeutend und politisch zielführend.

Deshalb versehe ich meine Überlegungen nun nicht wieder mit einer neuen Bindestrich-Gesellschaft, und deshalb nenne ich dieses Buch ›Globalisierung im Zwiespalt. Die postglobale Misere und Wege, sie zu bewältigen‹ In unserer Zukunft entsteht aus den vielen Puzzleteilen der Globalisierung und des sozio-ökonomischen Wandels eine komplett andere, eine neue Welt. Denn legt man die ›Bindestrich-Gesellschaften übereinander, ergibt sich ein komplexes Bild des sozialen Wandels, das sich, unter der Lupe und aus unterschiedlichen Blickwinkeln betrachtet, mit eben den vielfältigen neuen Eigenschaften präsentiert, welche die Experten, Journalisten und Wissenschaftler in den letzten Jahren so akribisch zusammengetragen haben.

In Einzelbereichen wie zum Beispiel dem Energiebereich oder mit Blick auf die Zukunft der Arbeitsgesellschaft wurden deshalb einzelne Aspekte der modernen Globalisierung später präzisiert und ausgeleuchtet (etwa Rifkin 2002; Heinberg 2003; Beise/Jakobs 2011/Von der Leyen/Korte 2011, Beise/Jakobs 2012). Matthias Horx legte 2009 eine psychologische und kulturgeschichtliche Studie vor um zu erklären, wie Menschen den Wandel, der durch Globalisierung und Technologien entsteht, bewusst gestalten können und nicht nur erleiden müssen (Horx 2009). In der zweiten Dekade des 21. Jahrhunderts legten dann Autoren wie Jeremy Rifkin (Rifkin 2011), Laurence C. Smith (Smith 2011) oder Jorgen Randers (Randers 2012) wieder mit ganzheitlichen Bildern der Globalisierung nach. Die Disputation zeigt dabei auf: Globalisierung war ein herausragender Gegenstand der sozial-, kultur- und wirtschaftspolitischen Diskussionen in den 1990er und 2000er Jahren. Zu Beginn der 2010er Jahren ebbte die Befassung mit diesem Thema dann ab. Globalisierung wurde zur Selbstverständlichkeit, denn sie war irgendwann unwiderruflich – und wurde dann zunehmend total. Weltweit waren die Fakten klar, die sozio-ökonomischen und sozio-kulturellen Auswirkungen lagen auf der Hand. Das Bild der transnationalen Technologiegesellschaft wird nun in den 2010er Jahren durch das Bild der globalen Technologiegesellschaft ersetzt. Es geht seitdem darum, die Globalisierung innovativ, konstruktiv und politisch legitimiert zu gestalten, und dies vor allem kollektiv zu tun. Wir werden später sehen, wie schwierig diese Umstellung für alle Beteiligten in Wirtschaft, Politik und Gesellschaft nicht nur rational, technisch und organisatorisch, sondern auch emotional ist.

Bei der über 20jährigen Befassung mit diesem Thema wurde deutlich, wie sehr Globalisierung als Thema die Wissenschaft, die Öffentlichkeit, die Wirtschaft, den Staat und die Zivilgesellschaft erregte. Gleichzeitig hat sich der Pulverdampf der Schlachten um die Deutungshoheit etwas gelegt. Sehr vereinfacht ergibt sich aus heutiger Sicht folgendes Bild:

- die 1990er Jahre waren so etwas wie die post-revolutionären Jahre nach dem Ende der großen ost-westlichen Bipolarität und die Zeiten eines wilden Westens, in der Eroberung der neuen Welt. In Deutschland mit seinem speziellen Problem der Wiedervereinigung zeigte zum Beispiel die Tätigkeit der Treuhand-Anstalt zu Reorganisation des Landes gelegentlich Freibeutermentalitäten auf (Turek 1999, in: Weidenfeld/Korte [Hg.]: 742ff.);
- die 2000er Jahre ließen politische Entkrampfungen in der Neuordnung der Welt zu, die sich – manchmal euphorisch, manchmal widerwillig – als globalisiertes ›Etwas‹ zu verstanden begann. Sie waren aber auch eine Zeit der dumpfen und radikalisierten Antworten auf das sozio-ökonomische und sozio-kulturelle Zusammenwachsen der Welt, das alt-neue Konfliktlagen der Menschheit vitalisierte und Teile der Menschheit aufs neue gegeneinander aufbrachte;
- die 2010er Jahre waren eine Zeit unglaublicher Entwicklungsmöglichkeiten für Menschen, ihre Gesellschaften und einzelne Länder. Gleichzeitig

waren diese Jahre aber auch eine Zeit der Desillusion und Ernüchterung. Sie zeigte im Rahmen der großen Finanz- und Schuldenkrise, des weiträumigen und die restliche Welt bedrohenden Terrorismus' im Nahen und Mittleren Osten und der großen Flüchtlingswellen einige fundamentale Schattenseiten der Globalisierung drastisch auf;

- Die 2020 Jahre waren [...]

[...] das wissen wir noch nicht. In der ersten Hälfte der zweiten Dekade des 21. Jahrhunderts hat sich allerdings gezeigt, das ein enormer technologischer Fortschritt mit beunruhigenden zivilisatorischen Brüchen korrespondiert; die soziale Fragmentierung in und zwischen Gesellschaften, Krieg, Terror und Gewalt eskalierten. Die ökonomische Fiberkurve des Weltfinanzsystems erreichte komatöse Zustände und die absehbaren Konflikte einer auf zehn Milliarden anwachsenden Weltbevölkerung bestehen weiter fort. Es spricht also vieles dafür, dass sich die Globalisierung in ungebrochener Geschwindigkeit bewegt und bis zur Mitte des 21. Jahrhunderts alle ihre positiven wie negativen Eigenschaften ungebrochen weiter entwickelt.

Schaut man zurück, geschah alles im Zeitraffer. Viele Aufregungen und Ereignisse können deshalb nicht verwundern. Alles Mögliche wurde in dieser zuweilen wildwüchsigen und undurchschaubaren Entwicklung dramatisiert. Der Hang zum Fatalismus ging Hand in Hand mit naiver Euphorie. Hätte man allen Klagen geglaubt, wäre das Armageddon längst Realität. Gleichzeitig war eine naive Globalisierungseuphorie nicht angebracht. Viele Eingriffe in sozio-ökonomische und sozio-kulturelle Sachverhalte waren in diesem Prozess gravierend. Andere aber nicht. Proportionen wurden nicht richtig erkannt oder falsch gewichtet. Der Blick zurück zeigt: vieles war in der Prognostik inhaltlich oder zeitlich überzogen und traf nicht zu. Andere Aspekte des Themas wiederum wurden nicht ausreichend gewürdigt und treten nunmehr zeitlich versetzt in den Vordergrund. Um was es im einzelnen geht, möchte ich unter anderem in diesem Buch beleuchten. Ich möchte dabei beschreiben, erklären und sowohl das Ganze als auch Einzelheiten im Rahmen zugespitzter Thesen werten.

Was bleibt: Globalisierung dominiert

Das vorliegende Buch knüpft an dieser Ausgangslage an. Es ist dabei nicht möglich, das Wesen eines weltumspannenden und interdisziplinären Phänomens wie der neuen Globalisierung praktisch aus dem Blickwinkel nur einer wissenschaftlichen Disziplin geschweige denn aus einer normativen oder ideengeschichtlichen Perspektive zu verstehen. Meine These ist, dass Globalisierung mit Blick auf andere Trends des sozialen Wandels weitgehend dominiert. Megatrends sind Blockbuster‹ des Wandels. Sie formen die Zukunft und betreffen so gut wie alle gesellschaftlichen Bereiche, von der Ökonomie über das Politische und das Soziale bis hin zur Kultur. Megatrends sind dabei fundamental in dem Sinne, dass sie (1.) starke bis grundlegende Veränderungen innerhalb der menschlichen Sozialentwicklung oder des natürlichen Umfelds bewirken. Sie gelten aus Sicht der Zukunftsforschung dann als Megatrends, wenn sie (2.) mindestens mittelfristig (ca. fünf bis 20 Jahre) oder langfristig (über 20 Jahre) starke Wirkungen und Folgen auslösen. Globalisierung erfüllt diese beiden Bedingungen par excellence. Wissenschaftliche Durchbrüche und bahnbrechende Innovationen, der Klimawandel und die Veränderung der Biosphäre durch den Menschen, der demographische Wandel, der Wandel zur Dienstleistungs-, Informations- und Wissensgesellschaft, die Mondialisierung der Arbeits- und Finanzmärkte, technologische und soziale Disparitäten, sozio-technologische Disruption sowie Terrorismus, die Individualisierung der Lebenswelt und der eigenartige Eklektizismus des 21. Jahrhunderts, die Erhöhung der Mobilität von Personen, Waren und Dienstleistungen und schließlich die Spaltung zwischen arm und reich sind der Globalisierung inhärent – langfristig, wuchtig und irreversibel (Kreibich 2006: 8f.).

Vor dem Hintergrund dieser Definition geht es darum, Entwicklungen zu erkennen, Trends herauszuarbeiten, Strukturen und Prozesse zu profilieren. Ausgangspunkt ist die Konzentration auf das zentrale Paradigma für das 21. Jahrhundert: die Realität einer durchgreifenden Globalisierung. Durchgreifende Globalisierung meint einen allumfassenden Einfluss auf die Mehrheit der Menschheit und ihrer elementaren Lebensgrundlagen und viele Sachverhalte von entscheidender Bedeutung in Politik, Wirtschaft und Zivilgesellschaft. Vor diesem Hintergrund analysiere ich schließlich Herausforderungen auf nationaler, regionaler und internationaler Ebene. Dies bezieht Wirtschaft und Umwelt, Technologie, Sicherheit, den sozialen Wandel, Wissen und Bildung, Arbeit und verschiedene andere Aspekte des gesellschaftlichen Zusammenhalts mit ein.

Die Politikfeldanalyse zeigt ein beachtliches Feld an Aufgaben. Dies sind die Probleme im Bereich der regionalen und internationalen Wirtschaft, der internationalen Finanzmarktordnung oder die Herausforderungen, die sich durch einen weltweit agierenden Terrorismus, die organisierte Kriminalität oder eine unheimliche Cyberkriminalität im Internet, Staatsversagen und die Proliferation[12] von Massenvernichtungswaffen ergeben. Hinzu kommen Klimaschutz, Ressourcenverbrauch und globale Umweltbelastungen, Strategien einer nachhaltigen Entwicklung und Fragen eines friedlichen Zusammenlebens unterschiedlicher Kulturen und Religionen. In den Gesellschaften selbst kommen soziale Spannungen durch Existenzängste, Integrationsprobleme,

12 | Der Begriff meint eine ungehemmte Weiterverbreitung von ABC-Waffen, also atomaren, biologischen oder chemischen Kampfstoffen.

Verteilungskonflikte oder schwächelnde Solidarstrukturen hinzu. Es geht um eine zum Teil schwierige Technikfolgenabschätzung, Technikbewertung und Technikgestaltung oder demographisch wichtige Entwicklungen, zukunftsorientierte Bildungssysteme, die Zukunft der Arbeit und des Sozialstaats, die Möglichkeiten einer ökologischen Kreislaufwirtschaft oder Chancen und Risiken der Informationstechnologien (ebd.: 6).

Die Konsequenzen der Globalisierung beziehen sich also nicht auf eng begrenzte oder leicht überschaubare Probleme. Vielmehr sind sie auf komplexe dynamische Systeme und Prozesse gerichtet, eingebettet und vernetzt in soziale, ökonomische, ökologische und kulturelle Umfelder. Die Zukunftsforschung hat in den letzten beiden Jahrzehnten gezeigt, dass nur eine globale Betrachtung der Kontexte, Wirkungen und Folgen von Ereignissen und Trends stringente Erkenntnisse über diese komplexe Globalisierung erbringt. Mich faszinieren die Wechselwirkungen, die innerhalb dieser Komplexität und Dynamik entstehen, und die Konsequenzen, die damit mit Blick auf zukunftgerichtetes Handeln in der Globalisierung verbunden sind. Das ist der Ort strategischen Denkens.

Bezogen auf die verschiedenen Handlungsmöglichkeiten des (föderalistischen oder zentralistischen) Nationalstaats, regionalen Mehrebensystems (EU) und der internationalen Gemeinschaft (zum Beispiel UNO, IWF, Weltbank), führt das Buch verschiedene Handlungsebenen, Akteure und Verhaltensmöglichkeiten in einer Betrachtung zusammen. Ich frage nach strategischen Möglichkeiten, welche die Vitalität und die Wettbewerbsfähigkeit der sozioökonomischen Systeme erhalten, politisches Handeln legitimieren und politische Führung ermöglichen. Zum Schluss unternehme ich schließlich einen Ausblick auf das 21. Jahrhundert.

Das zentrale Erkenntnisinteresse des Buchs lässt sich innerhalb von fünf Zuspitzungen verdichten:

1. Gesellschaftliche Position: wie ist die Performanz von Demokratie und sozialer Marktwirtschaft trotz der Turbulenzen einer durchgreifenden Globalisierung zu bewerten?
2. Strategische Planung: mit welchen grundlegenden Veränderungen muss eine Gesellschaft in den kommenden 20 Jahren rechnen und welche Politikfelder sind strategisch besonders wichtig?
3. Politische Kreativität: wie können Politik, Wirtschaft und Zivilgesellschaft ein demokratisch legitimiertes politisches Management für eine nachhaltige Gesellschaft in der neuen Globalisierung formulieren und umsetzen?
4. Strategische Resilienz: wie können sich das politische Führungspersonal und die Menschen an unabänderliche Entwicklungen national, regional und international anpassen?

5. Innovationsgeschicklichkeit: wie kommen politische, wirtschaftliche und gesellschaftliche Innovationen schnell und richtig in die Welt?

Es geht in diesem Buch darum, die Entwicklung der neuen Globalisierung besser zu verstehen und Chancen und Risiken der weiteren Entwicklung abzuschätzen. Ich möchte vor dem Hintergrund des erkennbaren Handlungsbedarfs darüber hinaus Gestaltungsmöglichkeiten ausloten und strategische Perspektiven erarbeiten. Nun, in der zweiten Dekade des 21. Jahrhunderts, geht es darum, Schwerpunkte der Politik zu identifizieren. Im Sinne konzentrischer Kreise gehe ich vom Blickwinkel der deutschen, europäischen und westlichen Gesellschaften aus. Ich will dann einige Wechselbezüge einer voneinander abhängigen, weltweit vernetzten Gesellschaftswelt betrachten und hier insbesondere auch Entwicklungen in Japan, China, in den BRIS-Staaten[13] oder im Mittleren und Nahen Osten berücksichtigen.

Vor diesem Hintergrund zieht dieses Buch ein Fazit der Globalisierung. Ich frage mich, wie Zukunft seit den 1990er Jahren entstand und welche Faktoren an dieser Veränderung maßgeblich beteiligt waren. Und schaue nach vorne. Ich möchte wissen, was geschah, und wie es weiter geht. Im Kontext der beschriebenen Entwicklungen fragt dieses Buch nach der aktuellen und der zukünftigen Gestalt der Zukunftsgesellschaft, deren zentrales Merkmal die Globalität ist. Damit bezieht es sich auch auf das Anliegen eines Projekts, welches an der Ludwig-Maximilians-Universität in München über das Centrum für angewandte Politikforschung (C•A•P) zusammen mit der Aventis Foundation Ende der 1990er Jahre angestoßen und darüber hinaus dann über 15 Jahre im Rahmen anderer Projekte mit anderen Projektpartnern weiter betrieben wurde. Das ursprüngliche Projekt erforschte unter der Leitung des Münchner Politikwissenschaftlers und Politikberaters Prof. Dr. Werner Weidenfeld unter dem Titel »Wie wir morgen leben wollen« wissenschaftlich belastbare und mit verschiedenen Meinungen abgestimmte Eindrücke, wie in Amerika, Europa und Asien Zukunft entsteht und wurde von der Forschungsgruppe Zukunftsfragen am C•A•P verantwortet, deren Leiter ich über zwölf Jahre war.[14]

Seitdem sind 15 Jahre vergangen. Die Projektarbeit der Forschungsgruppe Zukunftsfragen hat anschließend weitere Projekte zur Globalisierung mit anderen Partnern wie zum Beispiel der Alfred Herrhausen Gesellschaft

---

13 | Dies sind Brasilien, Russland, Indien und Südafrika.

14 | Siehe die Intention des Projekts unter www.cap-lmu.de/fgz/global/01.php sowie die Projektberichte 1999 und 2000 unter www.cap-lmu.de/publikationen/2000/zukunftsgesellschaft.php bzw. www.cap-lmu.de/publikationen/2001/zukunftspfade.php, aufgerufen am 3. April 2014.

realisiert[15]. Ich selbst habe in diesem Zeitraum die Fragestellungen der Globalisierung kontinuierlich weiter verfolgt und es schien mir folgerichtig, das Thema heute, 25 Jahre nach dem Beginn der dritten Globalisierung, erneut publizistisch aufzugreifen. 25 Jahre umfasst auch meine Befassung mit diesem Thema und vielen seiner Unterpunkten, zunächst am Institut für Politikwissenschaft der Universität Mainz, dann im Rahmen des wissenschaftlichen Projektmanagements am C•A•P. Ich habe selbst zu den Aspekten der Globalisierung geforscht und Arbeitsergebnisse in vielen Publikationen auch einer breiteren Öffentlichkeit zu vermitteln versucht. Meine Arbeit gab mir die Gelegenheit, mich mit zahlreichen Experten, Wissenschaftlern, Publizisten oder Politikern über dieses Thema auszutauschen. Im Rahmen der operativen und wissenschaftlichen Projektarbeit und einer sich anschließenden Politikberatung konnte ich mein Wissen und mein Einschätzungsvermögen zu diesem Thema schärfen (Janning/Turek in: Glaab/Korte 2012: 101-117). Ich hatte die unschätzbare Gelegenheit in diesen 25 Jahren, mich mit vielen Kommilitonen aus meiner Studienzeit, die in entsprechende Berufszweige mit hohen Globalisierungsbezügen hineingewachsen sind, immer wieder auszutauschen. Ich konnte ebenso intensiv mit Dutzenden Kollegen aus dem In- und Ausland und mit Persönlichkeiten sprechen, die Fachleute zu diesem Thema – ob nun in theoretischer oder praxisorientierter Weise – sind. Ihnen bin ich zu großem Dank dafür verpflichtet, dass ich ein so breites Spektrum an Gedankenreichtum und kluger Analyse in einem direkten Austausch erleben durfte.

Mein besonderer Dank gilt Josef Janning, mit dem ich seit über 25 Jahren zusammenarbeite und freundschaftlich verbunden bin. Er wirkt gegenwärtig als Senior Policy Fellow und Leiter des Berliner Büros des European Concil on Foreign Relations in Berlin. Vorher war er Mercator Fellow beim German Council on Foreign Relations (Deutsche Gesellschaft für Auswärtige Politik, DGAP), Director of Studies bei dem European Policy Centre in Brüssel, Senior Director bei der Bertelsmann Stiftung und mein Vorgänger als stellvertretender Direktor am C•A•P. Mit ihm habe ich viele Projekte in meinen verschiedenen Funktionen am C•A•P erfolgreich durchgeführt. Er ist einer der klügsten Köpfe, die ich in meinem Leben kennenlernen durfte und er hat sich der Mühe unterzogen, dieses Manuskript in Gänze akribisch und kritisch zu lektorieren und mir eine Fülle von Anregungen mit auf den weiteren Weg zu geben.

Gleichzeitig gilt mein Dank Prof. Dr. Karl-Rudolf Korte, der als Gründer und Leiter der NRW-School of Governance und als Hochschullehrer im Bereich der Politikwissenschaft an der Universität Duisburg-Essen eine besondere intellektuelle Nähe zur angewandten Politikforschung und ein ausgeprägtes Ge-

15 | Vgl. das Projekt fore/sight. Strategien für die Gesellschaft von morgen, dokumentiert unter www.cap-lmu.de/aktuell/events/2005/foresight-weimar.php, aufgerufen am 11. August 2015.

fühl für die politischen Praxis hat. Nach Lektüre des Manuskripts hat er mich ausdrücklich zur Publikation ermuntert, da es auch seiner Wahrnehmung entspricht, »dass Globalisierung ein Phänomen ist, das präziser bestimmt werden muss; sowohl im Umgang mit seinen negativen Auswirkungen, aber auch vor dem Hintergrund der Chancen, die sie bietet«.

Ich möchte auch Ralph Messerschmidt danken, der Bankkaufmann und Finanzanalyst ist und der bei namhaften deutschen Geldinstituten und einem großen DAX-Konzern als leitender Fondsmanager gearbeitet hat. Er wirkt heute als selbstständiger Finanzanalyst und Anlageberater. Er hat die Aussagen zur europäischen und internationalen Finanzarchitektur kritisch durchgesehen und mir im Rahmen dieses Freundschaftsdienstes sowie über die Jahre währenden Fachgespräche wertvolle Anregungen zu diesem hoch aktuellen und leider auch brisanten Thema gegeben.

Und schließlich gilt mein Dank dem Direktor des Münchner Centrums für angewandte Politikforschung (C•A•P), Prof. Dr. Werner Weidenfeld, dass er mir 1998 die Leitung der Forschungsgruppe Zukunftsfragen anvertraute, die ich über zwölf Jahre leiten durfte und mir somit die Gelegenheit gab, mich diesem hier behandelten Thema intensiv zu widmen.

In diesem Zusammenhang bin ich einer Vielzahl von weiteren Personen dankbar. Einige waren Kollegen und Partner in der angewandten Politikforschung, viele waren angesehene Persönlichkeiten aus Politik, Wirtschaft und Zivilgesellschaft, andere waren mir durch kontinuierliche Gespräche und wiederum andere durch ihre Publikationen überaus hilfreich gewesen. Ich hatte das Privileg, durch unsere vielen Projekte am C•A•P und die damit verbundenen Auslandsreisen Menschen zu erleben, die überall auf der Welt zu den Themen der Globalisierung in ganz unterschiedlichen Bezügen arbeiten, sowohl praktisch als auch wissenschaftlich und somit selbst Teil der Globalisierung waren und sind. Insofern hatte ich über zwei Jahrzehnte einen interdisziplinären und einen internationalen Kontext, in dem ich mich auch bei der Arbeit zu diesem Buch bewegen konnte.

Und schlussendlich danke ich dem (mir persönlich leider unbekannten) Gründer von Wikipedia, Jimmy Wales, und den vielen von ihm motivierten und unerwähnt bleibenden Kollegen, die dort eine unglaubliche globale Enzyklopädie des Wissens ins Internet gestellt haben und weiterhin stellen. Immer, wenn es Informationsbedarf zu Fakten und aktuellen Entwicklungen gab, konnte ich auf diese einzigartige Erfindung des Internetzeitalters zugreifen und so den eigenen Wissenstand auffrischen und aktualisieren, wobei die permanente Selbstkontrolle der Richtigkeit von Inhalten bei Wikipedia ein wichtiges Instrument mit Blick auf die Richtigkeit von Angaben innerhalb dieser Enzyklopädie ist.

Die moderne Politikforschung und Politikberatung ist in ein breites Spektrum aus Spezialgebieten unterteilt, das zu Recht von der Expertise einzelner Personen und Forschungsinstitutionen sowie der Lebenserfahrung von Führungspersönlichkeiten aus Wirtschaft, Politik und Gesellschaft lebt. Vor diesem komplexen Hintergrund habe ich mich dennoch entschlossen, einen immer wieder auch wertenden Überblick über die dritte Globalisierung zu verfassen, auch wenn ich mir bewusst darüber bin, die Besonderheiten der einzelnen Themen hier angemessen zu beachten. Ich bin mir der Schwierigkeiten bewusst, die eine Zusammenführung vieler Aspekte der Globalisierung mit sich bringt. Ich habe mich entsprechend meinem Berufsstand als Sozialwissenschaftler deshalb den üblichen Gepflogenheiten und Ansprüchen unserer Disziplin unterworfen, so wie das mein Berufsethos als Politikwissenschaftler von mir verlangt und bin sorgfältig meinen Verpflichtungen mit Blick auf die wissenschaftliche Arbeit nachgegangen. Es ist fast überflüssig zu sagen, dass, wenn es Defizite bei der Betrachtung oder in der Analyse gibt, ich diese selbst und alleine zu verantworten habe.

München im März 2017, Jürgen Turek

I. Das Paradigma der Zukunft: Die Omnipotenz der Globalisierung

Der Fall der Berliner Mauer 1989 schuf eine neue Lage: geopolitisch, sozioökonomisch, sozial. Mit der Öffnung der Grenzen fielen Barrieren. Der ideologische Autismus des Kalten Krieges war über Nacht Geschichte. Politische Gestaltungsmöglichkeiten kamen aus dem künstlichen Koma zurück in die belebte Welt. Die deutsche Einheit wurde Realität und die europäische Integration schritt voran. Innerhalb von zwei Jahrzehnten wuchs Europa politisch und wirtschaftlich trotz der Schwierigkeiten einer weitreichenden Ostintegration zusammen. Gemessen an früheren historischen Entwicklungen war diese Dynamik erstaunlich. Entwicklungsländer wurden zu Schwellenländern und dann im ersten Jahrzehnt der 2000er Jahre zu ›Playern‹ in der Weltwirtschaft. Die Welt erlebte eine dritte Welle der Globalisierung. Sie errichtete ein Regime, das die Bezüge von Individuen und Gesellschaften, von menschlichen Bindungen und gesellschaftlichen Institutionen, von Differenzierungen und Ungleichheiten neu arrangierte. Ein komplexes Zusammenspiel von demographischen, technologischen, sozio-ökonomischen und kulturellen Faktoren trieb die Entwicklungen an.

Spontan arrangierte Schlaglichter der Globalisierung mögen das veranschaulichen:

- 2015 lebten über sieben Milliarden Menschen auf der Welt. 2050 werden es rund zehn Milliarden sein;
- global betrug die Zahl der Internetnutzer 2015 etwa drei Milliarden Menschen. Im Jahr 2000 waren lediglich 360 Millionen Menschen online[1];
- 2020 wird nahezu jeder Mensch der Erde über ein Mobiltelefon oder Smartphone verfügen;

1 | Vgl. http://de.statista.com/statistik/daten/studie/186370/umfrage/anzahl-der-internetnutzer-weltweit-zeitreihe/, aufgerufen am 24. September 2015.

- ein Haushalt kann heute über Satellitenfernsehen etwa 800 Programme empfangen. Online-TV bietet Zugang zu 5.000 TV- und Radiosendern weltweit an;
- die Satellitennavigationssystemen NAVSTAR-GPS (USA), GLONASS (Russland) und Galileo (Europa) ermöglichen eine umfassende weltraumgestützte Erdbeobachtung, Navigation und Kommunikation;
- im Jahr 2016 betrieb McDonalds über 36.258 Restaurants in 119 Ländern. Das global agierende Unternehmen verzeichnete mit 1.800.000 Mitarbeitern einen Gesamtumsatz von über 27 Milliarden US-Dollar und vertrieb dabei nicht nur Nahrung, sondern auch Esskultur, die nahezu jeder Erdenbürger kennt;
- Zwischen 1990 und 2010 stieg die Gesamtzahl der transnationalen Unternehmen von rund 35.000 auf 82.000 und die ihrer Tochterunternehmen von 150.000 auf mehr als 800.000 an;
- Zwischen 1900 und 2010 stieg die Anzahl der Nichtregierungsorganisationen von 176 auf über 8.000 an;
- die Zahl der internationalen Touristen beträgt heute über eine Milliarde Menschen pro Jahr;
- englisch wird heute von 330 Millionen Menschen als Muttersprache gesprochen; nimmt man die kundigen ›Zweitsprachler‹ hinzu, sind es 500 Millionen Menschen und nimmt man die schlechter sprechenden Menschen hinzu, sind es annähernd eine Milliarde Menschen;
- etwa drei Billionen US-$ wechselten Ende der 2010er Jahre täglich auf dem globalen Devisenmarkt ihren Besitzer;
- aufgrund der Emission von Treibhausgasen wird sich die globale Mitteltemperatur bis Ende des Jahrhunderts um 2.5 bis 4,1 Grad/Celsius erhöhen.[2]

Die weltweite Integration der Technologie, der Finanzen, des Handels, der Information und der Kultur beeinflusste auf der ganzen Welt zunehmend Löhne, Zinssätze, Lebensstandards, Entwicklungschancen, Kultur, den Arbeitsmarkt, Konfliktlagen und selbst das Wetter. Wenn ein Phänomen mehr Menschen auf vielfältigere Weise und zur gleichen Zeit mehr beeinflusst als jedes andere, dann ist es das System der Globalisierung (Friedmann, 1999: 48). Globalisierung lässt sich also als (1.) ökonomische, (2.) politische und (3.) kulturelle Globalisierung erfahren. Sie bedeutet die auf technologischen Schlüsselinnovationen beruhende und politisch oder sozial ungehemmte Entgrenzung von Lebenssachverhalten. Der Wegfall von ideologischen, politischen und technischen Barrieren verringerte Sprachbarrieren zwischen Menschen. Die moder-

2 | Daten nach Berlin Institut für Bevölkerung und Entwicklung, Bundeszentrale für politische Bildung, wikipedia, Deutsche Bank Research, Spiegel online, Centrum für angewandte Politikforschung (C•A•P), LMU München.

nen Technologien führten zu einer neuartigen internationalen Verflechtung zwischen Individuen, Gruppierungen, Gesellschaften, Unternehmen, Institutionen und Staaten.

Sprachschwierigkeiten wurden durch Unterricht in Mehrsprachigkeit und englisch als weltweite Einheits- oder Klammersprache überwunden. Ein Mensch, der gut bis sehr gut deutsch, englisch und spanisch spricht, könnte in Deutschland, Österreich und der Schweiz, in Spanien, dem spanischsprechenden Teil Südamerikas und der Karibik, in den USA, Kanada, Australien, Neuseeland und dem Vereinigten Königreich mit rund 800 Millionen Personen direkt kommunizieren (wenn er auch mit lokalen Dialekten zurecht käme). Er könnte die lokalen Medien verstehen und mit den Medieninhalten und Kommentaren im eigenen Land vergleichen. Das entspricht etwa einem Neuntel der Weltbevölkerung. Hinzu kommt der Transmissionsriemen des Englischen. Neben den Muttersprachlern sprechen je nach Grad des Sprachverständnisses weltweit etwa 200 Millionen bis eine Milliarde Menschen englisch als erste, zweite oder dritte (allerdings brüchige) Sprache. In 57 Ländern und in der Europäischen Union, der Afrikanischen Union, der Organisation amerikanischer Staaten und in den Vereinten Nationen ist englisch Amtssprache genauso wie im Bereich des internationalen Flugverkehrs. Die englische Sprache dient zudem in sechs Ländern und Regionen als Verkehrssprache, so etwa in Israel, Hongkong oder Malaysia. Wer global geschäftlich und gesellschaftlich kommunizieren muss und will, kommt um ausreichende Kenntnisse der englischen Sprache nicht herum.

Hinzu kommt die von der Sprache unabhängige Universalität der bildenden Kunst, der Fotografie oder der Musik. Technologie, Sprache, Kommunikation und Bildung sind praktisch der Humus der Globalisierung und so im Prinzip die Voraussetzung dafür, dass man sich prinzipiell auf der Erde gut verständigen kann. Hinzu kommt: zum ersten Mal in der Geschichte der Menschheit erscheinen neue Lösungen am Horizont, die nicht mehr voraussetzen, dass man mühsam Sprachen lernt, mit denen man meint, am meisten anfangen zu können. In unterschiedlichen Feldern der Gesellschaft tauchen immer häufiger neue Formen von Sprache und dem Umgang mit ihr auf. Die Vermutung liegt nach Trendforschern des deutschen Zukunftsinstituts in Frankfurt nahe, dass sich unsere Nutzung von Sprache in den kommenden Jahren drastisch verändern wird. Vor allem die Veränderungen des sozialen Verhaltens in Kombination mit neuen technischen Möglichkeiten würden unseren Umgang mit dem Sprechen fundamental wandeln. Weil Gesprochenes und Geschriebenes immer mehr miteinander verschmelzen, könnten künftig auch Big-Data-Technologien bei der Verständigung helfen. Der Gedanke einer Universalsprache rückt nach dem Team von Matthias Horx somit folgerichtig in den Bereich des Denkbaren auf.[3]

3 | Vgl. www.trend-update.de/2013/12/01/sprache-2-0/, aufgerufen am 3. April 2014.

Seit dem Ende der 1980er Jahre griff der Prozess der Globalisierung dann umfassend durch und mischte seitdem die Bezüge des gesellschaftlichen Miteinanders auf lokaler, regionaler und internationaler Ebene auf. Die neue Globalisierung wurde sukzessive das dominante gesellschaftliche Narrativ, das im Ergebnis die herkömmliche Erzählung des Nationalen und der (marktwirtschaftlich oder planwirtschaftlich geprägten) Nationalökonomie im 20. Jahrhundert zu verdrängen begann. Gunnar Folke Schuppert betont hierbei die Globalisierung der Staatlichkeit als Kommunikationsgeschichte und erklärt Globalisierung als komplexe Welterfahrung und Weltbeherrschung durch Kommunikation (Schuppert 2015).

Die janusköpfige Identität der Globalisierung gebar den Begriff der ›Glokalisierung‹: er betont die Bedeutung von globalen und lokalen Bezügen für die Identität von Menschen, Volksgruppen oder Nationen

Allerdings sticht eine janusköpfige Identität der Globalisierung hervor. Sie suchte Roland Robertson einst mit dem Kunstwort der ›Glokalisierung‹ auf den Punkt zu bringen (Robertson 1993). Die Werbeindustrie des frühen 21. Jahrhunderts griff diesen Begriff dann in seiner angelsächsischen Version »Glocalize« auf, weil sie erkannt hatte, dass der Mensch als Kompensation eines verordneten globalisierten Lebensstil für seinen Seelenfrieden auch eine Bindung an lokale Traditionen oder traditionelle Werte braucht. Gemeint ist die Dialektik von globaler Entgrenzung und lokaler Kompensation, die eine erweiterte Phänomenologie sozialer Verbindungen schuf. Dies führte zum Bild einer Kompensationsgesellschaft in der Globalisierung (Weidenfeld/Turek 2002: 38ff.). Erst schleichend, dann explosiv, wurde die relativ harmonisch austarierte nationalstaatliche Verbindung von lokal, regional und national gesprengt durch eine sich auswuchernde Globalisierung. Andere Deutungen der Globalisierung definierten sie mit den Begriffen der Entnationalisierung oder Denationalisierung und wendeten sich damit jenseits der ökonomischen Aspekten ihren politischen und sozialpsychologischen Konsequenzen zu. Dies warf die Frage der kollektiven Identität einer globalen Gesellschaft auf.

Identität definiert den Charakter einer sozialen Gesamtheit, der einen in sich normativ und funktional zusammenhängenden Korpus, einen Gegenstand oder ein Objekt kennzeichnet und abgrenzt von anderen Charaktereigenschaften politischer, wirtschaftlicher oder zivilgesellschaftlicher Art.[4] Es ist wichtig, welche Eigenschaften im Wirken einer durchgreifenden Globali-

---

4 | Vgl. die differenzierte Definition unter http://de.wikipedia.org/wiki/Identität, aufgerufen am 3. April 2014.

sierung wesentlich geworden sind und wie die Dialektik der Globalisierung[5] sowohl als Anpassungsmechanismus, als Gestaltungschance wie auch als Abwehrreflex funktioniert. Auf den einzelnen Menschen konzentriert, verbindet sich damit in den Zeiten der Globalisierung der Wunsch nach Gewohntem und Vertrautem, nach Übersichtlichkeit und Orientierung. Das befördert die Sehnsucht nach Heimat in den Zeiten einer rastlosen Mobilität über alle kulturellen und geographischen Grenzen hinweg. Zumindest in der internationalen Geschäftswelt hat dies zu einem Konzept der Erkennbarkeit und Unverwechselbarkeit von Marken geführt. Hotels, Burgerketten, Cafés: wenn sie überall gleich aussehen, fühlt sich wenigstens in diesem kleinen Konsumkosmos niemand überfordert. Andere Unternehmen etwa im Bereich Nahrung und Genuss, die bewusst mit dem regionalen Bezug ihrer Produkte werben, greifen diesen Trend seit langem schon erfolgreich auf (Crocoll/Kuntz/Slavik 2013).

Der deutsche Soziologe Ulrich Beck hat diese Dialektik Ende der 1990er Jahre anschaulich auf den Punkt gebracht:

»Was sich vor unseren Augen abspielt ist sehr wohl vergleichbar mit der Entdeckung Amerikas. Unter den Segeln der ›Weiter-so-Modernisierung‹ sind wir nach Indien aufgebrochen und in der Einen Welt(-Gesellschaft) mit ihrer noch unvertrauten, unerforschten, entterritorialisierten sozialräumlichen Ordnung gelandet – mit ihren neuartigen transnationalen Machtspielen, Lebensformen, Lebensstilen, Kulturlandschaften, Managementeliten, Gegensätzen von lokalisierter Armut und globalisiertem Reichtum, grenzübergreifenden sozialen Bewegungen sowie Regulierungsmöglichkeiten jenseits des Nationalstaats. Die Moderne mit ihrem territorialstaatlich geprägten Politikmonopol, Gemeinschafts- und Gesellschaftsverständnis, mit ihren Idealen von technischem Fortschritt und nationaler Einheit wird in Frage gestellt und überlagert durch die Herausforderungen und Konturen des globalen Zeitalters« (Beck 1998: 10f.).

Seit dieser feinsinnigen Betrachtung sind über 15 Jahre vergangen. Der damals vorgezeichnete Weg ist heute Realität, das Narrativ der Globalisierung von robuster Natur, allgegenwärtiger Präsenz und nachhaltiger Wirkung.

Globalisierung tangiert alle individuellen und gesellschaftlichen Lebenssachverhalte. Gesellschaft verortet sich prinzipiell in ›Verflechtungszusammenhängen‹ zwischen Individuum und Gemeinschaft – lokal, national und international. Gesellschaft ordnet sich so konzentrisch nach dem Ich, der Familie, der Bildung, der Wirtschaft und dem Staat. Dies ist universell. Hier sind der Rang und Status des Einzelnen von Bedeutung sowie das Ineinandergreifen von verbindlichen Werten und Verhaltensweisen, die das soziale Miteinander

5 | Womit das Wirken von These und Antithese zu einer Synthese gemeint ist, die in der Konsequenz und im Zeitverlauf wiederum den Kern einer neuen Polarisierung in sich tragen kann.

verlässlich – und damit kalkulierbar – regeln. Neben den Sozialisationsstufen des einzelnen Menschen und dem Institutionengefüge der Gesellschaft – im 20. Jahrhundert in der westlichen Welt repräsentiert durch Kirchen, Gewerkschaften, Verbänden, Parteien, staatlichen und anderen gesellschaftlichen Institutionen – sind zweitens die mentalen Prägungen und Werte des Individuums und der normative Konsens bzw. Dissens einer menschlichen Gemeinschaft konstituierende Elemente einer Gesellschaft, was in der Identität von einzelnen Menschen und Gemeinschaften zum Ausdruck kommt. Dies führt dazu, dass ›Sympathien‹, ›Aversionen‹ oder ›Antipathien‹ in und zwischen Menschen oder Gesellschaften entstehen, die in Kooperationen, ›Duldungen‹ oder Konflikten münden. Schließlich kommt, drittens, dem historischen Gedächtnis einer Gesellschaft eine herausragende Bedeutung zu. Aus dem Dreischritt – wer bin ich? woher komme ich? wohin gehe ich? – konstruieren Menschen und Gemeinschaften ihr Selbstverständnis in ihrer jeweils spezifischen Form.

Die menschliche Entwicklung führte in der neueren Geschichte in die Agrargesellschaft und dann in die Industriegesellschaft, die sich seit Anfang des 21. Jahrhunderts durch Globalisierung zunehmend zu einer globalen Technologiegesellschaft transformiert (Weidenfeld/Turek 2002). Dieser Wandlungsprozess ist gesellschaftlich von wesentlicher Natur (Elias 1978). Die einen verbinden vor diesem Hintergrund Globalisierung mit wirtschaftlichem Wachstum und allgemeiner Prosperität, einer Annäherung der Kulturen und weltweit vielen Entwicklungsmöglichkeiten; andere hingegen fürchten den ›Terror der Ökonomie‹, Raubtierkapitalismus, den Verlust regionaler Vielfalt und lokaler Identität, ökologischen Raubbau sowie eine zunehmende Kluft zwischen arm und reich. Das Spektrum der Haltungen hinsichtlich einer ›guten‹ und einer ›schlechten‹ Globalisierung ist breit und reicht so mit einer sozio-ökonomischen und kulturellen Aufladung über rein ökonomische, technologische oder bürokratische Sachverhalte weit hinaus.

Geschichte der Globalisierung

Die Globalisierung zählt etwa 500 Jahre. Sie entwickelte sich in drei Schüben.

Die erste Globalisierungsphase lässt sich mit der Herausbildung der globalen Seeschifffahrt im 15. und 16. Jahrhundert verbinden, als mit der Entwicklung hochseetauglicher Schiffstypen wie der Karacke aus europäischer Sicht Amerika und später Japan entdeckt werden konnten und weltumspannender Handel unter anderem auch mit China ermöglicht wurde. Gleichzeitig haben die spanischen, holländischen und portugiesischen Armadas der Verbreitung des Christentums und der lateinischen Kultur sowohl in Süd- und Mittelamerika und Asien einen erheblichen Vorschub geleistet. Früh schon wurden also die Verknüpfung von Handel und die Distribution von Werten als Globalisierungsfolge deutlich. Und ihre Konkurrenz mit anderen Kulturformen in Südamerika, China und Japan[6]. Technologische Innovationen führten zu technischen Instrumenten und verbanden sich schnell mit unternehmerischer Mentalität und marktrelevantem Handeln. Der frühere Präsident der deutschen Bundesbank, Hans Tietmeyer, verortete die Entstehungsgrundlage der Globalisierung im regionalen rational-ökonomischen Denken der Florentiner. In der Renaissance habe sich die Globalisierung insofern bereits angedeutet, als dass sich die florentinischen Kaufleute nicht an den Märkten vor Ort orientierten, sondern ihre Produkte auf Messen an entsprechenden Zielmärkten feilboten. Technologische und unternehmerische Innovationen führten auf der Grundlage einer veränderten Mentalität zu einem weiteren Schub der Globalisierung.

Die zweite Phase verortet sich in der industriellen Revolution und hier mit der Entwicklung von Dampfmaschine und Dampfschiff, Eisenbahn, Telefon und Telegraf. Sie prägte sich Mitte/Ende des 19. Jahrhunderts aus und wurde zur Jahrhundertwende durch die Entwicklung des Flugzeugs ergänzt. Diese Globalisierungsphase wurde durch die Weltkriege (1914-1918 und 1939-1945) und den Kalten Krieg (1947-1972 bzw. 1991) unterbrochen. Die 77 Jahre vom Beginn des Ersten Weltkriegs bis zum Ende des Kalten Krieges (mit dem Zusammenbruch der UdSSR 1991) waren somit nur eine Art ›Zwischenzeit‹ zwischen zwei Phasen der Globalisierung.

Die dritte Phase fängt zögerlich Mitte der 1980er Jahre an mit der Standardisierung von Handelsmechanismen, der Liberalisierung der Finanzmärkte, der Entwicklung des Microsoft-Betriebssystems und später des Internets – das ursprünglich als Arpanet nur militärischen Zwecken dienen sollte (Ohmae 2006) – dem wirtschaftlichen Aufstieg sowie der Öffnung Chinas und der BRIS-Staaten. Endgültig an Fahrt gewann diese dritte Phase dann mit dem Ende des Ost-West-Konflikt und der Öffnung der Weltmärkte. Technische Grundlage dieser dritten Phase waren die Digitalisierung der Ökonomie und eine moderne Seeschifffahrt, die standardisierte ›Supercontainer‹ statt Stückgut transportierte sowie die Einführung von anderen standardisierten Transportutensilien sowie der Tourismus und der Cargo-Luftverkehr. Sie ermöglichten neben der Digitalisierung der Information und Kommunikation die Beschleunigung des internationalen Verkehrs und personalen Austauschs. Grundlage für die Etablierung dieser ›Superinfrastrukturen‹ war dabei aber immer die wirtschaftlich, politisch und gesellschaftlich gewollte Internationalisierung im Rahmen eines Netzwerkes globaler Austauschbeziehungen.

Die Informations- und Kommunikationstechnologien spielten hierbei nicht nur als Instrumente der Globalisierung eine wichtige Rolle. Als Basistrend des 20. Jahrhunderts prägte sie zudem die Performanz der Weltwirtschaft. In der

---

6 | Amerika, Australien und Neuseeland, Afrika oder Zentralasien spielten damals noch eine untergeordnete Rolle.

Marktwirtschaft treten nicht nur kurze und mittlere Wirtschaftsschwankungen auf, sondern auch lange Zyklen, mit einer Periode von 40 bis 60 Jahren. Sie beruhen auf Basisinnovationen, welche die Weltwirtschaft in einen kräftigen Wachstumsprozess führen. Sie gelten als Auslöser ganzer Wirtschaftszyklen, die man in der Theorie des russischen Wirtschaftswissenschaftlers Nikolai Kondratieff auch Kondratieff-Zyklen nennt. Die Dampfmaschine, die Elektrotechnik und die Chemie sind Beispiele solcher Basisinnovationen gewesen, die man bisher in fünf Kondratieff-Zyklen eingeteilt hat. Sie haben das Tempo und die Richtung des Innovationsprozesses über mehrere Jahrzehnte weltweit bestimmt. In der zweiten Hälfte trat die Informations- und Kommunikationstechnologie als fünfter Kondratieff-Zyklus auf den Plan. Sie ermöglichte neben den logistischen und technologischen Möglichkeiten von Transport und Verkehr in großem Maße eine weltumspannende Kommunikation – mit erheblichen sozio-ökonomischen Auswirkungen. Gegenwärtig, bleibt man im Bild der großen Innovationszyklen von Kondratieff, bahnt sich der 6. Kondratieff im Bereich der Gesundheitswirtschaft kraftvoll seinen Weg (Nefiodow 2007; Kondratieff/Händeler 2013).

Die dritte Phase der Globalisierung realisiert eine Geschwindigkeit und Kraft von bisher ungekanntem Ausmaß

Den Unterschied zwischen den ersten beiden Globalisierungsphasen und der heutigen, die dann Mitte/Ende der 1990er Jahre rasant an Gestalt gewann, beschreiben die beiden englischen Sozialtheoretiker Antony Giddens und Will Hutton zutreffend so: »Es ist die Interaktion zwischen außerordentlichen technologischen Innovationen mit der weltweiten Reichweite des globalen Kapitalismus, die dem aktuellen Wandel einen besonderen Anstrich verleihen. Er hat heute eine Geschwindigkeit, Unvermeidbarkeit und Kraft, die er vorher nicht hatte« (Hutton/Giddens, 2001). Sie hat demnach heute eine andere Qualität: sie umfasst weit mehr Faktoren, sie ist schneller und aggressiver, sie ist omnipotent, sie verändert mit ihrer umwälzenden Kraft unsere Lebensbedingungen, unsere Gefühle, unser Denken und unser Verhalten. Die Grundzüge einer durchgreifenden Globalisierung liegen in sozio-ökonomischen Vernetzungen unter dem Einfluss neuer technologischer Innovationen. So wie im 15. Jahrhundert die Karacke die Ausdehnung des Handels und den Transport von Menschen und Gütern ermöglichte, führte die globale Vernetzung über moderne Verkehrs-, Kommunikations- und Informationssysteme zu intensivierten wirtschaftlichen, wissenschaftlichen, politischen und sozialen Verflechtungszusammenhängen der menschlichen Gesellschaft.

Globalisierung ist also keine Urgewalt, kein plötzliches Ereignis, sondern ein sozio-ökonomischer Prozess mit ›langem Atem‹. Er gewann Mitte des 19. Jahrhunderts langsam aber stetig an Fahrt. Mit seiner Wucht entwickelte sich dieser Prozess in den 1990er und den 2000er Jahren dann immer schneller und in ungleich höherer Dichte und Geschwindigkeit als jemals zuvor. Die Globalisierung der Wirtschaft zeigt sich im Kapital-, Waren- und Dienstleistungsverkehr, in der beruflichen wie privaten Mobilität, im Transport und Personenverkehr und im Bereich der erweiterten Interaktion, insbesondere in der Welt des Internet und der mobilen Telefonie. Hinzu kommen die Globalisierung von Umweltproblemen und die Internationalisierung des Klimawandels. Die Globalisierung der Politik entfaltet sich innerhalb der Handlungsnotwendigkeiten einer adäquaten ›Global Governance‹ und in institutionalisierten Regelwerken, im internationalen Rechtsverkehr sowie im sozio-ökonomischen Lobbyismus internationaler Nichtregierungsorganisationen (Non Governmental Organization, NGOs). Die Globalisierung der Kultur meint drittens eine vermehrte Berührung von unterschiedlichen Wertvorstellungen, Lebensstilen und Verhaltensweisen, die insbesondere durch den technologischen Fortschritt, die Distribution von Unterhaltung und Kommunikation sowie die Globalisierung der Sprache(n) transportiert wird.[7] Alle drei Dimensionen sind von gleicher Bedeutung und miteinander verknüpft.

Werfen wir einen Blick auf ihre Eigenarten, um ihren Einfluss für eine Politik der neuen Globalisierung abschätzen zu können.

Die Ökonomie als robuster Motor der Globalisierung

Die Globalisierung der Ökonomie zeigt sich in der intensiven globalen Verflechtung von nationalen Volkswirtschaften und regionalen Wirtschaftszonen. Und natürlich im Handelsregime der WTO. Sie bedeutet eine Ökonomisierung der individuellen Existenz, die von den einen als wünschenswert erachtet wird, da sie individuelle Wohlstandseffekte erwarten, für die anderen aber gefürchtet wird, weil sie neue Zwänge für den Alltag in den Bereichen Arbeit und Konsum mit sich bringt. Globalisierung ermöglicht wirtschaftliches Wachstum durch die Liberalisierung des Welthandels, durch internationale Arbeitsteilung sowie die Ausweitung des Warenhandels und der internationalen Finanzströme. Bemerkenswert sind dabei Verschiebungen im nationalen und internationalen Verkehrsaufkommen zur Mitte der zweiten Dekade des 21. Jahrhunderts.

Sinkende Kosten für Transport und Kommunikation schoben die Globalisierung an …

Voraussetzung für diese Verflechtung waren sinkende Transport- und Kommunikationskosten. Diese Entwicklung war nicht nur eine Voraussetzung für

7 | Vgl. als Übersicht http://de.wikipedia.org/wiki/Globalisierung.

den Prozess der Globalisierung, sondern wurde ihrerseits von ihr beeinflusst. Durch eine größere Nachfrage von Dienstleistungen im Kommunikationsbereich, wachsende Gütermengen im Transportwesen und schnellere Verbreitung technischer Entwicklungen können logistische Leistungen günstiger angeboten – und im nächsten Schritt wiederum stärker nachgefragt – werden. Die Zahl der Personen-Kilometer im internationalen Flugverkehr und die Transportmenge der Luftfracht haben sich seit 1950 mehr als verhundertfacht. Zum Ende der 2000er Jahre wurden weltweit täglich über 6,7 Millionen Passagiere auf In- und Auslandsflügen befördert. In Deutschland heben heute täglich über 8.000 Flieger ab; weltweit gibt es – nach grober Schätzung – täglich 80.000 Flüge.[8] Und die grenzüberschreitend beförderte Luftfrachtmenge liegt heute bei etwa 30 Millionen Tonnen. Da die Fracht im Durchschnitt 5.200 Kilometer transportiert wird, beläuft sich das Luftfrachtaufkommen auf etwa 131 Milliarden Tonnen-Kilometer auf internationaler Ebene.

Auch der Umfang der zu See transportierten Güter ist seit 1920 stark gestiegen. Bereits Mitte der 2000er Jahre wurden etwa zehn Milliarden Tonnen über durchschnittlich 4.100 Seemeilen transportiert. Das Seefrachtaufkommen hat sich allein in den vergangenen vier Jahrzehnten von weniger als 6.000 Milliarden Tonnen-Meilen auf über 32.930 Milliarden Tonnen-Meilen erhöht und auf den Weltmeeren waren 2014 über 100.000 Handels- bzw. Frachtschiffe unterwegs.[9]

Seit 1930 sind sowohl die Kosten für den See- und Lufttransport als auch die Telekommunikationskosten erheblich gesunken. Die Kosten für Seefracht und Lufttransport verringerten sich innerhalb von 70 Jahren um 65 bzw. 88 Prozent. Bei den Kommunikationskosten – etwa bei den Gebühren für ein dreiminütiges Telefongespräch von New York nach London – ist der Trend noch deutlicher: In Preisen von 1990 kostete dieses Gespräch 1930 knapp 245 US-$, 1970 noch mehr als 30 US-$ und 2005 nur noch 30 US-Cent – eine Kostenreduzierung von 99,88 Prozent. Die Zahl der aus den USA ins Ausland telefonierten Minuten hat sich allein vom Ende der 1970er bis zum Ende der 1990er Jahre auf etwa 28 Milliarden verneunfacht. Erst die relativ sinkenden Kosten für Transport und Kommunikation und die parallele Verbreitung globaler Transport- und Kommunikationsnetze haben neue Produktions-, Vermarktungs- und Absatzstrategien sowie einen allgemeinen globalen Austausch ermöglicht. Wichtig dabei waren auch verbesserte Kommunikationsformen und Bildgebungsverfahren, welche durch die digitale Vermittlung von Produkt- und Dienstleistungsinformationen den internationalen Handel zusätzlich erleichtert und beschleunigt haben.

---

8 | Vgl. www.helpster.de/wie-viele-flugzeuge-fliegen-taeglich-wissenswertes-zum-flugverkehr-in-deutschland_124169#anleitung, aufgerufen am 12. April 2014.

9 | Vgl. http://de.wikipedia.org/wiki/Globalisierung#cite_note-23, aufgerufen am 1. April 2014.

Die Relation der Transport- und Kommunikationskosten zu den nötigen Energie- und Logistikkosten blieb dabei günstig. Während die Kommunikationskosten auch in den letzten Jahren weiter gesunken sind, haben vor allem die seit etwa zehn Jahren steigenden Energiekosten in vielen Bereichen zu einer Erhöhung der Transportkosten geführt. Allerdings ist der Anteil der Transportkosten bei vielen Produkten nunmehr so gering, dass sich auch deutliche Preissteigerungen kaum auf die Endverbraucherpreise auswirken müssen. So kostet etwa der Transport eines TEU-Containers mit mehr als 20 Tonnen Fracht von Asien nach Europa nicht mehr als ein Flug in der Economy-Class für einen Flugpassagier auf derselben Strecke. Der Transport einer Tonne Eisenerz von Australien nach Europa kostet durchschnittlich etwa zwölf US-$. Und bei einem Transport von Asien nach Europa liegt der Anteil der Seefrachtkosten bei einem Fernseher bei etwa 1,4 Prozent, bei einem Kilogramm Kaffee sogar nur bei einem Prozent.[10]

... und der Abbau von Zöllen im internationalen Warenhandel beschleunigte sie

Der Prozess der Globalisierung wurde durch sinkende Zölle beschleunigt, da sie zu einer Ausweitung des grenzüberschreitenden Handels beitragen. In den Verhandlungsrunden des Allgemeinen Zoll- und Handelsabkommens (General Agreement on Tariffs and Trade – GATT) zwischen 1947 und 1994 wurden die Zölle in fast allen Marktsegmenten gesenkt. Bei der Uruguay-Runde von 1986 bis 1994 wurden die Vereinbarungen auf den Bereich der Dienstleistungen (GATS) und des geistigen Eigentums (TRIPs) ausgedehnt und die Gründung der Welthandelsorganisation (WTO) beschlossen. Das GATT wurde 1948 aus der Taufe gehoben und galt mit Blick auf die eigentlich geplante International Trade Organization (ITO) als rudimentäre, also unterentwickelte Konstruktion. Nach der Uruguay-Runde wurde dann mit der WTO eine wirklich lebensfähige Welthandelsorganisation etabliert. Die WTO verfügt über einen Ministerrat, einen Allgemeinen Rat und dazu gehörig verschiedene Gremien, Ausschüsse, Räte etc., ein ständiges Sekretariat in Genf und vor allem über eine Schiedsstelle, bei der Beschwerden und Klagen von Mitgliedsländern verhandelt werden, die sich durch unerlaubte Handelshemmnisse anderer Mitgliedsländer benachteiligt sehen.[11]

Lange war das GATT eines der wichtigsten Abkommen innerhalb der WTO. Ziel der Arbeit der WTO ist der Abbau von Handelshemmnissen und somit die Liberalisierung des internationalen Handels. Außerdem schlichtet die Organisation Handelskonflikte zwischen ihren 159 Mitgliedern. Ein Streitthema war

10 | Vgl. www.bpb.de/nachschlagen/zahlen-und-fakten/globalisierung/52499/transport-und-kommunikation, aufgerufen am 20. März 2015.

11 | http://de.wikipedia.org/wiki/Doha-Runde, aufgerufen am 20. März 2015.

zum Beispiel die Produktion von Solaranlagen in Europa und China. Hier wurde China vorgeworfen, solche Anlagen nur aufgrund von nationalen Subventionen zu Dumpingpreisen auf internationalen Märkten anbieten zu können. Die Unterstellung war, dass die chinesische Wirtschaftslenkung die internationale Konkurrenz ausbooten wollte, um Marktführer in diesem wichtigen Zukunftsfeld werden zu können. Europäische Hersteller hatten dagegen bei der WTO geklagt und einen Streitschlichtungsmechanismus in Gang gesetzt.

Mitte der 2000er Jahre unterlagen über 94 Prozent des grenzüberschreitenden Handels den Regelwerken der WTO. Sowohl das Zollniveau der ökonomisch entwickelten Staaten als auch das der ökonomisch sich entwickelnden Staaten hat einen historischen Tiefstand erreicht. Von wenigen Ausnahmen abgesehen ist die durchschnittliche Zollbelastung gegenüber allen Partnerregionen gesunken. Bis auf die Zölle, die gegenüber den ökonomisch am wenigsten entwickelten Staaten erhoben werden, haben die Zölle der ökonomisch entwickelten Staaten ein vernachlässigbares Niveau erreicht. Darüber hinaus kam es zu einer Ausweitung der sogenannten nicht-tarifären Handelshemmnisse (Quotenregelungen, Subventionen, Selbstbeschränkungsabkommen, Produktstandards, Anti-Dumping-Verfahren und andere Zugangsregelungen). Trotzdem galten die bisherigen Regeln zum Freihandel auf der Welt als unvollkommen. Dies galt insbesondere für den Handel zwischen den entwickelten Ländern des Nordens und den sich entwickelten Ländern in der südlichen Hemisphäre außerhalb von Europa.

Deshalb wurde Anfang der 2000er Jahre die sogenannte Doha-Runde mit dem Ziel etabliert, die verbliebenen Probleme der Uruguay-Runde im Rahmen der Doha-Entwicklungsagenda zu beheben. Dies waren insbesondere Fragen des Marktzugangs für Agrarprodukte in den Industrieländern durch den Abbau von Zöllen oder Importquoten sowie die Reduzierung von Subventionen im Agrarsektor der Industriestaaten. Hinzu kamen Fragen des geistigen Eigentums, insbesondere bei Medikamenten, sowie Zollwertbestimmungen. Angestrebte Ziele dieser Verhandlungsrunde wurden nicht erreicht und in einer Zwischenbewertung in Cancun 2003 wurde beschlossen, die Verhandlungen zu suspendieren. 2007 beschloss man erneut zu verhandeln – ohne jedes weitere substanzielle Ergebnis bis 2012. Deshalb startete die Bali-Runde 2012/2013, welche die Welthandelsrunde wiederbeleben sollte und die am 7. Dezember 2013 entgegen allen Bedenken und Zweifeln relativ erfolgreich zu Ende gebracht werden konnte. Angesichts der Erfolgslosigkeit der bisherigen Bemühungen titelte die Presse anfangs noch »Letzte Ausfahrt Bali« oder »Bali als letzte Chance«.

2013 wurde nach lähmenden Jahren der Stagnation in den Verhandlungen über die Liberalisierung des Welthandels ein Durchbruch erzielt

Am 6. Dezember 2013 schafften die WTO-Mitgliedstaaten dann tatsächlich einen Durchbruch. Nach 20 Jahren konnte man sich auf weitgehende Erleichterungen im globalen Handel einigen. Hervorzuheben ist ein Subventionsabbau im Agrarbereich für Entwicklungsländer. Die Einigung ist die erste umfassende Handelsreform seit 1995 und somit seit der Gründung der WTO als Hüterin des GATT. Experten gehen davon aus, dass dieses Abkommen einen weltweiten Wachstumsschub im Umfang von einer Billion US-$ ermöglicht. Damit ist nach Schätzung der Internationalen Handelskammer in Paris die Schaffung von 21 Millionen Arbeitsplätzen möglich – davon 18 Millionen in den Entwicklungsländern.[12]

Die Senkung von Zöllen und die Liberalisierung von Märkten wurden zusätzlich durch eine zwischenstaatliche, interregionale und intraregionale Integration flankiert. Neben dem Binnenmarkt der EU, der ökonomisch bedeutendsten Freihandelszone der Welt, gibt es den Mercosur in Südamerika, die NAFTA zwischen Kanada, den USA und Mexiko oder den ASEAN-Pakt in Südostasien sowie etwa 20 weitere Kooperations- und Integrationsbündnisse und 250 regionale Handelsabkommen. Wichtig hierbei war: aufgrund der Regionalisierung entwickelte sich der Weltmarkt zu einem System aneinander grenzender regionaler Binnenmärkte. Neben den alten, vorwiegend national aufgestellten ›Playern‹ der klassischen OECD-Welt, betraten damit zwischen den 1980er und 2000er Jahren integrierte Akteure die weltwirtschaftliche Bühne. Sie traten in Konkurrenz zu den westlichen ›Stars‹ der Weltwirtschaft, zunehmend auch mit hochwertigen Produkten, Dienstleistungen und Innovationen und betraten so das gelobte Land der Weltwirtschaft mit ihrer eigenen Ökonomie.

Die steigende Bedeutung des Außenhandels bzw. die Veränderung des Verhältnisses von Warenhandel und Weltwarenproduktion ist eines der bedeutendsten Merkmale der neuen Globalisierung. Von 1960 bis zum Ende der 2000er Jahre nahm der Warenexport real um den Faktor 14,8 und die Weltwarenproduktion um den Faktor 5,2 zu. Der Export von Waren stieg dabei durchschnittlich um 5,8 Prozent, die Weltwarenproduktion um 3,5 Prozent pro Jahr an. Als Folge erhöhte sich der Anteil der exportierten Waren am Welt-Bruttoinlandsprodukt (BIP) zwischen 1970 und 2008 von 9,7 auf 26,4 Prozent. Der Wert der exportierten Waren lag 2008 bei 16,1 Billionen US-$ und damit hundertvierundzwanzigmal höher als 1960. Mit Blick auf die Globalisierung ist die Steigerung des Warenexports um rund 85 Prozent in den Jahren 1990 bis

12 | Vgl. Zeit-online vom 7. Dezember 2013 unter www.zeit.de/wirtschaft/2013-12/wto-einigt-sich-auf-globales-handelsabkommen, aufgerufen am 4. April 2015.

2000 signifikant, da die ökonomische Verflechtung 1990 hoch war bzw. der Warenexport bereits einen Wert von knapp 3,5 Billionen US-$ hatte.

Als Folge der Zunahme des grenzüberschreitenden Warenhandels gegenüber der Weltwarenproduktion wächst die Bedeutung des Außenhandels. Dies wird bei einer Betrachtung der Außenhandelsquote deutlich: Der prozentuale Anteil der Warenexporte und -importe am weltweiten BIP stieg von 19,7 Prozent im Jahr 1970 auf 48,3 Prozent im Jahr 2010. Die globale Finanz- und Wirtschaftskrise 2008/2009 hat zum stärksten Rückgang des Warenhandels seit 1950 geführt. So nahm der reale Warenexport zwischen 2009 und 2010 um 13,5 Prozent zu. Der Wert der exportierten Waren lag 2010 bei 15,26 Billionen US-Dollar – das waren zwar immer noch 879 Milliarden US-Dollar weniger als 2008, aber 2,74 Billionen US-Dollar mehr als im Jahr 2009. Entsprechend erhöhte sich der prozentuale Anteil der Warenexporte und -importe am weltweiten BIP zwischen 2009 und 2010 von 43,4 auf 48,3 Prozent. Von 2010 auf 2011 erhöhte sich der reale Warenexport um weitere 5,1 Prozent und lag dadurch nicht nur höher als vor der globalen Finanz- und Wirtschaftskrise, sondern erreichte auch seinen bisherigen Höchstwert. Der Wert der exportierten Waren stieg 2011 auf 18,21 Billionen US-Dollar und lag damit ebenfalls über dem Vorkrisenniveau (plus 12,9 Prozent bzw. 2,07 Billionen US-Dollar gegenüber dem Jahr 2008).[13] Extrapoliert man die nachfolgende Grafik für die 2010er Jahre ist es empirisch wahrscheinlich, dass der Welthandel auch in der Dekade 2010 – 2020 entsprechend zulegen wird.

Abbildung 1: Entwicklung des Welthandels nach Ländergruppen

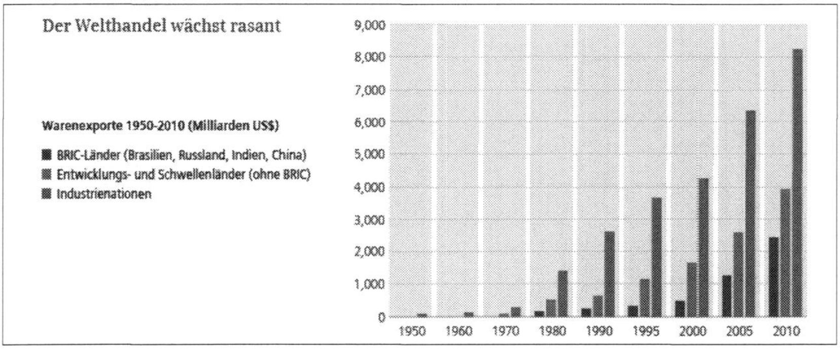

Quelle: UNCTAD/UNCTADstat; Grafik: Siemens 2012

Die Wachstums- und Wohlstandeffekte der Globalisierung lassen sich in klassischer Weise mit der Veränderung des Bruttoinlandsprodukts pro Kopf messen. Das Bruttoinlandsprodukt misst den Gesamtwert aller Güter und Dienstleistungen, die innerhalb eines Jahres innerhalb einer Volkswirtschaft

13 | Vgl. ebd.

hergestellt werden und ist als Gradmesser des Wirtschaftswachstums eines Landes die wichtigste Größe der volkswirtschaftlichen Gesamtrechnung. Das Pro-Kopf-Einkommen berechnet dabei das Durchschnittseinkommen der Einwohner im Land. Diese Messgröße ist wichtig, um die wirtschaftliche Lage verschiedener Länder und die Wohlstandseffekte für ihre Einwohner vergleichen zu können. Sie ist insofern ein guter Indikator, um Wohlstandseffekte der Globalisierung aufzuzeigen, auch wenn Kritiker in dieser eindimensionalen makroökonomischen Bezugsgröße eine verengte Interpretation des Wohlstands und damit der Globalisierungseffekte sehen, die wichtige Bezüge wie Kaufkraftparitäten, Umweltqualität, allgemeine Hygiene und Gesundheit, soziale Sicherheit oder Bildungsgrad ausblenden würden und sich bevorzugt auf andere Bewertungsgrundlagen wie den Gini-Index oder den Human Development-Index beziehen.

Abbildung 2: Wachstum des Bruttoinlandsprodukts

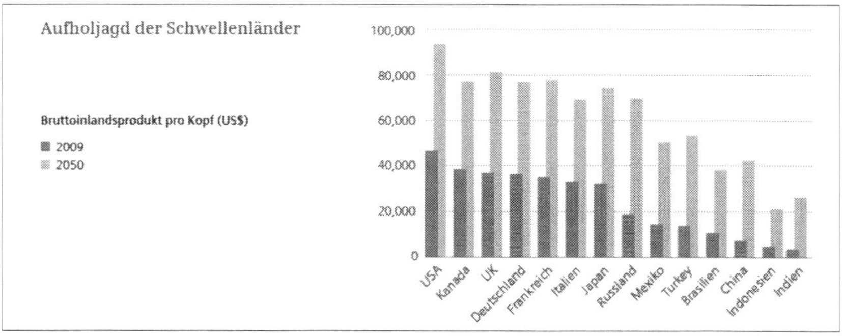

Quelle: Weltbank/PwC (2011), The World in 2050; Grafik: Siemens 2012

Die Daten für die 2000er Jahre zeigen dabei auf, dass insbesondere die sich entwickelnden Staaten von der ökonomischen Globalisierung profitieren konnten. Während das Wachstum des BIP pro Kopf der ökonomisch entwickelten Staaten von 1980 bis 1989 noch über dem der ökonomisch sich entwickelnden Staaten lag, hat sich dieses Verhältnis seit 1990, also dem Beginn der dritten Welle der Globalisierung, grundlegend umgekehrt. Mitte der 2000er Jahre entfielen vom Welt-Bruttoinlandsprodukt pro Kopf über 77 Prozent auf die ökonomisch entwickelten Staaten (31.600 US-$) und etwa 20,5 Prozent auf die ökonomisch sich entwickelnden Staaten (8.400 US-$). Gut zwei Prozent entfielen auf Süd-Osteuropa und die Gemeinschaft unabhängiger Staaten (GUS). Und in der Prognose bleibt dies so, wobei die ökonomische Entwicklung des BIP in den Entwicklungsländern stark schwankt, in den Schwellenländern allerdings unisono weiter mit hohen Erwartungen verbunden wird, trotzdem es wie etwa in Brasilien aufgrund des Verfalls des Rohölpreises und einer politisch katastrophalen Korruption 2016 zu einer Rezession gekommen ist und das Wirtschaftswachstum in China zum gleichen Zeitpunkt schwächelte.

Die Liberalisierung und die Deregulierung waren ein wichtiger Pfeiler der ökonomischen Globalisierung, ...

Nicht zuletzt bildet die Liberalisierung und Deregulierung der internationalen Finanzmärkte einen wesentlichen Pfeiler der ökonomischen Globalisierung. Zum einen wird sie als Folge des wachsenden internationalen Wirtschaftsverkehrs gesehen; zum anderen haben gerade die Finanzmärkte in den vergangenen Jahren als Beschleuniger der weltwirtschaftlichen Verflechtung gewirkt. Ursache und Wirkung sind nicht immer eindeutig voneinander zu trennen, auf jeden Fall bestehen bei der Globalisierung der Finanzmärkte erhebliche Interdependenzen zu anderen Globalisierungsfeldern. Eine deutlich zunehmende weltweite Integration der Finanzmärkte ist etwa seit Beginn der 1980er Jahre zu beobachten. Sie zeigt sich unter anderem im Wachstum des internationalen Wertpapierhandels oder der Devisenumsätze. Neue Marktakteure wie Hedgefonds oder Private Equity-Unternehmen, die international investieren, beeinflussen dabei neben traditionellen Marktteilnehmern – beispielsweise Investmentbanken, Kreditinstituten oder Investmentgesellschaften – inzwischen das Marktgeschehen. Mehrere Faktoren haben zu dieser Entwicklung beigetragen. Die Liberalisierung ist eine wesentliche Ursache für die Ausweitung des Handelsvolumens von Finanzinstrumenten über traditionelle und neue Marktakteure hinaus. Die Entwicklung und breite Anwendung der Computertechnologie und neue elektronische Kommunikationsformen haben es ermöglicht, komplexe und große Informationsmengen in kurzer Zeit zu verarbeiten, zu verbreiten und Kapitaltransfers in fast beliebiger Höhe auch über große Entfernungen fast zeitgleich zu veranlassen und auszuführen. Um die Wettbewerbsfähigkeit der einzelnen nationalen Finanzmärkte zu fördern, wurden von vielen Regierungen Kapitalkontrollen, Handels- und Marktzugangsbeschränkungen sukzessive aufgehoben oder abgebaut. Zu gleicher Zeit wurde der Spielraum für die Einführung neuer Finanzinstrumente erweitert. Dieser Prozess hat zu einer Vielzahl von Finanzinnovationen geführt und die internationale Übertragung von Kapital erleichtert. In diesem Zusammenhang war ein Trend zur Verbriefung von Forderungen und Finanztiteln zu beobachten, der eine wichtige Bedingung für deren Handelbarkeit darstellt. Damit wurden viele neuartige Möglichkeiten zur Risikoabsicherung von Finanztransaktionen, aber auch für hoch spekulative Geschäfte und ›Zockereien‹ geschaffen, die ein wesentlicher Anlass für die Finanzkrisen der 2000er und 2010er Jahre waren.[14]

14 | Vgl. www.globalisierung-fakten.de/globalisierung-informationen/globalisierung-der-finanzmaerkte/, aufgerufen am 29. Mai 2015.

... der aufgrund der nicht ausreichenden politischen Kontrolle auf Sand gebaut war

Die institutionalisierten und privaten Anleger auf den Kapitalmärkten sind hoch sensibel, das globalisierte Finanzmarktsystem anfällig für Krisen und Schocks. Einerseits bedrohen Schwächen des Systems seine Funktion selbst; andererseits droht jederzeit die Gefahr, dass durch Spekulation, Inflation oder Deflation eine gesunde Entwicklung der Realwirtschaft in Gefahr gerät. Das globale Finanzsystem ist der Blutkreislauf der Weltwirtschaft. Verstopft ein Gefäß in diesem System, kommt es zu einem Infarkt. Mehren sich Infarkte an verschiedenen Orten, droht der ›größte anzunehmende Unfall‹ (GAU) in der Weltwirtschaft. Das Platzen der Internetblase Anfang der 2000er Jahre und die globale Finanzkrise, die 2007 als Immobilienkrise in den USA begann und eine globale Währungs-, Wirtschafts- und Bankenkrise nach sich zog, griff rasch auf Europa über und hat so in der Folge wie eine finanzökonomische Pandemie das gesamte globale Finanzsystem infiziert. Der damalige EZB-Chef Jean-Claude Trichet etwa warnte in diesem Zusammenhang eindringlich davor, die systemischen Gefahren der Krise nicht zu unterschätzen.[15] Robert Shapiro, ehemaliger Berater der amerikanischen Präsidenten Clinton und Obama, prognostizierte Ende 2011 einen Zusammenbruch des weltweiten Bankensystems, ausgehend von der Schuldenkrise in der Euro-Zone, der über Großbritannien zu einem Zusammenbruch des globalen Bankensystems führen werde.[16] Das war übertrieben, wie wir heute wissen. Aber die Alarmglocken läuteten laut und deutlich. Die Infektion führte aber dann über eine Banken- und Staatsschuldenkrise über privatwirtschaftliche Insolvenzen zu der Befürchtung eines Kollaps' des europäischen Währungssystems und einer möglichen Insolvenz mehrerer Staaten in der Eurozone[17]. Das war nicht übertrieben, wie wir heute wissen.

Dieser Prozess zeigte auf, wie fragil das Weltfinanzsystem nach wie vor ist und wieweit die ökonomische Globalisierung auf allen Ebenen mit antagonistischen Forderungen nach Regulierung oder Deregulierung, politischer Kontrolle oder Liberalisierung verbunden wird. Die Globalisierung realisiert eine hohe Krisenanfälligkeit, die in allen möglichen Gegenden der Welt verursacht werden können. Spekulativ eingesetzte Finanzinnovationen verursachen Kurs-

15 | Vgl. www.spiegel.de/wirtschaft/soziales/dramatischer-appell-ezb-chef-sieht-globalesfinanzsystem-in-gefahr-a-791170.html, aufgerufen am 29. Mai 2015.

16 | Vgl. http://de.ibtimes.com/articles/24759/20111007/robert-shapiro-globaler-zusammenbruch-des-finanzsystems-durch-euro-schuldenkrise-steht-bevor.htm, aufgerufen am 4. Mai 2015.

17 | Dies betraf zunächst Griechenland, Portugal und Irland, dann Zypern, Spanien und Italien, und auch Frankreich, Malta oder Kroatien wurden als Problemfälle von den Ratingagenturen thematisiert.

schwankungen und tragen so zur Verbreitung von Krisen bei. Im Rahmen einer weltweit wirksamen Liberalisierung der Finanzmärkte müssen Anleger und Spekulanten viel realistischer damit rechnen, nicht nur an positiven, sondern auch an negativen Entwicklungen teilzunehmen. Hinzu kommt: die Zentralbanken bekämpfen weltweite Schulden- oder Währungskrisen mit dem Instrument der Fiskalpolitik, obwohl sie eigentlich nur ein Mandat für eine entsprechende Geld- und Zinspolitik haben. Im Fall der Finanzkrise 2007 bis 2015 bedeutete dies eine Politik des billigen Geldes durch extrem niedrige Leitzinsen, die durch die Notenbank in Amerika und die Europäische Zentralbank zur Abwehr deflationärer Tendenzen und für die Gesundung insbesondere Süd- und Südosteuropas eingesetzt worden ist. Letzteres geschah durch spektakuläre und höchst umstrittene Käufe maroder Staatsanleihen durch die Europäische Zentralbank, die als Umgehung der Bailout-Klausel des Maastrichter Vertrags interpretiert worden sind. Im Ergebnis entstanden massive Zinsverluste konventioneller Spareinlagen und eine neuerliche Blase an den internationalen Aktien- und Immobilienmärkten, die annähernd jedes Unternehmen und jeder private Haushalt in den USA und Europa zu spüren bekam. Dies bedeutete die schleichende Entwertung von Kapital und Vermögens für Jedermann. Es sei denn, er sprang auf den Zug anderer Investitionen und neuer Spekulationen in anderen Anlagebereichen auf – erneut mit vollem Risiko.[18]

Die Bedeutung der Globalisierung für Politik und Staatlichkeit

Globalisierung und das Netzwerkzeitalter erodieren die Souveränität des Nationalstaats und die Legitimität seiner demokratischen Entscheidungen. Die Globalisierung führte zu einer Neubestimmung von Staatsaufgaben und zu neuen Formen der Produktion öffentlicher Güter.[19] Sie rückte das beherrschende Konzept der vornehmlich nationalen Regie politischer Fragen und Stoffe aus dem Mittelpunkt staatlichen Handelns und stärkte einerseits subsidiäre Handlungsformen und andererseits Konzepte regionaler Integration. Gleichzeitig brachen mit ihr neue politische Konfliktlinien jenseits des Rechts-Mitte-Links-Schemas auf: nicht Klassen und ihre Konfrontation waren die Biotope gesellschaftlicher Konflikte sondern gesellschaftliche Schichtungen und sozio-kulturelle Milieus. Globalisierung gefährdete das Konzept einer offenen und demokratischen Gesellschaft. Die normative Schwächung der Nation, schwächelnde Sozialstrukturen und abnehmende Deutungshoheit der eta-

18 | Dies betraf etwa den Kauf von Unternehmensanleihen, die bei Insolvenzen der Firmen dann zu einem wirtschaftlichen Totalverlust für die Anleger führten.

19 | Öffentliche Güter sind zum Beispiel innere und äußere Sicherheit oder soziale Gerechtigkeit.

blierten politischen und gesellschaftlichen Kräfte erzeugten in Europa neue politische Konfliktstrukturen. Sie schufen zunehmend den Humus für einen neuen Populismus. Dies hat Auswirkungen auf die politische Stabilität und Regierbarkeit in westlichen Demokratien (Grande 2010).[20] George Soros, der ›Kommunist‹ unter den Devisenspekulanten, erklärte nach seinen sensationellen Spekulationen auf dem internationalen Devisenmärkten in den 1990er und 2000er Jahren das Prinzip des Marktfundamentalismus für gescheitert für eine offene und humane Gesellschaft:

»Marktfundamentalisten behaupten, dem Gemeinwohl sei am besten gedient, wenn man jedermann gestattet, seine Eigeninteressen zu verfolgen. Das hört sich nach einer verlockenden Idee an – leider stimmt sie nur zur Hälfte. Für die Verfolgung privater Interessen eignen sich private Märkte hervorragend, aber sie sind nicht dafür gemacht, die Interessen der Allgemeinheit zu schützen; [...] die Bewahrung der Marktmechanismen ist selbst ein öffentliches Interesse, eines von vielen. Schließlich konkurrieren Marktteilnehmer nicht deshalb miteinander, weil sie den freien Wettbewerb erhalten wollen, sondern um zu gewinnen; wenn sie könnten, würden sie den Wettbewerb ausschalten« (Soros 2001: 11).

Es entstanden erhebliche Anpassungsprobleme für Nationalstaaten mit Blick auf die Vereinbarkeit ihrer Wirtschafts- und Sozialpolitik

Unübersehbar wurde also, dass Globalisierung das System der sozialen Marktwirtschaft in den Staaten der westlich geprägten Welt mit regulatorischen Anpassungsproblemen konfrontiert. Und die Staaten aus anderen Kulturkreisen in ihrem Selbstverständnis und sozio-ökonomischen Grundlagen auch. Mit anderen Worten: Globalisierung brachte ein Zeitalter hervor, in dem die Welt durch eine widersprüchliche Doppelstruktur von Weltwirtschaft und Staatenwelt geprägt wird. Die Globalisierung realisiert insofern politischen Handlungsbedarf auf drei Ebenen:

- einer sozio-ökonomischen Ebene;
- einer institutionell-administrativen Ebene;
- einer politisch-kulturellen Ebene.

Die Globalisierung der Politik ist eine Folge ihrer sozio-ökonomischen und kulturellen Auswirkungen. Ulrich Beck nahm Ende der 1990er Jahre eine neue politische Melodie im aufkommenden Paradigma des Transnationa-

20 | Vgl. http://archiv.schader-stiftung.de/docs/vortrag_prof_grande_181110.pdf, aufgerufen am 19. Mai 2014.

len wahr, die er mit der »Ent-Teritorialisierung des Sozialen« verband. (Beck 1998b: 12). Vor dem Hintergrund eines sozialräumlich dreidimensionalen Gesellschaftsbildes, das nicht mehr ausschließlich lokal, nicht mehr national und nicht mehr territorial fixiert ist, thematisierte er damals das Sujet einer »Politik der Globalisierung«. Er verband damit eine Entzugsmacht, welche den Einfluss von Nationalstaaten auf wirtschaftliche Ergebnisse zunehmend transnational operierender Unternehmen im Rahmen der eigenen Grenzen schwächte. Gleichzeitig machte er ein Souveränitätsdilemma aus, bei dem staatliche Souveränität nur durch Preisgabe von Souveränität und ihre Delegation an supranationale Strukturen möglich sei. Er sah eine Transformation des Politischen: die territorial gebundene nationale Politik verliere an Substanz, während die Gestaltungsmacht transnationaler Politik ohne demokratische Legitimation wachse. Daraus ergebe sich in der Konsequenz die Notwendigkeit des Regierens jenseits des Nationalstaats. Nicht zuletzt sei damit ein Eingriff in die Angelegenheiten anderer Staaten verbunden, wenn der Westen und die internationalen Institutionen unter den Fahnen der Menschenrechte und des freien Welthandels in deren inneren Angelegenheiten hineinregiere (ebd.: 18ff.). Und schließlich wirke eine Dialektik kultureller Globalisierung, die zwischen globalen und lokalen Bezügen eine ordnungspolitische Orientierung suche: kurzum, eine legitimierte Politik der Globalisierung.

Die Entgrenzung der Problemstrukturen erfordert mehr internationale Lösungsstrukturen

Operativ wendet sich globalisierte Politik jenen Problemen zu, die aufgrund der Entgrenzung der herkömmlichen Problem- und Lösungsstrukturen nicht ohne multilaterale Institutionen und international wirksame Regelwerke gelöst werden können. So erfordert die globale Weltwirtschaft Akteure und Institutionen mit legitimierten Zuständigkeiten und einer breiten Akzeptanz der Bevölkerung. Ihnen obliegt die Lenkung des internationalen Güter- und Dienstleistungsverkehrs sowie die wirtschaftliche Intervention, so wie es zum Beispiel im Rahmen der finanzpolitischen Zusammenarbeit zwischen Internationalem Währungsfond (IWF), der EU-Troika und der Europäischen Zentralbank (EZB) im Kontext der europäischen Privatschulden-, Staatsschulden- und Währungskrise seit 2008 bis heute geschehen ist. Die politische Globalisierung wendet sich verstärkt internationalisierten Sachverhalten zu. In herausragender Weise sind dies zum Beispiel der Klimawandel und Klimaschutz, die Regulierung des Welthandels sowie die internationale Sicherheit im Bereich der organisierten Kriminalität (OK) und des international agierenden Terrorismus'. Andere Politikfelder behandeln Themen wie Gesundheit oder Armut.

Da internationale Problemstrukturen nicht mehr mit nationalen Lösungsstrukturen zu behandeln waren, wurden regionale Integrationsmodelle und multilaterale Organisationsformen im Rahmen einer globalen ›Governance‹ immer wichtiger. Diese Organisationsformen wurden auch mit den Etiketten einer Mondialisierung und Weltinnen- oder Weltordnungspolitik bzw. einer globalen Ordnungspolitik versehen. Global Governance meint eine gemeinsame und zwischenstaatliche Gestaltung der Globalisierung. Dirk Messner definiert den Begriff als »Entwicklung eines Institutionen- und Regelsystems und neuer Mechanismen internationaler Kooperation, welche die kontinuierliche Problembearbeitung globaler Herausforderungen und grenzüberschreitender Phänomene erlauben« (Messner 2000). Der Begriff bezeichnet so die Gesamtheit an Institutionen, Regelsystemen, und Mechanismen. Mit ihnen diskutieren unterschiedliche Akteure globale Herausforderungen und entscheiden über politische Maßnahmen. Politische Globalisierung entfaltet sich über Nationalstaaten, in regionalen Integrationsprojekte und supranationalen Strukturen (wie etwa in der Europäischen Union), in internationalen Regimen sowie innerhalb der Zivilgesellschaft.

Die Globalisierung der Politik vollzieht sich ihrerseits wiederum auf drei Ebenen:

- des internationalen Rechtsverkehrs
- der staatlichen und nichtstaatlichen internationalen Institutionen,
- der internationalen Öffentlichkeit.

Der internationale Rechtsverkehr ermöglicht verbindliche und kalkulierbare internationale Verhaltensnormen. Als besonders wichtig gilt hier die 1961 beschlossene Haager Konvention Nummer zwölf zur Befreiung ausländischer öffentlicher Urkunden von Legislation und Beglaubigung. Weitere internationale Abkommen oder Vorhaben sind auf staatlicher Ebene das Kyoto-Protokoll, ein Abkommen zur weltweiten Verringerung der Emission von Treibhausgasen oder, auf Ebene der NGOs, der UN Global Compact zur Förderung von verantwortungsvollen Unternehmenspraktiken. Die internationalen Organisationen sind Ergebnis der Globalisierung und prägen ihre Gestalt. Dies sind zum Beispiel der Internationale Währungsfonds, die Weltbank, die Vereinten Nationen (UNO), die Welthandelsorganisation (World Trade Organization, WTO) oder die Organisation für wirtschaftliche Zusammenarbeit (Organization for Economic Cooperation and Development, OECD). Für wichtige nichtstaatliche Organisationen (Non Governmental Organizations, NGOs) stehen Umweltbewegungen wie Greenpeace und der WWF (World Wide Fund for Nature) oder Transparency International. Auf einer Art Guerilla-Ebene kommen Gruppen wie Attac, Wikileaks oder Occupy hinzu. Die internationale Öffentlichkeit bezeichnet die Dematerialisierung oder Spiritualisierung ökonomischer Globalisierung durch

Information und Kommunikation. Durch das Zusammenwirken des internationalen Rechtsverkehrs und der internationalen Organisationen und ihrer Rückkoppelung auf regionale, nationale und lokale Kontexte entsteht eine intensive vertikale und horizontale Vernetzung – die Netzwerkgesellschaft der Globalisierung erhält so Gestalt und Identität. Und politische Macht.

Herausforderungen der kulturellen Globalisierung

Die neue, die schnelle Globalisierung war der Urknall für die Entstehung eines neuen Universums kultureller Interaktionen. So entstand eine neue Galaxie, in der die Schranken der physikalischen Erreichbarkeit zwischen ihren einzelnen Planeten überwunden wurden. Für Wolfgang Frühwald, früherer Präsident der Alexander-von-Humboldt-Stiftung, ist Globalisierung eine weltweite Bewegung von sozial- und kulturrevolutionärer Kraft. Er verglich sie bereits früh mit dem Übergang von der Schrift- zur Druckkultur (Frühwald 1997). Die Globalisierung bewirkte eine Internationalisierung der Kultur, die systematisch umgesetzt, importiert und exportiert und schließlich auch industrialisiert wurde. Die Kulturindustrie via Funk, Fernsehen und Film und insbesondere das Internet fungieren nicht nur als Plattformen für die Ausstrahlung von Unterhaltung, sondern implizit auch für die Weiterverbreitung von Werten, Verhaltensweisen und Meinungen. Dies funktioniert über den Austausch von Informationen und Interpretationen, die schnell Fragen von Deutungshoheiten aufwerfen. Hier liegen für die Protagonisten und Antagonisten der Globalisierung die Bruchstellen einer sich globalisierenden Kultur. Und dies ist gelegentlich Sprengstoff für das kulturelle Miteinander innerhalb der globalisierten Welt.

Technisch funktioniert dies über Printmedien, Internetplattformen, spontane Skype-Konferenzen oder Rudeltelefonie, Fernseh- und Rundfunksendungen, soziale Medien, über Film, Mode, ›hippe‹ Technologien oder den internationalen Austausch von Schülern, Studenten und Akteuren einer aktiven Zivilgesellschaft. Hinzu kommt der Geschäftsverkehr multinational operierender Unternehmen oder Universitäten. Er erweitert und stabilisiert nicht nur die Netzwerke der Industrien, sondern transportiert auch Unternehmenskulturen und die unterschiedlichen Mentalitäten und Verhaltensweisen ihrer Angestellten oder Wissenschaftler. Hinzu kommt die Internationalisierung des Konflikts zwischen Arbeit, Kapital und Umwelt über internationale Arbeitgeber- und Arbeitnehmervertretungen oder Nichtregierungsorganistionen. Sie stehen für einen äußerst wichtigen Interessenausgleich. Allerdings auch für einen erbitterten Kampf um Partikularinteressen und ideologische Standpunkte.

Die Frage war und ist, was setzt sich durch: die Vorherrschaft westlicher Kultur oder die kulturelle Konvergenz

Dieser komplexe und verästelte Kontext hat die Debatte um die kulturelle Globalisierung verkompliziert. Hier ringen die Thesen von der Dominanz westlicher Kultur und der kulturellen Konvergenz bzw. die kulturelle Homogenisierung und Heterogenisierung um Geltung. Globalisierung führt so einerseits zu einer Diffusion von kulturellen Praktiken, Formen des Ausdrucks, der Ideen. Byung-Chul Han spricht in diesem Zusammenhang von der Herausbildung einer Hyperkulturalität (Byung-Chul Han 2005). In diesem Prozess lösen sich kulturelle Ausdrucksformen von ihrem Ursprungsort und zirkulieren in einem ›Hyperraum‹. Vernetzung und Vermischung kennzeichnen diesen Raum einer neuen globalen Kulturalität, der von dem Nebeneinander und der Gleichzeitigkeit des Verschiedenen charakterisiert sei. Im Ergebnis entsteht so eine weltweite Verfügbarkeit von vielen kulturellen Elementen. Die Verdrängung der einheimischen Kulturen spiele sich häufig nur auf einer oberflächlichen Ebene ab. Einflüsse würden lokal modifiziert und in die eigenen kulturellen Wertvorstellungen verwebt. Außerdem verbessere sich die Situation von vielen Menschen bzw. Menschengruppen durch den Kontakt mit der westlichen Kultur. Das Konzept der Hyperkulturalität verweist auf die kulturelle Dynamik der Globalisierung, die über die Inter-, Multi- oder Transkulturalität hinausgeht. Im Zuge dieses Konzepts bilde sich eine universale Kultur heraus, die hybride Formen aus verschiedenen Traditionen und der Postmoderne umfasst.[21]

Das Phänomen lässt sich mit der ›McDonaldisierung‹ nicht-westlicher Gesellschaften oder dem wachsenden Einfluss des Fernsehens und der internationalen Popmusikkultur illustrieren.

Kultur wurde zu einem wesentlichen Einflussfaktor in der Globalisierung

Viele global agierende Markenkonzerne haben ihren Ursprung in der westlichen Welt, und hier insbesondere in den USA. Mit ihren Produkten erweitern sie nicht nur das Warenangebot in der jeweiligen Zielregion bzw. verdrängen regionale Produkte. Das Tragen von Adidas- oder Nike-Schuhen, der Gebrauch des iPod und des iPhones, das Trinken von Coca Cola und das Essen bei McDonald's sind darüber hinaus immer auch ein kultureller Ausdruck, eine Wertentscheidung und ein öffentliches Statement. Gelegentlich vielleicht auch abschätzig mit Blick auf diejenigen, die sich diesen Zugang zur Welt nicht

21 | Vgl. auch http://de.wikipedia.org/wiki/Globalisierung#cite_note-32, aufgerufen am 17. Dezember 2013.

leisten können. Oder, die sich diesem Mainstream mental oder emotional nicht anschließen wollen. In beiden Fällen impliziert das die Gefahr sozialer Exklusion. Angleichung im Konsum und in den Entscheidungen für Marken schließen eine Geringschätzung der Angebote des eigenen Kulturkreises ein, besonders bei jungen Menschen, die dem internationalen Geschmack aufgeschlossener gegenüberstehen als dem lokalen Angebot traditioneller Natur. Einerseits.

Andererseits diffundieren aber auch Produkte oder Dienstleistungen nichtwestlicher Kulturen in die westlich geprägte Hemisphäre. Oder adaptierte Unterhaltungsformate erobern sich ihren Markt. ›Manga-Comics‹ oder ›Bollywood‹, die indische Film- und Unterhaltungsindustrie, haben gezeigt, wie die Aneignung eines Marktes geht, der früher den internationalen US-Produktionen vorbehalten war. Im Globalisierungsdiskurs werden so einerseits die Dominanz westlicher Kulturen und die damit verbundenen Konsummuster kritisiert. Andererseits wird auf Homogenisierungstendenzen hingewiesen, die im Zuge von Standardisierungs- und Vereinheitlichungsprozessen zu einer Verschmelzung von Kulturen führen: wenn sich das weltweite Konsumverhalten und andere Bereiche des Alltagslebens immer weiter angleichen, werden lokale Traditionen schrittweise durch eine Einheitskultur ersetzt. Für beide Thesen – westliche Dominanz und kulturelle Konvergenz – wird der Konzern McDonald's als Beispiel angeführt. Für die westliche Dominanz steht das durch den amerikanischen Soziologen George Ritzer geprägte Schlagwort ›McDonaldisierung‹ (Ritzer 1996).

Die MacDonaldisierung steht sowohl für die negativen Folgen der Globalisierung als auch für positive Adaptionsprozesse in der ›neuen Welt‹

Die Fast-Food-Kette McDonald's ist für Globalisierungskritiker das Paradebeispiel für die negativen Folgen der Globalisierung. Sie verkörpere den Übergang von traditionellen zu rationalen Geschäfts- und Gedankenmodellen, die auf effizienten, kalkulierbaren, voraussagbaren und kontrollierbaren Prinzipien basieren. Ritzer vertrat die Auffassung, dass damit eine Neuausrichtung unternehmerischen Handelns verbunden sei, die rationale Kriterien favorisiere und traditionelle Organisations- und Lebensweisen verdrängen würde. Als größte und wohl bekannteste Fast-Food-Kette der Welt war der Konzern regelmäßig Ziel von Protestaktionen von Globalisierungskritikern sowie Umwelt- und Verbraucherschützern. Darüber hinaus wurde dem Konzern häufig die Ausbeutung von schlecht bezahlten Arbeitskräften, Kinderarbeit und das Verhindern gewerkschaftlicher Aktivitäten vorgeworfen. Und die globale Animation einer nahrungsbedingten Adipositas (Fettleibigkeit). Im Nahen Osten, Frankreich und Spanien kam es deshalb zu gewalttätigen Aktionen gegen einzelne Niederlassungen. Eine Fast-Food-Kette, deren Sinn und Zweck in der Herstellung und dem Verkauf von Burgern, Pommes Frites und kalorienreichen Kaltgetränken ist, wurde somit zur Zielscheibe aufgebrachter Globalisierungsgegner umfunktioniert.

Gleichzeitig ist McDonald's auch ein Beispiel für die These der kulturellen Konvergenz, da McDonald's seinen Auftritt und die Produktpalette je nach Region kulturellen Gegebenheiten angepasst hat. So wird etwa in israelischen Niederlassungen koscheres Essen angeboten. Alle Restaurants bleiben am Sabbat geschlossen. In Indien werden keine Rindfleischgerichte verkauft und auch in islamisch geprägten Ländern die jeweiligen Speisevorschriften eingehalten. Das erste McDonald's Restaurant wurde 1940 in Kalifornien eröffnet. In den frühen 1970er Jahren expandierte das Unternehmen in Teile Europas, Australiens, Mittelamerikas und Japans. In den darauffolgenden 20 Jahren wurden Westeuropa und Lateinamerika nahezu komplett erschlossen. In den 1990er Jahren erfolgte die Expansion vor allem nach Asien, Osteuropa, in den Nahen Osten und die Eröffnung der ersten Filialen in Afrika. Die ›McDonaldisierung‹ ist gigantisch. 2016 betrieb McDonalds 36.258 Restaurants in 119 Ländern. Das Unternehmen verzeichnete mit etwa 1.800.000 Mitarbeitern einen Gesamtumsatz von über 27 Milliarden US-$.[22]

Die Umtriebigkeit der Kulturindustrie kann aus der Sicht anderer Kulturkreise auch als perfide Indoktrinierung von Seiten des Westens interpretiert werden

Die Kultur- und Unterhaltungsindustrie dient der kommerziellen Herstellung und Verbreitung von Produkten vor allem aus den Bereichen Fernsehen, Film, Musik, Buch und Computerspiele. Hier ist die Branche der Video- und Computerspiele besonders interessant. Anfang der 2000er Jahre setzte diese Branche bereits fast 60 Milliarden US-$ um. Das war doppelt soviel, wie die Musikindustrie erwirtschaftet hat und die Branche hat sich den Umsätzen der Filmwirtschaft angenähert. Bis 2015 erwartete man Umsätze in der Größenordnung von 82 Milliarden US-$ pro Jahr.[23]

Die Unterhaltungsindustrie gilt als Vermittler von Lebensweisen und -welten und wird damit besonders für Jugendliche zur Orientierungsgrundlage für Geschmacks- und Stilbildung sowie Verhaltensweisen. Die Konsumintensität in der Kulturindustrie, ihre Omnipräsenz auf Schritt und Tritt in der Werbung, über ›Apps‹ auf dem Smartphone oder in sekundären und tertiären medialen Verwertungsketten sowie ihre enormen Umsätze zeigen auf, wie stark diese Industrie unseren Alltag penetriert. Wie alle Massenmedien hat

22 | Vgl. http://de.wikipedia.org/wiki/McDonald's, aufgerufen am 22. Juli 2014.

23 | Vgl. www.pressetext.com/news/20111209014, aufgerufen am 15. August 2015.

auch das Fernsehen eine unverkennbare Wirkung auf seine Konsumenten. Da es leicht zu konsumieren und in allen Bevölkerungsgruppen sehr beliebt ist, besitzt das Fernsehen eine besonders meinungsbildende und sozialisierende Wirkung. Als populär und massenwirksam gelten Unterhaltungssendungen: sie erzielen regelmäßig hohe Einschaltquoten. Innerhalb der Unterhaltungssparte hat der internationale Handel mit spezifischen Sendeformaten in den letzten Jahren stark zugenommen. Unter Sendeformaten versteht man dabei ein feststehendes Sendekonzept mit einheitlich geregelten Formen der Präsentation. Das führt dazu, dass sich die Fernsehprogramme weltweit immer weiter angleichen. Waren es ehemals überwiegend (US-amerikanische) Spielfilme und Serien, die im Ausland gezeigt wurden, so ist heute darüber hinaus eine hohe Anzahl an Formaten zu finden, die zwar im Ausstrahlungsland produziert werden, sich jedoch einer ausländischen Vorlage bedienen und weltweit erfolgreich lizenziert wurden. Die Formate reichen von Talentwettbewerben und Castings wie ›Pop Idol‹ (internationale Version von »Deutschland sucht den Superstar«) über Reality Soaps wie ›Big Brother‹ bis hin zu Quizsendungen wie ›Wer wird Millionär?‹. Letzteres wurde eindrucksvoll durch den indischen Film »Slumdog Millionär« illustriert, der mit vier Oscars ausgezeichnet wurde und die Verbreitung westlicher Unterhaltungsformate in anderen Kulturkreisen eindrucksvoll demonstriert. Dabei sind Konflikte an denjenigen Schnittstellen vorprogrammiert, an denen unverträgliche Elemente aufeinander prallen. Solche Motive spielen im Rahmen der Universalisierungsversprechen westlicher Kultur oder Wertvorstellungen eine wichtige Rolle. Teil davon ist der Export entsprechender Verhaltensmuster, Konsumgewohnheiten, Elemente der Populär- und Vergnügungskultur oder Bildungsgüter. Insbesondere die Penetration der Weltmärkte durch westliche Produkte, Werbung und Filmkultur ruft Aversionen hervor.

Henry Kissinger beschrieb dies einmal treffend so: »Die amerikanische Popkultur wirkt weltweit geschmacksbildend, wird allerdings gelegentlich auch zum Zündstoff nationaler Ressentiments« (Kissinger 2002: 28). Dies lässt sich an einem Beispiel zeigen: Die in den 1990er Jahren in den USA produzierte Actionkomödie ›True Lies‹ mit Arnold Schwarzenegger und Jamie Lee Curtis entwickelte in seinem Plot die Jagd auf islamistische Terroristen, die versuchten, im Zentrum der USA zwei Atombomben zu zünden. Der spannende und weltweit äußerst erfolgreiche Film im Genre ›Actionkomödie‹ endete natürlich mit dem Sieg des amerikanischen Geheimdienstes über die Terroristen und der Beseitigung der Gefahr. Das Problem bei diesem aufwendig inszenierten Film lag in zwei Aspekten: So wurden die Terroristen zwar als äußerst gefährliche Gruppierung gezeichnet, ihre Motive und ihr Vorgehen in ›ihrem Jihad‹ aber heftig glossiert. Zum anderen war dies eine nebenbei ins Lächerliche gezogene und mit zahlreichen Stereotypen gespickte Darstellung von Befindlichkeiten in der islamischen Welt. Mit westlichen Augen betrachtet sicher zum ›totlachen‹. Aufgrund der globalen Ausstrahlung des Films auch in den Ländern der islamischen Welt demonstrierte Hollywood, was einige Produzenten von dieser ›Welt‹ hielten und wie sie sich lustig machten. In der westlichen Hemisphäre hat der Film sicherlich amüsiert. In islamischen Gesellschaften mag er zu Verärgerungen, wenn nicht zur Wut über diese vermutlich gar nicht gewollte oder einfach nur fahrlässig hingenommene ›Denunziation‹ der heimischen Kultur beigetragen haben. Eine hochpolitische Aufladung bekam dieser Aspekt mit der Veröffentlichung des Romans ›Satanische Verse‹ von Salman Rushdie. Dieses Buch war der Anlass für das iranischen Staatsoberhaupt Ayatolla Khomeini, Rushdie mittels einer Fatwa[24] Anfang 1989 zum Tode zu verurteilen. Ein anderes Beispiel ist die Publikation von zwölf Mohammed-Karrikaturen durch die dänische Zeitung Jyllands-Posten im Jahr 2006. Diese führte in der islamischen Öffentlichkeit zu massiven Protesten und in der Folge entwickelte sich der Streit zu einer internationalen Krise, in welcher der westliche Wert der Meinungsfreiheit gegen das Selbstwertempfinden der islamischen Welt stand, die diesen Vorfall als Sakrileg gegenüber der eigenen religiösen Identität empfand (Sinram 2015). Endgültig eskalierte die kulturelle Aversion zwischen Westen und Islam mit den Terroranschlägen von IS-Terroristen auf die Redaktion der französischen Satirezeitschrift Charlie Hebdo, bei dem am 7. Januar 2015 ein Großteil der Redaktion ermordet wurde. Damit legte der kulturelle Konflikt der Globalisierung seine härteste Gangart ein.

Auch auf dem internationalen Musikmarkt, der jährlich mit zweistelligen Milliardenumsätzen einer der umsatzstärksten der Unterhaltungsindustrie ist, lässt sich eine Konzentration auf Unternehmen in den USA, Japan und zum Teil Europa beobachten. Drei große multinationale Konzerne beherrschen im Wesentlichen den globalen Musikmarkt. Dies sind die Universal Music Group, die Warner Music Group und Sony Music Entertainment. Diese bilden die ›Major Labels‹. Die großen Drei vereinen über 70 Prozent Weltmarktanteil auf sich. Darunter agieren kleinere Firmen, die unter dem Begriff der ›Independent Labels‹ sortiert werden und die restlichen 30 Prozent des Weltmarktanteils auf sich vereinen. Auf beiden Ebenen kam es zu Konzentrationsprozessen, die faktisch eine oligopolistische Struktur hervorbrachten.[25] Die Oligopolisierung auf dem Musikmarkt wird kritisiert, weil die global angebotenen Inhalte amerikanisch-europäisch-japanischen Ursprungs vor allem ›westliche‹ Geschichten und davon geprägte Wertvorstellungen und Gedankenmuster transportieren würden. Dies führe dazu, dass zentrale Bereiche des kulturellen Lebens über universelle Bilderwelten, Modeformen und Konsum-

24 | Eine Fatwa ist eine von einer islamischen Autorität erteilte Rechtsauskunft, die dem Zweck dient, ein religiöses oder rechtliches Problem, das unter den muslimischen Gläubigen aufgetreten ist, zu klären.

25 | Vgl. http://de.wikipedia.org/wiki/Musikindustrie, aufgerufen am 23. Juli 2014.

güter geprägt werden. Da diese unter ökonomischen Gesichtspunkten verbreitet werden, seien sie durch allgemeine Konsumierbarkeit und Stimulierung von Konsumbedürfnissen geprägt. Dabei mögen auch hier stilistische ›Spotlights‹ andere Kulturkreise irritieren. Die schrillen und immer mehr sexuell aufgeladenen Welten der westlichen Popkultur können die säkularisierte Welt des Okzidents entzücken; in der Welt des Orients und der islamischen Kultur werden provozierende Showeinlagen der Pop-Diven Madonna oder Lady Gaga und der frenetische Applaus dazu wohl eher zu fassungslosem Kopfschütteln oder aggressiver Ablehnung führen.

Vor diesem Hintergrund wird die kulturelle Ausstrahlungskraft der Globalisierung deutlich. Sie führt zu Konflikten. Und sie führt zu politischen Konsequenzen. So befeuern sie Aversionen und Antipathien, die in Konfrontationen und massive Gewalt in und mit anderen Kulturkreisen einmünden können. Samuel Huntington sprach Mitte der 1990er Jahre vom »Clash of Civilization«, vom »Kampf der Kulturen«, wie der Titel ins Deutsche übersetzt wurde (Huntington, 1996). Demnach werde die Weltpolitik des 21. Jahrhunderts nicht von Auseinandersetzungen politischer, ideologischer oder wirtschaftlicher Natur bestimmt, sondern vom Konflikt zwischen acht großen Kulturkreisen: dem westlichen Kreis, dem afrikanischen, dem sinischen, dem hinduistischen, dem islamischen, dem japanischen, dem lateinamerikanischen und dem orthodoxen Kreis (ebd.: 117ff.).

Eine besondere Rolle spielen religiöse Haltungen, insbesondere in der Welt des Islam

Eine besondere Rolle spielt dabei die Religion. Dies gilt auch als Reflex auf die kulturell unangenehme Wahrnehmung einer Dominanz westlicher Säkularität. Religion gibt sowohl Teilen der Eliten als auch breiteren Schichten sich modernisierender Staaten gesellschaftlichen Sinn und Orientierung. Die Aufwertung einer traditionellen Religion gilt als Mittel zum Gleichziehen mit dominierenden Nationen und häufig zugleich mit der lokalen Schicht, die deren Werte und Lebensstile übernommen hat (Dore 1986: 411). Hierbei hat sich diese Interpretation mit Blick auf die Islamisierung der kulturellen Konflikte weltweit als besonderes Problem erwiesen. Mehr als alles andere bedeutet die Islamisierung die Zurückweisung des europäischen und amerikanischen Einflusses auf die eigene Gesellschaft, Politik und Moral (McNeil 1997: 569). In diesem Sinne verstand Huntington schon Mitte der 1990er Jahre die Renaissance nicht-westlicher Religionen als machtvolle Manifestation der Ablehnung der westlichen Gesellschaften durch Nicht-Westler. Dies bedeutet keine Ablehnung der Moderne, sondern eine Ablehnung des Westens und der laizistischen, relativistischen, degenerierten Kultur, die mit dem Westen assoziiert wird. Sie bedeutet die Ablehnung dessen, was man die ›Westtoxifikation‹ nichtwestlicher Gesellschaften genannt hat. Dies meint die Vergiftung nichtwestlicher Kulturen mit westlichem Gedankengut. Und sie bedeutet das Statement der kulturellen Unabhängigkeit vom Westen, die stolze Feststellung: wir werden modern sein, aber wir werden nicht wie ihr sein« (Huntington 1996: 154). Nach der Islamwissenschaftlerin Gudrun Krämer sind es seit den 1970er Jahren insbesondere islamische Bewegungen – und zwar keineswegs nur die militant fundamentalistischen – die den Anspruch des Westens auf universelle Gültigkeit der von ihm entwickelten Werte und Maßstäbe als Verletzung ihrer kulturellen Identität und als Ausdruck eines ungebrochenen kolonialen Denkens verurteilen. Eine erste Manifestation erhielt dieser Aspekt mit der bereits genannten Veröffentlichung von zwölf Mohammed-Karrikaturen der dänischen Zeitung Jyllands-Posten im Jahr 2006. Diese führte in der islamischen Öffentlichkeit zu massiven Protesten und in der Folge entwickelte sich der Streit zu einer internationalen Krise, in welcher der westliche Wert der Meinungsfreiheit gegen das Selbstwertempfinden der islamischen Welt stand, die diesen Vorfall eindeutig als Sakrileg gegenüber der eigenen religiösen Identität empfand (Sinram 2015).

Die Phänomenologie der neuen Globalisierung ist – zusammengefasst – beachtlich, ihr alles durchdringender Charakter fasziniert. Die ihr zugrundeliegenden technologischen Innovationen und Infrastrukturen sind robust und treiben sie nachhaltig voran. Ihr Durchgriff ist von elementarer Natur. Dies zeigen die Auswirkungen der Internationalisierung in Wirtschaft, Politik und Gesellschaft auf, was sich in der wachsenden Asymmetrie gesellschaftlicher Verhältnisse, der Beschleunigung des sozio-ökonomischen Wandels sowie der zunehmenden Abhängigkeiten und Störanfälligkeiten einer vernetzten Gesellschaftswelt manifestiert (Weidenfeld/Turek 2002: 110ff.). Betroffen sind nicht nur soziale Steuerungssysteme und -mechanismen, betroffen ist jedermann. Insofern entstanden neue Herausforderungen in Wirtschaft und Umwelt, Technologie, Sicherheit, für den sozialen Wandel und den gesellschaftlichen Zusammenhalt.

Wenn der Wandel so fundamental ist, wie funktioniert dann Globalisierungsmanagement, ...

Die Wahrnehmung der Globalisierung korrespondierte in den vergangenen 25 Jahren mit der Entwicklung entsprechender Tatsachen. Natürlich hat die Berührungsdichte von Menschen und Ländern weltweit zugenommen. Die neue Globalisierung ist total. Die Wechselbezüge moderner Globalität und technologischer Innovationen haben die Karten im gesellschaftlichen und politischen Kräfteparallelogramm neu gemischt. Die Agenda der Globalisierungsprobleme ist komplex.

... mit Blick auf soziale Stabilität, ...

Konzepte sozialer Stabilität und internationaler Sicherheit wurden in Frage gestellt. Sie werden nach wie vor mit scharfen Konflikten konfrontiert. Auch wenn Globalisierung und technologischer Wandel dazu beitragen, bestehende Knappheit und Ungleichheit zu mildern, neue Entwicklungschancen für unterprivilegierte Menschen oder Gruppen zu schaffen, werden Knappheit und Ungleichheit auch in Zukunft Ursache von Konflikten sein – Konflikte um Raum, Konflikte um die Bedeutung von Werten, und Deutungen, Konflikte um Ressourcen oder Konflikte um Besitz. Alleine die wachsende Weltbevölkerung auf etwa zehn Milliarden Menschen bis 2050 lässt diese Erwartung zu. Die Widerstände gegen die Omnipotenz der Globalität und die Technologiedominanz wachsen. Globalisierung hat zu einem Raubtierkapitalismus in Staaten der sich entwickelnden Welt geführt, der sich in Ausbeutungssituationen von Frauen und Kindern und in katastrophalen Arbeitsbedingungen manifestiert. Auch die westlichen Arbeitsbeziehungen verändern sich stetig und sind anfällig geworden für prekäre Formen der Existenz. Dafür stehen im positiven Sinne vermehrte Chancen der beruflichen Selbstverwirklichung, auch mit Blick auf international attraktive Karrierewege; im negativen Sinne allerdings für Dauer-Praktika, unsichere Arbeitsverhältnisse, Mobbing und Burnout, Patchwork-Lebenswege, Kündigungen und Anstellungen, Zeitarbeit, erzwungene Frühverrentung oder sozialer Abstieg aufgrund anhaltender Arbeitslosigkeit.

In den Gesellschaften selbst wird die Sozialstruktur belastet. Mit dem Öffnen der Schwere zwischen arm und reich stellt sich in der westlichen Welt zunehmend die Frage nach fairen sozialen Verhältnissen. In China und Brasilien zum Beispiel entsteht ein Mittelstand, der an der Prosperität des jeweiligen Landes teilnehmen will und kann. Neue Formen von Arbeit und Beschäftigung bringen Chancen und Risiken für jedermann. In Deutschland griff die Agenda 2010 und führte zu einer hohen Beschäftigungsquote der Bevölkerung. Gleichzeitig forderte sie aber auch über volatile Beschäftigungsformen das traditionelle Arbeitsverhältnis und damit gewohnte Lebensentwürfe heraus. Sie berührte die Konstruktion des Sozialstaates, der über Sozial- und Rentenversicherung die Lebensrisiken seiner Bürger nachhaltig abzusichern sucht. Der demographische Wandel hat hierbei ein besonderes Gewicht, da er das Verhältnis zwischen Jungen und Alten sowie zugereisten Migranten zu tarieren und in vielen Ländern den ungeheuren Sog der Metropolen als Lebensraum auszugleichen hat.

... mit Blick auf finanzpolitische Solidität, ...

Die globalisierten Finanzmärkte haben erheblichen Einfluss auf die ökonomische Situation von jedermann. Obwohl die globalisierte Finanzwirtschaft prinzipiell Chancen für profitable Finanzanlagen und Renditen eröffnet, haben die Finanzkrisen in den 2000er und 2010er Jahren die Risiken offenbart, die durch Fehlentscheidungen, unmoralisches und kriminelles Verhalten von Anbietern und Anlegern im System entstanden. Dies hat Vermögen und damit Zukunftsentwürfe bei denjenigen vernichtet, die auf die Seriosität eines Systems vertraut haben, die es nicht durchgängig gab. Die großen ›Deals‹ des internationalen Finanzsystems haben schließlich Geldanlagen und Altersversorgungen selbst bei denjenigen gefährdet, die sich durch konservative Anlageformen nicht nur bereichern, sondern materiell absichern und nicht in einem globalen Casino aktiv werden wollten. Sie haben die Anfälligkeit und Systemrisiken der globalen finanziellen Verflechtung vor Augen geführt, die schließlich zum Kollaps des gesamten Systems hätte führen können. Die Welt stand 2008 und 2011/2012 finanzpolitisch vor einem Abgrund. Rezession und schließlich Inflation und Deflation tauchten in der Folge als Gespenster am Horizont der Zukunft auf. Die Deflation in Griechenland 2012/2013 und dann nach allen finanzpolitischen Entscheidungen auch 2015 ist hierfür ein herausragendes Beispiel. Das Land verzeichnete einen starken Rückgang von Löhnen und Einkommen und gleichzeitig eine signifikante Senkung der Verbraucherpreise – die Wirtschaft des Landes schrumpfte und wirtschaftliche Dynamik kam zu diesem Zeitraum nicht auf. Selbst Deutschland rutschte angesichts fallender Ölpreise und einer praktischen Null-Inflation Anfang 2015 in die Deflation. Dabei war diese Entwicklung nicht unbedingt problematisch. Fallende Preise haben die Kaufkraft in Deutschland gestützt. Die Verbraucher quittierten die Situation mit einer steigenden Konsumfreude. Es herrschte ein ›magisches Dreieck‹ aus niedriger Inflation, Lohnzuwächsen und steigender Beschäftigung.[26]

... mit Blick auf Energieversorgung und Versorgungssicherheit, ...

Die Substitution fossiler Energien ist im Gang. Die Zukunft der Kernenergie ist weltweit unentschieden. Die Nutzung von Kohle nimmt zu. Im Spannungsfeld von Energieversorgung und Versorgungssicherheit tobt der Kampf um die Profite auf traditionellen und alternativen Energiemärkten. Es wird gepokert um Anteile und Profite. Angesichts der weltweit wachsenden Bevölkerung sind die Ernährung der Menschheit und ihre Versorgung mit Energie, mit saube-

26 | Vgl. Die Welt vom 20. Februar 2015.

rem Wasser sowie Umweltverschmutzung und Klimawandel Globalisierungsthemen par excellence. Der Klimawandel ist im Rahmen von Wetterextremen Realität. Tsunamis, Orkane und Sturmfluten, Temperaturanstieg, Gletscherabbruch und Meeresspiegelanstieg verändern unsere Lebensbedingungen. Technologische Innovationen in der Informations-, Kommunikations-, Bio- und Nanotechnologien entfalten ihr Potenzial. Sie ermöglichen einen technologischen Fortschritt, der weit über den normalen Einfluss herkömmlicher technologischer Innovationen hinausreicht und tief in menschliche Bedürfnisse und Beziehungen eingreift.

... mit Blick auf die innere und äußere Sicherheit von Gesellschaften und Staaten ...

Die Globalisierung berührt die innere und äußere Sicherheit von Staaten. Sie gefährdet die persönliche und gesamtgesellschaftliche Sicherheit. Die Globalisierung hat die Internetkriminalität intensiviert. Der Cyberwar, also der in elektronischen Informations- und Kommunikationsnetzen ausgetragene Krieg, ist im Rahmen von Angriffen auf staatliche, militärische oder zivile Organisations-, Informations- und Kommunikationsstrukturen im Gang. Der seit 2001 geführte ›geheime Krieg‹ der USA gegen ihre unsichtbaren und global agierenden Gegner ist monströs und wird nach gründlicher technischer Aufklärung schließlich operativ im wesentlich über elektronische Kampfführung (elektronische Aufklärung, elektronische Unterstützung, elektronische Gegenmaßnahmen und elektronische Schutzmaßnahmen) schließlich mit modernen High-Tech-Waffen wie Kampfdrohnen und smarten Bomben mit chirurgischer Präzision geführt. Darüber hinaus wird heute bereits noch weiter gedacht: autonome Waffensysteme, auch ›Killer Robots‹ genannt, gelten als Repräsentanten eines Paradigmenwechsels in der Kriegsführung. Sie sollen autonom ohne menschlichen Einfluss über den Einsatz von Waffen entscheiden können (Sauer 2014).

Globalisierung produziert eine neue Landkarte der Konflikte. Auf zwischenstaatlicher Ebene belastet staatlicher Zerfall die Stabilität der internationalen Beziehungen. Das Desaster des ›Arabischen Frühling‹ hat gezeigt, wie sehr einerseits progressive Kräfte Demokratie und angemessene soziale Verhältnisse wollen, und andererseits reaktionäre Kräfte dies zu verhindern wissen. Hier liegt der Keim für einen Zusammenprall der Kulturen. Internationaler Terrorismus, die Auseinandersetzungen über den Zugang zu Rohstoffen, Wasser und Energie und eine weitverzweigte internationale Kriminalität haben die Konfliktformationen des 20. Jahrhunderts im Kampf um ideologische Deutung, Territorium und geistige Dominanz ergänzt.

und mit Blick auf die Identität von Menschen und ihre Vergesellschaftung?

Schließlich haben sich die mentalen Grundlagen moderner Gesellschaften gewandelt. Es entstanden neue Muster von Individualität und sozialer Kohäsion. Politische Ideen und Ideologien sind im Fluss. Altes, wie die in den 1920er Jahre entstandene kapitalistisch-sozialistische Konfrontation verschwand und machte anderen Konflikten Platz. Der Einfluss moderner Medien und neuer sozialer Begegnungsformen wuchs. Die Vielfalt und Allgegenwart der Medien ist heute omnipotent. Auch Werte und religiöse Dispositionen sind im Fluss. Die Netzwerkgesellschaft strahlt in eine multipolare Welt aus und verlangt angepasste politisch-institutionelle Strukturen und – in idealer Weise – ›glokale‹ Verhaltensweisen. Dies war und ist eine Herausforderung für die Identität von Menschen, Gruppen und Gesellschaften.

Ein Globalisierungsmanagement verlangt also große Anstrengungen. Seit 2015 beträgt die Weltbevölkerung nunmehr über sieben Milliarden Menschen. Sie wollen überleben, sich verwirklichen und entwickeln. Sie wollen sicher und selbstbestimmt leben und ihre Natur als Menschen und ihre Vorstellungen in Familien, Gemeinwesen, Völkern, Nationen oder in der Weltgesellschaft ausleben. Nach wie vor bestehen zwischen Globalisierungsgewinnern und Globalisierungsverlierern Bruchlinien und Gräben. Prinzipiell stellt sich seit 1989 nach wie vor die Frage nach der Zukunft der Demokratie und der Gestalt einer neuen ökosozialen Marktwirtschaft. Welche Zukunft also hat das Konzept des Kapitalismus, wenn es (1.) Beschäftigung, (2.) Grundversorgung, (3.) faire Verhältnisse, (4.) Freiheit des Einzelnen, (5.) soziale Solidarität und schließlich (6.) eine ökologische Grundverträglichkeit nachhaltig ermöglichen soll? Wie muss dann im Rahmen einer allumfassenden Globalisierung ein internationales Umfeld beschaffen sein, was einen freien Welthandel realisiert, die Entfaltung von Individuen und Gemeinschaften ermöglicht, Kriege minimiert und Verteilungskonflikte und Diskriminierungen reduziert? Und wie soll schließlich ein globales Miteinander funktionieren?

Insofern berührt die Globalisierung alle wichtigen gesellschaftlichen Teilsysteme:

- Wirtschaft, Ökologie, und Finanzen;
- Bildung, Wissenschaft und Technologie;
- Innere und äußere Sicherheit;
- Sozialstruktur, Generationengerechtigkeit und Demographie;
- Identität, Information, Kommunikation, Partizipation und Werte;
- Internationale Zusammenarbeit.

Sie fordert insbesondere politisches Handeln in folgenden Politikfeldern heraus:

- Wirtschafts- und Finanzpolitik;
- Umwelt und Energiepolitik;
- Wissenschafts-, Technologie- und Bildungspolitik;
- Sicherheitspolitik;
- Beschäftigungs-, Demographie- und Sozialpolitik;
- ›Global Governance‹.

Dies hat Konsequenzen für Deutschland und die EU, die regionalen Zusammenschlüsse und das internationale Regime der ›Global Governance‹. Es erfordert strategisches Denken und Handeln und ist die entscheidende Herausforderung für politische Führung, demokratische Transparenz und effizientes Regieren im 21. Jahrhundert.

Wichtig sind also neben den nationalen, regionalen und lokalen Befindlichkeiten darüber hinaus ein globales Bewusstsein und eine globale Ordnungspolitik. Diese kennzeichnet sich durch das Etikett ›Work in Progress‹. Hier gibt es eine Fülle von Baustellen, die es zu bearbeiten gibt.

II. Baustellen globaler Ordnungspolitik

In diesem Sinne sind die makroökonomischen und mikroökonomischen Effekte der Globalisierung sozio-ökonomisch von Bedeutung. Dies umfasst die Bereiche politische Regulierung regionaler und internationaler Ökonomie sowie den ökologischen Aspekt wirtschaftlichen Handelns. Die Wirtschaft ist der Motor der Globalisierung. Ich habe beschrieben, wie eine Globalisierung ohne Grenzen das internationale Wirtschaftsleben belebt und – im optimalen Fall – Wohlstand realisiert. Das Ideal oder die Realität einer optimalen wirtschaftlichen Globalisierung sehen jedoch insofern anders aus, als dass Deformationen des Wettbewerbs durch Monopole und Oligopole oder Externalitäten wie soziale Ausbeutung, Raubbau oder Umweltzerstörung ein ›wohliges Globalisierungserlebnis‹ nicht zulassen. Insofern bleibt die ökonomische Globalisierung jenseits des freien Spiels der Kräfte unter dem Etikett einer politisch gewollten ökosozialen Marktwirtschaft – nach wie vor – ein streitbarer Fall für die volkswirtschaftliche Interpretation, die politische Ökonomie und die strategische Politik.

Das bezieht sich auf das Innenverhältnis einer Marktwirtschaft genauso wie auf die Vernetzung der unterschiedlichen Gesellschaften in der Welt. Der letzte Punkt verweist auch auf die Organisation eines effektiven und fairen Welthandelssystems, das – falls Kompromisse und faire Regeln gelingen – einer der Schlüssel für Sprünge hin zu einer globalen Prosperität werden kann. Dies ist für entwicklungspolitische Behörden und Nichtregierungsorganisationen ein Schlüssel für die Entwicklung einer 10-Milliarden-Menschen-Gesellschaft: Teilhabe am freien Welthandel ohne unfaire Handelspraktiken und ohne ausschließende Zölle oder nicht tarifäre Handelshemmnisse.

1. Die endlose Pubertät des Welthandelsregimes

Das Nord-Süd-Wohlstandsgefälle bildete im 20. Jahrhundert eine tiefe Bruchlinie in der Welt. Das Gefälle im Pro-Kopf-Einkommen zwischen der OECD-Welt und den ärmsten Ländern der Welt war lange Zeit katastrophal. Bestehende oder wachsende Ungleichheiten in der Weltwirtschaft ließen politische Eliten oft gleichgültig, waren politisch aber nicht gewollt. In der Summe realisierten sie Nullsummen-Spiele, wo der Gewinn des Einen immer der Verlust des Anderen ist. Eine allumfassende ›gute‹ Globaliserung war in dieser Kulisse eine Illusion. Ein international gerechtes und akzeptiertes Handelsregime wurde in diesem Zusammenhang essentiell. In der Welt der allumfassenden Globalsierung hat dies mit dem allgemeinen Handels- und Zollabkommen (General Agreement on Tariffs and Trade, GATT) und der Welthandelsorganisation (World Trade Organization, WTO) eine spezifische Geschichte. GATT und WTO repräsentieren neben der Weltbank und dem Internationalen Währunggsfond die Institutionen und Prozesse der Globalisierung, welche als Klammer zwischen entwickelter und nicht entwickelter Welt im 20. Jahrhundert konstruiert worden sind und die Dritte Welt – nicht zuletzt aus Eigeninteresse – in den Club der Globalisierungsgewinner führen wollte.

Der steinige Weg zu einem Welthandelsabkommen

Die Staatengemeinschaft hatte mit dem Allgemeinen Zoll- und Handelsabkommen (General Agreement on Tariffs and Trades, GATT) am 1. Januar 1948 ein Instrument geschaffen, um ein nachvollziehbares und handhabbares Handelsregime zu etablieren. Das GATT war ein Kompromiss, da der Plan für eine internationale Handelsorganisation (International Trade Organization, ITO) nicht realisiert werden konnte. In diesem Sinne war das GATT keine internationale Organisation, sondern ein völkerrechtlicher Vertrag. Von 1948 bis 1994 wurden durch das GATT die Regeln für einen Großteil des Welthandels festgelegt. In dieser Zeit gab es acht mehrjährige Verhandlungsrunden (unter anderem in Frankreich, Großbritannien, Belgien und Marokko). Diese kontinentübergreifenden Treffen nahmen 1948 in Havanna (Kuba) ihren Anfang. Es stellte sich heraus, dass das GATT das einzige multilaterale Instrument war, um den internationalen Handel kontrollieren zu können. In den Anfangsjahren konzentrierten sich die Handelsrunden auf eine Senkung der Zölle. Die sogenannte Kennedy-Runde (1964-1967) ergab ein Anti-Dumping-Abkommen zur Vermeidung von Preisverfall. In den 1970er Jahren stellte die Tokio-Runde den ersten bedeutenden Versuch dar, sich internationalen Handelsbarrieren zu widersetzen. Als letzte und umfangreichste Verhandlungsrunde führte die Uruguay-Runde (1986-1994) zur Gründung der WTO und einem neuen Katalog von Vereinbarungen.

Ziel dieser Institution war und ist entsprechend der Schlussakte vom 15. April 1994 die Schaffung weltwirtschaftlicher Konvergenz, die Bereitstellung eines handelspolitischen Überwachungssystems, das auch umweltpolitische Aspekte zunehmend berücksichtigen soll, die Gewährleistung einer Streitschlichtung und die besondere Berücksichtigung von Maßnahmen zugunsten der ärmsten Entwicklungsländer. Das Regime der WTO ging über die Regelungen des alten GATT hinaus, da das bisher auf den Warenhandel beschränkte Abkommen auf den grenzüberschreitenden Verkehr mit Dienstleistungen und mit geistigen Eigentumsrechten ausgeweitet wurde. Unter dem gemeinsamen WTO-Dach wurden die drei Vertragspfeiler Warenhandel (GATT), Dienstleistungen (General Agreement on Services, GATS) und geistige Eigentumsrechte (General Agreement on Trade-Related Aspects of Intellectual Property Rights, TRIPS) getrennt behandelt. Mit dem GATT-Rat, dem GATS-Rat und dem TRIPS-Rat wurden damit jeweils eigene Institutionen für die spezifischen Probleme des alltäglichen Geschäftes verantwortlich. Eine in ihren Kompetenzen und Fähigkeiten gestärkte WTO sollte von nun an als Akteur der Weltwirtschaft die Regeln eines liberalisierten Welthandels anwenden und ihre Einhaltung kontrollieren.

Dennoch haben diese Befugnisse immer ihre Grenzen gehabt. So hatten die Gremien der WTO nur unvollkommene Sanktionsinstrumente in der Hand, um Regelabweichungen effektiv zu bestrafen. Darüber hinaus wurde im Zeitverlauf klar, dass sehr unterschiedliche Sozial- und Umweltstandards Sozial- und Ökodumping zur Folge haben könnten. Nach der Einrichtung der WTO wurde deshalb gefordert, solche sozialen und umweltpolitischen Gesichtspunkte bei der Wahl der Handelspartner berücksichtigen zu dürfen. Deutlich wurde dieser Konflikt etwa bei den Verhandlungen zum Biosafety-Protokoll 1999, das den Handel mit gentechnisch modifizierten Organismen regeln soll und als Umweltabkommen in relevante Regelungen des GATT eingreift. Das Biosafety-Protokoll hat zu erheblichen Konflikten zwischen Industrie- und Entwicklungsländern um seine Ratifikation geführt (Meinert/Turek 2000: 33-38).

Defizite und Konflikte des alten Systems

Als Konfliktfelder ließen sich insgesamt sieben Bereiche identifizieren:

- Die Erosion der ursprünglichen Idee eines freien Welthandels mit komparativen Vorteilen für alle: Ursprünglich zur globalen Vereinheitlichung bzw. zur Deregulierung von Zöllen und Handelsbarrieren gedacht, um so über komparative Vorteile Wohlstandsgewinne für alle zu erreichen, werde das Welthandelssystem der WTO durch zahlreiche bilaterale Abkommen erodiert, mit denen besonders die USA und die Industriestaaten der nördlichen Hemisphäre einseitige Handelsvorteile zu Lasten anderer Staaten realisieren. Hier fühlten sich die Länder der Dritten Welt übervorteilt. Hinzu komme, dass die Handelsregime immer stärker im Rahmen von regionalen Handelssystemen reguliert würden (EU, NAFTA etc.), mit denen die Regeln der WTO umgangen werden konnten;
- nicht zunehmende Chancengleichheit durch das WTO-Regime, sondern zunehmende Ungerechtigkeiten und Restriktionen: Aufgrund restriktiver Regeln im Welthandelssystem (zum Beispiel Verbot der Nachahmung west-

licher Technologien, Urheberschutz oder die eingeschränkte Erlaubnis, das Verhalten ausländischer Investoren im eigenen Land zu regulieren) werde es den Entwicklungs- und Schwellenländern verwehrt, eine eigene starke Exportindustrie aufzubauen oder etwa Umweltschutzstandards zu garantieren. Immer mehr reguliere das System Wirtschaftsprozesse im eigenen Land, so dass wirtschaftliche Entwicklungen behindert würden;

- die Protektion heimischer Märkte: Die Abschottung der heimischen Märkte etwa im Stahl-, Agrar- oder Textilbereich wird von vielen Ländern als illegale und ungerechte Praxis betrachtet. So sei etwa Baumwolle aus Burkina Faso im Prinzip wettbewerbsfähiger gewesen als Cotton USA. Aufgrund von Agrarsubventionen der USA in Höhe von 180 Milliarden US-$ pro Jahr drücke der Staat aber die Produkterlöse der amerikanischen Farmer unter den Weltmarktpreis. Die afrikanische Baumwolle bliebe im Wettbewerb so chancenlos;
- die heuchlerische Entwicklungsrhetorik des Westens: Die Versprechen der Industrieländer seien Heuchelei und Lüge. Unter dem Feigenblatt eines freien Welthandels würde in Wirklichkeit in zynischer Weise nur die Wahrung von Eigeninteressen betrieben;
- der Einfluss mächtiger Lobbys und Pressure Groups: Interessengruppen würden die Nationalstaaten zur Protektion bestimmter Branchen und Güter oder zu Investitions- und Produktionsregeln bei der Aushandlung von Auslandsinvestitionen und Handelsregelungen zwingen;
- zu wenige Ausnahmen vom Patentschutz: Die Entwicklungsländer werfen den Industrien und den Industriestaaten vor, durch einen zu restriktiven Patentschutz die Entwicklung von eigenen Produkten oder gar den Handel mit Billigpräparaten zu verhindern und so die Preise künstlich in die Höhe zu treiben. Dies gelte etwa für die Anwendung von lebenswichtigen Arzneimitteln (zum Beispiel gegen Aids). Deshalb hat Brasilien sich etwa entschlossen, durch die Produktion von billigen Nachahmungspräperaten im eigenen Land den Kampf gegen Aids zu führen. Dies ist mittlerweile im Rahmen des TRIPS-Abkommens (das regelt den Umgang mit geistigem Eigentum) mehr oder weniger erlaubt. Länder ohne eigene Pharmaindustrien sind jedoch auf die Einfuhr der teuren Importe angewiesen;
- den Ausschluss von lebenswichtigen Dienstleistungen: Die Verhandlungen zur Privatisierung von Dienstleistungen im Rahmen von GATS (das regelt die Liberalisierung von Dienstleistungen) (etwa Wasser, Energie, Post) könne dazu führen, dass der Staat nicht mehr die Befriedigung von elementaren Grundbedürfnisse garantiert, sondern dass diese Dienstleistungen dem freien Spiel der Kräfte überlassen bleiben, so dass der Zugang für arme Menschen oder Länder beschnitten werden könnte.[1]

1 | Vgl. www.zeit.de/handel, aufgerufen am 10. März 2014.

Alles in allem waren es Bedrohungen von Gerechtigkeit und Gleichheit, die zu Ausschlussängsten oder Wohlstandsverlusten und damit zu Konflikten im Handelsbereich geführt haben. Dies war die materielle und psychologische Geschäftsgrundlage des GATT, das über viele Jahre nicht wirklich reformiert werden konnte und lange als hoffnungslos blockiert galt. Mitte Dezember 2013 aber führte die Bali-Runde zu einem neuen Ergebnis im Welthandelssystem, das Ausdruck ist für die Handlungsnotwendigkeiten einer allumfassenden Globalisierung und die Interessen der dort vertretenen Parteien. Die insgesamt zehn Abkommen des sogenannten Bali-Pakets stellen das erste große Vertragswerk zum globalen Abbau von Handelsbarrieren seit Jahrzehnten dar. Im April 1994 war mit dem Marrakesch-Abkommen die ›Uruguay-Runde‹ abgeschlossen und zugleich die Gründung der WTO beschlossen worden. Danach brachten die WTO-Mitglieder 2001 die ›Doha-Runde‹ auf den Weg, die Hindernisse im Welthandel wie Einfuhrbeschränkungen oder Zölle vermindern sollte. Allerdings scheiterte das Vorhaben immer wieder an bestehenden Konflikten zwischen Industrie- und Entwicklungs- und Schwellenländern. Häufig bestand die Gefahr des Ausbruchs von Handelskriegen. Ein Beispiel dafür war etwa der Konflikt zwischen den USA, der EU und Japan auf der einen Seite und und China auf der anderen Seite Mitte 2012: Mitte März zogen Amerikaner, Europäer und Japaner vor die WTO und verklagten China, weil das Land die Ausfuhr wichtiger Spezialrohstoffe (seltene Erden) beschränke. Zudem verkauften die Chinesen Solaranlagen zu Dumpingpreisen, und so verhängten die Amerikaner Strafzölle auf die Sonnenkollektoren ›Made in China‹ was die deutschen ZEIT Journalisten Thomas Fischermann und Petra Pinzler als neuen »Flirt mit dem Protektionismus« beschrieben haben.[2] Nun galt die Ministerkonferenz auf Bali als möglicherweise letzte Chance, die seit zwölf Jahren stagnierende Doha-Verhandlungsrunde wiederzubeleben und auch die Gefahr von Handelskriegen zu beschränken.

Das überraschend erfolgreiche Ergebnis der Bali-Runde wurde schnell als neue Epoche im Bemühen um einen reibungslosen und fairen Handel ausgelegt, was in der Interpretation aber strittig ist. Es wurde beschlossen, Subventionen im Agrarbereich abzubauen, einfachere Zollabwicklungen einzuführen und die ärmsten Länder der Welt in das Welthandelsgeschehen stärker miteinzubeziehen. Der Pakt kam für den österreichischen Fachjournalisten Matthias Auer keine Sekunde zu früh. Denn auch wenn Ökonomen vorgerechnet hätten, dass dieses Freihandelsabkommen wirtschaftliche Vorteile von 760 Milliarden Euro und 21 Millionen neue Jobs in Entwicklungsländern bringe, entwickelte sich die Welt zuletzt eher weg vom Freihandel. Wie schlecht Wirtschaftskrisen als Nährboden für Handelsliberalisierungen

2 | Vgl. www.zeit.de/2012/15/Globalisierung-Handelskriege, aufgerufen am 14. Januar 2015.

sind, zeigt nach Auer ein Blick zurück in die 1930er Jahre. Damals führte ein Land nach dem anderen Importzölle und Quoten für ausländische Waren ein, was den Welthandel fast zum Erliegen brachte und so unter anderem aus dem Börsenkrach von 1929 die ›Große Depression‹ machte. Der Protektionismus blühte insbesondere in den G20-Ländern. Einen solchen Wettlauf an Zöllen und Importquoten verhinderten bis heute die Regeln der WTO. Das hindere die Staaten aber nicht daran, Handelshemmnisse zu errichten, die hinter der Grenze ihre Wirkung entfalten. Gegen die Einführung von diskriminierenden Qualitätssiegeln könne die WTO denkbar wenig tun. Wie schädlich derartige Schranken seien, wüssten die meisten Staaten der Welt sehr gut. Kurz nach Ausbruch der Krise im Jahr 2008 hätten die zwanzig führenden Wirtschaftsnationen (G20) daher versprochen, keine neuen Handelshemmnisse aufzubauen. Passiert sei seither das genaue Gegenteil. Zwischen 2008 und August 2013 hätten die G20 genau 1527 handelshemmende Maßnahmen eingeführt, zählte die unabhängige Organisation ›Free Trade Alert‹. Deutlich mehr als alle wirtschaftlich schwächeren Staaten zusammen. Und es seien Länder wie Indien, die hier vor allem am Pranger stehen. Die westlichen Industrienationen stehen den aufstrebenden Schwellenländern in Sachen Protektionismus in nichts nach. So seien im Jahr 2009 etwa mehr als die Hälfte aller protektionistischen Maßnahmen von der EU, Japan und den Vereinigten Staaten eingeführt worden. Der Bali-Pakt verspricht nun eine Reihe von Erleichterungen für den Welthandel.

Am Kernthema, das schon die Doha-Runde auf die Intensivstation brachte, rühre der neue Vertrag aber kaum. Noch immer subventionierten die EU und die USA ihre Bauern mit vielen Milliarden Euro. Mit dem Pakt von Bali sollen Exportsubventionen gesenkt und Importquoten gestrichen werden. Aber auch hier seien nicht alle gleich: die USA dürfen als einziges Industrieland auch in Zukunft die Einfuhr von Agrarprodukten begrenzen.[3] Hinzu kommt die soziale Problematik unfairer oder unmenschlicher Arbeitsbedingungen in den Ländern, die allerdings nicht Teil der Verhandlungen über globale Handelsregeln sind. Allerdings werden sie zunehmend in diesem Kontext mit bedacht. Insofern wird auch die Bali-Runde an ihren speziellen Arrangements und Ausnahmeregelungen in der laufenden Dekade und darüber hinaus zu messen sein. Dennoch ist sie, als Teilschritt und mit politischem Stoizismus betrachtet, ein Erfolg.

3 | Vgl. http://diepresse.com/home/wirtschaft/international/1501582/WTOEinigung_Die-Wiedergeburt-des-Freihandels, aufgerufen am 14. Januar 2015.

Handelskriege sind als Thema aber nach wie vor ›virulent‹

Ein nicht liberalisierter Freihandel ist das Ergebnis von nationalem Wirtschaftsprotektionismus und Handelsregulierungen. Das können Subventionen für die heimische Wirtschaft, Exportbestimmungen und Exportbeschränkungen, Importzölle oder nationale Sicherheitsvorschriften sein. Hinzu kommen Strafzölle oder politische Sanktionen. Ein Beispiel für ein großes Streitthema im politischen Bereich war im März 2013 die Absicht der EU-Kommission, ausländische Fluggesellschaften zu Klimaschutzabgaben zu zwingen. Daraufhin warnten die Chefs der großen europäischen Luftfahrtunternehmen Airbus, Lufthansa, MTU Aero Engines und Air Berlin vor einem Zeitalter »größerer Handelsauseinandersetzungen«. Handelskriege brächen aus, und sie selbst säßen zwischen allen Fronten. Aufgrund der Ankündigungen der Kommission drohten China, Russland und 24 weitere Staaten Vergeltung an. Peking dachte über die Stornierung eines Großauftrages für A380-Flugzeuge des Airbuskonsortiums nach, Moskau erwog den Entzug von Überflug-, Start- und Landelizenzen für europäische Airlines.[4] Sofort also wurde ein handelspolitischer Streit zum Drama eines globalen Wirtschaftskrieges hochstilisiert. Ein ruhiger Blick war nötig, der die Welt des globalen mit der Welt des intraregionalen und bilateralen Handels verknüpft.

Hochgespielte nationale Animositäten und handelspolitische Nadelstiche sind kein Handelskrieg

Im Rahmen des GATT und den verschiedenen Handelsrunden der WTO versuchte man Jahrzehnte lang, den nationalen Protektionismus ›einzufangen‹ und Win-Win-Situationen für alle Vertragspartner durch eine Deregulierung des internationalen Handels zu erreichen. Ein Kernthema des GATT war der Agrarbereich. Sensibel waren der Handel mit Rohstoffen und Textilien. Nach dem ›Krafttraining‹ der Schwellenländer und ihrer deutlich erhöhten Wettbewerbsfähigkeit bei Produkten und Dienstleistungen mit höherer Technologieintensität kamen Auseinandersetzungen mit Blick auf die High-Tech-Industrien hinzu. Hier spielten protektionistisches Gehabe und gegenseitige Provokation eine zentrale Rolle. Hinzu kamen Reizthemen wie Produktpiraterie und Fragen des geistigen Eigentums. Es wurde durchaus vieles erreicht. Dennoch tobte Anfang der 2010er Jahre der Protektionismus weiter. Handelsexperten der in England und der Schweiz operierenden Denkfabrik Global Trade Alert haben nach Recherchen festgestellt: 2012 gab es dreimal mehr Maßnahmen zum Schutz von Märkten als zu ihrer Liberalisierung. Spitzenreiter beim Erlassen

4 | Vgl. www.zeit.de/2012/15/Globalisierung-Handelskriege, aufgerufen am 14. Januar 2015.

neuer Handelsschranken sind ausgerechnet die erstarkenden Schwellenländer. Argentinien liegt vorn mit 192 neuen Regeln zur Importbegrenzung, Russland folgt mit 172 knapp dahinter, China und Brasilien waren nicht zaghafter. Allerdings muss man Handelssanktionen relativieren und zudem in ein Netz von nationalen, regionalen und globalen Handelstransaktionen einordnen, die sich gemessen an den wirtschaftlichen Umsatz- und Gewinnerwartungen der beteiligten Akteure geographisch ständig verschieben. Aus einer Analyse des Internationalen Währungsfond geht hervor, dass sich der intraregionale Handel stärker entwickelte als der globale Handel und dass dieser Handel wiederum seinen eigenen Wettbewerbsregeln und Handelsregimen folgt. Exemplarisch zeigt sich dies im regionalen Wirtschaftsverhalten Chinas, dass einerseits zur Werkbank des Westens geworden ist und als Staatswirtschaft mit privatem Anstrich andererseits selbst aufstrebende Länder Südostasiens wie Vietnam als Werkbank sucht (Internationaler Währungsfond 2012).

Neben den harten Bandagenkämpfen der Industriestaaten, China und den aufstrebenden Ländern Brasilien, Indien, Russland und Südafrika waren die Handelsbeziehungen zwischen der Ersten und Zweiten sowie der Dritten Welt insbesondere im Agrarbereich schwierig. Besonders die ärmeren Länder sollten die internationalen Märkte mit ihren Produkten besser erreichen und die EU und die USA waren angehalten ihre Agrarsubventionen abzubauen, damit diese Staaten dort ihre Waren verkaufen konnten. Dies war das bestimmende Thema der Doha-Runde der WTO. Die Zölle sollten weltweit weiter sinken und Handelsbarrieren fallen, so wie es in solchen Handelsrunden immer geschehen war, und diesmal sollten auch ganz neue Arten von Handelsbarrieren auf den Verhandlungstisch. Umwelt- und Sozialstandards sollten Einzug in die Verträge halten. Urheberrechte für Medien oder Software sollten besser gewahrt werden. Auch der Schutz von Rechten an Innovationen, etwa neuartiger Arzneien, sollte besser werden, aber ohne armen Menschen den Zugang zu Arzneimitteln zu verwehren. Faire Regeln für alle, so lautete das Ziel. Keiner würde mehr benachteiligt, die Armen würden sogar bevorzugt. Die Doha-Runde prägte den Welthandel mehr als eine Dekade. Anfang der 2010er Jahre allerdings trat mit großer Deutlichkeit zutage, dass die Ambitionen dieser Runde an den interessenpolitischen Realitäten sowohl der industrie- als auch der erstarkten Schwellenländer zerbrochen waren. Zu viele Themen, zu viele starke Akteure: Brasilien Indien und China sind wirtschaftliche Großmächte geworden und wollten bessere Deals als früher. Die alten Industrieländer kämpften dagegen mit der Finanzkrise und steigender Arbeitslosigkeit und waren kaum zu Zugeständnissen bereit. Damit bestätigen sie die Entwicklungsländer in ihrem alten Verdacht, der Westen habe es mit dem Marktzugang für ärmere Länder nie ernst gemeint.[5]

5 | Vgl. ebd.

Die Bali-Runde als handelspolitischer Globalisierungscoup des 21. Jahrhunderts?

Das überraschend erfolgreiche Ergebnis der Bali-Runde wurde schnell als neue Epoche im Bemühen um einen reibungslosen und fairen Handel ausgelegt, was in der Interpretation strittig ist. Es wurde beschlossen, Subventionen im Agrarbereich abzubauen, einfachere Zollabwicklungen zu implementieren und die ärmsten Länder der Welt in das Welthandelsgeschehen besser miteinzubeziehen. Der Pakt kommt keine Sekunde zu früh. Mit dem Pakt von Bali sollen Exportsubventionen gesenkt und Importquoten gestrichen werden. Die Reaktionen nach dem Abkommen fielen dementsprechend unterschiedlich aus. Während WTO-Generaldirektor Roberto Azevedo von einem historischen Abkommen sprach[6], waren andere Kommentatoren zurückhaltend. Das Abkommen bringe zwar eine Reihe von Erleichterungen für den Welthandel. Am Kernthema der Landwirtschaft rühre das Abkommen nach dem österreichischen Journalisten Matthias Auer kaum. Hier könnten die reichen Länder den ärmeren das Wasser reichen. Noch immer subventionieren die EU und die USA ihre Bauern mit zig Milliarden Euro. So verkauften allein im Vorjahr subventionierte Landwirte aus Deutschland 47.000 Tonnen Geflügelfleischreste billigst nach Afrika, was den Geflügelbauern vor Ort jede Geschäftsgrundlage entzieht.[7] Dementsprechend forderte Indien in den Verhandlungen auch eine Ausnahme für sich hinsichtlich eines nationalen Lebensmittelprogramms, mit dem der indische Staat Lebensmittel von seinen Bauern kauft, um sie dann an die Armen zu verteilen. Zum Ende kam es hier zu einem Kompromiss, der allen akzeptabel erscheint: Indien darf sein Programm behalten, aber nicht weiter ausbauen. Die Bali-Runde wird an ihren speziellen Arrangements und Ausnahmeregelungen in der laufenden Dekade und darüber hinaus zu messen sein. Dennoch ist sie, als Teilschritt betrachtet, ein Erfolg, da sie die Dominanz des Westens in der Bestimmung der Regeln des Welthandels prinzipiell durchbrach. Und weil sie den Ansatz des multilateralen Regelungsansatzes im Kern gerettet hat. Die WTO und ihr Ansatz sind so nach den Worten des Journalisten Christopher Ziedler »auferstanden aus Ruinen«[8], auch wenn Indien 2014 anschließend wieder Anzeichen erkennen ließ, seine Position sei nicht wirklich verstanden und umgesetzt worden.

---

6 | Vgl. www.zeit.de/wirtschaft/2013-12/wto-einigt-sich-auf-globales-handelsabkommen, aufgerufen am 14. Januar 2015.

7 | Vgl. http://diepresse.com/home/wirtschaft/international/1501582/WTOEinigung_Die-Wiedergeburt-des-Freihandels, aufgerufen am 14. Januar 2015.

8 | Vgl. www.zeit.de/wirtschaft/2013-12/wto-freihandelsabkommen-europa-usa, aufgerufen am 14. Januar 2015.

Der globale Handelskrieg findet nicht statt

Der Abschluss der Bali-Runde ist relativ. Der globale Welthandel hat im Rahmen zahlreicher regionaler oder bilateraler Abkommen ein intraregionales Unterfutter. Dies wird in den Vereinbarungen innerhalb der EU, der NAFTA, des Mercosur oder des ASEAN und in bilateralen Handelsvereinbarungen organisiert. Mit Blick auf das geplante transatlantische Freihandelsabkommen zwischen der EU und den USA bekommt der erfolgreiche Abschluss der Bali-Runde für die Teilnehmerstatten der Dritten Welt einen zusätzlichen Sinn. Seit Jahren denken Europäer und Amerikaner über die Errichtung einer transatlantischen Freihandelszone nach. Diese Idee gewann seit Mitte 2013 an Gestalt. Man kann davon ausgehen, dass ein transatlantischer Wirtschaftsblock auch die Regeln des Welthandels noch stärker bestimmen will und wird. Ziel der transatlantischen Vereinbarung ist nicht nur der Abbau von Zöllen oder Handelsschranken, sondern auch die Entwicklung gemeinsamer Standards und Normen, die wiederum in den Prozess globaler Verhandlungen eingespeist werden können. So scheint die Angst nicht unberechtigt, dass beide Weltregionen nach einem Zusammenschluss strikte Regeln für den globalen Handel gemeinsam zu diktieren geneigt werden sein könnten. Insofern sind globale Regeln der WTO geeignet, Gegenmacht gegen die beiden Weltregionen aufzubauen, die zusammen mehr als die Hälfte des globalen Bruttosozialprodukts erzeugen. Darüber hinaus priorisiert etwa die Europäische Union bilaterale Handelsabkommen, wo es leichter ist, Gemeinsamkeiten und Lösungen zu finden, was einen globalen Ansatz im Einzelfall konterkariert.

In diesem Zusammenhang ist also nicht nur das Welthandelsregime der WTO von Bedeutung. In einem (wachsenden) Gegensatz dazu steht die Welt auch im Zeichen des Regionalismus und bilateraler Handelsabkommen. Jonas Grätz hat diese Tendenz als »The De-Westernisation of Globalisation« beschrieben (Grätz 2013: 15ff.). Dies meint, dass die ökonomische Globalisation beispiellos sei, dass sich aber gleichzeitig auch der Appeal der Globalisierung abzunutzen beginnt. Entsprechend der These der ›Glokalisierung‹ sind dementsprechend regionale Organisationsformen ökonomischer und politischer Art auf dem Vormarsch. Dabei spielen die regionalen wirtschaftlichen Integrationsmodelle eine genauso wichtige Rolle wie die regionalen Freihandelszonen, die mit TTIP für den transatlantischen und mit TTP für den pazifischen Raum verhandelt werden bzw. im letzteren Fall bereits erfolgreich verhandelt, aber nicht schlussendlich ratifiziert worden sind. Die Trump-Administration hat darüber hinaus im US-amerikanischen Wahlkampf 2016 erkennen lassen, dass sie sowohl gegenüber TTIP als auch TTP nicht aufgeschlossen ist.

2. Der Globus im Zeichen des Regionalismus

In den vergangenen drei Dekaden wurde vor dem Hintergrund einer starken wirtschaftlichen Dynamik weltweit ein Trend zur Regionalisierung wirtschaftlicher und politischer Aktivitäten sichtbar. In diesem Zeitraum war die Weltwirtschaft auch durch eine starke Wachstumsdynamik und einen zunehmenden Welthandel geprägt. Die zunehmende globale Verflechtung der Weltwirtschaft zeigt sich auf beeindruckende Weise in der Zunahme des Welthandels. Aufgrund der Globalisierung entwickelte sich der Weltmarkt zu einem System aneinander grenzender regionaler Binnenmärkte mit Reibungs- und Kooperationspotenzialen. Neben den alten Global Players haben neue Akteure die weltwirtschaftliche Bühne betreten, die zu den westlichen Konkurrenten durch qualitativ hochwertige und preiswerte Produkte sowie Dienstleistungen in Konkurrenz getreten sind. Zum einen agieren nationale und multinationale Unternehmen auf dem Weltmarkt. Zum anderen prägen die Staaten und supranationalen Zusammenschlüsse die wirtschaftspolitischen Grundlagen für die Unternehmen innerhalb ordnungs- oder wettbewerbspolitischer Konzeptionen oder aber im Rahmen protektionistischer Maßnahmen. Multilaterale Organisationen und Diskussionsforen wie das GATT, die WTO, die OECD, ILO, die Weltbank, die G 7(8) und G20 oder der Internationale Währungsfonds repräsentieren Institutionen, welche die internationalen Rahmenbedingungen der Weltwirtschaft und des Welthandels durch das Handelsregime, durch währungspolitische Abkommen, durch Kreditvergaben und stabilitätspolitische Vorgaben sowie durch vorangestellte ordnungspolitische Bedingungen prägen und beeinflussen können. Sie formulieren sowohl die Regeln des Wirtschaftsprozesses als auch den Handelsaustausch sehr unterschiedlicher Akteure mit zum Teil gegensätzlichen Interessen.

Die Nordamerikanische Freihandelszone NAFTA ist kein politisches Mehrebensystem wie die EU – sondern ein reines Handelsregime

Die weltweit entstehenden regionalen Zusammenschlüsse synchronisieren die wirtschaftlichen Möglichkeiten von Staaten und Unternehmen. Dies sind für den amerikanischen Raum die Länder des Freihandelsraumes North American Free Trade Association (NAFTA), also die USA, Kanada und Mexiko. In der NAFTA, die am 1. Januar 1994 in Kraft trat, schlossen sich diese drei Länder mit einer gemeinsamen Bevölkerung von 400 Millionen Menschen und einem Bruttosozialprodukt von fast zehn Billionen US-Dollar zusammen. Nachdem das Freihandelsabkommen der NAFTA in Kraft getreten war, das jenseits seiner wirtschaftspolitischen Qualität politisch auch als Wirtschaftsbündnis gegenüber der EU verstanden werden konnte, haben sich die wirtschaftlichen Aktivitäten in der Region erheblich ausgeweitet. Die NAFTA ist keinem politsches Mehrebensystem wie der europäischen Union unter- oder zugeordnet; aber ihre wirtschaftspolitische Stimulanz entsprach ihrem Zweck.

Der asiatisch-pazifische Raum wird im 21. Jahrhundert die größte Freihandelszone der Welt

Die Entwicklung in den letzten 30 Jahren hat gezeigt, dass auch das ökonomische Gewicht Asiens in der Weltwirtschaft erheblich wuchs. So hat der asiatisch-pazifische Raum zur Jahrtausendwende etwa 30 Prozent zum Weltsozialprodukt beigetragen. Das Sozialprodukt Chinas, Japans, der vier ›Kleinen Tiger‹ (Hongkong, Singapur, Taiwan und Südkorea) und der ASEAN-Staaten (Association of South East Asien Nations) sollte in den Jahren 2010 bis 2015 doppelt so hoch sein wie das der USA und größer als das der Europäischen Union. Japan hat in den vier vergangenen Jahrzehnten einen beispiellosen wirtschaftlichen Aufschwung vollzogen. Von 1960 bis 1990 konnte es seinen Anteil am Bruttoinlandsprodukt in der Triade (im Vergleich zu Deutschland und den USA) mehr als verdoppeln. Japan bezog in seine wirtschaftliche Entwicklungsdynamik den südostasiatischen Raum mit ein. Darüber hinaus haben sich die vier ›Tigerstaaten‹ als Produktions- und Wachstumsmärkte fest etabliert. Die Volkswirtschaften dieser Länder schöpften in den vergangenen vier Dekaden große Wachstumspotenziale aus, wobei die Wachstumsimpulse von der günstigen Entwicklung der Exporte und der anhaltenden Inlandsnachfrage herrührten. Außerdem wuchs der Handels- und Investitionsaustausch zwischen den Ländern dieser Region. Japan hat nach der Einschätzung der OECD hier eine ähnliche Rolle wie die Vereinigten Staaten für Europa in den 1960er Jahren gespielt. Und China konnte als das bevölkerungsreichste Land der Erde auf dem Weg zu einem dynamischen Schwellenland weit überdurchschnittliche Wachstumsraten realisieren. Über 2 Milliarden Menschen, das sind etwa 30 Prozent der Weltbevölkerung, leben im Bereich der APEC und erwirtschaften etwa 30 Prozent des weltweiten Bruttosozialproduktes.

Im Ergebnis soll hier bis zum Jahr 2020 die größte Freihandelszone der Welt entstehen. Dafür sprechen die Asien-Pazifik-Freihandelsgespräche der 2010er Jahre eine deutliche Sprache. Die USA und China und ihr zukünftiges (Macht-)Verhältnis spielen dabei eine entscheidende Rolle. Die USA verhandeln seit Mitte der 2010er Jahre mit elf Partnerländern über ein Transpazifisches Freihandelsabkommen (Trans-Pacific-Partnership, TPP). Die Mitglieder der ASEAN+6-Gruppe verhandeln gleichzeitig über ein regionales wirtschaftliches Partnerschaftsabkommen (Regional Comprehensive Economic Partnership, RCEP), Japan, Cina und Korea führen trilaterale Handelsgespräche (China-Japan-Korea Free Trade Agreement, CJK-FTA). Alle diese Initiativen zielen auf multilaterale Strukturen, die in Zukunft als Asiatisch-Pazifische Freihandelszone (Free Trade Area Asien Pacific, FTAAP) zuzsammengefasst werden könnten (Hilpert 2014).

In Südostasien existiert darüber hinaus eine Sicherheitskooperation, welche die ökonomische Integration ergänzt. Diese Kooperation ist überaus dicht und gelegentlich schwer durchschaubar, bildet aber langsam auch ein sicherheitspolitisches Netz, das, obwohl sich die Kooperationen bis jetzt nur um ›sanfte‹ sicherheitspolitische Themen drehen, sich aber zunehmend dichter über die Region legt. In Ost-, Südostasien und China existieren eine ganze Reihe traditioneller und neuer Sicherheitsprobleme: konventionelle und nukleare Aufrüstung (China, Nordkorea), territoriale Streitigkeiten, historisch begründete Animositäten, Ressourcenkonflikte, Großmachtrivalitäten, Natur- und Umweltkatastrophen, Terrorismus und Piraterie. Chinas wirtschaftliche und militärische Dominanz und sein außenpolitisches Auftreten fördern Bedrohungswahrnehmungen bei verschiedenen Staaten im asiatisch-pazifischen Raum. Einige Staaten setzen deshalb auf enge Beziehungen zu den USA und auf eine Politik des ›hedging‹, das heißt eine Politik der Absicherung gegenüber China. In diesem Zusammenhang existiert in der Region ein komplexes Geflecht aus multilateralen Organisationen und Foren, die sich teilweise überschneiden. Im Zentrum der wichtigsten von Ihnen – des ASEAN- Regional Forum (ARF) und des East Asia Summit - stehen jene zehn südostasiatischen Staaten, die sich in der Association of Southeast Asia Nations (ASEAN) zusammengeschlossen haben. Allerdings liegt der Fokus dieser institutionellen Struktur auf ›weichen‹ Sicherheitsthemen. Schon deshalb stellen für Gudrun Wacker von der Stiftung Wissenschaft und Politik (SWP) in Berlin diese regionalen Formate eher eine Ergänzung der eigenen bilateralen Verteidigungsallianzen dar, die auch heute noch das Rückgrat amerikanischer Sicherheitspolitik im asiatisch-pazifischen Raum bilden. Die EU und ihre Mitgliedstaaten spielen in dem regionalen Mix aus Bündnissen, bi- und trilateraler Sicherheitskooperation bislang keine Rolle (Wacker 2015).

Die Europäische Union ist der am weitesten integrierte Markt der Welt mit hoher integrationspolitischer Ausstrahlungskraft

Mit der Europäischen Union entstand bis heute ein in 28 Einzelakteuren untergliedertes politisches System mit differenzierter Handlungskompetenz (nach dem englischen BREXIT sind es nun noch 27 Akteure). Mit dem durch die Einheitliche Europäische Akte und dem Maastrichter und dem Amsterdamer Vertrag sowie den Verträgen von Nizza und Lissabon weitergeführten Prozess zum Binnenmarkt und zur Wirtschafts- und Währungsunion ist in diesem Rahmen ein einheitlicher Markt entstanden. Damit wurde das wirtschaftliche Gefälle zwischen den Mitgliedstaaten der EU ein Stück weit abgebaut. Der Europäische Binnenmarkt ist gemessen am Bruttoinlandsprodukt der größte gemeinsame Markt der Welt. Die EU besitzt eine eigene Rechtspersönlichkeit und verfügt über ein Rede- und Einsichtsrecht bei den Vereinten Nationen. Die Vision einer politischen Union zielt auf die Herstellung einer politisch handlungsfähigen Gemeinschaft, die, entgegen aller anderen Wirtschaftsbündnisse auf der Welt, nicht nur und ausschließlich eine Wirtschaftsgemeinschaft anstrebt, sondern im Endeffekt eine politische Union. Die EU bildet den größten und am weitesten integrierten Markt der Welt, der innerhalb einer Wirtschafts- und Währungsunion immer homogener werden soll.

Deshalb hat die EU in den letzten 50 jahren eine immer engere Strukur der politischen Zusammenarbeit und Integration entwickelt, die, trotz der institutionellen Unvollkommenheit und der politischen Unschärfe international weit attraktiver gesehen wird als in der Union selbst. Neben dem gemeinsamen Markt und einer gemeinsamen Währung entstand basierend auf den Verträgen der Europäischen Union ein politisches System. Es enthält supranationale (überstaatliche) und intergouvernementale (zwischenstaatliche) Elemente. Im Europäischen Rat und in dem nach Fachressorts auftgeteilten Rat der Europäischen Union (Gremieum der jeweiligen Fachminister) sind die nationalen Regierungen vertreten; das Europäische Parlament repräsentiert die EU-Bürger bei der Rechtssetzung. Die Europäische Kommission ist das Exekutivorgan der EU und der Europäische Gerichtshof vertritt die Judikative in diesem politischen System. Innerhalb der EU bilden 19 Mitgliedstaaten die Europäische Wirtschafts- und Währungsunion. Im Rahmen des Raums der Freiheit, der Sicherheit und des Rechts arbeiten die Mitgliedstaaten in der Innen- und Justizpolitik zusammen. Durch die Gemeinsame Außen- und Sicherheitspolitik bemühen sie sich um ein gemeinsames Auftreten gegenüber Drittstaaten, im Rahmen der Gemeinsamen Verteidigungspolitik um gemeinschaftliche Anstrengungen in der Verteidigungspolitik. Die EU hat Beobachterstatus in den G7 (8), ist Mitglied der G20 und vertritt ihre Mitgliedstaaten in der WTO. Die wirtschaftliche und politische Integration ist damit weltweit einzigartig.

Lateinamerika organisiert sich im Rahmen des Mercosur

Mit Ausnahme von Kuba haben die Staaten Mittel- und Lateinamerikas in den 2000er Jahren ihre totalitären oder autoritären Fesseln weitestgehend abgestreift und sind längst auf dem Weg zu demokratischen und marktwirtschaftlichen Verhältnissen. Und selbst in Kuba mehrten sich Ende der 2000er Jahre Zeichen einer wirtschaftlichen Libaralisierung, die zunehmend marktwirtschaftliche Elemente in das sozio-ökonomische Umfeld einfließen ließ. Das Land öffnete sich Mitte der 2010er Jahre dann endgültig, was mit dem Besuch des US-Präsidenten Barak Obama 2016 und der vollen Aufnahme normaler diplomatischer Beziehungen eine Krönung erfuhr. Regionale Kooperation und Integration wurden in den letzten drei Jahrzehnten zunehmend als geeignete politische Instrumente angesehen, um diese Wachstumsentwicklung nachhaltig zu fördern. Im Dezember 1994 haben die Präsidenten Brasiliens, Argentiniens, Uruguays und Paraguays das Protokoll von Ouro Preto gebilligt, mit dem das Projekt eines Gemeinsamen Marktes (Mercosur) etabliert worden ist. So ist Anfang 1995 eine ›unvollkommene‹ Zollunion etabliert worden, die sich seitdem positiv weiter entwickelt hat. Es handelt sich heute um einen Binnnemarkt mit mehr als 260 Millionen Menschen, der ein Bruttoinlandsprodukt von etwa einer Billion US-$ p. A. realisiert. Dies sind etwa 75 Prozent des lateinamerikanischen Kontinents. Vertragsstaaten und Mitgliedsländer sind heute Argentinien, Brasilien, Paraguay, Uruguay und Venezuela.

Das europäisch-amerikanische Freihandelsabkommen (TTIP) und das europäisch-kanadische Handelsabkommen (CETA) versuchen optimale Wirtschaftsbeziehungen zwischen den USA, Kanada und der Europäischen Union herzustellen

Die regionalen Wirtschaftsabkommen und Wirtschaftszusammenschlüsse sind funktional. Sie unterscheiden sich in ihrer politischen Qualität und ihrer regionalen Ausstrahlung allerdings zum Teil erheblich. Um die europäisch-amerikanischen Handelsaktivitäten zu stimulieren ist ein in der Verhandlungsphase befindliches Freihandelsabkommen (Transatlantic Trade and Investment Partnership, TTIP (früher Trans-Atlantic Free Trade Agreement, TAFTA)) in Form eines völkerrechtlichen Vertrags zwischen der EU und den USA und weiteren Staaten aktuell – und extrem umstritten, insbesondere in der Bundesrepublik Deutschland, in Frankreich oder Belgien. Es handelt sich dabei um eine komplizierte Materie. Sie bezieht die USA, die NAFTA, die EU, die EFTA und mögliche Beitrittskanditaten der EU mit ein.[9]

Hinzu kamen Verhandlungen mit der kanadischen Regierung über ein europäisch-kanadisches Handelsabkommen (Comprehensive and Economic Trade Agreement, CETA), das im Mai 2015 zwischen den Verhandlungsführern verabschiedet worden ist, das aber am 27. Oktober 2016 aufgrund des Widerstands der Wallonen in Belgien zunächst nicht endgültig von der EU-Kommission und der kanadischen Regierung unterzeichnet werden konnte.[10] Die Unterschiede zu TTIP und eine intensive europäische Verhandlung über CETA führten Ende Oktober 2016 doch noch dazu, dass das Abkommen von der EU und Kanada unterschrieben wurde und Rechtskraft erhielt.

9 | Zum Redaktionsschluss dieses Buchs war TTIP weder ausverhandelt, noch unterschrieben noch einzelstaatlich ratifiziert.

10 | Vgl. http://ec.europa.eu/trade/policy/in-focus/ceta/index_de.htm, aufgerufen am 21. Mai 2015; das Abkommen war zum Redaktionsschluss dieses Buchs allerdings noch nicht einzelstaatlich ratifiziert.

TTIP und CETA stehen dabei für die größte Freihandelszone der Welt, einem Wirtschaftsraum, der 820 Millionen Menschen umfasst und in dem schon heute die Hälfte des globalen Bruttosozialprodukts erwirtschaftet wird. Die Handelsabkommen sollen Probleme im Handel zwischen den drei Handelsregionen ausräumen und so Geschäfte mit den USA und Kanada erleichtern. So sollen Zölle und Zugangsbeschränkungen bei öffentlichen Aufträgen beseitigt und Dienstleistungsmärkte geöffnet werden. Die Abkommen sollen Investoren verlässliche Bedingungen bieten und, aus EU-Sicht, nicht zuletzt die illegale Nachahmung von EU-Innovationen und traditionellen europäischen Erzeugnissen erschwert werden. Eckpunkte der Abkommen sind die Bereiche ›Öffentliche Aufträge‹, ›Lebensmittelgesetze und Gesundheitsstandards‹, ›Umweltstandards‹, ›Deregulierung des Finanzsektors‹ und ›Industriestandards‹. Streitigkeiten sollen im Rahmen spezieller Schiedsgerichte gelöst werden. Besonders dieser Punkt und die Intransparenz der Verhandlungen lösten eine Kontroverse hinsichtlich beider Abkommen in der Debatte aus, die mit Blick auf CETA zu Nachverhandlungen und grundlegenden Veränderungen im Vertragswerk geführt haben.

Konkrete Kritikpunkte sind die befürchtete Aufweichung von Arbeitnehmerrechten und Umgehung von Umweltstandards, der Inverstitionsschutz, die Gefährdung von Tierschutzstandards, Gefahren von IT-Sicherheit, die gegenseitige Anerkennung von Normen und Standards, Folgen für Drittstaaten sowie kulturelle Faktoren wie die Gefahren für Kultursubventionen.[11] Mit Blick auf die Lebensmittelsicherheit ist besonders die Risikobewertung bei der Herstellung von Lebensmitteln wichtig, die sich an dem konkreten Beispiel des ›Chlorhuhns‹ in Europa einen kuriosen Weg in die Öffentlichkeit bahnte.[12]

Dabei gibt es mit Blick auf TTIP detaillierte als auch prinzipielle Einwände. Besonders schwer wiegen hierbei die prinzipiellen Erwägungen und die Prämisse des Handelsabkommens. Während man in Europa auf das Vorsorgeprinzip setzt, wird in den USA erst dann etwas verboten, wenn seine schädliche Wirkung eindeutig erwiesen ist (wissenschaftsbasierter Ansatz). Hinzu kommen das als undemokratisch empfundene Zustandekommen und das geplante Schiedsgerichtsystem, das bei der Weltbank angesiedelt werden und das ohne öffentliche Beteiligung von den Wirtschaftsanwälten der jeweiligen Parteien bei Konflikten bewerkstelligt werden soll. Hierbei hat sich 2014/2015 insbesondere die Öffentlichkeit in der Bundesrepublik Deutschland als Kritiker

11 | Vgl. die Sendung im Ersten Deutschen Fernsehen (ARD) »Der große Deal. Geheimakte Freihandelsabkommen« vom 14. Juni 2014; vgl. auch »Kanadische Blaupause«, in: Süddeutsche Zeitung vom 16./17. August 2014.

12 | Ein Chlorhuhn steht für ein amerikanisches Produktionsverfahren zur Sterilisierung von Hühnerfleisch; dabei wird Hühnerfleisch nach dem Schlachten durch ein Chlorbad gezogen, um schädliche Keime abzutöten.

dieser Aspekte profiliert (Bode 2015; Klimenta/Fisan 2014)[13]. Hartnäckigen Widerstand erfährt insbesondere das dort enthaltene Investitionsschutzabkommen, das Unternehmen ein Recht zur Klage gegen die Willkür von Staaten einräumt, über deren Ausgang private, nicht staatliche gerichtliche Instanzen befinden sollen. Insbesondere in den USA beunruhigte nach einer Analyse von Peter Sparding vom German Marshall Fund of the U.S. (GMF) hierbei der zunehmende feindliche Ton der deutschen Kritik, da Deutschland bei dem Zustandekommen des Abkommens eine Schlüsselrolle zuerkannt wird.[14] Die kontroversen Standpunkte wurden dann gerade auch in Deutschland mit massenhaft getragenen Verfassungsbeschwerden und eindrucksvollen Großdemonstrationen im Spätsommer 2016 in Szene gesetzt. Dies führte zu Erschwernissen in der Verhandlung von TTIP und in dem Wunsch nach partiellen Nachverhandlungen zu CETA. Die große Aufgeregtheit um die beiden Freihandlesabkommen zwischen der EU und den USA einerseits und der EU und Kanada andererseits ist dabei nur zu verstehen, wenn man beide Abkommen in Beziehung zueinander setzt. Im Streit um TTIP bildete sich die Angst ab, europäische Arbeitnehmerrechte und soziale Normen könnten von einem Abkommen mit den mächtigen USA hinweggefegt werden.

Bei CETA waren solche Bedenken weniger ausgeprägt, da viele Regeln anders ausgestaltet worden sind. In Sachen Arbeitnehmerschutz halten sich die Kanadier an die Kernarbeitsnormen der internationalen Arbeitsorganisation ILO. Das verhindert zum Beispiel, dass der Freihandel zum Einfallstor für Sozial- und Lohndumping wird. Insofern strahlten viele Animositäten gegenüber TTIP auf das europäisch-kanadische Freihandelsabkommen CETA aus, obwohl dort entscheidende Verhandlungspunkte anders disponiert worden sind als bei TTIP. Hier spielten auch deutsche Verhandlungspositionen mit Blick auf die geplante Schiedsgerichtsbarkeit bei handelspolitischen Streitigkeiten eine Rolle, die der deutsche Wirtschaftsminister Sigmar Gabriel insofern inspierierte, als dass er gegenüber den als intransparent empfundenen Privatgerichten einen öffentlichen Investitionsgerichtshof mit 15 Mitgliedern vorschlug, der auch Berufungsinstanzen vorsieht (Amann et al. 2016). Außerdem soll es wirklich ernsthafte Verhandlungen darüber geben, inwieweit das europäisch inspirierte ›Vorsorgeprinzip‹ in CETA eine wirkungsvolle Geltung bekommen könnte – ein betonierter Knackpunkt in den Verhandlungen bei TTIP.

13 | Siehe auch die Talkshow »Anne Will« vom 20. Mai 2015 in der ARD zum Thema »Wem nützt TTIP« mit Thilo Bode, Ulrich Grillo, Matthias Machnig, Friedrich März und Sahra Wagenknecht unter www.ard.de/home/ard/ARD_Startseite/21920/index.html, aufgerufen am 21. Mai 2015.

14 | www.gmfus.org/archives/germanys-pivotal-role-on-the-way-to-ttip/, aufgerufen am 15. November 2014.

Die Unterzeichnung des CETA-Abkommens Ende Oktober 2016 bedeutete eine relativ große Erleichterung für alle beteiligten Verhandlungspartner. Ohne diesen diplomatischen Verhandlungserfolg wäre die Kritik an der vermeintlichen Handlungsunfähigkeit der EU und ihrer Mitgliedsstaaten vermutlich explosiv ins Kraut geschossen. Selbst wenn die verantwortlichen Politiker keine besonders gute Figur abgegeben haben sollten, hat der Verhandlungserfolg dann doch gezeigt, dass ein demokratisches Entscheidungsverfahren in der EU stattgefunden hat – letztendlich zu einem gewissen Preis eines peinlichen Imageverlustes. Hinzu kommt die Frage, inwieweit das politische System der EU und das System der repräsentativen Demokratie damit geschädigt worden ist. Alle Auseinandersetzungen um CETA, aber auch um TTIP, haben gezeigt, dass das Verhältnis der politischen Eliten und der Bevölkerung in den Mitgliedstaaten zum Teil zerüttet ist. Während große Teile der Menschen an den Entscheidungen der Politik nicht mehr interessiert sind, rüsten andere Bevölkerungsteile gegen die Art und Weise solcher Verhandlungen verbal massiv auf. Oft genug ging es dabei schon nicht mehr um die Sache selbst, sondern um das Gebaren der Bürokratie in Brüssel und ihre vermeintliche Ignoranz gegenüber den europäischen Bürger

TTP ist handelspolitisch und geopolitisch von vielleicht noch größerer Bedeutung als TTIP und CETA

Ein Binnenmarkt und Freihandel sind für Europa ein wichtiger Hebel für Wohlstand und Wachstum gewesen. Und sie sind es heute noch. Zieht man die politischen Ungeschicklichkeiten, historisch begründeten Animositäten und handwerklichen Fehler beim Zustandekommen des Freihandelsabkommens zwischen den USA und Europa ab, führt auch diese transatlantische Vereinbarung zu diesen Effekten. Dies wird auch in Asien verstanden. Die Pazifik-Anrainer haben mit den USA eine ähnliche Vereinbarung angestrebt, im Wissen um die wachstumsfördernde Wirkung eines solchen Abkommens für den gesamtem pazifischen Raum. Hinzu kommt dort, mit Blick auf das chinesisch-amerikanische Verhältnis, eine hohe geopolitische Bedeutung. Wenn die USA mit elf pazifischen Nationen weitreichende Handelsvereinbarungen treffen, realisiert dies eine bestimmte politische Bindewirkung. Andererseits wollen die USA mit Blick auf die wirtschaftliche Macht Chinas ein veritables Gegengewicht aufbauen. China, das nicht Teil der Verhandlungen ist, müsste ein Interesse daran haben, dass ein friedliches regelgebundenes Handelsgeflecht über den Pazifik gelegt wird und dass keine Flugzeugträger in feindlicher Absicht um Inselgruppen kreuzen. Nachdem TTP im Oktober 2015 vereinbart worden ist, ist nach dem Chef des Auslandsressort der Süddeutschen Zeitung, Stefan Kornelius, der Wettbewerb der unterschiedlichen Freihandelsmodelle in Ostasien entschieden. Und die Entwicklung eines entsprechenden politischen Klimas in der Region wird China nicht unberührt lassen. Denn die technischen Standards und politischen Regeln werden zur Norm. Außerdem stehen Menschenrechtsfragen, Arbeitsstandards, Datentransparenz und Fragen des geistigen Eigentums auf der Tagesordnung. China wird sich entscheiden müssen, ob es diese Regeln akzeptiert und selbst auch einen profitablen Marktzugang erreichen kann, oder nicht (Kornelius 2015).

TTP ist das umfangreichste Handelsabkommen in der Geschichte der USA. Die amerikanische Regierung erhofft sich davon einen Marktzugang zu elf wichtigen Ländern der Welt und eine Erhöhung der Wettbewerbsfähigkeit amerikanischer Unternehmen dort. Zur TTP-Gruppe gehören auf dem amerikanischen Kontinent die USA, Kanada, Mexiko, Peru und Chile; auf der anderen Seite des Pazifiks Australien, Neuseeland, Malaysia, Singapur, Brunei, Vietnam und Japan. Nach Angaben der US-Regierung bilden diese Länder heute den größten Exportmarkt für amerikanische Firmen und stehen für rund 40 Prozent der globalen Wirtschaftsleistung. Im Jahr 2013 verkauften sie dort Waren im Wert von knapp 700 Milliarden US-$.[15] Mit dem Vertrag werden nun tausende Zölle abgebaut, Handelsbarrieren beseitigt sowie technische und rechtliche Vorschriften angeglichen. Betroffen sind fast alle Bereiche von Reis und Milch über Autos bis zu Medikamenten und Internetangeboten. Für Europa, dass mit TTIP ein ähnliches Abkommen zum Freihandel abschließen will, ist dies ein klares Signal, wo sich in Zukunft neben dem amerikanisch-europäischen Raum eine große regionale Dynamik entfalten wird. Nämlich im pazifischen Raum.

3. Die Versöhnung zwischen Energiehunger und Klimaschutz

Die Frage der Energieversorgung und Energiesicherheit zählt zusammen mit den Fragen der Wirtschaftlichkeit im Energieverbrauch und des Klimawandels sowie der globalen Umweltmigration zu den größten Herausforderungen der Globalisierung. Hierbei ist das Zieldreieck der Energiepolitik von Versorgungssicherheit, Wettbewerbsfähigkeit und Nachhaltigkeit ein wichtiger Bezugsrahmen (Baumann/Turek in: Weidenfeld 2008: 157-170). Die globale Energienachfrage steigt weiter an, was zu einem immer schärferen Wettbewerb der Anbieter nach einem kalkulierbaren Zugang zu Ressourcen und der Verbraucher zu bezahlbarer Energie führt. Energiepolitik zielt darauf ab, in jedem Land die Energiesicherheit zu bezahlbaren Konditionen und akzeptablen Umweltauswirkungen zu gewährleisten. In der globalisierten Welt spielt Energie eine zentrale Rolle. Sie ist in ihren vielfältigen Formen einerseits eine knappe (begrenzt verfügbare fossile und nicht regenerative Energien) und andererseits eine unbegrenzt verfügbare Ressource (regenerative Energien) und

15 | Vgl. »Der Freihändler«, in: Süddeutsche Zeitung vom 18./19. April 2015.

neben Wasser eine der wichtigsten Lebensgrundlagen. Energie ist wie Wasser ein Lebenselixier der Menschheit. Im Zuge der Globalisierung und dem Anstieg der Bevölkerung befinden wir uns in einem Wettlauf um knappe Ressourcen bei einer gleichzeitigen großen Anstrengung, die Knappheit durch erneuerbare Energiequellen zu überwinden. Der Besitz von Energieressourcen ist gleichzeitig eine Quelle politischer Macht. Sie kann durch Zurückhalten als politisches Instrument für die Durchsetzung eigener Forderungen eingesetzt werden. Energie und Politik sind daher global, regional und national eng miteinander verwoben.

Die energiepolitische Debatte ist im Gestrüpp der unterschiedlichen Interessen ein industriepolitisches Mysterium

Die energiepolitische Debatte gehört zu den größten ›Aufregern‹ nationaler Volkswirtschaften und internationaler Akteure in Wirtschaft, Staat und Gesellschaft. Sie kennt Profiteure und Verlierer, wobei der normale Verbraucher und die mittelständische Industrie oft das Nachsehen haben. Sie wird im wesentlichen von Experten geführt und ist durch eine unübersichtliche Heterogenität der Aussagen und Szenarien geprägt, die ein zuverlässiges bzw. allgemein anerkanntes Lagebild im energiepolitischen Zieldreieck nicht mehr zulassen. Es werden Gutachten und Gegengutachten angefertigt. Viele öffentliche Debatten bleiben nichtssagend. Einmal gibt es Stromlücken und Energieengpässe; ein anderes Mal sind plötzlich Überkapazitäten vorhanden. Mal soll es ohne Atomstrom und ausschließlich mit erneuerbaren Energien gehen, dann wieder nur mit Kohle und dezentralen Kleinanlagen. Mal fehlen Ersatz- oder Speicherkapazitäten und Energieleitungen, dann ist die Energieversorgung aufgrund von Energieimporten oder Energieexporten kein Problem. Fachleute wie Thomas Kästner und Andreas Kießling weisen in diesem Zusammenhang deshalb zu Recht darauf hin, dass die Vielschichtigkeit der Meinungen und die Bedeutung der Interessen die Entwicklung eines politischen Zukunftskonzepts für die Energieversorgung erschwert. Die Energieversorgung werde zum Mysterium, ein Energieprogramm, das insgesamt von Wirtschaft, Politik und Gesellschaft verstanden und akzeptiert werde, wird nicht erkennbar und das Misstrauen in die wahren Motive der beteiligten Shareholder wächst (Kästner/Kießling 2009: 8).

Eines allerdings wurde spätestens in der zweiten Dekade des 21. Jahrhunderts überdeutlich: Die Welt wird die Effekte der globalen Ausweitung des Energie- und Rohstoffverbrauchs an den Preisentwicklungen für Energie und die wichtigsten Rohstoffe spüren, die für die Industrieproduktion und eine moderne Versorgung der Menschen von großer Bedeutung sind. Es sei denn, synthetische Stoffe und Alternativen können traditionelle Nachfragen substituieren und eine globale Energiewende tragen. Mit Blick auf das Angebot und die Nachfrage von bzw. nach Energie sind insbesondere diese industriellen Bezüge gegenüber der überschaubaren Nachfrage der privaten Haushalte bedeutsam. In Europa ist das Fördermaximum der heimischen Erdöl- und Erdgasförderung schon seit einiger Zeit deutlich überschritten. Die Versorgungslage ist so durch eine Importabhängigkeit gegenüber politisch instabilen oder autokratisch regierten Staaten gekennzeichnet. Die Importabhängigkeit der EU liegt insgesamt bei über der Hälfte des Gesamtenergieverbrauchs, wobei die Ölimporte mit über 80 Prozent den höchsten Anteil ausmachen. Deutschlands Energieversorgung ist zu mehr als 60 Prozent von Importen abhängig, während Länder wie Luxemburg oder Zypern vollständig auf ausländische Energieimporte angewiesen sind. Die Betrachtung der europäischen Energieeinfuhren zeigt, dass insbesondere Russland ein unverzichtbarer Lieferant ist. Nahezu ein Drittel der Ölimporte und 45 Prozent des importierten Erdgases sind russischer Herkunft. Aber auch Saudi-Arabien sowie Norwegen und Algerien tragen einen großen Teil zur Energieversorgung Europas bei. Obwohl Ende der 2000er Jahre in Europa eine gewisse Entkopplung des Wirtschaftswachstums vom Energieverbrauch und eine Zunahme der regenerativen Energien im Energiemix zu beobachten waren, stellt sich die Versorgungslage als schwierig, wenn nicht sogar als immer noch bedrohlich dar.

Die heimischen Ölvorkommen und Erdgasreserven haben rein rechnerisch heute eine statistische Reichweite von etwa einem Jahrzehnt. Lediglich bei Stein- und Braunkohle ergeben sich in Europa noch etwa 200 Verbrauchsjahre. Dies allerdings ist klimapolitisch inakzeptabel und dies wurde mit dem Ergebnis des Klimagipfels in Paris im Dezember 2015 auch deutlich zum Ausdruck gebracht. Die sinkende Förderung der beiden wichtigsten fossilen Energieträger Öl und Gas innerhalb der EU, in Verbindung mit steigenden Weltmarktpreisen und der wachsenden Nachfrage aus den Schwellenländern kann den Wettbewerb um diese Ressourcen trotz des Klimaabkommens von 2015 weiter verschärfen und übt Druck aus auf ihre Substitution (Baumann/Turek 2008: 159). In der industrialisierten und der sich entwickelten Welt wuchs deshalb die Erkenntnis, dass die Endlichkeit der fossilen Energieträger und der Klimawandel ihre schrittweise Substitution durch regenerative Energien, durch eine effizientere Energienutzung und durch Bewusstseins- und Verhaltensänderungen bei der Industrie und den Verbrauchern unumgänglich macht. Die herkömmlichen Energiequellen Erdöl, Erdgas, Kohle und Atomenergie werden durch acht alternative Energiearten schrittweise ersetzt. Dies sind Windkraft, Solarenergie, Wasserstoff, Wasserkraft, Erdwärme, Gezeiten- und Wellenkraft, Biomasse sowie – vielleicht – kalte Fusion und Kernfusion. Zusätzliche Auswirkungen auf den Energieverbrauch haben Verhaltensänderungen durch Energiesparen und ingenieurstechnische Maßnahmen mit Blick auf die Energieeffizienz.

Das Bewusstsein für eine konsequente Energiewende und eine echte europäische Energiepolitik ist gewachsen

So ergeben nicht nur die Messdaten zur Verfügbarkeit von herkömmlichen Energieträgern und des Klimawandels einen klaren Befund; auch das Bewusstsein der Notwendigkeit einer Energiewende ist zunehmend unbestritten und korrespondiert mit dem Aufkommen einer postindustriellen Wirtschaftsphilosophie, die das Bild der globalisierten Technologiegesellschaften prägt. Hierfür stehen extreme Störfälle in der Atomindustrie, zu hohe Emissionen der fossilen Energienutzung, der fortgeschrittene Klimawandel sowie wirtschaftliche und politische Vorteile eines Wechsels in der Energiepolitik. Die Nutzung regenerativer Energien senkt nicht nur die Emission von Schadstoffen. Wind und Sonne sind langfristig günstiger als Kohle und Atom. Umweltschäden eingerechnet ist Wind- und Sonnenstrom oft günstiger als der aus neuen Kohle- und Atomkraftwerken. Eine Bilanz, die oft nicht beachtet wird.[16] Gleichzeitig verringert sie die politische Abhängigkeit von Förderländern und politischen Einflüssen der Energieversorgung und ihren Preis. Dies ist mit Blick auf die Energieabhängigkeit des Westens von den Förderländern im Nahen und Mittleren Osten bzw. Russland und Zentralasien von großer politischer Bedeutung und erhöht durch sinkende Abhängigkeitsgrade im Energiebereich im übrigen den allgemeinen politischen Handlungsspielraum der westlichen Welt gegenüber Schurkenstaaten oder autokratischen Regimen, von deren Energiereichtum man potenziell immer weniger abhängig werden will und kann (Notz 2006).

Insofern rückt in Europa das Ziel einer Energieunion immer stärker in den Vordergrund, die auch wieder durch die Sorge mit Blick auf Energieversorgungsengpässe aufgrund der Ukrainekrise 2014 Nahrung erhalten hat. Mit dem Vertrag von Lissabon hat die EU die notwendigen rechtlichen Voraussetzungen einer gemeinsamen Energiepolitik geschaffen. Dennoch gibt es unter den Mitgliedstaaten über ein Dutzend unterschiedlicher Positionen. Die Energiepolitik ist eine Domaine der Nationalstaaten. Einige von ihnen befürchten, das neue Energien zu teuer oder zu unsicher sind; andere argumentieren, dass russisches Gas konkurrenzlos günstig und eigene Kohlevorräte billig auszubeuten seien. Gleichwohl war insbesondere mit Blick auf die Vernetzung der europäischen Energienetze die Situation für eine große politische Aktion in diesem Feld noch nie so günstig wie jetzt. Wegweisend ist dabei der Vorschlag des französischen Wirtschaftswissenschaftlers Jean-Paul Fitoussi, eine Europäische Gemeinschaft der Umwelt, Energie und Forschung nach dem Vorbild

16 | Vgl. www.dw.de/wind-sonne-günstiger-als-kohle-atom/a-16232176, aufgerufen am 20. Mai 2015.

der Montan Union zu gründen.[17] Auch politisch ist die Idee der Energieunion salonfähig geworden. Mitte März 2015 verabschiedete die EU Grundzüge für eine Energieunion. Damit möchte man in Europa Energiekosten senken und sich unabhängiger von Energieimporten vor allem aus Russland machen.[18]

Die Endlichkeit der fossilen Brennstoffe markiert den Abschied von dem traditionellen Energieversorgungsparadigma der Industriegesellschaft

Die politische Qualität der Energiepolitik wird durch schwierige technische, ökonomische und politische Entwicklungen unterstrichen. Hier spielen desaströse Kraftwerkshavarien wie in Tschernobyl und Fukushima und die ›spontane‹ Energiewende in Deutschland eine wichtige Rolle. Neben ihren energiepolitischen Implikationen sind sie darüber hinaus Meilensteine einer gewissen Verschiebung in der Industriekultur der westlichen Welt. Auch wenn Länder wie Amerika, Japan, Schweden, Finnland oder besonders Frankreich dem nicht folgen wollen oder können, sind sie Zeichen des endgültigen Abschieds von den Paradigmen der Industriegesellschaft alter Provenienz. Sie demolierten das positive Image einer über 150 Jahre etablierten Industriekultur von Wachstum und grenzenlosem technologischem Fortschritt. Der atomare dritte Schock am 11. März 2011 in Japan – nach der Kernschmelze im US-Kernkraftwerk Three Mile Island in Harrisburg 1979 und der Explosion des Reaktors in Tschernobyl 1986 – zeigte die Unbeherrschbarkeit der Nuklearenergie auf. Zwischen 1940 und 2011 kamen viele andere, nicht weniger Besorgnis erregende Zwischenfälle in der Sowjetunion, den USA, Südamerika oder Europa hinzu. Hinzu kommt die nicht gelöste Frage der Endlagerung atomarer Abfälle. Sie verursachte bislang keine derart großen Katastrophen wie Kraftwerkshavarien, bildet aber als Teilaspekt des gesamten Komplexes weltweit einen wesentlichen Teil der Nuklearproblematik ab.

Dieser Umstand korrespondiert mit den Folgen des globalen Klimawandels und dem globalen Bevölkerungswachstum. Der Einsatz fossiler Brennstoffe und der Ausstoß von CO_2 sind die Treiber einer globalen grünen Revolution. Der Stern Review Report über die gesamtwirtschaftlichen Kosten des Klimawandels hat 2006 eindrucksvoll gezeigt, dass das fossile Zeitalter mit dem Klimawandel größere Kosten verursacht als eine langfristige ökologische Energiewende durch den Einsatz erneuerbarer Energien.[19] Hinzu kommt das Wachstum der Weltbevölkerung auf fast zehn Milliarden Menschen bis 2050,

17 | Vgl. La Republica vom 7. November 2006.

18 | Vgl. www.euractiv.de/sections/energie-und-klimaschutz/energieunion-juncker-hofft-auf-einsparungen-von-40-milliarden-euro, aufgerufen am 23. März 2015.

19 | Vgl. http://webarchive.nationalarchives.gov.uk/, http:/www.hm-treasury.gov.uk/sternreview_index.htm, aufgerufen am 14. Oktober 2015.

das klare Erwartungen an den Bedarf nach Energieversorgung und Energiesicherheit aufkommen lässt.

Ein Paradigmenwechsel in den Industriegesellschaften ist nicht nur zwingend notwendig, es wird ihn auch in der ersten Hälfte des 21. Jahrhunderts geben

Ökonomische und demographische Gründe determinieren einen Paradigmenwechsel mit Blick auf das Überleben der Menschheit. Er zeichnete sich bereits seit Ende der 1980er Jahre mit dem Bericht des Club of Rome zu den ›Grenzen des Wachstums‹ ab (Club of Rome, 1972). Auch wenn der Bericht in seinen Schlussfolgerungen und Prognosen nicht richtig lag (Kreibich 2006: 5), erwies sich schließlich die Notwendigkeit einer Ökobilanz für die Industriegesellschaft als richtig – und regte Ende der 1990er und Anfang der 2000er Jahre eine rege wissenschaftliche und politische Befassung mit diesem Thema unter dem Aspekt der Nachhaltigkeit an (Scheer 2002; Heinberg 2004). Befeuert vom Brundtland-Report 1987 und dem folgenden Erdgipfel 1992 in Rio de Janeiro entwickelte sich ein Mainstream, der sich für eine Entwicklung einsetzte, welche die »Bedürfnisse der Gegenwart befriedigt ohne zu riskieren, dass künftige Generationen ihre eigenen Bedürfnisse nicht befriedigen können«[20].

Aufbauend auf die mangelhafte Prognose des ersten Berichts an den Club of Rome wurde die Methode des Berichts modifiziert und verfeinert. 1992 und 2004 legte der Club neue Analysen vor (Club of Rome 1992, 2004). Jorgen Randers, Mitarbeiter des Berichts von erster Stunde an, legte dann 2012 mit einem neuen Update nach (Randers 2012). Insgesamt wurden dieser langjährigen Betrachtung feinere Methoden zur Messung der Lage der Menschheit unterlegt, die eine bessere Analyse und, im Lichte der gemachten Erfahrung, eine bessere Prognose der menschlichen Entwicklung ermöglichen sollten. Darin brachten sie die verwendeten Daten auf den neuesten Stand, nahmen leichte Veränderungen an ihrem Computermodell World3 vor und errechneten anhand verschiedener Szenarien mehrere Entwicklungen ausgehend vom Jahr 2002 bis zum Jahr 2100. In den meisten der Szenarien ergab sich ein Überschreiten der Wachstumsgrenzen und ein anschließender Kollaps (›overshoot and collapse‹) bis 2100. Fortführung des ›business as usual‹ der letzten 30 Jahre führe zum Kollaps ab dem Jahr 2030.[21] Klar wurde damit, dass ein Paradigmenwechsel in der ökonomischen Zielsetzung als auch in der Wirtschaftsphilosophie des industriellen Kapitalismus stattfinden muss. Angesichts der nunmehr unübersehbaren Anzeichen des Klimawandels in den 2000er und

20 | Vgl. http://de.wikipedia.org/wiki/Brundtland-Bericht, aufgerufen am 14. Oktober 2014.

21 | Vgl. auch http://de.wikipedia.org/wiki/Die_Grenzen_des_Wachstums, aufgerufen am 14. Oktober 2015.

2010er Jahren wird der Klimawandel die Menschen über kurz oder lang auch zwingen, diesen Wechsel zu vollziehen. Mit den Ergebnissen des Klimagipfels in Paris 2015 wurde diese Unausweichlichkeit dann schriftlich in Stein gemeißelt.

Die Analyse globaler Veränderungen im sozio-ökonomischen und ökologischen Bereich weckten auch das Interesse für die machtpolitischen Implikationen (Alt 2002; Umbach 2003; Hennicke/Müller 2005; Welzer 2008) sowie für die wirtschaftspolitischen Konsequenzen (Heinberg, 2004; Rifkin 2011). Das Bild nachhaltiger Entwicklung und Generationengerechtigkeit wurde so in seiner Plausibilität zunächst zu einem beschlossenen sozio-ökonomischen Entwicklungspfad – und zunehmend zu einem politisch scharfen Schwert. Angesichts der Endlichkeit fossiler Ressourcen, der Gefahren der Kernenergie und des Klimawandels und der unterschiedlichen Verfügbarkeit über Energieressourcen und Energiereserven ist die Energiewende bis Mitte des 21. Jahrhunderts unabänderlich ein globales Thema höchster Priorität.

Klimawandel ist eine irreversible Realität ...

Der Klimawandel ist Realität. Der Begriff bezeichnet die Veränderung des Klimas auf der Erde aufgrund von natürlichen und menschlichen Einflüssen. Natürliche Einflüsse sind das Ergebnis der Milankovic-Zyklen, welche die Sonneneinstrahlung in Jahrtausenden veränderten und den Wechsel von Warm- und Eiszeiten bewirkten. Der Begriff geht auf den serbischen Wissenschaftler Milutin Milankovic´ zurück, der die Erdbahn um die Sonne und die Neigung der Erdachse und damit den Einstrahlwinkel der Sonnenstrahlen als ursächlich für den Klimawandel beschrieben hat, wobei die Kontinentaldrift und Vulkanaktivitäten über Jahrtausende für eine zeitliche Veränderung der mittleren Globaltemperatur verantwortlich gewesen sind. In neuerer Zeit wurde klar, dass auch der Mensch das Klima beeinflusst. Die zwischenstaatliche Sachverständigengruppe für Klimaveränderung, die den Stand der Wissenschaft im Auftrag der UNO zusammenfasst, kam 2007 zu dem Schluss, dass die Erwärmung der Erdatmosphäre seit Beginn der Industrialisierung durch die Anreicherung von Treibhausgasen durch den Menschen hervorgerufen wird. Die unscharfen Erkenntnisse des natürlichen und des von Menschen verursachten Klimawandels hat leider dazu geführt, dass die Warnungen hinsichtlich des industriellen Klimawandels lange Zeit heruntergespielt worden sind, um wirtschaftliche Folgekosten der industriellen Ausbeutung der Erde nicht kompensieren zu müssen. Dabei ist der Kontext von Klimawandel und menschlichem Verhalten seit diesem Zeitpunkt eigentlich wissenschaftlich eindeutig geklärt (Schellnhuber 2015).

Die fortdauernde Anreicherung der Erdatmosphäre mit Treibhausgasen (Kohlenstoffdioxyd, CO_2, Methan und Dickstickstoffmonoxid) die vor allem durch die Nutzung fossiler Brennstoffe, durch Entwaldung sowie Land- und Viehwirtschaft freigesetzt werden, erhöht das Rückhaltevermögen für infrarote Wärmestrahlung in der Troposphäre. Nach Modellrechnungen trägt Kohlenstoffdioxid am meisten zur globalen Erwärmung bei. Die ersten wissenschaftlichen Erkenntnisse zum menschengemachten (anthropogenen) Treibhauseffekt stammen vom Ende des 19. Jahrhunderts. Etwa ab den 1960er Jahren gab es auf internationaler Ebene erste Gespräche zu dem Thema und seit den 1980er Jahren einen wissenschaftsbasierten Konsens und politische Maßnahmen.

… und es geht nun um die Resillienz der Welt im 21. Jahrhundert

Zu den politischen Konsequenzen gehörte insbesondere die Politikberatung durch wissenschaftliche Gremien und Institutionen wie die Schaffung des Weltklimarats (International Policy Council on Climate, IPCC), der den politischen Entscheidungsträgern und Regierungen zuarbeiten soll. Im IPCC wird der wissenschaftliche Erkenntnisstand zur globalen Erwärmung und zum anthropogenen Anteil daran diskutiert und in Berichten zusammengefasst. Der IPCC gehört zu den wichtigsten globalen Gremien zum Thema Klimaschutz. Zu den laut Klimaforschung erwarteten und teils bereits beobachtbaren Folgen der globalen Erwärmung gehören je nach Erdregion: Meereis- und Gletscherschmelze, ein Meeresspiegelanstieg, das Auftauen von Permafrostböden, wachsende Dürrezonen, zunehmende Wetterextreme mit entsprechenden Rückwirkungen auf die Lebens- und Überlebenssituation von Menschen und Tieren. Nationale und internationale Klimapolitik zielt dabei sowohl auf die Abschwächung des Klimawandels wie auch auf eine Anpassung an die zu erwartende Erwärmung ab.[22] Allerdings sind die bisherigen Anstrengungen nicht ausreichend, die Ergebnisse bleiben insofern ernüchternd, und die Experten bilanzieren als Reaktionsmöglichkeit zwischen »Resillienz oder Katastrophe«: Nicht der Gedanke, dass es nötig und möglich ist, Klimakrisen und deren Ursachen nachhaltig verändern zu können, dominiert heute die Expertenmeinung, sondern das Gefühl, im Rahmen einer neuartigen Resilienz damit leben zu lernen und ausgleichende Mechanismen einer robusten Widerstandsfähigkeit zu etablieren. (Osztovics/Kovar/Mayrbäurl, 2012).

---

22 | Vgl. http://de.wikipedia.org/wiki/Globale_Erwärmung, aufgerufen am 3. Mai 2014.

Jedes Land, jede Industrie, jede Stadt und jedes Dorf auf dem Planeten muss endgültig verstehen: Klimawandel bedeutet keine angenehme Erhöhung der Badetemperaturen

Der Wissenschaftsjournalist Mark Lynas hat sich bereits Mitte der 2000er Jahre in den Weltgegenden bewegt, in denen die Klimaveränderung bereits zu diesem Zeitpunkt Realität gewesen ist. Eindrucksvoll beschreibt er, was sich für die Menschen konkret geändert und welche Konsequenzen dies hat. Er war in der Mongolei und auf Pazifik-Inseln. Er war bei den Inuit Alaskas, deren Seehundjagd immer schwieriger geworden ist, weil sich die Eisbildung ständig verändert. Er besuchte die Bauern der Anden Perus, deren Wasserversorgung aufgrund der Gletscherschmelze in den kommenden Jahrzehnten versiegen wird. Er beobachtete aber auch die Entwicklungen in Mitteleuropa, die durch »Jahrtausendfluten«, »Jahrtausendsommer« oder die »Chaotisierung des Wetters« dramatisiert worden sind. So etwa im Osten Deutschlands, im Norden Spaniens oder in Oberitalien. Mark Lynas reichert die abstrakten Daten der Klimaforschung mit Erfahrungen von menschlichen Tragödien an und entlarvt die fröhliche Erwartung von lediglich angenehmeren Badetemperaturen in Europa als intellektuelle Entgleisung naiver Zeitgenossen (Lynas 2004).

Das Klima ändert sich mittlerweile deutlich, auch in Deutschland. Während der Wassermangel in Kalifornien als Vorbote des Klimawandels zurecht dramatisiert wird oder die Überflutung von Atollen und kleinen Inseln im Südpazifik, stellen sich selbst in Mitteleuropa die Boten des Klimawandels ein. Auch das deutsche Umweltbundesamt zeigt solche Entwicklungen auf. 2014 hat der Klimawandel Deutschland auf eine Rekordtemperatur aufgewärmt. Zum ersten Mal waren die Temperaturen im Durschnitt zweistellig. 2014 – und dann auch in direkter Folge 2015 – waren dann die wärmsten Jahre seit Beginn der Wetteraufzeichnung im Jahr 1880. Die globale Durchschnittstemperatur lag 2014 nach Daten der U.S.-amerikanischen Wetterbehörde National Oceanic and Atmosphere Administration (NOAA) und der U.S.-Raumfahrtbehörde NASA bei 14,6 Grad Celsius, 0,7 Grad über dem Mittel des Jahrhunderts. 2014 – und auch 2015 – haben damit den bisherigen Spitzenreiter 2010 überholt. Demnach waren seit April alle Monate außer Juli und November im globalen Mittel die jeweils wärmsten der Statistik. Daten anderer Agenturen bestätigten diese Interpretation, so die Auswertung von japanischen Meteorologen. Diese hatten die Spitzenwerte für 2014 ebenfalls bekannt gegeben und auch die Universität Berkely bestätigte den Wärmerekord für das Jahr 2014.[23] Allerdings zweifelte die Wissenschaft daran, ob der Klimawandel nunmehr –

23 | Vgl. Süddeutsche Zeitung vom 17./18. Januar 2015 und www.spiegel.de/wissenschaft/natur/klima-2014-waermstes-jahr-laut-noaa-und-nasa-a-1013485.html, aufgerufen am 19. Januar 2015.

wirklich signifikant – an Fahrt aufgenommen habe. Der Klimaforscher Mojib Latif relativierte die folgende Aufregung um diesen Befund mit der Bemerkung, dass ein einziges Rekordjahr nicht ausreiche, um diese Erwartung zu rechtfertigen. Es ließe sich nicht ausschließen, dass die in den letzten Jahren zu verzeichnende Erwärmungspause noch ein paar Jahre dauere. Doch spätestens 2020 würde die globale Durchschnittstemperatur stark ansteigen und die Erwartung eines gebremsten Klimawandels wiederlegen.[24]

Die Bedeutung der UN-Klimakonferenz und des Kyoto-Prozesses

Vor diesem Hintergrund sind nunmehr nur noch Gegenmaßnahmen möglich, die sich mit den Folgen des Klimawandels beschäftigen und nicht mehr damit, ihn aufzuhalten oder gar rückgängig zu machen. In diesem Zusammenhang bildeten die Klimakonferenzen der Vereinten Nationen und der Kyoto-Prozess einen institutionalisierten Prozess und eine geeignete Plattform, um dieses Problem global zu behandeln. Die Weltklimakonferenz ist die jährlich stattfindende Vertragsstaatenkonferenz (Conference of Parties, COP) der UN-Klimarahmenkonvention. Seit 2005 ist die Konferenz um das Treffen der Mitglieder des Kyoto-Protokolls (Meeting of the Parties to the Protocol, MOP) ergänzt worden. Ziel der Klimakonferenzen, die 1995 mit einem Treffen in Berlin in Gang gesetzt wurden, war es bislang, ein Nachfolgeregime für das 2012 ausgelaufene Kyoto-Protokoll zu entwickeln.

Dieses Protokoll war bis zum Klimaschutzgipfel 2015 in Paris das einzige völkerrechtlich verbindliche Instrument der Klimaschutzpolitik. Darin wurden gewisse Verpflichtungen der Industrieländer zur Reduktion des Ausstoßes an Treibhausgasen festgeschrieben. Es sah bisher vor, den jährlichen Treibhausgas-Ausstoß der Industrieländer innerhalb der sogenannten ersten Verpflichtungsperiode (2008 bis 2012) um durchschnittlich 5,2 Prozent gegenüber dem Stand von 1990 zu reduzieren. Für Schwellen- und Entwicklungsländer wurden keine Reduktionsziele festgelegt. Auf einer Konferenz der Vertragsstaaten im Dezember 2007 auf Bali wurden Verpflichtungen über eine potenziell beginnende zweite Verpflichtungsperiode vereinbart. Nachdem aber weder auf Bali noch auf den Folgekonferenzen etwa 2009 in Kopenhagen darüber Einigung erzielt werden konnte, einigten sich die Staaten auf der Klimakonferenz in Durban auf eine solche zweite Verpflichtungsperiode. Deren Ausgestaltung (einschließlich neuer Reduktionsziele und einer Laufzeit entweder bis Ende 2017 oder Ende 2020) sollte auf der UN-Klimakonferenz in Katar 2012 beschlossen werden. Dort einigte man sich auf eine geplante Verlängerung des Kyoto-Protokolls (»Kyoto II«) bis 2020. Strittig waren vor allem

24 | Vgl. https://magazin.spiegel.de/digital/?utm_source=spon&utm_campaign=centerpage#SP/2015/4/131355133, aufgerufen am 19. Januar 2015.

der Umfang und die Verteilung der künftigen Treibhausgas-Reduktionen, die Einbindung von Schwellen- und Entwicklungsländern in die Reduktionsverpflichtungen sowie die Höhe der Finanztransfers.[25]

Der Ausstoß an Treibhausgasen und die ungeheure Dynamik der weltwirtschaftlichen Entwicklung im Zuge der Globalisierung zeigten indes deutlich die Grenzen dieses Unterfangens auf. Zu sehr lagen die Interessen der Industrie-, Schwellen- und Entwicklungsländer auseinander und es herrschten unüberbrückbare Meinungsverschiedenheiten darüber, wer für den Klimawandel verantwortlich gewesen sei, wer welche Folgekosten zu tragen habe und wie eine Lastenteilung nun und in Zukunft gerecht verteilt werden könne. Dies prägte die gesamte Diskussion Anfang der 2010er Jahre und blockierte den Prozess einer gemeinsamen Willensbildung. Es wurde klar, dass sich zuerst auch die verschiedenen Länder untereinander einigen mussten, die im Rahmen der UN-Klimakonferenzen als Interessengemeinschaft auftraten und gegenüber anderen Zusammenschlüssen wie etwa der ›Liked Mind Group‹[26], der ›Umbrella Group‹[27] oder der G77[28] oder eben auch der EU agierten.

EU-Gipfel einigte sich im Oktober 2014 auf gemeinsame Ziele im Klimaschutz

Vor dem Hintergrund dieser sehr kompakten Interessenaggregation einigten sich die Staats- und Regierungschefs der EU am 23.Oktober 2014 auf ein umfassendes Klimapaket, was auch die europäische Position für den Weltklimagipfel Ende 2014 festgelegt hat. Um den Wandel wenigstens zu entschärfen, soll der Ausstoß an Treibhausgasen um mindestens 40 Prozent im Vergleich zu 1990 reduziert werden. Man möchte eine signifikante Erhöhung der Energieeffizienz durch Einsparungen im Verbrauch von 27 Prozent erreichen. In der EU soll der Anteil der erneuerbaren Energien um mindestens 27 Prozent bis zum Jahr 2030 steigen und die Zahl der Zertifikate im Emissionshandel soll jährlich um 2,2 Prozent gekürzt werden, um so über die Verringerung von Verschmutzungsrechten den Anreiz zu Anstrengungen in der Energie- und

25 | Vgl. https://de.wikipedia.org/wiki/Kyoto-Protokoll, aufgerufen am 10. Dezember 2015.

26 | Das ist eine Gruppe von aufstrebenden Schwellenländern. Als Anführer gilt Indien.

27 | das ist eine Gruppe wichtiger Industrienationen mit hohem Schadstoffausstoß, welche die Verhandlungen der UN-Klimakonferenzen lange aufgrund ihrer spezifischen Interessenlage erschwerten.

28 | Das ist eine Gruppe gleichgesinnter ehemaliger Entwicklungsländer von Südamerika über Asien bis Afrika, von denen viele heute keine Entwicklungsländer mehr sind sondern Schwellenländer oder ›Failed States‹.

Klimapolitik zu erhöhen.[29] Diese Ziele wurden dann in den ersten beiden Dezemberwochen 2014 auf der 20. UN-Klimakonferenz und gleichzeitig dem 10. Treffen zum Kyoto-Protokoll im peruanischen Lima als Position der Europäer eingebracht. Kern des UN-Klimagipfels war dann das Ziel, den Temperaturanstieg des Klimawandels auf zwei Grad Celsius pro Jahr zu beschränken.

Bescheidene Ergebnisse der Weltklimakonferenz im Dezember 2014 in Peru

Die Verhandlungen auf der Weltklimakonferenz verliefen angesichts der unterschiedlichen Interessenlagen von Industrieländern und Schwellenländern deshalb – wenig überraschend – schleppend. Obwohl sich nunmehr auch die USA und China ausdrücklich für das vereinbarte Ziel eines kontrollierten Temperaturanstiegs bekannt hatten, konnten in entscheidenden Punkten keine ausreichende Einigung erzielt werden. Uneinigkeit herrschte bezüglich der Vergleichbarkeit der jeweiligen Klimaschutzpläne der einzelnen Staaten, bei der Offenlegung der Energieeinsparpotenziale an Treibhausgasemissionen und bei der internationalen Kontrolle bei der Umsetzung der Klimaziele. Unentschieden blieb der Konflikt, ob es unterschiedliche Vorgaben für Industrieländer, Schwellenländer und Entwicklungsländer geben soll.

China und Indien plädierten nach wie vor dafür, dass nur die Industrieländer verbindliche Zusagen machen müssen. Die USA und die Europäische Union wollten dagegen auch Schwellenländer wie China, Brasilien oder Indien stärker bei den Emissionsrechten einbinden. Zudem seien Länder wie Saudi-Arabien oder Venezuela nicht mehr als arme Entwicklungsländer zu betrachten. Entsprechend dieser offen gebliebenen Fragen wurde die Konferenz stark kritisiert. Die Klimaziele seien aufgeweicht und es sei kein wirksamer Prozess verabredet worden, den alle Länder nun umgehend vorantreiben müssten. Immerhin erarbeitete die Konferenz ein 37seitiges Papier mit Eckpunkten für ein neues Klimaabkommen. Zu den unterschiedlichen Positionen listete das Papier verschiedene Punkte auf – von sehr ehrgeizig bis sehr schwach.[30] Insofern trieb die Weltklimakonferenz 2014 ihre Ziele vor sich her und es war der Weltklimakonferenz 2015 in Paris vorbehalten, inwieweit die Lastenteilung für den Klimaschutz wirklich gerechter verteilt werden kann, und ob es nun dazu kommt, dass ein weltpolitisches Arrangement Menschheitsprobleme lösen kann oder nicht. Angesichts der Zahlen der NOAA, der NASA und der japanischen Meteorologen waren die Ergebnisse des europäischen Gipfeltreffens und der Weltklimakonferenz 2014 als unzureichend einzustufen.

---

29 | Vgl. tagesschau.de vom 24.Oktober 2014.

30 | Vgl. Süddeutsche Zeitung vom 15. Dezember 2014.

Die Weltklimakonferenz 2015 in Paris war mit hohen Erwartungen verknüpft ...

Es lag deshalb an der mit großen Erwartungen verknüpften Weltklimakonferenz in Paris im Dezember 2015, die bescheidenen Erfolge nun in ein griffiges globales Gesamtkonzept für einen wirksamen Klimaschutz umzuwandeln. Die Weltklimakonferenz in Paris wurde in einer beachtlichen Kulisse und mit einer grandiosen Eröffnung inszeniert. Bereits zu Beginn fanden sich dort die Staats- und Regierungschefs im Gegensatz zu den bisherigen Konferenzen ein, um den Ernst der Lage durch ihre Anwesenheit zu demonstrieren. Das Gipfeltreffen war mit höchsten Erwartungen verbunden, die angesichts der zwanzigjährigen Vorlaufzeit der UN-Klimakonferenzen und angesichts des Ernstes der Lage eigentlich keine Untätigkeit mehr zuließen. Die Stimmung war dementsprechend angespannt, aber durchaus optimistisch.[31] Am Ende sollte das erste Klimaabkommen stehen, das alle Staaten wirklich umfasst. Anders als das Kyoto-Protokoll, in dem sich die Industriestaaten 1997 auf feste Prozentsätze für den Abbau ihrer Emissionen verpflichteten, sollte das neue Abkommen keine verpflichtenden Ziele für die einzelnen Staaten enthalten.[32]

Stattdessen wurden die freiwilligen Angebote der Staaten das Fundament des Klimaschutzes. Von vorneherein stand deshalb die schwierige Frage im Vordergrund, wie aus diesen unverbindlichen Plänen echter Klimaschutz erwachsen soll. Und wie in der Vergangenheit auch, standen sehr unterschiedliche Vorstellungen der Industrie-, Schwellen- und Entwicklungsländer im Raum, wer welche Leistungen erbringen soll und wie Finanzierungsfragen geregelt werden können. Die Fortschritte im Klimaschutz sollten innerhalb dieses Konzepts über eine Überprüfung der nationalstaatlichen Pläne gemessen werden Viele Staaten traten dafür ein, alle fünf Jahre Soll und Haben in der Klimabilanz abzugleichen. Das war die Ausgangslage des Treffens in Paris, wo im Vorfeld schon wichtige Fragen der Landwirtschaft oder anderes allerdings ausgeklammert waren. Gleichzeitig lagen weiterhin die Pläne etwa der chinesischen oder indischen Regierungen auf dem Tisch, die Energieversorgung der eigenen Länder durch einen massiven Ausbau der Kohleförderung zumindest mittelfristig zu sichern. Im 54seitigen Vertragsentwurf für das Abkommen kennzeichneten eckige Klammern offene Fragen und Streitpunkte. Es gab davon 3.334 Stück.[33] Das politische Klima auf der Klimakonferenz von 2015 war also von Anfang an schwierig.

31 | Vgl. »Alles wird gut«, in: Der Spiegel Nr. 49 vom 28. November 2015.

32 | Vgl. https://de.wikipedia.org/wiki/Kyoto-Protokoll, aufgerufen am 12. Dezember 2015.

33 | Vgl. Süddeutsche Zeitung vom 28./29. November 2015.

... und wurde diesen Erwartungen gerecht – für den Augenblick

Dennoch endete die Konferenz mit einem Verhandlungserfolg, der anschließend sogar als historisch bezeichnet wurde. Im Abkommen von Paris beschlossen die 195 Staaten einen Mechanismus, mit dem sie die Erderwärmung auf »deutlich unter zwei Grad Celsius« begrenzen wollen. Nach Möglichkeit wollen die Staaten den Anstieg bei 1,5 Grad stabilisieren. Im Laufe der zweiten Hälfte des 21. Jahrhunderts sollen keine weiteren Treibhausgase mehr die Atmosphäre belasten. Das 31seitige Schlussdokument lässt im Vergleich auch zu dem längeren Vertragsentwurf für Interpretationen wenig Spielraum. Die Verpflichtungen der Industriestaaten werden dort klar geregelt und die Formulierung »soll« gilt in der Diplomatie als kräftigster Ausdruck dafür, dass getroffene Beschlüsse verbindlich sind und umgesetzt werden müssen. Erstmals werden nun auch Schwellenländer aufgefordert, sich an der Begrenzung der Treibhausgase zu beteiligen. Die Vertragsstaaten sollen künftig regelmäßig Pläne vorlegen, wie sie in ihren Ländern die Treibhausgase reduzieren wollen. Beginnend mit dem Jahr 2018 will die Staatengemeinschaft alle fünf Jahre überprüfen, ob die Pläne ausreichen, um den Temperaturanstieg zu begrenzen. Mit jedem neuen Klimaschutzplan sollen die Länder dann ihre Anstrengungen erhöhen. Das neue Abkommen soll 2020 in Kraft treten. Formal löst es dann das 1997 verhandelte Kyoto-Protokoll ab. Während das Protokoll nur rund ein Achtel der globalen Emissionen erfasste, soll das neue Abkommen nun den gesamten Ausstoß an Treibhausgasen abdecken. Dies gilt als wichtiger Schritt hin zu einer echten ›Dekarbonisierung‹ der Weltwirtschaft bis Mitte des 21. Jahrhunderts.

In der zweiten Hälfte des 21. Jahrhunderts soll die Staatenwelt ihre Treibhausgasemissionen auf Null senken. Allerdings können die Vertragsstaaten verbleibende oder mittelfristig nicht ohne weiteres änderbare Emissionen kompensieren, etwa durch Aufforstung oder die Abscheidung und Speicherung von Kohlendioxyd. Die Industrieländer sollen bei der Überwachung der nationalen Klimaschutzpläne die Führung übernehmen und sich feste Ziele für die Minderung ihrer Emissionen setzen. Das sollen auch die Schwellenländer tun. Sie werden dazu aber lediglich »ermuntert«. Alle Staaten müssen nach einheitlichen Regeln dokumentieren, wie weit sie im Klimaschutz gekommen sind. Die erstmalige Überprüfung 2018 – also zwei Jahre vor dem eigentlichen Inkrafttreten des Abkommens – soll einen Hinweis darauf geben, ob das erwünschte Klimaziel realistisch ist oder nicht. Die reichen Staaten sollen im weiteren Finanzmittel bereitstellen, um den ärmeren Ländern und Regionen im Kampf gegen die Erderwärmung zu helfen. Aus Rücksicht auf die USA werden im Klimaschutzabkommen keine konkreten Summen genannt; bis 2018 soll ein neues Zahlungsziel genannt werden, dass die bisher bestehende Verpflichtung der Industriestaaten vom Kopenhagener Abkommen ab 2020 mit 100 Milliarden US-$ jährlich bezifferte.

Andere Länder, etwa China, können Geld beitragen, müssen aber nicht. Entschädigungen für Entwicklungsländer für bereits eingetretene Schädigungen gibt es nicht. In Zukunft garantieren die Industrieländer Unterstützung vor allem bei der Vorbereitung auf den Klimawandel, etwa beim Aufbau von Katastrophenschutz oder der Errichtung von Dämmen. Zudem wollen sie Hilfe bei der Einführung grüner Technologien leisten was verhindern soll, dass Entwicklungsländer die Fehler der Industrieländer bei der aufholenden Industrialisierung wiederholen (Bauchmüller 2015). Aber auch dieses Problem beseitigt die Probleme der Karbonisierung und des Klimawandels nicht über Nacht. Ein weiterer Teilerfolg allerdings war, dass im Oktober 2016 mehr als 55 Staaten das Abkommen parlamentarisch ratifiziert hatten und es damit im November 2016 im Rahmen seiner Fristen und diversen Laufzeiten in Kraft treten konnte.

Freiwilligkeit, Verbindlichkeit und synchronisierte operative Umsetzung sind das Problem des Pariser Klimaabkommens von 2015

Auf die Euphorie des Klimagipfels in Paris folgte schnell Ernüchterung. Während Kommentare das Abkommen als Meilenstein betrachteten, als neuen ›Volonté General‹ und so als Ausdruck eines gemeinsamen globalen Willens,[34] gab es Kritik dafür, dass Wirtschaftsvertreter nicht an dem Treffen beteiligt waren und dass es den Beschlüssen an jeder Verbindlichkeit fehle. Das Klimaabkommen habe zu wenig Substanz, um das Ziel energisch erreichen zu können, die Erderwärmung mit weniger als zwei Grad über dem vorindustriellen Niveau zu begrenzen. Von einer Pflicht für alle könne keine Rede sein. Mit der Unverbindlichkeit der Freiwilligkeit hätten sich die Konferenzteilnehmer einen diplomatischen Scheinerfolg erkauft. Damit würde lediglich die Regelung der Kopenhagener Konferenz bekräftigt, dass in Zukunft jedes Land selbst entscheiden darf, ob, wann und wie viel Treibhausgasemissionen es reduziere.[35]

Es ist unbestritten, dass der Weltklimagipfel von Paris 2015 Erfolge zu verzeichnen hat. Nicht zuletzt wird der Klimawandel als ernsthaftes globales Problem nunmehr von allen 195 Staaten der Welt akzeptiert. Im Gegensatz zu früher ziehen auch die größten Emittenten, die USA, China, Indien, Kanada und Russland, nun an einem Strang. Es ist gut, dass es eine Systematik gibt, um die Klimaziele und Klimapläne der Länder transparent und vergleichbar zu erfassen und zu bewerten. Die Unbekannten in dieser Gleichung sind die Freiwilligkeit und vor allem die industrielle Dynamik einer weiter wachsenden Weltwirtschaft.

---

34 | Vgl. »Die orgiastische Erlösung von Paris«, in: Die Welt und »Das globale Dorf hält zusammen«, in: La Tribune de Géneve vom 13. Dezember 2015.

35 | Vgl. »Nur ein diplomatischer Scheinerfolg«, in: Die Presse vom 13. Dezember 2015.

- Ersteres betrifft die regulatorische Rigorosität der Legislative und der Exekutive der Staaten. Hier bestehen Widersprüche. Während zum Beispiel Länder wie China oder Indien weitreichende Vorhaben zum Ausbau regenerativer Energien proklamieren, wollen sie weiter auch die heimische Kohle oder Erdgas massiv nutzen;
- zweites betrifft die operative Umsetzung in der Industrie. Inwieweit die gesamte Industrie und vor allem die Landwirtschaft und nicht nur einzelne Branchen oder Betriebe die Klimaziele umzusetzen in der Lage sind, wird den Erfolg des gesamten Unterfangens entscheidend mitprägen. Im Vorfeld des Gipfels und danach haben insbesondere europäische Unternehmen bereits darüber geklagt, dass regionale Exekutivbeschlüsse, die über die Beschlüsse anderer Länder in der Weltwirtschaft hinausgehen, die Wettbewerbsfähigkeit ihrer Unternehmen auf dem Weltmarkt gefährden würden;
- und nicht zuletzt spielt drittens das Verhalten der Konsumenten in der industriealisierten Welt in dieses Unternehmen hinein, die mittels ihrer Konsumentscheidungen und Investitionen wichtige Impulse für ein weiteres Gedeihen einer ökologischen Marktwirtschaft setzen werden – oder nicht.

Mit Blick auf 2020 wird man abwarten müssen, ob der Wille zum Klimaschutz angesichts der Freiwilligkeit in der Umsetzung des Abkommens nicht erlahmt und ob der Evaluationsprozess mit der fünfjährigen Bewertung der nationalen Klimaziele wirklich greift. Dass jeder Staat nach dem Abkommen freiwillig seine Emissionen festlegen kann, zeugt davon, dass der Vertrag zu wenig ambitioniert ist. Mit dem Abkommen bleibt es unklar, ob die vereinbarten Klimaziele verbindlich sind; die Festlegung der Klimaziele erfordert in jedem Land einen komplexen Abstimmungsprozess zwischen Politik und Wirtschaft darüber, wer was wann und wie und zu welchen Kosten umzusetzen hat. Das Ziel einer Dekarbonisierung der Welt ist zweifelslos richtig. Jenseits der gravierenden Folgen des Klimawandels ist es industriell und industriepolitisch zusätzlich aufgrund der Endlichkeit der fossilen Energieträger ohnehin unabwendbar, egal ob Erdöl theoretisch noch 50 Jahre und Kohle und Gas noch etwa 200 Jahre zur Ausbeutung zur Verfügung stehen. Selbst Uran steht nicht unbegrenzt zur Verfügung und eine langfristige Nutzung der Kernenergie ist keine Option. Auch dieser letzte Aspekt relativiert den Erfolg des Pariser Gipfels und er wird als Hintergedanke für ein Einlenken in der Energie- und Klimapolitik bei den langfristigen Überlegungen mit Blick auf Energiesicherheit, Versorgungssicherheit und Wettbewerbsfähigkeit der industriell geprägten Volkswirtschaften eine Rolle gespielt haben. Hier setzen die Akteure in der Energiewirtschaft und der Energiepolitik auf Zeit. Bis auf weiteres läuft der gesamte Prozess der Rohstoffausbeutung, der Energiegewinnung und des Energiemix' in gewohnter Manier erst einmal fort. Doch die Unausweichlichkeit einer globalen Dekarbonisierung steht auch aus wirtschaftlichen Gründen fest.

Mit Blick auf den Klimawandel gibt es trotz des Paris-Abkommens keine Entwarnung

Anfang November 2016 ist das Paris-Abkommen offiziell in Kraft getreten. Allerdings gibt es 2016 mit Blick auf den Klimawandel für den Augenblick keine Entwarnung, auch wenn Ökonomen wie Anselm Görres darauf hinweisen, dass, wenn die Menschheit aufhört Öl, Gas und Kohle zu verbrennen 80 Prozent der Klimaprobleme zu lösen seien (Görres 2016). Dies ist aber, so und kurz- sowie mittelfristig leider nicht absehbar. Nach Berechnungen der Klimaforscher ist zum heutigen Zeitpunkt bereits heute sicher, wenigstens von einer durchschnittlichen Erwärmung von über zwei Grad Celsius jährlich auszugehen. Wenn die Kohlenstoffemissionen – entgegen allen nationalen Klimaplänen oder den Zusagen der Landwirtschaft und der Industrie – weiter zunehmen, ist sich die Wissenschaft zudem einig, dass ein noch höherer Anstieg um etwa 2,5 Grad Celsius unvermeidbar ist (Weisman 2014: 455). Die globalen Bemühungen, den Klimawandel im Rahmen von bisher 21 Klimakonferenzen und zahllosen Bemühungen auf nationaler oder lokaler Ebene aufzuhalten oder zurückzudrängen, waren auf jeden Fall bis zum Jahr 2016 gescheitert.

Dies zeigen die Szenarien des Weltklimarates. Der IPCC hat im Jahr 2000 sechs Szenarien für die globale sozio-ökonomische Entwicklung bis 2100 aufgestellt. Zwischen 2004 und 2009 folgten die realen globalen Emissionen den Vorhersagen ziemlich genau, um dann 2010 davon etwas abzuweichen. Insofern wurden diese Szenarios und die ihnen zugrundeliegende Methodik bestätigt. Auf dieser Grundlage beschrieb der Weltklimarat mit seinen Berichten 1990, 1995, 2001 und 2007 bis zum letzten Bericht 2013 eine Zukunft mit hohem Wirtschaftswachstum, fortgesetzter Globalisierung, vielen technologischen Innovationen und einer Zunahme der mittleren globalen Erdoberflächentemperatur um 2,4 Grad Celsius bis 2050 und 4,8 Grad Celsius bis 2100 (Randers 2012: 69f.). Wenn die Maßnahmen des Pariser Klimagipfels spürbar greifen, werden voraussichtlich wieder zehn, 15 oder 20 Jahre vergangen sein. In dieser Zeit zumindest wird die Aufheizung der Erde weiter vonstatten gehen.

Abbildung 3: NASA-MAP global warming

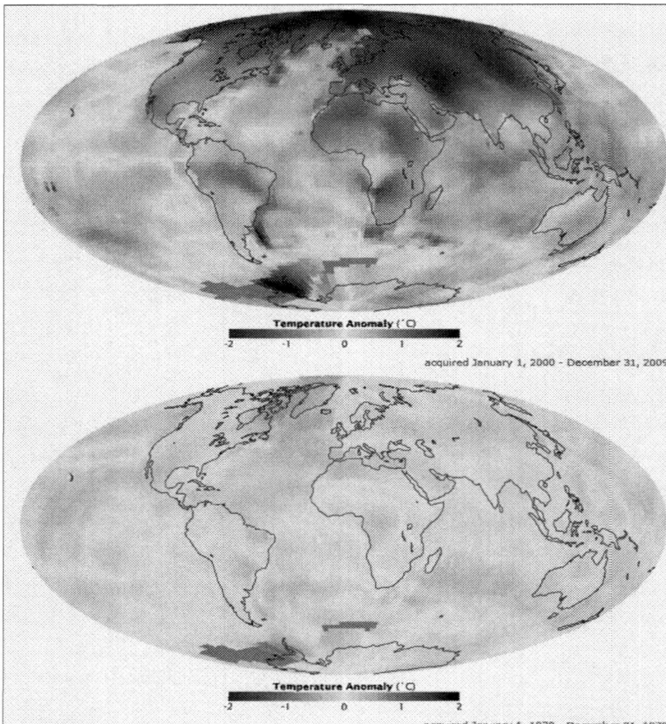

Quelle: NASA-global-warming-map 2000 – 2009 im Gegensatz zu 1970 -1979[36]

Auch nach Paris gilt der Hinweis: die Folgen der weiteren Nutzung fossiler Brennstoffe sind fatal

Viele Ökosysteme im Meer und auf dem Land werden sich diesen Veränderungen bereits jetzt nicht mehr anpassen können. Vielmehr stehen unwiderrufliche Änderungen in Flora und Fauna an. Der Amerikaner Robert W. Corell beschreibt in einer gutachterlichen Stellungnahme für den Club of Rome die Konsequenzen:

»Mit dem Wasser wird es gravierende Probleme geben [...], wobei sowohl Verfügbarkeit als auch Qualität des Wassers gefährdet sind. [...] Im Jahr 2052 werden die Gletscher [...] schmelzen. Der Meeresspiegel wird ansteigen[...], im Durchschnitt um mehr als 0,3

36 | Vgl. http://commons.wikimedia.org/wiki/File:NASA-global-warming-map-1970-79-to-2000-09.jpg, aufgerufen am 10. August 2016.

Meter. [...] Die Modellrechnungen lassen zunehmende Wetterextreme und Änderungen im regionalen Mikroklima erwarten. [...] Der Meeresspiegelanstieg wird in tiefliegenden Regionen wie Bangladesch Millionen von Menschen aus ihrer Heimat vertreiben« (Corell in Randers 2012: 70f.).

Gleichzeitig sieht der amerikanische Wissenschaftler jedoch positive Entwicklungsmöglichkeiten, wenn die Welt jenseits der nationalen Vorschläge für Treibhausgasemissionen handelt, welche die Vertragsparteien der Klimakonvention aktuell auf den Tisch gelegt haben. Demnach wären die heute bekannten und verfügbaren Techniken und die nachhaltigen Energiequellen ausreichend, um die Energiewende des 21. Jahrhunderts umzusetzen und bis 2050 eine Situation zu schaffen, die weniger unerfreulich ist, als die im oben skizzierten Szenario beschriebene. Alle Hoffnungen legen sich so nun auf das Ergebnis von Paris 2015 und das Verhalten der Staaten und ihrer Menschen.

Es gibt eine große Klarheit mit Blick auf die Entwicklung der weltweiten Energievorräte und Energiereserven

Hinsichtlich der aktuellen Situation hat der IPCC im September 2013 und im März 2014 mit seinem aktuellen Weltklimabericht weitere Klarheit geschaffen (IPCC 2013 und 2014).[37] Wenngleich die Situation weiterhin nach dem Negativszenario des IPCC läuft, sehen die 309 Wissenschaftler des neuesten Reports durchaus auch kleine Fortschritte im Kampf gegen die globale Erwärmung und bestätigen somit die Analyse Robert Correls. Demnach haben die Prognosen der 2000er Jahre weiterhin Bestand, jedoch haben nach den Worten des Koordinators des UNO-Reports Chris Field von der Carnegie Institution for Science in den USA zahlreiche Staaten begonnen, sich besser gegen Wetterextreme und -gefahren zu wappnen.[38]

Trotzdem drohe der Klimawandel die Umsiedlung von Menschen zu erhöhen; mehr Menschen werden von der Wasserknappheit betroffen und gravierende Ernteeinbußen seien wahrscheinlich; der Klimawandel werde rund ein Zehntel des weltweiten Wirtschaftswachstums ›auffressen‹, was im übrigen die dramatische Prognose des britischen Regierungsberaters Nicolas Stern von 2006 mit Blick auf eine gravierende Wachstumseinbuße bis zu einem Fünftel korrigiert. Keine Relativierung sieht der Report mit Blick auf Meeresspiegelanstieg, Ozeanversauerung, Artensterben und Gletscherschmelze. Die Erderwärmung wird demnach zu erheblichen Freisetzungen von Treibhausgasen durch aufweichende Böden in der Tundra führen, was durch die weiteren

37 | Vgl. www.climatechange2013.org/, aufgerufen am 10. August 2016.

38 | Vgl. www.spiegel.de/wissenschaft/natur/klimabericht-des-klimarats-ipcc-die-folgen-des-klimawandels-a-961557.html, aufgerufen am 10. August 2016.

Brandrodungen von Wäldern und natürlichen Waldbränden verstärkt werden wird. Schließlich seien in den Städten Hitzestress, Extremregen und gewaltige Temperaturschwankungen in den jeweiligen Jahreszeiten Alltag.

Der amerikanische Wissenschaftsjournalist Alan Weisman weist auf die Konsequenzen dieser Entwicklung hin:

»Da zwei Drittel der Weltbevölkerung nicht weiter als 320 Kilometer von einer Küste entfernt leben, und der Großteil der Weltwirtschaft in Küstenstädten konzentriert ist, übersteigt der potenzielle Untergang der Zivilisation, wie wir sie kennen, falls diese Orte überflutet werden, jegliche Vorstellungskraft. Es folgt die logische Konsequenz, Schutzdeiche für folgende nach Einwohnerzahl aufgeführte Städte bauen zu müssen: Tokyo, Shanghai, Guangzhou, Karatschi, Mumbai, Manila, Istanbul, Buenos Aires, Kalkutta, Rio de Janeiro [...] sowie für weitere 100 Städte von der Größe New Orleans und kleiner« (Weisman 2013: 456).

Diese Konsequenzen sind dramatisch, weil, wie es Maria Krautzberger, Chefin des deutschen Umweltbundesamtes 2015 formuliert hat, dann der Katastrophenschutz das wirklich letzte Mittel im Kampf gegen den Klimawandel ist.[39]

Energiemix hat zwar Bestand, ...

Aktuell und bis auf weiteres bleibt global ein Energiemix allerdings bestehen. Er integriert fossile und regenerative Energieträger. Der Energiehunger der Welt wächst und greift gierig auf alle verfügbaren Bestände zu. Aus dem Zieldreieck Energieversorgung und Energiesicherheit, Wettbewerbsfähigkeit und Nachhaltigkeit resultieren weiterhin Spannungen, da sich die verschiedenen Ziele zum Teil widersprechen. Vielerorts ist die Nutzung von fossilen Energieträgern für die Versorgungssicherheit nötig. Gleichzeitig wird - außer in der Bundesrepublik Deutschland - in vielen Ländern auf der weiteren Nutzung der Atomenergie mit dem Argument ihrer Klimaneutralität bestanden. Angesichts der Havariegefahr nuklearer Anlagen und der ungeklärten Endlagerfragen gefährdet dies das Ziel einer nachhaltigen Energienutzung.

Die regenerativen Energien sind nachhaltig, werden aufgrund ihrer gelegentlich schwankenden Zuverlässigkeit bei unzureichenden Speichermöglichkeiten aber als unsicher dargestellt. Fossile Energien wie Kohle, Erdöl oder Erdgas sind weiterhin nutzbar, belasten aber das Klima und stehen nicht mehr unbegrenzt zur Verfügung, wobei die Kohlevorräte noch am längsten halten werden. 1980 lag die vermutete gesicherte Menge an förderbarem Öl bei etwas mehr als 683 Milliarden Barrel. Zwischen 1988 und 2013 wurden aber mehr als 883 Milliarden Fass produziert. In diesem Kontext wuchs die förderbare

39 | Vgl. Interview in Süddeutsche Zeitung vom 23./24./25. Mai 2015.

Menge an Erdöl wegen der Entdeckung neuer Erdölvorkommen und wegen der Methode des Fracking an. Die jetzt noch – absehbar – förderbare Menge liegt laut dem Erdölkonzern BP (British Petrolium) bei etwa 1,60 Billionen Barrel.[40] Insofern sind dies insbesondere für die Wirtschaft beruhigende, für die Ökologie eher beunruhigende Nachrichten.

... die Ölvorräte werden sich aber spätestens ab Ende des 21. Jahrhunderts erschöpfen ...

Dennoch werden die Ölvorräte früher oder später schwinden. Nach dem »Peak-Oil« – Theorem des britischen Geologen Marion King Hubbert werden bei einem sinkenden Angebot und einer steigenden Nachfrage die Preise kippen. Dies wird die Energiemärkte in den kommenden drei Dekaden preislich prägen, dabei allerdings auch die Nutzung der Atomenergie, der Kohle und der regenerativen Energien befördern. Angesichts dieser Perspektive ist etwa die Kohleförderung weltweit auf dem Vormarsch, so etwa in China, Südkorea, Vietnam, Indien, Indonesien, in Zentralasien, Australien, Südafrika oder den USA. Der wachsende Energiehunger im asiatisch-pazifischen Wachstumsraum ist groß und wächst weiter an. Gleichzeitig ist die Suche nach zusätzlichen Ölvorkommen intensiv und die Reserven wachsen aufgrund von Ölförderungen in immer mehr Ländern wie etwa Brasilien, Zentralafrika, Kanada oder Mexiko kurzfristig sogar an (Le Monde Diplomatique 2011). Wohin die Reise kurz- und mittelfristig geht, bleibt insofern etwas unbestimmt. Die Gemengelage ist schwer zu durchschauen, vertritt doch jeder Akteur der Energiemärkte und der Energiepolitik im Spannungsfeld von Energieversorgung, Energiesicherheit und Substitution der Energieträger seine eigene Interessenslage und kommen doch jedes Jahr neue Energiefunde und Fördermöglichkeiten oder Versorgungsproblematiken hinzu.

In Nordamerika wird dem ›Fracking‹ eine große Bedeutung zugemessen. Unter Fracking (Hydraulic Fracturing) versteht man eine Methode der Erdöl- und Erdgasförderung, bei der in technischen Tiefbohrungen Flüssigkeit eingepresst wird, um im Reservoir Gestein von Energiestoffen Risse zu erzeugen, diese spaltenartig aufzuweiten und langfristig zu stabilisieren. Dadurch werden Gesteinsschichten aufgebohrt, damit Fluide wie Erdgas, Erdöl oder Wasser leichter zur Bohrung hin fließen können. Dies erhöht die Wirtschaftlichkeit der Erdöl- und Erdgasförderung bzw. erweitert die Fördervorkommen von Öl und Gas erheblich. Die amerikanische Energy Information Administration (EIA) geht davon aus, dass die Schiefergasproduktion bis 2040 noch weiter ansteigen wird. Immerhin hat diese Technologie die USA Mitte der 2010er Jahre

40 | Vgl. »Neue Macht. Die Waffe Öl. Ein Rohstoff bringt Armut«, in: Süddeutsche Zeitung vom 22. Januar 2015.

wieder zu einem Land gemacht, dass mehr Erdöl und Gas fördert, als es importieren muss. Als Ideallösung soll die billige Gewinnung von Öl und Gas aus Schiefergestein den amerikanischen Energiehunger mittelfristig sättigen, und so die USA unabhängiger von erdöl- oder erdgasexportierenden Ländern machen. Zudem hat Präsident Obama zum Ende seiner Amtszeit angekündigt, eine Energiewende für eines der energiehungrigsten Länder der Welt einzuleiten. Bei dem Ausstoß von Kohlendioxid liegt nur China mit 10.330 Millionen Tonnen vor den Vereinigten Staaten mit 5.300 Tonnen Kohlendioxid. Um 32 Prozent sollen die US-Staaten bis 2030 ihren Ausstoß an Treibhausgasen aus Kraftwerken im Durchschnitt reduzieren, verglichen mit 2005. Der Plan zielt vor allem auf alte Kohlemeiler, die möglichst durch erneuerbare Energiequellen ersetzt werden sollen.[41]

Allerdings trifft dieses Vorhaben auf große Vorbehalte, da die Förderkosten des Fracking und besonders der Preis für die Förderung von Kohle unter den Verkaufspreisen liegen. Insofern wird die Förderung der herkömmlichen fossilen Energieträger Öl, Gas und Kohle aus wirtschaftlicher Sicht von weiten Teilen der amerikanischen Industrie und der Republikaner als sinnvoller erachtet. Dies hat auch der republikanische Präsidentschaftskandidat der Republikaner im Präsidentschaftswahlkampf 2016 dezidiert gesagt. Der Widerstand gegen eine radikale Energiewende ist dementsprechend hoch. Auch wenn die Euphorie für das Fracking zum Beispiel in den USA mittlerweile etwas verflogen ist (Liebrich 2014), wird damit weltweit eine große Streckung der Öl- und Gasgewinnung verbunden, und dies nicht nur in den USA, sondern auch in Europa, wo diese Technologie allerdings auf ungleich höhere umweltpolitische Bedenken trifft als in Übersee. In Europa werden die Reserven von Schiefergas auf etwa 14 Billionen Kubikmeter geschätzt (ebd.). Schiefergas ist hier noch weitgehend unerschlossen, doch das Interesse daran nimmt zu. In Deutschland lagen bis 2016 alle Fracking-Vorhaben auf Eis, weil es Umweltbedenken von Behörden und Nichtregierungsorganisationen und Widerstand in der Bevölkerung gegeben hat. Aber auch hier ist prinzipiell das Interesse an dieser Technologie und ihren Fördererergebnissen groß.

... und erneuerbare Energien bestimmen unweigerlich die Zukunft

Die globale Nutzung der erneuerbaren Energien hat allerdings in den letzten Jahren stetig zugenommen. Bis Ende 2012 hatten nach einer Studie des Münchner ifo-Instituts für Wirtschaftsforschung 138 Länder konkrete Ziele zum Ausbau der regenerativen Energien festgelegt.[42] Fast ebenso viele Länder

41 | Vgl. Süddeutsche Zeitung vom 4. August 2015.

42 | Vgl. www.cesifo-group.de/de/ifoHome/publications/docbase/details.html?docId=19100793, aufgerufen am 10. August 2016.

verfügen über entsprechende Förderprogramme zu ihrem weiteren Ausbau. Die Rolle der erneuerbaren Energien wurde von der Internationalen Energieagentur und der Weltbank lange Zeit unterschätzt. Heute ist die globale Energieerzeugung aus regenerativen Energien aber rund zehn mal höher als prognostiziert. In einem Zukunftsbericht haben Experten prognostiziert, dass der Anteil von Strom aus Wind, Sonne und Biomasse stetig steigen wird. Laut Internationaler Energieagentur oder dem Renewable Energy Policy Network for the 21st Century (REN_{21}) aus New York werden ›die Erneuerbaren‹ weltweit einen größeren Anteil am Primärenergieverbrauch erreichen und sich zum zweitgrößten Stromlieferanten nach der Kohle entwickeln. Vor allem in den Schwellen- und Entwicklungsländern ist in diesem Sektor mit einem starken Anstieg zu rechnen, allen voran in China. Im Januar 2013 gab die REN_{21} mit dem ›Global Futures Report Renewables‹ einen einmaligen Zukunftsbericht heraus; im gleichen Jahr wurde er auf der internationalen Energiekonferenz in Abu Dhabi präsentiert. Der Bericht basiert auf 170 Interviews mit Energieexperten und 50 Energieszenarien aus der ganzen Welt. Finanziert wurde die Forschungsarbeit von der deutschen Bundesregierung, der UNO und dem World Future Council. Als Vorreiter bei der Energiewende sehen die befragten Experten Deutschland und Europa. Zunehmend setzten jetzt aber auch viele Schwellen- und Entwicklungsländer auf Energie aus Wasser, Wind und Sonne. Mittlerweile gebe es in über 120 Ländern politische Rahmenbedingungen für die Entwicklung von erneuerbaren Energien, mehr als die Hälfte davon sind Entwicklungsländer.

Mit Blick auf die Bundesrepublik Deutschland gibt die aktuelle Situation dem Bericht Recht. Bereits 2013 war nach einer Bilanz des Bundesverbandes der Deutschen Energie- und Wasserwirtschaft (BDEW) ein Rekordjahr für die erneuerbaren Energien. Demnach ist die Stromerzeugung 2013 durch erneuerbare Energien auf den Rekordwert von 23,4 Prozent gestiegen. Damit ist für Deutschland der geplante Ausbaupfad für die erneuerbaren Energien grundsätzlich erreicht worden.[43]

Auch in den BRIS Staaten und China werden erneuerbare Energien aus energiepolitischen und umweltpolitischen Gründen immer attraktiver

Bei der zukünftigen Entwicklung sehen die befragten Experten des REN_{21} vor allem China, Indien, Japan und Brasilien mit vorn. Nach Angaben des ›Global Future Report‹ führt China bei den Investitionen in erneuerbare Energien seit dem Jahr 2010, und will auch in den nächsten Jahrzehnten an der Spitze bleiben. Über 130 Millionen Haushalte erwärmen ihr Wasser bereits mit Solar-

43 | Vgl. www.bundesregierung.de/Content/DE/Artikel/2014/01/2014-01-13-bdew-energiebilanz-2013.html, aufgerufen am 31. Dezember 2014.

anlagen, mehr als die Hälfte aller Anlagen auf der Welt sind auf chinesischen Dächern installiert. Auch bei der Windenergie führt China. Mit rund 80 Gigawatt hat das ostasiatische Land bereits mehr als doppelt so viel Leistung wie Deutschland installiert und nach Einschätzung von Experten wird sich die installierte Windkraft in China bis 2020 nochmals verdoppeln.[44]

Abbildung 4: Szenario für Umstieg auf Erneuerbare Energien in der Welt bis 2050

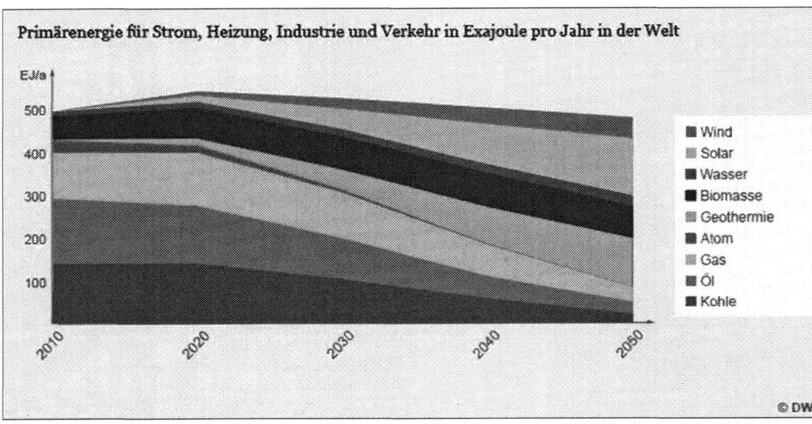

Quelle: Deutsches Zentrum für Luft- und Raumfahrt/Greenpeace nach Deutscher Welle vom 4. Februar 2014

Ausblick 2030: Nachfrage nach fossilen Energieträgern bleibt stark – aber Alternativen werden mittelfristig greifen

Die industrialisierte Welt wird auch in den kommenden 20 Jahren eine konventionelle Ausbeutung der Energiequellen auf der Erde betreiben. Und sie wird dies können. Die Reserven von Öl, Gas und Kohle werden nach Schätzungen des derzeitigen und zukünftigen Energieverbrauchs nach Schätzungen des Center for European Policy Studies noch über 50, 60 und 200 Jahre reichen (Center for European Policy Studies (CEPS) 2013). Das bedeutet dass genügend herkömmliche Energieressourcen vorhanden sind, um die Nachfrage bis 2060 zuverlässig zu bedienen (ebd.: 46). Die Nachfrage nach erneuerbaren Energien wird trotzdem in diesem Szenario von 13 Prozent in 2010 auf 17 Prozent in 2030 ansteigen. Industrieunternehmen, die normalerweise 20 bis 30 Jahre im voraus kalkulieren, sehen der Energiewende weiter ins Auge. Die Verfügbarkeit von Energie und die jeweilige Nutzung von fossilen und/oder erneu-

44 | Vgl. www.dw.de/globaler-trend-hin-zu-erneuerbarer-energie/a-16519172, aufgerufen am 10. August2016.

erbaren Energien ist besonders für sie von entscheidender Bedeutung. Preis und Verfügbarkeiten sind hierbei entscheidend. Die Preisentwicklung auf den Öl-, Gas-, Uran- und Kohlemärkten spielt in der Energieindustrie selbst, im verarbeitenden Gewerbe, der Stahl-, Kunststoff-, Chemie- oder Papierindustrie eine oft wettbewerbsentscheidende Rolle. Langfristige gravierende Preiseinbrüche sind aufgrund der steigenden Nachfrage nach Energie trotz Produktivitätssteigerungen bei der Nutzung von Energie langfristig nicht zu erwarten.

Daran änderte auch der unerwartete Preiseinbruch bei Öl Ende 2014 nichts, als sich die Ölproduktion in den USA durch Fracking, eine aufgrund der politischen Entscheidung der OPEC zur gleichbleibenden Ölförderung und eine leicht nachlassende weltweite Nachfrage nach Erdöl überdeckten. Die ungebrochene Industrialisierung der Schwellen- und Entwicklungsländer wird die Nachfrage nach dem ›Schwarzen Gold‹ wieder in die Höhe treiben, zumal die Entwicklung Anfang 2015 auch zeigte, dass die Fracking-Industrie in den USA mit großen Finanzierungsproblemen zu kämpfen und große Verluste hinzunehmen hatte.[45] Ein Strohfeuer? Möglich. Der Ölpreis wird im Rahmen dieses Szenarios wieder steigen. Ab 2040 wird ein Preis über 100 US-$ wohl unabwendbar. Auch die Preise für Erdgas werden – regional unterschiedlich und je nach Kopplung mit dem Preis für Erdöl – aufgrund des angespannten Verhältnisses von weiter zunehmender Nachfrage und knappem Angebot weltweit nicht nennenswert fallen (ebd.: 51).

Alternativen sind reichlich vorhanden, zunehmend attraktiv und werden im Rahmen eines zunehmenden Angebots immer preiswerter

Die erneuerbaren Energien sind die Energieträger der Zukunft.[46] Es zeichnet sich ein globaler Boom für die Windenergie ab. Nach Angaben der ›World Wind Energy Association‹ (WWEA) wurden 2012 Windkraftanlagen mit einer Gesamtleistung von 45 Gigawatt neu errichtet. Der ›Welt-Wind-Report‹ bezifferte die global installierte Windkraftleistung Ende 2012 auf 282 Gigawatt. Mit diesen Windkraftanlagen werden rund drei Prozent des weltweiten Strombedarfs gedeckt. In den nächsten 20 Jahren sei eine Verzehnfachung der globalen Windstromproduktion nach Einschätzung der WWEA vorstellbar. Bei gleichbleibendem Strombedarf läge dann der Windstromanteil weltweit bei 30 Prozent.[47] Das deutsche Fraunhofer-Institut hat in diesem Zusammenhang ermittelt, dass mindestens zwei Prozent der Grundfläche in Deutschland

45 | Vgl. die Sendung PlusMinus im deutschen Fernsehen ARD vom 7. Januar 2015.

46 | Vgl. etwa www.dw.de/erneuerbare-energien-sind-die-energieträger-der-zukunft/a-16521801, aufgerufen am 23. April 2014.

47 | Vgl. www.dw.de/globaler-boom-der-windenergie/a-16805537, aufgerufen am 24. April 2014.

gute Standorte für Windkraftanlagen sind. Darauf hätten über 60.000 Windkraftanlagen Platz, die mit einem Energieertrag von 390 Terrawattstunden Deutschlands jährlichen Stromverbrauch (ca. 580 bis 620 Terrawatt) zu zwei Dritteln decken könnten. Hierfür müssten etwa 40.000 neue Windkraftanlagen gebaut werden, was technisch innerhalb einer Dekade theoretisch problemlos möglich sein könnte.[48]

Abbildung 5: Globale Entwicklung der Windenergie

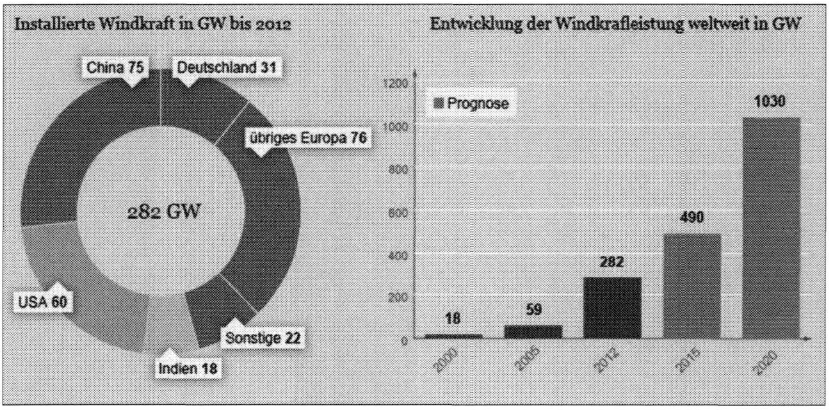

Quelle: World Wind Energy Association (WWEA) nach Deutsche Welle vom 4. Februar 2014

Auch die Solarenergie ist weiter auf dem Vormarsch. Bisher war Solarstrom etwa in Deutschland nur im Rahmen des Erneuerbaren Energiegesetztes (EEG) und somit durch Förderung rentabel. Doch die Preise für Solarmodule und die nachgelagerte Sekundärtechnologie sind gesunken. Deutschland ist mit einer installierten Leistung von 34 Gigawatt der globale Vorreiter bei der Stromversorgung mit Solarenergie. Hier werden über sechs Prozent des Strombedarfs mit Solarkraft gedeckt. Ein Land wie Deutschland hat bewiesen, dass eine Energiewende funktionieren kann. Dies wird über den Preis für Solarenergie deutlich. Dank stark sinkender Preise für Photovoltaik-Module wird der Strom aus privaten Solaranlagen in Deutschland für die Eigentümer billiger als der Strom aus dem öffentlichen Stromnetz. Legt man die Investitionskosten um, so kostet eine Kilowattstunde (kWh) Solarstrom aus einer neuen Anlage heute zwischen zehn und 14 Eurocent. Der Strom vom Energieversorger für Bürger und Gewerbe kostet zwischen 16 und 28 Eurocent. Betreiber von Solaranlagen schützen sich so vor steigenden Strompreisen. Während der Preis für den Solarstrom vom eigenen Hausdach nicht mehr steigt und die Energiegewinnung nach Abzahlung der Investition sogar umsonst ist, steigen die Strompreise der

48 | Vgl. Focus vom 6. Juni 2011.

Energieversorger erheblich. In den letzten zehn Jahren kletterte der deutsche Strompreis für die Verbraucher um über 50 Prozent. Insgesamt ist die Sonnenenergie die wohl klarste Alternative der zukünftigen Energieversorgung. Die Sonne liefert das 3.000fache an Energie, welche die Menschheit verbraucht. Wind und Sonne stehen für Nachhaltigkeit und sind von langfristiger Natur. Hinzu kommen Erdwärme, Bioenergie und Wasserkraft. Sie sind langfristig günstiger, sauberer und politisch unproblematischer als Öl, Kohle und Atom. Insgesamt steht mehr als genug umweltfreundliche Energie zur Verfügung. Die Energiewende spart langfristig Geld und die alternativen Energien senken langfristig Stromkosten. Das Preis-Leistungsverhältnis der regenerativen Energien wird in Zukunft besser. Was für die Wirtschaft weniger zählt, aber für die Politik: die Abhängigkeit von erdöl- und gasexportierenden Ländern wird sich reduzieren.

Dies eröffnet neue Optionen für die Geopolitik und die Geostrategie. Das Thema der weltweiten Energieversorgung, Energiesicherheit und des Klimaschutzes bleibt so eine in jeder Hinsicht hochspannende Problematik der Globalisierung. Diese Aspekte sind keine ausschließlichen Fragen des Marktes, sondern ein wichtiges Sujet für lokale, regionale und nationale Akteurskonstellationen und ein globales politisches Regime. Die Verknüpfung von wirtschaftlichen, technologischen und politischen Aspekten der Energieversorgung und Versorgungssicherheit wurden zum Beispiel im Rahmen der Annexion der ukrainischen Halbinsel Krim durch Russland Anfang 2014 deutlich. Die Fragwürdigkeit dieser politischen Aktion wurde im Westen immer auch mit den gegenseitigen Interessen besonders im energiewirtschaftlichen Bereich abgewogen.

Die Abhängigkeit Europas von russischen Gas- und Öllieferungen dämpfte den Unmut der westlichen Welt erheblich und relativierte die Wucht der angedrohten Sanktionen entsprechend. Ein zweiter Aspekt verdeutlicht den politischen Charakter einer Versöhnung von Energiehunger und Klimaschutz, den Bundeswirtschaftsminister Sigmar Gabriel bei einem Vortrag bei der 66. Jahresversammlung des Münchner ifo-Instituts für Wirtschaftsforschung im Juni 2015 vorgetragen hat. Wenn es Deutschland und Europa gelingt, Wirtschaftswachstum, Energieverbrauch und Klimaschutz unter einen Hut zu kriegen, geht davon eine wichtige Signalwirkung in andere Länder der Welt aus, die dann ein Beispiel haben, dass eine solche Aussöhnung von vermeintlichen Gegensätzen funktioniert. Insofern kann mit Blick auf den internationalen Klimaschutz ein gutes Beispiel sinnvoller sein als ein gutgemeintes internationales Abkommen, dass zunächst Programm ist, aber noch keine reale Politik zwingend bewirkt.[49]

---

49 | Vgl. Festvortrag von Siegmar Gabriel auf der 66. Jahresversammlung der Münchner ifo-Instituts für Wirtschaftsforschung am 12. Juni 2015 an der Ludwig-Maximilians-

4. Der globale Wettlauf um die knappen Ressourcen der Natur

Eng verbunden mit dem globalen Problem einer sicheren Energieversorgung und Energiesicherheit sind Fragen der Versorgungssicherheit bei Rohstoffen und lebenswichtigen Lebensmitteln, hier insbesondere bei Metallen, Wasser und Grundnahrungsmitteln. Diese Themen sind von globaler Bedeutung und haben eine entsprechende politische Qualität. Für die Weltwirtschaft sind viele Rohstoffe unverzichtbar. Jenseits der energetischen Bodenschätze wie Öl, Gas, Kohle oder Uran sind etwa Metalle wie Gallium, Cadmium, Indium, Lithium, Tellur, Silber, Gold, Platin, Zinn, Nickel oder ›seltene Erden‹ für die Produktion von wichtigen Industriegütern unverzichtbar. Allerdings kommen sie nicht in allen Ländern vor. Bei einer wachsenden Weltbevölkerung und einer signifikanten Industrialisierung der Schwellen- und Entwicklungsländer werden diese Vorkommen knapp. Je knapper sie werden, desto stärker wird der Kampf um Lagerstätten, Handelsnetze und langfristige Lieferverträge zu verlässlich kalkulierbaren Konditionen. Dabei werden die Meere mit ihren Lagerstätten von Manganknollen, Sufidschichten oder Kobaltkrusten genauso als Ausbeutungsvorkommen entdeckt wie Ölschiefer im Bereich der fossilen Energien. Experten gehen davon aus, dass zwischen 2010 und 2050 mehr Rohstoffe benötigt und abgebaut werden als in allen früheren Epochen zusammen (Le Monde Diplomatique 2011: 18).[50]

Die Verfügbarkeit strategischer Rohstoffe ist global ungleich verteilt

Die Industrien der Europäischen Union sind genauso wie die Industrien auf allen Kontinenten der Erde abhängig von solchen High-Tech-Metallen. Dies betrifft zum Beispiel die Produktion von Batterien, Akkus, Spezialwerkzeugen, Zahnimplantaten, Herzschrittmachern, Bildschirmen oder Medikamenten wie Psychopharmaka. Auch weniger technologieintensive Güter wie Biosprit, Margarine, Waschmittel oder Autoreifen sind auf eine ausreichende Verfügbarkeit von entsprechenden Rohstoffen angewiesen wie Kautschuk oder Agrarerzeugnissen wie etwa die Ölpalme.

Das Joint Research Center hat 2011 eine Risikoanalyse mit Blick auf die Verfügbarkeit von Metallen für wichtige europäische Industrien durchgeführt

---

Universität München unter http://mediathek.cesifo-group.de/player/macros/_v_f_750_de_640_360/_s_live/_x_s-764870657_w-2356346883/live, aufgerufen am 12. Juni 2015.

50 | Vgl. auch »Goldgrund. Kupfer, Kobalt, Seltene Erden: Am Boden der Tiefsee liegen Schätze, die eigentlich nur noch geborgen werden müssen. Doch die Kosten sind unklar und Ökologen warnen vor den Folgen für die Natur«, in: Süddeutsche Zeitung vom 2./3. Mai 2015.

(Joint Research Center 2011). Demnach sind 14 von 60 wichtigen Metallen für die europäische Industrie in den kommenden fünf bis zehn Jahren nicht so ohne weiteres zu haben. Ihre Verfügbarkeit wurde von der Europäischen Kommission als kritisch eingestuft. Fünf von diesen Metallen werden als strategisch klassifiziert, da ihre Verfügbarkeit knapp ist und ihre Förderung von Oligopolen oder Monopolen beherrscht wird.

Dies bezieht sich in herausragender Weise auf die ›seltenen Erden‹, ein Rohstoff, der etwa für die Produktion von Handys oder Flachbildschirmen wichtig ist, wo China einen Weltmarktanteil von über 90 Prozent besitzt. Ein anderes Beispiel ist die Förderung von Uran, die zu 35 Prozent in Kasachstan liegt, oder die Förderung von Lithium, ein Metall, das für die Produktion von Computern, Handys, Herzschrittmachern und insbesondere von Elektroautos von herausragender Bedeutung ist. In der chilenischen Wüste lagern etwa 40 Prozent der weltweiten Lithium-Reserven. Ein Drittel des weltweit verarbeiteten Lithiums kommt aus dem südamerikanischen Land. Auch der Nachbar Bolivien verfügt über große Lithium-Vorkommen, ist aber technisch noch nicht in der Lage, diese industriell auf dem Weltmarkt ausreichend professionell zu vermarkten. Durch die Verbreitung von Elektroautos wird sich der Verbrauch des wertvollen Metalls bis 2020 verdreifachen. Der Rohstoff ist damit nicht nur industriell außerordentlich wichtig, sondern wird damit theoretisch oder potenziell zu einem politisch-strategischen Gut.

›Urban Mining‹ und Recycling sind ökonomisch deshalb für rohstoffarme Länder wie Deutschland attraktiv

Angesichts der knapper werdenden industriellen Rohstoffe wird das Recycling von verwertbaren Abfällen attraktiv. In Deutschland werden deshalb Mülldeponien darauf untersucht, welche Rohstoffe sich aus den Abfällen der Vergangenheit zurückgewinnen lassen. Das Projekt ist ein lukratives Unterfangen. ›Landfill Mining‹ nennt sich das populäre Forschungsfeld. Es ist ein Teilbereich des ›Urban Mining‹ bei dem es darum geht, Rohstoffe aus stillgelegten Deponien, Bergbauhalden und alten Gebäuden zurückzugewinnen und für das rohstoffarme Deutschland strategisch zunehmend wichtig. In Siedlungs- und Bauschuttdeponien werden 25 bis 100 Millionen Tonnen Eisen- und Stahlschrott vermutet. Wissenschaftler gehen davon aus, dass in sogenannten ›anthropogenen‹ Lagestätten mehr Kupfer steckt als in natürlichen Vorkommen. Alleine den Kupferwert schätzen Experten auf etwa fünf Milliarden Euro. Etwa genauso viel ist nach Einschätzung von Klaus Fricke von der technischen Universität Braunschweig das in Deponien vorhandene Eisen, Aluminium und Phosphor wert. Hinzu kommen sieben bis 15 Millionen Tonnen Nichteisen-Metalle-Schrott und 486 Millionen Tonnen vermischte, nicht recycelbare, aber energetisch nutzbare Abfälle. Je nach Heizwert können zwei bis vier Tonnen

Ersatzbrennstoffe (EBS) aus dem Müll, etwa Holz, Textilien und Kunststoffe eine Tonne Erdöl ersetzen. Damit lagern enorme Energiemengen in alten Mülldeponien Während einige Deponien in Deutschland allerdings im Recycling wenig hergeben, lohnt sich das ›Landfill Mining‹ in den USA vermutlich enorm. Dort gibt es in den Deponien viel zu holen, da viel konsumiert und wenig recycelt wurde und zudem Flächen im Überfluss für die Anlage von Deponien vorhanden waren und sind. Nur in den Vereinigten Staaten liegen nach Angaben von Daniel Goldmann von der technischen Universität Clausthal allein an Kupfer die Menge von drei Weltjahresproduktionen auf Halde.[51] ›Urban Mining‹ und ›Landfill Mining‹ versprechen also in Zukunft ein profitables Geschäft und nur die eine Frage steht im Raum, wo es sich dann am meisten lohnt.

Zugang zu Wasser regional problematisch

Der Zugang zu Trinkwasser und die Verfügbarkeit von Wasser für die Landwirtschaft ist ein globales Problem. Es hat technische, ökologische und politische Implikationen. Wasser steht einerseits im Überfluss zur Verfügung; gleichzeitig ist der Zugang ungleich verteilt. Während in der Bundesrepublik Deutschland täglich über 100 Liter Trinkwasser im Durschnitt für Waschen, Putzen und Kochen pro Haushalt verbraucht werden, haben nach Angaben der Weltgesundheitsorganisation (World Health Organization, WHO) mehr als eine Milliarde Menschen keinen Zugang zu sauberem Wasser. Doppelt so viele Menschen haben keine Möglichkeit, sanitäre Einrichtungen zu nutzen. Die Menschheit leidet unter zunehmender Wasserknappheit, während der Wasserverbrauch auf privater und industrieller Seite steigt.

Dies lässt sich auf Faktoren wie Übernutzung der Wasserressourcen, das Bevölkerungswachstum, den Klimawandel oder Wasserverschmutzung zurückführen. Qualitativ und quantitativ sind die Wasservorkommen vor allem im Nahen Osten und Nordafrika, Zentralasien und Teilen von Australien bereits heute an einem kritischen Punkt angekommen. In Spanien entsteht die erste Wüste Europas, viele Seen weltweit – darunter der Aralsee in Russland – und Flüsse trocknen aus. Eine massive Zunahme der Wasserprobleme erwarten Experten in Zukunft außerdem im südlichen Afrika, in Pakistan sowie in China und in Indien. Im Jahr 2025 werden 1,8 Milliarden Menschen nach Angaben der Nahrungs- und Landwirtschaftsorganisation der Vereinten Nationen (Food and Agricultural Organization, FAO) in Ländern oder Regionen mit absolutem Wassermangel leben.[52] Der letzte Wasserbericht der Vereinten

51 | Vgl. »Der Schatz im Abfall«, in: Lux. Intelligente Energie. Eine Beilage der Süddeutschen Zeitung vom April 2015.

52 | Vgl. www.fao.org/nr/water/index.html, aufgerufen am 31. März 2014.

Nationen betonte im März 2015, dass es zwar weltweit genug Wasser gebe, um die Bedürfnisse der Weltbevölkerung theoretisch zu befriedigen; es seien aber einschneidende Änderungen bei der Nutzung, Verwaltung und Aufteilung der Ressourcen nötig. Sollten Reformen ausbleiben, drohe eine Trinkwasser-Knappheit, die vor allem Länder mit heißem und trockenem Klima hart treffen werde.

Bis zum Jahr 2030 könne die Lücke zwischen dem Bedarf und der natürlichen Neubildung von Grundwasser auf 40 Prozent anwachsen, schrieben die Experten der UN-Wetterorganisation WMO. Aufgrund des Anstiegs der Weltbevölkerung auf zehn Milliarden Menschen bis 2050 werde der Bedarf auf über die Hälfte ansteigen, unter anderem durch die Landwirtschaft. Der Wasserbericht der UNO zeigt dabei die enge Verbindung von Wassermangel und einem begrenzten Zugang zu anderen Ressourcen auf: weltweit haben schätzungsweise 768 Millionen Menschen heute noch keinen Zugang zu einer guter Wasserversorgung. Nach anderen Schätzungen könnte die Zahl der Menschen, deren Recht auf Wasser nicht erfüllt ist, sogar bei 3,5 Milliarden liegen. 2,5 Milliarden Menschen haben keinen Zugang zu einer ausreichenden sanitären Versorgung. Mehr als 1,3 Milliarden Menschen haben keinen Strom und rund 2,6 Milliarden verwenden zum Kochen feste Brennstoffe, vor allem Biomasse wie Holz. In den meisten Fällen sind die Menschen, die unter Wassermangel leiden, gleichzeitig von fehlender Energieversorgung betroffen. Dies zeigt sich auch in einer engen Korrelation zwischen einerseits Atemwegserkrankungen durch Innenraum-Luftverschmutzung und anderseits Durchfallerkrankungen infolge von Mangel an sauberem Trinkwasser und sanitären Einrichtungen.[53] Insofern wird der Zugang zu und die Nutzung von Wasser aufgrund von geographischen, geologischen oder politischen Umständen zunehmend ein Problem.

Zugleich ist das produzierende Gewerbe weltweit auf Wasser oftmals so sehr angewiesen wie auf Öl. Der Wasserverbrauch etwa in der Produktion von Aluminium ist enorm; die kontinuierliche Verfügbarkeit von Kühlwasser bei Kernkraftwerken ist elementar. Die Verfügbarkeit von Wasser ist eine der wesentlichen Grundvoraussetzungen für die Ernährungswirtschaft. Die FAO hat errechnet, dass die wachsende Weltbevölkerung verglichen mit 1998 bis 2030 mehr als 50 Prozent mehr Nahrungsmittel brauchen wird. Dies erfordert eine zunehmende Bewässerung in der Lebensmittelproduktion von über 70 Prozent. Der Bedarf an zusätzlichen Bewässerungsmethoden beträgt in dynamisch wachsenden Volkswirtschaften wie China über 90 Prozent. Innovative Methoden und Ressourcen stehen allerdings nicht in ausreichendem Maße zur Verfügung. Die FAO schätzt, dass 2025 1,9 Milliarden Menschen in Län-

53 | Vgl. www.unesco.de/wissenschaft/2014/weltwasserbericht2014.html, aufgerufen am 23. März 2015.

dern leben werden, die von Wassermangel bedroht sind. Der grundlegende Trend ist damit, dass über das vergangenen Jahrhundert die Nachfrage nach Wasser das Bevölkerungswachstum um das doppelte überstiegen hat (Center for European Policy Studies (CEPS) 2013: 48). Allerdings ist die Prognose, dass mit geeigneten Gegenmaßnahmen der zukünftig Wassermangel beherrschbar wird (ebd.: 49).

Ernährungssituation der Weltbevölkerung ist insgesamt besser, mit Blick auf zukünftige Herausforderungen aber nach wie vor unbefriedigend

Das gilt auch für den Sektor Ernährung und Nahrungsmittel. Ernährungssicherung und Ernährungssicherheit beziehen sich auf die Verfügbarkeit von Nahrung und Zugang zu Lebensmitteln. Ein Haushalt gilt als ›ernährungsgesichert‹ wenn seine Mitglieder nicht hungern oder Unterernährung befürchten müssen. Nach Angaben der National Academy of Sciences of the United States of America[54] litten Ende der 2010er Jahre weltweit rund 868 Millionen Menschen unter chronischem Hunger durch extreme Armut. Für bis zu zwei Milliarden Menschen war die Ernährung unsicher. Nach Angaben des World Resources Institute ist die weltweite Pro-Kopf-Produktion von Nahrungsmitteln im vergangenen Jahrzehnt allerdings gestiegen; sie ist aber dabei weiterhin regional unterschiedlich konzentriert und qualitativ differenziert angelegt. Nach dem Welthungerindex der Welthungerhilfe lag die Zahl der Hungernden ›nur‹ noch bei 805 Millionen Menschen. Sie ist also gesunken, so wie seit 1990 der Hunger insgesamt kontinuierlich abgenommen hat, insgesamt um 39 Prozent.[55] Dies ist die gute Nachricht. Die Landwirtschaft hält insgesamt mit dem Weltbevölkerungswachstum aber nicht mit. Nach einer neueren Studie steigen die Erträge von Reis, Mais, Soja und Weizen nicht adäquat an, um den zunehmenden Nahrungsmittelbedarf daraus zu decken. Ein Forscherteam vom Institute on the Environment der Universität von Minnesota wies allerdings darauf hin, dass sich die Wachstumsraten von diesen Grundnahrungsmitteln bis 2050 um bis zu 40 bis 60 Prozent steigern ließe.[56]

Die Erde ist für die grüne Revolution bereit

Darüber hinaus hat sich der Ansatz einer rein quantitativen Steigerung der Nahrungsmittelproduktion überholt. Es geht prinzipiell darum, entweder das Agrobusiness quantitativ zu intensivieren, oder einen Strukturwandel in der

54 | Vgl. www.pnas.org/content/109/18/6868, aufgerufen am 28. März 2014.

55 | Vgl. Süddeutsche Zeitung vom 15. Oktober 2014.

56 | Vgl. www.spiegel.de/wissenschaft/natur/ernte-ertraege-steigen-zu-langsam-fuer-kuenftige-welternaehrung-a-906860.html, aufgerufen am 28. Feburar 2014.

globalen Landwirtschaft zuzulassen. Die Diskussion darüber ist intensiv. Dabei plädieren Länder wie die USA und multinationale Konzerne einerseits dafür, eine neue grüne Revolution einzuleiten. Das heißt, unter Einsatz von Kunstdünger und leistungsfähigem Saatgut mehr Nahrungs- und Energiepflanzen für die ›Bioökonomie‹ der Zukunft anzubauen; auch die Gentechnologie soll helfen, neue Pflanzen zu entwickeln, die selbst auf strapazierten Flächen gedeihen oder Dürren und Überschwemmungen überstehen können. Vor allem deshalb wird sich die Bio- und Gentechnik zu einer unverzichtbaren Variablen der Nahrungsmittelproduktion entwickeln. Grundlegende Probleme der Welternährung wird die Bio- und Gentechnik allein jedoch nicht lösen können. Auch in Zukunft sind die großen Herausforderungen der Ernährungssicherung struktur- und sozialpolitischer Art. Sie bestehen – wie der Welternährungsgipfel 1996 in Rom betont hat – unter anderem darin, den Zugang zu Nahrung in den ärmsten Regionen zu ermöglichen, dort zugleich die Gesundheitsdienste zu verbessern und die Rolle der Frauen in der Mutter-Kind-Fürsorge zu stärken. In den letzten zehn Jahren sind weltweit ca. 240 Milliarden Tonnen Boden – dies entspricht etwas mehr als der Hälfte der gesamten Anbaufläche der USA – durch Überdüngung, Entwaldung, Erosion, falsche Bewässerungsmethoden und übermäßigen Herbizideinsatz verlorengegangen. Auch Industrialisierung und Verstädterung vernichten Ackerland. Die Ausdehnung landwirtschaftlicher Nutzflächen ist nur eine Lösung auf Zeit. Früher oder später wird es kein Land mehr geben, das sich zur Kultivierung eignet. Global gesehen könnten allenfalls Teile Brasiliens, Kolumbiens, Venezuelas und afrikanischer Staaten südlich der Sahara in zusätzliches Ackerland umgewandelt werden. Dies würde aber die biologische Vielfalt dieser Regionen unverhältnismäßig angreifen. Daher werden notwendige Produktionszuwächse über eine noch intensivere Nutzung bereits existierender landwirtschaftlicher Flächen erreicht werden müssen. Die Bio- und Gentechnik bietet hierfür Möglichkeiten an. Fortschritte bei der gentechnischen Veränderung von Kulturpflanzen wie Mais, Reis und Weizen werden es ermöglichen, die Erträge auf den bestehenden Feldern noch weiter zu steigern. Zudem wird der Anbau umweltschonender sein, als es bisher der Fall war. Eine ausreichend große Produktion von Nahrungsmitteln kann auf diese Weise gewährleistet werden. Hinzu kommt, dass die Anreicherung von traditionellen Ernährungsmitteln mit Vitaminen möglich wird. Der gentechnologisch veränderte ›goldene Reis‹, dem biotechnologisch das Provitamin A beigefügt ist, steht als Hoffnung für die Entwicklungsländer, um Kindersterblichkeit und Erblindungen zu mindern.

Die oben genannten Schwierigkeiten, allen voran die der Verteilung, bleiben aber bestehen. Abgesehen von einigen Kooperationsprojekten im Bereich der Entwicklungshilfe und der wissenschaftlichen Forschung, gibt es zudem auch noch keine überzeugende Strategie dafür, wie sich die Bio- und Gentechnik für die Länder nutzen lässt, die am stärksten an Hunger und Unterernährung leiden, vornehmlich also die Länder Südasiens und Afrikas südlich der Sahara. Die meisten der bisher gentechnisch veränderten Kulturpflanzen sind für die Landwirtschaft der kapitalstarken industrialisierten Länder bestimmt. Dort sind die Märkte, auf die sich die Bio- und Gentechnik als Hochtechnologie konzentriert. Nur in wenigen Ausnahmen beschäftigen sich die Life-Sciences-Unternehmen mit den klassischen Ernährungsmitteln der Entwicklungsländer wie Süßkartoffel oder Cassava (Maniok), dem Grundnahrungsmittel für 500 Millionen Menschen in Afrika, Südamerika und Südindien. Wenn, wie es der Fall ist, die Bio- und Gentechnik nicht zuletzt auch mit dem Anspruch beworben wird, einen wichtigen Beitrag im Kampf gegen den Welthunger zu leisten, müssen ihre Vorteile aber auch in diese Länder gelenkt werden, die sich diese Technologie einschließlich eigener Forschungsanstrengungen nicht leisten können. Dabei will man auch innovative Bewässerungstechniken einsetzen. Greifen soll das Konzept in armen Ländern, in denen günstige klimatische Bedingungen und fruchtbare Böden Aussicht auf entsprechende Produktionssteigerungen schaffen. Damit soll in den Entwicklungsländern eine verarbeitende Ernährungsmittelindustrie entstehen, deren Produkte die Regale neuer Supermarktstrukturen in den wachsenden Städten des Südens füllen. Vermehrter technologischer Input plus höherer Output ergeben in dieser Rechnung Wohlstand und Entwicklung (Le Monde Diplomatique 2012: 56ff.).

Demgegenüber plädieren Experten andererseits für den Ausstieg aus der Logik der reinen Produktionssteigerung und den Einstieg in ein neues Konzept der multifunktionalen Landwirtschaft. ›Business as usual‹ ist für sie keine Option. Zu diesem Resultat kam zum Beispiel der Weltagrarrat, ein Panel von über 400 Experten, das von der Weltbank initiiert wurde in seinem Bericht ›International Assesment of Agricultural Science and Technology (IAASTD)‹. Hunger und Unterernährung seien zuallererst Auswirkungen ungerechter Verteilung und verfehlter Agrarpraktiken, national, regional und vor allem global. Nur die Rückbindung der Landwirtschaft an die jeweiligen kulturellen, sozialen und ökologischen Besonderheiten könne den langfristigen Erhalt von Wasser, Wald, und Boden gewährleisten. Es gehe also darum, statt Bausätze für den standardisierten Einsatz in aller Welt zu liefern, auf lokaler Ebene unterschiedliche und maßgeschneiderte Lösungen für die Landwirtschaft zu ermitteln. In starken staatlichen Institutionen – so dieser Ansatz – könnten traditionelles und modernes Experimentieren einander ergänzen. So könne man es schaffen, ohne fossile Düngemittel und Pestizide auszukommen und zugleich neue Geräte, ökologisch stabile Anbaumethoden und geeignete Vertriebswege zu entwickeln (ebd.).

Ob sieben, neun oder zehn Milliarden Menschen: Ernährung von allen ist möglich

Untersuchungen haben jenseits dieser – auch auf Machtfragen im Agrobusiness abzielenden Kontroverse – gezeigt, dass die derzeit sieben Milliarden Menschen auf der Welt und die erwarteten zehn Milliarden Menschen im Jahr 2050 theoretisch problemlos ernährt werden könnten. Die deutschen Fernsehjournalisten Claus Kleber und Angela Andersen haben dies mit zwei eindrucksvollen Reportagen und Bildmaterial im November 2014 in ihrer Fernsehdokumentation »Hunger« eindrucksvoll aufgezeigt.[57]

Darüber hinausgehende Zahlen werden nicht gehandelt. Man geht davon aus, dass die Weltbevölkerung ab diesem Zeitpunkt wieder schrumpft. Der Generalsekretär der FAO, Jacques Diouf, wies beim Welternährungsgipfel Ende 2009 darauf hin, dass wir die technischen Mittel und Ressourcen hätten, den Hunger aus der Welt zu schaffen. Es sei alleine eine Sache des politischen Willens.[58] Der deutsche Journalist Benjamin Reuter hat über die britische Royal Society B recherchiert, dass Wissenschaftler im Auftrag der britischen Regierung in 21 Studien zur Zukunft der Nahrungsversorgung bereits Anfang der 2010er Jahre diesbezüglich zu optimistischen Ergebnissen kamen.[59] Nicht nur die sieben Milliarden Menschen der Gegenwart könnten mit den gegebenen Möglichkeiten ernährt werden, sondern eben auch die zehn Milliarden, die es im Jahr 2050 sein werden (Reuter 2010). Dabei könne die Menschheit nicht nur gesättigt werden; sie könnte auch gesünder und umweltschonender essen und trinken. Ermöglicht würde dies durch ein landwirtschaftliches Konzept der »nachhaltigen Intensivierung«. Die Anbauflächen ließen sich nicht mehr vergrößern. Wasser werde knapp. Und die Viehwirtschaft sei ökologisch bedenklich. Viel hänge deshalb davon ab, wie die Menschen leben und wie bewusst sie mit dem Thema Ernährung umgehen würden. In der Viehhaltung sehen die Forscher kaum Möglichkeiten, den Ertrag zu erhöhen. Bei Fisch dagegen seien sie optimistisch und die Erträge in der pflanzlichen Landwirtschaft seien bis 2050 theoretisch um die Hälfte zu steigern, insbesondere in den Entwicklungsländern durch Züchtung, verbesserten Dünger und Pflanzenschutz. Darüber hinaus landen derzeit etwa ein Drittel der Nahrungsmittel unverbraucht

---

57 | Vgl. die Fernsehdokumentation von Claus Kleber/Angela Andersen »Hunger« auf ZDFzoom vom 5. November 2014.

58 | Vgl. www.zeit.de/wissen/2010-08/ernaehrung-hunger, aufgerufen am 4. April 2014.

59 | Die außerordentlich interessante Studie der britischen Royal Society B mit ihren Autoren H. Charles J. Godfray, Ian R. Crute, Lawrence Haddad, David Lawrence, James F. Muir, Nicolas Nisbett, Jules Pretty, Sherman Robinson, Camilla Toulmine und Rosalind Whiteley findet sich als ›digitaler Reader‹ unter www.ncbi.nlm.nih.gov/pmc/articles/PMC2935131/ aufgerufen am 4. April 2014.

auf dem Müll. In den Entwicklungsländern liege das vor allem daran, dass Entsorgungssysteme und Transportwege fehlten, in den Industrieländern an dem bestehenden Überangebot und einem nachlässigen Versorgungsmanagement der Haushalte (ebd.).

Im Jahre 2006 berichtete die Microsoft/National Broadcasting Company (MSNBC) als irgendwie skurrile Fußnote zu diesem Thema, dass es weltweit zu diesem Zeitpunkt mehr Übergewichtige als Unterernährte gibt.[60] Diese Zahl frappiert. Trotz modernster Produktionsmethoden und einer ausreichenden Verfügbarkeit von Lebensmitteln gelingt es einerseits nicht, die Unterernährung in vielen Teilen der Welt zu unterbinden; gleichzeitig wird das Phänomen der Fettleibigkeit immer mehr ein Thema der Entwicklungsländer. Dies hat viel mit der Form der wirtschaftlichen Entwicklung zu tun. Wenn Gesellschaften wohlhabend werden, so wie es gerade in den Schwellenländern der Fall ist, verbrauchen sie erst einmal mehr von dem, was sie schon hatten. Vor allem der Bedarf nach pflanzlichen Grundnahrungsmitteln steigt. In einem zweiten Schritt erhöht sich die Nachfrage nach energiereichem Essen, also Fleisch und zuckerhaltigen Nahrungsmitteln. Folgerichtig ergeben sich Probleme wie Übergewicht oder Diabetes II Mellitus.

Dies zeigt die Schieflagen in der globalen Ernährungssituation der Menschheit auf. Es zeigt aber auch, dass eine Lösung des Hungerproblems technisch machbar, ökonomisch profitabel und ökologisch verträglich ist, wenn gravierende Produktionsfehler, Verteilungsprobleme oder problematische Verhaltensformen in der Ernährung vermieden werden könnten. Hinzu kommen veränderte Anbaumethoden, welche die Ernährungssituation der Menschen erheblich verändern könnten.

Die Verarbeitung von Grund- oder Abfallstoffen der Nahrungsmittelerzeugung als Treibstoffe macht Sinn – wenn die Ernährungspolitik die (lösbaren) Probleme der Ernährungssicherheit löst

Zu diesem Problem der Ernährungssituation der Menschheit kommt ein weiteres Problem hinzu: die Verwendung von Agrarerzeugnissen für die Erzeugung von Bioethanol. Der Vorwurf, der daraus abgeleitet wird, ist, dass Nahrungsmittel aufgrund ihrer Verwendung als Kraftstoffe und nicht als Grundstoffe für die Herstellung von Lebensmitteln den Ernährungsmärkten entzogen werden. Die Verwendung von Agrarerzeugnissen und Agrarabfallprodukten als Treibstoff für Maschinen ist im Grunde nachvollziehbar und richtig. Sie wird allerdings insofern problematisiert, als dass Nahrungsmittel wie Hafer, Roggen, Chinagras, Gerste, Mais, Raps und Weizen oder Zuckerrohr zu Biogastreibstoffen verarbeitet werden und dann nicht mehr als Nahrungsmittel

60 | Vgl. http://de.wikipedia.org/wiki/Ernährungsicherung, aufgerufen am 4. April 2014.

zur Verfügung stehen. Die Frage aber ist, ob die These der Schwächung des Ernährungssektors stimmt.

Die These der Schwächung des Ernährungssektors durch die Verwendung von Agrarprodukten zur Treibstoffgewinnung ist zu schlicht

Als Bioethanol (auch Agro-Ethanol) bezeichnet man Ethanol, das ausschließlich aus Biomasse oder den biologisch abbaubaren Anteilen von Abfällen hergestellt wird und für die Verwendung als Biokraftstoff bestimmt ist. Der Begriff Bioethanol ist ein aus den Begriffen biogen und Ethanol gebildetes Wort. Wird das Ethanol aus pflanzlichen Abfällen, Holz, Stroh oder ganzen Pflanzen hergestellt, bezeichnet man es auch als Cellulose-Ethanol. Ethanol kann als Kraftstoffbeimischung in Mineralölderivaten für Ottomotoren (Ethanol-Kraftstoff), als reines Ethanol (E100) oder zusammen mit anderen Alkoholen zum Beispiel Methanol als Biokraftstoff verwendet werden. Nach dem Ölpreisschock der 1970er Jahre waren Biokraftstoffe eine Alternative zu fossilen Energieträgern geworden. Die reinere Verbrennung und der nachwachsende Rohstoff machten Bioethanol vorerst zu einem umweltfreundlichen Produkt, das nebenbei die Agrarüberschüsse aus der EU und den USA verwerten half. Seit erneuerbare Energieträger im Zusammenhang mit dem Kyoto-Protokoll als Mittel zur Eindämmung des CO_2-Ausstoßes politisch im großen Maßstab forciert wurden, geriet Bioethanol zunehmend in die Kritik. Die kontroverse Diskussion der ökologischen und ökonomischen Aspekte der Bioethanolherstellung führte etwa in der EU zur Reglementierung der Produktionsbedingungen.[61] Der Benzinersatz oder Benzinzusatz Ethanol in Kraftfahrzeugen oder Flugzeugen hat in den letzten zwei Jahrzehnten zunehmend an Bedeutung gewonnen. Im Gegensatz zu Europa gilt der Treibstoff in den USA oder Brasilien als echte Alternative zu Öl oder Gas. Insbesondere in Brasilien wird neben reinem Ethanol nur Benzin mit einem Ethanolanteil von etwa 25 Prozent angeboten.

Die Produktion von Bioethanol ist zugleich mit der Produktion von Nahrungsmitteln gekoppelt. Aus den zur Ethanolgewinnung nicht benötigten Pflanzenbestandteilen wie Eiweiß, Pflanzenfasern und Fetten entstehen Nahrungs-, Futter- und Düngemittel. Getreideschlempe ist nährstoffreich und wird getrocknet als Futtermittel mit hohem Proteingehalt vermarktet (Trockenschlempe auch DDGS = »dried distillers grains and solubles«). Bei der Herstellung von einem Liter Bioethanol aus Getreide entsteht so zusätzlich ein Kilogramm Proteinfutter. Vinasse die bei der Melassevergärung zurückbleibt, wird agrartechnisch zum Beispiel ebenfalls als Tierfutterzusatz oder als Düngemittel genutzt. Eine weitere Möglichkeit für die Verwendung der Schlempe ist die Energiegewinnung durch thermische Verwertung, d.h. die Verbren-

61 | Vgl. http://de.wikipedia.org/wiki/Bioethanol, aufgerufen am 17. Dezember 2014.

nung zwecks Dampferzeugung für die Ethanolanlage. Neben einer Senkung der Produktionskosten wird dadurch die Treibhausgasbilanz der Produktion verbessert. Energetisch interessant ist außerdem die Vergärung von Schlempe und anderen Reststoffen der Bioethanolproduktion in Biogasanlagen Das gewonnene Biogas verbleibt als Prozesswärme in der Anlage oder wird ins Netz eingespeist. Es kann wie Erdgas als Energieträger in Haushalten oder auch als Kraftstoff genutzt werden. Es gibt eine ausgeprägte Regulierung für die Produktion von Bioethanol in den USA, Brasilien oder in Europa, die in der breiten Öffentlichkeit wenig bekannt ist. Das Potenzial dieser Technologie zur Substitution herkömmlicher Treibstoffe ist dabei beachtlich, auch wenn die Klimabilanz aufgrund der Produktionskette so wie in der gesamten Agrarwirtschaft nicht gänzlich klimaneutral oder umweltfreundlich ist oder sein kann. Im Kontext der weltweiten Diskussion um umweltverträgliche und nachhaltige Kraftstoffe sollte die Erzeugung von Bioethanol deshalb selbstverständlicher Bestandteil einer ruhigen Diskussion um sozio-ökonomische Nachhaltigkeit werden, die ernährungs-, energie- und mobilitätspolitische Aspekte in einem ›glokalen‹ Handlungsrahmen berücksichtigt.

Alles dies zeigt auf: die Versorgung der Menschen mit Nahrung, Wasser, Rohstoffen ist problematisch, aber lösbar. Gäbe es ein globales Versorgungsregime, lebte die Menschheit im 21. Jahrhundert im Schlaraffenland. Wir wissen, das ist derzeit blanke Utopie. Aber die Versorgung der Menschheit und die Substitution strategischer Rohstoffe im Rahmen von Alternativen und Innovationen ist technisch möglich, finanzierbar und politisch lösbar.

III. Die Gier und eine fragile Finanzarchitektur

Ein ebenso zentrales Thema der Globalisierung wie die Energie-, Wasser- und Rohstoffversorgung ist das Geschehen innerhalb des internationalen Finanzsystems. Es ist ein besonderes Thema des Globalisierungsmanagements. Spannt man den Bogen von der Weltwirtschaftskrise Ende der 1920er Jahre über die Asienkrise in den 1990er Jahren bis hin zur europäischen Verschuldungs- und Währungskrise der 2000er Jahre wird deutlich, wie existenziell dieses System und seine Verflechtungen für den Einzelnen, für Familien, für Unternehmen, Staaten und für ganze Gesellschaften sind. Die Verfassung des Bankensektors und der Kreditwirtschaft, das Vertrauen in eine solide und nachhaltige Finanzwirtschaft, die Güte der Wirtschafts- und Finanzpolitik und die psychologische Konstitution der Marktteilnehmer strahlen in jeden privaten, unternehmerischen oder staatlichen Haushalt aus. Auch wenn man den Beginn der neuen Globalisierung mit dem Ende des Ost-West-Konflikts verbindet, ist die Verfassung der Weltwirtschaft und seines Finanzsystems aufgrund der historischen Entwicklung bereits seit Anfang des 20. Jahrhunderts ein wesentlicher Pfeiler der Globalisierung. Dabei verschlingen sich bis in die Gegenwart vielfältige Aktionsebenen und Handlungsfelder.

Innerhalb des Bankensektors sind dies:

- die Kreditvergabe;
- das Wertpapiergeschäft;
- die Verbindung von Investmentbanking und Privatkundengeschäft;
- das Intrabankensystem der wechselseitigen Liquiditätsversorgung;
- das bankeninterne Liquiditätsmanagement und die Eigenkapitalvorhaltung.

Für die Wirtschafts- und Finanzpolitik der Nationalstaaten und der EU sind dies:

- Die Entscheidung für eine eher angebots- oder eher nachfrageorientierte Wirtschaftspolitik, oder für eine zeitgemäße Mixtur beider Konzepte;

- die Geld-, Zins- und Kreditpolitik;
- der Grad des nationalen oder regionalen Protektionismus';
- die Liquiditätspolitik;
- die Fiskalpolitik;
- die Banken- und Finanzaufsicht.

Es geht also – vereinfacht gesagt – darum, wie das monetäre Herz-Kreislauf-System der Wirtschaft national, regional und international zuverlässig funktioniert. Welche Geldmenge ist auf dem Markt und wer erhält Kredite zu welchen Konditionen? Wie sehen die Sicherheiten auf den Kreditmärkten aus und wie vermeidet man im Krisenfall Liquiditätsengpässe, Panik, ›Bank Runs‹ und massenhafte Insolvenzen? Welche Art von Wirtschaftspolitik stabilisiert und belebt das Finanzsystem, und welches Finanzsystem vitalisiert die Wirtschaft? Wie bekämpft man Inflation und Deflation und wie werden so Wirtschaftswachstum, Beschäftigung und Prosperität realisiert? Wie ist das Verhältnis von Finanz- und Realwirtschaft austariert und wie sieht eine nachhaltige Wirtschafts- und Finanzpolitik zukünftig systemisch und strategisch aus? Wie sieht die Funktion in einheitlichen Währungsräumen mit unterschiedlichen Wirtschafts- und Fiskalpolitiken und der unterschiedlichen Ausstattung der sozialen Systeme aus? Und wie wird schließlich das internationale Finanzsystem organisiert? ›Geld regiert die Welt‹, und in keinem Kontext wurde dies so deutlich, wie in der zurückliegenden 100jährigen Geschichte der Weltwirtschaft und ihres ›Herz-Kreislauf-Systems‹ des internationalen Finanzsystems.

Im Rahmen der Regeln und Praktiken des globalen Finanzsystems und seiner finanzpolitischen Regulierung sind diese Fragen nicht nur von technischer Natur. Sie haben eine fundamentale Bedeutung für den Zustand einer Volkswirtschaft und der Weltwirtschaft und somit eine hohe politische Aufladung (Anderson/Godby 2014). In den 2000er Jahren hat sich erneut gezeigt, wie Überkonsum und Unterfinanzierung, Liquiditätsknappheit, falsche Politik und nicht zuletzt die habgierige Natur des ›Homo Oeconomicus‹ wieder zu einem Kollaps der Weltwirtschaft hätten führen können, so wie 1929/1930 im Rahmen der ersten Weltwirtschaftskrise. Was also bedeutet in diesem Kontext die These von der allumfassenden Globalisierung heute? Determinieren der vor einem Jahrhundert eingeschlagene Entwicklungspfad des globalen Finanzkapitalismus und die Philosophie des ›Homo Oeconomicus‹ heute noch die aktuelle Situation?

1. Die Ursachen der grossen Krisen seit der Depression 1929/1930

Werfen wir einen Blick auf die Entwicklungen in der Vergangenheit und dann auf die letzten zehn Jahre und folgen so dem finanztechnischen und finanzpolitischen Entwicklungspfad der Weltwirtschaft bis in die Gegenwart und Zukunft.

Die Wirtschafts-, Verschuldungs- und Bankenkrisen des 20. und 21. Jahrhunderts folgten dem Charakter des kapitalistischen Systems

Die Ursachen der großen Krisen sind gleich. Das Zusammenwirken ihrer einzelnen Faktoren aber variiert, ebenso wie ihre Konsequenzen. Ihre Phänomenologie wurde finanztechnisch und wirtschaftspolitisch im Zeitverlauf der Globalisierung unterschiedlich interpretiert. Und die Reaktionen darauf fielen deshalb wirtschaftlich und wirtschaftspolitisch unterschiedlich aus. Die Weltwirtschaftskrise von 1929/1930 war der erste große Flächenbrand der sich vage abzeichnenden neuen Globalisierung. Gezündet wurde er durch das eigendynamische Zusammenspiel systemischer Marktmechanismen und zweifelhafter wirtschafts- und finanzpolitischen Reaktionen. Hinzu kamen die Gemütslagen und Verhaltensweisen der einzelnen Menschen, Unternehmen und Institutionen, die investierend, konsumierend oder spekulierend am Marktgeschehen beteiligt waren. Dies bezieht die Verhaltensweisen aller Akteure auf den Marktplätzen als Merkmal der Krisenentwicklung mit ein, wobei die Psychologie des Marktes immer eine Rolle gespielt hat und spielen wird. Spekulationen sind Wetten auf die Zukunft. Ihre Grundlagen sind Kalkulationen, die sowohl emotional als auch rational fundiert sind. Inflation (Preisanstieg) und Deflation (Preisverfall) werden zum Problem, wenn massenhafte Erwartungen an die Preisentwicklung zu gesamtwirtschaftlich ungesunden oder gar pathologischen Verhaltensformen der Wirtschaftssubjekte führen. Dies können im ersten Fall ›Bank Runs‹ sein, die der Wirtschaft die nötige Liquidität entziehen (Inflation), oder Investitionshemmungen, die angesichts der Erwartung von fallenden Preisen in eine Rezension oder Depression einmünden. Die Psychologie der Märkte war auch in den 1990er und 2000 Jahren von großer Bedeutung. Der Rahmen für diese Gemengelage waren und sind dabei die grundlegenden Spielregeln der Existenzformung und -sicherung im kapitalistischen System, das über die Form der erwerbswirtschaftlichen Ordnung, die Bildung von Kapital, die Wertschöpfung und Einkommensbildung, den Kapitalgewinn und Arbeitslohn, die Preisbildung und Kreditfunktion, die Konstruktion der Weltwirtschaft sowie die ordnende und lenkende Wirkung der Wirtschafts- und Finanzpolitik seine Gesetzmäßigkeiten entfaltet (Hofmann 1969; Altmann 2009; Mankiw/Taylor 2012).

Die Psychologie der Finanzmärkte ist um ein vielfaches stärker als die Realität der Wirtschaftsleistungen

Der Wirtschaftshistoriker Charles P. Kindleberger hat in den 1970er Jahren ein Modell entwickelt, das den typischen Ablauf einer Finanzkrise auf der Grundlage des marktwirtschaftlichen Verhaltens der Akteure im Kapitalismus des 20. Jahrhunderts aufzeigt. Aufgrund einer wirtschaftlich guten Konjunktur und vorhandener Liquidität fließt aufgrund der Erwartungen von hohen Gewinnmitnahmen in einer ersten Phase reichlich Geld in bestimmte Vermögenswerte (etwa Aktien, Metalle, Immobilien, Technologie). Die Preise für diese Vermögenswerte steigen. Aufgrund der Preisentwicklung wird im Rahmen von gut genährten Gewinnphantasien in einer zweiten Phase eine Spekulationswelle ausgelöst, die zu einem weiteren Preisanstieg dieser Vermögenswerte führt. Eine Spirale von steigender Nachfrage und steigenden Preisen kommt in Gang und eine Preisblase entsteht. Ermöglicht wird dies durch eine Ausweitung der Gelder, die zum Kauf der Vermögenswerte zwischen den verschiedenen Marktteilnehmern zirkulieren. Nicht wenige Marktakteure verschulden sich, um möglichst an dieser Hausse positiv zu partizipieren und hohe Spekulationsgewinne aufgrund der Preisspirale realisieren zu können.

Die Erwartungen werden dann zwangsweise irgendwann nicht mehr erfüllt, weil die Phantasie der Spekulation mit der Realität nicht mehr in Übereinstimmung zu bringen ist. In der dritten Phase platzt die Preisblase. Die enttäuschten Erwartungen der Marktakteure führen zu Verunsicherung, Preisverlusten auf den Märkten und zu ersten (Panik-)Verkäufen oder Substitutionen auf anderen Märkten. Gleichzeitig wird es kritisch, wenn Gewinnerwartungen nicht eintreffen, die Verbindlichkeiten für das Spekulationsgeschäft aber bedient werden müssen. Marktakteure versuchen, durch den Verkauf von anderen Vermögenswerten ihre Verschuldung zu reduzieren was dann gründlich misslingt, wenn der Preis für bereits erworbene Vermögenwerte ebenfalls sinkt. Immer mehr Marktakteure geraten dabei in Zahlungsschwierigkeiten oder werden vollends insolvent. Auch die Realwirtschaft kommt aufgrund des Einbruchs der Nachfrage unter Druck. Ohne versicherungswirtschaftliche oder staatliche Absicherung entsteht die Gefahr des ›Bank Runs‹, also eine Situation, dass die Anleger ihr Geld panikartig aus den Finanzinstituten abziehen. Kommt es dann auf den Gütermärkten zu einem Rückgang des Preisniveaus (Deflation), geraten in der gesamten Wirtschaft viele Schuldner durch den gleich bleibenden Schuldendienst in Zahlungsschwierigkeiten: die Wirtschaft gerät durch eine ausbleibende Nachfrage in eine Depression, die Wirtschaftsleistung schrumpft, Arbeitslosigkeit steigt, die geistige und physische Gesundheit vieler Menschen wird leidend (Kindleberger 1996: 11ff.).

Dieses Modell zeigt die grundlegenden Wirkungsmechanismen der Finanzkrisen anschaulich auf. Diese waren im 20. und Anfang des 21. Jahrhunderts relevant, relativierten sich dann aber in den unterschiedlichen Krisenzeiträumen aufgrund der veränderten Reaktionsmöglichkeiten des Finanzsystems und der sich ändernden Konstitution bzw. Regulierung der nationalen Finanzmärkte. Mit Blick auf die Eurokrise spielen veränderte institutionelle Rahmenbedingungen, ein neuer Markt und ein verändertes Marktverhalten vermehrter Marktakteure sowie zeitgenössische Spielregeln im ›Sandkasten der Investments und Spekulationen‹ eine entscheidende Rolle.

Der Zynismus und die Skrupellosigkeit der Finanzwelt sind abgrundtief

Hierbei sind auch Abgründe oder Skrupellosigkeiten der internationalen Finanzwelt von großer Bedeutung. So berichtet der ehemalige Investmentbanker Rainer Voss in einer Dokumentation des deutsch-französischen Fernsehsenders ARTE am 17. Juni 2014 ungeschminkt über die Denkweisen eines abgeschotteten Systems und offenbarte beängstigende Innenperspektiven einer größenwahnsinnigen Parallelwelt, die von Habgier, Allmachtphantasie und Zynismus geprägt war und ist.[1] Selbst Josef Ackermann, einst mächtiger ›Boss‹ der Deutschen Bank, räumte 2014 in einem Gespräch mit der deutschen Wirtschaftstageszeitung Handelsblatt ein, dass das Boni-System seines Hauses seinerzeit jeden Bezug zur Realität verloren hatte und völlig überzogen war.[2] In den Jahren vor der großen Finanzkrise seien mit Blick auf verantwortungsvolles Handeln auch in der Deutschen Bank alle moralischen Grundsätze über Bord geworfen worden, ein allgemeiner Umstand im Verhalten von Bankern und Finanzinvestoren, der sich auch bis nach Hollywood durchfraß und mit dem Film »The Wolf of Wall Street« von Regisseur Martin Scorsese und mit Leonardo DiCaprio eine spektakuläre Veranschaulichung erfuhr.[3] Und auch Greg Smith, Investmentbanker bei Goldman Sachs erklärte 2012 seine Kündigung bei der Bank mit dem unglaublichen Zynismus und der Korruption seiner Gilde (Smith 2012).

Das Problem ist, dass das Investmentbanking nicht vom Privatkundengeschäft abgekoppelt worden ist

Im Rahmen einer Analyse des Frankfurter Sozialphilosophen Bernhard Emunds trugen das gigantische Spekulationspotenzial und die ›außerirdi-

1 | Vgl. »Der Banker – Master of the Universe auf www.arte.tv/guide/de/048858-000/der-banker-master-of-the-universe, aufgerufen am 23. Juni 2014.

2 | Vgl. Handelsblatt vom 2. Oktober 2014.

3 | Es handelt sich dabei um die Verfilmung der wahren Geschichte von Jordan Belfort, einem gierigen Broker, der an der Börse mit Millionen jonglierte und sowohl sich, Kunden als auch Mitarbeiter in den totalen Ruin trieb.

schen‹ Gewinnmöglichkeiten an den Finanz- und Aktienmärkten in den 1980er und 1990er Jahren in den USA, Japan, Europa und den Schwellenländern zu einem Bedeutungszuwachs der Wertpapiermärkte bei. Nach anglo-amerikanischem Vorbild entwickelte sich schnell ein bedeutendes Investmentbanking, das nicht von den Geschäftsbanken getrennt betrieben wurde und national wenig reguliert war. Mit verschachtelten Unternehmenskonstruktionen dienten diese nicht getrennten Bankenbereiche auch dazu, Eigenkapitalvorschriften zu umgehen. So konnten die Banken ihre Geschäftsfelder ausweiten und höhere Risiken eingehen, als es der Entwicklung ihres Eigenkapitals eigentlich entsprochen hätte. Daraus entstand im Bankensektor eine neue Gesamtkonstellation der Finanzwirtschaft. Einerseits ermöglichten die Geschäftsbanken mit ihrer ›normalen‹ Kreditvergabe die schnelle Expansion des Investmentbankings, die Zunahme der Vielfalt auf den Wertpapier- und Immobilienmärkten sowie den Anstieg der Preise; andererseits bahnten die Investmentbanker mit ihren explodierenden Finanzinnovationen und Derivaten den Geschäftsbanken den Weg für eine starke Expansion ihrer Kreditvergabe! (Emunds 2009: 12). Eine entscheidende Rolle spielten dabei Derivate als Hebel für bereits gehebelte Finanzprodukte. Und das Casino der Weltfinanz hatte dabei praktisch Tag und Nacht geöffnet.

Das vollendete Risiko dieser Entwicklung waren dann eine ›Verbriefung der Risiken‹ (securitization) und Umgehung der ›prudentiellen Regulierung‹. Das erste meint den Verkauf gebündelter Forderungen von Banken an Kreditnehmer an andere Finanzinstitute (welche diese günstig erwerben, die Forderungen gegenüber den Schuldnern geltend machen und mit den erkauften Zinsen wiederum im Finanzmarkt investieren können) und das zweite eine permanente Umgehung der Regulierungen der Finanzaufsicht durch immer neue Finanzinnovationen, welche durch bestehende Regulierungsvorschriften bisher nicht erfasst wurden (ebd.: 13f.).[4] Das letztere führte zu einem Wettlauf zwischen ›Regulierern‹ und ›Regulierten‹, welche die ›Regulierer‹ nicht gewinnen konnten, den die ›Regulierten‹ also immer gewannen, schließlich aber mit dem Zusammenbruch des Systems zu bezahlen hatten. Zynischer Weise traten dann zur Rettung die ›Regulierer‹ wieder auf den Plan und bestätigten die hässliche Parole: Gewinne der Banken werden privatisiert, ihre Verluste aber sozialisiert. Ein wichtiger Aspekt spielte dabei eine große Rolle: die fehlende Haftung der agierenden Banker. Sie wurden nur dann beruflich und juristisch zur Rechenschaft gezogen, wenn sie jenseits ihrer Vollmacht Fremdkapital investierten oder kriminell im Rahmen von Betrug oder Veruntreuung agierten.

4 | http://www.ethik-und-gesellschaft.de/EuG-2-2009_Emunds.pdf, aufgerufen am 23. Oktober 2015.

2. Die Eurokrise als multiple Krise

Vor diesem komplexen Hintergrund ist die Eurokrise eine multiple Krise, die Aspekte einer Staatsschuldenkrise und einer Privatschuldenkrise, einer Bankenkrise sowie einer Wirtschafts- und Währungskrise zu einem Gesamtbild performte. Insofern muss die Eurokrise prinzipiell von verharmlosenden, simplifizierenden oder dramatisierenden Deutungen abgegrenzt werden (ebd.: 2). Hierbei ist die Rolle und Bedeutung von einzelnen Aspekten oder Akteuren von Land zu Land unterschiedlich und zudem strittig.

Die Eurokrise wurde zunächst als Währungskrise interpretiert, weil eine anschwellende staatliche und private Kreditaufnahme zu einem Anstieg der Inflation in den krisenbeteiligten Ländern geführt hat. Dies hatte Auswirkungen auf den nationalen Stellenwert des Euro in den südeuropäischen Krisenländern und schließlich auch auf die Schwierigkeiten der Rekapitalisierung auf dem Markt der staatlichen Schuldverschreibungen, der in den Krisenländern immer höhere Renditeerwartungen seitens seiner Gläubiger erschuf – mit der Folge exorbitanter Zinsen für Staatsanleihen, welche den zukünftigen Schuldendienst der Krisenländer zusätzlich erschwerte. Dies bezog sich im Zeitverlauf auf Irland und Griechenland, Portugal, Zypern, Slowenien und schließlich auch auf Spanien. Selbst Frankreich wurde vom Strudel der Entwicklung erfasst. Die Krise zeigte somit eine südeuropäische Schieflage und damit, mit Ausnahme von Irland, ein europäisches Nord-Süd-Gefälle der wirtschaftlichen Performance in der EU auf.

Makroökonomische Ungleichgewichte und der institutionelle Charakter der Eurozone als Ursachen der Eurokrise

Auf der einen Seite verursachten Leistungsbilanzdefizite dieser Länder makroökonomische Ungleichgewichte. Die Leistungsbilanz eines Landes zeigt auf, wie das Verhältnis von exportierten und importierten Gütern und Dienstleistungen ist. Werden in einem Jahr mehr Güter und Dienstleistungen importiert als exportiert, ist die Leistungsbilanz negativ – der Wert der einheimischen Währung sinkt und die Zahlungsbilanz des Landes färbt sich rot. Vor der europäischen Währungsunion konnten die negativ bilanzierten Länder durch Abwertungen ihrer Währungen solche Effekte kompensieren. Damit stabilisierten sie ihre Wettbewerbsfähigkeit durch Abwertungen der eigenen Währung und stimulierten über eine Zunahme der Nachfrage nach heimischen Gütern und Dienstleistungen die Nachfrage im eigenen Land. Dieses Schwert der Geldpolitik wurde mit der Währungsunion stumpf. Deshalb griff Wettbewerbspolitik und Finanzpolitik am ehesten mit den Instrumenten der Fiskalpolitik, die ein untergeordneter Bereich der Finanzpolitik eines Landes ist.

Insofern fußt die Eurokrise auch auf den institutionellen Eigenschaften der Eurozone, die den autonomen Einsatz eines Landes durch eine eigenständige Geld- und Wechselkurspolitik nicht mehr zuließ. Damit verzichteten die Teilnehmerländer der Währungsunion auf die Möglichkeit, durch eine kompetitive Währungsabwertung ihre Wettbewerbsfähigkeit zu erhalten oder zu verbessern. Es blieben nur noch fiskalpolitische Instrumente. Damit beeinflussten die Krisenländer durch die Erhöhung von Steuern und Abgaben die Wettbewerbsfähigkeit der eigenen Wirtschaft. Dies bedeutete, dass in diesen Ländern aufgrund des Wegfalls der ursprünglichen Wechselkursunsicherheit die Inflation stieg und die Zinsen am Kapitalmarkt sanken. Dies verursachte ein überoptimistisches Kreditaufnahmeverhalten, das im Rahmen eines unzulänglich beaufsichtigten Bankensystems zu Wirtschaftsblasen insbesondere auf den Immobilienmärkten führte. Die »Bubble Economy« kam auf die Welt. Das Verhältnis der Aktien-, Renten-, Gold-, Silber-, Platin und Devisenmärkten wurde durch kurzfristig starke Angebots- und Nachfrageschwankungen geprägt. Das Platzen von Blasen auf den Immobilien-, Güter- oder Kapitalmärkten löste Bankenrettungen und Konjunkturprogramme aus, da ein gesunder Wirtschaftskreislauf durch massenhafte Insolvenzen, aufkommende Arbeitslosigkeit und Liquiditätsengpässe in den Krisenländern gestört wurde.

Dies wiederum belastete die Staatshaushalte, die nicht mehr den Weg der Geldpolitik gehen konnten, sondern fiskalische Maßnahmen einsetzen mussten und so eine ›kalte‹ Inflation im eigenen Lande durch Steuererhöhungen und Einsparungen in dem Staatshaushalt bewirkten und eine Deflation riskierten. Und dies wiederum setzte die Krisenländer dann auch in der Beschäftigungs- und Sozialpolitik unter Druck, da der Staat existenzielle Alimentationsleistungen für eine zunehmend notleidende Bevölkerung nicht mehr einsetzen konnte. Mit der Eurokrise verwirklichte sich so ein negatives Szenario, wie es seit Beginn der Währungsunion als mögliche Fehlentwicklung von der Volkswirtschaftslehre prognostiziert, aber damals eher als theoretische ›Fingerübung‹ abgetan worden ist.

Die Gier der Banken und der Finanzwirtschaft ist grenzenlos

Ursächlich für die Eurokrise gilt die Finanzkrise ab 2007, die als globale Banken- und Finanzkrise ab dem Sommer 2007 mit der amerikanischen Immobilienkrise (Subprimekrise) ihren Anfang nahm. Sie begann als Folge eines aufgeblähten Immobilienmarktes in den USA und seiner leichtfertigen und unseriösen Finanzierung. Aufgrund der Verflechtungen des internationalen Kreditmarktes und ähnlicher Entwicklungen in Europa wurde die Finanzkrise schnell zu einem gefährlichen Krebsgeschwür der Weltwirtschaft. In den USA wurde die Finanzkrise eng mit dem Platzen der ›New Economy‹ Anfang der 2000er Jahre assoziiert. Gegenüber dem notierten Börsenhöchstwert der

›Dotcoms‹ am 10. März 2000 – mit dem kumulierten Kurswert von 234 Milliarden Euro – verbrannten bei einer rasanten Talfahrt der Börsenkurse bis Anfang Mai 2001 knapp ein Drittel, das sind 73 Milliarden Euro, an Kapital (Hickel 2001). Als die Dotcom-Blase platzte, brachte die US-Notenbank Geld zu niedrigen Kreditraten auf den Markt, um die Finanzmärkte zu beruhigen und neue Anlagemöglichkeiten zu erleichtern. Das billige Geld führte zu einer Ausweitung der Kreditvergabe zunehmend auch an Kunden mit geringer Bonität (Subprime-Kredite), was den Konsum im Lande auf Kreditbasis insbesondere im Immobilienmarkt zunächst stimulierte.

Die Finanzkrise wurde dadurch ausgelöst, dass die jahrelang steigenden Immobilienpreise in den USA, die sich zu einer Immobilienblase entwickelt hatten, stagnierten und gebietsweise fielen. Bei steigenden Kreditzinsen und fallenden Wiederverkaufswerten konnten viele Kreditnehmer ihre Kreditschuld nicht begleichen. Und sie konnten Verluste ihrer Sachwerte nicht durch Verkauf derselben kompensieren. Eine sowohl private wie auch gewerbliche Insolvenzwelle war die Folge, welche die Banken mit erheblichen Verlusten und Abschreibungen konfrontierte. Zuvor waren die Kreditrisiken in Wertpapieren gebündelt (Verbriefung) und weltweit gehandelt worden. Die Spekulation mit Kreditderivaten hatte die Investitionsrisiken zusätzlich potenziert. Die verbrieften Immobilienkredite waren zunächst von Rating-Agenturen als ›mit geringem Risiko behaftet‹ bewertet worden – im Verlauf der Immobilienkrise wurden die Papiere jedoch zunehmend schlechter taxiert. Mehrere große amerikanische Finanzunternehmen, die entweder direkt oder indirekt über die Verbriefung auf dem Immobiliensektor aktiv waren, mussten im Zuge der Krise Insolvenz anmelden oder von der Regierung gerettet werden (Lehman Brothers [Insolvenz], Merrill Lynch, AIG, Bear Stearns, Fannie Mae, Freddie Mac [gerettet]).

Unkontrollierbare Kurseinbrüche an den globalen Aktienmärkten verschärften die Krise und der Interbankenmarkt kam aufgrund von massiven Liquiditätsängsten der Institute weltweit nahezu vollständig zum Erliegen. Betroffen davon waren auch deutsche Investitions- und Landeszentralbanken. Die Hypo Real Estate in München war eines der prominentesten Beispiele für eine Investmentgesellschaft, die letztlich nur über öffentliche Stützen gerettet werden konnte. Die Verknappung der Liquidität von Banken und die allgemeine Verunsicherung führten letztlich auch zu einem Überspringen der Krise auf die Realwirtschaft.[5] Die Infektion führte dann über eine Banken- und Staatsschuldenkrise über privatwirtschaftliche Insolvenzen zu der Befürch-

5 | Vgl. www.bpb.de/nachschlagen/zahlen-und-fakten/globalisierung/52584/finanz-und-wirtschaftskrise, aufgerufen 3. April 2014.

tung eines Kollaps' des europäischen Währungssystems und einer möglichen Insolvenz mehrerer Staaten in der Eurozone.[6]

Die Interpretation des Geschehens als Zwillingskrise traf den Punkt

In der Folge kam die zaghaft aber nunmehr vielseitig akzeptierte Interpretation einer ›Zwillingskrise‹ auf. Die Finanzkrise führte global zu einer erhöhten Risikobewertung von Investments, von dem schließlich auch der Markt für Staatsanleihen betroffen wurde. Nach dem Platzen der Immobilienblase mussten aufwendige Bankenrettungsprogramme durch Staaten aufgelegt werden. Privatschulden wurden plötzlich Staatsschulden. Dies zeigte in Deutschland der Fall der Hypo Real Estate in München drastisch auf.

Steigende Staatsschulden verringerten in diesem Mechanismus den Wert staatlich emittierter Papiere. Für Staaten mit schwacher Bonität und mittleren Ratingergebnissen seitens der internationalen Ratingagenturen kam eine Abwärtsspirale bei der Investitionsbereitschaft von Geldanlegern in Gang. Um attraktive Anleihen begeben zu können, stiegen die Zinsversprechungen der staatlichen Schuldverschreibungen bei sinkendem Investitionsinteresse deshalb stark an. Die verringerte Liquidität der Kreditanstalten bedingte einen Rückgang der Kreditvergabe, was die Wirtschaftsleistung und so auch die Steuereinnahmen der Länder negativ zu beeinflussen begann. Aufgrund der vitalen Bedeutung der Refinanzierung auf den internationalen Finanzmärkten kamen sofort Repressalien in den Sozialsystemen der betroffenen Staaten auf. Mit der folgenden Austeritätspolitik der Länder begann der Abstieg in die Rezension und Schattenwirtschaft. Betroffen davon waren insbesondere Griechenland und Spanien.

Unterschiedliche Ausgangslage krisenbeteiligter Länder und variierende Interpretationen der Folgen

Im Fall von Griechenland wurde vor diesem Hintergrund die Entwicklung der Staatsverschuldung und eine grenzenlose bürokratische Schlamperei ins Zentrum der Erklärungsversuche gerückt. Schuldenstand und Budgetdefizit des Staates bewegten sich schon im Vorfeld der Krise auf hohem Niveau und überstiegen die Toleranzgrenze der Maastricht-Kriterien von weit mehr als 60 Prozent des Bruttoinlandproduktes um ein Vielfaches. Hinzu kamen der Umfang der Schattenwirtschaft von über 25 Prozent des Bruttoinlandsprodukts, Steuerflucht und Korruption. Griechenland hatte das marodeste Staats- und

---

6 | Dies betraf zunächst Griechenland, Portugal und Irland, dann Zypern, Spanien und Italien, und auch Frankreich, Malta oder Kroatien wurden als Problemfälle von den Ratingagenturen gelistet.

Sozialsystem Europas. Der Vorsitzende des Auswärtigen Ausschusses im Europaparlament, Elmar Brook, sprach von einer anarchischen Struktur der griechischen Staatsverwaltung und erinnerte daran, dass bereits beim Eintritt in den Euroraum Griechenland extrem geschönte Zahlen mit Blick auf die Stabilität der Wirtschaft und die Bonität des Staats abgeliefert hatte.[7]

In Irland und Spanien war die Situation anders. Beide Länder erfüllten die Stabilitätskriterien des Euro-Stabilitätspakts. Allerdings waren die irische und spanische Wirtschaft durch eine hohe Verschuldung der privaten Haushalte gekennzeichnet, die sich besonders dann auf dem Immobilienmarkt als kritisch auszuwirken begann, als Verbindlichkeiten insbesondere im Immobiliensektor nicht mehr bedient werden konnten und sowohl die Nachfrage als auch das Angebot massiv einbrachen. In der Folge führten Preiseinbrüche und Forderungsverluste zu Insolvenzen, Notverkäufen und Entlassungen im Bausektor, was massiv auf die gesamte Volkswirtschaft durchschlug. Die realwirtschaftlichen Implikationen zeigten sich darin, dass mit der Immobilienkrise gleichzeitig eine Bankenkrise einherging. Es kam zu Refinanzierungsproblemen im Finanzsektor und zu einem Rückgang der Kreditvergabe. In Portugal spielte eine erhebliche Nettoauslandsverschuldung nach Einführung des Euro eine entscheidende Rolle. Auch hier waren die Verschuldung der privaten Haushalte und die Kettenreaktionen auf den Kapitalmärkten bei einer gleichzeitig unbefriedigenden Produktivität der portugiesischen Wirtschaft bemerkenswert. In Italien war schließlich die extreme Staatsverschuldung schuld daran, dass das Land im Rahmen einer schwachen Wirtschaftsleistung und mit einem aufgeblähten öffentlichen Sektor in die Krise geriet.

Angesichts der unterschiedlichen Bedingungen und Auswirkungen der Eurokrise und verschiedenen Perspektiven der Interpreten fallen die Bewertungen hinsichtlich ihrer Ursachen und der Konsequenzen naturgemäß differenziert und je nach Interessenlage oder ideologischem Standpunkt politisch kontrovers aus. Hierbei gibt es Meinungsverschiedenheiten hinsichtlich der Hauptgründe und Rangfolge der Entwicklungen.[8] Auf der einen Seite werden die Refinanzierungsprobleme der Krisenstaaten als Resultat ihrer exorbitanten staatlichen Verschuldung als Hauptproblem und Brandbeschleuniger der Krise gesehen (Pagano 2012; Heinemann 2012). Aus diesem Blickwinkel heraus ist die Eurokrise vornehmlich eine Staatsschuldenkrise. Kritische Stimmen hielten dagegen, dass der Begriff der Staatsschuldenkrise verschleiere, dass es in erster Linie eine Krise der Finanzwirtschaft und der Banken sei, da diese sich in Spekulationen statt im Kerngeschäft einer soliden Kreditfinanzierung der Realwirtschaft verausgabt habe (Bofinger 2011). Die Schuldzuschreibung geht damit deutlich vom Staat über an die kapitalistische Finanzwirtschaft,

7 | Elmar Brook in der Sendung der ARD »Anne Will« am 8. Juli 2015.

8 | Vgl. http://de.wikipedia.org/wiki/Eurokrise, aufgerufen 10. April 2014.

die sich ruinös und völlig rücksichtslos verhalten habe. Paul Krugmann und andere wiederum verweisen darauf, dass der eigentliche Auslöser der Eurokrise die Finanzkrise 2007 und eine Kette von sich selbst erfüllenden negativen Prognosen gewesen seien (Krugman 2012). In Irland und Spanien habe es vor der Krise einen Haushaltsüberschuss (Irland) oder nur geringe Staatschulden gegeben (Spanien). Betrachte man die GIIPS-Staaten (Griechenland, Irland, Italien, Portugal und Spanien) im Aggregat, nahm die Staatsschuldenquote bis zum Ausbruch der Eurokrise gemäß den Vorgaben der Maastricht-Kriterien sogar ab.[9]

Die große Bedeutung, die der Refinanzierung von Staaten auf dem internationalen Kapitalmarkt beigemessen wurde, wird durchaus auf ›self-fullfilling-prophecies‹ zurückgeführt. Das hieß und heißt, dass sich die Refinanzierungssituation eines Landes durch die Erwartung, das Land könne zukünftig nicht oder nur mit großer Mühe seinen Verbindlichkeiten nachkommen, schnell verschlechtert, was dann alsbald zur Realität wird. Das gefühlte Risiko der Eurokrise hat demnach dazu geführt, dass auch geringere Verschuldungsstände alleine aus psychologischen Gründen signifikante Auswirkungen auf Zahlungsfähigkeiten gehabt haben, weil die Bereitschaft sank, trotz sagenhafter Renditeversprechungen in unsichere Staatsanleihen zu investieren. Hierbei war dann im Ergebnis der Beurteilungen die ›gefühlte‹ Verschuldung der öffentlichen Haushalte und die Angst vor späteren Renditeausfällen primär an den Krisen in den einzelnen Ländern schuld.

Die Krise provozierte eine höchst nervöse Interaktivität verschiedenster Akteure und Institutionen

Im Gefolge der multiplen Krise mussten schnell wirksame Gegenmaßnahmen ergriffen werden. Dies erforderte ein globales Konzert, in dem die zentralen institutionellen Akteure des Weltfinanzsystems orchestriert werden mussten. Auf nationaler Ebene waren die Kreditinstitute und die Finanzbürokratie im Zuge der Lehman Bank-Insolvenz 2008 gefordert. Es galt fiskalische Maßnahmen zu beschließen und umzusetzen. Banken mussten gerettet oder abgewickelt werden. Auf internationaler Ebene mussten die Maßnahmen der nationalen Zentralbanken, der EZB und des IWF koordiniert werden. Theoretisch stand der Welt eine Massenpanik bevor. Soziale Errungenschaften und die zum Teil mühselig angesparten Vermögen vieler Menschen standen zur Disposition. Es war also kein Wunder, dass grassierende Ängste vor einer neuerlichen Weltwirtschaftskrise wie in den 1920er Jahren entstanden. Insbesondere in Deutschland wog die Angst vor Inflation und Massenarbeitslosigkeit schwer, die das Land wirtschaftlich und politisch schon einmal schwer

9 | Vgl. ebd.

erschüttert hatten. Auch hier waren Entwicklungen in den USA mit dafür verantwortlich, dass Deutschland und Europa in die Rezession abrutschten.

Das Trauma die Weltwirtschaftskrise 1929/1930 als allgegenwärtiges Gespenst der Gegenwart

Zwischen der Weltwirtschaftskrise 1929/1930 und der gegenwärtigen Finanzkrise gibt es vielerlei Parallelen. Das einigende Band waren Überkonsum und reale Unterfinanzierung und fehlende Kriseninterventionsmechanismen. In den 1920er Jahren kam es in den USA zu einer deutlichen Ausweitung der Konsumgüterproduktion und der landwirtschaftlichen Produktion. Gleichzeitig bestand eine ungleiche Vermögensverteilung und eine starke Konsumneigung. Die Expansion der Konsumgüterproduktion beruhte zu einem großen Teil darauf, dass viele Bürger einen Teil ihres Konsums über Kredite finanzierten. Während die Kredite für Konsumzwecke in den USA 1919 nur 100 Millionen US-$ betrugen, stieg dieser Anteil bis 1929 auf über 7 Milliarden US-$ an.[10] Parallel dazu hatte sich ein Spekulationsfieber an der amerikanischen Börse ausgebreitet. Auf dieser Basis wurden insbesondere von unprofessionellen Akteuren auf dem Finanzparkett Transaktionen über Kredite finanziert. Breite und meist unerfahrene Gesellschaftsschichten nahmen plötzlich auf den Kursverlauf von Wertpapieren Einfluss (›Dienstmädchenhausse‹). Die Zahl launiger und nervöser Akteure im System stieg an. Sobald sich eine Baisse an den Börsen abzeichnete, zogen viele Anleger ihr Geld zurück. Am 24. Oktober 1929 wurden über 16 Millionen Aktien an der New Yorker Börse verkauft. Es war der ›schwarze Freitag‹ mit dem der weltweite Börsenkrach begann. Seine Schockwellen breiteten sich schnell in Amerika, in Europa und dann auch weltweit aus.

Das Vertrauen in die Wirtschaft schwand. Banken vergaben Kredite vorsichtiger, Unternehmen drosselten ihre Produktion und entließen Personal. Die Konsumenten waren erschrocken und hielten ihr Geld zusammen. Viele Banken hatten zu leichtfertig Zinsen vergeben und fielen in Insolvenz. Dies wurde durch ›Bank-Runs‹ verstärkt, in deren Folge ein Drittel aller Banken liquidiert werden mussten. Die Menschen zogen massenhaft ihr Kapital aus den Bankhäusern heraus und legten es unter die Matratze. Dies führte zu einer Kreditknappheit, welche es erschwerte, Kredite zu vergeben oder zu verlängern. In der Realwirtschaft führte dies zu Masseninsolvenzen. Durch die Bankenkrise wurde die Giralgeldschöpfung der Banken erheblich gestört[11] und

10 | http://de.wikipedia.org/wiki/Weltwirtschaftskrise, aufgerufen am 8. April 2014.

11 | Durch die Giralgeldschöpfung (oder Buchgeldschöpfung) entsteht Giralgeld, ein abgeleitetes (derivates) Geld, in Form von Sichteinlagen bei Banken, über das theoretisch jederzeit verfügt werden kann. Neben der Hauptquelle der Geldschöpfung in Banken, der das Bankensystem erodierte. Auch hier war eine Bankenkrise ein Teil des Problems. Dadurch wurde es für die Wirtschaftssubjekte schwieriger, Kredite für Investitionen und Konsum zu ergattern. Eine Abwärtsspirale begann, die in die große Depression führte. Auch in Europa wurden die goldenen 1920er Jahre über Kredite und ein naives Vertrauen in die Zukunft finanziert. Der wirtschaftliche Absturz der USA führte zu hohen Forderungen amerikanischer Banken, die auch in Europa und der Welt flächendeckend aktiv gewesen waren. Die USA forderten Geld zurück, da ihre Banken zahlungsunfähig waren. In Europa und anderen Staaten der Welt löste dieser Kreditrückzug die gleichen wirtschaftlichen Krisenerscheinungen wie in den USA aus. In der Kette dieser Ereignisse kam es zu Deflation, Massenarbeitslosigkeit und einem Rückgang des Welthandels durch Protektionismus.

Die große Depression Ende der 1920er und Anfang der 1930er Jahre löste umfassende Reaktionen aus. Staaten begannen, massiv in das Marktgeschehen regulierend einzugreifen. In den USA und in Skandinavien fand eine Hinwendung zum Sozialstaat und einer sozialen Marktwirtschaft statt. Erste Reformansätze in den USA wurden Anfang der 1930er Jahre durch Präsident Franklin D. Roosevelt mit dem sozio-ökonomischen Konzept des ›New Deal‹ umgesetzt. Dies war eine staatliche Innovation großer Art. Sie realisierte wachsende öffentliche Investitionen, die durch eine Schuldenaufnahme finanziert wurden (Deficit Spending). Viele Staaten koppelten ihre Währungen vom Golddevisenstandart ab, um ihre Währungsreserven zu erhalten. In der Nationalökonomie fand ein gravierender Paradigmenwechsel statt. Die geltende klassische Wirtschaftstheorie wurde vom Keynesianismus abgelöst, der – nach dem amerikanischen Ökonom John Maynard Keynes benannt – stärkere staatliche Eingriffe im Markt forderte und die Nachfrage als bestimmendes Element der Volkswirtschaft gegenüber dem Angebot in den Vordergrund stellte.

Der Keynesianismus war eine nachhaltige intellektuelle Reaktion auf die Weltwirtschaftskrise und bestimmt auch heute noch den Disput um den Umgang mit den systemischen Eigenarten des Kapitalismus (Hansen 1959; Wilke 2012). In Deutschland wurde versucht, die Währung durch eine spezielle Austeritätspolitik zu schützen, die eine staatliche Haushaltspolitik betrieb, welche einen ausgeglichenen Staatshaushalt ohne Neuverschuldung anstrebte. Die Entbehrungen, welche die Austeritätspolitik der Bevölkerung auferlegte, und weitere spezifische sozio-ökonomische und historische Aspekte führten in Deutschland dann zu einer Radikalisierung der Politik und einer Polarisie-

Kreditgewährung, ist das Giralgeld Teil des Eigenkapitals einer Bank, was für die Liquiditätsbewertung wichtig ist. Alle Währungs- und Wirtschaftskrisen seit der Weltwirtschaftskrise haben gezeigt, dass Liquiditätsengpässe einen erheblichen Anteil an den krisenhaften Entwicklungen hatten.

rung des öffentlichen Raums, was den Aufstieg des Nationalsozialismus und Adolf Hitlers entscheidend mitbegünstigte.

Das Beispiel der Weltwirtschaftskrise von 1929/1930 zeigt einen gnadenlosen Kettenreaktionscharakter ausgehend von den ökonomischen Gesetzmäßigkeiten des damaligen Kapitalismus auf. Die Auswirkungen nationaler Entwicklungen und ihre Ausstrahlung auf die Weltwirtschaft waren beispiellos. Die Weltwirtschaftskrise hat darüber hinaus auch die diffizile Konstruktion des Kapitalismus mit seinen kulturanthropologischen Antrieben und spezifischen ökonomischen Wirkungsweisen offenbart. Die Versprechen und Möglichkeiten des Kapitalismus trieben die Gier des Homo Oeconomicus' an und führten zu einer folgenschweren Psychologie der Masse. Die wie fiebrig agierende Finanzwirtschaft, die gravierenden Konsequenzen für die Realwirtschaft und die unterschiedlich agierende Wirtschaftspolitik führten zum desaströsen Ende eines als golden erachteten Zeitalters und zum Anfang einer großen Depression. Mit Blick darauf entstanden erfahrungsgesättigte Befürchtungen bei der Eurokrise, die eben nicht nur eine Währungs- oder Wirtschaftskrise gewesen ist, sondern auch nervöse Erwartungen an die wirtschaftlichen und politischen Reaktionen in den einzelnen Ländern und Regionen hervorriefen. So trieben nicht nur die nackten ökonomischen Daten, sondern auch das historische Gedächtnis in der Eurokrise umfangreiche Reaktionen auf nationaler, regionaler und globaler Ebene an, wobei die Eurokrise im Zusammenwirken von IWF, Europäischer Kommission und Europäischer Zentralbank (EZB) ein global aufgestelltes Krisenmanagement erforderte und fand. Weltweite Reaktionen auf die Weltwirtschaftskrise 1929/1930 bestanden in der paradigmatischen Aufgabe des Goldstandards. In den USA wurde mit dem ›New Deal‹ erstmals ein Sozialstaat begründet, der seinen Namen verdiente; in vielen Ländern wurde der bestehende Sozialstaat verstärkt oder konsolidiert. In vielen Staaten wurde gleichzeitig durch eine Finanzmarktaufsicht und eine Bankenregulierung die Regulierung und Kontrolle der Wirtschaft verstärkt. Eine große globale Anstrengung aber gab es nicht und konnte es aufgrund des vollständigen Fehlens einer regulatorischen Global Governance auch nicht geben.

Alles dies steht auch im Rahmen der Eurokrise für die 2010er Jahre auf dem Programm – dieses Mal allerdings nicht nur national, sondern auch auf der supranationalen Ebene der Europäischen Union und einer globalen ›Governance‹. Und in Begleitung einer ungleich besseren finanzwissenschaftlichen Deutungskraft und internationalen Datenlage als bisher. Alles dies allerdings änderte nichts daran, dass das nationale und supranationale Krisenmanagement für viele Menschen schmerzhaft und ein Kraftakt sondergleichen war.

Das Posttrauma der Asienkrise in den 1990er Jahren

Viele Ökonomen und Politiker haben gedacht, die Ursachen der Weltwirtschaftskrise verstanden zu haben und eine ähnliche Entwicklung für die Zukunft ausschließen zu können. Die Entwicklung der Weltwirtschaft im 20. Jahrhundert belehrte sie eines anderen. Vor der Eurokrise Ende der 2000er und Mitte der 2010er Jahre hat die »Asienkrise« gezeigt, dass erneut eine unnatürliche Expansion auf den Kreditmärkten Asiens zum spekulativen Ankauf von Aktien und Immobilien führte. Infolge der Liberalisierung der Finanzsektoren asiatischer Staaten entstand in den 1990er Jahren ein Kreditboom in Asien. Das Wachstum des Kreditvolumens lag in dieser Zeit im Durchschnitt bei 8 bis zehn Prozent über den Wachstumsraten des BIP. Es entstanden nicht nur industrielle Überkapazitäten wie in Südkorea, sondern ein immer größerer Teil der Kredite wurde zum Kauf von Aktien und Immobilien eingesetzt. Die Folge war ein Anstieg der Aktienmärkte und ein starkes Ansteigen der Immobilienpreise um das bis zu Vierfache. Mit den steigenden Immobilien- und Aktienpreisen glaubten die asiatischen Banken gute Sicherheiten zu haben, was zu weiteren Kreditvergaben führte. Dieses Kapital floss wiederum in Aktien und Immobilien. Durch die daraus resultierenden Preissteigerungen entstand in einigen Bereichen eine spekulative Blase. Dieser Teufelskreis aus Kreditvergabe und gestiegenem Wert der Sicherheiten hatte eine stark einseitige Ausrichtung der Kreditvergabe zur Folge. Ende 1997 lag der Anteil der durch Immobilien besicherten Kredite in Thailand, Indonesien und Malaysia zwischen 25 und 40 Prozent. Dies machte die Banken gegenüber Preisrückgängen am Aktien- und Immobilienmarkt verwundbar.[12] Betrachtet man alleine diese drei Länder, so ist die Anzahl von etwa 340 Millionen Wirtschaftssubjekten beachtlich und deren Finanzgebaren für die internationale Kreditwirtschaft sicher nicht bedeutungslos.[13]

Die Preise auf den Aktienmärkten und Immobilienmärkten explodierten, wobei in diesem Fall viele Geschäfte in Fremdwährung abgeschlossen oder besichert wurden. Und wieder führten Kettenreaktionen auf den internationalen Devisenmärkten dazu, dass aufgrund von fehlenden Risikoabsicherungen auf den internationalen Devisenmärkten plötzlich Verbindlichkeiten im Kreditgeschäft aufliefen, die aufgrund der internationalen Währungsentwicklung schwieriger zu bedienen waren. Als der US-$ Mitte der 1990er Jahre gegenüber dem japanischen Yen, den europäischen Währungen und dem chinesischen Renminbi an Wert gewann, stiegen die lokalen Währungen in realer Rechnung an, was zu einer Verschlechterung der internationalen Wett-

---

12 | Vgl. http://de.wikipedia.org/wiki/Asienkrise, aufgerufen am 10. August 2016.

13 | Hinzu kamen dann als betroffene Länder auch noch die Philippinen, Südkorea und Singapur.

bewerbsfähigkeit, verlangsamten Exporten und somit zu einem Leistungsbilanzdefizit führte.

Umfangreiches Krisenmanagement der Europäischen Union und ihrer Mitgliedstaaten

In den einzelnen Krisenstaaten wurde heftig auf die Eurokrise reagiert. Drei Beispiele sollen dies kurz illustrieren: Spanien, Zypern und Griechenland.

In Spanien gab es insbesondere eine Krise der privaten Kreditverschreibungen

Mit der Finanzkrise 2007 platzte 2008 in Spanien eine gigantische Immobilienblase. Die spanische Wirtschaft geriet in eine Rezension, die Arbeitslosigkeit stieg dramatisch an. Die sozialistische Politik der Regierung Zapatero reagierte Anfang 2008 mit einem ersten Versuch, die Konjunktur mit einem Konjunkturprogramm anzukurbeln und der Arbeitslosigkeit entgegenzuwirken. Dabei verfolgte das Regime keine Austeritäts-, sondern eine keynesianische Nachfragepolitik. Es folgte der historische Plan E (Plan Espanol para el Estimulo de la Economie y Empleo – Spanischer Plan zur Anregung der Wirtschaft und Beschäftigung), dass das größte Konjunkturprogramm innerhalb der EU war. Dies beseitigte die strukturellen Probleme der spanischen Wirtschaft nicht, verhinderte aber eine dramatische Zunahme der Binnenkrise in Spanien. Aufgrund der Vergrößerung des Haushaltsdefizits und der Staatsschulden in Spanien schwenkte das Land auf ein beispielloses Austeritätsprogramm für die Zeit von 2010 bis 2013 um. Madrid hob die Mehrwertsteuer von 16 auf 18 Prozent an; die Kapitalertragssteuer für Gewinne von mehr als 6.000 Euro stieg von 18 auf 21 Prozent.[14] Haushaltskürzungen von 50 Milliarden Euro und die Steuererhöhungen sollten das Budgetdefizit Spaniens bis 2011 auf sechs Prozent des Bruttoinlandsproduktes verringern. Die Haushaltskürzungen wogen dabei für die spanische Bevölkerung schwer. Staatliche Investitionen wurden gekürzt, die Gehälter der Beschäftigten im öffentlichen Dienst wurden um 5 Prozent gekürzt, 13.000 Stellen entfielen dort. Die Geburtsprämie von 2.500 Euro entfiel ab 2011. Die Renten wurden nicht automatisch erhöht, die Frühverrentung wurde erschwert und im Gesundheitswesen wurden niedrigere Preise für Medikamente avisiert.

14 | Vgl. http://de.wikipedia.org/wiki/Eurokrise, aufgerufen 11. April 2014.

Zypern hatte massive staatliche Refinanzierungsprobleme und eine zu starke Konzentration auf die Bereiche Tourismus und Immobilien

Zypern wurde als erstes Euro-Land zum Lackmustest der Stabilität des Eurosystems. Die kleine Mittelmeerinsel hatte große Haushaltsprobleme und eine überbordende Staatsverschuldung. Im Rahmen der Refinanzierungsproblematik des staatlichen Haushaltes an den internationalen Kapitalmärkten baten die zyprische Laiki Bank und die Bank of Zyprus die Eurozone um Hilfe, nach dem sie Verluste von zusammen 4,5 Milliarden Euro machten. Daraufhin teilte die Regierung mit, dass sie Hilfen in Höhe von rund 17 Milliarden Euro benötigte. Die EU-Troika verlangte daraufhin einen drastischen Sparkurs und teilte der Regierung mit, dass sie Zypern mit zehn Milliarden Euro unterstützen wolle. Die Differenz musste das Land selbst aufbringen. Zypern entschloss sich für eine Abgabe auf Bankeinlagen, die 5,8 Milliarden Euro bringen sollten. Mit dieser Perspektive eröffnete sich Anfang 2013 erstmals die Möglichkeit, dass nicht nur ausländische Gläubiger zur Kasse gebeten werden, sondern die Anleger der Banken selbst. Zypern kündigte so an, das Rettungspacket zugunsten der Kleinanleger neu zu verhandeln. Guthaben von weniger als 100.000 Euro sollten unangetastet bleiben. Um den Bank-Run zu vermeiden blieben die Banken vorerst geschlossen. Das Ergebnis der Rettungsaktion der Insulaner war eine Enteignung der großen Vermögen, sofern sich diese durch Kapitalflucht nicht dem Zugriff des zyprischen Staates bereits entzogen hatten. Das Land ordnete sich den Sanierungsplänen der Troika unter und das zyprische Parlament stimmte ersten Elementen eines neuen nationalen Rettungsplans zu, darunter einem Gesetz zur Bankensanierung und der Einrichtung eines nationalen Solidaritätsfonds. Kapitalverkehrskontrollen blieben und auch eine Limitierung des täglichen Abflusses von Bargeld an den Geldkonten der Banken. Vermögende Bankkunden mussten sich an der Rettung des Finanzsystems beteiligen. Diese Entwicklung machte klar, dass sich kein internationaler Geldgeber und auch die Troika alleine nicht an der Sanierung des zyprischen Sorgenkindes beteiligen. Dies war damals eigentlich ein Menetekel mit Blick auf Griechenland und erweckte Sorgen anderer südeuropäischer EU-Mitgliedstaaten, die Mitglied im Euro sind.[15]

---

15 | Vgl. www.wiwo.de/politik/europa/euro-krisenland-zypern-kuendigt-grosse-schritte-an/9765564.html, und www.brandeins.de/archiv/2014/vertrauen/zypern-enteignung-bank-of-cyprus-laiki-bank, aufgerufen am 6. Juli 2015.

In Griechenland herrschte ein marodes Verwaltungssystem, eine chaotische Steuererhebung, Schwarzarbeit und eine katastrophale Refinanzierungspolitik des griechischen Staats

Auch in Griechenland war die Situation dramatisch. Das Land war im Rahmen einer abenteuerlichen Odyssee durch die europäisch Union seit seinem umstrittenen Beitritt zur Währungsunion von der Staatspleite bedroht. Im Rahmen seiner Haushalts- und Staatschuldenkrise drohte die Zahlungsunfähigkeit des Landes. Nach der Diagnose der griechischen Lage stellten IWF, Europäische Kommission und Europäische Zentralbank ein umfangreiches Hilfsprogramm auf, dass griechische Maßnahmen mit internationalen Maßnahmen zu einem Gesamtpacket zur Vermeidung der staatlichen Insolvenz und zur Rettung der Mitgliedschaft im europäischen Währungssystem verband. Ein Schuldenschnitt verringerte die griechische Schuldenlast um über 100 Milliarden Euro. Durch eine Neubewertung griechischer Staatsanleihen verloren private und institutionelle Gläubiger über 50 Prozent ihrer Forderungen und mussten niedrigere Zinssätze für ihre Papiere hinnehmen.

Gleichzeitig verabschiedete das griechische Parlament zwischen 2010 und 2013 insgesamt sechs Sparpakte, welche insgesamt eine ausgeprägte Austeritätspolitik und damit eine Rosskur für das sozio-ökonomische System Griechenlands einleiteten: Erhöhung der Mehrwertsteuer, Einsparung von Verwaltungsausgaben, Einfrieren bzw. Senkung der Beamtengehälter, Anhebung des durchschnittlichen Rentenalters, Erhöhung der Vermögensteuer, Reform der Sozial- und Gesundheitssysteme und Privatisierung von Staatsbetrieben. Hinzu kamen eine Reduzierung der Militärausgaben und eine Bekämpfung der Korruption und Schattenwirtschaft. Nach Schätzungen des Ökonomen Friedrich Schneider erreichte die griechische Schattenwirtschaft bereits 2009 einen Umfang von 25 Prozent des Bruttoinlandprodukts, etwa elf Prozent mehr als der OECD- und 5 Prozentpunkte mehr als der EU-27 Durchschnitt. Auch durch Steuerflucht entstanden dem griechischen Staat insbesondere im Rahmen der GREXIT-Problematik erhebliche Zahlungsausfälle, welche auf etwa 15 Prozent des griechischen Bruttoinlandproduktes beziffert wurden. In einer Umfrage der EU gaben 98 Prozent der befragten Griechen an, Korruption sei ein erhebliches Problem in ihrem Land. Der von Transparency International herausgegebene globale Korruptionswahrnehmungsindex verortete das Land 2009 mit einem Durchschnittswert von 3,8 von 10 (10 = am wenigsten Korruption) auf Rang 71, im Jahr 2012 auf Platz 94.[16] Die Anfang 2015 neu gewählte griechische Regierung unter Ministerpräsident Alexis Tsipras erwies sich dann im Laufe der ersten sechs Monate ihrer Amtszeit als organisatorisch unfähig und politisch unwillig, die Staatsverschuldungskrise durch eine inter-

16 | Vgl. https://de.wikipedia.org/wiki/Eurokrise, aufgerufen am 8. Juli 2015.

national abgestimmte Krisenpolitik zu überwinden, wobei der irrlichternde griechische Finanzminister Yanis Varoufakis eine zunehmend irritierende Rolle in den Verhandlungen zwischen der Troika und der griechischen Regierung spielte.[17] Im Rahmen einer nationalen Volksabstimmung stimmte die griechische Bevölkerung mit einem ›OXI‹ (Nein) für die von den ›Institutionen‹ verlangte Reformpolitik. Und löste somit eine weitere politische Lawine innerhalb der Eurokrise aus.

Erst nach dramatischen Verhandlungen der Griechen mit der EU-Kommission, dem Internationalen Währungsfonds und der Europäischen Zentralbank lenkte die griechische Regierung ein. Alexis Tsipras beugte sich dem Unvermeidlichen, da der Schäuble-Plan eines ›GREXIT auf Zeit‹ oder der unkontrollierte Bankrott des Landes noch höhere wirtschaftliche, soziale und politische Kosten verursacht hätte als ein Einschwenken auf eine neuerliche Konsolidierungspolitik. Im Ergebnis musste der Staat nun Renten kürzen, die Frühverrentung langfristig aufheben, die Mehrwertsteuer erhöhen und Staatsbesitz privatisieren.

Im Ergebnis entstand ein sich dramatisch zuspitzendes Konfliktfeld zwischen nördlicher und südlicher Peripherie in Europa

Alle drei Fälle zeigen exemplarisch die nationalen Eigenheiten der Krise, aber auch die jeweiligen Anstrengungen und Maßnahmen auf, um die Eurokrise binnenwirtschaftlich und innenpolitisch zu lösen. Ein ähnliches Bild ergab sich für Italien, Slowenien oder die Slowakei und das Baltikum. Gleichzeitig waren sie eingebettet in ein europäisches und globales Krisenmanagement, das sich auch der Refinanzierungsmöglichkeiten auf den internationalen Finanzmärkten bedienen konnte – zu handelsüblichen Konditionen. Mit Blick auf die Möglichkeit staatlicher Insolvenzen und das Auseinanderfallen der Eurozone wurde das Krisenmanagement ein wichtiges ›glokales‹ Projekt, das eine Akteurskonstellation nationaler, europäischer und internationaler Art schuf. Eine Troika aus Europäischer Kommission, Europäischer Zentralbank und IWF koordinierte dabei die finanziellen Hilfsmaßnahmen für die Krisenländer. Dies wurde pro Land mit unterschiedlichen Auflagen verknüpft, die zum Teil als Zumutung in diesen Ländern empfunden wurden, die allerdings keine Alternativen hatten. Im Zeitverlauf setzten sich hier Vorstellungen hinsichtlich der Notwendigkeit einer strikten Austeritätspolitik durch, die national umgesetzt werden mussten.

---

17 | Was er im Rahmen eines Interviews mit dem amerikanischen Fernsehsender CNN Mitte Juli 2015 auch mit der Bemerkung, er habe Fehler gegenüber den ›Institutionen‹ gemacht, einräumte.

Dafür setzte die EU europäische Stabilitätsmechanismen ein und sie setzte eine Vertrauensbildung vor dem Hintergrund harter Fakten in Gang. Angesichts der dramatischen Verschuldungssituation in den Krisenländern und mit Sensibilität hinsichtlich der politischen Sprengkraft radikaler Prozesse drehte die Troika ›das große Rad‹. Dabei setzte sie auch (allerdings nur in Griechenland) das Instrument des Schuldenerlasses (Haircut) ein, der nicht nur inländische Anleger betraf, sondern auch die vielfältigen Shareholder auf der ganzen Welt. Dabei haben die Gläubiger auf 50 Prozent ihrer Forderungen verzichten müssen und mussten zusätzlich eine schlechtere Verzinsung ihrer Staatsanleihen akzeptieren. Effektiv bedeutete dies für die Inhaber solcher Schuldverschreibungen ein Verlust von bis zu 75 Prozent. Doch damit war die Krise nicht vorbei und im Ergebnis führte die Situation durch die Wahlen 2014 zu einem komplizierten Wechsel in der politischen Führung des Landes, die mit der Wahl von Alexis Tsipras zum griechischen Ministerpräsidenten und der Bildung einer Koalition der extremen Linken und der extremen Rechten zu einer weiteren Verschärfung der europäischen Krise führte.

3. Eine geballte Reaktion der Europäischen Union

Nationale Maßnahmen wurden durch ein beispielloses Krisenmanagement der Europäischen Union flankiert. Mit der Gründung des Euro-Rettungsschirms (ERS) wurden Maßnahmen der EU und der Mitgliedstaaten der Eurozone zur Sicherung der finanziellen Stabilität im Euro-Währungsgebiet gebündelt. Dazu gehörten die Gründung des europäischen Finanzierungsstabilisierungsmechanismus (EFSM), der Europäischen Finanzstabilisierungsfazilität und des Europäischen Stabilitätsmechanismus (ESM), der Europäische Fiskalpakt, bilaterale Kredite und der Ankauf von Staatsanleihen gefährdeter Staaten durch die EZB. Hinzu kamen Kreditvergaben des Internationalen Währungsfonds (IWF) und die Politik der europäischen Zentralbank (EZB), die zunehmend – und stark kritisiert – Investoren ihre unsicheren Staatsanleihen abkauften, um damit weitere Insolvenzen abzuwehren. Zudem stellten die EU und der IWF den Schuldenstaaten Notkredite und Notbürgschaften zur Verfügung. So sollten drohende Staatsinsolvenzen aufgrund von Liquiditätsengpässen vermieden und kurzfristig die finanzielle Stabilität im Euroraum gesichert werden. Alles dies zeigte zu dieser Zeit, wir dramatisch die Situation insgesamt war.

Die europäische Rettungssystematik ist ein wirtschaftspolitisches Novum in der Geschichte der Europäischen Union. Wenngleich bereits in der Gründungs- und Umsetzungsphase der Währungsunion nach dem Maastrichter Vertrag wirtschaftswissenschaftlich vor einem Ungleichgewicht in der finanzpolitischen und wirtschaftspolitischen Konstruktion gewarnt wurde, trat diese Problematik mit der Eurokrise tatsächlich auf, ohne dass man darauf wirklich vorbereitet gewesen war. Das sehr aufwendige Krisenmanagement ist damit die improvisierte Antwort auf das strategische wirtschaftspolitische Defizit des europäischen Währungssystems. Deshalb wurde im Rahmen der Eurokrise auch der Stabilitäts- und Wachstumspakt der EU 2011 reformiert. Der sogenannte »Sixpack« sieht strengere Vorgaben zur Haushaltsdisziplin in den EU-Staaten vor, inklusive automatischer Strafen in Milliardenhöhe für Defizitsünder und Volkswirtschaften mit starken Leistungsbilanzdefiziten oder -überschüssen (letzteres führte in Deutschland 2012/2013 angesichts der extremen Exportüberschüsse zu einem Problem). Am 30. Januar 2012 beschlossen 25 Staaten der EU einen Europäischen Fiskalpakt mit strengen Obergrenzen für die Staatsverschuldung als Selbstverpflichtung. Die Selbstverpflichtung besteht darin, dass die 25 EU-Staaten sich gegenseitig versprechen, diese sogenannte »Schuldenbremse« im nationalen Recht, möglichst in der Verfassung, zu verankern.

Das Drei-Säulen-Modell der EU zur Bankenaufsicht wird sich noch bewähren müssen

Insgesamt reagierte die EU mit der Installation eines Drei-Säulen-Modells: Die erste Säule ist eine europaweite Bankenaufsicht, die zweite eine einheitliche Bankenabwicklungsmechanismus und die dritte Säule eine europäische Einlagensicherung. Die gemeinsame Bankenaufsicht soll eine neue Finanzkrise verhindern; der Abwicklungsmechanismus wurde konzipiert als Instrument gegen das Abhängigkeitsverhältnis zwischen den Regierungen und ihren Banken und die dritte Säule soll den GAU eines jeden kapitalistischen Wirtschaftssystems verhüten: den ›Bank-Run‹.

Die EZB verließ den ihr begrenzten Auftrag der europäischen Geldpolitik und mischte in unerwarteter Weise fiskalpolitisch mit

Hinzu kamen Maßnahmen der Europäischen Zentralbank. Die EZB stimmte sich im europäischen Krisenmanagement mit der amerikanischen Notenbank FED und anderen Notenbanken in der Liquiditätspolitik eng ab. Hier agierte ein globales Regime der Globalisierung, wie es in der Weltwirtschaftskrise 1929/1930 gar nicht möglich gewesen wäre. Dieses Regime stellte mit Blick auf die amerikanische Finanzkrise seit 2007 massenhaft Liquidität insbesondere auf dem US-$-Markt her. Die EZB kaufte staatliche und private Anleihen auf dem Sekundärmarkt auf, auch wenn diese »toxisch«, also hinsichtlich ihres Wertes verseucht waren (Securities Markets Programme, SMP, später das Programm Outright Monetary Transactions, OMT). Umgesetzt wurden diese Maßnahmen durch eine sensible Zinspolitik. Zwischen 2009 und 2013 variierte der Leitzins der EZB zwischen 1,25 Prozent und 0,25 Prozent. Unter Inflationsgesichtspunkten und im Konzert mit der FED verfolgte die europäische Finanzpolitik zur Vermeidung einer Deflation eine Politik des billigen Geldes und akzeptierte im übrigen trotz schwacher Bonität einzelner Krisenländer unsichere Garantien.

Mit Blick auf die Weltwirtschaftskrise 1929/30 verfolgten die Zentralbanken eine expansive Geldpolitik der es zu verdanken war, dass die schwere Rezession in den 2010er Jahren überwunden werden konnte und realisierten so ein differenziertes neo-keynesianisches Konzept, das in den USA die Wirtschaftshistorikerin und Obama-Beraterin Christina Romer als Vorsitzende seines ökonomischen Beraterteams (›Council of Economic Advisers‹) wissenschaftlich verordnet hatte.[18] Ende 2013/Anfang 2014 zeichnete sich im Rahmen dieses komplexen globalen Politikansatzes eine Entspannung der Eurokrise ab. Mit Basel III (Eigenkapitalvorschriften der Banken im Euroraum), dem Aufbau einer europäischen Bankenaufsicht, dem Bankenabwicklungsregime und der europäischen Einlagensicherung setzte die Europäische Union den Konsolidierungskurs fort.

Hinsichtlich der Entwicklung seit 1929/1930 bis in die Gegenwart komme ich also auf die entscheidende Ausgangsfrage zurück: wurde mit der Entwicklung der Weltwirtschaft und des internationalen Finanzsystems Anfang des 20. Jahrhunderts ein Entwicklungspfad eingeschlagen, der sich im Rahmen institutioneller und konstitutioneller Entscheidungen für bestimmte Funktionsmechanismen des Systems sowie der Charaktereigenschaften des Menschen bis heute fortgesetzt hat? Oder unterbrechen die vielfältigen internationalen, regionalen und nationalen Interventionen – von der Bankenregulierung über die Rettungsfazilitäten bis hin zu einer energisch eingeforderten Haushaltsdisziplin der Staaten oder des Mehrebensystems der EU – diesen Pfad und führen sie Weltwirtschaft und Finanzsystem nun zu einem Zustand nachhaltiger Stabilität? Dies wird sich erst in den kommenden Jahren zeigen aber 2014 zeichnete sich ab, dass die große Depression Anfang des 21. Jahrhunderts abgewendet worden ist. Insofern war die Krise in den 2000er und 2010er Jahren eine Folge der finanzwirtschaftlichen Architektur des Kapitalismus; sie konnte aber aufgrund der institutionellen Verflechtung und der Konstruktion des Weltfinanzsystems anders gehandhabt werden. Selbst wenn die Eurokrise in den nächsten Jahren erfolgreich überwunden werden kann, werden andere Schocks und Blasen dennoch wieder das internationale Finanzsystem schockieren.

Ist dies nun also eine Atempause für das Weltwirtschaftssystems und seine internationale Finanzarchitektur oder aber brauen sich im Rahmen eines nicht

18 | Vgl. Christina Romer. Die Spezialistin für Krisen unter www.faz.net/aktuell/finanzen/wirtschaftshistorikerin-christina-romer-die-spezialistin-fuer-krisen-12966109.html, aufgerufen am 4. Juni 2014.

zähmbaren Finanzkapitalismus bereits die nächste Turbulenzen des internationalen Raubtierkapitalismus zusammen? Der Bonner Ökonom Martin Hellwig war Ende des Jahres 2013 diesbezüglich skeptisch. Er kritisierte insbesondere trotz Basel III die aus seiner Sicht zu geringe Eigenkapitalquote der Banken, die insbesondere systemrelevante Institute nicht wirklich zwinge, mit der ›Zockerei‹ aufzuhören. Bei ausdrücklicher Ausnahme des genossenschaftlich organisierten Bankenwesens monierte er, dass die meisten Geschäftsbanken kaum noch nennenswerte Gewinne erzielen könnten, ohne riskante Geschäfte durchzuführen. Die verabschiedete Lösung der Bankenaufsicht sei deshalb halbherzig, weil es keine europäische Abwicklungsinstanz gebe, die Banken im Ernstfall schließen würde. Die jetzigen Sanierungs- und Abwicklungsmechanismen seien im Falle einer wirklich schweren Krise nicht funktionsfähig[19] (Hellwig/Admati 2013).

2015 übernahm die EZB trotz vieler Unzulänglichkeiten planmäßig die Verantwortung

Mit dem Drei-Säulen-Modell der europaweiten Bankenaufsicht, dem einheitlichen Bankenabwicklungsmechanismus und der europäischen Einlagensicherung hat die EU zumindest für die europäische Ebene aber wenigstens klare Regeln für das Finanzsystem aufgestellt. Im Rahmen der Bankenaufsicht entwickelte die EZB Ende 2014 einen ›Banken-TÜV‹ und unterwirft die europäischen Banken seitdem einem ›Stress-Test‹, mit dem sie nach versteckten Risiken in den Bilanzen der größten europäischen Banken fahndet. Die meisten Banken bestanden den ersten Test. Im Rahmen der europäischen Bankenabwicklung ergab sich ein Kompromiss. Demnach werden anstatt der Steuerzahler die Gläubiger stärker zur Kasse gebeten werden. Einen ersten konkreten Fall gab es in Zypern, wo sich nach dem Crash der zwei wichtigsten Geldhäuser der Insel Gläubiger mit einem Guthaben von mehr als 100.000 EURO finanziell an der Abwicklung der Laiki Bank und der Rettung der Bank of Cyprus beteiligen mussten. Der europäische Einlagensicherungsfonds hingegen bleibt eher eine Deklaration, da die Mitgliedstaaten ihre eigenen Regelungen haben und ein einheitlicher Sicherungsfonds, in den alle europäischen Sparer einzahlen, am Widerstand vor allem der deutschen Sparkassen und Volksbanken gescheitert ist.[20] Insofern gibt es nun die europäische Bankenunion – auf dem Papier. Ob das neue Regime nachhaltigen Bestand hat, wird die Zukunft zeigen und zuletzt bleibt die Frage, ob das globale Finanzsystem nun eine wirklich globale Stütze im Zieldreieck von Wirtschaftswachstum, finanzwirt-

19 | Vgl. Süddeutsche Zeitung vom 15. Dezember 2014.

20 | Vgl. zum Beispiel www.tagesschau.de/wirtschaft/ezb-bankenaufsicht-101.html, aufgerufen am 4. November 2014.

schaftlicher Stabilität und sozio-ökologischer Nachhaltigkeit geworden ist. Mit den europäischen Rettungsfacillitäten und dem Drei-Säulen-Modell hat die EU die ›Finanzfeuerwehr‹ der Europäischen Union mit vielen neuen Feuerwehrwagen und höheren Löschkapazitäten ausgestattet; die Ursachen der Brände wurden damit aber nicht entschärft.

Die Konstruktion der Währungsunion blendete das Problem der eigentlich notwendigen Trennung der Geldpolitik (durch die Europäische Zentralbank und die nationalen Zentralbanken) und der Fiskalpolitik (also die Finanzierung der Staatshaushalte) aus

Die europäische Verschuldungsproblematik und die nachfolgenden Turbulenzen auf dem Währungssektor bekamen Anfang 2015 mit dem ›kleinen Detail‹ der Abkoppelung des Schweizer Franken vom bisher festgelegten Kurs des Euro einen weiteren Schub. Es wurde klar, dass die europäische Währungsunion ohne eine Wirtschaftsunion fast schon fahrlässig konstruiert worden ist. Mühsam haben die europäischen Staaten seit 2007 versucht, die Eurozone mit den oben genannten Maßnahmen zu stabilisieren. Was seit 1992 im Ton oft unsachlich und aggressiv von Seiten der Volkswirtschaftslehre und einzelnen Ökonomen am Konstrukt der Währungsunion moniert worden ist, hat die EU schließlich Ende der 2000er Jahre als handfestes Problem eingeholt. Die Kapitalisierung einzelner Staatshaushalte seitens der Europäischen Zentralbank war die Notbremse, von der niemand gehofft hatte, dass sie jemals gezogen werden musste. Dies war jenseits des eigentlichen Auftrags der Bank der Beleg dafür, dass die Fiskalpolitik in den 1990er Jahren in den Aufgabenbereich der EZB zum Teil überführt worden ist. Mit dem massenhaften Stabilisierungsprogramm der Bank durch den Kauf von Staatsanleihen Ende 2014 wurde dieser Konstruktionsfehler dann offensichtlich – paradoxerweise aber später hilfreich.

Die vertragliche Konstruktion der Währungsunion begründete den Nukleus einer Fiskalunion – theoretisch jedenfalls und bislang ohne Konsequenzen

Konterkariert wurde damit die Konstruktion des Euro im Maastrichter Vertrag, der klare Ziele zur Höhe der 60-Prozent-Verschuldungsgrenze im Verhältnis zum jährlichen Gesamtetat eines Staates und zur Neuverschuldung eines Mitglieds der Eurozone von maximal drei Prozent formuliert hatte und im übrigen eine No-Bail-Out-Klausel vorsah und im Falle der fehlenden Haushaltsdisziplin im Rahmen eines Stabilitätspaktes die Möglichkeit von finanziellen Sanktionen vorsah. Die No-Bail-Out-Klausel ist die Nichtbeistandsklausel des Maastrichter Vertrags. Sie besagt, dass ein EU-Mitgliedstaat nicht für einen anderen Staat finanziell haften darf. Die Klausel bezeichnet eine fundamentale Regelung der Europäischen Wirtschafts- und Währungsunion. Sie schließt die Haftung der EU sowie der Mitgliedsstaaten für Verbindlichkeiten einzelner

Mitgliedsländer kategorisch aus. Als Teil des Vertrags von Maastricht wurde die Nichtbeistands-Klausel als Artikel 104b in den EG-Vertrag aufgenommen. Im Laufe verschiedener Vertragsreformen wurde die Klausel durch den Vertrag von Amsterdam zunächst in Artikel 103 EG-Vertrag und schließlich durch den Vertrag von Lissabon in Artikel 125 AEUV übertragen, der Wortlaut blieb jedoch weitgehend gleich. Durch die Ergänzung des Vertrags von Lissabon um einen Dritten Absatz zu Artikel 136, der die Schaffung eines Europäischen Stabilitätsmechanismus (ESM) ermöglicht, wurde die Nichtbeistands-Klausel eingeschränkt. Die Nichtbeistands-Klausel war konzipiert worden, um EU-Staaten zur Haushaltsdisziplin zu zwingen. Eigentlich war sie der Ersatz für eine Fiskalunion, die seinerzeit niemand politisch fordern wollte, die aber damals schon logische Ergänzung der Währungsunion gewesen wäre. Sie sollten nicht darauf hoffen können, bei unsolider Haushaltsführung später durch andere Mitgliedstaaten unterstützt zu werden Die Klausel ergänzt die im Stabilitäts- und Wachstumspakt festgeschriebenen Verschuldungsgrenzen, die ebenfalls eine unsolide Haushaltsführung verhindern sollen. Nach Artikel 122 und Artikel 143 AEU-Vertrag kann der Europäische Rat nach den vertraglichen Bestimmungen in bestimmten Notsituationen finanzielle Hilfsmaßnahmen für einzelne Mitgliedstaaten beschließen. Mit der Nichtbeistands-Klausel wird deutlich gemacht, dass dies nicht bei einem Staatsbankrott gilt. Damit sollte leichtfertigen Staatsverschuldungen auf Kosten anderer Mitglieder vorgebeugt werden.

Die Nichtbeistandsklausel ergänzt den Stabilitäts- und Wachstumspakt der EU, der Höchstgrenzen für die Verschuldung von Mitgliedstaaten festlegt. Um den Kauf von öffentlichen Schuldpapieren durch die Europäische Zentralbank und eine daraus folgende Inflation der gemeinsamen Währung zu vermeiden, verbietet Artikel 123 AEU-Vertrag den unmittelbaren Erwerb von Schuldtiteln der Mitgliedstaaten durch die Europäische Zentralbank. Genau dies aber war 2014/2015 die Strategie der Europäischen Zentralbank, um eine ausreichende Liquidität der Eurozone kurz- und mittelfristig weiter zu gewährleisten. Wenn früher Mitgliedsländer der EU also wirtschaftliche Probleme durch eine Abwertung der nationalen Währung und durch den Wegfall der Seigniorage-Gewinne[21] der jeweiligen Nationalbanken durch Auf- und Abwertungen von Währungen im Euroraum kompensieren konnten, war dies seit ihrem Beitritt in die Währungsunion nicht mehr möglich. Sie hatten nur die Wahl, durch

21 | Seignorage-Gewinne bezeichnen die Gewinne der nationalen Zentralbanken, welche die Banken durch die Ausgabe von Bargeld und den An- und Verkauf von Währungen aufgrund von Wechselkursentwicklungen macht. Die Deutsche Bundesbank erzielte in diesem System zu DM-Zeiten regelmäßig hohe Gewinne, die sie anschließend an das Finanzministerium überwies und den Bundeshaushalt somit nennenswert entlastete. In einer Währungsunion fallen diese Gewinne, die schließlich dem Staat zukommen, weitestgehend weg.

eine Anpassung ihrer Fiskalpolitik und damit ihrer Steuer- und Sozialpolitik wettbewerbsfähig zu bleiben oder zu werden – oder massive Probleme bei der Finanzierung ihrer Staatshaushalte durch die Ankoppelung an den Euro zu riskieren. Dabei war mit Blick auf Irland, Portugal, Spanien, Griechenland, Italien und später dann sogar Frankreich letzteres der Fall.

So erwies sich bis in die Mitte der 2010er Jahre die unklare Trennung von Geld- und Fiskalpolitik im Kern als das große Konstruktionsdefizit der europäischen Währungsunion. Volkswirtschaftlich vorsichtige Positionen warnten im Rahmen der währungspolitischen Debatte des Maastrichter Vertrags bereits vor 20 Jahren davor, die Währungsunion durch ungeeignete Mitglieder in eine artifizielle Problemzone zu verwandeln. Der heutige Chef der Schweizer Nationalbank Thomas Jordan, der 2015 die Abkoppelung des festgelegten Kurs` des Schweizer Franken zum Euro zu verantworten hatte, attestierte als junger Ökonom bereits früh einigen Staaten ihre Unfähigkeit zur Teilnahme an der Europäischen Wirtschaftsunion. Dazu zählten nach seiner Meinung damals Belgien, Irland, Italien, Portugal, Spanien und Griechenland.[22] Jordan und andere Ökonomen folgerten schon damals, dass eine Trennung von Geldpolitik und Staatshaushalten auf Dauer nicht aufrechterhalten werden könne.

4. Die Währungsunion und die Fiskalunion

Die These war und ist, dass die Währungsunion eine Fiskalbehörde brauche. Ansonsten brauche die Währungsunion eine expansive Geldpolitik, die nunmehr von der Europäischen Zentralbank tatsächlich umgesetzt wird. Auf Dauer wird dies nicht funktionieren und die Währungsunion wird deshalb früher oder später die Gründung einer europäischen Fiskalunion, einer entsprechenden Behörde und die Ernennung eines europäischen Finanzministers zur Folge haben müssen. Die deutsche Tageszeitung ›Die Welt‹ brachte diese Erfordernis unter dem Eindruck der GREXIT-Diskussion 2015 so auf den Punkt:

»Wenn die Eurozone eine Zukunft haben will, muss sie dringend neu gebaut werden – in Richtung einer gemeinsamen Haushalts- und Wirtschaftspolitik mit einem gemeinsamen Finanzminister. Das wäre das Ende des souveränen Staates im herkömmlichen Sinn. Es wäre eine Zumutung, eine stille Revolution [...] Die aufregenden Tippelschritte zur Rettung Griechenlands sollten nicht den Blick verstellen auf viel größere Sorgenkinder: Frankreich und Italien. Um diese Länder mit einer chronischen strukturellen Wachstumsschwäche und einer exorbitant hohen Verschuldung noch rechtzeitig zu disziplinieren, brauchen die Regierungschefs andere Instrumente als einen Stabilitätspakt voller Gummiparagraphen. Sie brauchen ein Europa, das endlich funktioniert«.[23]

22 | Vgl. Handelsblatt vom 27. Januar 2015.

23 | Vgl. »Dieses Europa ist eine Fehlkonstruktion«, in: Die Welt vom 20. März 2015.

Angesichts der asymmetrischen Risiken der expansiven Geldpolitik für einzelne Mitgliedsstaaten der EU wie Deutschland, Finnland, Luxemburg oder die Niederlande (Sinn 2013), muss dies nicht die schlechteste Lösung sein. Bestätigt wurde die Notwendigkeit von Reformen dann auch von einer hochkarätigen Expertengruppe, die die Bertelsmann Stiftung zur Diskussion dieser Problematik ins Leben gerufen hat.[24] Sie legte im Herbst 2016 ihren Abschlussbericht dazu vor und forderten darin eine Stärkung des Wirtschaftswachstums innerhalb der Währungsunion, ein Erste-Hilfe-Set für die Währungsunion, das Schwächen im Krisenmanagement und in der Koordinierung ausbessere sowie eine umfassende Risiko- und Souveränitätsteilung innerhalb der Eurozone. Dies ginge nur mit einer Weiterentwicklung des permanenten Europäischen Rettungsschirms (EMS) zu einem europäischen Währungsfonds unter parlamentarischer Kontrolle (Bertelsmann Stiftung/Jacques Delors Institut – Berlin/Institut Jacques Delors in Paris [Hg.] 2016).

Dabei muss eine strikte Austeritätspolitik der EU nicht das letzte Wort und auch keine in Beton gegossene Konzeption staatlicher Wirtschafts- und Finanzpolitik bis in alle Ewigkeit sein

Die Austeritätsphilosophie Deutschlands und der Troika und anderer EU-Mitgliedstaaten ist darüber hinaus nicht für alle Ewigkeit in Stein gemeißelt. Es scheint, dass diese Vorstellung insbesondere jene Staaten ängstigte, denen ein libertärer Keynesianismus mit einer eher offensiven Ausgabepolitik des Staates und der Stärkung der Nachfrageseite sowie einer Politik des billigen Geldes und eines interventionistischen Verhaltens der Europäischen Zentralbank eher am Herzen liegt als den Staaten, die auf ausgeglichene Haushalte, eine strikte Ausgabendisziplin und eine Gewährleistung der Wettbewerbsfähigkeit der Industrie auf der Angebotsseite sowie eine klare Trennung von europäischer Geld- und Haushaltspolitik setzen. Vielmehr liegt die Erwartung nahe, dass nach einer Zeit der staatlichen und privaten Konsolidierung mit harter Hand auch konjunkturfördernde Maßnahmen des Staates wieder Realität werden; die Verhandlung der Löhne und Arbeitsbedingungen in der Industriegesellschaft unterliegt in vielen Ländern ohnehin der Tarifautonomie der Tarifparteien und nicht der lenkenden Hand des Staats.

Selbstverständlich gehen die Meinungen hinsichtlich dieser grundlegenden Ausrichtungen nicht nur in der Politik, sondern auch der Ökonomie, auseinander. Dabei stimmt das Klischee nicht, dass der angelsächsische Raum stets billiges Geld und mehr staatliche Ausgaben favorisiert, um eine Wirtschaft aus der Krise zu bringen, und die Europäer die Hüter strenger Geld-

24 | Dazu gehörten Jörg Asmussen, Laurence Boone, Henrik Enderlein, Pascal Lamy, Philippe Maystadt, Maria Joao Rodrigues, Gertrude Tumpel-Gugerell, und António Vitorino.

und Finanzpolitik sind, die Austeritätspolitiker und Finanzminister unterstützen und auf höhere Zinsen und harte Einschnitte in staatliche Etats setzen. Auch wenn die medial weit verbreiteten Positionen des ehemaligen Ifo-Chefs Hans-Werner Sinn, des Bundesbankpräsidenten Jens Weidmann oder des Vorsitzenden des Sachverständigenrats Christoph Schmidt dies glauben machen: das Meinungsbild unter Deutschlands Experten ist da nicht eindeutig. Eine Umfrage von über 1.000 deutschen Ökonomen hat vielmehr ergeben, dass es eine eindeutige Haltung mit Blick auf die vermeintlich einheitliche Meinung in Deutschland gar nicht gibt. Die deutschen Ökonomen sind dabei sehr viel angelsächsischer in ihrem Denken als gedacht, Tendenz steigend. Dies ist das Ergebnis einer Umfrage, die das Internetportal Wirtschaftswunder im Auftrag der Süddeutschen Zeitung 2015 durchgeführt hat.[25]

Die Kritik amerikanischer Ökonomen an der deutschen Haltung, Krisenländer zu harten Kürzungen und Steuererhöhungen zu drängen, teilt immerhin jeder fünfte befragte deutsche Ökonom. Noch einmal ein Fünftel sagt, dass die Vorbehalte aus den USA und England berechtigt sind, Europa aber keine Wahl gehabt habe. Für durchweg richtig halten den offiziellen deutschen Kurs nur etwa zwölf Prozent der Befragten. Gestiegen ist in Deutschland auch der Anteil derjenigen die sagen, dass sich Staatsschulden nur abbauen lassen, wenn die Wirtschaft gut läuft, so wie es etwa der US-Ökonom Paul Krugmann fordert.[26] Dem stimmen mittlerweile 70 Prozent der deutschen Ökonomen zu. Das passt also nicht zur Lehre der Austerität, wonach Ausgaben gekürzt und Steuern erhöht werden müssen, unabhängig davon, wie die Wirtschaft gerade läuft.[27] Bei einem anderen zentralen Punkt gehen die Meinungen ebenfalls

---

25 | Vgl. http://neuewirtschaftswunder.de/2015/06/20/okonomen-umfrage-2015-amerika-im-sinn/, aufgerufen am 22. Juni 2015. Die Studie wurde vom Internetportal Wirtschaftswunder in Kooperation mit der deutschen Ökonomenvereinigung – dem Verein für Socialpolitik – erstellt und ausgewertet. Als Basis dieser Studie dienten zwei Vorgängerstudien der Financial Times Deutschland aus den Jahren 2006 und 2010, die wiederum auch Fragen aufgriffen, die bei einer deutschen Umfrage in den USA 1982 gestellt wurden. Geantwortet haben in der Zeit vom 28. April bis 27. Mai 2015 knapp ein Drittel der Mitglieder des Vereins, die vor allem an Universitäten, an Forschungsinstituten sowie bei Banken arbeiten.

26 | Wobei auch Krugman wiederum keinen ungezügelten Neoliberalismus der Wirtschaft will, so wie ihn etwa die ehemalige US-Regierung unter George W. Bush propagierte und in die Tat umgesetzt hatte (Krugman 2004).

27 | Wobei das Beispiel Deutschland zeigt, dass die deutsche Bundesregierung keineswegs eine reine Austeritätspolitik in der Krise betrieben hat, wie etwa die Unternehmensteuerreform 2008 bzw. die Beibehaltung des arbeitnehmerfreundlichen Ehegattensplitting im Einzelnen zeigt. Selbst die Erhöhung des Einkommensspitzensteuersatzes auf 45 Prozent 2007 betraf nur die sehr hohen Einkommen (ab 250.000 Jahreseinkommen) und stark auseinander, nämlich bei der Bewertung der Krisenstrategie der Notenbanken. Die strikten Haushälter und Hüter der Währung lehnen es ab, die Zinsen immer weiter zu senken oder Staatsanleihen zu kaufen, wie es Amerikaner und Briten fordern und der EZB-Chef Draghi dann auch tatsächlich tat. Etwa zwei Drittel der Befragten waren der Umfrage zufolge der Meinung, dass die Währungshüter in einer Finanzkrise als Retter der letzten Instanz eingreifen müssen, um den Bank-Run und einen panikartigen Ausverkauf an den Märkten zu verhindern. Jeder Fünfte hält das für uneingeschränkt gut, fast die Hälfte unter Vorbehalt. In der Minderheit sind etwa ein Viertel der Sympathisanten der Deutschen Bundesbank, die so etwas in Gänze ablehnen (Fricke 2015).

Aus der ökonomischen Diskussion lässt sich also keine eindeutige oder objektiv richtige politische Schlussfolgerung ableiten. Es bleiben die Gegensätze einer keynesianischen und einer traditionalistischen Wirtschaftsphilosophie. Dementsprechend wurden auch die diversen wirtschafts-, finanz- oder fiskalpolitischen Maßnahmen in den Krisenstaaten natürlich hinsichtlich ihrer mittel- und langfristigen Wirkung bzw. ihres marktwirtschaftlichen Sinns unterschiedlich beurteilt. Allerdings zeigt die gesamte nordamerikanische und europäische Diskussion auf, dass die Themen Bankenunion und Fiskalunion als Kern des Problems betrachtet werden.[28]

Ein Masterplan für mehr Wachstum und Beschäftigung für Europa: sozialpolitisch sensibel und mit Elementen einer nachfrageorientierten Stimulanz – vorgelegt von McKinsey!

In dieses aktuelle Bild der Einschätzungen zur Krise der finanzpolitischen und fiskalischen Situation Europas und der EU passt eine interessante Studie der Unternehmensberatung McKinsey. Das Unternehmen, das bisher nicht unter dem Verdacht stand, sozial-, arbeitsmarkt- oder konjunkturpolitische Anliegen der sozialen Marktwirtschaft auf der Nachfrageseite zu verfolgen, legte Mitte 2015 eine Art Masterplan für mehr Wachstum und Beschäftigung

---

Vermögens- und Erbschaftssteuer waren kein Teil einer grundlegenden Steuerreform. Die Steuertarifgeschichte der Bundesrepublik Deutschland zeigt im übrigen für den Zeitraum 1990 bis 2014 sowohl für mittlere Einkommen (bis 70.000 Euro Jahreseinkommen/Ledige/140.000 Euro/Verheiratete bzw. höhere Einkommen (ab 300.000 Euro Jahreseinkommen/Ledige bzw. 600.000 Euro/Verheiratete) eine milde, aber kontinuierliche Senkung des Grenzsteuersatzes bzw. des Steuersatzes auf; vgl. https://de.wikipedia.org/wiki/Steuerreform, aufgerufen am 22. Juni 2015.

28 | Vgl. das Interview mit dem deutschen Makroökonom Rüdiger Bachmann im Blog der faz.net vom 23. Juli 2015 unter file:///Users/jt/Desktop/Branchen-News | XING.html, aufgerufen am 24. Juli 2015.

in Europa vor. Ihre Forderungen und Empfehlungen klingen für die Beraterbranche ungewohnt: Reformen seien zwar nötig – aber auch höhere Steuern und Löhne. Auch dies passt nicht in das Bild der reinen Lehre der Austerität. Mit der richtigen Mischung aus Reformen, höheren Löhnen und staatlichen Anreizen könnte die Wirtschaftsleistung Europas nach Meinung der Berater bis 2025 um 4,5 Billionen Euro höher sein! Die Wirtschaft könnte unter diesen Bedingungen 20 Millionen zusätzliche Arbeitsplätze schaffen. Europas Wirtschaft habe weitaus mehr Wachstumspotenzial als man ihr zutraut. Die Problematiken der ›griechischen Tragödie‹ oder der britischen Zugehörigkeit zur EU lenkten davon ab, dass europäische Länder weiterhin Weltklasse seien, nicht nur bei der Lebensqualität, sondern auch bei der Wirtschaftskraft. Der Europapessimismus sei nicht gerechtfertigt. Europa stehe besser da, als sein Ruf es vermuten ließe.

Dabei fordern die Autoren der Studie einige für McKinsey ungewöhnliche Reformmaßnahmen. Während der Wunsch, die Ausbildung besser auf die Bedürfnisse des Arbeitsmarktes auszurichten, noch konventionell klingt, sind Forderungen nach einer Stärkung der Nachfrageseite jenseits der Zeiten billigen Öls, niedriger Zinsen und eines schwachen Euros schon bemerkenswerter. Fast revolutionär klingt da der Wunsch, die kleinen und mittleren Einkommen weniger zu besteuern und von Sozialabgaben zu entlasten und dafür die Erbschafts- und Vermögenssteuer zu erhöhen sowie höhere Abgaben auf Immobilien einzuführen.[29] Diese Studie zeigt, dass sich das Pendel in Deutschland und Europa wieder in eine andere Richtung bewegt. Und wenn sich die Erfolge der ›Austeritätspolitik á la Aleman‹ in konsolidierte Haushalte und eine Stabilisierung des Euroraums niederschlagen, werden diese gegenläufigen Konzepte, so wie früher auch, wieder an politischer Bedeutung gewinnen. Dazu passte dann auch ein offener Brief einiger wichtiger Ökonomen an Bundeskanzlerin Merkel im Juli 2015, die Austeritätspolitik der EU gegenüber Griechenland zu beenden und eine flexiblere Haltung mit Blick auf die Schuldenproblematik des Landes einzunehmen.[30] Mit Blick auf die vorläufige und dramatische Abwendung des GREXIT im Juli 2015 hatte dieser Rat noch keine praktische Konsequenz. Mit Blick auf die zukünftige wirtschaftspolitische und fiskalpolitische Richtung des Euroraums im 21. Jahrhundert war er jedoch ein kleiner Baustein in die möglicherweise richtige Richtung.

29 | Vgl. www.xing-news.com/reader/news/articles/69602?xng_share_origin=email, aufgerufen am 22. Juni 2015 und Die Welt vom 18. Juni 2015.

30 | Vgl. Tagesspiegel vom 8. Juli 2015; die Aufforderung wurde unterschrieben von Heiner Flassbeck, Thomas Piketty, Jeffrey D. Sachs, Dani Rodrick und Simon Wren-Lewis.

IV. Corpus Mundi: Die technologische Verkörperung der Globalität

Technologische Innovationen in den Bereichen Informations- und Kommunikationstechnologie, Gen- und Nanotechnologie, Gesundheitstechnik, Logistik und Weltraumtechnologie, Medienentwicklung oder Verkehrstechnologie bilden die Antriebsmotoren der neuen Globalisierung (Steinmüller/Steinmüller 2006). Entstanden ist so ein technologischer Organismus, der die Stofflichkeit und Begrenztheit der realen Welt durch eine neue Dimension erweitert. Technologie formt die Globalisierung zu einem neuartigen Corpus Mundi. Als Metapher drängt sich das Bild des menschlichen Nerven- und Durchblutungssystems auf, das über die Nervenzellen, Gliazellen und die Blutbahnen sowie besonders die Herzkranzgefäße die einzelnen Teile eines Organismus in einen Zusammenhang bringen. Ohne Blutbahnen gibt es kein Leben für den Organismus, ohne Nervenzellen keine Information. Das Nervensystem übernimmt dabei die Aufgabe, den Organismus mit Sauerstoff zu versorgen sowie Veränderungen der äußeren und inneren Umwelt als Signale zu erkennen, aufeinander zu beziehen und schließlich Reaktionen zu veranlassen. Das Nervensystem hält somit die Interaktion aller Teile des Organismus in Gang. Durch Steuerung der Konzentrationen von Ionen und Transmittern sowie der Regulation des lokalen Blutflusses, von dem Sauerstoffversorgung und Verfügbarkeit hormonaler Neuromodulatoren abhängen, beeinflussen sie auch die Signalweitergabe von Neuron zu Neuron. Im Verlauf der Evolution ist eine Tendenz zur Konzentration und Spezialisierung von Teilen des Nervensystems beim Menschen festzustellen. 5,8 Millionen Kilometer lang sind die Nervenbahnen eines Gehirns. Damit ließe sich die Erde 145 Mal umwickeln. Sie verbinden etwa 100 Milliarden Nervenzellen, die wiederum durch 100 Billionen Synapsen miteinander verknüpft sind.[1]

Bleibt man bei diesem Bild, ist die Globalisierung ein weiterer Schub in der Evolution des Weltsystems. Bodenschätze, Klima, Energie- und Nahrungsmit-

1 | Vgl. Süddeutsche Zeitung vom 2./3. Mai 2015.

telvorräte sind die Ressourcen des Organismus Mensch – Erde. Siedlungsformen wie Megacities und ihre hochkomplexen technologischen Organisation sind Herz und Gehirn der Weltgesellschaft. Sie treiben den Puls der Globalisierung über die Nervenbahnen und koronaren Kranzgefäße von Servern, Glasfaserkabeln, Info-Highways, Satellitenverbindungen, Schiffsrouten, Autobahnen und ihren Schnittstellen sowie Endgeräten und Transportmitteln an.

1. Eine Infrastruktur der Superlative

Das Internet zählt (1.) dabei zu denjenigen Technologien, die das Zusammenleben der Menschen nicht nur verändert, sondern über die qualifizierte Summe seiner einzelnen Teile revolutioniert. Ohne das Netz gäbe es die neue Globalisierung nicht. Vom Einzelhandel über die Börse, Banken und Rohstoff- oder Devisengeschäfte über zahllose private Nutzungen bis hin zur Politik hat das Internet die gesamte Gesellschaft total verändert (Castells 2002, 2003a, 2003b). Dabei geht es nicht nur um die Bereitstellung einer neuen Superinfrastruktur in der Welt; im Angesicht all der neuen Möglichkeiten und Versuchungen löst die Netzwerkgesellschaft einen gewaltigen Adrenalinschub für alle möglichen Formen menschlicher Interaktionen aus. Sie rationalisiert oder verbessert viele Angelegenheiten, so dass eine Menge an Umständlichkeiten, Zeitverlusten oder Anstrengungen im Alltag entfallen. Dies können Behördengänge sein, Kommunikationen mit Krankenkassen oder auch die Versorgung mit den Sachen des alltäglichen Lebens. Bemerkenswert hierbei ist der Schub in der Evolution im Gesundheitswesen, der im wesentlichen über Informations- und Kommunikationstechnologien getrieben und allgemein als der 6. Kondratief der Industriegesellschaft bezeichnet wird. Angesichts des demographischen Wandels kommt diesem Schub ohnehin eine besondere Bedeutung zu, da er die Versorgungssituation älterer Menschen erleichtern oder verbessern kann und im übrigen Treiber eines digital getriebenen Wirtschaftswachstums werden wird.

Augenfällig ist das veränderte Konsumverhalten vieler Menschen. 2011 lag die Zahl der Personen, die Waren und Dienstleistungen im Internet über das Mobiltelefon bestellten bei 18,2 Millionen. Online-Singlebörsen setzten bereits 2011 mit 202,8 Millionen Euro gegenüber 2003 das zwanzigfache um. Die weltweiten Ausgaben für digitale Werbung betrugen 2011 rund 76 Milliarden US-$ gegenüber zehn Milliarden US-$ im Jahr 2000 (Schönbohm 2013). Grundlage für das Netz ist die Digitalisierung der Information, die einen hohen Datenaustausch in Lichtgeschwindigkeit ermöglicht und theoretisch an jedem Ort der Welt verfügbar ist. Was hierbei zählt: nicht nur der veränderte Konsum prägt das Netz. Das Netz prägt auch den Konsum, der nicht nur eine sachliche Entscheidung für den Erwerb von Waren und Dienstleistungen ist, sondern auch eine emotionale Hinwendung sein kann für die Umstände ihrer

Produktion oder ihren immateriellen Wert. ›By politically correct‹ ist zum Beispiel eine Errungenschaft der Globalisierung der Information, das gelegentlich totale seelische Abtauchen von Menschen in die virtuelle Welt der Avatare im Kosmos von ›World of Warcraft‹ dagegen für den ein oder anderen ein problematisches Nebenprodukt.

Der Neurologe Manfred Spitzer warnt in diesem Zusammenhang gar vor der Entstehung einer digitalen Demenz. Wenn man Demenz als eine Entrückung aus Gegenwart und Vergangenheit versteht, dann kann man verstehen dass der Gehirnforscher – der mit seinen Thesen in Deutschland nicht unumstritten ist – eine Warnung ausspricht vor den manipulativen Wirkungen von zu viel Fernsehen, Surfen und Computerspielen (Spitzer 2012). Nach seiner Meinung kommt hinzu, dass das Internet zudem der Größte Rotlichtbezirk und der größte Tatort unserer Zeit geworden sei, so dass zusätzlich zur digitalen Entrückung kriminelle Verführungen das Internet füllten.[2] Das Internet gründete fast still und zunächst bescheiden eine neuartige und fundamentale Grundstruktur für die wesentlichen Interaktionen einer Gesellschaft. Hier entstanden die Bahnen der elektronisch organisierten Information und somit Räume der Rationalisierung, Optimierung und Veränderung von gesellschaftlichen Sachverhalten. Hinzu kamen seine kommerziellen Subsysteme, seine militärische Verwendung und die hohe Zahl der Intra-Netze in Unternehmen und Institutionen.

Das Internet der Dinge erschafft eine selbstständig agierende technologische Umwelt

Die Entwicklung des Internet erreicht mit dem ›Internet der Dinge‹ (Internet of Things, IoT) nun eine neue Dimension der digitalen Revolution (Fleisch/Mattern 2005; Ashton 2011; Andelfinger/Hänisch 2014). Das Internet der Dinge bezeichnet die Verknüpfung physischer Objekte mit einer virtuellen Repräsentation in einer elektronisch vernetzten Struktur. Das Internet besteht also nicht mehr ›nur‹ aus menschlichen Teilnehmern (Subjekten), sondern auch aus Dingen (Objekten), die in eine Interaktion mit Folgen und Ergebnissen eintreten. Mit dem Internet der Dinge geht es um die Verknüpfung von allem und jedem unter möglicherweise völlig neuen Vorzeichen. Dabei setzt nun ein Wettlauf ein mit dem Ziel, das goldene Zeitalter des Internet der Dinge gut gerüstet zu betreten oder, vielleicht sogar, zu beherrschen.

2 | So Manfred Spitzer in der ZDF-Talkshow »Lanz« am 27. Oktober 2015.

Das magische Zauberwort des Internet der Dinge für die Wirtschaft ist: Industrie 4.0

Durchsetzen wird sich nicht mehr derjenige, der die besten Produkte baut, sondern derjenige, der die interessantesten und leistungsstärksten Servicepakete anbietet. Mehr noch: derjenige, der überhaupt völlig neue Geschäftsideen hat (Beise/Schäfer 2015a). Das Internet der Dinge findet heute bereits in fast allen Lebens- und Arbeitsbereichen statt. Das wohl prominenteste aber auch simpelste Beispiel dafür ist der Kühlschrank, der nach den Bedürfnissen seines Besitzers Füllstände und Vorräte überprüft und gegebenenfalls selbstständig Ersatz ordert. Oder Fitnessarmbänder, die mit der Cloud kommunizieren, bis zu Parksensoren, die Informationen für übergeordnete Parkleitsysteme bereitstellen und Verkehrsflüsse besonders in großen Städten optimieren können.

Das interessanteste Betätigungsfeld im Internet der Dinge ist aber die Industrie, die verglichen mit den industriell revolutionierenden Produktionsprozessen des 19. und 20. Jahrhunderts mit der Industrie 4.0 nun einen weiteren Schub der digitalen Revolution umsetzen wird (Bauernhansl/ten Hompel 2014). Ein Beispiel dafür ist das selbststeuernde Automobil, das 2015 auf der Industriemesse in Las Vegas von dem Automobilhersteller Mercedes Benz als Prototyp präsentiert worden ist. Google hat ähnliche Pläne und strebt ebenfalls die Herstellung eines vollautomatischen Autos an. Während die Industrie 3.0 davon geprägt war, erstklassige Produkte automatisiert herzustellen, geht es in der Industrie 4.0 nun um eine intelligente Verknüpfung der automatisierten Produktion erstklassiger Produkte mit erstklassigen digitalisierten Prozessen oder Dienstleistungen. Zukunftskonzepte von Cyber-physischen Systemen und dem Internet der Dinge in der Produktion sprechen von komplett vernetzten, sich selbst organisierenden Produktionssystemen mit dem Ziel der ›Smart Factory‹. Im Internet der Dinge werden 2020 rund 50 Milliarden Dinge angeschlossen sein, nicht bloß Smartphones und Tablets, sondern auch Maschinen, Autos, Kraftwerke, Roboter, Verkehrstechnik, Fabriken. Und der Mensch, der die Kommunikation der Dinge im Auge zu behalten hat. Lange Zeit galt das zuverlässige Steuern von industriellen Prozessen als Hauptaufgabe in der Automatisierung. In der Industrie 4.0 geht es nun darum, Applikationen und Logiken aufzusetzen, die es ermöglichen, Ressourcen zu sparen, effektiver zu werden und flexibler zu produzieren.

Dabei spielt die intelligente Robotik eine immer stärkere Rolle. Auf 1.000 Mitarbeiter kommen in der deutschen Automobilindustrie derzeit 114 Roboter. Der Karosseriebau ist heute ausnahmslos in der Hand von Maschinen. Sie schweißen, kleben oder schneiden die Stahlteile so exakt und schnell, wie dies keinem Menschen gelingen kann. Im nächsten Schritt werden Maschinen mit Maschinen interagieren. Sie erkennen sich gegenseitig, tauschen sich aus, lernen und erarbeiten gemeinsam Lösungen. Findet ein Roboter einen Defekt, repariert ein anderer Roboter das kaputte Teil oder ersetzt die defekte Maschine durch eine neue oder bessere Maschine. Die Folge dabei ist, dass in der roboterisierten Produktion erhebliche Produktivitätssprünge zu verzeichnen sind. Aufsehen erregte 2015 ein Projekt, mit dem die chinesische Firma Changying Precision Technology Company fast alle menschlichen Arbeitsplätze zugunsten von roboterisierten Fertigungsfeldern wegrationalisiert hat. Der Mensch spielt bei dieser Firma fast keine Rolle mehr. »Roboter ersetzen Menschen« heißt das firmeneigene Programm. In der chinesischen Stadt Dongguan, wo das Unternehmen seinen Sitz hat, sollten bis 2016 bis zu 1.500 solcher Programme umgesetzt werden. Ein Roboter ersetzt dabei den Job von sechs bis acht Menschen. Früher fertigten in der Fabrik 650 Menschen Telefonmodule. Nun sind es nur noch 60, demnächst sollen es nur noch 20 sein. Ihre Arbeit haben 60 Roboter übernommen. Durch die Umstellung ist die Fehlerrate in den Produkten von 25 Prozent auf fünf Prozent gesunken.[3]

In der Smart Factory der Industrie 4.0 kommunizieren Maschinen, Infrastrukturen und Produkte selbstständig in einer sich selbst organisierenden Netzstruktur

Mit anderen Worten: angestrebt wird die ›Smart Factory‹, in der Maschinen und Produkte miteinander kommunizieren, sich selbstständig reparieren oder Nachschub bestellen, Kunden und Geschäftspartner in den Prozess der Produktion mit einbeziehen und – vor allem – lernen und das Gelernte behalten und im Rahmen intelligenter ›Denkprozesse‹ optimieren! Es geht also um weit mehr als eine weitere Stufe der Computerisierung. Industrie 4.0 erfasst dabei alle Bereiche der produzierenden Wirtschaft und moderner Dienstleistungen. Während sich einerseits im produzierenden Bereich alle Blicke auf die Realisierung der ›Smart Factory‹ richten, arbeiten auch Dienstleister wie Banken, Versicherungen, Unternehmensberatungen, Krankenkassen und Kommunikationsunternehmen oder Werbeagenturen bereits am ›Smart Service‹ der Zukunft.

Ein anschauliches Beispiel dafür bietet die Entwicklung im Banken- und Versicherungsbereich. Maschinen fragen in Zukunft den Anleger, wie viel er mit seinem Geld verdienen will und wie viel Geduld er dabei mitbringt. Nach diesen Anforderungen durchforstet der ›Assistent‹ den Kapitalmarkt. Er stößt Aktien ab, die an Wert verlieren, sucht den Ausgleich bei steigenden Papieren und zwar so, dass die Steuerlast bei möglichen Gewinnen möglichst gering

3 | Vgl. »China sets up first unmanned factory; all processes are operated by robots«, in: The Economic Times vom 27. Juli 2015 unter http://economictimes.indiatimes.com/news/international/business/china-sets-up-first-unmanned-factory-all-processes-are-operated-by-robots/articleshow/48238331.cms, aufgerufen am 1. August 2015.

bleibt. Solche Maschinen sind nicht nur schnell. Sie reduzieren alle Fragen zur Geldanlage auf eine nüchterne Kosten-Nutzen-Analyse. Frei von Emotionen, frei von Fehlern, wie sie Menschen gelegentlich machen (Bernau 2015). Allerdings: es ist nicht wie das Duell zwischen Mensch und Maschine beim Schach, wo der Mensch gegen die Maschine kaum noch eine Chance hat. Rein statistische Sachverhalte im Rahmen von Charts werden von Algorithmen heute für automatisch ablaufende Transaktionen an den Kapitalmärkten bewertet und durch Kauf- oder Verkaufsorders abgeschlossen. Die vielschichtigen psychologischen Komponenten des internationalen Kapitalmarktes und menschliches Verhalten können Algorithmen in absehbarer Zeit wohl kaum kalkulieren, es sei denn, dass dies auch in ein differenzierteres Kalkül der Maschinen und Programme integriert werden könnte.

Ein entsprechendes Szenario entwarf dabei die schweitzer Bank UBS. Ihr ›Think Tank‹ UBS Y arbeitet an der Frage, ob man eine Bank ohne Menschen betreiben könne. Die Idee dahinter ist: wenn mit dem Einsatz von Big Data – also dem Einsatz von Algorithmen –, der Cloud und smarten Technologien Google, Mercedes und Toyota Autos bauen können, die keinen Fahrer mehr brauchen, dann könnten Banken doch ohne Personal auskommen?[4]

Die Industrie 4.0 ist der Tsunami einer zweiten industriellen Revolution im 21. Jahrhundert

Die Industrie 4.0 wird zunehmend relevant. Es geht dabei um die digitalisierte Produktion der Zukunft. Dies erfasst in Deutschland und Europa sowie weltweit die gesamte Industrie. Auf ihr lastet einerseits der Druck, smarter, günstiger, innovativer zu sein als die internationale Konkurrenz; andererseits machen im Rahmen der intelligenten Digitalisierung die potenziellen Umwälzungen der industriellen Möglichkeiten auch deutlich, wie sehr sich das Bild industrieller Produktion im 21. Jahrhunderts ändern wird. Allerdings deutet heute wenig darauf hin, dass die gesamte deutsche und europäische Wirtschaft das revolutionäre Potenzial in vollem Umfang erkennt und strategisch für die kommenden 20 bis 30 Jahre entsprechend disponiert. Diese Aufgabe avanciert nach allgemeiner Meinung zu einer der gewaltigsten Aufgabe der Industriegesellschaften im digitalen Wandel.

John Chambers, der Vorstandsvorsitzende des Internetausrüsters Cisco im amerikanischen Silicon Valley hat das revolutionäre Potenzial der Industrie 4.0 betont und deutete die seiner Ansicht nach mangelnde Umsetzung an einem so hervorragenden Industriestandort wie Deutschland an.[5] Dabei rech-

4 | Vgl. www.finews.ch/news/banken/19329-ubs-y-daniel-ott-menschen-personal-maschine-computer-szenario, aufgerufen am 21. September 2015.

5 | Vgl. Süddeutsche Zeitung vom 28. November 2014.

nen die Amerikaner damit, dass die Effekte des Internet der Dinge noch größer sein könnten als die des uns bekannten und nunmehr vertrauten Internet, das vornehmlich Menschen zusammengeführt hat und keine Maschinen mit künstlicher Intelligenz (Brynjolfsson/McAffee 2014). Cisco hat errechnet, dass Deutschland in den nächsten Jahren von der konsequenten Wende hin zur intelligenten Vernetzung der Industrie mit 700 Milliarden Euro zusätzlicher Wertschöpfung profitieren kann. Das wäre ein Wachstum der Volkswirtschaft von zwei Prozent pro Jahr – zehn Jahre lang! Das sei für Investoren einfach unwiderstehlich.

Wirtschaft und Öffentlichkeit sind nach Meinung von Unternehmungsberatungen auf die Industrie 4.0 schlecht vorbereitet …

Zwei Studien der Unternehmensberatungen Roland Berger und McKinsey haben in diesem Sinne 2015 Defizite der Umsetzung der digitalen Möglichkeiten für die Wirtschaft in Deutschland und Europa moniert. Verglichen mit den USA sei die digitale Landschaft in Europa zersplittert und geprägt von der Heterogenität der Akteure. Eine entscheidende Voraussetzung des Bestehens in der digitalen Welt sei eine effektive Allianz von Innovatoren, Wagniskapital (Venture Capital) und Talenten. Diese Innovationskultur sei hierzulande wenig ausgeprägt. In Zusammenarbeit mit dem Bundesverband der deutschen Industrie (BDI) untersuchte Roland Berger in der Studie »Die digitale Transformation der Industrie« Ursachen und Auswirkungen der Digitalisierung auf die Industrie in Deutschland und Europa und erkannte Defizite bei der digitalen Reife. McKinsey stellte in seiner eigenen Studie »Industry 4.0 – How to navigate digitalization of the manufacturing sector« fest, dass sich nur sechs von zehn Unternehmen in Deutschland gut vorbereitet fühlen. Viele Unternehmen fingen erst jetzt zögerlich an, sich konkret mit der Industrie 4.0 auseinanderzusetzen. Vorteile der digitalen Technologien wie 3D-Drucker, Big Data und Internet würden zu oft als Risiko und nicht als Chance gesehen. Diese Kritik griff dann auch der Wirtschaftsrat der CDU in Deutschland mit einer Stellungnahme auf. Er forderte, ein »digitaler Ruck« müsse durch Deutschland und Europa gehen. Der Rat vermisst in einem Positionspapier alles das, was Deutschland in einer digitalen Welt wettbewerbsfähig macht. Viele Firmen riskierten, ihre Wettbewerbsfähigkeit zu verlieren, wie es bereits in den Bereichen Musik, Medien, Reisedienstleistungen oder Einzelhandel geschehen sei (Wirtschaftsrat Deutschland 2015).

… was allerdings nicht die ganze deutsche Wirtschaft betrifft

Diese generelle Kritik betrifft allerdings nicht die gesamte Wirtschaft. Gerade deutsche Firmen haben begriffen, dass die Zukunft der Digitalisierung nicht in der Entwicklung von Apps oder Gadgets[6], sondern in der großformatigen Einbeziehung der digitalen Netzwerkstrukturen in industrielle Produktionsprozesse liegt. In Deutschland bieten dafür die ›Hidden Champions‹ des Mittelstands und die großen Technologiekonzerne wie Siemens oder Bosch mit ihrem Know-How und ihren Technologieerfahrungen die besten Voraussetzungen. BMW oder Siemens arbeiten deshalb an der Smart Factory der Zukunft. Joe Kaeser, Vorstandsvorsitzender von Siemens, bringt die Kernproblematik der Adaption der amerikanischen Innovationspotenziale in Deutschland auf den Punkt wenn er sagt: »wir müssen das Silicon Valley nicht kopieren, aber kapieren« (Beise/Schäfer 2015b). Insofern werden viele industriellen Aktivitäten in Deutschland nicht bemerkt, sind aber, wie die digitalen Vernetzungsaktivitäten der Deutschen Bahn (DB), des Hamburger Hafens oder der Firma Klöckner, für eine zeitgemäße Digitalisierung industrieller Produktionsprozesse zielführend. Früher nahm der Stahlkonzern Klöckner zum Beispiel Aufträge nur per Telefon und Fax entgegen. Nun dient dazu eine digitale Handelsplattform für etwa 15.000 Stahlprodukte. Klöckner will nach eigenem Bekunden in Zukunft eine Art Amazon für den Stahlhandel sein (ebd.).

Der Mensch nutzt mit der globalen Kommunikationsstruktur im Wasser, in der Atmosphäre und im Weltraum entsprechend den heute gegebenen technologischen Möglichkeiten derzeit gut aus

Flankiert wird das Netz (2.) durch die kontinuierliche Entwicklung der weltweiten Kommunikation über Kabel, Mobilfunk oder Satellit. Besonders das All ist als Ort der globalen Kommunikation von wachsender Bedeutung. Seitdem Russland am 4. Oktober 1957 seinen ersten Sputnik-Satelliten ins Weltall geschossen und den sich technologisch überlegen wähnenden Westen geschockt hatte, und damit das Zeitalter der Erdsatelliten anbrach, sind über 3.000 Satelliten in ihre Umlaufbahn gebracht worden. Abzüglich der enormen Verschleißerscheinungen weltraumbasierter Technologien und das exorbitant gewachsene Problem des Weltraumschrotts sind hiermit wichtige Voraussetzungen für eine globale Verknüpfung der Menschen über Information, Kommunikation und Orientierung gelegt worden.

Mit der Vernetzung über das amerikanische GPS-System erreichte die Welt in den 2000er Jahren eine dichte technische Infrastruktur im Weltraum, die momentan mit dem europäischen Gallileo-Programm komplettiert (bzw. konfrontiert) wird. Diese ermöglicht eine flächendeckende zivile und militärische Nutzung und ist ein weiteres, mächtiges Symbol der neuen Globalisierung. Die

6 | Apps sind Applications, also mikroelektronische Anwendungen, Gadgets bezeichnen die Palette von Geräten, die die Benutzung von Apps ermöglichen (also Smartphones, Tablets oder Laptops).

Digitalisierung ermöglicht hier eine optimierte Verbindung unterschiedlicher Informations- und Kommunikationssysteme. Ihr globalisierender Charakter entsteht durch das Verschmelzen der Informations- und Kommunikationstechnologien (IKT) über stationäre und mobile Computer, Satelliten, Smartphones, Tablets, Notebooks und digitale Datenautobahnen.

Die gigantischen ›Zwerge‹ der Nanotechnologie

Ein hoch innovativer Teil der IKT ist die Nanotechnologie (oft auch als Nanotechnik bezeichnet und aus dem Griechischen von »Nano = Zwerg« abgeleitet). Diese Technologie wird als Fortführung der Mikrotechnik bezeichnet, die völlig neue Ansätze in der Verkleinerung von Mikrostrukturen in »Bottom-Up-Ansätzen« verfolgen (also Ansätze, die im Gegensatz von »Top-Down-Ansätzen« von ›unten kommend‹ kleinste Verbindungen herstellen, die sich dann zu größeren Molekularstrukturen aufbauen). In der Chemie etwa werden so aus einer Vielzahl von einzelnen Moleküleinheiten nanoskalige Molekülverbände aufgebaut.[7] Die Nanotechnologie wiederum weist vielfältige Querverbindungen zu anderen Basistechnologien auf. Sie ist ein weiteres Vernetzungskennzeichen der neuen Globalisierung. Bei der Nanotechnologie handelt es sich um die Miniaturisierung der Informationstechnologie. Der Nanometer-Bereich ist der natürliche Treffpunkt von Biologie, Chemie und Physik. Er verbindet die Wissenschaftszweige der modernen Informations- und Biotechnologie. Wichtig und interessant ist er mit Blick auf die Materialwirtschaft, in der Computertechnik, in der Robotik, der Medizintechnologie und im Bereich der künstlichen Intelligenz (KI). In der Medizintechnik spielt die Nanotechnik eine zunehmend wichtige Rolle: Nanoroboter können sich durch verkalkte Adern fressen, implantierte Biochips die Gesundheit überwachen und Minicomputer tauben oder blinden Menschen Teile ihrer fehlenden Fähigkeiten ersetzen. Schon seit längerem ist es möglich, Taubheit durch ein elektronisch arbeitendes Implantat zu überwinden. Es ist direkt mit dem Gehörnerv des Behinderten verbunden. Vor 20 Jahren war dies Zukunftsmusik; heute sind solche Hilfestellungen eine Selbstverständlichkeit. Nanotechnologie nährt große Erwartungen hinsichtlich der Materialforschung oder der Schaffung künstlicher Intelligenz. Sie schürt aber auch Ängste hinsichtlich einer unkontrollierten Nutzung und Verbreitung.

---

7 | Vgl. http://de.wikipedia.org/wiki/Nanotechnologie, aufgerufen am 24. Mai 2014.

Mit der Nanotechnologie verbindet die Wissenschaft revolutionäre Lösungen für die Verbesserung von Zivilisationsproblemen im 21. Jahrhundert

Erfinder und Transponder des Begriffs ist Eric Drexler, der sich 1986 mit seinem Buch »Engines of Creation« aufmachte, um die Mikrowelt des Nanobereichs zu erkunden und ihren Nutzen für den Menschen und die Zivilisation zu untersuchen (Drexler 1986). Nanotechnologie steht für die Erwartung, dass man in den Bereichen Clusterphysik, Halbleiterphysik, in der Chemie, im Maschinenbau oder in der Lebensmitteltechnologie durch eine extreme Miniaturisierung von einzelnen Bausteinen zu ungewöhnlichen und fast unvorstellbaren Lösungen von technischen, medizinischen oder sogar sozialen Zivilisationsproblemen kommen kann.

Das berühmteste und eingängigste Bespiel im Bereich neuer Materialien ist der Lotuseffekt: feine Nanostrukturen sorgen dafür, dass Wasser auf dem Blatt der Lotusblume abperlt und die Haftung von Schmutzpartikeln minimiert wird. Dies galt in der Welt der Nanotechnologie als wegweisend. Auch sind im Kalk von Muschelschalen organische und anorganische Stoffe im Nanobereich so eng aneinandergereiht, dass Muschelschalen extrem stabil und widerstandsfähig sind, derselbe Effekt existiert auch im menschlichen Knochen. Heute findet die Nanotechnologie Anwendung bei Pigmenten oder Additiven für Lacke oder Kunststoffe. In der Medizin bieten gezielt eingesetzte Nanopartikel die Möglichkeit, neuartige Diagnosen und Therapien zu entwickeln, zum Beispiel Kontrastmittel für bildgebende Verfahren der Computer- oder Magnetresonanztomographie. Beides sind bildgebende Verfahren, welche die Diagnosen von schweren inneren Krankheiten wie Krebs bemerkenswert vereinfacht und präzisiert haben.

Nanotechnologie realisiert ein Entwicklungsspektrum vom Staubsaugerroboter bis hin zur artifiziellen Mensch-Maschine

Hoch interessant sind die künstliche Intelligenz und Robotik. In den 1990er und 2000er Jahren entwickelte sich eine Debatte über die Chancen und Herausforderungen dieser Technologie, die bis in die Gegenwart hineinreicht und somit nach wie vor Gegenstand von Forschungen und allgemeinem Interesse ist. Hans Moravec, Forschungsdirektor am Robotics Institute der Carnegie Mellon University in den USA, erwartete in einer ersten Phase Produkte mit Leitsystemen für industriellen Transport und Reinigungsmaschinen. Anschließend würden diesen Robotern Haushaltsroboter für den normalen Verbraucher folgen. Größere Maschinen mit Manipulatorarmen und mit der Fähigkeit, mehrere verschiedene Aufgaben zu übernehmen, würden diesen dann wiederum folgen um schließlich menschengroßen Universalrobotern

Platz zu machen, die ihr Programm für die meisten einfachen Aufgaben einsetzen können. Danach rechnet er mit einer zweiten Generation, die von säugetiergleicher Gehirnkapazität und Kognition (Wissensfähigkeit) sein werde. Diese Generation werde über einen konditionierten Lernmechanismus verfügen und bei Anwendung ihrer Programme im Lichte ihrer bisherigen ›Erfahrungen‹ zwischen alternativen Möglichkeiten wählen können, so dass sie sich nach und nach an die jeweiligen Umstände anpassen könnten. Die dritte Generation werde denken wie es kleine Primaten, also etwa Schimpansen, tun, und werde physische, kulturelle und psychologische Modelle der Welt aufbauen, um bestimmte Aufgaben erst im Bewusstsein einzuüben und ihre Abwicklung geistig zu optimieren, ehe sie konkret stattfinden. Die vierte, menschenähnliche Generation schließlich werde aus einem selbst entwickelten Weltmodell abstrahieren und logische Schlüsse ziehen. Diese Entwicklung war für Moravec aus Sicht der anbrechenden 2000er Jahre unaufhaltsam, da die Robotik zur größten Industrie werde und damit die uns heute bekannte Informationstechnologie weit hinter sich lassen werde. Diese habe lediglich jene marginalen Aufgaben automatisiert, die wir als ›Papierkram‹ zu bezeichnen pflegten. Die Robotik werde demgegenüber alles andere automatisieren (Moravec 2000). Diese Vision galt anderen in ihrer puren positiven Aufladung als naiv. Sie unterstellten, dass derartig ausgestattete Maschinen dereinst ihr eigenes Bewusstsein und ein nicht mehr steuerbares Verhalten entwickeln könnten und würden. Die Miniaturisierung technischer Systeme und die Möglichkeiten ihrer Ausstattung mit KI schreiten mit hoher Geschwindigkeit voran. So rückt die Schaffung völlig neuer, für das bloße Auge unsichtbarer Welten in greifbare Nähe. Damit eng verbunden entstehen mit den Disziplinen der Bioinformatik, der Biometrie, der Systembiologie oder der Molekularelektronik Forschungszweige, welche die Informations- und Biotechnologien verknüpfen und interessante gesellschaftliche Perspektiven eröffnen.

Die Nanotechnologie entfachte vor 20 Jahren eine hitzige Debatte über die Chancen und Risiken der Technologie

Die industrielle Anwendung und die Synergien zwischen Informations-, Bio- und Nanotechnologien versprachen aber nicht nur gewaltige technologische Fortschritte für das Leben der Menschheit; sie rückten damit auch in den Sorgehorizont einer globalen Technologiegesellschaft (Joy 2000). Im Jahr 2000 wurden die Entwicklungsperspektiven der Nanotechnologie zum Gegenstand einer kritischen Debatte, die polarisiert war zwischen den Segnungen des Vorstoßes in die unbekannte Dimension und den möglichen ökosozialen Folgen einer unkontrollierbaren Kettenreaktion molekular erzeugter künstlicher Intelligenz (›gray goo‹). Der amerikanische Wissenschaftler

Bill Joy etwa betrachtete damals mit dramatischem Gestus die unkontrollierbare Entwicklung selbstreplizierender Nano-Maschinen als zusätzliche Sackgasse in eine weitere ökologische Katastrophe und hat damit die Forderung nach einem Forschungsverzicht begründet. Aus seiner Sicht sollten wir uns klarmachen, dass die stärksten Technologien des 21. Jahrhunderts – für ihn sind dies Robotik, Gentechnik und Nanotechnologie – ganz andere Gefahren heraufbeschwören, als die bisherigen Technologien. Sein Szenario kalkulierte die Nanotechnologie letztendlich auch als jene Voraussetzung ein, die es langfristig ermöglichen würde, den ›Cyborg‹ zu erschaffen, ein bio- und informationstechnologisch optimiertes Kunstwesen, die ›Mensch-Maschine‹, ein ›Golem‹ des 21. Jahrhunderts, die nützliche Dienste leisten soll, sich später aber durch ihre technologische Perfektion, ihre wachsende Intelligenz und die Möglichkeit der selbstständigen Replikation über den Menschen erhebt. Er schrieb:

»Vor allem Roboter, technisch erzeugte Lebewesen, und Nanoboter besitzen eine gefährliche Eigenschaft: Sie können sich selbstständig vermehren. Eine Bombe explodiert nur einmal, aus einem einzigen Roboter können viele werden, die rasch außer Kontrolle geraten« (Joy 2000).

Wenngleich die Debatte zuweilen in das Reich einer literarisch ›verrückten‹ Science Fiction reichten, die auch durch den Wissenschaftler und Buchautor Michael Crichton mit seinem Weltbestseller »Beute« befeuert wurden (Crichton 2002), wiesen die aus der seriösen Wissenschaft kommenden öko-sozialen Unbekannten dieser völlig neuen Synergien langfristig dennoch auf gesellschaftliche Konsequenzen hin, die auch andere Experten nicht bestreiten, wenn auch ihre Antworten auf diese Herausforderung unterschiedlich gewesen sind.

Für den amerikanischen Computerwissenschaftler David Gelernter würde die Bedeutung des Computers und der Nanotechnologie gegenüber dem, was sie an Möglichkeiten schaffen, im nanotechnologischen Zeitalter sogar aus dem Bewusstsein verschwinden. Er schrieb:

»Das Netz ist der Computer – ja, aber wir interessieren uns immer weniger für Computer. Das eigentliche Interesse der Astronomie gilt dem Kosmos, nicht den Teleskopen. Das eigentliche Interesse beim Einsatz von Computern gilt der Cybersphäre und den darin enthaltenen Strukturen, nicht den Computern, die wir als Teleskope oder Tuner einsetzen« (Gelernter 2000).

Viele Autoren sahen also nützliche technologische Möglichkeiten – und keine Gefahren: man werde mit seinem Computer reden können, elektronische Körperanzüge tragen und in einer Welt wohnen, in der man den Computer nicht mehr wahrnimmt, obwohl er vieles beherrscht. Biologen, Chemiker und Physiker arbeiten in dieser Welt eng mit Technikern zusammen, damit eines Tages Computer mehrere Sinne ansprechen können. Schlagwörter sind ›electronic noses‹ und ›haptic interfaces‹ wie etwa Datenhandschuhe oder 3D-Brillen sowie 3D-Drucker.

Die Informationsgesellschaft wird Menschen und Organisationen in allen Bereichen prägen, im alltägliche Leben (Hausärzte per Monitor; automatisches Kochen; Autocomputer und elektronische Navigation; individuelles Handwerken/publizieren; virtuelle Interessensgemeinschaften in News-Groups), im Gesundheitsbereich (Operationsroboter; Cyber-Gesundheitskioske) oder im Bereich der Ausbildung (Simulation; Rollenspiel; automatisierte Tutoren; Weltbibliothek). Das Leben werde sich so radikal verändern, dass sich irgendwann niemand mehr die »pre-cyborg«-Ära vorstellen kann. In Zukunft werde alles verknüpft sein, so der amerikanische Zukunftsforscher William Mitchell zur damaligen Zeit, unser Bodynet, mit dem Buildingnet, die wiederum mit dem Communitynet und dem Globalnet verbunden sind (Mitchell 1996). Es werde sich eine überwältigende Informationswirtschaft entwickeln. Die Hälfte des Handels der industrialisierten Welt, prophezeite derzeit Dertouzos, könnte vom Info-Marktplatz beeinflusst werden. Die Welt werde eine neue Handelssprache entwickeln und Organisationen komplett umstrukturieren. Kurzfristig werde die Produktivität nur langsam wachsen, langfristig aber enorm. Das Bruttosozialprodukt in der Informationsgesellschaft werde auf ca. neun Billionen Dollar anwachsen. Irgendwann werde es eine fast komplett arbeitsfreie Gesellschaft geben, wo die Menschheit eine arbeitsfreie Ethik entwickelt hat und Maschinen besitzt, die jede Arbeit verrichten. Der Faktor ›elektronische Nähe‹ des Info-Marktplatzes festigt kulturelle Verbindungen zwischen Nationen, übt Druck auf lokale Kulturen aus und errichtet über den lokalen Kulturen eine universelle dünne Kulturschicht, welche Polarisierungen ausbalancieren und neben Handel und Diplomatie zu einem neuen wichtigen Kommunikations- und Kooperationskanal werden wird (Dertouzos 1997).

Das war seinerzeit ein faszinierendes Bild.

Soviel zur positiven Utopie

Dieser Ausflug in die Vorstellungs- und Diskurswelten der 1990er und 2000er Jahre zeigt: da wurde viel ›herumgesponnen‹. Allerdings sind diese Überlegungen, Visionen, Betrachtungen wichtig und waren immer auch (zum Teil) wissenschaftlich unterfüttert; sie sind gerade einmal erst vor etwa15 bis 20 Jahren entstanden, und dann bedacht, und dann veröffentlicht worden. Früher waren sie Gegenstand der Science-Fiction-Literatur von weltbekannten Autoren wie dem Amerikaner Isaac Asimov, dem Deutschen Herbert W. Franke oder dem Polen Stanislaw Lem. Vieles, was dort literarisch spannend entfaltet wurde, ist heute schlichte Realität, wenn auch die Dramatik der damals geäußerten Befürchtungen bis hin zu einer sich in Paranoia hineinsteigernden Phantasie einfach zu hoch waren. Dennoch ist die Vision des Cyborg oder der Mensch-Maschine nicht vom Tisch. Sie ist entdramatisiert, ist aber auch im Bereich moderner Medizintechnik und der Hirnforschung weiterhin da. Der Cyborg ist als Mensch-Maschine auch heute präsent.

Die Kombination von menschlichem Geist und technischer Intelligenz ist offenbar unwiderstehlich. Max Biederbeck und Hakan Tanriverdi stellten deshalb 2013 in einer kurzen Bestandsaufnahme zur Lage fest:

»Der Begriff Cyborg scheint sich in seiner mehr als fünfzigjährigen Geschichte gewandelt zu haben. Von einer Science Fiction-Utopie hin zu einer einfachen Frage: wann ist es soweit?« (Biederbeck/Tanriverdi 2013).

Es geht dabei um die Frage, wie der Mensch seine Fähigkeiten trotz seines Alterns oder prinzipiell erweitern kann. Menschen beginnen, sich Technik zu implantieren. Rein äußerlich wandert der Computer in miniaturisierter Form in Kleidungsstücke oder audiovisuelles Gerät wie Brillen und Kopfhörer. Innerlich helfen Herzschrittmacher oder Retina-Chips, nachlassende Fähigkeiten oder Behinderungen auszugleichen. Es gibt Armprothesen, die per Fiberglasleitung ins Nervensystem eingegliedert werden. Und es gibt Sonden, Pads und Chips, die Schmerzen ausschalten können. Das alles ist heute Realität. Ein spektakuläres Beispiel hier ist der Eyeborg, der farbenblinden Menschen über eine technische Einrichtung die Fähigkeit gibt, Farben über Schallwellen wahrzunehmen. Das Thema wurde ein ethisches Problem, weil weitergehende Anwendungen das Gerät nicht nur über einen Sensor am Kopf mit dem menschlichen Gehirn in Verbindung bringen. Die geplante Implantation im Kopf beschäftigt heute ethische Kommissionen, ob solche Technologien überhaupt patentiert und allgemein angewendet werden dürfen.

Auch heute warnen Wissenschaftler vor den Gefahren bewusster und sich selbst replizierender Systeme

Nanotechnologie ist ein Thema mit globaler Ausstrahlung geworden. Jenseits der Chancen oder Herausforderungen dieser Technologie wurden seit Mitte der 2000er Jahre auch Befürchtungen laut, die sich auf warnende Aussagen etwa von Bill Joy bezogen und einen Verzicht auf eine sozial oder ethisch nicht reflektierte Forschung in diesem Bereich forderten. Ähnlich wie im Bereich der grünen Gentechnologie wurden Ausbreitungseffekte in der Fläche befürchtet, die sich der Beherrschung durch den Menschen entzögen. Im Juli 2004 legten die Royal Society und die Royal Academy of Engineering in London einen Bericht vor, in dem sie eine stärkere Regulierung von Nanotechnologien fordern. Der Bericht war ein Jahr zuvor von der britischen Regierung in

Auftrag gegeben worden. Studien des Center for Biological and Environmental Nanotechnology (CBEN) an der Rice University zufolge reichern sich Nanopartikel über die Nahrungskette in Lebewesen an. Dies bedeute nicht zwangsläufig eine Schädlichkeit, betonen die Autoren, verweisen jedoch auf andere Technologien, die am Anfang ebenfalls als ungefährlich galten.[8]

Aufsehen erregte 2014 ein Vorstoß von Bill Gates, Elon Musk und Stephen Hawking, die in einem gemeinsamen Auftritt vor der artifiziellen Intelligenz warnten, weil die dem Leben wie wir es kennen, ein Ende setzen werde (Barrat 2015). Die Argumentationskette ist dabei etwa so wie früher. Allerdings verlagert sich der Schwerpunkt der Betrachtung nun von den technischen Möglichkeiten der Technologie selbst zu ihrem gewollten Einsatz. Hawkings bemerkte in diesem Zusammenhang, das die Folgen der Künstlichen Intelligenz kurzfristig davon abhingen, wer sie kontrolliere; langfristig hingen sie davon ab, ob sie sich überhaupt kontrollieren lasse. Gleichzeitig räumte er ein, dass die KI eine sogenannte Dual-Use-Technologie sei, also eine Technik, die einerseits Gutes tun und andererseits großen Schaden anrichten könne. Die Kernspaltung, die hinter der Atomkraft und der Atombombe stehe, sei ein Beispiel für eine Dual-Use-Technologie. Und er fügte hinzu, dass solche Technologien so schädlich oder so gut seien wie die Absicht ihrer Nutzer.

James Barrat, der selbst Autor zu den Möglichkeiten und Risiken der Künstlichen Intelligenz ist (Barrat 2013) beschrieb zwei sensible Einsatzgebiete der Künstlichen Intelligenz: »Ein naheliegendes Beispiel sind autonome Tötungsmaschinen. Mehr als 50 Nationen entwickeln derzeit Kriegsroboter. Am gefragtesten werden Roboter sein, die ohne menschliches Zutun die »Tötungsentscheidung« treffen – die selbstständig einen Menschen ins Visier nehmen und umbringen«. Die Forschung zu autonomen Kriegsrobotern und Drohnen ist in vielen Ländern finanziell gut ausgestattet, etwa in den USA, in Großbritannien, Deutschland, China, Indien, Russland und Israel. Und an Südkoreas sensibler Grenze zu Nordkorea patrouillieren schon heute Roboter, autonom, selbstgesteuert, mit Infrarotaugen in den Diensten des Militärs. Über Israels Bergen und Tälern fliegen Drohnen des Typs Harpy. Sie haben ein Robotergehirn, das keine Befehle mehr von außen braucht, um gegen Feinde aktiv zu werden. Die Drohne kann gegnerische Radarstellungen selbstständig erfassen und angreifen, ohne dass ein Mensch gefragt werden muss. In Zukunft soll es dann autonome Tötungsmaschinen geben, die in komplexeren Szenarios zum Einsatz kommen und auf unvorhergesehene Ereignisse im Rahmen ihrer künstlichen Intelligenz flexibel reagieren (Geiß 2015).[9] Diese Waffen sind zwar vom internationalen Recht nicht verboten, ob sie jedoch den Menschenrechten

8 | Vgl. http://de.wikipedia.org/wiki/Nanotechnologie, aufgerufen am 24. Mai 2014.

9 | Vgl. auch die Dokumentation »odysso: Der automatisierte Krieg« im Südwestrundfunk/Saarländischen Rundfunk vom 29. September 2016.

oder auch nur dem Kriegsvölkerrecht entsprechen, bleibt zu bezweifeln. Wie werden sie Freund und Feind auseinanderhalten? Soldaten und Zivilisten? Wer wird verantwortlich sein? Der UN-Sonderbeauftragte Christof Heyns sprach in diesem Zusammenhang plakativ vom »death by algorithm«, vom Tod durch den Algorithmus (ebd.). Dass diese Fragen unbeantwortet bleiben, während die Entwicklung autonomer Tötungsmaschinen bereits in einen inoffiziellen Rüstungswettlauf eintritt, zeigt, wie schwierig die ethischen Fragen sind (Friedrich Ebert Stiftung 2015).

Hinzu kommt auch, dass die atomare Bewaffnung der Großmächte USA und Russland sowie China immer mehr in digitale Netzwerkstrukturen eingebunden werden, was sie für Hackerangriffe verwundbar macht und zu unkontrollierten Einsätzen führen könnte.[10] Im Rahmen der bestehenden nuklearen Erstschlagsdoktrinen wird auch in diesem hoch brisanten Bereich das Thema Cyber-Sicherheit wichtig, ohne dass dies bisher von den Nuklearmächten in Rüstungs- und Abrüstungsverhandlungen thematisiert worden ist.

Ethisch gleichermaßen komplex ist der Bereich der hochmodernen Tools zur Datengewinnung, die von der US National Security Agency (NSA) eingesetzt werden. In der Vergangenheit entschieden Richter darüber, ob ausreichend Anlass dafür besteht, dass eine Strafverfolgungsbehörde die Telefondaten eines Amerikaners einsieht, die persönliches Eigentum sind und vom Vierten Verfassungszusatz geschützt werden. Aber seit spätestens 2009 umgeht die NSA den Schutz der richterlichen Anordnung, indem sie außerhalb der USA die Glasfaserkabel von Yahoo und Google anzapft und Unmengen Daten herauszieht – die meisten von US-Amerikanern. Ohne die intelligenten KI-Tools könnte die NSA mit diesen Daten nichts anfangen. Doch mit modernster Data-Mining-Software kann sie Datenmengen durchforsten und kategorisieren, für die das menschliche Gehirn Jahrmillionen bräuchte.

Tötungsroboter und Data-Mining-Tools beziehen ihre Macht aus denselben KI-Techniken, die unser Leben in vielerlei Hinsicht bereichern. Wir nutzen sie zum Einkaufen, Übersetzen und Navigieren, und bald schon werden auch unsere Autos damit fahren. Das IBM-Computerprogramm Watson, die ›Denkmaschine‹, die in der Quizshow Jeopardy! gewann, legt die US-amerikanische Medizinerprüfung ab. Watson führt digitale Ermittlungen durch, genau wie Jungjuristen im ersten Jahr, nur schneller. Das Programm findet auf Röntgenbildern schneller Lungenkrebs als ein Mediziner und hängt die besten Wirtschaftsanalytiker locker ab. Wie lange wird es dauern, bis eine Denkmaschine auch die Forschung und Entwicklung Künstlicher Intelligenz beherrscht? Anders herum formuliert: Wann lernt der Roboter HAL 9000, sich in einer endlosen Rückkoppelungsschleife wachsender Intelligenz klüger zu programmieren, als er schon ist?

10 | Vgl. ebd.

Barret schlussfolgert weiter: »Die Krux liegt darin, dass wir nicht wissen, wie wir superintelligente Maschinen kontrollieren sollen. Viele meinen, solche Roboter wären harmlos oder sogar dankbar. Aber wegweisende Studien des KI-Forschers Steve Omohundro legen die Vermutung nahe, dass sie Instinkte entwickeln würden. Egal, ob es nun ihre Aufgabe wäre, auf Asteroiden Rohstoffe zu fördern, Aktien zu kaufen oder unsere Energie- und Wasser-Infrastruktur zu betreiben: Sie würden sich selbst schützen und versuchen, Ressourcen zu beschaffen, um besser an ihr Ziel zu gelangen. Um zu überleben, würden sie gegen uns kämpfen, und sie würden es nicht einfach zulassen, dass man sie abschaltet. Omohundro gelangt in seinen Studien zu dem Schluss, dass die Instinkte der superintelligenten Maschinen mit unseren Instinkten auf Kollisionskurs geraten, wenn wir bei der Konstruktion nicht sehr gut aufpassen. Mit Stephen Hawking können wir völlig zu Recht fragen:

> »Angesichts der unberechenbaren Vorteile oder Risiken für die Zukunft tun die Experten doch sicher alles Erdenkliche, damit das bestmögliche Ergebnis herauskommt, oder?« (Barret 2015).

Diese ironische Anspielung auf die Möglichkeiten der Menschen zur Kontrolle der Technologie wird auch heute immer wieder mit den Möglichkeiten der Bio- und Gentechnologie verknüpft. Die Frage also ist, wie der Mensch in die Schöpfung eingreift und was dies letztendlich bewirkt.

Das Zeitalter der Biotechnologie ist da

In diesem Sinne sind (3.) auch bahnbrechende Innovationen im Bereich der Bio- oder Gentechnologie und elektronisch basierte und zunehmend ortsunabhängig genutzte Medizintechnologien beeindruckend. Die Gentechnologie hat als ›Genetic Engineering‹ heute einen beachtlichen Zugriff auf die Architektur des Menschen und der Natur realisiert. In ihrem Mittelpunkt steht das Verstehen, dass allen organischen, auf Kohlenstoff basierenden Lebensformen ein sich selbst reproduzierendes Datenband zugrunde liegt. Dessen Programmiersprache ist bei allen Organismen biochemisch gleich codiert. Der Träger dieser Codes ist die Desoxyribonukleinsäure (DNA) oder die Ribonukleinsäure (RNA). DNA und RNA sind ein in allen Lebewesen vorkommendes Biomolekül und Träger der Erbinformation, also der Gene. Ihr Unterschied besteht in ihrer Struktur und bestimmten Reaktionen biochemischer Art. Prinzipiell sind sie Träger von biochemisch codierten Informationen. Die Universalität des genetischen Codes erlaubt eine Fülle von Rekombinationsmöglichkeiten organischen Lebens. Wenn das vergangene 20. Jahrhundert das Jahrhundert der Chemie und Physik gewesen war, wie es der amerikanische Nobelpreisträger Robert Curl einmal sagte, so wurde schnell klar, dass das 21. Jahrhundert das Jahrhundert der Biologie sein werde. In Form der Biotechnologie hat sich die Möglichkeit eröffnet, das Programm des Lebens zu entschlüsseln und Veränderungen zugänglich zu machen.

Das Wesen dieses technologischen Epochenschritts beschreiben vier Elemente:

- die Fähigkeit, gezielt in das Erbmaterial einzugreifen, ist das Herzstück der molekularen Revolution. Die Anwendungen der Zukunft, sei es in der Humanmedizin, der Landwirtschaft oder der Umwelttechnik, beruhen auf der neuen Programmierung genetischer Baupläne;
- genetische Ressourcen werden auf diese Weise zum Rohstoff und zum Kapital eines neuen, global wirksamen Wirtschaftszweiges, dessen Entfaltung auf der Phalanx von Computertechnologie und Genforschung basiert und der davon lebt, daß DNS als firmeneigenes Kapital bearbeitet, patentiert und besessen werden kann;
- durch den Umbau des Erbmaterials entwickelt sich der Mensch zum Objekt seines eigenen technisch-medizinischen Gestaltungswillens. Die Naturgeschichte des Menschen geht über in ein neues Zeitalter, in dem die Gestaltbarkeit des Lebens möglich wird;
- die Auswirkungen dieser neuen Verfaßtheit des Menschen werden das Leben in ganz unmittelbarer, praktischer und konkreter Form berühren. Sie werden aber auch jeden zwingen, sich auf irgendeine Weise auf eine persönliche Auseinandersetzung und Stellungnahme einzulassen.

Dabei sind die Vorteile der Anwendung ebenso groß wie ihre Tragweite für Gesellschaft und Individuum. Aus der wissenschaftlich-technischen Revolution der Gentechnologie ist in den 2000er Jahre eine politische, ethische, wirtschaftliche, soziale und psychologische Herausforderung geworden, welche Entscheidungen abverlangt über Werte, Ziele und den Weg dorthin. Darüber hinaus wurde die Gentechnologie auch ein politisches Thema der neuen Globalisierung: die Anwendung von humanen Eingriffen etwa bei der In-Vitro-Fertilisation oder der Früherkennung von genetischen Defekten von ungeborenem Leben unterliegt in den jeweiligen Ländern sehr unterschiedlichen moralischen Ansichten oder gesetzlichen Regelungen. Globalisierung erlaubt durch Medizintourismus oder Internetgebrauch die Umgehung länderspezifischer Regularien, lagert grundlegende ethische, soziale oder politische Problematiken der Technologie damit über die Grenzen hinaus; gentechnologische Manipulationen agrartechnischer Art können Pflanzen resistenter gegenüber Umwelteinflüssen machen und Ernteerträge steigern, sie werfen aber Probleme mit Blick auf ihre allgemeine Umweltverträglichkeit innerhalb ihrer Ansiedlung in einer ›natürlichen‹ Umwelt oder die Beherrschung von Märkten für gentechnisch modifiziertes Saatgut durch einige wenige Agrarkonzerne insbesondere gegenüber indigenen Volksgruppen in Entwicklungsländern auf. Auch hier zeigte sich in den vergangenen 20 Jahren der globale Einfluss einer zunächst in Universitäten und Forschungslaboren ›unschuldig‹ entwickelten Basisinnovation, die schlussendlich erhebliche Probleme hinsichtlich ihrer Umweltverträglichkeit, ihrer allgemeinen Verfügbarkeit und des ›Eigentums‹ von natürlichen Ressourcen geschaffen hat (Weidenfeld/Turek, 2002: 197 ff).

Der amerikanische Zukunftsforscher Jeremy Rifkin orakelte bereits Ende der 1990er Jahre über einen gigantischen ›Faustschen Pakt‹, der mit dem Zeitalter der Biotechnologie über die Menschen kommen werde. Es entstünden große Verlockungen großer Fortschritte und einer leuchtenden Zukunft voller Hoffnungen, doch zu welchem Preis? Mit seiner ihm eigenen dramatisierenden Art sprach er von einer fatalen Unterbrechung der natürlichen Evolution und fragte: sind wir dabei uns zu Aliens in einer von geklonten, chimären und transgenen Kreaturen bevölkerten Welt zu entwickeln? Und weiter: welche Folgen wird es für die Weltwirtschaft und Weltgesellschaft haben, wenn der Welt-Genpool von einer Handvoll multinationaler Konzerne kontrolliert werde? Und wie wird die Patentierung von Leben an unsere tiefsten Überzeugungen über die Natur als göttliche Schöpfung und über den unveräußerlichen Wert von Leben rütteln? (Rifkin 1998). Seitdem waren atemberaubende Fortschritte in der Bio- und Gentechnologie zu verzeichnen. Mit Blick auf Rifkins warnende Worte setzte das Jahr 2016 einen wichtigen Akzent. Es war das Jahr, als in Großbritannien behördenseitig eine Genehmigung erteilt wurde, gentechnische Versuche an menschlichen Embryonen durchzuführen. Nach den Worten des deutschen Gesundheitspolitikers Karl Lauterbach eine problematische Entscheidung, da diese Erlaubnis nun in der Welt sei, die Folgen einer gezielten Veränderung des Erbgutes und die damit verbundenen Risiken aber nach wie vor nicht zu überblicken seien (Zinkant/Becker 2016).

Dies waren und sind allesamt aufrüttelnde Fragen. Sehen wir nach, wie die Entwicklung in der Breite des Themas bis heute verlief.

Biotechnologie repräsentiert einen technologischen Kosmos von faszinierenden Möglichkeiten

Biotechnologische Verfahren werden in den unterschiedlichsten Bereichen angewendet. Dies sind zum Beispiel die Medizin (Rote Biotechnologie), die Industrie und der Umweltschutz (Weiße bzw. Graue und Braune Biotechnologie) sowie Pflanzen bzw. Landwirtschaft (Grüne Biotechnologie). Alle drei Bereiche sind einerseits ein Ergebnis der Globalisierung im wissenschaftlichen, technischen und agrarökonomischen Bereich; gleichzeitig treiben sie dabei die Globalisierung aufgrund ihrer weltweiten Bedeutung weiter an. Und sie sind vielfältig miteinander verknüpft. Pflanzliche Zellen oder Enzyme können auch zur Produktion von industriellen Stoffen oder von Medikamenten genutzt werden Auch zur Entgiftung von Böden (Phytorenmediation) oder als Umweltsensoren sind Pflanzen geeignet. Die Geltungs- oder Durchsetzungskraft biotechnologischer Innovationen hängt derzeit aber von ethischen oder rechtlichen Bestimmungen und Restriktionen ab. Diese sind von moralischer, technologischer, wettbewerbspolitischer oder mentaler Natur. Während die rote Biotechnologie weltweit Durchbrüchen in der Humanmedizin den Weg bahnt und damit für die Reproduktionsverhalten und die Möglichkeiten von Eingriffen in das menschliche Erbgut steht, werden die weiße/braune und grüne Biotechnologie zu einer starken Unterströmung im Mainstream der wirtschaftlichen oder entwicklungspolitischen Globalisierung.

Die weiße oder braune Biotechnologie eröffnet vielfältige industrielle Anwendungen. Dies sind zum Beispiel:

- die Substitution fossiler Energieträger durch Biotreibstoffe;
- die Produktion von Antibiotika zur Behandlung von Infektionskrankheiten;
- die Herstellung von Nahrungsmittelzusätze zur Steigerung des Nährwerts von ›Functional Food‹ (Vitamine, Aminosäuren, Enzyme, Hormonen);
- die Entwicklung von biologisch abbaubarer Polymeren als Biokunststoffe;
- Problemlösungen im Bereich der industriellen Nutzung von biologischen Dekontaminationsstrategien im Umweltschutz.

Die weiße Biotechnologie kann in der Konsequenz erdölabhängige chemische Prozesse durch Mikroorganismen in Zellfabriken ersetzen und so vom Erdöl unabhängiger machen. Sie hat ein großes Potenzial in der Feinchemie. Sie ist dabei weniger öffentlicher Kritik ausgesetzt als die rote oder grüne Biotechnologie, da sich diese Sparte vor allem auf ressourcenschonende, energiesparende und abfallvermeidende industrielle Produktionsprozesse konzentriert. Ein hohes Wachstum ist insofern programmiert, das 2015 in der deutschen Biotechnologiewirtschaft bei etwa 2,5 Milliarden Euro p. A. lag. Der weltweite Umsatz der weißen Biotechnologie wurde dabei aus der Sicht der Jahre 2012/2013 auf rund 50 Milliarden Euro p. A. geschätzt. Er ist damit vergleichbar mit dem gegenwärtigen Umsatz, den Biopharmaka weltweit p. A. erzielen und der mit 55 Milliarden Euro angegeben wird (Eiden 2012).

Die grüne und rote Gentechnik repräsentiert den Bereich, der im Rahmen der Ernährung und gesundheitlichen Versorgung einer wachsenden Weltbevölkerung für die Globalisierung am bedeutendsten ist, wobei sich der Aspekt der Gesundheitsversorgung nicht auf vergleichsweise elitäre oder kostspielige Anwendungen der Fortpflanzungsmedizin wie die Insemination, die Invitro-Fertilisation, die Mikroinjektion oder die Hodenbiopsie beziehen, sondern auf globale Krankheiten wie Malaria, Tuberkulose oder Aids.

Agrarwirtschaft und Ernährungsindustrien sind High-Tech-Industrien

Das menschliche Leben wird durch globale Technologien im Bereich der Lebenswissenschaften oder der Agrarwirtschaft fundamental berührt. Alleine die Agrarwirtschaft, die 2050 zwischen neun und zehn Milliarden Menschen zu ernähren hat, wird über ihren Charakter einer High-Tech-Industrie zum wichtigen Globalisierungsfaktor. Mit der Biotechnologie eröffnen sich Möglichkeiten für die ausreichende Ernährung einer wachsenden Weltbevölkerung. Ein Großteil der Agrarwirtschaft wandelt sich zu einem kapital- und forschungsintensiven High-Tech-Sektor, zu einer Industrie, in der DNS, der Rohstoff des Lebens in Eigentum umgewandelt werden kann. 2025 werden mehr als 85 Prozent der Menschheit in Entwicklungsländern leben. Um eine ausreichende Ernährung für alle sicherzustellen, muss die Nahrungsmittelproduktion nach vorliegenden Schätzungen um rund 50 bis 75 Prozent gesteigert werden. Die Bio- und Gentechnik wird das Profil der Agrarwirtschaft ändern. Boden, natürliche Ressourcen und Arbeit verlieren als charakteristische Faktoren der Landwirtschaft an Bedeutung. Agrarwirtschaft und Ernährungsindustrie werden zum High-Tech-Produzent, kapitalintensiv und auf Laborforschung gestützt. Schon heute funktioniert die Tierzucht nicht mehr ohne die Arbeit im Labor. In-vitro-Fertilisation, die ›Befruchtung im Glas‹, und Embryonenübertragung sind ›state of the art‹ und haben bereits den Weg für das Szenario ihrer Anwendung in der nahen Zukunft geebnet. Die Fähigkeit, gezielt in das Erbgut einzugreifen, wird aller Wahrscheinlichkeit nach binnen der nächsten fünfzehn Jahre ›ganz normal‹ kommerziell genutzt werden können, um die Eigenschaften und die Leistungsfähigkeit von Nutztieren wie Kühen und Schweinen maßzuschneidern.

Tiere mit zusätzlichen Nutzfunktionen werden ›produziert‹ werden: Schafe, Ziegen, Kühe, die als lebende Pharmafabriken Arzneimittel liefern und mit der Milch ausscheiden; oder Schweine, die als Organspender Herzen, Lebern und Nieren bereitstellen, deren Zellen so verändert worden sind, dass sie das menschliche Abwehrsystem als artgleich toleriert. Die Nutztierhaltung wird damit um die Produktion von Nahrung oder von ›Ersatzteilen‹ für Mensch und Tier ergänzt. Hinzu kommen andere industrielle Anwendungen. So lassen sich bereits heute aus den Erbanlagen der goldenen Radnetzspinne Erbanlagen isolieren, die zur Produktion extrem belastbarer Fasern dienen. Das Material, das so gewonnen wird, dient der Produktion von biologisch abbaubarem chirugischem Nahtmaterial oder leichtgewichtigen kugelsicheren Westen. In der Pflanzenzucht werden gentechnische Eingriffe vorgenommen, die gezielte Neukombinationen von Einzelmerkmalen bewirken, um die Resistenz gegen Viren, Insekten, Salz, Kälte und Dürre zu stärken oder um die Zusammensetzung der Nährstoffe zu gestalten. Der Einsatz der Gentechnik wird sich nicht nur auf Veränderungen von Kulturpflanzen beschränken, die den Ertrag auf den Feldern erhöhen. Es wird auch mehr synthetisierte, also künstliche Produkte geben, die in Laboratorien erzeugt und in Fabriken verarbeitet werden und damit den herkömmlichen Anbau vermutlich zunehmend ergänzen oder gar ersetzen. Die Lage auf den Feldern wird sowohl von ursprünglichen als auch gentechnologisch modifizierten Pflanzen und Organismen geprägt. Dies hat zu einer Kontroverse um die Zulässigkeit und die ethische Verantwortung eines gleichermaßen natürlichen wie gentechnologisch modifizierten Anbau geführt.

Die Agrarstruktur der Zukunft wird von Unternehmen bestimmt, die Teile des Produktionsprozesses, zum Beispiel Entwicklung und Herstellung von Mastfutter, Saatgut, Pestiziden oder Dünger, in ihr Sortiment aufnehmen. Grenzlinien zwischen Landwirten, Saatgutentwicklern, Düngemittelfirmen oder lebensmittelverarbeitenden Fabriken werden dann verschwimmen. Im Zeitalter der Globalität werden auch Life-Science-Unternehmen, Agrarkonzerne und international agierende Handelshäuser oder Lebensmittelhändler dazu übergehen, Joint Ventures zu bilden. Es werden sich Allianzen herausbilden, die von der Forschungskooperation bei der Entschlüsselung und Patentierung von Pflanzen- und Tiergenomen über Saat und Ernte bis zu Produktion und Vertrieb von Nahrungsmitteln reichen. Die High-Tech-Transformation der Agrarwirtschaft wird sich im neuen Jahrhundert als global wirksames Muster in allen modernen Industriegesellschaften vollziehen, selbst wenn sich die gegenwärtigen Entwicklungen in Nord- und Südamerika, in China, Südostasien, Südafrika und Europa unterscheiden. Beispielsweise stammten in den USA 2000 bereits über die Hälfte der Soja- und rund ein Drittel der Maisernte aus genetisch verändertem Saatgut. Auch in Kanada und Argentinien kann man von einem Schulterschluss der großen Agrarunternehmen und der Bio-Tech-Industrie sprechen. Demgegenüber reagieren die europäischen Regierungen, Landwirtschaftsverbände und Verbraucher nach wie vor gegenwärtig überwiegend ablehnend auf die Anwendungen der grünen Gentechnologie. Ein ähnliches Bild zeigt sich in einigen asiatischen Ländern, wie etwa Japan, und seit einiger Zeit auch bei den amerikanischen Verbrauchern.

Die Mischung aus Befürwortung, Bedenken, Misstrauen und dem Lavieren in politisch-wirtschaftlichen Regulierungsfragen ist wahrscheinlich eine Übergangserscheinung. Dies zeigt sich, weltweit gesehen, in der gestiegenen Nachfrage nach gentechnologisch modifizierten Sorten. Nach Angaben des als relativ unabhängig geltenden ›International Service for the Aquisition of Agro-Biotech Applications' brachte bereits das Jahr 2001 für die Hersteller und Verkäufer gentechnisch modifizierter Nutzpflanzen ein Rekordergebnis. Gemessen am Jahr 2000 war demnach die weltweite Anbaufläche um fast ein Fünftel gestiegen. Auf insgesamt rund 52 Millionen Hektar wuchsen gentechnologisch veränderte Mais- und Sojapflanzen, Baumwolle und andere Kultursorten. Die Organisation erklärte diese große Steigerung vor allem mit dem wachsenden Interesse von Kleinbauern in China und Südafrika an gentechnisch veränderten, schädlingsresistenten Baumwollsorten. Das bedeutet, dass seit Mitte der 1990er Jahre die Größe der Anbaugebiete um das dreißigfache angestiegen ist. Dieses Wachstum und die internationale wirtschaftliche Verflechtung werde dazu beitragen, die unterschiedlichen Marktstrukturen und Regulierungsniveaus anzugleichen.[11] Verbesserte Kenntnisse über die Chancen und die Vermeidung von Umwelt- und Gesundheitsrisiken werden mittelfristig eine Reihe von – auch emotionalen – Vorbehalten gegenüber der grünen Gentechnik einebnen bzw. zu einer differenzierteren Sichtweise führen und damit auch gesetzliche Schranken fallen lassen. Obwohl von Kritikern der Bio- und Gentechnik oft ins Feld geführt, ist die Frage, inwieweit die Dominanz einer bio- und gentechnologischen Agrarindustrie Bauern ihrem Land entwurzelt, in den europäischen Industrienationen von untergeordneter Bedeutung. Kleinbetriebe spielen ökonomisch ohnehin eine immer geringere Rolle, wenngleich sie aufgrund ihrer Bedeutung für den ländlichen Raum in einer Nischenfunktion überleben werden.

Für Asien dagegen ergibt sich ein anderes Bild. In einigen Ländern dieser Region ist es durchaus vorstellbar, dass die Bio- und Gentechnik in traditionelle Kultur- und Sozialformen eingreift, nämlich dann, wenn es den Unternehmen mehr und mehr gelingt, Produkte zu produzieren, die zur Exportpalette und damit zur Lebensgrundlage gehören; oder etwa, wenn im Labor Ersatzstoffe entwickelt werden, die sich kostengünstiger herstellen lassen. Anders als in Nordamerika und Europa muss daher in Asien der Verlust landwirtschaftlicher Arbeitsplätze auch als Faktor sozialer Unruhe kalkuliert werden. Die ländliche Familie und das Dorf mögen im Westen von abnehmender Bedeutung sein, in vielen Teilen Asiens stehen sie aber weiter für ein wichtiges Maß an sozialer Stabilität und Kontinuität (Weidenfeld/Turek 2002: 76ff.).

Gesundheitstelematik entspannt das Gesundheitswesen durch effiziente Versorgungsformen im demographischen Wandel

Der Bereich der Gesundheitstelematik bezeichnet die Möglichkeit, mittels moderner Informations- und Kommunikationstechnologien Menschen zeit- und ortsunabhängig medizinisch zu beobachten und zu behandeln. Sie ist besonders attraktiv mit Blick auf chronische Krankheiten wie Bluthochdruck, Herz-Kreislauferkrankung (Herzinfarkt und Schlaganfall) sowie Diabetes (I und II). In Deutschland sind etwa sechs Millionen Menschen von diesen Erkrankungen betroffen. Dies sind immerhin fast acht Prozent der Bevölkerung. Die

11 | Vgl. Die grüne Gentechnik gedeiht. Anbau transgener Nutzpflanzen abrupt um ein Fünftel gestiegen, in: Frankfurter Allgemeine Zeitung vom 11. Januar 2002.

Alterung der Menschen im Zuge des demographischen Wandels wird dieses Phänomen intensivieren.

Gleichzeitig steigt die Betroffenheit der Menschen von diesen Krankheiten mit steigendem Wohlstand und im Zuge ungesunder Lebensführung weltweit an. Deshalb sind moderne Behandlungsmethoden vor dem Hintergrund der Alterung weltweit ein Thema mit höchster Priorität. Betroffen ist dabei nicht nur die westliche Hemisphäre, sondern es sind auch die Gesellschaften Asiens, allen voran China und Japan. Hinzu kommt: die Unterschiede dabei aber sind von gravierender Natur. in der Sahelzone geht es weiter ums Überleben – in China oder Indien zunehmend auch um die Konsequenzen einer luxuriösen Lebensführung. Mit allen Folgen der Zivilisationserkrankungen. Sie benötigen entweder in strukturschwachen Zonen in ihren Heimatländern oder im Rahmen ihrer (weltweiten) Mobilität eine entlokalisierte und entgrenzte medizinische Unterstützung. Im Kontext des Sogs der großen Metropolen, der Ausdünnung des ländlichen Raums und einer verstärkten Mobilität sowie der Notwendigkeit von modernen Versorgungsformen, werden telemedizinische Innovationen global gesehen gesellschaftlich und gesundheitspolitisch immer wichtiger. Dazu dient auch der zeitnahe und global organisierte Austausch medizinischer Informationen und Daten, so etwa in der Radiologie, wo rund um die Uhr von Spezialisten Informationen von Kontinent zu Kontinent ausgetauscht und bewertet werden. Das spart Zeit und Geld und intensiviert die Behandlung von kranken Menschen.

Dies kann man auch in einem größeren Zusammenhang sehen. Gesundheit und Gesundheitstechnik werden in Zukunft zu einem prägenden Teil der entwickelten und sich entwickelnden Ökonomien. So wie die Mechanik, die Chemie, die Elektrotechnik und zuletzt die Informations- und Telekommunikationstechnologie als bahnbrechende Basisinnovationen Volkswirtschaften über lange Zeiträume in entscheidender Weise prägten, wird das Gesundheitswesen und die Medizintechnik als entscheidender Wirtschaftszweig in den ersten 50 Jahren des 21. Jahrhunderts genauso bestimmend werden wie die genannten Basistechnologien der Vergangenheit. Dabei sind alle Technologien und technischen Lösungen in den Bereichen Logistik und Verkehr auch Globalisierungsinstrumente. Über so gebaute ›Brücken‹ zwischen allen Erdteilen der Welt kommt es zu vielfältigen Kontakten in der Globalisierung. Verkehr und Logistik haben einen kulturellen Effekt. Menschen kaufen oder vermieten nicht nur Waren und Dienstleitungen, sondern tauschen sich kritisch über deren Mehrwert, Nutzen oder moralischen Entstehungskontext aus. Und dies in zunehmender Weise auch über das Internet oder die Mobiltelefonie, also über globale Strukturen, die dann Meinungen und Bewertungen aus der ganzen Welt umfassen und – jenseits der Zensur – zulassen. Dabei gewährleisten moderne Logistik und adäquate technologische Lösungen die Möglichkeit einer Weltentwicklung, die innerhalb von verschiedenen Szenarien den Globus in den kommenden Jahrzehnten entscheidend prägen werden (Deutsche Post AG/Z_punkt 2012).

Der Weltraum wird als Forschungslabor, als zivile und als militärische Operationsbasis unverzichtbar

Hinzu kommt eine stark anwachsende zivile und militärische Nutzung des Weltalls, welche sehr wichtig geworden ist, für Navigation, Ortung, militärische Führung oder ökologische Messprozesse in den Bereichen Wetter, Klima und Erdbeschaffenheit. Die Weltraumtechnologien verdeutlichen als erdumspannendes technologisches Netzwerk bildhaft die neue Globalisierung und integrieren wichtige Länder unserer Welt.

2. Big Data und das koronare Herzkranzgefäss des globalen Organismus

Die zweifelslos wichtigsten technologischen Antriebsmotoren der neuen Globalisierung sind die Informations- und Kommunikationstechnologien. Sie sind mit Blick auf ihre Funktion das koronare Herzkranzgefäß der Globalisierung, das diese tagtäglich mit dem Sauerstoff versorgt, ohne den der Herzschlag der Globalität nicht möglich wäre. Die durch sie transportierten Informationen haben einen Wert, der dem prozentualen Anteil des Sauerstoffgehalts im Verhältnis zu seinem Kohlendioxidgehalt im Blut entspricht. Würden die Wege, Instrumente und Mechanismen von Information und Kommunikation schlagartig verstopft und kollabieren, wäre dies ein schwerer Herzinfarkt der globalisierten Welt.

Informationen sind ein Goldschatz

Die Bedeutung der Informations- und Kommunikationstechnologien liegt unter anderem in ihrem ökonomischen Potenzial. Sie halten in der neuen Globalisierung Einzug in sämtliche Lebensbereiche, wobei der Trend zur Konvergenz von Informations- und Kommunikationstechnologien sowie Sensorik, Robotik und Biometrie die weitere Entwicklung der Big Data Bewegung exponentiell voranbringen wird (Mayer-Schönberger/Cukier 2013; Ford 2015). Big Data bezeichnet eine Methode und ein Modell der Vorhersage menschlicher Entscheidungssituationen. Mithilfe der Sensorik, einer Vielzahl von Datensätzen sowie bestimmten Algorithmen erlauben sie automatisierte Voraussagen über Verhaltenspräferenzen, die sich anhand von statistischen Korrelationen abbilden lassen. Im Ozean der Daten sind überraschende und wertvolle Verbindungs- und Knotenpunkte verborgen, um die sich bis Anfang der 2000er Jahre niemand so richtig gekümmert hat. Mit der Methodik des Data-Mining ist nun ein Zustand erreicht, bei dem menschliche Handlungen, Aktivitäten oder Gefühlszustände messbar sind. Deshalb ist Big Data kommerziell, staatlich und gesellschaftlich hochinteressant. Dadurch kommt die Welt ihrem Wunsch näher, das Leben zu quantifizieren und es mit humaner Robotik oder künstlicher Intelligenz aus der Kombination der verschiedensten Datensätze attraktiver zu gestalten. Nanotechnologische und gentechnologische sowie materialtechnologische Innovationen werden diesen Prozess durch unterstützende Technologien und Prozessentwicklungen flankieren.

Ihre Chancen für Wirtschaft, Wissenschaft, und Politik sind facettenreich und ihre kulturelle Bedeutung erheblich. Daten haben einen enormen ökonomischen Wert, der dem Wert von Rohstoffen und Energie gleichkommt. Sie realisieren Produktivitätserhöhungen, Kostenreduktion oder optimierte ›Business to Business‹ (B2B) und ›Business to Consumer‹ (B2C) – Strukturen; sie erleichtern die Bildung von zielführenden Szenarien und sind unverzichtbar in der Prognostik und Ausbeutung von sozio-ökonomischen Entwicklungen. Auch die Bereiche der Wissenschaft, der öffentlichen Verwaltung oder des Gesundheitswesens werden von ihnen erfasst. Big Data ermöglicht eine Vorstellung der Zukunft der digitalisierten Existenz. Dabei sind allerdings auch erhebliche Herausforderungen zu bewältigen.

Yvonne Hofstetter warnt davor, das Big Data zum neuen Geschäftsmodell der Überwachung wird. Die Masse der Daten, die permanent durch das weltweite Netz fluten, seien alleine bisher kein Risiko gewesen. Erst die intelligenten Algorithmen, die Big Data ausmachen, würden zunehmend zum Problem. Sie analysieren und prognostizieren uns, um uns zu kontrollieren – autonom, schnell, überall und permanent. Sie verbreiteten sich im Rahmen artifizieller Intelligenz, als selbstlernende Haustechnik, vernetzte Autos, elektronische Armbänder oder intelligente Smartphones (Hofstetter 2014). Die Begehrlichkeiten von Unternehmen oder Regierungen nach personenbezogenen Daten steigen. Internetnutzer werden zum gehandelten Gut, ohne dass es ihnen bewusst ist oder sie dadurch ökonomischen Nutzen erzielen. Dies reicht in alle Bereiche des Alltags hinein. Aufsehen erregten Berichte die zeigten, wie nicht nur das Internet, sondern an das Internet angeschlossene Geräte und Gegenstände Informationen an den Staat oder die Industrie übermitteln können, um so aufschlussreiche Informationen über die Verhaltensweisen und Wünsche von Menschen zu sammeln, auszuwerten und später in individualisierte Marketingstrategien zu übersetzen.

Wenn die Barbiepuppe fragt: »Willst Du Tänzerin werden? Oder Politikerin?«, fließen aufschlussreiche Daten

Selbst vor dem Kinderzimmer macht diese Methodik keinen Halt. Selbst herkömmliches Spielzeug enthält heute elektronische Komponenten. So hat die weltberühmte Barbie-Puppe ein elektronisches Hörgerät, mit dem sie vernehmen kann, was das spielende Kind an Missstimmungen oder Gefühlen mitzuteilen hat. Damit die Kleinen mit ihrer Puppe reden, hat die Puppe auch einen Lautsprecher über den sie dem Kind Fragen stellt: »Du hast mir gesagt, dass Du gerne auf einer Bühne stehst, möchtest Du vielleicht Tänzer werden? Oder Politiker?« (Boie 2015). Werden die Daten an den Hersteller elektronisch übersandt, kann dieser sich Gedanken darüber machen, wie er aus diesen Informationen durch die Weiter- oder Neuentwicklung von Spielzeug Profit schlagen kann. Andere Beispiele sind der kleine Dinosaurier ›Cognitoy‹, der im Gespräch mit den Kindern die semantischen Fertigkeiten des Nachwuchses prüft und überwacht, wie schnell er klüger wird. Dabei kommen solche Funktionen den Eltern entgegen. Es besteht die Option, dass diese Geräte die Informationen an die Eltern schicken. Diese können dann prüfen, wie der Geisteszustand ihrer Kinder ist, womit sie sich beschäftigen und wo sie gerade genau sind. Künstliche intelligente Technik wird so zur Beschäftigungstherapie und zur Erziehungsinstanz. Wo früher Großfamilien die Entwicklung des Nachwuchses persönlich und in intimer Umgebung förderten, nehmen künstliche Intelligenz und smarte Geräte den ›Helikoptereltern‹ viele Anstrengungen in deren Erziehung ab. So paradox es klingt: dies kann auch als eine win-win-Situation gedeutet werden, in der die Bedürfnisse von Kindern, Eltern und Industrie auf eigenartige Weise konstruktiv zusammengeführt werden können.

Problematisch bleibt aber auch: Daten und Informationen, die im frühen Kindesalter über Menschen erhoben worden sind und sorgfältig gespeichert werden, können später von unschätzbarem Wert sein. Wer früh einen Menschen durchleuchtet hat und die Daten sorgfältig im Zeitverlauf pflegt, kann Rückschlüsse für das restliche Leben des Menschen ziehen. Wer als Teenager besonders wild Fahrrad gefahren ist, zahlt vielleicht mehr für die Fahrschule, die 30-jährige Bankerin, die als kleines Mädchen stets den Porsche im Videospiel gefahren ist, möchte nun womöglich einen echten kaufen und wer mit zwölf Jahren hervorragend im Ego-Shooter war, der will mit 17 Jahren vielleicht gerne zur Bundeswehr (ebd.). Dabei durchläuft die Spielzeugindustrie die gleichen Veränderungen wie andere Branchen. Die Hersteller versuchen so viel wie möglich, über ihre Kunden zu erfahren, um deren Bedürfnisse oder persönlichen Entwicklungen im Voraus zu erahnen. Aber auch der Staat berechnet mit Algorithmen, wo eher Verbrecher auftauchen und wo eher nicht, und Versicherungen prüfen mit komplexen Programmen, wer einen Kredit oder eine Versicherung bekommt und wer nicht.

Die Politik tut sich mit Kontrolle und Regulierung von Big Data schwer

Viele Unternehmen sind mit galaktischen Raumschiffen im Internet in Lichtgeschwindigkeit unterwegs. Der Staat und regulierende Behörden zuckeln in einem Bummelzug mit Tempo 50 hinterher. Zunehmende Datenmengen, unterschiedliche und inkompatible ITK-Strukturen und Datensicherheit wurden in den letzten zwei Jahrzehnten zu Recht problematisiert. Mit Bezug auf Big Data ist so auch das Erkennen des Data Minings oder die illegale Datenauswertung schwierig. Es fehlen integrierte Digitalisierungsstrategien, um auf Chancen und Herausforderungen des digitalen Strukturwandels angemessen zu reagieren. Dementsprechend sind die Risiken hoch. Zu dem Gefühl des ›Information Overload‹ kommt der Verlust der Datenhoheit, den viele Internetnutzer allerdings zum Teil durch ihr egozentrisches und schwatzhaftes Benehmen in den sozialen Medien oder anderen Internetangeboten selbst zu verantworten haben. Die Big-Data-Entwicklung realisiert ein unglaubliches Veränderungspotenzial des menschlichen Miteinanders. Insofern sind regulative Rahmenbedingungen nötig, so dass sich Technologie und Methodik optimal entfalten können (Dapp/Heine 2014). Auf der anderen Seite geht es darum, die Unantastbarkeit des Menschen und die Menschenwürde gegen eine wild wuchernde digitale Revolution zu verteidigen.

Die Journalisten Stefan Aust und Thomas Amman weisen deshalb zu Recht auf ein geradezu historisches Projekt der Europäischen Union hin: eine einheitliche Datenschutzregelung für die Europäische Gemeinschaft. Hierbei geht es um die digitalen Persönlichkeitsrechte von mehr als einer halben Milliarde Menschen. Es handelt sich dabei um die Datenschutz-Richtlinie, die die 1995 erlassene Richtlinie der Europäischen Gemeinschaft zum Schutz der Privatsphäre von natürlichen Personen bei der Verarbeitung von personenbezogenen Daten ersetzen soll. Die Datenschutz-Grundverordnung soll diese Richtlinie wesentlich weiter entwickeln. Dadurch soll einerseits der Schutz von personenbezogenen Daten innerhalb der Europäischen Union sichergestellt und andererseits der freie Datenverkehr innerhalb des europäischen Binnenmarktes gewährleistet werden. Die Datenschutz-Grundverordnung ist Teil der beabsichtigten EU-Datenschutzreform, welche die Europäische Kommission 2012 vorgestellt hatte.[12] Damit soll europaweit und einheitlich festgeschrieben werden, dass die Bürger der Weiterverarbeitung ihrer Daten ausdrücklich zustimmen müssen und ein Recht auf ›Vergessen werden‹ haben, also auch im Nachhinein die Löschung ihrer Daten verlangen können. Aufgrund der komplizierten Gemengelage und der Einflussnahme der Lobbygruppen aus den USA konnte bisher aber keine Einigung über den Gesetzentwurf der EU-Kom-

12 | Vgl. https://de.wikipedia.org/wiki/EU-Datenschutzreform, aufgerufen am 24. Juni 2015.

mission erzielt werden und auch die nationalen Haltungen zu diesem Gesetzesvorhaben sind ambivalent (Aust/Amman 2014: 23).

Big Data realisiert eine weitere Evolutionsstufe im Internet

Die Welt befindet sich inmitten des digitalen Strukturwandels und die Relevanz web- wie wissensbasierter Technologien nimmt in allen Gesellschaftsbereichen zu. Damit vollendet sich eine Entwicklung, die gerade einmal etwa 50 Jahre jung ist und in den 1940er Jahren am Institute for Advanced Study in Princeton/USA im Kreise von Albert Einstein, Robert Oppenheimer, Kurt Gödel, Alan Turing und John von Neumann mit den ersten Schritten hin zur Digitalisierung der Information ihren primitiven Anfang nahm (Dyson, 2014). Unzählige betriebliche, staatliche oder private Interaktionen sind heute an digitale Informations- und Kommunikationstechnologien gebunden. Big Data ist nach einer Reihe logischer Evolutionsstufen im Internet der aktuelle Aggregatzustand der globalen Digitalisierung.

Nach der Individualisierung, der Verlagerung der Daten in die Cloud oder des Wunsches nach digitaler Mobilität wächst das Verlangen, aus den vorhandenen Datenbergen wertvolle Interaktionsmuster und Verhaltensgewohnheiten der Menschen zu extrahieren, um diese mittels eines modernen Data-Mining Prozesses systematisch zu erfassen, auszuwerten und kommerziell oder politisch zu nutzen. Es geht darum, unterschiedliche Datensätze zu kombinieren, Muster in diesen kumulierten Daten mit intelligenter Software aufzuspüren, um anschließend wertvolle und lukrative Schlüsse aus den Ergebnissen zu ziehen. Daten erweisen sich so einerseits als Quelle für Innovation, Kreativität und münden idealerweise in neue Geschäftsideen, Produkten oder Dienstleistungen ein. Andererseits kann durch Missbrauch die informationelle Datenhoheit gefährdet werden und die eigene Selbstbestimmung verloren gehen.

Das Internet legt sich in Kombination mit den modernen Kommunikationstechnologien bis zur Jahrhundertmitte als koronares Netz über die ganze Welt

Weltweit nutzten Ende der 2000er Jahre etwa 17 Prozent der Weltbevölkerung das Internet. Auf das Jahr 2010 bezogen waren das etwa 1,23 Milliarden Menschen. Im Jahr 2015 waren es dann schon gut 2,5 Milliarden Internetnutzer. Geht diese Entwicklung weiter braucht es wenig Phantasie um zu erkennen, dass sich das Internet in Kombination mit den modernen Kommunikationstechnologien bis zum Jahr 2050 als koronares Herzkranzgefäß komplett um die Welt legt und alle Menschen mit den immer wichtigeren Informationen versorgt.

Ohne dieses Netz wird das Herz der Welt im übertragenen Sinn nicht mit Blut und Sauerstoff versorgt. Obwohl das Nutzungsverhalten unterschiedlich ist, wird der Gebrauch des Netzes gerade auch im Alltagsleben über elektronisch geführte militärische Operationen, internetbasierte Finanztransaktionen, modifizierte Kommunikationsgewohnheiten, neue Geschäftsmodelle, privates Konsumverhalten, internationales Gaming, private Netzwerkpflege oder elektronisch intensivierte Familienkontakte immer alltäglicher – und in der Konsequenz existenzfördernd oder sogar lebenserhaltend. Soziale Netzwerke wie Facebook, Twitter, Xing, Snapchat oder Linkedin sind alltägliche Adressen der ›Netizens‹, die längst keine ›Nerds‹[13] mehr sind. Das Netzt bannt oder ängstigt niemanden mehr. Es ist Normalität. Zugleich aber Segen und Fluch. Das Internet gestattet es, dass wir durch den Zugang zu großen Wissensbeständen klüger werden und die Menschen ihr Leben mit Hilfe der neuen Technologie sinnvoll gestalten können.

Wikipedia ist eines der genialsten Projekte der Internetgesellschaft

Eines der wichtigsten und bemerkenswertesten Projekte des Internet und der Wissensgesellschaft war hierbei die Gründung von Wikipedia. Dies ist ein 2001 gegründetes Projekt zur Erstellung eines freien Onlinelexikons in zahlreichen Sprachen. Wikipedia ist zum meistgenutzten Online-Nachschlagewerk der Welt geworden und liegt auf Platz sieben der meistbesuchten Websites auf der Welt! Etwa 35 Millionen Artikel der Wikipedia in mehr als 28 Sprachen werden in Mehrautorenschaft von unentgeltlich arbeitenden Freiwilligen konzipiert, verfasst und nach dem Prinzip des ›kollaborativen Schreibens‹ fortwährend gemeinschaftlich korrigiert, erweitert und aktualisiert. Das Ziel von Wikipedia ist es, eine frei lizenzierte und qualitativ hochwertige Enzyklopädie zu schaffen und weltweit zu verbreiten. Jeder Internetnutzer kann Wikipedia nicht nur lesen, sondern auch als Autor (allerdings unter Kontrolle der Wikipedia-Community) daran mitwirken. Um Inhalte zu verändern, ist eine Anmeldung nicht erforderlich. In einem offenen Bearbeitungsprozess hat Bestand, was von der Gemeinschaft der Mitarbeitenden akzeptiert wird.[14] Damit hat Wikipedia eine revolutionäre Bildungsfunktion. Während in Deutschland zum Beispiel die Enzyklopädie Brockhaus über Jahrzehnte für etwa 3.000 bis 5.000 Deutsche Mark verkauft wurde, gibt es Wikipedia umsonst. Die Inhalte des Brockhaus waren überaus wertvoll, konnten aber von niemand öffentlich kontrolliert oder sogar korrigiert werden und das Wissen verfiel innerhalb der rasant zunehmenden Halbwertzeit von Information rasant.

---

13 | Als Nerds (englisch) bezeichnet man Computerfreaks, die als genial aber sonderbar und als kontaktarm im Alltagsleben gelten.

14 | Vgl. https://de.wikipedia.org/wiki/Wikipedia, aufgerufen am 17. Oktober 2015.

Jedermann kann das Netz für sich nutzen, für Unternehmensgründungen, für soziale Projekte oder politische Partizipation (Urchs/Cole 2014). Es ermöglicht zahllose praktische Hilfestellungen im Alltag der Menschen, verführt aber andererseits auch zu seinem Missbrauch. Dies bezieht auch kriminelle Aktivitäten, die über das Internet abgewickelt werden, mit ein. Der Verein Mimikama[15] klärt zum Beispiel über Missbrauchsmöglichkeiten auf, die strafrechtlich bzw. zivilrechtlich relevant sind. Dabei geht es etwa um Verletzungen der Privatsphäre, Abonnements-Fallen, Spam-mails, Betrug oder elektronisches Stalking.

Die Digitalisierung hat auch die Politik grundlegend verändert

Die Digitalisierung schafft einen neuen Aggregatzustand der Politik. Politische Prozesse werden innerhalb des E-Government, der E-Democracy, des E-Campaigning und der E-Administration zunehmend digital – und direkt. Damit bedeutet es eine Demokratisierung von Information und prägt das Verhältnis von Bürger und Staat. Im Wahlkampf spielten zum Beispiel internetbasierte Wahlkampfstrategien in der jüngeren Vergangenheit eine immer bedeutsamere Rolle. Dies ist ein wichtiger Aspekt hinsichtlich der politischen Erreichbarkeit und Beeinflussung der Bürger. Exemplarisch hat dies der digital organisierte Wahlkampf von US-Präsident Barak Obama gezeigt. Er hatte zum Zeitpunkt seiner Wahl 2009 ca. 31 Millionen Facebook-Fans, 250.000 Youtube-Abonnenten und 21 Millionen Twitter-Folger. Vor ihm hatte es der republikanische Senator John McCain Anfang der 2000er Jahre schon vorgemacht. Mit einer für ihn eingerichteten Website erreichte er 20 Prozent mehr Wähler als mit herkömmlichen Methoden. Die Einrichtung der Seite kostete 300.000 US-$. McCaine konnte auf diesem Weg 5,6 Millionen US-$ an Wahlkampfspenden akquirieren (Weidenfeld/Turek 2002: 69). Für die ›Campaigner‹ des deutschen Wahlkampfs 2013 war dies eine zielführende Botschaft. Insofern wurde der internetbasierte Wahlkampf auch in Deutschland wichtig. Die Evolution des Internet zu einer Big Data Plattform hat auch den Bereich der Open Government Data entwickelt. Damit wurden intransparente Behördenabläufe transparent und der Dienstleistungscharakter von Behörden wurde spürbar verbessert. Ende 2013 verpflichteten sich die G8-Mitglieder mit der Unterzeichnung einer Open Data Charter dazu, gewisse Prinzipien zur Öffnung ihrer Datenbestände zu implementieren. Dazu gehört unter anderem die Auskunft darüber, was der Staat an Steuergeldern in seinen Haushalten zu welchem Zweck verwenden will.

Das Netz stimuliert Impulse für Bildung und Arbeitsmärkte. Es hat neue Elemente in die klassischen Gütermärkte oder Dienstleistungsbereiche ge-

15 | Vgl. http://verein.mimikama.at/, aufgerufen am 17. Oktober 2015.

bracht und eröffnet die Möglichkeit, einen wirksamen Beitrag zur Reduktion von Transport- und Verkehrsströmen zu leisten. Auch die Optimierung elektronischer Steuerungen von Industrieanlagen kann den Energieeinsatz und den Schadstoffausstoß drosseln, wenn die digitalen Möglichkeiten nicht durch Manipulationen von Emissionsdaten wie bei dem deutschen Autobauer Volkswagenwerke (VW) 2015/2016 diskreditiert werden. Gerade der Blick auf die Schadstoffemissionen zeigt, welch wichtige Rolle die Digitalisierung der Information und ihr industrieller Einsatz spielen kann, um konsistente Lösungen zu entwickeln und so einem entscheidenden Kriterium der Nachhaltigkeit zu entsprechen. Der Einsatz der digitalisierten Informationstechnologien entfaltet ein bemerkenswertes Potenzial für sinnvolle, nachhaltige und akzeptable Lösungen industrieller Produktionsweisen und des Alltagslebens. Zu letzterem gehören auch alle Möglichkeiten eines digital ›unterstützten‹ Lebens, das insbesondere im demographischen Wandel Alterungsprozesse sinnvoll fördern kann (Connected Living oder Ambient Assistant Living, AAL). Es geht hierbei um alle elektronischen Möglichkeiten im eigenen Haus oder Wohnbereich, die ein unauffällig technisch unterstütztes Leben im Alter ermöglichen. Hierbei spielen Lösungen eine zentrale Rolle, die gesundheitstelematische, architektonische und sozial-kooperative Komponenten zu funktionierenden Lösungsmodellen mit Blick auf den demographischen Wandel und die zunehmende Alterung der Menschen verbinden.

Der gesellschaftliche und politische Nutzen von Big Data ist also bemerkenswert

Data-Mining erhöht nicht nur den volkswirtschaftlichen Nutzen. Es wird zunehmend auch dafür eingesetzt, gesellschaftliche Probleme zu mildern. Big Data lässt sich also nicht nur auf kommerzielle Interessen oder die Möglichkeiten verkürzen, die sich in den sozialen Netzwerken mit den Anwendungen digitaler Ökosysteme verbinden. Big Data bietet das Potenzial, gesellschaftliche Probleme im Gesundheitswesen, im sozialen Miteinander oder im Umweltschutz anders und erfolgreich anzugehen. Der Begriff steht auch für Entwicklungspotenziale in Wissenschaft und Forschung. Nicht zuletzt die Zukunftsforschung, die Prognostik oder die Bildung von Szenarios werden durch Methodik und Modell des Big Data enorm stimuliert. Wie wir im Bereich der Gesundheitstelematik schon gesehen haben, sind die Informations- und Kommunikationstechnologien wichtig für Medizin und Pflege. Big Data erhöht den Nutzen solcher Technologien durch Innovationen im Bereich Pandemien und Reaktion. Zurzeit geht zum Beispiel viel Zeit verloren im Prozess der Übertragung von Daten zur Entstehung von Grippeerkrankungen und der Reaktion des Gesundheitssystems, die ohne den Einsatz von Big Data bei rund zwei Wochen liegt. Ergänzend zu den amtlichen Meldeverfahren bietet Google seit einiger Zeit deshalb den Internet-Tool »Google Grippe-Trends« an (Ginsberg 2009; Dapp/Heine 2014: 26f.). Demnach soll ein auf Algorithmen beruhendes Frühwarnsystem verwendet werden, um zeitnaher oder präventiv aktiv zu werden. Durch Suchvolumenanalysen mit Bezug auf grippale Symptome hat sich gezeigt, dass sich Suchanfragen zu Beginn einer Grippewelle überdurchschnittlich häufen. Der nachträgliche Datenvergleich mit tatsächlichen Krankheitszahlen der Gesundheitsbehörden hat gezeigt, dass die auf den elektronischen Suchanfragezahlen basierenden Ergebnisse mit den tatsächlichen Krankheitszahlen weitgehend übereinstimmten. Auf dieser Basis lassen sich also exakte Schätzungen zur aktuellen Grippelage anstellen, was den Behörden Zeitvorsprünge gewährt und es erlaubt, Grippe-Epidemien schneller zu bekämpfen.

Die Implementierung der Informations- und Kommunikationstechnologien realisiert aber auch beträchtliche politische, rechtliche und soziale Probleme

Die digitale Gesellschaft eröffnet in ihrem gegenwärtigen Entwicklungszustand bemerkenswerte Entwicklungsmöglichkeiten. Der Begriff der digitalen Revolution ist damit nach wie vor angebracht. Eine hochtechnisierte Gesellschaft kann über Informationsoperationen der aggressiven, kriminellen, terroristischen Art aber auch empfindlich getroffen werden. Infrastrukturen in Politik, Wirtschaft und Gesellschaft sowie ihre Vernetzungen wurden von der Informations- und Kommunikationstechnologie abhängig und dadurch verwundbar. Es entstanden so eine Reihe von gravierenden Problemen, die auch Globalisierungsprobleme sind:

- Der gläserne Mensch und die ›dunkle Seite der Macht‹;
- Computer- und Netzwerkkriminalität;
- Cybermobbing;
- staatliche Überwachung von Lebensstilen, politischen Verhaltensweisen oder privaten Konsumgewohnheiten;
- ›Liquid Democracy‹ und Schwächung der repräsentativen Demokratie;
- Gefährdung der Privatheit;
- fehlender Datenschutz;
- Zugang zum Netz (Access).

Die Macht der Algorithmen

Die Problemzonen der Informations- und Kommunikationstechnologien fordern eine zeitgemäße Strategie der Digitalisierung heraus. In Deutschland wurde dies nach der Bundestagswahl 2013 erstmals auch institutionell umgesetzt, als das Verkehrsministerium ausdrücklich eine Kompetenz für eine Politik der Digitalisierung erhielt und in das ›Bundesministerium für Verkehr und Digitales‹ umbenannt worden ist. Alle Parteien haben auf Bundes- und Landesebene mittlerweile Arbeitskreise für die digitale Gesellschaft etabliert. In keinem anderen Bereich ist dies 2013 so deutlich geworden wie im Bereich Datensicherheit und dem Schutz der Privatheit der Bürger. Das Gehabe von Geheimdiensten war Anfang der zweiten Dekade des 21. Jahrhunderts schockierend. Julien Assange und andere Desperados des Informationszeitalters haben insbesondere in den 1990er Jahren investigativ und verdeckt ermittelt und zum Ende ihrer ›bemerkenswerten‹ Karrieren die Verwundbarkeiten von Unternehmen und Behörden dokumentiert. Edward Snowden hat den Wahn herumschnüffelnder Hightech-Nationen in dramatischer Weise enthüllt. Snowden zeigte den stillen und unsichtbaren Krieg der USA gegen den internationalen Terrorismus in einer als historisch einzustufenden Art und Weise an. Mit dem Snowden-Skandal wurde das ganze Ausmaß der Massenüberwachung der amerikanischen Geheimdienste und auch angeschlossener Dienste in anderen Ländern transparent. Mittels einer relativ simplen technischen Überwachungsmethode mit Algorithmen im Internet wird jeder ausgespäht. Die Bevölkerung eines jeden Landes steht zunächst einmal unter Kollektivverdacht – es gibt in Wirklichkeit keine Privatsphäre mehr (Greenwald 2014; Rosenbach/Stark 2014).

In der Folge wurden auch die Verstrickungen anderer Staaten in diese Aktivitäten deutlich. Dies betraf etwa Großbritannien und die Bundesrepublik Deutschland. Beide Länder gerieten im Gefolge dieses ›Sturms‹ heftig in Schlagseite. Der Vorfall ist Ausdruck eines Dramas im Informationszeitalter. Es ist total global. Als George Orwell in den Jahren 1946 bis 1948 sein weltberühmtes Buch »1984« schrieb und 1949 veröffentlichte, hatte er die Horrorvision eines totalitären Präventions- und Überwachungsstaats vor Augen, der um die schiere Macht willen seine Bürger im tollwütigen Wahnsinn des Totalitarismus programmiert, kontrolliert und drangsaliert (Orwell, 1950). Eine lautlose und unsichtbare Überwachung und Kontrolle innerhalb eines demokratischen Systems hat er sich dabei als subtile Variante der ›Überneugier‹ des großen Bruders so sicherlich nicht vorstellen können. Auch wenn von einer ungeheuren Verselbstständigung der Geheimdienste im Krieg gegen den Terror ausgegangen werden kann oder muss, ist die NSA-Abhöraffäre als ›Super-GAU‹[16] für den liberalen und demokratischen Rechtsstaat 2013/2014 schlechthin zu einer schweren Belastungsprobe für das demokratische System

16 | GAU bezeichnet den größten anzunehmenden Unfall. Der Begriff wurde mit großen Technikunfällen und hier insbesondere mit Blick auf die Risiken der Nuklearenergie in Zusammenhang gebracht. Herausragende Beispiele dafür sind Kernkraftwerkhavarien im amerikanischen Harrisburg, im ukrainischen Tschernobyl oder im japanischen Fukushima.

der westlichen Welt und ihre ›freundschaftlichen Beziehungen‹ untereinander geworden. Der deutsche Journalist Frank Schirrmacher bezeichnete sie als den ersten großen Zivilisationsbruch des digitalen Zeitalters. Stefan Aust und Thomas Amman gehen noch weiter. Sie sprechen von der digitalen Diktatur, von der Geißel von Totalüberwachung, Datenmissbrauch und Cyberkrieg.

Die amerikanische NSA, deren Hauptquartier in Fort Meade den Beinamen ›Crypto City‹ trägt, ist der mächtigste Geheimdienst der Welt und das wohl wirkungsvollste Instrument staatlicher Überwachung. Der amerikanische Geheimdienstexperte James Bamford beschreibt die seit den 1930er Jahren andauernde Geschichte der NSA als einen Prozess der zeigt, wie George Orwells ›Big Brother‹ Wirklichkeit wurde. (Bamford 2001). Der Agentur geht es heute nach einer Selbstdarstellung um nichts anderes als die ›Information Superiority‹ in der Welt. Das bedeutet die informationelle Vorherrschaft. Aust und Amman beziehen die großen Internetkonzerne in das Bild der digitalen Diktatur mit ein, weil sie sich in einer Art Public-Private-Partnership gegen Bezahlung direkt von Apple, Google, Facebook und Co. mit Kundendaten beliefern lassen. Dies zeuge von der Entstehung eines neuen militärisch-industriellen Komplexes. Silicon Valley betreibe, aktualisiere und monetarisiere die Infrastruktur, während die NSA darauf nach Belieben zugreifen kann (Aust/Amman 2014: 13). Nach dem Internetkritiker Evgeny Morozov präsentiere sich die USA mit dieser Zusammenarbeit in ihrer ganzen Pracht. Mit dieser Teilprivatisierung könnten die Dienste gesetzliche und datenschutzrechtliche Bestimmungen einfacher umgehen. Gleichzeitig erweiterten sie das Spektrum der Zugriffs- und damit der Kombinationsmöglichkeiten fast bis ins Unendliche (Morozov 2014). Wikileaks-Gründer Julian Assange, Jacob Appelbaum und Andy Müller-Maguhn fassen diese ganze Entwicklung unendlich ernüchternd in die Worte: » Das Internet, unser großartigstes Emanzipationsmittel, hat sich in den gefährlichsten Wegbereiter des Totalitarismus verwandelt, mit dem wir es jemals zu tun hatten« (Assange/Appelbaum/Müller-Maguhn 2013). Durch die Möglichkeiten der staatlichen Totalüberwachung sei das weltweite Netz zur Bedrohung der menschlichen Zivilisation geworden, die direkt in einen postmodernen Überwachungs-Albtraum münde, aus dem es für niemanden außer den Gewieftesten ein Entrinnen geben werde (ebd.). Insofern gelte eine Annahme aus früheren Tagen, dass nämlich das Internet die Welt nur demokratischer mache, nicht mehr. Bei allen Fortschritten, die das Internet für politische Partizipation und Verwaltung bringt, wurde im Zeitverlauf klar: Bürger fühlen sich gläsern, von Staaten und Konzernen gleichermaßen durchleuchtet (Borchardt 2015).

Der gläserne Mensch und die ›dunkle Seite der Macht‹

Ein spezielles Problem beim allumfassenden Einsatz von Informations- und Kommunikationstechnologien ist die Big-Data-Problematik. Hierbei geht es um unverhältnismäßige Überwachungsvorhaben des Staates oder kriminelle oder wenigstens sittenwidrige Manipulationen von Unternehmen. Hier sind besonders große internationale Internetplattformen wie Google, Amazon, Linkedin, Facebook, AOL oder Apple gemeint. Im Gegensatz zu dem Vorwurf einer heimlichen Bespitzelung von Menschen geht es hierbei darum, dass Bürger und Konsumenten zum Spielball der Interessen von ungebetenen Gesellen des Internetzeitalters werden, die Datenprofile von Menschen zu ihren Zwecken aufrufen und daraus Schlüsse ziehen, ob diese nun in der NSA, im BND, im MI6, im KGB oder in den krakenartigen Bit-Tempeln der internationalen Internetwirtschaft residieren. Besonders pointiert hat diesen Sachverhalt der Jahreskongress des Chaos Computer Club Hamburg Ende 2016. Die etwa 12.000 Teilnehmer waren sich dort mehr oder wenig einig, dass die potenziellen Überwachungs- und Manipulationsmöglichkeiten von Staat und Wirtschaft nunmehr ein kritisches Maß erreicht hätten (Brühl/ Tanriverdi 2016). Wurde einst der berühmte Roman von George Orwell ›1984‹ immer wieder als Sinnbild für totalitäre staatliche Überwachungspraktiken zitiert, bringt es der 2014 erschienene Roman ›Zero‹ des österreichischen Journalisten Marc Elsberg mit der Geschichte der oft tödlich endenden Manipulation von Menschen anhand von freiwillig gelieferten Persönlichkeitsprofilen in der Wirtschaft heute auf den Punkt (Elsberg 2014).

Noch weiter geht der Amerikaner Dave Eggers. Er liefert mit seinem Roman ›Der Circle‹ ein erschreckendes Portrait einer von einem gigantischen Medienmogul beherrschten Gesellschaft, in der eine Fusion von Google, Facebook und Twitter angedeutet wird und die die größte Datensammelmaschine der Welt erschafft. Zum Wohle der Menschen und der Gesellschaft? Natürlich nicht. Die Transparenz der Daten hat ihren Preis. Dies bemerken die Nutzer aber nicht. Sie zahlen am Ende mit ihrer Freiheit. Gemeinsam mit den Erkenntnissen zu den Ausspähpraktiken des Staates (Greenwald 2014.), ergibt sich daraus ein Bild der technischen Möglichkeiten, nahezu jeden Menschen der Erde mittels seines elektronischen Kommunikationsverhaltens zu erfassen, zu katalogisieren, zu interpretieren und gegebenenfalls zu manipulieren. Dies hat auch der Internetpionier und Träger des Friedenspreises des Deutschen Buchhandels 2014 Jaron Lanier mit seinem Buch »Wem gehört die Zukunft. Du bist nicht der Kunde der Internetkonzerne. Du bist ihr Produkt« eindrucksvoll illustriert (Lanier 2014). Demnach sind die Internetkonzerne mit ihren technologischen Möglichkeiten, alle diese Informationen auszuwerten und weiterzuverkaufen, am Ende die wahren Profiteure. Die dazu notwendigen Informationen hinterlassen die Menschen freiwillig oder unfreiwillig im Netz und sind blind dafür, dass sie den Schatz ihrer Persönlichkeit dabei fahrlässig auf einem unsichtbaren Marktplatz feilbieten. Und einige ›Cyber-Totalitaristen‹ des Silicon Valley sind weiterhin berauscht von ihrer Technik und ihren Möglichkeiten und denken nicht daran, sich in ihrem Machbarkeitswahn an der Debatte um ethische oder politische Fragen der Netzregulierung ernsthaft zu beteiligen.

Der digitale Fußabdruck produziert einen gewaltigen Trampelpfad im Netz

Die gesamte Big Data-Problematik wurde Anfang März 2014 in einer Studie von Thomas F. Dapp und Veronika Heine von der Forschungsabteilung der Deutschen Bank ›Deutsche Bank Research‹ hervorragend thematisiert (Dapp/Heine 2014). Sie beschreiben dort den Stand der Entwicklung digitaler Ökosysteme und zeigen auf, wie das System überhaupt funktioniert und welche Problematiken sich daraus ergeben. Wenn Menschen mittels stationärer und mobiler Endgeräte im Internet surfen, hinterlassen sie über die IP-Adresse oder die freiwillige Registrierung als Kunde und Nutzer Datenspuren, die man auch den ›elektronischen Fußabdruck‹ nennt. Diese Fußabdrücke werden mittels der Big Data – Technologien immer deutlicher und präziser und leichter aufzuspüren.

Insbesondere auf den großen Internetplattformen wie Google, Facebook oder Xing und Linkedin werden im Laufe der Zeit von den ›Usern‹ eine Fülle von Daten so freiwillig hinterlegt. Dies sind nicht nur geschäftliche oder kommerzielle Daten; private und intime Informationen in Wort und Bild finden sich dort ebenso wie Präferenzen für Filme oder Musik, Reisewünsche und Konsumgewohnheiten. Jede gefolgte oder selbst erstellte Nachricht auf Blog-Diensten drückt auch eine Meinung oder individuelle Präferenz aus. Durch die Verknüpfung der einzelnen Tweets[17] kann schnell und einfach ein Profil über politische oder gesellschaftliche Neigungen des Nutzers erstellt werden. So lassen sich Interessen, Neigungen, Meinungen oder sexuelle Obsessionen ablesen, die man später für gezielte Ansprachen der Individuen zu eigenen Zwecken nutzen und insbesondere geldwert umsetzen kann. Während früher eindimensionale Kundeninformationen via Adressverkauf oder singuläre Einkaufsinformationen diffuse Rückschlüsse auf einzelne Kundenpräferenzen zuließen, erlauben sowohl detaillierte als auch komplexe Nutzerprofile mittlerweile eine relativ totale Erfassung einer Person. Digitale Fußabdrücke werden zu handelbaren und begehrten Profilen.

Mittlerweile ist praktisch jedermann in digitale Ökosysteme privat und/oder geschäftlich integriert. Viele Lebens- und Arbeitsbereiche werden durch die Digitalisierung durchdrungen, und viele nützliche Tools wie Suchmaschinendienste, Software, email-Dienste, Cloud-, Wiki- oder Streaming-Dienste

---

17 | Tweets (englisch) meint Piepser oder Gezwitscher (wie das Synonym Twitter).

sowie Märkte für digitale Güter erleichtern das Leben. Über die Registrierung der Nutzer oder ihre elektronische IP-Adresse können Suchbewegungen der Nutzer gespeichert, zusammengeführt und ausgewertet werden. Und das ultimative Zukunftsprojekt des Silicon Valley ist: der Mensch als Datei in der Cloud. Selbst Datensparsamkeit und Vorsicht sind für die Datendetektive des Internet aufschlussreich. Denn auch sie lassen Rückschlüsse auf Charakter und Persönlichkeit eines Netizens[18] zu.

»Denn sie wissen, was wir tun«

Beide Autoren haben sich die Mühe gemacht, einen fiktiven Fußabdruck im Internet zu entwickeln, so dass jedermann einen Eindruck bekommen kann, was ein aussagekräftiges Profil im Internet für ein Individuum bedeuten und an Konsequenzen haben könnte. Sie laden uns ein, uns vorzustellen, dass wir aufgrund einer Datenpanne oder dank eines Whistleblowers[19] zufällig an einen persönlichen Datensatz gelangen, der von einem auf Datenerhebung spezialisierten Unternehmen oder einem Geheimdienst stammt. In Ihrem Profil könnten sie folgendes lesen:

»X ist männlich, 43 Jahre promovierter Ingenieur, verheiratet mit V., weiblich, 37 Jahre; X lebt mit Individuum V in Ein-Familienhaus in Frankfurt und hält eine Katze; X bezieht regelmäßig das Magazin ›Schöner Wohnen‹ sowie das digitale Abo des ›Maschinenbauers‹ direkt auf sein mobiles Endgerät der Marke A; X kauft regelmäßig Fachliteratur, Kleidung und Elektronik beim Onlinehändler A; X interessiert sich für diverse Umweltthemen und unterstützt mittels Dauerauftrag einige internationale NGOs; X interagiert mehrmals täglich auf diversen sozialen Netzwerk-Plattformen über mobile und stationäre Geräte und unterhält überdurchschnittlich viel Kontakt zu den Individuen H (männlich, 41 Jah-

---

18 | Netizens ist ein Kunstwort, das die englischen Begriffe Net (Netz) und Citizen (Bewohner) zusammenführt. Es meint, dass Individuen eine Technologie wie das Internet nicht ›nur‹ nutzen, sondern sich in der Sphäre des World Wide Web sozial umfänglich und quasi wohnlich einrichten.

19 | Ein Whistleblower ist eine Person, die ausspähende (und später manipulierende) Aktivitäten staatlicher oder kommerzieller Internetnutzer seitens Dritter an die Öffentlichkeit weiter sagt (d.h. an die Öffentlichkeit weiter »wispert«). Seit der Enthüllung des Watergate-Skandals in den USA, der Präsident Nixon aufgrund der Informationen einer »wispernden« Stimme einer Quelle namens »Deep Throat« zu Fall brachte, bezeichnet dieser Begriff eine bestimmte Art von Enthüllungsmechanismen von Informationen, die für die Öffentlichkeit, sozial, wirtschaftlich oder politisch hoch relevant sind, die aber niemand ohne diese Ermittlungsarbeit so erfährt. Edward Snowden hat diese Chiffre der investigativen Öffentlichkeitsarbeit dann 2014 mit einer weiteren spektakuläre Aktion hinsichtlich der ausspähenden Aktivitäten des amerikanischen Inlandgeheimdienstes NSA komplettiert.

re), S. (weiblich, 29 Jahre), und K. (weiblich 35 Jahre); X konsumiert Video-on-Demand-Angebote und surft im Schnitt eins bis zwei Stunden täglich ab 22.00 Uhr im Internet; X unterhält mehrere Kontoverbindungen zu den deutschen Banken D und P sowie der schweizerischen Bank U; X bevorzugt digitale, webbasierte Bezahlmethoden; X besitzt zwei Kreditkarten der Anbieter M und A, Kreditkarte M wird auch von Individuum V (Ehefrau) mitbenutzt, Umsätze laufender Monat der Kreditkarte A: Reiseführer Paris EUR 9,95, Flugreise nach Paris für zwei Personen EUR 379,00 Hotel Paris EUR 440,00 Gastronomie Paris EUR 90,00, Schmuck Paris EUR 399,00, Umsätze laufender Monat der gemeinsam genutzten Kreditkarte M: keine Umsätze; X kauft regelmäßig Sportartikel für Outdoor-Aktivitäten; X lässt sich vermehrt Angebote diverser Kfz-Anbieter zumailen (ist folglich im Begriff, ein Fahrzeug zu kaufen/zu leasen/zu mieten); X vergleicht Preise von Stromanbietern (wägt eventuell einen Stromanbieterwechsel ab); X bucht jährlich online Winterurlaube in Österreich und leiht im Voraus online die Skiausrüstung bei zwei Anbietern (neigt ansonsten zu Fernreisen mit Individuum V und kurzen Städtereisen, zuletzt mit Individuum S (X unterhält höchstwahrscheinlich partnerschaftliche Beziehung zu Individuum S). X bezieht mehrmals im Quartal rezeptpflichtige Medikamente (X ist Allergiker, neigt zu hohem Blutdruck), X besucht regelmäßig unterschiedliche Foren und partizipiert an Diskussionen zu seltenen Krankheiten (X benutzt hierfür entweder den anonymen Avatar ›neugierig‹ oder ›curious_1970‹). X besitzt Kfz-, Haftpflicht-, Rechtsschutz- und Hausratsversicherung von Unternehmen A; X bezog 2012 juristische Dienste von Unternehmen A in einem Verkehrsdelikt-Prozess, der Prozess ist noch im Gange. Echtzeit-Zusatzinformation: im Moment hält sich Individuum X in der Seitensprungstraße 7 auf. Hier wohnt Individuum S« (ebd.: 19).

Der gläserne Mensch ist ein kostbares Gut

Ein solches Datenprofil ist heute hinsichtlich der vielen digitalen Fußabdrücke, die der Mensch im Internet hinterlässt sowie der verfügbaren Datenanalyse-Tools realistisch und technologisch machbar. Auf diese Weise ist es möglich, kontextübergreifende zeitliche Abläufe und digitale Profile über Aufenthaltsorte, soziale Beziehungen, Konsum- und Mediennutzungsverhalten, Gesundheit, Einkommen, Beruf, Neigungen oder Abgründe der Persönlichkeit zu erstellen. Und jede Information in diesem Profil hat einen ökonomischen Wert. Es ergeben sich Anknüpfungspunkte für die Wirtschaft (zum Beispiel Versicherungsunternehmen, Konsumgüterhersteller), Wissenschaft (zum Beispiel Neurologie, Soziologie, Medizin) oder Politik (zum Beispiel Finanzamt, öffentliche Verwaltung, Geheimdienste, Sozialämter). Dapp und Heine rechnen dabei im Rahmen einer Modellrechnung vor, welchen Wert solche digitalen Profile haben könnten. Die Marktkapitalisierung von Facebook betrage etwa 70 Milliarden Euro und das Unternehmen werbe mit einer Anzahl von Facebook-Nutzern von über 1,2 Milliarden. Der monetäre Wert eines durchschnittlichen Nutzerprofils könnte sich durch Division auf etwa 58,00 Euro belaufen.

Unter der weiteren Annahme, dass nur zwei Drittel der Konten aktiv sind, erhöht sich der Wert auf 88,00 Euro. Diese Kalkulation könnte die Basis für Verhandlungen über den Preis einzelner Nutzerprofile zwischen Investoren oder sonstigen Akteuren sein. Gegenüber den vielen anderen Phänomenen und Problemen von Big Data zeigt diese simple Modellrechnung auf, wie sehr es in diesem Kontext schlicht um finanzielle Interessen geht (ebd.: 20).

Im Ergebnis entstehen starke Log-in-Effekte in eingezäunten digitalen Ökosystemen. Internetplattformen und – unternehmen haben mittlerweile viele attraktive Dienste in ihrem Angebot. Gleichzeitig vergrößern sie aufgrund eines großen Stamms an loyalen Kunden und einer berechenbaren Liquidität ständig ihr Angebot mit neuen Produkten und Diensten, wobei sie auch in branchenfremden oder branchenübergreifenden Bereichen tätig werden. So entwickelte Google ein Smartphone und eine web-basierte Brille und will zukünftig verstärkt in Haushaltsgeräte und Robotik investieren. Während Amazon ursprünglich als internetbasierter Buchhändler an den Start ging, handelt das Unternehmen heute zusätzlich mit Haushaltsgeräten, Unterhaltungselektronik oder Film- und Musiktiteln. Sie festigen ihre Position und erhöhen ihre Attraktivität, in dem sie für eine hohe Verfügbarkeit von komplementären Internet-Diensten und Apps sorgen.

Für Unternehmen bedeutet dies lukrative Geschäfte, für Staaten und ihre Geheimdienste optimierte Aufklärung, für gesellschaftliche Gruppen zielgenaue Ansprechmöglichkeiten für soziale Unterstützung. Viele Bürger werden trotz der Ausspähungsmöglichkeiten und ihrer potenziellen Manipulierbarkeit die Services und Informationsmöglichkeiten der internetbasierten Anbieter trotz ihrer Risiken für die Privatheit und persönliche Integrität weiter nutzen. Facebook etwa legte im Juli 2014 neue Zahlen hinsichtlich der Nutzer vor und verzeichnete trotz der Snowden-Affaire und anderer Skandale mit Blick auf Datenmissbrauch steigende Mitgliederzahlen. Das Unternehmen hatte bis 2014 1,32 Milliarden aktive Nutzer pro Monat! Sie und die damit verbundenen Sekundäreinahmen haben dem Konzern im ersten Quartal 2014 61 Prozent mehr Umsatz eingebracht als im Vergleichsquartal des Vorjahres. Aktuell sind es 2,9 Milliarden US-$.[20] Dies lässt für den Augenblick nicht den Schluss zu, dass ein Bewusstsein entsteht, dass die Nutzer zu einem hohen Grad manipulierbar und transparent geworden sind oder sich ihrer Datenhoheit beraubt fühlen. Daten- und Verbraucherschützer sehen die Verknüpfung von privaten und intimen personenbezogenen Daten und ihren Transfer zwischen einzelnen Firmen im Internet indes mit wachsender Besorgnis.

Das Internet der Dinge und die Industrie 4.0 bieten Möglichkeiten, die in der Tat für Wirtschaft und Gesellschaft revolutionär sind. Im Kontext des gro-

20 | Vgl. http://business.chip.de/news/Facebook-1-32-Mrd.-Nutzer-bringen-3-Mrd.-Dollar_71184875.html, aufgerufen am 24. Juli 2014.

ßen Themas ›Big Data‹ erzeugt dies aber, wie bei jeder Revolution, auch große Probleme. Die deutsche Managerin Yvonne Hofstetter hat dies 2015 in einer für eine Unternehmerin ungewohnt offenen Art und Weise thematisiert. Sie sieht in der künstlichen Intelligenz, dem Internet der Dinge und der Industrie 4.0 Konfliktpotenzial, wägt schließlich aber Chancen und Herausforderungen sorgfältig ab. Sie führt in ihrem Buch »Sie wissen alles« aus:

»Was aber heißt intelligente Maschinen und worin besteht ihre Intelligenz. Intelligente Maschinen sind nicht mehr auf die Eingabe einer Handlungsanweisung durch den Menschen angewiesen, sondern lernen selbstständig. Als Optimierer lernen sie, optimale Entscheidungen unter Unsicherheit zu treffen. Als verteilte Software-Agenten zerlegen sie komplexe Probleme des Alltags in einfachere Suchprobleme und lösen sie durch Kooperation und Kommunikation miteinander. Als ›Emergentes System‹[21] vernetzen sich unabhängige Programme zu einer maschinellen Parallelwelt, die kein Programmierer je programmiert oder getestet hat und deren Dynamik wir weder kennen noch ohne weiteres analysieren können« (Hofstetter 2015: 13).

Nach den Enthüllungen Edward Snowdens haben solche Programme auch einen Namen. Beim Geheimdienst heißen sie PRISM, XKeyscore und Tempora. Diese drei Programme dienen der Überwachung und Analyse von Millionen von Daten zur Überwachung unzähliger unverdächtiger Bürger. In der Finanzindustrie entsprechen ihnen Aladdin oder Corsair. Als gigantische Datenanalysen liefern solche Programme globale Risiko- und Investmentinformationen. Damit beeinflussen sie das Börsengeschehen, mit schwer einschätzbaren Risiken für die globale Realwirtschaft. Intelligente Maschinen erledigen immer öfter ›Arbeiten für jedermann‹. Für Hofstetter haben wir nun einen Wendepunkt in der Industriegeschichte erreicht. Mit Big Data seien unsere technologischen Fähigkeiten grenzenlos. Und Regeln für die Informationsökonomie gebe es nicht, ebenso wenig wie eine politische oder gesellschaftliche Strategie für den künftigen Umgang mit intelligenten Maschinen (ebd.: 17).

Neben die spezielle Problematik von Big Data treten bekannte Probleme hinzu. Dazu gehören intensivierte und perfektionierte Hackeraktivitäten im Internet, um das Verhalten von Unternehmen oder Staaten auszuspähen und gegebenenfalls spektakulär an die Öffentlichkeit zu bringen. Hinzu kommen alle unschönen menschlichen Verhaltensweisen, die das Diffamierungspotenzial der anonymisierten Internetkommunikation speist.

21 | Ein ›Emergentes System‹ bezeichnet einen kybernetischen Kontext von Systemeigenschaften, die sich gegenseitig beeinflussen und eine Eigendynamik in ihrer Entwicklung realisieren. Das Ergebnis ist die zum Teil unkalkulierbare Herausbildung von neuen Eigenschaften oder Strukturen eines Systems infolge des Zusammenspiels seiner einzelnen Elemente.

Im Visier der Hackereliten: das Netz

In den 2010er Jahren wurden Aktivitäten von Gruppen wie LulzSec oder Anonymus publik, die durch ihren im Internet betriebenen ›Hacktivismus‹ auffällig geworden sind. Bekannt wurden hier insbesondere Hacker-Attacken auf Unternehmen wie Nintendo, Sony oder den US-Senat.[22] Insofern stilisiert der Vorgang die Politik der Digitalisierung zum Megathema der Politik des Informationszeitalters, der zum Beispiel auch Mitte 2014 wieder einmal mit einem Angriff von Hackern auf die Homepage der Europäischen Zentralbank und Mitte 2015 mit einer beachtlichen Cyber-Attacke auf den Deutschen Bundestag dokumentiert worden ist.

Es kommen andere Probleme hinzu. Computer- und Netzwerkkriminalität sind alltägliche Erscheinungen der Netzgesellschaften geworden, Cybermobbing eine hässliche Begleiterscheinung pubertierender und gehässiger ›Netizens‹ oder verwirrter Stalker, die nun eine technische Plattform für ihr Handeln etwa über soziale Netzwerke bekommen haben. Aufgrund der intensiven globalen Vernetzungen nehmen auch die Angriffsflächen für Terroristen und Kriminelle zu. Hackerterrorismus, elektronische Industriespionage oder das Auskundschaften von politischen und staatlichen Verhandlungsstrategien gehören heute ebenso zum Alltag des Netzes wie eine geschickte Manipulation von Öffentlichkeit oder selbstverliebte Jungenstreiche im pubertären Drogennebel, wie es die Hackerelite um Julian Assange in den 1990er Jahren vorgemacht hatte (Dreyfus/Assange 1997).

Auf staatlicher Ebene geht es um die Manipulation der Öffentlichkeit oder den Diebstahl von Staatsgeheimnissen bis hin zum Angriff auf kritische Infrastrukturen der Industriegesellschaft wie Kraftwerke, Telekommunikations- oder Stromnetze. Diese sind hoch kritische Infrastrukturen hochtechnisierter Gesellschaften. Cybercrime und Cyberwar sind zu alltäglichen Phänomen des globalen Informationszeitalters geworden. Bemerkenswert dabei ist, dass das Problem – gegenüber anderen Vorwarnungen der letzten 20 Jahre – heute nicht nur aktuell, sondern geradezu beklemmend intensiv geworden ist. Dabei zählt es 20 Jahre. Schon Mitte der 1990er Jahre ist klargeworden, dass Militär, Wirtschaft und Gesellschaft und ihre weitgehende Vernetzung von modernen Informationstechnologien abhängig werden würde. Und damit verwundbar durch informationstechnologische Operationen von Hackern im Auftrag von Unternehmen, Geheimdiensten oder Regierungen. Einen Vorgeschmack darauf lieferten Attacken auf das Pentagon sowie auf amerikanische Internetfirmen Anfang der 2000er Jahre, als ›Computerviren‹ und ›Trojaner‹ die Server vollständig verstopften und Geschäfte und Kommunikation darüber

---

22 | Vgl. www.golem.de/news/verhaftungen-luzsec-mitglieder-von-ihrem-anfuehrer-ans-fbi-verraten-1203-90296.html, aufgerufen am 29.12.2015.

vollständig zum Erliegen brachten. Internetexperten warnten in diesem Zusammenhang aber schon früh vor viel weitergehenden Attacken mit extremen Auswirkungen. So hat das Hamburgische Weltwirtschaftsinstitut (HWWI) ausgerechnet, was alleine in Berlin ein durch Hacker ausgelöster Stromausfall kosten würde: etwa 23 Millionen Euro – pro Stunde (Balser/Braun 2015).

›Industrielle Desorganisation‹ wird zu einem attraktiven Instrument der militärischen Gebrauchs des Internet

Seitdem sind technische Abwehrmechanismen ein ›heißes‹ Thema der Informatik. Neben die Möglichkeit der militärischen Nutzung treten die Gefahren der industriellen Desorganisation und anderer krimineller Machenschaften. Olaf Winkel, seinerzeit Geschäftsführer des Horst-Görtz-Institutes für IT-Sicherheit am European Center of Excellence for IT-Security an der Universität Bochum und andere wiesen (etwas sehr optimistisch) bereits Anfang 2000 auf die Möglichkeiten der elektronischen Sicherheit hin. Die Grundlage technischer Sicherheitsmaßnahmen sei die elektronische Kryptographie. Bei diesem Verfahren verfügen die Kommunikationsteilnehmer über identische Schlüssel, mit denen sie die füreinander bestimmten Nachrichten verschlüsseln oder entschlüsseln und damit den externen Zugriff auf eine vertrauliche Kommunikation verhindern können. Dies seien geeignete Wege, die den flächendeckenden Einsatz von leistungsfähigen Schlüsselsystemen in offenen Netzwerken wie dem Internet schaffen könnten (Winkel 2000). Der Ingenieur Reinhard Hutter hielt damals dagegen:

»Sicherheitsmaßnahmen wie Firewalls, Virenschutz, Virtual Private Networks (VPNs), digitale Signaturen und Verschlüsselung sind notwendig, aber nicht hinreichend, um mit Attacken auf komplexe Infrastrukturen umgehen zu können. [...] Die naheliegenden Bedrohungen im Informationszeitalter werden von Sicherheitsexperten weltweit mit eben soviel Energie gesucht wie von Hackern und [...] kriminellen Kräften im Hinblick auf Wirtschaftsspionage oder Terrorismus. [...] Angreifer können Bedrohungen und Schwachstellen ausnutzen; die Gegenseite wird versuchen, sie zu identifizieren, zu verstehen, sie muss davor warnen und Gegenmaßnahmen entwickeln, diese anbieten und einsetzen« (Hutter 2000).

Da wurde ein Spiel aufgesetzt, welches sich lukrativ und lustvoll betreiben ließ. Das alles ist erst 15 Jahre her. Die Hinweise zur Cybersicherheit haben sich als Anfangswarnungen bewährt. Die zaghaften oder vereinzelten Bezüge auf die kriminellen und terroristischen Potenziale des Internet wirken heute aber naiv. Der Krieg im Netz indes hat sich in den 2000er und 2010er Jahren enorm intensiviert, wobei das Bundesamt für Sicherheit in der Informationstechnik 2015 von einer anhaltenden asymmetrischen Bedrohungslage im Cyber-Raum gesprochen hat (Bundesamt für Sicherheit in der Informationstechnik 2015). Das bedeutet, dass verborgene Akteure des Darknet sich weiter formieren und auch mächtige Institutionen, Bürokratien oder Unternehmen mit ihren Guerillataktiken attackieren. Nach dem Lagebericht des Amtes zur Cybersicherheit 2015 war das Jahr 2015 geprägt durch eine Reihe von gravierenden IT-Sicherheitsvorfällen, die eine fortschreitende Professionalisierung der Angriffsmittel und Angriffsmethoden verdeutlichen. Dazu gehörten 2015 der Cyberangriff auf den Deutschen Bundestag und auf den französischen Fernsehsender TV5 Monde (ebd.).

Die Cybersicherheit ist auch ein zunehmendes Problem der Wirtschaft. Alleine in Deutschland waren 2014 gut die Hälfte aller Unternehmen Opfer von digitaler Wirtschaftsspionage, Spionage oder Datendiebstahl geworden. Dies ergab eine 2015 von Aris und Bitkom Research durchgeführte Umfrage, bei der die Geschäftsführer und Sicherheitsbeauftragten von 1.074 Firmen befragt wurden. Der am stärksten betroffene Wirtschaftszweig ist demnach die Automobilindustrie mit 68 Prozent der betroffenen Unternehmen, gefolgt von der Chemie und Pharmaindustrie mit 66 Prozent sowie Banken und Versicherungen mit 60 Prozent. Der entstandene Schaden beläuft sich für die gesamte deutsche Wirtschaft auf über 50 Milliarden Euro pro Jahr.[23]

Das am häufigsten auftretende Delikt ist der Diebstahl von IT- und Kommunikationsgeräten. In 28 Prozent der Unternehmen wurden Computer, Smartphones oder Tablets gestohlen. In 19 Prozent der Fälle wurden Mitarbeiter so manipuliert, dass sie sensible Daten weitergaben.17 Prozent der Unternehmen berichteten vom Diebstahl elektronischer Dokumente oder Daten und 16 Prozent von Sabotage ihrer IT-Systeme oder Betriebsabläufe. Bei acht Prozent wurde die elektronische Kommunikation ausgespäht. Häufigstes Ziel sind die IT-Systeme und die Kommunikationsinfrastruktur. In 20 Prozent der betroffenen Unternehmen hatten es die Angreifer auf die Bereiche Lager und Logistik abgesehen. Es folgen der Einkauf (18 Prozent), die Produktion (15 Prozent) sowie die Geschäftsleitung (14 Prozent). In neun Prozent der Firmen wurden die Forschungs- und Entwicklungsabteilungen (F&E) gehackt oder ausspioniert. Unter den großen Unternehmen ab 500 Mitarbeitern sind die F&E-Bereiche bei fast jedem Dritten (30 Prozent) betroffen. Fast ein Viertel des auf 51 Milliarden Euro geschätzten Schadens pro Jahr machen laut Bitkom Umsatzeinbußen durch Plagiate aus. Es folgten Patentrechtsverletzungen, die ähnliche Folgen wie Plagiate hätten. An dritter Stelle liegen Umsatzverluste durch den Verlust von Wettbewerbsvorteilen. Ein weiterer großer Posten sind Kosten infolge des Diebstahls von ITK-Geräten sowie Ausgaben, die durch den

23 | Vgl. das Referat der Studie von dem ZDF-Journalisten Björn Greif unter www.zdnet.de/88231934/bitkom-haelfte-der-deutschen-firmen-von-digitalen-angriffen-betroffen/, aufgerufen am 5. Mai 2015.

Ausfall von IT-Systemen oder die Störung von Betriebsabläufen entstehen. Hinzu kommen Imageschäden und ein Vertrauensverlust in Unternehmen, der schnell existenzgefährdende Formen annehmen kann.[24]

Totaler Cyberwar – an allen Fronten

Insofern begann in den 2000er Jahren ein virtueller Rüstungswettlauf. Er kannte keine eindeutigen Gegner und Feindbilder oder klare Konfliktlinien. Und somit keine erkennbaren Sammlungsräume von Flotten, Armeen oder Schützengräben, die man hätte optisch erfassen und militärisch präzise in einem Kosten-Nutzen-Szenario hätte bekämpfen können. Der Internetspezialist Arne Schönbohm stellte bereits Anfang der 2010er Jahre die aktuellen Aggressionspotenziale im Internet systematisch dar (Schönbohm, 2011, 2013). Er berichtet, dass zum Beispiel dem Sicherheitsunternehmen Comodo wichtige Internet-Zertifikate für Firmen wie Yahoo, Microsoft oder Google gestohlen wurden. Ein anderer Vorfall ist der Fall Cablegate. Hier wurden über die Internetplattform Wikileaks 140.000 vertrauliche Depeschen amtlicher Stellen der USA im Rahmen einer Indiskretion des amerikanischen Soldaten Bradley Manning veröffentlicht. Die damalige US-Außenministerin Hillary Clinton schäumte vor Wut. Schönbohm berichtet, dass Staaten kriegerisch motivierte Angriffe auf andere Staaten in der Regel nicht selbst durchführen, sondern Hacker mit diesen Cyberattacken beauftragen. Beispiele seien die ›roten‹ Hacker Chinas oder das Russian Business Network, das durchaus staatliche und private Aufträge des Cyberwars durchführe und er führt konkrete Beispiele wie das Spionageprogramm »Flame« an, das Rechner im Nahen Osten überwacht hat. Einen absurden Höhepunkt erreichte dieses Spiel im Jahr 2014, als (mutmaßlich) Nordkorea einen Hackerangriff auf die japanische Firma Sony verübte. Gegenstand des Angriffs war die Filmsatire »The Interview«. Der Film handelt von einem Attentat auf den nordkoreanischen Führer Kim Yong Un. Hacker hatten in diesem Zusammenhang über eine unerhörte Verhöhnung des Landes geklagt, die Rechte des Unternehmens an dem Film geschändet und mit Terror in den USA gedroht, falls dieser Film in die Kinos kommen würde. Auch hier war die Quelle des Angriffs vernebelt und die Spuren verliefen über nordkoreanische und chinesische Server im Nichts.

Darüber hinaus gewinnt der Cyberwar auch für die Gotteskrieger des IS eine starke Attraktivität (Boie et al. 2015). Es ist das erklärte Ziel des IS, komplex vernetzte Gesellschaften ins Chaos zu stürzen. Für diese Generation junger Terroristen ist der Gebrauch moderner Informationstechnologien sowohl kinderleicht als auch eine Selbstverständlichkeit. Diese Terrororganisation ist mittlerweile innerhalb ihres territorialen Terrains genauso kampfbereit und

24 | Vgl. ebd.

gefährlich wie virtuell. Zwischen 50.000 und 70.000 Nutzerkonten sollen IS-Terroristen oder ihren Sympathisanten gehören. Auch die Attentäter von Paris kommunizierten über Twitter. Über Propagandavideos mobilisiert und rekrutiert der sogenannte Islamische Staat Kämpfer, über das Internet verbreitet er durch Horrorbilder von Enthauptungen und Zerstörung im Vorfeld seiner konkreten militärischen Operationen einen solchen Schrecken, dass die angegriffenen Einheiten der Gegenseite schon vor der eigentlichen Attacke innerlich erstarren und schließlich die Flucht ergreifen. Und er droht, zentrale Infrastrukturen wie Wasser- und Energieversorger zu attackieren. Auch Flughäfen und Atomkraftwerke sind potenzielle Ziele. Es klingt paradox: trotz der archaischen Struktur und der mittelalterlichen Sehnsucht nach dem Kalifat beherrschen die Terroristen die Mittel der elektronischen Kriegsführung nahezu perfekt und sind sich der durchschlagenden Wirkung dieser Waffe in Zukunft mehr als bewusst.[25]

Die Grenzen zwischen Cyberwar und Cyberkriminalität werden durchlässig

Die Grenzen zwischen (staatlichem) Cyberwar und (privater) Cyberkriminalität verwischen sich. In Verbindung mit dem globalen Krieg gegen den Terrorismus ist das Internet Kriegsschauplatz. Allerdings ist das Schlachtfeld nicht nur auf den Terrorismus beschränkt. Für alle Staaten dieser Welt eröffnen Informations- und Kommunikationstechnologien und das Internet nach Land, Wasser, Luft und Weltraum eine fünfte Dimension der Kriegsführung. Seit 2010/2011 haben etwa die USA, Großbritannien, Frankreich, Deutschland, die Niederlande oder Indien operative Einheiten und nationale Strategien für Cybersicherheit etabliert. In den USA wurde diese Aufgabe dem US-Verteidigungsministerium zugeordnet, in Deutschland dem Innenministerium und in Indien dem ›Department of Information Technology‹ (Dunn/Cavelty 2012: 122). Dabei liegt zunehmend eine asymmetrische Bedrohung vor, die aus dem Cyberraum kommt und Staaten nutzen zunehmend mit immer größerer Raffinesse die Möglichkeit, getarnte und über ›private‹ Mittelsmänner durchgeführte Cyberangriffe auszuführen.

US-Verteidigungsminister Leon E. Panetta sprach Ende 2012 im ›Intrepid Sea, Air and Space Museum‹ in New York von einem »Cyber Pearl Harbour« und warnte mit Blick auf dieses sozialpsychologische Trauma der amerikanischen Nation davor, dass ganze Teile der amerikanischen Infrastruktur bei ›Nacht und Nebel‹ durch einen umfassenden Angriff aus dem Cyberspace lahmgelegt werden könnten. Er adressierte dies in bemerkenswert undiplomatischer Weise direkt an Russland, China, Iran und ›militante Gruppierun-

25 | Vgl. »Terrorkrieg im Internet«, in der ARD vom 13. Juli 2015.

gen‹.[26] Im Kontext der nordkoreanischen Cyberattacke im Dezember 2014 auf die Firma Sony sprach der amerikanische Präsident Obama von ›Cybervandalismus‹[27] und erwog, das Land wieder auf die Liste der Terrorhelfer-Länder zu setzen. Das Land reagierte mit dem wohlbekannten Reflex der Drohung einer nuklearen Aufrüstung und zeigte auf, dass auch im Internetzeitalter die brachialen Verhaltensweisen des Kalten Krieges gepflegt werden können. Im April 2015 demonstrierte schließlich auch die Terrororganisation IS mit einem umfangreichen Cyberangriff auf den französischen Fernsehsender TV 5, dass auch der internationale Terrorismus diese Spielart des Krieges mittlerweile souverän beherrscht. Unbekannte Hacker hatten in der Nacht vom 8. auf den 9. April 2015 das weltweite Programm des französischsprachigen Senders lahmgelegt und auf dessen Webseite Drohbotschaften der Terrormiliz IS hinterlassen. Dieser Angriff verdeutlichte erneut das Potenzial des Internet für eine zusätzliche Methode der Kriegsführung, und die veröffentliche Meinung reagierte sehr gereizt darauf, weil sensible Infrastrukturen einfach besser geschützt werden müssten.[28] Doch das Ausmaß der Bedrohung wächst. Profi-Ermittler und IT-Fachleute wissen nicht, ob sie der Gefahren der Cyberkriminalität noch Herr werden können und spüren, dass sie in einer kritischen Phase die Kontrolle über Teile des Internet verlieren könnten.

Für Cyberangriffe muss man heutzutage kein Fachmann sein, urteilte der Präsident des deutschen Bundeskriminalamtes Holger München 2015. Illegale Ware könnte in ›Black Markets‹ erworben werden. Dort würden Dienstleistungen und Software zur Begehung von Straftaten angeboten. ›Crime as a Service‹ – das sei das Geschäftsmodell des sogenannten ›Darknet‹. So nennen Fachleute den verdeckten Teil des Netzes, in dem sich eine dunkle Nachfrage mit einer dunklen Angebotsseite träfen und die praktisch für staatliche oder polizeiliche Stellen zu über 70 Prozent nicht mehr kontrollieren seien (Bartlett, 2015; Balser/Braun 2015). Wie leicht es ist sich über das Darknet mit Waffen zu versorgen hat der Anschlag eines rechtsextremen Täters auf das Münchner Einkaufszentrum am Olympiapark 2016 gezeigt. Die Tatwaffe, eine deutsche Handfeuerwaffe der Bauart Glock, war dort relativ unproblematisch zu besorgen.

---

26 | Vgl. New York Times unter www.nytimes.com/2012/10/12/world/panetta-warns-of-dire-threat-of-cyberattack.html?_r=0, aufgerufen am 25. Juni 2014.

27 | Vgl. »Konflikt um Hackerangriff eskaliert«, in Süddeutsche Zeitung vom 22. Dezember 2014.

28 | Vgl. etwa »Halbherziger Kampf gegen Cyberattacken«, in: Süddeutsche Zeitung oder »IT-Sicherheit nicht auf leichte Schulter nehmen«, in: Le Figaro, beide vom 10. April 2015.

Steigende Cyberkriminalität

Hinzu kommt die Cyberkriminalität. Netzwerkspezialist Arne Schönbohm unterscheidet hier Cyberangriffe nach ihren a) politischen und b) materiellen Motiven: »Der größte Teil der Cyberangriffe, die heute weltweit durchgeführt werden, hat [...] keine politischen, sondern materielle Hintergründe, wie Diebstahl, um sich selbst zu bereichern oder zu verwirklichen« (Schönbohm, 2013). Diese erstreckt sich auf viele Bereiche des alltäglichen Lebens: Betrug, Kannibalismus, Prostitution, Kinderpornographie und Menschenhandel. Die hauptsächlichen Motive für einen Angriff bestehen aus Motiven der finanziellen Bereicherung, zum Beispiel durch den Diebstahl und Missbrauch von Kreditkarteninformationen. Hier ist eine Armada von Betrügern global mit ausgeklügelten Computerprogrammen und psychologischen ›Anmachertricks‹ unterwegs.[29] 2015 haben auch die betrügerischen Umtriebe über das Telefon zugenommen. So geben sich Cyberkriminelle als Rechtsanwälte, Bankangestellte oder Techniker aus, um mit perfiden Tricks vertrauensseligen Bürgern per Telefon sensible Daten wie PINs und TANs zu entlocken oder sie direkt zu einer Zahlung zu veranlassen.[30]

Das Unternehmen Symantec zeigt auf, dass Deutschland in Europa den Spitzenplatz mit Blick auf die Intensität von Angriffen einnimmt. Die ›Millenials‹, also die nach 1980 geborenen Personen im Land, sind besonders technologieaffin und mögen den alltäglichen Gebrauch von Smartphones, Tablets und Laptops. Und sie lieben die Möglichkeiten und Verlockungen des Internet. Man nennt sie auch die ›Digital Natives‹, also digitale Eingeborene. Fast 90 Prozent dieser Kohorte haben bereits mit Internetbetrug zu tun gehabt oder zu tun. In Deutschland gibt es täglich über 40.000 Erwachsene in dieser Gruppe, die einem Cyberangriff ausgesetzt sind. Arne Schönbohm zitiert den Sicherheitsexperten Adam Palmer, der darauf hinweist, dass in einem Jahr drei Mal mehr Menschen Opfer von Internetbetrug geworden sind als von physischen Verbrechen. Der Trend geht dabei dahin, Angriffe vermehrt auf Smartphones, und Tablet-PCs zu verüben. Die Schäden betrugen dabei mit Blick auf 2010 in Deutschland etwa 24 Milliarden Euro. Dabei beliefen sich die direkten finanziellen Schäden durch den Diebstahl von Geld oder für Kosten für die Unter-

29 | Etwa durch, »spyware« (Spionageprgramme), »malware« (Programme, die spezielle Computer oder Netzwerke durch Viren, oder Trojaner angreift), »password fishing« oder »Pishing« (das Ergattern von Passwörtern von Internetnutzern), »Pharming« (Umleitung zu einer anderen Website als der gewünschten), »Zählpixel« (um zu überprüfen, wer welche websites oder emails aufruft), SQL-injections (Kontrolle über Server), »Carding« (klassischer Kreditkartenbetrug).

30 | Vgl. https://bankenverband.de/newsroom/presse-infos/bei-anruf-betrug-so-schutzen-sie-sich/, aufgerufen am 31. März 2015.

suchung von Cyberangriffen auf 16,4 Milliarden Euro. 76 Prozent der erwachsenen Internetnutzer werden im Laufe ihres Lebens Opfer von Internetbetrug (Schönbohm 2013).

Dieses Bild wurde Ende 2014 durch das aktuelle Lagebild des deutschen Bundeskriminalamtes (BKA) bestätigt. Der Chef der Behörde, Jörg Zierke, warnte Unternehmen und Privatpersonen vor einem allzu laschen Umgang mit dem Internet, dem Austausch privater Daten oder dem Online – Banking. Er wies darauf hin, dass die Internetkriminalität weiter auf dem Vormarsch sei. Das gelte nicht nur für das ›Pishing‹, das stark zugenommen habe. Dabei erschleichen sich Kriminelle die Zugangsdaten zum Online – Banking und räumen anschließend die Konten ihrer Opfer über das Internet leer. Über 4.000 Fälle wurden 2013 vom BKA registriert. Das war gegenüber dem Vorjahr eine Zunahme um 19 Prozent.[31] Dabei werden die Methoden der Betrüger immer raffinierter und die Abwehr der Angriffe immer komplexer. Und die Kriminalität ist global. Schätzungen zufolge verdient die organisierte Kriminalität mehr Geld durch das Internet als durch Prostitution. Schönbohm identifiziert dabei drei kriminelle Vereinigungen, die auch und gerade mit Blick auf Deutschland besonders aktiv sind und aus Kolumbien, Rumänien und Estland aus – also international – operieren.

Das Internet lädt auch zu Mobbing, persönliche Verunglimpfung oder Pädophilie in geradezu beängstigender Weise ein

Hinzu kommen personale Delikte wie Mobbing, Verunglimpfung und Beleidigungen von einzelnen Personen, Hasskriminalität oder Kinderpornographie. In einem verstörenden Bericht der Frankfurter Allgemeinen Sonntagszeitung vom 15. Dezember 2013 wurden Triebfedern und Wurzeln der europäischen Pädophilen unter dem Titel »Das Netz« dargestellt.[32] Dort wurde deutlich, wie sehr das Thema Erwachsenen- und Kindersexualität eine komplexe Erscheinung in der europäischen Gesellschaft war und ist. Es verwundert deshalb nicht, dass das Internet zu einer idealen Plattform dafür geworden ist, die seit den 1970er Jahren besonders über Frankreich, Dänemark und die Niederlande über ihre Protagonisten sogar eine gesellschaftliche Akzeptanz für dieses Thema suchten. Heute ist dies ein schwieriges Thema für die Staatsanwaltschaften Europas, um diesen Sumpf des Netzes auszutrocknen. Alle Fahndungsergebnisse haben gezeigt, dass insbesondere das Thema der Kinderpornographie ein überaus lukratives, total globales Feld der Schwerstkriminalität geworden

31 | Vgl. BKA warnt vor Internet - Betrug, in: Süddeutsche Zeitung vom 28. August 2014.

32 | Vgl. »Das Netz«, in: Frankfurter Allgemeine Sonntagszeitung vom 15 Dezember 2013.

ist. Die Justiz hat mit internationalen Operationen bislang große Netzwerke der Kinderpornographie ermittelt und ausgehoben.

Spektakuläre Aktionen waren zum Beispiel die Operationen ›Landslide‹ Ende der 1990er Jahre, die Operation ›Himmel‹ Ende 2007 oder die Operation ›Susi‹ Anfang 2009.[33] Die »Operation ›Landslide‹ wurde 1999 in den Medien als »der größte Schlag gegen die kommerzielle Kinderpornografie aller Zeiten« bezeichnet. Die Firma Landslide Inc. soll laut Medienberichten im Zusammenhang mit 5.000 kinderpornographischen Websites und 250.000 Konsumenten gestanden und 1,4 Millionen Dollar monatlich mit Kinderpornografie verdient haben. Thomas Reedy, der Besitzer, wurde zu 35 Jahren und seine Frau zu 15 Jahren Haft verurteilt. Landslide war ein Dienstleistungsunternehmen, das für Anbieter herkömmlicher Pornographie Kreditzahlungen durchführte. Zwei der Webseiten-Betreiber, für die Reedy aktiv war, boten auf ihren Seiten kinderpornographische Darstellungen an. 1997 und 1998 wurde mit diesen Webseiten ein Umsatz im Bereich von Millionen Dollar erzielt. Im Zuge der Operation wurde eine Datenbank mit 250.000 Personen gefunden. Das FBI veröffentlichte in Folge auf der beschlagnahmten Webpräsenz von Landslide Angebote, die den Eindruck von Kinderpornografie erwecken sollten. Im Zuge dieser »Sting-Operation« kam es zu zahlreichen Ermittlungen gegen Interessenten dieses Angebots, darunter viele in Österreich, Deutschland und Großbritannien mit etwa 7.000 Fällen.[34]

Dunkelziffer der Cyber-Kriminalität ist sehr hoch

Leider ist davon auszugehen, dass die Dunkelziffer der kriminellen Delikte trotz dieser großartigen Fahndungserfolge weitaus größer ist als bekannt. Auch das BKA ging 2014 davon aus, dass nur 25 Prozent der Delikte aufgeklärt werden und dass eine gigantische Dunkelziffer von nicht gemeldeten Fällen bestehe. Letzteres sei vor allem darauf zurückzuführen, dass die Cyber – Sabotage dramatisch zunehme, also die Angriffe auf Unternehmen, um deren Rechner lahmzulegen und anschließend die Funktionsfähigkeit der Firmennetze im Rahmen einer Lösegeldzahlung wieder herzustellen. Viele Firmen scheuten sich solche Erpressungen zu melden, damit das Firmenimage nicht leide. Für viele Konzerne ist dies ohnehin keine Option. Endlos ist die Reihe der Meldungen über Großangriffe auf Banken und global agierende Unternehmen, die Anfang der 1980er Jahre ihren heute rührig erscheinenden Anfang mit den spinnerten Hackerangriffen von Typen wie Julien Assange genommen hatten. Heute sind dies Großangriffe, die die Weltwirtschaft erschüttern und

33 | Vgl. http://de.wikipedia.org/wiki/Kinderpornografie, aufgerufen am 30. Dezember 2013.

34 | Vgl. ebd.

das Vertrauen in die digitale Gesellschaft zerstören. So etwa eine großangelegte Attacke auf die amerikanische Bank JPMorgan und andere Geldhäuser Mitte August 2014, bei der in großem Stile mutmaßlich aus Russland große Mengen an Kontodaten gestohlen worden sind.[35] Insofern sind heute andere Gegenmaßnahmen nötig als früher. Bemerkenswert dabei ist der in Deutschland von Arne Schönbohm gegründete und bis Anfang 2016 als Präsident geführte Cyber-Sicherheitsrat e.V., der namhafte wirtschaftliche, politische und zivilgesellschaftliche Akteure der Netzwerkgesellschaft bei elektronischen Sicherheitsfragen professionell berät und unterstützt.[36]

Schwächung der Demokratie umstritten

Das Internet wird auch zur Herausforderung für die repräsentative Demokratie. Es ermöglicht einerseits eine stärkere direkte Beteiligung der Bürger an politischen Entscheidungsprozessen. Das Netz räumte in den vergangenen 15 Jahren mit Hierarchien auf, mit Grenzen und Barrieren. Seine Rolle als Labor für Experimente, die in der Regel auf eine Demokratisierung der Verhältnisse hinausliefen, bestreitet niemand. Das Ideal vom ultimativen und selbst organisierten Freiraum wurde zur leitenden Utopie. Es führte dazu, dass sich insbesondere die jungen ›Netizens‹ der Gegenwart anderen politischen Artikulations- und direkten Organisationsformen begeistert zuwendeten. Grundidee und Effekt dabei sind, dass sich politische Entscheidungen zwischen direkten und repräsentativen Entscheidungsformen bewegen und nicht auf die permanente Anwesenheit der Mandatsträger des Politischen angewiesen sind. Dies führt andererseits zu einer Verflüssigung demokratischer Entscheidungsprozesse (Liquid Democracy) und bedeutet gleichzeitig eine Entmachtung der repräsentativen Demokratie. Das Konzept entwickelte besonders bei jungen Menschen ›Appeal‹. Es hat sich aber als wenig praktikabel erwiesen. Dies zeigt das Beispiel der deutschen Piratenpartei. Sie wollte den innerparteilichen Willensbildungsprozess ›verflüssigen‹, was jedoch zu chaotischen Entscheidungsprozessen meist ohne Ergebnis führte, so dass die Partei einzig als bewegliche und launige »Stimmungswolke« erschien (Weidenfeld, in: Schönbohm [Hg.]: 2013), die 2015/2016 völlig an Bedeutung verlor.

Gleichzeitig hat die Snowden-Affaire gezeigt, dass der gewonnen Freiraum bis in kleinste Nischen hinein von Geheimdiensten, Kriminellen oder Unternehmen kontrolliert werden kann – und wird. Dass das Netz genauso ein Inst-

35 | Vgl. Bankenverband (Hg.), Bankenbrief vom 28. August 2014; vgl. auch Bloomberg »FBI Examining Whether Russia is Tied to JPMorgan Hacking«, unter www.bloomberg.com/news/2014-08-27/fbi-said-to-be-probing-whether-russia-tied-to-jpmorgan-hacking.html, aufgerufen am 28. August 2014.

36 | Vgl. http://cybersicherheitsrat.de/, aufgerufen am 23. März 2015.

rument des Überwachungsstaates sein kann wie ein Werkzeug der Befreiung, hat man in autokratischen Ländern wie China, Russland sehen können. Dabei sind nicht nur die USA und ihr Inlandsgeheimdienst NSA die alleinigen Übeltäter. Die Snowden-Affaire hat gezeigt, dass sie Teil einer Fünf-Augen-Front sind, zu der Großbritannien, Kanada, Australien und Neuseeland gehören. Sie wurde ergänzt von der Gruppe der Neun Augen bzw. der 14 Augen in den NATO-Staaten. Das alles stellt nach dem Journalisten Andrian Kreye von der Süddeutschen Zeitung die Frage, wer Grundrechte wie die Privatsphäre, das Briefgeheimnis oder die Würde des Einzelnen überhaupt noch garantieren kann – ein Staat, der seinen Bürgern prinzipiell misstraut, scheint dafür nicht mehr geeignet zu sein (Kreye 2013). Insofern stehen die Demokratisierungsgewinne den Demokratiegefährdungen diametral gegenüber und dies zeigt, dass die Demokratisierung des Internet je nach Perspektive der Betrachtung höchst umstritten ist.

Problem Datenschutz nimmt exorbitante Ausmaße an

Ein wichtiges Problem der Informations- und Kommunikationstechnologien (IKT) bleibt der Datenschutz. Hier wirft das Internet Probleme auf. Datenschutz beinhaltet – nüchtern definiert – die Kontrolle über die Art und Menge an Informationen, die über einen Menschen im Internet verfügbar ist oder freigegeben wird, und wer Zugang zu solchen Informationen hat. Datenschutz des Internet wird als Unterkategorie des Computer-Datenschutzes geführt.[37] Es geht also um den Zugriff auf gespeicherte Daten im geschäftlichen, öffentlichen oder privaten Bereich und die Überwachung der Kommunikation der Netzwerkteilnehmer, weltweit. Die NSA-Affäre 2013/2014 hat gezeigt, inwieweit eine solche Totalerfassung möglich ist und systematisch im Kontext der Rasterung von Datenströmen angewandt wurde. Drastisch definiert der amerikanische Sicherheitsexperte Bruce Schneier die Bedeutung des Datenschutzes in seinem Blog deshalb so: »Datenschutz schützt uns vor Missbrauch durch Mächtige, sogar, wenn wir nichts falsch machen, während wir überwacht werden«[38]. Dabei sind Millionen von Menschen von Datenschutzverletzungen im privatwirtschaftlichen Bereich bedroht. Unternehmen und Agenten von Firmen suchen danach, welche Informationen von einem Internetnutzer wie, wann und warum genutzt werden. Sie versuchen, diese Informationen durch Quizze oder Bonus-Angebote oder Rabattversprechungen zu erschleichen und dann Werbung auf den besuchten Seiten zu lancieren.

---

37 | Vgl. http://de.wikipedia.org/wiki/Datenschutz_im_Internet, aufgerufen am 11. August 2016.

38 | https://www.schneier.com/blog/archives/2006/05/the_value_of_pr.html, aufgerufen am 11. August 2016.

Auch die sozialen Medien sind datenschutzrechtlich problematisch

Facebook geriet im Juni 2014 ins Visier der britischen Datenschutzbehörden. Dem sozialen Netzwerk wurde vorgeworfen, 2012 in einem Experiment gegen geltende datenschutzrechtliche Bestimmungen verstoßen zu haben. Facebook wollte prüfen, wie sich Emotionen auf sozialen Netzwerken verbreiten. Das Unternehmen untersuchte dazu 689.000 seiner Nutzer. Dazu wurde die Hauptseite manipuliert. Für eine Gruppe wurden negative Inhalte ausgeblendet, für eine andere positive. Was genau negativ und positiv ist, wurde mit einer Analyse-Software entschieden. Schrieb ein Nutzer zum Beispiel das Wort »sad« (traurig), wurde das als negativ bewertet. Das Ergebnis der Studie war: wer mehr Negatives zu sehen und zu lesen bekommt, postet selbst auch mehr Negatives. Umgekehrt gilt das auch für positive Inhalte. Das Experiment fand statt ohne Wissen und Zustimmung der Nutzer, was unter wissenschaftlich-ethischen Kriterien unstatthaft ist. Auch wenn eine wissenschaftliche Nutzung der Daten in den allgemeinen Geschäftsbedingen (AGB) enthalten sei, so dass Unternehmen, wolle man dies in Zukunft nicht wiederholen. Problematisch dabei war, dass dieser Abschnitt offenbar erst nach dem Versuch in die AGB hinzugefügt worden ist.[39]

Das Experiment hat aber weiter gehendes gezeigt: es entstand die Angst vor einem Konzern, dem man sich ausgeliefert fühlen kann, weil er durch die Installation von Filterblasen das eigene Sozialleben im Netz manipulieren könnte. Der die Welt der einen aufhellt, die der anderen aber verdüstert. Gleichwohl das Experiment diesen Effekt nur minimal bewies, öffnete es die Phantasie für größere Aktionen. Gezielte Impulse auf weit mehr Menschen angewendet, könnten vielleicht stärkere Wirkungen erzeugen. Am Tag der amerikanischen Kongresswahlen von 2010 sahen 60 Millionen Nutzer in den USA ein Banner mit dem Aufruf, zur Wahl zu zugehen. Es gab Hinweise über ›Freunde‹, die ihre Wahlbereitschaft dezidiert bekundeten. Eine Begleitstudie von Facebook dazu ergab: die simple Aktion hatte 340.000 zusätzliche Wähler mobilisiert. Noch geht es um Positives oder Erstaunliches. Seit Mai kann man sich bei Facebook in den USA als Organspender zu erkennen geben – inklusive Nachricht an die ›Freunde‹. Die Ansteckung gelang. Am ersten Tag registrierten sich online mehr als 13.000 neue Spender. Der Durchschnitt liegt bei 616.[40] Der bittere Nachgeschmack dennoch bleibt. So haben die Studien die enorme Wirkungsmacht von gezielten Informationskampagnen demonstriert, die aber auch zu anderen politischen Zwecken genutzt werden könnten. Gravierender noch sind die Installation von Spyware (also Programme, die gespeicherte Daten und laufende Interaktionen eines Webnutzers ausspionieren) oder soge-

39 | Vgl. »Ermittlungen gegen Facebook«, in: Süddeutsche Zeitung vom 3. Juli 2014.

40 | Vgl. »Hexenmeister am Regler«, in: Der Spiegel Nr. 28 vom 7. Juli 2014.

nannte Exploits (Programme, die die Funktion von installierten Programmen insbesondere auf Personal- und Geschäftscomputern stören). In beiden Fällen können erhebliche Schäden für die davon betroffenen Personen oder Unternehmen entstehen.

Datenschutz ist im Finanz- und Gesundheitsbereich besonders sensibel

Ein besonders schwieriges datenschutzrechtliches Problem sind sensibelste Datenströme und Datenreservoirs im Finanz- oder Gesundheitsbereich. Der Bereich der Gesundheitstelematik – also die Verbindung moderner IKT mit medizinischen Behandlungsformen und der Verwaltung von Patientendaten im elektronischen Netz – thematisiert dies für Deutschland in herausragender Weise. Hier geht es um eine emotionalisierte, aber auch um eine sachlich komplizierte Verbindung von Versorgungsmanagement und Datenschutz.

Speziell bezieht diese Problematik die elektronische Versichertenkarte ein, welche alle medizinischen Daten eines Menschen enthält oder in Zukunft enthalten soll, oder etwa Behandlungsformen, die via Internet Patienten bei schweren oder chronischen Krankheiten versorgen. Dies gilt für telemedizinische Behandlungen von Menschen nach Herzinfarkt, bei Herzinsuffizienz oder bei Bluthochdruck. Beides ist kritisch, da intimste Daten in die Öffentlichkeit oder, noch kritischer, in die Hand von Unternehmen geraten und kommerziell ausgeschlachtet werden könnten. In jüngster Zeit wurde auch hier das Big – Data – Problem virulent. Also die Erfassung, Speicherung, Verteilung statistischer Analyse und Visualisierung von großen Datenmengen, was in der Gesundheitswirtschaft von höchster Relevanz ist. Hierbei geht es nach dem Vorsitzenden des Bundesverbandes Medizininformatik (BVMI) für die Region Berlin Brandenburg und Vorstand des Arbeitskreises ›E-Health‹ der BITKOM, Peter Langkafel, um mehr als technische Machbarkeiten. Es geht um die »Automatisierung des medizinischen Alltags« und seine Implikationen für den menschlichen Aspekt der medizinischen Versorgung. (Langkafel 2014).

Hierbei ist auch die Vernetzung der Patienten von einer zunehmenden Bedeutung. Die zunehmende Digitalisierung im Gesundheitswesen berührt nicht nur die traditionelle Schulmedizin oder das Gesundheitssystem an sich; eine wachsende Zahl von digitalen Anwendungen und Onlinediensten und personalisierten Applikationen lässt Patienten auch ihre eigene Gesundheit überwachen und so anders handhaben.

Datenschutz und Vertraulichkeit sind insbesondere im medizinischen Betrieb von herausragender Bedeutung

Das vertrauliche Arzt-Patienten-Verhältnis sowie die ärztliche Schweigepflicht kämen nach der Auffassung von Kritikern in Gefahr. Dabei gibt es Möglichkeiten, wie die Vorteile der Telemedizin unter Beachtung datenschutzrechtlicher Voraussetzungen erzielt werden könnten. Die Daten sollten hierbei strikt nur vom Versicherten und dem behandelnden Mediziner eingesehen werden können. Zudem solle der Patient im Rahmen des informationellen Selbstbestimmungsrecht die Autorität über den Gebrauch seiner Daten haben und allein entscheiden sowie immer kontrollieren können, wer Einsicht in seine Daten erhält. Die Diskussion macht deutlich, dass besonders der gravierende Mangel an Kommunikation, Information und Transparenz effiziente Innovationen bei der gesamten Implementierung von IKT-Lösungen im Gesundheitswesen erforderten. Die wachsende Menge an medizinischen Daten bedarf papierloser und elektronisch gestützter Verarbeitungsverfahren. Die elektronische Gesundheitskarte ist hierbei der ›Wasserhahn‹, durch den die Daten elektronisch transportiert werden und der im Behandlungsfall systematisch und organisiert angezapft werden muss. Die Gesundheitstelematik greift in ein tradiertes System der Gesundheitsfürsorge ein; es ist deshalb nicht verwunderlich, dass technische Innovationen einerseits faszinieren, andererseits aber auch auf Bedenken und Besitzstände stoßen.

Dennoch können Widerstände die Einführung von telematischen Systemen und einer entsprechenden Infrastruktur nicht verhindern, schließlich ist die elektronische Weitergabe von Daten im derzeitigen herkömmlichen System mittels E-Mail, Telefon oder Fax auch erlaubt und allgemeine Praxis. Die Möglichkeiten der Vernetzung und Interoperabilität der eingesetzten elektronischen Systeme sind derzeit noch höchst unvollkommen. Es braucht deshalb Versorgungssysteme, die nicht nur datenschutzrechtliche Hürden, sondern auch gravierende technische Inkompatibilitäten ausräumen können sollten. Dennoch führt an der Gesundheitstelematik kein Weg vorbei. eHealth ist das System, dass es ermöglicht, den demographischen Wandel besser zu beherrschen. Das Gesundheitssystem wird in Zukunft mit immer älteren und multimorbiden Menschen zu tun haben, wobei die finanziellen Mittel beschränkt bleiben, sofern die Menschen nicht zu größeren individuellen Eigenleistungen bereit sein werden. Die Telemedizin kann und wird entscheidend helfen, die Versorgung von Menschen im demographischen Wandel zu verbessern und das Gesundheitssystem bezahlbar zu halten. Insofern führt an eHealth kein Weg vorbei, was mittlerweile der Benchmark mit den Ländern Skandinaviens oder Israel sowie fast unzählige positive Pilotprojekte und Fallstudien in Deutschland klar zeigen.

Der Kampf um den Datenschutz ist eine der wichtigsten Schlachten des 21. Jahrhunderts

Daten sind nach dem grünen Europaabgeordneten Jan Philipp Albrecht das Gold des 21. Jahrhunderts, der Kampf um den Datenschutz die wichtigste

Schlacht um unsere Freiheit (Albrecht 2014). Spätestens seit den NSA-Enthüllungen Edward Snowdens ist klar, wie gläsern die Menschen in der Informationsgesellschaft geworden sind. Von den Nutzern relativ unbemerkt werden intimste Daten und privateste Informationen ermittelt und von der Wirtschaft ausgebeutet. Ein gigantisches System einfacher Logarithmen dient dazu, über simple Konnotation innerhalb der elektronischen Kommunikation diejenigen Zusammenhänge herauszufiltern, die gerade für eine Behörde oder ein Unternehmen von Interesse sind. Wer denkt, dass er nur auf Facebook oder andere soziale Medien verzichten muss, um sicher zu sein, täuscht sich. In einem Selbstversuch zeigten zwei Reporter des Ersten Deutschen Fernsehens 2014 auf was passiert, wenn man zum Ofer von Datenspionage wird. Dabei ließ sich einer der Reporter darauf ein, dass man ihn mithilfe von versierten IT-Experten ausspähte. Nach kurzer Zeit waren seine Vorlieben, sein Tagesablauf, Privatkontakte und sein Kontostand glasklar bekannt. Das IT-Team stahl im zunächst seine Daten, dann seine Identität. Er war plötzlich wie ausgelöscht. Die Reportage hat gezeigt wie die Opfer nach anfänglicher Gelassenheit ängstlich werden und schließlich bis ins Mark verunsichert sind. Der Film zeigt eindrucksvoll auf, dass und wie es jeden treffen kann.[41]

Mit Blick auf die Regulierung des Datenschutzes offenbart der nationale, europäische und internationale Vergleich erhebliche Unterschiede im Rechtsverständnis und den technologischen Grundlagen

Damit werden besonders die datenschutzrechtlichen Grundlagen von Big Data problematisiert. Das Grundrecht auf Datenschutz wurde 2009 in die Europäische Grundrechtscharta mit Artikel acht aufgenommen. Sie verstärkte damit das Datenschutzgrundrecht für alle EU-Mitgliedstaaten, die bereits 1995 mit einer Richtlinie auf europäischer Ebene als verbindlich formuliert worden ist. Die Richtlinie wurde allerdings nicht – was dem Charakter einer Richtlinie gegenüber einer Verordnung in der EU entspricht – in jedem Staat gleichermaßen umgesetzt. Mit Blick auf die Entwicklungsgeschwindigkeit webbasierter Technologien und die Umsetzungsgeschwindigkeit von europäischem und nationalem Recht wurde diese Vorgabe allerdings schnell zur Makulatur und dementsprechend im Januar 2012 durch einen Vorschlag für eine EU-Datenschutz-Grundverordnung ersetzt.

Im Kern geht es darum, den Geltungsbereich der Grundversorgung nicht daran zu knüpfen, wo geographisch gesehen die verantwortliche Stelle für die Verarbeitung von Informationen stattfindet, sondern sich darauf zu konzentrieren, ob davon personenbezogene Daten von EU-Bürgern betroffen sind. Das ›Marktortprinzip‹ soll dafür sorgen, dass sich die datenspeichernden US-

41 | »Zugriff – wenn das Netz zum Gegner wird«, in: ARD vom 7. Juli 2014.

Unternehmen und Ökosysteme nicht mehr darauf zurückziehen können, das europäische Recht binde sie nicht. Das Ergebnis ist ein Konflikt zwischen der EU und den USA, die ein völlig anderes datenschutzrechtliches Verständnis haben und die strukturellen und regelungstechnischen Fehler und Defizite im deutschen, europäischen und internationalen Datenschutzrecht offenlegen. Esgeht also darum, eine echte Anonymisierung der Datensätze zu erreichen, bei der Anwendung und Analyse von Datensätzen Maßnahmen zur Transparenz zu entwickeln und internationale Algorithmen-Abkommen zur Standardisierung und Zertifizierung einzuführen. Da sich die Ausmaße von Big Data erst noch entwickeln, ist es schwierig, den Komplex juristisch abzudecken. Das Potenzial der webbasierten Technologien und das Vertrauen in sie kann sich allerdings nur dann entwickeln, wenn die Privatsphäre unangetastet bleibt und die Grundrechte gewahrt werden (Dapp/Heine 2014: 22f.).

Access: die digitale Lücke schließt sich

Der globale Zugang für jedermann zu allen öffentlichen Informationen war und ist eines der zentralen Anliegen des Internet. ›Open Access‹ ist hierbei das Label, mit dem etwa die globale Informationsplattform Wikipedia kostenfrei und nur auf Spenden (und nicht auf Werbung) beruhend mit einem unsichtbaren Heer von kostenlos arbeitenden Fachleuten versucht, für alle Menschen eine globale Enzyklopädie des Wissens bereitzustellen. Wikipedia ist heute einer der bemerkenswertesten Pfeiler einer wissensbasierten Konzeption des Internet, dessen Bedeutung nicht hoch genug eingeschätzt werden kann. Access bezeichnete einerseits den freien Zugang zu allen wissenschaftlichen Informationen und anderen Materialien. Unter dem Druck der steigenden Preise für wissenschaftliche Publikationen bei gleichzeitig stagnierenden oder schrumpfenden Etats in den Bibliotheken während der Zeitschriftenkrise bildete sich seit Beginn der 1990er Jahre eine internationale Open-Access-Bewegung. Die zentrale Forderung dieser Bewegung war, dass wissenschaftliche Publikationen als Ergebnisse der von der Öffentlichkeit geförderten Forschung dieser Öffentlichkeit wiederum kostenfrei zur Verfügung gestellt werden müssen. Die bisherigen Publikationsstrukturen stellten eine Privatisierung des von der Allgemeinheit finanzierten Wissens dar. Durch Open Access sollte verhindert werden, dass dieses Wissen, erneut von der Allgemeinheit finanziert, von den Verlagen zurückgekauft werden muss, die durch die Publikation die Nutzungsrechte erhalten haben. Die Open-Access-Bewegung verfolgt auch das Ziel, die digitale Kluft zu verringern. Unter anderem sollen so Wissenschaftler mit geringem Budget an wissenschaftliche Ergebnisse gelangen und am akademischen Diskurs teilnehmen können.[42]

42 | Vgl. http://de.wikipedia.org/wiki/Open_Access, aufgerufen am 24. April 2014.

Mit Blick auf die ›Digitale Kluft‹ oder ›Digitale Lücke‹ war ›Open Access‹ eine bemerkenswerte globale Initiative. Der Begriff der digitalen Kluft wird auf die Unterschiede zwischen Bevölkerungsgruppen in einer Gesellschaft sowie in Bezug auf die Ungleichheit zwischen Industrieländern und Entwicklungsländern angewandt. Open Access hat den technischen Zugang zum Internet für jedermann in der sich entwickelnden und unterentwickelten Welt nicht lösen können. Die Informationstechnologie hatte das Potenzial dazu beizutragen, Ungleichheiten zu minimieren und sozio-ökonomische Entwicklung zu forcieren. Von Anfang an war aber klar, dass dies für eine allumfassende Globalisierung wünschenswert ist, dass aber nicht alle Menschen sofort oder komfortabel mit einbezogen werden konnten.

Das Problem der digitalen Ausgrenzung entstand. Es aktualisierte die These einer Wissenskluft, insbesondere zwischen Nord und Süd, allerdings auch innerhalb entwickelter Gesellschaften der westlichen Welt, hier sogar auch in Europa. Es gibt prinzipiell eine »Breitbandkluft, eine »Bildungskluft«, eine »Einkommenskluft« und eine »Alterskluft«. Die »Breitbandkluft« thematisiert die regional ungleiche Verfügbarkeit von Breitband-Internetzugängen und die Möglichkeit von Flatrate-Zugängen, worauf der Einzelne zunächst keinen Einfluss hat; die »Einkommenskluft« bezieht sich auf das verfügbare Haushaltseinkommen und die Möglichkeit, Zugangsabonnements zu buchen; die »Bildungskluft« bedeutet ein Unverständnis hinsichtlich der Nutzung von neuen Informations- und Kommunikationstechnologien aufgrund von Verständnisschwierigkeiten hinsichtlich der Funktionsweise neuer Technologien; die »Alterskluft« schließlich ist ein Akzeptanzproblem, weil ältere Menschen aus verschiedenen Gründen die Einrichtung und Anwendung moderner IKT ablehnen, ob aus Verständnisschwierigkeiten, Anpassungsverweigerung, Kostengründen oder der Furcht vor Internetkriminalität.

Die Internetnutzung hat auch in den Entwicklungsländern ein bemerkenswertes Niveau erreicht

Inwieweit sich die digitale Lücke mit Blick auf die dritte Welt schließt, ist noch nicht gänzlich klar. Um dies beurteilen zu können, müssten mehr valide Daten aus den betroffenen Ländern vorliegen. Allerdings weisen Indizien darauf hin, dass die Nutzung des Internet in den letzten 20 Jahren selbst in den Entwicklungsländern zum Teil stark zugenommen hat. Andere Zahlen zeigen, dass die Nutzung der mobilen Telefonie und die kommerzielle Nutzung des Internet über Online-Geschäfte zum Beispiel in Afrika gewachsen ist. Es gibt ohnehin viele Anzeichen dafür, dass Modernisierungserfolge auf dem schwarzen Kontinent in der westlichen Welt nicht bzw. viel zu spät erkannt und in jeder Hinsicht nicht aufgegriffen werden.

Interessant ist, dass seit der Debatte über dieses Thema ab Mitte/Ende der 2000er Jahre kaum noch aktuelles Material oder Daten zu diesem Thema zu finden sind. Es scheint so, als ob die Normalität der elektronischen Kommunikation in den Entwicklungsländern angekommen ist und das Thema an massenmedialer Relevanz verloren hat. Dies zeigt die boolesche Algebra bzw. Suchlogik des Internet auf. Die Google-Suche »Digitale Kluft + OECD« weist im Internet rund 16.900 Ergebnisse auf, die im wesentlichen nicht über das Jahr 2007 hinausgehen. Ein ähnliches Ergebnis ergibt sich bei der Suche »Digitale Kluft + UNO«, die mit ungefähr 11.200 Ergebnissen auch in der Mitte der 2000er Jahre verharrt. Auch die Mitte 2013 aktualisierte Website von Wikipedia griff Anfang 2014 lediglich auf Daten von 2007 zurück.[43] Die Weltbank meldete 2005, die digitale Kluft schrumpfe. Während nach wie vor weniger als vier Prozent der Menschen in Afrika mit Computern online sind, boomt der Bereich des Mobilfunks dort, der über moderne Smartphones auch den Zugang zum Internet erlaubt. Mit Blick auf diesen speziellen Zugang spielt die Zukunftsmusik laut. Das immer schnellere Internet dringt in immer entlegenere Winkel der Welt vor – auch per Mobilfunk, demnächst mit Ballonen, Drohnen oder Satelliten, die um die Erde kreisen, damit auch in diesem Kontext die zukünftige Bedeutung des Weltraums akzentuieren und ein SkyFi schaffen werden, gewissermaßen ein Internet am Himmel (Beise/Schäfer 2015d).

Abbildung 6: Internet users per 100 inhabitants 1997-2007 (Source: ITU)

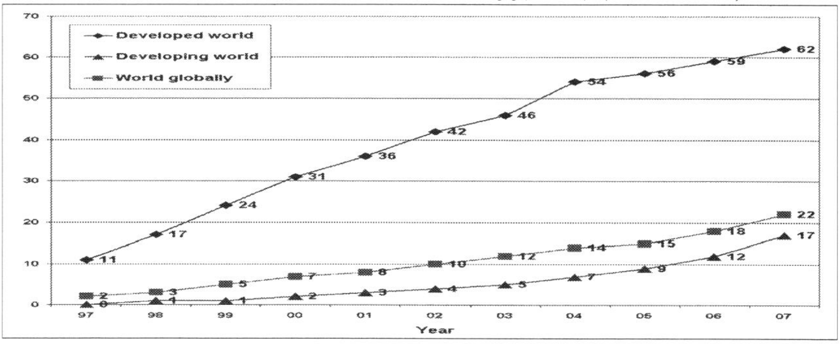

Internetnutzer pro 100 Einwohner 1997-2007; Quelle: Internationale Fernmeldeunion

43 | Vgl. www.google.de/imgres?sa=X&biw=1251&bih=1289&tbm=isch&tbnid=AXp2tnwVGBYSzM:&imgrefurl=http://de.wikipedia.org/wiki/Digitale_Kluft&docid=Ks1r15DcL37_uM&imgurl=http://upload.wikimedia.org/wikipedia/commons/1/19/Mobile_phone_subscribers_per_100_inhabitants_1997-2007_ITU.png&w=911&h=810&ei=i961UvSGGomutAapkYDQBg&zoom=1&iact=rc&dur=1697&page=1&tbnh=148&tbnw=171&start=0&ndsp=50&ved=1t:429,r:0,s:0,i:83&tx=115&ty=112, aufgerufen am 21. März 2014.

Abbildung 7: Mobile phone subscribers per 100 inhabitants 1997-2007

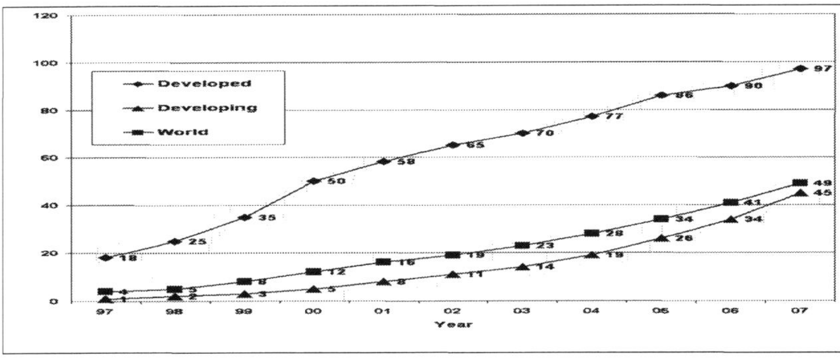

Mobilfunknutzer pro 100 Einwohner 1997-2007; Quelle: wikipedia

Die Daten zeigen dabei auf, dass trotz bescheidener Fortschritte auch die Entwicklungsländer nun zügig an der Globalisierung partizipieren. Innerhab der entwickelten Länder nehmen Partizipationsmöglichkeiten aller Bevölkerungsschichten durch technische Vereinfachungen, sinkende Gerätepreise, wachsendes technisches Verständis, dem unwiderstehlichen stylischen ›Sexappeal‹ der Geräte und Verständnis für die globale Welt der digitalen Vernetzung zu. Die Generation der ›Digital Illiterates‹ (digitale Analphabeten) stirbt aus. Die digitale Lücke, sie schließt sich. Auch Afrika wird nun zunehmend global.

3. Die terrestrischen Strukturen globaler Interaktion

Die dritte Globalisierung bezeichnet ein Zeitalter der allumfassenden Vernetzung, die durch eine permanente Mobilität von Gütern, Dienstleistungen, Arbeit und Informationen gekennzeichnet ist. Es geht um die Sicherheit und Gewähr beim Transport von Menschen, Waren und Know-How. Dies erfordert eine nachhaltige Vernetzung, die, wie im Energiebereich, den Zielen von Versorgungssicherheit, Zuverlässigkeit und Qualität auch bei größten Belastungen wie Terrorismus und Krieg, Naturkatastrophen oder technischen GAU's, gerecht werden muss. Eine nachhaltige Vernetzung ist die unverzichtbare technische Grundlage der Globalisierung, permanente Versorgung und funktionierende Mobilität zu akzeptablen sozio-ökonomischen und ökologischen Bedingungen ihre Basis.

Die Voraussetzung dafür ist Funktionalität und Effizienz. Vernetzung ist ein Begriff der Systemtheorie. Ein System besteht aus einzelnen Teilen, die durch Ursache-Wirkungs-Beziehungen und Systemeigenschaften miteinander verknüpft sind. Dieses Verständnis von Systemen kannte man im 20. Jahrhundert im Rahmen der Kybernetik insbesondere aus dem Verstehen komplexer biologischer, informationstechnologischer, ökologischer oder medizinischer

Ansätze (Wiener 1948; Vester 1983; Bluma 2005). Kybernetik bezeichnet die Steuerung und Regelung von Maschinen, lebenden Organismen und sozialen Organisationen und wurde mit der Formel »die Kunst des Steuerns« umschrieben. Mit dem Entstehen einer eng verbundenen Weltgesellschaft sind kybernetische Sichtweisen auch auf soziologische, ökonomische und politische Regelzusammenhänge angewandt worden, auch wenn der Begründer der modernen Kybernetik, Norbert Wiener, diesen Zusammenhang stets kritisch gesehen und die Chaosforschung (oder Chaostheorie) das Verhalten von Systemen mit ›deterministisch chaotischer Dynamik‹ als nicht wirklich steuerbar erachtet hat. Ohne Zweifel aber prägt die Vernetzung das Schicksal der weltweiten Entwicklungen.

Im Rahmen dieses wissenschaftsgeschichtlichen Hintergrunds ist der Vernetzungsgrad von technischen, sozio-ökonomischen und politischen Systemen mit Blick auf die Globalisierung exorbitant angestiegen. Dabei wurden in den letzten 50 Jahren insbesondere die negativen Folgen des Ineinandergreifens von komplexen Systemen zunehmend wichtig, was sich zunächst auf Fragen der Ökologie (Gruhl 1978), der Demographie (Neuffer 1982) oder des industriell-militärischen Komplexes bezog (Kahn 1984). Zum Beginn des 21. Jahrhunderts erhöhten sich die Vernetzungsgrade in den jeweiligen Teilsystemen. Die Vernetzung von wirtschaftlichen, politischen und sozialen Subsystemen zu einem hoch komplexen Gesamtsystem wurde total und die Flutung der Welt mit komplexen Problemstellungen nahm kontinuierlich zu. Zu diesem Zeitpunkt wurde klar, dass viele neue Problemstrukturen nicht mehr mit etablierten Problemlösungen in Einklang zu bringen sind. Dabei ist die Logistik eines der herausragenden Werkzeuge der Globalisierung. Logistik ist mehr als Straßen, Schienen, Flüsse, digitale Telefonanschlüsse oder Glasfaserkabeln; sie ist mehr als Transportmittel zu Wasser, zu Lande, in der Luft oder im All; mit Hilfe komplexer Logistikinfrastrukturen planen und optimieren alle gesellschaftlichen Teilsysteme die Menschen-, Waren-, Dienstleistungs- und Informationsströme entlang komplexer Logistikketten weltweit vom Erzeuger bis zum Verbraucher, vom Sender bis zum Empfänger. Zum einen füttern innovative logistische Systeme das System der Globalisierung, zum anderen sind sie ein wesentlicher Teil von Problemen der Gegenwart, aber auch von Problemlösungen der Zukunft.

Logistik und Infrastrukturen sind als Grundlage der Globalisierung essenziell

Insofern bleibt Logistik als Element der Globalisierung essenziell. Die Logistikbranche stellt sich folgerichtig auf die Chancen und Herausforderungen von vernetzten Lebensformen und Verbrauchsgewohnheiten ein. Dabei ist sie einerseits ein Verursacher globaler Problemlagen. Sie zeitigt soziale und ökologische Folgen, etwa im Bereich der Energieversorgung oder der CO_2-Emissionen; andererseits gehört die Logistik zum Herz-Kreislauf-System der Globalisierung und bietet vielfältige Möglichkeiten, solche Kosten zu reduzieren und ›smarte‹ Verkehrsströme der Globalisierung zu etablieren. Hierbei spielen ITK-Technologien eine wichtige Rolle. Es geht darum, Gesamtsysteme zu optimieren, um Kosten zu senken und Belastungen für Gesellschaften mit Blick auf Überlastungen oder Zusammenbrüche in komplexen Bewegungsmechanismen zu minimieren. Staus oder Zusammenbrüche in Liefer- und Versorgungsketten in den Bereichen Energie, Wasser, Transport und Verkehr erfordern erhebliche Anstrengungen in den Bemühungen, Engpässe und Emissionen genauso zu reduzieren wie Zeit- und Kraftstoffverschwendungen. Insofern ist es das Ziel, positive Beiträge zu einer nachhaltigen Vernetzung zu konzipieren und umzusetzen. Die Logistik wurde damit am Anfang zu einem Problem der Globalisierung; heute ist sie ein Teil ihrer Lösung.

Logistik muss sich an die Konsequenzen der Globalisierung anpassen

Im Rahmen eines langfristig angelegten Foresight-Prozesses macht sich das deutsche Unternehmen Deutsche Post AG deshalb zusammen mit dem Kölner Forschungsinstitut ›Z_Punkt. The Foresight Company‹ Gedanken darüber, auf welche zukünftigen Entwicklungen sich die Logistiksysteme und -unternehmen in der Welt eigentlich bis zum Jahr 2050 einstellen müssen (Deutsche Post AG 2012, 2014). Den verantwortlichen Führungskräften des Unternehmens und den Zukunftsforschern wurde klar, welche Entwicklungen eintreffen können und welche Folgen dies haben kann. Insofern kalkulierten sie im Rahmen der letzten Jahre mehrere robuste Entwicklungslinien, die auch in anderen sozio-ökonomischen oder politischen Kontexten reflektiert worden sind (ebd.: 40ff.).

Im Kern betrachteten die Studien die Verstädterung der Welt, die Folgen eines unkontrollierten Wachstums, die Veränderung von Lebensstilen und die Auswirkungen auf Lebensformen und Konsumstile, die technologischen Möglichkeiten der Optimierung logistischer System im ITK-Bereich sowie globale Herausforderungen und globale Widerstandsfähigkeit im Zeichen unumkehrbarer Folgen der Globalisierung. Diese Schwerpunkte sind interessant, weil Planungseinheiten in der Wirtschaft, in der Politik oder der Zivilgesellschaft jeweils aus ihren eigenen spezifischen Interessen heraus ähnlich Entwicklungen bedenken (Shell International BV 2013: 92; Center für European Policy Studies (CEPS) 2013). Hierbei ist der letztgenannte Punkt bemerkenswert, da er eine äußerst wahrscheinliche Entwicklung repräsentiert (Ostovics/Kovar/Mayrbäurl 2012). Demnach stellt man sich darauf ein, dass sozio-ökonomische Folgen der Globalisierung nicht mehr zu ändern sind und es darauf ankommt, mit intelligenten Anpassungsstrategien ihren Folgen gerecht zu werden. Ein herausragendes Beispiel dafür ist der Klimawandel, bei dem der Anstieg der durchschnittlichen Erderwärmung nicht mehr aufzuhalten ist. Der Gedanken der Nachhaltigkeit wird hier mit dem Prinzip der Resilienz konfrontiert (ebd.). Dies gehört zu den zentralen Herausforderung für die Logistik der Globalisierung.

4. Gravity – Der Weltraum als dritte Dimension

Der Weltraum ist ein strategisches Operationsgebiet. Er gewann in den letzten 50 Jahren eine globale Dimension und eine große politische Bedeutung. Er ist von vitaler Bedeutung für Sektoren wie Sicherheit, Logistik, Wissenschaft, Technologie, Klima oder Umwelt. Wirtschaftlich bedeutsam ist er für den Luftverkehr, die Navigation von Fahrzeugen auf Land, im Wasser und in der Luft, den Tourismus, die Landwirtschaft. Der Weltraum ist eine Ressource für die Lösung von Problemen in den Bereichen Terrorismusbekämpfung, Klimawandel, neue Energien und Materialien oder Orientierung durch Navigation. Er gewinnt eine strategische Dimension weil er die Zukunft der wissensbasierten Industrieländer mitbestimmt und auch die Zukunft der Entwicklungsländer betrifft. Mit Blick auf die Aufmerksamkeit, welche die USA und Russland der Entwicklung und Nutzung von Weltraumtechnologien seit Ende des Zweiten Weltkriegs entgegen brachten, wurde im Lauf der 1990er und 2000er Jahre auch dem Rest der Welt die zukünftige zivile und militärische Bedeutung einer kohärenten Weltraumpolitik bewusst. Dies galt, allen voran, auch für die Europäische Union (Forschungsinstitut der Deutschen Gesellschaft für Auswärtige Politik (DGAP) 1988; Turek 2010, 2014). Mit der Aufnahme der Weltraumpolitik in den Lissaboner Vertrag als Teil der europäischen Forschungs- und Technologiepolitik wurde dieses Politikfeld signifikant aufgewertet.

Weltraumpolitik bekommt auch ein europäisches Gewicht

Anfang des 21. Jahrhunderts haben die Europäische Kommission und Politiker in der EU auf die ökonomische und strategische Bedeutung des Weltraums, die Dominanz der USA bei der Entwicklung und Nutzung entsprechender Technologien sowie die wachsende Sensibilität anderer Länder für seine Erforschung hingewiesen. Obwohl Europa bereits seit den 1980er Jahren des 20. Jahrhunderts raumfahrttechnologische Kapazitäten mit der Arianerakete und eigenen Satelliten entwickelt und mit der ESA eine gute institutionelle Basis errichtet hat, galten vielen die damaligen Aktivitäten als unzulänglich. Deshalb wurde die Europäische Kommission Anfang 2003 aktiv und legte ihr Grünbuch »Europäische Raumfahrtpolitik« vor, das zahlreiche Vorschläge zu einer in sich schlüssigeren und europäisch koordinierten Raumfahrtpolitik enthielt. Nach einem breit angelegten Konsultationsprozess fasste sie das Konzept einer solchen Politik am 11. November 2003 im Weißbuch »Die Raumfahrt: Europäische Horizonte einer erweiterten Union. Aktionsplan für die Durchführung der europäischen Raumfahrtpolitik« zusammen und präsentierte es der Öffentlichkeit. Als Politikfeld wurde die europäische Weltraumpolitik damit im Rahmen der benachbarten Politikbereiche der Forschungs- und Technologiepolitik, der Sicherheitspolitik oder der Industriepolitik äußerst wichtig.

Die europäische Kommission und die europäische Weltraumagentur (European Space Agency, ESA) handelten 2003 ein Rahmenabkommen aus, das die Beziehungen beider Institutionen auf das neue Konzept ausrichtete. Bereits 2002 hatte die ESA in Wien das Europäische Institut für Weltraumpolitik (European Space Policy Institute, ESPI) gegründet. Es hat als unabhängige Einrichtung die Aufgabe, Netzwerke, Studien, Beratung und Entscheidungshilfe bei der Festlegung weltraumpolitischer Strategien zu organisieren. Genaue Ansätze zu einer kohärenten Raumfahrtpolitik formulierten dann der EU-Rat ›Wettbewerbsfähigkeit‹ und der ESA-Rat auf Ministerebene, die sich 2005 auf der Grundlage des EG-ESA-Abkommens von 2003 als »Weltraumrat« konstituierten, mit einer entsprechenden Mitteilung an den Rat und das Europäische Parlament zur europäischen Raumfahrtpolitik. Diese enthielt Ziele, Aufgaben und Zuständigkeiten sowie einen Katalog von Durchführungsgrundsätzen. Mit ihrer Mitteilung »Auf dem Weg zu einer Weltraumstrategie der Europäischen Union im Dienste der Bürgerinnen und Bürger« vom April 2011 hat die Europäische Kommission schließlich auf die besondere Bedeutung des Weltraums für die Zukunft Europas hingewiesen. Sie hat damit eine »Antwort auf die gesellschaftlichen, wirtschaftlichen und strategischen Herausforderungen, vor denen wir stehen« formuliert. Im Kontext der Entwicklung einer europäischen Weltraumpolitik seit Anfang der 2000er Jahre bedeutete diese Mitteilung eine Neuausrichtung. Diese war mit Blick auf die Zielsetzungen der Weltraumpolitik von großer Bedeutung.

Die zivile und militärische Bedeutung des Weltraums nimmt zu

Es wurde klar, dass etwa Satelliten für die Navigation anschwellender Verkehrsströme und weltraumgestützter Sicherheitskomponenten zur Führung militärischer Kapazitäten im Rahmen der Europäischen Sicherheitsstrategie gebraucht würden. Projekte wie Galileo (Navigation und Ortung) oder Copernikus (GMES, Global Monitoring for the Environment and Security) gelten als Flaggschiff-Projekte. Darüber hinaus hat sich die ESA 2008/2009 mit den Weltraumteleskopen Herschel und Planck spektakuläre und ambitionierte Forschungsgebiete im Bereich der naturwissenschaftlichen Erkundung des Universums erschlossen. Die Raumfahrt dient ausdrücklich europäischen Zielen des Umweltschutzes, der Mobilität, der Sicherheit und der Informationsgesellschaft. Neben der Entwicklung geeigneter technologischer Kapazitäten im Raketen-, Plattform-, oder Satellitenbau sowie in der Nachrichteninfrastruktur erforderte dies eine entsprechende Legitimation der politischen Zuständigkeiten auf europäischer Ebene. Mit dem Grünbuch sowie dem Weißbuch zur europäischen Raumfahrtpolitik sowie der Zuweisung entsprechender Kompetenzen an die Europäische Weltraumagentur wurde diese Legitimation im Rahmen eines systematischen Findungsprozesses von den entsprechenden Institutionen und Projekten realisiert. Die Mitteilung zu einer Weltraumstrategie der Europäischen Union hebt diesen Bedeutungszuwachs hervor.

EGNOS und Galileo sind die Flaggschiff-Projekte der EU-Weltraumpolitik

Aus operativer Sicht heißt dies die Fortsetzung der europäischen Satellitenprogramme Galileo und EGNOS; die konsequente Umsetzung des Europäischen Erdbeobachtungsprogramms Copernicus zur Überwachung von Land, See, Atmosphäre, Luftqualität und Klimawandel sowie Notfalleinsätze und Sicherheit; Schutz der europäischen Weltrauminfrastruktur durch den Aufbau eines Europäischen Systems zur Weltraumlageerfassung (Space Situation Awareness, SSA), um den Verlust von Technologien durch Zusammenstöße mit Weltraummüll und durch Weltraumwetter zu verringern (Schäden im Jahresdurchschnitt in Höhe von etwa 332 Millionen EUR); Unterstützung der Weltraumforschung etwa im Kontext der Internationalen Weltraumstation (International Space Station, ISS); Unterstützung von Grundlagenforschung und Entwicklung; Stärkung der Partnerschaft zwischen Europäischer Weltraumorganisation und den EU-Mitgliedstaaten; die Entwicklung eines weltraumbasierten Datenrelay (EDRS); die Entwicklung einer neuen Weltraumrakete Ariane 5-ME bzw. 6 bis 2017/2018 sowie die Beteiligung an der amerikanischen Raumkapsel Orion (u.a. Marserkundung). In wachsender Weise sind darüber hinaus internationale Kooperationen wie bei der Internationalen Weltraumstation (International Space Station, ISS) nötig. Hier ist etwa die 2007 von NASA, ESA, Roskosmos, CNSA (China) und 10 weiteren Weltraumagenturen formulierte »Global Exploration Strategy« wichtig, welche die Grundzüge einer gemeinsamen Raumfahrtstrategie entworfen hat.

Außerordentlich wichtig sind hierbei Galileo und Copernicus. Galileo ist das erste von der EU und der Europäischen Weltraumorganisation gemeinsam durchgeführte Projekt. Galileo ist das europäische Satellitennavigations- und Zeitgebungssystem, das unter alleiniger ziviler Kontrolle steht. Es wird auf den Zentimeter Daten zur genauen Positionsbestimmung liefern und ähnelt dem US-amerikanischen System NAVSTAR-GPS und dem russischen GLONASS-System. Das System basiert auf einer Grundkonstellation von 30 Satelliten, welche die Erde in einer Höhe von 23.260 km umkreisen und einem Netz von Bodenstationen, die die Satelliten kontrollieren. Copernicus offerierte 2013 ein neues System der offenen Datenverarbeitung, das kostenfreien, unbeschränkten und offenen Zugang zu einer Fülle wichtiger Umweltdaten gewährt. Mit diesem Zugang wird die Entwicklung von Anwendungen für eine Reihe von verschiedenen Wirtschaftszweigen wie der Landwirtschaft, der Versicherungen, dem Verkehr und der Energieversorgung gefördert. Das Programm arbeitet mit großem Erfolg mit Daten aus bestehenden Satellitenmissionen und Sensoren an Land, zu Wasser und in der Luft. Als der Taifun Haiyan Ende 2013 die Philippinen verwüstete oder Überschwemmungen auf Sardinien herrschten, konnte das System das Katastrophen- und Krisenmanagement in beiden Regionen massiv mit unverzichtbaren geologischen Daten unterstützen.

Die globale Satellitennavigation ist geprägt durch Kooperation und Konkurrenz

Das Beispiel der internationalen Weltraumstation zeigt den globalen Charakter einer internationalen Weltraumpolitik auf, die auf globale Kooperation angewiesen ist. Gleichzeitig ist die Weltraumpolitik ein Feld internationaler Konkurrenz. Am deutlichsten wird dies in der Wettbewerbssituation zwischen dem amerikanischen GPS-System und dem europäischen Galileosystem. Aber zugleich integriert Galileo demgegenüber wiederum vielfältigste internationale Kooperationen und die EU strebt eine enge Kooperation mit den Amerikanern im Bereich der satellitengesteuerten Navigation an und will das System mit seinem US-Gegenstück GPS kombinieren, um so die Luftverkehrssicherheit zu erhöhen (Europäische Kommission 2014: 68). Auch dies ist mit Blick auf die amerikanische Konkurrenz bemerkenswert. Denn viele Staaten beteiligen sich ebenfalls an diesem Projekt. Das ist zum Beispiel China, das sich mit 280 Millionen Euro engagiert. Hinzu kommen Indien, Israel, Marokko, Saudi-Arabien, die Schweiz, Norwegen, Südkorea und die Ukraine. Argentinien, Australien, Brasilien Kanada, Mexiko oder Russland sind interessiert. Russland brachte im Oktober 2011 die ersten zwei Galileo-Satelliten mit einer Sojus-Rakete vom europäischen Weltraumbahnhof in Französisch-Guayana ins All. Die USA standen und stehen Galileo skeptisch gegenüber. Mit Blick auf die vielfältigen Möglichkeiten des Systems im öffentlichen, kommerziellen und sicherheitsdienlichen Bereich[44] befürchteten sie Gefahren einer unkontrollierten Nutzung. Bedenken bezüglich technischer Beeinflussungen des NAVSTAR-GPS-Systems durch Galileo konnten hierbei mittlerweile ausgeräumt werden, die Sorgen hinsichtlich der militärischen Relevanz des Systems bestehen weiter fort. Der Bereich der militärischen Aspekte der Information, Kommunikation und Führung von militärischen Operationen ist hierbei sensibel. Der stille Einsatz amerikanischer Drohnen im amerikanischen Antiterrorkampf ist auf eine globale IKT-Struktur angewiesen. Gleiches gilt für die

44 | Vgl. als Übersicht über die Fähigkeiten des Systems http://de.wikipedia.org/wiki/Galileo_Satellitennavigation, aufgerufen am 10.April 2014.

globale Überwachung elektronischer Kommunikationen im Internet oder via Mobiltelefonie. Inwieweit eine weltraumgestützte Satellitenstruktur und die ergänzenden terrestrischen Aufklärungsmöglichkeiten hegemoniale Gefühle von Staaten wie den USA, China oder Russland stören, könnte also ein brisantes Thema der Zukunft sein. Insofern ist die globale Weltraumpolitik geprägt durch Kooperation und durch Konkurrenz. Gleichzeitig nehmen aber auch Probleme oder Gefahren bei der Nutzung des Weltalls im militärischen und zivilen Bereich zu. Während einerseits die technologische Erschließung des Alls in vollem Gange ist, wächst andererseits auch der Druck, internationale Regeln für ein kosmisches Miteinander der weltraumfahrenden und weltraumnutzenden Nationen zu entwickeln. Dies bezieht besonders die Problematiken des wachsenden Weltraumschrotts ausgedienter oder beschädigter Satelliten und des Wettrüstens im Weltraum mit ein (Mutschler 2013).

Insgesamt aber ist der Nutzen des Weltraums für die Menschheit enorm

Dies lässt sich an einem spektakulären – nicht militärischen – Beispiel illustrieren. Ende 2013 wurden von Forschern der Organisation der Vereinten Nationen für Erziehung, Wissenschaft und Kultur (UNESCO) und der kenianischen Regierung unter den Wüsten im Norden Kenias zwei riesige Reservoirs mit Grundwasser entdeckt – theoretisch genug, um nicht nur die durch Dürre geplagte Region selbst, sondern ganz Kenia mindestens über Jahrzehnte mit Wasser zu versorgen. Das Reservoir wurde per Satellit und Radar aufgespürt. Und nicht nur die Versorgung des Landes mit Trinkwasser und – indirekt – nunmehr anbaubaren Agrarprodukten könnte somit sichergestellt werden. Der für die Süddeutsche Zeitung tätige Korrespondent in Nairobi, Tobias Zick, wies darauf hin, dass dieser, durch moderne weltraumgestützte Technologien ermöglichte Fund auch friedensstiftend sein könne. In Konkurrenz um Weideland und Wasser bekämpfen sich immer wieder die verschiedenen Nomadenstämme gegenseitig, stehlen einander ihr Vieh, beinahe monatlich sterben dabei Menschen (Zick 2013). Alles in allem aber zeigt dieses Beispiel auf, wie außergewöhnlich nutzbringend eine satellitengestützte Erdbeobachtung für die Bereiche Ernährung und Umwelt eingesetzt werden kann, auch mit Blick auf persönliche Integrität und Sicherheit.

V. Neue Navigation

Die neue Globalisierung veränderte die internationale Sicherheitsarchitektur und Diplomatie. Die Kombination aus den Gründen und Konsequenzen des Ersten und Zweiten Weltkrieges mündeten in den Kalten Krieg und prägten die Welt über den bipolaren Konflikt zwischen westlicher Welt und der Welt des Kommunismus über 50 Jahre. Mit dem Fall der Berliner Mauer am 9. November 1989 endete die Ära einer beispiellosen Blockkonfrontation. Die Tür wurde aufgestoßen zu einer Zeit, in der nicht mehr zwingend polarisiert gedacht werden musste. Der Ost-West-Konflikt implodierte im Zeitraffer und es entstand ein temporäres Vakuum globaler Desorientierung.

Gleichzeitig veränderte der technologische Fortschritt das Spektrum der möglichen Bedrohungen. So wie See- und Luftfahrt und die Entwicklung der Panzertechnologie das Kriegsbild im 20. Jahrhundert fundamental veränderten, so greift die Entwicklung der Informations- und Kommunikationstechnologie heute entscheidend in Strategie und Taktik der militärischen Operationsmöglichkeiten ein. Internet, exakte bildgebende Verfahren, globale Navigation über das amerikanische Navigationssystem GPS und über das sich im Aufbau befindende europäische Satellitensystem Galileo, globale Funktechnologie und unbemannte Drohnen oder Robotertechnologien prägen heute und zukünftig das Bild einer modernen Kriegsführung, dem ein technologisch unterentwickelter Gegner außer Massenvernichtungsmitteln nichts mehr entgegen zu stellen hat.

1. Die Implosion des Ost-West-Konflikts als Dilemma

In der Zeit zwischen dem Ende des Zweiten Weltkriegs und dem Fall der Berliner Mauer war die Welt allerdings sicherheitspolitisch stabiler als danach. Ein erstaunliches Dilemma trat mit der Implosion der Ost-West-Konfrontation zutage: die Welt war bis 1989 eine sehr gefährliche Welt, die jederzeit im nuklearen Inferno des bipolaren Atomkriegs hätte verbrennen können. Dabei war sie in ihren Konfrontations- und Regelmechanismen innerhalb des Systems der gegenseitigen nuklearen Abschreckung stabil; im Nachhinein könnte man sie als relativ verlässliche Kohabitation von zwei konträren Machtsystemen bezeichnen, die sich weltweit zwar Stellvertreterkriege lieferten, ansonsten aber eine funktionierende Praxis der gegenseitigen Konsultation und Mitteilung pflegten. Nach dem Fall der Mauer verlor die gegenseitige Androhung nuklearer Vernichtung an Gewicht und die Bündnisstrukturen der östlichen Welt wurden zur Makulatur. Die Welt verlor die angespannte Verlässlichkeit des bipolaren Antagonismus zwischen Washington und Moskau. Die Einheit Deutschlands und Europas gelang und ein vermeintlicher Normalisierungsprozess zwischen den USA, der NATO und Russland kam in Gang. Damit entfiel das eisenharte und ›stabile‹ Ordnungsgefüge des Ost-West-Konflikts. Viele, ehemals an diese Struktur gebundenen Länder, hatten auf einmal eigene Entwicklungsoptionen – bündnispolitisch und militärisch. Die erzwungene und global funktionierende Disziplin der Vasallenära war vorbei.

Es öffnete sich eine Welt der relativen Wahlfreiheiten. Die Proliferation nuklearer, chemischer und biologischer Waffen wurde im Gefolge dann allerdings zur Herausforderung. Südamerika, der Nahe Osten und Teile Südosteuropas befreiten sich aus den Fesseln der Bipolarität und gingen eigene Wege, wobei sie ökonomisch und sicherheitspolitisch im Rahmen von regionalen Zusammenschlüssen wie zum Beispiel dem ASEAN in Asien, dem Mercosur-Pakt in Südamerika oder der Afrikanischen Union auf dem schwarzen Kontinent bereits vor dem Ende des Ost-West-Antagonismus versuchten, Gegenmacht gegen die amerikanisch-europäische und russische Dominanz aufzubauen und ihre eigenen Interessen regional zu organisieren. Die Ergebnisse dieser‹ dritten Wege‹ sind bis heute in der Bewertung beachtlich, bleiben insgesamt aber auch ambivalent.

Die bipolare Sicherheitsarchitektur schwankte, Loyalitäten verblassten, nationale Eigensinnigkeiten und Präferenzen sowie staatliche Instabilitäten prägten das internationale System. Neue Sicherheitsprobleme gewannen an Gewicht. Sie prägten die sicherheitspolitische Wahrnehmung der Außen-, Verteidigungs- und Sicherheitspolitiker. Der Ost-West-Konflikt war eine permanente Drucksituation, welche die zunehmende Komplexität der Konfliktlagen insgesamt auszublenden in der Lage war. Mit dem Aufwachen aus der Starre des Kalten Krieges wurden neue Konfliktpotenziale relevant und traten als zu kalkulierende Variablen des sicherheitspolitischen Denkens auf den Plan. Insofern war die Blockarchitektur des Kalten Krieges gefährlich, gleichzeitig aber auch stabil und berechenbar; mit dem Ende des Kalten Kriegs wurden die internationalen Beziehungen entspannt, gleichzeitig wurde die Lage mit dem Zusammenfallen dieser Architektur aber instabil und unberechenbarer. Das ist das Dilemma der Implosion des Ost-West-Konflikts.

2. Der erweiterte Sicherheitsbegriff der Globalisierung

Sicherheit wurde damals im Rahmen eines engeren Sicherheitsbegriffs erfasst. Sicherheitspolitik bedeutete Verteidigungspolitik, also die militärische Vorkehrung eines Staates zum Schutz seines Territoriums und seiner Bürger gegen Bedrohung und Waffengewalt von außen. »Willst du den Frieden, bereite Dich vor auf den Krieg« lautete die an Clausewitz angelehnte Devise strategischer Sicherheitspolitik, die Krieg als zwischenstaatliche Fortsetzung der Politik mit anderen Mitteln verstand (Clausewitz 1827-1830/1990: 34). Separatismus, Bürgerkriege oder Terrorismus waren diesem sicherheitspolitischen Weltbild untergeordnet bzw. dem Ost-West-Konflikt zugeordnet. In dieser Zeit bestimmte die aktuelle Bedrohungslage das gesamte westliche Sicherheitssystem bis in die Innenpolitik. Der Konflikt prägte die Blockbildung um die beiden Führungsmächte; die Außenpolitik unterschied nur zwischen ›Freund‹ und ›Feind‹. Die Doktrin der massiven Vergeltung belastete jede begrenzte Konfliktsituation mit dem Risiko einer unbegrenzten nuklearen Vernichtung. Sicherheitspolitische Erwägungen bestimmten auch die innenpolitischen Entwicklungen. Insofern war Sicherheit damals fast ausschließlich militärisch definiert und waren die damalige Außen- und Innenpolitik vielfach Funktionen der Sicherheitspolitik (Schwarz 1978). Es herrschte eine große Angst vor dem nuklearen Inferno, die mit den Atombombenabwürfen über Nagasaki und Hiroshima im Zweiten Weltkrieg 1945 eine grausame Realität und nachhaltige Erfahrung geworden war. Gleichzeitig war die Erwartung des nuklearen Weltuntergangs physisch so paralysierend, dass sie – aus heutiger Sicht – folgerichtig bzw. zwingend eine intellektuelle Reaktion erzwang (Kahn 1984).

Die westliche Sicherheitspolitik brach in der zweiten Hälfte des 20. Jahrhunderts sukzessive aus dem engen Gefängnis der bipolaren Blockkonfrontation und der Doktrin der massiven Vergeltung aus

Anfang der 1960er Jahre begann deshalb ein Verlust des Primats militärischer Sicherheit. Das fiebrige Streben nach atomarer Vorherrschaft der beiden Supermächte wurde damit kompromittiert (Newhouse 1990). Der Prozess einer relativen Entmilitarisierung im Denken und Tun begann mit der Globalisierung und einer Mäßigung des Ost-West-Konflikts. Die verhinderte nukleare Konfrontation um Kuba 1962 war ein Wendepunkt in der Sicherheitspolitik und eine entscheidende Katharsis der Kontrahenten USA und UdSSR. Die europäische Sicherheitsfixierung der Supermächte schwächte sich ab und wurde Anfang der 1970er Jahre transformiert in die gegenseitige Anerkennung des europäischen Status Quo. NATO, die USA und die UdSSR und Warschauer Pakt lernten, die wechselseitige Abhängigkeit ihrer Sicherheit zu verstehen. Sie verabredeten Rüstungskontrollvereinbarungen und vertrauensbildende

Maßnahmen. Als Folge der militärstrategischen Interdependenz verlagerte sich der Schwerpunkt der Abschreckung auf begrenzt und flexibel einsetzbare Optionen. Die Doktrin der massiven Vergeltung wurde zugunsten der Doktrin der flexiblen Reaktion abgeschafft. Und schließlich hat sich durch früher nicht gekannte wirtschaftliche und soziale Modalitäten der Sicherheitsgefährdung die wahrgenommene Bedrohung von der strikt militärischen auch auf eine sozio-ökonomische Ebene verlagert. Das waren die intellektuellen Antriebe für eine Erweiterung des Sicherheitsbegriffs in Zeiten der Globalisierung.

Ging es früher primär um Friedenssicherung ...,

Es ging in den 1950er und 1960er Jahren zunächst um nachhaltige Friedenssicherung, funktionierende gegenseitige Abschreckung, später dann in den 1970er, 1980er und 1990er Jahren um eine langsame Annäherung. Dies geschah durch Vertrauensbildung im Rahmen der Konferenz für Sicherheit und Zusammenarbeit in Europa (KSZE 1973) und nukleare sowie konventionelle Abrüstung im Kontext der SALT Abkommen (Strategic Arms Limitation Talks I und II 1972/1979), der MBFR-Verhandlungen (Mutual Balanced Force Reductions 1973), des INF-Vertrages (Intermediate Range Nuclear Forces 1987), des Vertrags über konventionelle Streitkräfte in Europa (KSE 1990) und des START Vertrags (Strategic Arms Reduction Treaty 1991). Die Welt war bis Ende der 1980er Jahre dennoch fokussiert auf die Auseinandersetzung der beiden Weltmächte USA und UdSSR und ihrer Bündnispartner und Satellitenstaaten. Bereits in der Phase der Entspannung (1970er bis 1980er Jahre) und dann mit dem Ende des Ost-West-Konflikts (1990er Jahre) traten komplexere Bedrohungsszenarios in den Vordergrund, die bis dorthin im Schatten der nuklearen Abschreckung verborgen waren oder aufgrund des Stress' der bipolaren Lage verdrängt wurden. Insofern hat der enge Begriff der Sicherheitspolitik zunehmend nicht auf die politische Realität gepasst. Der Sicherheitsbegriff wurde erweitert und global definiert.

... geht es heute zusätzlich um sozio-ökonomische und ökologische Risiken

In diesem Zusammenhang identifizierte man sowohl Konfliktregionen als auch überregionale Herausforderungen. Konfliktregionen waren aus europäischer Sicht in den 1990er Jahren Südosteuropa, der Kaukasus, der Nahe und Mittlere Osten, der asiatisch-pazifische Raum und diverse Länder Afrikas (Bundesakademie für Sicherheitspolitik [Hg.] 2001). Globale Herausforderungen wurden wahrgenommen in den Bereichen Islam und Fundamentalismus, Proliferation von Massenvernichtungswaffen, Terrorismus, Risiken im Informationszeitalter, Weltbevölkerung und Welternährung, Armutsbekämpfung Umweltveränderungen, Wasserversorgung und AIDS (ebd.). Im

Laufe der darauf folgenden Dekade wurden einige dieser Konfliktregionen und Herausforderungen unwichtiger, andere wiederum errangen eine herausragende Bedeutung. Es blieben der Nahe und Mittlere Osten und diverse Länder Afrikas als ›Hotspots‹ zerfallender Staatlichkeit und menschlicher Gewalt. Andere Regionen wie die nördlichen Staaten Afrikas tauchten relativ überraschend im Rahmen des Arabischen Frühlings auf, Tunesien, Algerien und Marokko fieberten, Libyen fiel, Ägypten wurde durch eine Revolution erschüttert, Syrien versank in den Grausamkeiten eines Bürgerkriegs, die Ukraine wurde 2014 zum Krisenherd der neuen Ost-West-Beziehungen des 21. Jahrhunderts und wurde nach der Annektierung der Krim durch Russland durch ein zweifelhaftes Referendum am 11. Mai 2014 in einen West- und Ostteil geteilt. Während etwa Pandemien als Sicherheitsprobleme trotz der Ebola-Epidemie in Westafrika 2014/2015 etwas an Bedeutung verloren, haben sich die Herausforderungen in den Bereichen Islam und Fundamentalismus, Proliferation, Terrorismus, Risiken im Informationszeitalter oder Klimaveränderung verschärft. Dementsprechend war ein breiterer Sicherheitsansatz und ein erweiterter Sicherheitsbegriff notwendig geworden, den die deutsche Bundesakademie für Sicherheitspolitik Anfang der 2000er Jahre vorausschauend so definierte:

»Die internationale Entwicklung verlangt eine umfassende und auf einem breiten Ansatz basierende Analyse von Sicherheitspolitik. Dabei sind neben der Außen- und Verteidigungspolitik wirtschafts- und finanzpolitische, innenpolitische, staats- und völkerrechtliche, entwicklungspolitische, soziale und ökologische Themenbereiche einzubeziehen. Es handelt sich mithin [...] um eine Sicherheitspolitik in einer neuen Dimension. Nur ein solches Verständnis von Sicherheitspolitik kann den immer komplexer werdenden Herausforderungen des 21. Jahrhunderts gerecht werden« (ebd.: 11).

So entstand eine neue Landkarte der Konflikte, welche die geopolitische und geostrategische Lage des Kalten Krieges durch eine völlig andere Lage einer multipolaren und multiplen Gemengelage im sozio-ökonomischen und politischen Leben des 21. Jahrhunderts aufzumischen begann. Der senile Ost-West-Konflikt hauchte angesichts seiner Irrelevanz und der Herausforderungen des 21. Jahrhunderts endgültig seinen Atem aus. Gleichzeitig rückten die sozialen Folgen der Globalisierung in das Zentrum scharfer Kritik. Der Konflikt zwischen Globalisierungsgewinnern und Globalisierungsverlierern wurde zu einer Bruchlinie in der Welt der Gedanken um soziale Gerechtigkeit und menschlichen Fortschritt. Und schließlich zeichnete sich in der Mitte der 2010er Jahre auch wieder eine unangenehme Konfliktlage zwischen den USA und Russland ab. Dies manifestierte sich in einer Konfrontation hinsichtlich des Verhaltens Russlands in der Ukraine oder der Unterstützung des Assad-Regimes im syrischen Bürgerkrieg.

Insofern zeitigte die Globalisierung Konflikte:

- auf innergesellschaftlicher und innenpolitischer Ebene;
- auf zwischengesellschaftlicher und zwischenstaatlicher Ebene;
- auf globaler Ebene.

3. Eine neue Landkarte der Konflikte

Die dritte Globalisierung hat die Karten im gesellschaftlichen und internationalen Kräfteparallelogramm neu gemischt. Bewährte Konzepte sozialer Stabilität und internationaler Sicherheit wurden dadurch in Frage gestellt. Das Dilemma der Implosion des Ost-West-Konflikts hatte Folgen. Schnell gewannen neue Konfliktformationen an Relevanz. Auch wenn damit die große Bedrohung der atomaren Vernichtung ihr Ende fand wurde schnell klar, dass die neue Globalisierung alte und neue Konflikte befeuern wird: Konflikte um Territorium und Raum für die kulturelle Selbstentfaltung, um Werte, um Ansprüche auf Ressourcen und Besitz und – um Deutungshoheit im intellektuellen Ringen um Vorherrschaft und Macht. Die Globalisierung zeitigte so intensive ökonomische, politische und soziale Effekte und der Widerstand dagegen formierte sich rasch und kompakt (Chomsky 2000, Klein 2000, May 2001, Stieglitz 2002, Ziegler 2003). Dominierten im Rahmen des Ost-West-Konflikts also besonders die Gefahren der nuklearen und militärischen Bedrohung, so traten mit der dritten Globalisierung neue Konfliktformen auf den Plan. Die politischen Folgen von demographischen, ökologischen und sozialen Krisen verursachen Unsicherheit und produzieren Konflikte.

Anfang der 2000er Jahre begann eine harte Auseinandersetzung über die Folgen der sozio-ökonomischen und militärischen Globalisierung

So entstand eine schwierige Konfliktlage. Es begann eine Auseinandersetzung über die ökonomischen, sozialen, kulturellen und ökologischen Auswirkungen der Globalisierung. Schwerpunkte waren die Entstehung von sogenannten asymmetrischen Konflikten und Terrorismusbekämpfung auf der militärischen Seite und Auseinandersetzungen um die politische Ökonomie der Globalisierung auf der wirtschaftlichen Seite, die sich unter anderem durch radikale Angriffe gegen die Ideologie des Neoliberalismus oder die Institutionen der globalen Ökonomie wie Weltbank und Welthandelsorganisation artikulierten.

Im einzelnen waren die Proliferation von Massenvernichtungswaffen, der internationale Terrorismus, die Sicherheitsgefährdungen durch das Internet, der Zugang zu Ressourcen, die Verantwortung für den Klimawandel, organisierte Kriminalität oder die Gefahr von Handelskriegen wichtig. Und auch die Konsequenzen des naturwissenschaftlichen Fortschritts und seiner wirtschaftlichen Konsequenzen wurden zunehmend relevant, was sich in den Bereichen Produktpiraterie und geistigem Eigentum niederschlug. Auch wenn sich massive Befürchtungen mit Blick auf den Zusammenbruch ganzer kapitalistischer Volkswirtschaften durch die Globalisierung wie etwa in Argentinien nach der dortigen Währungs- und Wirtschaftskrise nicht bewahrheiteten (Negt 2001, Wolski-Prenger 2002), bilden die einzelnen Konfliktpunkte eine große Herausforderungen für den Staat und die Gesellschaft.

Neue Konfliktformationen

Im Rahmen der veränderten Situation wurde klar: die politischen Folgen von demographischen, ökologischen und sozialen Krisen gefährden den Frieden. Die Verbreitung von Massenvernichtungswaffen und ihr möglicher Gebrauch durch totalitäre Staaten oder terroristische Gruppen wachsen zu einer globalen Bedrohung an, je dichter das Netz der transnationalen Verflechtung geknüpft wird. Globalisierungskriege und globale Konflikte verlangen mehr als traditionelle militärische Leistungen. Sie sind meist nicht konventioneller militärischer Natur. Bereits in den 1990er Jahren wurde klar, dass sich die Sicherheitsprobleme des 21. Jahrhundert eher aus der Bedrohung der persönlichen Unversehrtheit und der gesellschaftlichen Stabilität sowie aus zivilisatorisch gespeisten Problemen ergeben als aus dem Konflikt nationaler Unverträglichkeiten (Hammond 1999: 132).

Im erweiterten Sicherheitsbegriff wurden neben eng gefassten militär- oder verteidigungspolitischen Problemen also auch andere Sicherheitsprobleme erfasst. Dazu gehörten Probleme der sozialen Sicherheit. Wenden wir uns nun diesem Unterpunkt des erweiterten Sicherheitsbegriffs zu, die sich – zugespitzt – als soziale Frage der Globalisierung beschreiben lassen.

4. Die soziale Frage der Globalisierung

Der sozio-ökonomischen Konflikt zwischen Globalisierungsgewinnern und Globalisierungsverlierern wurde Anfang der 2000er Jahre zu einer ›Überlebensfrage‹ des Jahrhunderts stilisiert. Es ging dabei um das Verhältnis von Staat und Markt, von Gesellschaft und sozialem Frieden. Die vielen Einzelaspekte dieser sozio-ökonomischen Gemengelage ließen sich auf zwei zentrale Fragestellungen reduzieren:

- Welche Zukunft hat das Konzept der Marktwirtschaft, wenn es die soziale Kohäsion gefährlich berührt, die Frage der Verteilungsgerechtigkeit nicht beantwortet und ökologische Zusammenhänge nicht ausreichend integriert?

- Wie muss eine Ordnungspolitik beschaffen sein, die den sozialen Frieden und einen freien Welthandel ermöglicht, soziale Diskriminierungen aber vermeidet und eine allgemeine positive sozio-ökonomische Entwicklung für eine deutliche Mehrheit der Menschen ermöglicht?

Der Paradigmenwechsel in der Industriegesellschaft erzeugte gravierende Diskontinuitäten in der Gesellschaft

Globalisierung brachte einen Paradigmenwechsel der Industriegesellschaft in Gang, der bis heute anhält. Er brachte Diskontinuitäten in allen gesellschaftlichen Teilsystemen hervor. Das Verhältnis von sozio-ökonomischer Globalität, gesellschaftlicher Innovation und politischer Erneuerung wurde mit Blick auf die gesellschaftliche Kohäsion zu einem Schlüsselthema. Schnell wurde klar: es geht um Wohlstand und Sicherheit, um die Stabilität der vorhandenen oder erwünschten Lebensverhältnisse, individuell und kollektiv. Eine stabile Gesellschaft setzt den Einzelnen in den Besitz seiner Möglichkeiten. Sie gewährleistet zugleich den sozialen Zusammenhalt über funktionierende Mechanismen gesellschaftlicher Solidarität. Dazu bedarf es eines Konsenses über gemeinsame Werte, geeignete Institutionen, ausreichende materielle Mittel und technologische Ressourcen. Eine stabile Gesellschaft speist die Identität ihrer Menschen und ist Voraussetzung für eine ökologisch, sozial und ökonomisch nachhaltige Entwicklung.

Die Wucht der Globalisierung fordert das Zielbild einer nachhaltigen Gesellschaftsentwicklung heraus. Der Übergang von der Agrar- zur Industriegesellschaft hat im 19. Jahrhundert die Bedeutung des Verhältnisses von technologischem und gesellschaftlichem Wandel mit der damit aufgeworfenen sozialen Frage belegt. Die Industrialisierung hob die ständische Ordnung der durch Zünfte und Manufakturen geprägten Gesellschaften auf. Diese Ordnung hatte den Menschen einen gewissen Schutz geboten. Mit der Industrialisierung und Verstädterung wurde Existenzunsicherheit zum Lebensschicksal des Proletariats. Die Abwanderung vom Land in die Stadt, vom agrarischen Osten in die Ballungsräume des Westens und das Anwachsen von Landgemeinden zu Städten ließ ein Wohnungselend entstehen, das bis Ende des 19. Jahrhunderts kaum an Härte verlor. Hinzu kam ein moralischer Verfall: Trunksucht, Promiskuität, Neid, Erbitterung. In der Industriegesellschaft fand schließlich eine Polarisierung in die Klassen der Eigentümer und Nichteigentümer von Produktionsmitteln statt und die Aufspaltung wurde bald zum ›Klassenkampf‹. Einstmals funktionsfähige Instrumente gesellschaftlicher Solidarität verloren während des Wandels ihren Sinn. Erst nach geraumer Zeit gelang es, die damit verbundenen Verteilungskonflikte zu moderieren und die untauglich gewordenen Formen sozialer Integration durch neue Integrationsmechanismen zu ersetzen. Gleichzeitig markiert diese Entwicklung die Geburtsstunde der sozialen Marktwirtschaft mit der es schließlich gelang, die Energien eines entfesselten Kapitalismus in eine sozial verträgliche Form zu leiten. Die ›Soziale Marktwirtschaft‹ erwies sich als richtige Antwort auf den sozialen Wandel der damaligen Zeit.

Der Übergang von der national und territorial verfassten Industriegesellschaft in die durch Globalität geprägte Gesellschaft lässt ebenso gravierende Umbrüche erkennen. Ähnlich wie die Eisenbahn im 19. Jahrhundert die Versorgung von Menschen und Wirtschaft aus weiten Entfernungen ermöglichte und auf diese Weise Urbanisierung, Massenproduktion und internationale Gütermärkte forcierte, sind modulare Produktionsprozesse transnational agierender Unternehmen, der alltägliche globale Fluss von Devisen und Kapital oder die große Zahl globaler Kommunikationsnetzwerke prägende Merkmale der heutigen Zeit. Wie zu Zeiten der industriellen Revolution sind damit Konsequenzen für das politische Handeln der Akteure verbunden.

Damit wurde die politische Ökonomie des kapitalistischen Systems bereits vor rund 20 Jahren als wichtige Zukunftsfrage und als sozio-ökonomisches ›Schlachtfeld‹ identifiziert. Es zeichnete sich ab, dass die alte Gleichung Wachstum = Beschäftigung = allgemeiner Wohlstand für viele Länder, Menschen und Gesellschaften dann nicht mehr gelten kann, wenn nicht gleichzeitig ein adäquater Strukturwandel in Wirtschaft und Gesellschaft in Angriff genommen wird und wenn nicht auf dieser Grundlage ein beschäftigungswirksames Wachstum geschaffen werden kann. Oder, wenn dies nicht möglich ist, wenn die Umverteilungsmechanismen in solchen Staaten nicht angepasst werden, wo Teile der unteren Mittelschicht von Wohlstandsgewinnen ausgeschlossen werden. Dies ist – nach dem ehemaligen Weltbank Ökonom Branko Milanovic – besonders in den reichen Industrienationen wie etwa den USA, Deutschland und Japan der Fall. Diese Gruppe hat von der Globalisierung nicht profitiert und rückt sie deshalb unter anderem in die Fänge populistischer Strömungen in den reichen Industrienationen. Die größten Profiteure der Globalisierung sind demgegenüber die Menschen der Mittelschicht insbesondere in Schwellenländern und die Reichsten der Welt (Milanovic 2012, 2016; Wilmroth 2016).

Dies prägte die sozial-ökonomische Lage in Europa in den 2010er Jahren, wo die Existenz unterschiedlicher Sozialstaatsmodelle in den nördlichen und südeuropäischen Ländern sowie strukturpolitische Versäumnisse im Süden Europas zu einer signifikanten Asymmetrie der wirtschaftlichen Leistungsfähigkeit und der Beschäftigung geführt haben. Obwohl dies eine vielschichtige Entwicklung mit vielen zusätzlichen Ursachen war, und auch der Norden Europas mit Wachstums-, Beschäftigungs- und Wohlstandsproblemen zu kämpfen hatte, wurde die damit einhergehende Schwächung der Mittelschicht sowie die wachsende Kluft zwischen arm und reich nicht nur politisch problematisiert, sondern auch vielerorts von einer Breite der Gesellschaft sozial zunehmend als unerträgliche Ungerechtigkeit empfunden. Und dies wird auch so bis heute formuliert und leistet jeglicher Form des Populismus einen gewaltigen Auftrieb.

Die wachsende Ungleichheit provoziert soziale Konflikte – weltweit

Nach einer internationalen Studie der Bertelsmann Stiftung (Bertelsmann Stiftung 2014) wird es aufgrund großer Unterschiede in der Einkommens- und Vermögensentwicklung sowie sozialpolitischen Missständen deshalb in vielen Teilen der Welt zu Protesten und Konflikten kommen, wobei ausdrücklich auch Demokratien etwa in Südosteuropa davon betroffen sind.[1] Demnach gibt es auch in der zweiten Dekade des 21. Jahrhunderts in vielen Regionen der Welt ungeachtet wirtschaftlicher Wachstumserfolge immer noch ein hohes Maß an Armut und sozialer Ausgrenzung. In den meisten Staaten profitierten davon aber meist nur kleine Eliten. Deshalb nehme der Widerstand der Bürger gegen Misswirtschaft, Ausgrenzung und Ungerechtigkeit zu. Ein besonders prominentes Beispiel dafür waren die sozialen Unruhen in Brasilien angesichts der Fußballweltmeisterschaft 2014 und der Olympischen Spiele im gleichen Land 2016. Auch wenn diese Demonstrationen gegen die wirtschaftlichen Ungerechtigkeiten im Land natürlich besonders wirksam während eines solchen Großereignisses mittels der Massenmedien transportiert werden konnten: an der Realität der Missstände im Land ändert dies nichts.

Es steht zu erwarten, dass die Verlierer der Globalisierung sich noch stärker zur Wehr setzen werden, wenn Alimentierung entfällt, wenn Frustration, Druck und Angst steigen, wenn das Ungleichgewicht zwischen arm und reich weiter wächst. Wenn die Menschen glauben, dass Ungleichheit in Ungerechtigkeit umschlägt, wird Widerstand aus ihrer Sicht zum Recht. Es ist nicht auszuschließen, dass neoliberale Globalisierungsstrategien mit ihren Entindustrialisierungstendenzen und Verarmungsfolgen handfeste Auseinandersetzung oder gar bürgerkriegsähnliche Konsequenzen nach sich ziehen.

Die ungleiche Verteilung des Wohlstands ist empirisch hinreichend belegt. Sie wurde auch von der Chefin des IWF, Chistine Lagarde, Anfang 2014 persönlich hervorgehoben.[2] Zu diesem Zeitpunkt griff dies auch eine Studie der Entwicklungshilfeorganisation Oxfam auf, die den Teilnehmern des Weltwirtschaftsforums 2014 als eine Diskussionsgrundlage für diesen Punkt ihrer Tagesordnung zur Verfügung gestellt wurde. Oxfam hat ihren Befund dann

---

1 | Die Studie ist der Bertelsmann Transformation Index 2014. Die Erhebung wertet Daten von Januar 2011 bis Januar 2013 aus. Untersucht wurden neben Entwicklungs- und Schwellenländern auch Staaten in Ost- und Mitteleuropa. Sie nennt als Negativbeispiele zum Beispiel auffällig gewordenen Länder wie Bulgarien, Ungarn, die Ukraine oder Thailand.

2 | Vgl. www.spiegel.de/wirtschaft/soziales/weltkonjunktur-lagarde-beklagt-ungerechte-verteilung-des-reichtums-a-943787.html, aufgerufen am 13.Mai 2014.

für die Weltwirtschaftsforen 2015/2016 aktualisiert vorgelegt und stellte fest: die soziale Ungleichheit wächst ungebremst weiter.[3] Der Befund:

- ein Prozent der Bevölkerung verfügt über die Hälfte des weltweiten Reichtums;
- dieses eine Prozent verfügt über 110 Billionen US-$. Das ist 65mal so viel, wie die ärmere Hälfte der Bevölkerung besitzt;
- diese ärmere Hälfte der Weltbevölkerung verfügt über genauso viel, wie die reichsten 85 Menschen haben;
- sieben von zehn Menschen leben in Ländern, in denen die Kluft zwischen arm und reich in den vergangenen 30 Jahren gewachsen ist;
- in den USA erzielte das eine Prozent der wohlhabenden Bevölkerung 95 Prozent des Wachstums im Gefolge der Finanzkrise seit 2009 (bis 2013 Anm. des Verf.), während die unteren 90 Prozent ärmer geworden sind.[4]

Auch die OECD hat diesen Befund Mitte der 2010er Jahre verifiziert. Die aktuellen Daten lauten: die Kluft zwischen Arm und Reich ist in den vergangenen 30 Jahren in allen Industrieländern gewachsen. Danach verdienen die reichsten zehn Prozent der Bevölkerung heute 9,5mal so viel wie die ärmsten zehn Prozent. In den 1980er Jahren betrug das Verhältnis nur sieben zu eins. Auch in Deutschland hat sich der Abstand zwischen Arm und Reich erhöht. In den 1980er Jahren lag das Verhältnis zwischen den reichsten und ärmsten zehn Prozent der Bevölkerung bei fünf zu eins, heute sind es sieben zu eins. Damit liegt Deutschland bei der Einkommensungleichheit aber immer noch weit unter dem OECD-Schnitt.[5]

Die Schlussfolgerung ist: statt sich gemeinsam zu entwickeln, werden die Menschen immer mehr durch wirtschaftliche und politische Macht getrennt. Die Gefahr sozialer Spannungen und gesellschaftlicher Zusammenbrüche würde dadurch wachsen.[6] Im Ergebnis stellt die Abkoppelung von den Möglichkeiten und Chancen der Globalisierung die Perspektive für den Einstieg in Abstiegs- oder Verarmungskarrieren im Rahmen zunehmend prekärer Lebensverhältnisse dar.

---

3 | Vgl. Süddeutsche Zeitung vom 20. Januar 2015.

4 | Vgl. www.oxfam.org/sites/www.oxfam.org/files/bp-working-for-few-political-capture-economic-inequality-200114-summ-en.pdf, aufgerufen am 13. Mai 2014.

5 | www.welt.de/wirtschaft/article135156309/Kluft-zwischen-Arm-und-Reich-schadet-Wachstum.html, aufgerufen am 10. Dezember 2014.

6 | Vg. ebd. und www.spiegel.de/wirtschaft/soziales/oxfam-studie-kluft-zwischen-armen-und-reichen-waechst-a-944474.html, aufgerufen am 13.Mai 2014.

Schieflagen der sozialen Gerechtigkeit

Michael Vester wies in diesem Zusammenhang schon Anfang der 2000er Jahre auf die destabilisierenden Folgen solcher Entwicklungen hin, indem er für die Bundesrepublik Deutschland vier ›Schieflagen der sozialen Gerechtigkeit‹ beschrieb, die seit den 1970er Jahren nacheinander an Aktualität gewonnen haben und seitdem parallel nebeneinander bestehen (Vester 2001). So sei die Diskriminierung von Frauen, Alten, Jugendlichen und Zugewanderten ein Thema. Trotz gleicher Leistung seien seitdem Frauen gegenüber Männern, Ausländer gegenüber Deutschen und Jüngere gegenüber Älteren benachteiligt. Seit den 1980er Jahren sei dann die Diskontinuität der Lebensläufe mit stärkerer Kraft in Erscheinung getreten.

Seitdem seien entstandardisierte Muster der Lebensläufe an der Tagesordnung, die später dann auch Patchwork-Biografien genannt worden sind. Die dritte Form neuer Ungleichheit – er nennt dies die dauerhafte Schieflage von Berufspositionen und Soziallagen – weitete sich in den 1990er Jahren auf mehr als 25 Prozent der Bevölkerung aus. Zum einen entstand ein ›prekärer Arbeitsmarkt‹ mit Arbeitnehmern zweiter Klasse in Bereichen der legalen Teilzeit-, Leih- und Niedriglohnarbeit und der Scheinselbstständigkeit sowie mit Arbeitnehmern dritter Klasse außerhalb der Legalität. Die vierte Form der Ungleichheit verortete Vester in der Deklassierung durch dauerhafte wirtschaftliche Armut oder anhaltende Arbeitslosigkeit, von der in Deutschland Anfang der 2000er Jahre etwa zehn Prozent der Bevölkerung betroffen waren, was zu sozialmoralischer Ausgrenzung von bestimmten Minderheiten oder von Menschen in bestimmten Wohnvierteln führe.

Der Armutsbericht des deutschen Paritätischen Wohlfahrtsverbands 2014 oder das statistische Bundesamt haben den Befund zur Entwicklung der Armut in der Bundesrepublik zehn Jahre später belegt. Schlimmer noch: demnach habe die soziale und regionale Zerrissenheit mit etwa 16 Prozent der Gesamtbevölkerung in Deutschland ein Rekordhoch erreicht. Nach der Definition der Europäischen Union ist von wirtschaftlicher Armut bedroht, wer über weniger als 60 Prozent des mittleren Einkommens der Gesamtbevölkerung verfüge. In Deutschland sind das bei Singles 12.000 Euro im Jahr, bei Familien mit einem Elternpaar und zwei Kindern unter 14 Jahren 25.000 Euro im Jahr (inklusive Sozialleistungen).[7] Nach dem Hauptgeschäftsführer des Paritätischen Gesamtverbandes Ulrich Schneider wächst die Kluft zwischen deutschen Wohlstandsregionen und Armutsregionen weiter an. Deutschland sei noch nie so gespalten gewesen wie heute. Dies betrifft insbesondere Rentner und alleinerziehende Eltern. Dies zeigt, dass auch eine hochentwickelte Indus-

7 | Vgl. www.t-online.de/wirtschaft/id_66187908/armut-in-deutschland-mit-weniger-als-2058-euro-sind-familien-arm.html, aufgerufen am 13. Mai 2014.

triegesellschaft wie die Bundesrepublik trotz strukturpolitischer Anpassungen von dem Angriff auf den sozialen Zusammenhalt durch die Globalisierung nicht verschont geblieben ist.[8]

Die Frage der gesellschaftlichen Gerechtigkeit ist extrem sensibel

Die Schieflagen der sozialen Gerechtigkeit sind gesellschaftspolitisch brisant. Sie beeinträchtigen nicht nur die Existenzlage des Einzelnen, sondern provozieren Animositäten zwischen einzelnen sozialen Gruppen, die sich in gegenseitigen Vorwürfen hinsichtlich der Vor- und Nachteile der jeweiligen Gewinner und Verlierer manifestieren können. Verfestigen sich die Schieflagen der sozialen Gerechtigkeit, entsteht irgendwann der Ausgangspunkt einer sozialen Eskalation. Ralf Dahrendorf warnte bereits Ende der 1990er Jahre in diesem Zusammenhang davor, dass der Wettbewerbsindividualismus der Globalisierung nicht als Sozialdarwinismus verketzert werden darf (Dahrendorf 1997). Werde er aber verabsolutiert, führe er zu jener Mischung von oft mit Unehrlichkeit gepaarter Gier und der Vernachlässigung der Schwächeren, die viele hundert Jahre abgestoßen habe und heute wieder abstößt. Keine Gesellschaft könne es sich ungestraft leisten, eine beträchtliche Zahl von Menschen auszuschließen. Sie könne nicht mehr überzeugend verlangen, dass ihre Mitglieder sich an die Regeln von Recht und Ordnung halten. Würden die Globalisierungs- und Modernisierungsverlierer nachhaltig frustriert, könnte sich bei einer Minderheit von ihnen der Unmut in die Verweigerung sozialer Solidarität entladen. Bei einer Minderheit von ihnen könnte sich der Hang zu extremen Haltungen und radikalen Aktionsformen verstärken, die Tätlichkeiten, Waffengebrauch und schließlich den Weg in die Illegalität mit einbeziehen. Der Weg der Eskalation und des Angriffs sei damit für sie die Antwort auf die soziale Frage der Globalisierung und damit im Zeitalter der dritten Globalisierung ein markanter Ort auf der neuen Landkarte der Konflikte.

Aus Globalisierungskritik resultierte politischer Widerstand, …

Mit der neuen Globalisierung entstand ein neuer Typus des politischen Widerstands, der entfernt an die Verwerfungen mit Blick auf die soziale Frage des 19. Jahrhunderts erinnert. Es gab im Gefolge der Globalisierung beachtliche Widerstände und Krawalle in Seattle, Göteborg und Genua, die sich auf die politischen Vertreter des Globalisierungsestablishments und der G7 bzw. G8 bezogen. Sie legten seinerzeit nahe, dass Globalisierung durch die Wahrnehmung von Bedrohungen immer stärker negative Affekte mobilisierte. Waren

8 | Vgl. www.sueddeutsche.de/wirtschaft/armutsbericht-deutschland-so-gespalten-wie-nie-1.1847237, aufgerufen am 14.Mai 2014.

es im 19. und 20. Jahrhundert die Verteilungskonflikte zwischen Bourgeoisie und Proletariat, welche die Massen ins Elend und ihre Kinder und Kindeskinder schließlich auf die Barrikaden trieben, so waren es zum Anfang des 21. Jahrhunderts Verteilungsverluste, Ausschlussängste und Gefühle der Entrechtung. Die Wut der Globalisierungsverlierer richtet sich auf einer nationalen Ebene gegen die Regierung und das Establishment der Regel- und Meinungsmacher. Auf regionaler oder internationaler Ebene stehen die institutionelle Verfassung des Weltfinanzsystems, das Verhalten von multinationalen Konzernen und Banken, die Kreditpolitik des IWF oder der Weltbank oder die Entschuldungs- und Entwicklungspolitik des Nordens gegenüber dem Süden am Pranger. Diejenigen, die seitdem auf die Barrikaden gegangen sind, sind gegen die weltweite Verbreitung und Beschleunigung des Kapitalismus, gegen die als subtil und kalt empfundene Ökonomisierung des Lebens und gegen eine wachsende Ungleichheit unter den Menschen. Sie formulieren ihren Protest und geraten somit in den Konflikt mit neoliberalen Gesinnungen und staatlichen Autoritäten. In den verwinkelten Straßenzügen von Genua, den Häuserschluchten von Seattle, den Straßen Genuas, vor dem Bayerischen Hof in München, an der Promenade von Heiligendamm oder auf den Weltsozialgipfeln wie in Porte Allegre artikulierten sie in den 2000er Jahre ihren Protest. Viele Europäer werden den 21./22. Juni 2001 nie vergessen, als es in Genua zu schweren Ausschreitungen und Auseinandersetzungen zwischen Polizei und Globalisierungsgegnern kam und dabei ein Demonstrant erschossen wurde. Geboren war mit den Worten des U.S.-Ökonom Paul Krugman, der ›Seattle-Mensch‹, der seitdem als Prototyp des Globalisierungsgegners gilt und dem ›Davos-Mensch‹ des einflussreichen Wirtschaftsforums im schweizerischen Graubünden, als Antagonist gegenüber steht.

… es gibt vielerorts ein großes Unbehagen gegenüber der Globalisierung …

Dabei sind es nicht mehr nur politische Sonderlinge, pubertierende Jugendliche oder ideologisch verblendete Überzeugungstäter, denen der Globalisierungsprozess Sorgen macht. Bis weit in die ›gemäßigten‹ Schichten hinein, und zwar von beiden Seiten des politischen Spektrums, geht das Unbehagen über die unkontrollierbaren Folgen des weltweiten Wirtschaftens. Solche Netzwerke schwollen zu einer zornigen Opposition gegenüber den etablierten globalen Kommunikations- und Entscheidungsforen an und damit kam das kapitalistische ›Establishment‹ unter ›Generalverdacht‹. Eine spezifische Polarisierung der neuen Globalisierung begann, die bis heute anhält und durch Akteure wie Attac, Greenpeace oder neue Guerillagruppen wie Occupy getragen wird. Jüngstes Beispiel dafür ist der Widerstand gegen das geplante Freihandelsabkommen zwischen der EU und den USA (TTIP-Abkommen), das wiederum die Globalisierungskritik entsprechend befeuert hat. Für diese Opposition sind besonders die wachsende Ungleichheit, die Ungerechtigkeit, das Primat der Ökonomie und die Umstellungszumutungen der Globalisierung beunruhigend. Diese Motivation treibt die Menschen in den Unmut und in den Protest und womöglich in die Gewalt. Dies – und bereits die Antizipation solcher Entwicklungen – provoziert Neigungen zur ›Reaktion‹ und Populismus.

... und die Versuchung zu rechtspolitischem Populismus und autoritärer Reaktion nimmt zu

Wirtschaftlich starke und sozialpolitisch gut aufgestellte Länder wie Deutschland mögen diese Konfliktherde temporär besser beherrscht haben als andere Länder. Zudem erscheint es so, als ob sich die anfängliche Empörung der Globalisierungskritik a) in die gewöhnlichen Kanäle des bekannten Radikalismus von extremen linken oder rechten Gruppierungen und b) mehr in Richtung eines organisierten (und gesitteten) gesellschaftlichen Widerstands der etablierten Protestbewegungen in Europa begeben hat. Im Rahmen unklarer Berufsperspektiven von jungen Menschen, von prekären Arbeitsverhältnissen, wirtschaftlicher Rationalisierung, Rentenunsicherheit, Altersarmut, Pflegenotstand und Zukunftsangst ist allerdings in diesem Land eine vibrierende Nervosität unter der Oberfläche mit Blick auf sicher geglaubte Besitzstände für die Zukunft zu spüren. Auch deshalb nicht, weil die Globalisierung Einzug gehalten hat in den einstmals als sicher geltenden Hafen der Mittelschicht. Lohndumping, befristete Jobs und eine Arbeit, die zur Existenzsicherung nicht reicht, sondern durch Zweitjobs oder Sozialleistungen abgesichert werden müssen, betreffen auch sie, selbst wenn sich mit dem letzten Armuts- und Reichtumsbericht der deutschen Bundesregierung 2013 in der Einkommensspreizung oder dem Armutsrisiko in Deutschland empirisch wenigstens eine gewisse Stabilisierung feststellen ließ.[9]

Was bleibt: die Mittelschicht schrumpft

Insgesamt stellt eine Studie der Bertelsmann Stiftung 2012 aber eindeutig fest, dass die Mittelschicht seit fünfzehn Jahren schrumpft. Seit 1997 sei ihr Anteil an der Gesamtbevölkerung um 5,5 Millionen Menschen oder von 65 auf 58 Prozent zurückgegangen. Besonders ausgeprägt sei dieser Rückgang

9 | Vgl. den vierten Armuts- und Reichtumsbericht der Bundesregierung von 2013 unter https://www.bmas.de/SharedDocs/Downloads/DE/PDF-Publikationen-DinA4/a334-4-armuts-reichtumsbericht-2013.pdf?__blob=publicationFile, aufgerufen am 13. Mai 2014; mit Blick auf die Kritik vgl. www.spiegel.de/politik/deutschland/faktencheck-zum-armuts-und-reichtumsbericht-der-bundesregierung-a-887422.html, aufgerufen am 13. Mai 2014.

in der unteren Hälfte der Einkommensschichten, deren Anteil sogar um 15 Prozent geringer ist. Umgekehrt sei der Anteil der Menschen in den unteren und untersten Einkommensschichten um knapp vier Millionen Personen gewachsen. Gleichzeitig mache sich in den Mittelschichten inzwischen jeder Vierte Sorgen, seinen heutigen Status zu verlieren. Das sind deutlich mehr Deutsche als noch vor zehn Jahren. Der Grund für die Entwicklung: immer weniger Menschen gelinge der Aufstieg aus den unteren Einkommen in die Mittelschicht. Und selbst eine gute Ausbildung ist heute kein Garant mehr für ein Leben in gesichertem Wohlstand (Bertelsmann Stiftung 2012).[10] Der Internetpionier Jaron Lanier verknüpft die Entwicklung des digitalen Zeitalters mit diesem Umstand. Er wies 2014 nicht nur auf das Überwachungspotenzial des Internet und der Internetwirtschaft hin; gleichzeitig warnte er davor, dass auch der Mittelstand durch die gewaltigen Rationalisierungspotenziale der IT-Wirtschaft hinweggefegt werden könne (Lanier 2014).

Vor diesem Hintergrund entstehen Reaktionen, die sozio-ökonomisch und sozio-kulturell als ›glokale‹ Integrationsstrategien die positiven und negativen Konsequenzen der Globalisierungsprozesse austarieren können. Dies schließt extreme Reaktionen und unerfreuliche Reflexe nicht aus. Der Leiter des Instituts für interdisziplinäre Konflikt- und Gewaltforschung der Universität Bielefeld, Wilhelm Heitmeyer nannte dies Anfang der 2000er Jahre die »Schattenseiten der Globalisierung« (Heitmeyer 2000). Er wies damals auf Konsequenzen einer Radikalisierung für die Demokratien der westlichen Welt hin. Demnach könnte ein autoritärer Kapitalismus die Zukunft prägen, der Kontrollverluste und ein neues Konfliktpotenzial zwischen Staat und Markt erzeuge. Autoritäre Versuchungen könnten in solchen Situationen die Folge sein. Das austarierte System von ›Checks and Balaces‹, wodurch gewährleistet werden soll, dass ein Interesse nicht alternativlos durchgesetzt werden kann, werde aufgehoben. Dies sei ein Zeichen autoritärer Macht, die sich durch die Dominanz ökonomischer Institutionen gegenüber anderen gesellschaftlichen Institutionen ausdrückt. Damit würden die Spannungen zwischen den Prinzipien von kapitalistischer Ökonomie, die auf den Stärkeren setzt und Ungleichheit als Antriebsmechanismus einsetzt, sowie der Demokratie, die auf Gleichheit basiert, weiter erhöht. Dort, wo die Marktorthodoxie siege, sterbe die Demokratie. Die alternativlose Durchsetzung eines Flexibilisierungszwanges, der beispielsweise eingelebte soziale Lebens- und sozialisierte Entwicklungsrhythmen zerstört, gehöre ebenso zum neuen Charakter eines autoritären Kapitalismus wie die Verletzungen menschlicher Integrität (ebd.).

10 | Vgl. die Pressemeldung der Bertelsmann Stiftung unter www.bertelsmann-stiftung.de/cps/rde/xchg/SID-9FC0685D-40063669/bst/hs.xsl/nachrichten_114585.htm, aufgerufen am 13. Mai 2014.

Die Schattenseiten der Globalisierung sind ein ›gefundenes Fressen‹ für den Rechtspopulismus in Europa

Der Rechtspopulismus setzt an den verstärkten Spannungen zwischen Staat und Markt an und kanalisiert die über den ökonomischen Prozess erzeugten Ängste. Wenn in einer komplexen gesellschaftlichen Lage die bürgerliche Mitte Erklärungsdefizite zulässt, schafft dies einen ›Markt‹ für einfache Slogans und unterkomplexe Erklärungen. Dies schafft das Biotop für Radikalität und Extremismus. Rechtspopulismus ist eine gruppenbezogene Integrationsstrategie, die gleichzeitig zur Desintegration der Gesellschaft führt und damit politisch motivierte Gewalt fördert.

Das ›Worst Case‹-Szenario: soziale Desintegration und politische Agonie

Zu dem Szenario gesellschaftlicher Desintegration gesellt sich schnell die Folge einer politischen Agonie. Durch den Wegfall von staatlichen Einnahmen versiegen Alimentationspotenziale. Es verdorren sozialpolitische Gestaltungsmöglichkeiten, nicht zuletzt, weil viele Staaten gezwungen sind, durch Steuerreformen oder das ›Abspecken‹ ihrer sozialen Versorgungssysteme ihre Standortqualitäten für das Engagement von Unternehmen zu stärken, selbst wenn Kommunen, Provinzen, Länder, Rentenversicherungen oder gesetzliche Krankenkassen versuchen, Einnahmenverluste wenigstens zum Teil wieder zu kompensieren. Immer mehr verlieren staatliche Instanzen und wohlfahrtsstaatliche Einrichtungen Regulierungs- und Eingreifmöglichkeiten, wenn eine entsprechende Gegenfinanzierung fehlt. Eine Spirale dreht sich, welche die Finanzierung von Sozialmodellen in Frage stellt. Hinzu kommt: Die Schere zwischen den Einkommen öffnet sich immer weiter. Ein Beispiel dafür sind die USA. Das Staatsziel ›Prosperität‹ wird aufgrund immer höherer Aufwendungen für das Gemeinwesen gefährdet. Industrielle Auslagerungen gefährden die Einnahmequellen des Staates. Angesichts schwindender Einnahmen und aufgrund der hohen Staatsverschuldung wird es schwieriger, die nationalen Wohlfahrtssysteme zu organisieren. Real stagnierende oder gar schrumpfende Einkommen strapazieren darüber hinaus die Fähigkeit des Individuums zur privaten Daseins- und Altersvorsorge. Es kommt zu einem Souveränitätsverlust. In dem Maße, wie der Wirtschaftsprozess zunehmend von Externalitäten beeinflusst wird, verlieren die Regierungen Teile ihrer Kontrolle über die volkswirtschaftliche und soziale Entwicklung ihres Landes.

Dies hatte handfeste Konsequenzen für den amerikanischen Präsidentschaftswahlkampf 2016 mit Donald Trump. Auch die französische Rechtspopulistin Marine le Pen griff das Thema mit Blick auf den Präsidentschaftswahlkampf 2017 in ihrem Land auf. Beide machten sich dabei eine zeitgenössische dumpfe Globalisierungskritik zu eigen, die althergebrachte ökonomische

Konfrontationslinien durchbrach und diese Art der Globalisierungskritik aufgrund der Prominenz der politischen Akteure ein Stück weit mehr aus der ›Schmuddelecke‹ politischer Einstellungen herausbrach. So thematisierte Trump Schutzzölle als Instrument zur Sicherung amerikanischer Arbeitsplätze; der Front National in Frankreich bot an, zur Sicherung der Ersparnisse der Einlagen von kleineren und mittleren Geldanlagen aus der Mittelschicht Banken zu verstaatlichen. Der ökonomische Vordenker des Front National, Florian Philipot, gab den ökonomischen Kurs des Front National dann 2016 vor: Importquoten zum Schutz heimischer Unternehmen, staatliche Eingriffe zur Förderung der Industrie, höhere Löhne und Sozialleistungen für Geringverdienende. Er wolle so ein Bollwerk gegen die ›ultraliberale Globalisierung‹ errichten und die ›ökonomische Souveränität‹ Frankreichs wiederherstellen. Beide Politiker und ihre Parteien griffen so in den Instrumentenkasten dessen, was einmal sozialdemokratische oder gemäßigte sozialistische Wirtschaftspolitik war. Solche politischen Optionen wurden dann als ›Populonomics‹ bekannt (Schieritz 2016). Globalisierungskritik und Rechtspopulismus vereinten sich so auf einem gefährlichen höheren Niveau. Diese Tendenz kulminierte dann am 8. November 2016 mit der Wahl von Donald Trump zum Präsidenten der USA. Dies bewies die hohe Anziehungskraft von politischer Simplifizierung, ›Latinofremdenfeindlichkeit‹ und einem neu erwachten Hang zu einem nordamerikanischen Isolationismus. Auch wenn Trump ein geschärftes Profil der zukünftigen US-amerikanischen Innen- und Außenpolitik bis zu seiner Wahl schuldig blieb und nach seiner Wahl versöhnliche Töne anschlug, ist wenigstens in den Jahren 2017 bis 2021 mit einer innenpolitisch und diplomatisch deutlich verschärften Gangart der USA zu rechnen.

In der Konsequenz entsteht damit ein Demokratieproblem. Pragmatische Demokratiezufriedenheit basiert im Wesentlichen auf ökonomischer Prosperität, individueller Sicherheit und einer berechenbaren sozialen Ordnung. Wirtschaftliche Probleme und soziale Not unterminieren die Demokratiezufriedenheit; extreme politische Kräfte gewinnen an Popularität. In der jüngsten Vergangenheit haben rechtsextreme Parteien in Europa bereits anti-globalistische Stimmungen für ihre Positionen instrumentalisiert und daraus politisches Kapital geschlagen. Als Beispiel stand dafür in Österreich der Aufstieg der Freiheitlichen Partei Österreichs (FPÖ) unter der Führung des Rechtspopulisten Jörg Haider, der es verstand, anti-globalistische, anti-europäische und fremdenfeindliche Ressentiments für seine Zwecke zu instrumentalisieren und so die Beteiligung an einer Mitte-Rechts-Koalition zu erreichen. Der Rechtspopulismus wurde zur politischen Versuchung in Europa und breitete sich in der Folge in Europa immer stärker aus (Turek 2008).

Dieser Prozess hat seitdem an Dynamik gewonnen. Mitte der 2010er Jahre hat sich gezeigt, dass sich rechtspopulistisches Gedankengut und eine entsprechende Agitation zunehmend in guten politischen Abstimmungsergebnissen niederschlugen, in den Niederlanden, in Großbritannien, in Frankreich, in Deutschland und nicht zuletzt bei der Wahl des Europäischen Parlaments 2014. Populisten wie Marine le Pen in Frankreich, Alexis Tsipras in Griechenland, Beppe Grillo in Italien oder Nigel Farage in Großbritannien zogen aus der Krise der politischen Legitimation Europas politischen Gewinn. Auch in Deutschland, Dänemark und den Niederlanden sind die Populisten seit der Wahl deutlich präsent. Was die Entwicklung zum Teil so schwierig macht: In Gestalt der Alternative für Deutschland (AfD) oder der Bürgerbewegung ›Pegida‹ sind dabei die Grenzen zwischen Bürgerprotest, alternativer Politikgestaltung und rechtsextremen Tendenzen fließend. Insbesondere bei der AfD hat die Radikalität eine Verführungskraft entwickelt, die für das etablierte politische System der Bundesrepublik Deutschland mit Blick auf die politischen Erfolge der NDP oder der Republikaner nicht neu, in ihrer Raffinesse aber bemerkenswert sind. Hier wurde klar, dass hinter den politischen Erfolgen der jungen Partei nicht nur dumpfer Nationalismus oder primitiver Rassismus standen, sondern strategische und auch philosophische Reflektionen, die den Vorteil des Radikalen instrumentalisierten. Und mit Blick auf Fragen der politischen Integration Europas galt: viele Globalisierungsverlierer wendeten sich so den EU-Gegnern zu und Radikale und Populisten wurden damit zum »neuen Dämon der EU« (Kornelius 2014).

Die ›Failing States‹ wurden in den 2000er Jahren zum Globalisierungsproblem

Hierbei sind, wie der aktuelle Bertelsmann Transformation Index gezeigt hat, soziale Konflikte nicht nur in den stabilen Staaten der OECD-Welt von Belang, sondern auch in den unterentwickelten und gescheiterten Staaten dieser Welt. ›Failing States‹ sind ›gescheiterte‹ Staaten. Der Begriff entstand Ende der 1990er Jahre und war eng mit den chaotischen oder selbstzerstörerischen Eigenwegen von Staaten nach Ende des Ost-West-Konflikts verbunden. Es handelt sich um Länder, die ihre grundlegenden Aufgaben von Sicherheit, Wohlfahrt und Legitimität bzw. Rechtsstaatlichkeit nicht oder nicht mehr ausreichend erfüllen können und die Stabilität der Staatsgewalt nicht mehr gegeben ist. Als gescheiterte Staaten gelten demnach solche Länder, in denen das staatliche Gewaltmonopol und grundlegende Verwaltungsstrukturen so stark eingeschränkt sind, dass die Regierung kaum handlungsfähig ist oder ihre Regierung, Behörden, staatliche Einrichtungen weitgehend zerfallen (Bertelsmann Stiftung 2014).

Abbildung 8: Gescheiterte Staaten anhand des Failed States Index 2012

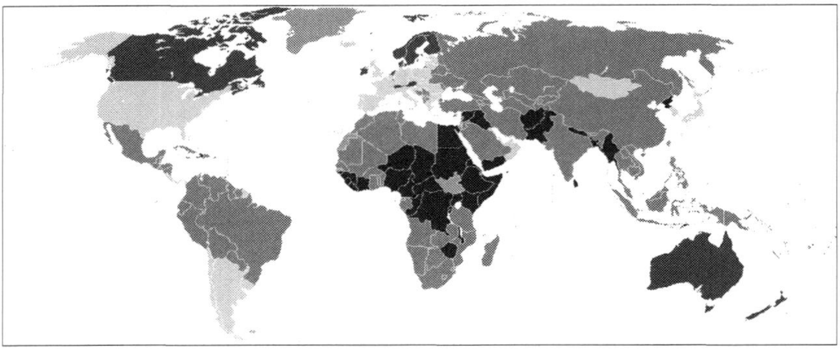

Legende
Alarm: fett schwarz
Warnung: dunkelgrau
Mäßig: grau
Stabil: anthrazit
Keine Information: hellgrau
Quelle und Grafik: Fund for Peace/Foreign Affairs[11] (Hierbei dürfte zu berücksichtigen sein, dass nach Erstellung des Index' weitere Staaten in die Kategorie ›Alarm‹ aufgerückt sind, so etwa Libyen und natürlich Syrien).

Massenarmut und soziales Elend, Ausbeutung, persönliche und öffentliche Gewalt und die schiere Ausweglosigkeit der eigenen Lage sind dort nach wie vor eine sprudelnde Quelle gesellschaftlicher Auseinandersetzungen und hoffnungsloser Perspektiven. Verteilungskonflikte, körperliche Gewalt, der alltägliche Kampf ums Überleben, nachhaltige Ungleichheit und Ungerechtigkeit, Ausschluss von Frauen oder Minderheiten am gesellschaftlichen Leben – kurzum alle Übel einer barbarischen, inhumanen und unmodernen Welt – bilden das Gemenge, in dem persönliche, ethnische, kulturelle und schließlich politische Differenzen gewaltsam ausgetragen werden. Dies betraf seit den 1990er Jahren bis in die frühen 2010er Jahre zum Beispiel den Balkan, weite Teile Nordafrikas wie Syrien, Libyen, Ägypten, Tunesien, den Sudan oder Somalia. Mitte der 2010er Jahre waren nach UNO-Angaben weltweit ca. 33 Millionen Binnenflüchtlinge in ihren Heimatländern auf der Flucht. Alleine in Syrien flohen täglich etwa 9.500 Menschen vor dem Bürgerkrieg. Das waren 2,5 Millionen mehr als 2012 und laut dem UNO-Flüchtlingshilfswerk UNHCR und dem Norwegischen Flüchtlingsrat (NRC) ein neuer (trauriger) Rekord.

11 | Vgl. http://de.wikipedia.org/wiki/Gescheiterter_Staat#cite_note-5, aufgerufen am 14. Mai 2014 und http://ffp.statesindex.org/rankings-2013-sortable, aufgerufen am 15. Mai 2014.

Rechnet man die grenzüberschreitenden Fluchtbewegungen hinzu, waren es 2013 über 45 Millionen Flüchtlinge. Zu diesem Zeitpunkt kamen Länder wie Afghanistan, Kolumbien, Nigeria, die Demokratische Republik Kongo und die Zentralafrikanische Republik als Orte der Binnen- und Butenflucht zu den oben genannten Staaten hinzu.[12] Mit Blick auf Europa wurde im Mai 2014 die Dramatik dieser Fluchtbewegungen klar: die Zahl der Fluchtversuche nach Europa hat im ersten Quartal 2014 drastisch zugenommen. Nach Angaben der europäischen Grenzschutzbehörde Frontex wurden alleine von Januar bis April 2014 mehr als 42.000 Menschen bei dem Versuch aufgegriffen, die EU-Außengrenzen illegal zu übertreten. Das waren dreimal mehr als im Vergleichsmonat des Vorjahres.[13] Dies hat sich als ein spektakuläres Konfliktthema der Globalisierung erwiesen, das sich dann im Rahmen der beispiellosen Kriegs- und Armutsvölkerwanderung 2015 nochmals um ein vielfaches verstärkte und sich um die Aspekte der Aufnahme, Betreuung und Integration der Armuts- und Kriegsmigranten in ganz Europa weiter aufgeladen hat. Dies führte zu einer dramatischen Zunahme der Flüchtlinge. Weltweit waren 2016 über 65 Millionen Menschen auf der Flucht.[14]

Kriegs- und Armutsmigration wird zum dauerhaften Phänomen ...

Die zunehmende Wucht der Kriegs- und Armutsflucht zwang sowohl die Europäische Kommission als auch die unterschiedlich betroffenen Mitgliedstaaten 2015 zum Handeln. Insbesondere die italienische, griechische und spanische Regierung hatten wiederholt und energisch darauf aufmerksam gemacht, dass eine fehlende europäische Einwanderungskonzeption nicht hinnehmbar sei und dass es vor dem Hintergrund der europäischen Solidarität nicht akzeptabel sei, dass ihre Länder mit dem Flüchtlingselend allein gelassen würden. Die organisatorisch-technische und, noch wichtiger, die politische Frage dabei war, was genau mit den Flüchtlingen zu geschehen habe, wie Aufnahme oder Abschiebung genau geregelt sind und – im Kern – welches europäische Land nach welchen Kriterien wie viele Flüchtlinge aufzunehmen und zu versorgen habe. Dementsprechend legte die europäische Kommission im Mai 2015 ein Quotensystem vor, womit Flüchtlinge auf die 28 Mitgliedstaaten der EU im Verhältnis zu dem Bruttosozialprodukt, der Bevölkerungszahl und der Arbeitslosenzahl des jeweiligen Landes verteilt werden sollen. Die darauf folgenden Entwick-

12 | Vgl. www.spiegel.de/politik/ausland/binnenfluechtlinge-millionen-menschen-in-heimatlaendern-auf-der-flucht-a-969353.html, aufgerufen am 15. Mai 2014.

13 | Vgl. Europa erwartet Rekord bei Flüchtlingen, in: Süddeutsche Zeitung vom 15. Mai 2014.

14 | Vgl. https://www.uno-fluechtlingshilfe.de/fluechtlinge/zahlen-fakten.html, aufgerufen am 12. Oktober 2016.

lungen zeigten, dass das vorgeschlagene europäische Quotensystem oder eine Rückkehr zum Dublin-Prozess scheiterten. Erst Spanien, dann Ungarn, dann weitere osteuropäische Mitgliedstaaten bauten Grenzzäune, um die Flüchtlingswelle einzudämmen.

… und ist nicht nur ein humanes Desaster sondern bläht sich auch auf zu einer grundsätzlichen Herausforderung der europäischen Integration

Das eigentlich mit dem Dublin-Prozess geregelte System einer europäischen Flüchtlingspolitik funktionierte nicht mehr, weil die Behörden etwa in Italien viele Flüchtlinge nicht registrierten oder Länder wie Ungarn oder Slowenien die Flüchtlinge erst durchwinkten und dann durch den Bau von Zäunen am Betreten der EU hinderten. Die Flüchtlingsströme ebbten aber nicht ab, sondern suchten sich andere Wege. Häufig tauchten die Flüchtlinge unter, wandern über andere Wege weiter nach Schweden oder Deutschland. Neben der Flüchtlingsquote sah der Vorschlag der EU-Kommission eine Anlaufstelle für Flüchtlinge in Niger vor. Dort sollten sich die Menschen informieren, Schutz finden und sich für eine Aufnahme in Europa bewerben können. Zudem bewarb sich die EU vor dem UN-Sicherheitsrat für ein Mandat, dass einen europäischen Militäreinsatz gegen Schlepper erlaube. Die Boote sollten damit noch vor ihrem Einsatz zerstört werden.[15] Dies waren leider alles Vorschläge für den Augenblick. Die weitere Dynamik der Migration nötigte Politik und Zivilgesellschaft immer mehr Einzelgänge, Unregelmäßigkeiten, Konflikte, Hilflosigkeit oder Überforderungen auf. Für die europäische Integration war diese Entwicklung integrationspolitisch ein Desaster. Auch Deutschland, Schweden oder Österreich reihten sich 2015 in die Reihe derjenigen Staaten ein, die durch die fehlende europäische Solidarität genauso enttäuscht waren wie vor ihnen Spanien, Italien oder Griechenland.

Damit zeigte die Explosion der Flüchtlingsströme aus West-, Nord- und Ostafrika sowie aus dem Balkan die ordnungspolitische Hilflosigkeit und die Uneinigkeit der EU-Mitgliedstaaten in dieser katastrophalen Krise auf. Das Lavieren um Lösungen bei den Herkunftsländern der Flucht, die Unwirksamkeit des Dublin-Prozesses, die verzweifelten Versuche, das Problem über den Abschuss von Schlepperbooten zu lösen, die Reduzierung des Flüchtlingsprogramms »Mare Nostrum« usw., alles dies zeigte auf: die Krise wurde nicht nur zu einem Lackmustest der europäischen Solidarität. Sie verdeutlichte wieder einmal grundsätzliche Defizite der europäischen Integration, die sich im Spannungsfeld von Gemeinschaftspolitik und nationaler Souveränität selbst hemmt. Die Aufnahmebereitschaft von Flüchtlingen in den einzelnen EU-Mitgliedstaaten war offensichtlich aus innenpolitischen Gründen unterschiedlich

15 | Vgl. Süddeutsche Zeitung vom 15. Mai 2015.

ausgeprägt; das Dublin-System war im Rahmen der ausufernden Flüchtlingsproblematik nicht mehr sachdienlich und die Uneinigkeit der Europäer hinsichtlich der Übernahme von Verantwortung und Lasten sind zur Belastung des integrationspolitischen Entwicklungsprozesses geworden, der ohnehin im Zeichen der europäischen Staatsschulden- und Währungskrise, der GREXIT-Diskussion und des drohenden BREXIT zu dieser Zeit einem extremen Stresstest unterworfen war. Erst mit dem EU-Sondergipfel zur Flüchtlingsproblematik im September 2015 in Brüssel kam in diese völlig verfahrene Situation etwas Bewegung. Die EU-Mitgliedstaaten einigten sich mit Ausnahme der Slowakei, Tschechiens, Ungarns und Rumänien darauf, Flüchtlinge nach einem Verteilschlüssel auf die Mitgliedstaaten zu verteilen und ordentliche Auffanglager in Griechenland und Italien zur Registrierung und Verteilung der Ankömmlinge zu errichten. Zudem wurde eine Erhöhung der finanziellen Mittel für die besonders betroffenen Staaten wie Italien und Griechenland versprochen und auch die Türkei sollte besser unterstützt werden, was schließlich zum Flüchtlingspakt der EU mit der Türkei 2016 führte.[16] Obwohl zu diesem Zeitpunkt nun der Druck zur Einigung auf ein gemeinsames Asylsystem in Europa stieg, täuschte dieser bescheidene ›Erfolg‹ angesichts der Masse der Flüchtlinge nicht darüber hinweg, dass es in Europa keine Einhelligkeit in dieser Frage gab. Die Ereignisse Anfang der 2016er Jahre zeigten dann mit der zunehmenden Abschottung Europas auf: das geltende Rechtssystem der Dublin-Regeln griff nicht mehr und ein neuer europäischer Krisenmechanismus kam nicht in Gang. Im eisigen Frühjahr 2016 wallten nationale Gefühle auf und die Grenzen Europas wurden wieder zu einem Wall. Die Flüchtlingskrise blieb deshalb eine Krise der europäischen Integration. Auch wenn die These des Münchner Europaforschers Werner Weidenfeld bis dahin stimmte, dass Erfolge im Prozess der europäischen Integration immer aus Krisen entsprungen sind, stellt sich jedes mal die Frage neu, ob diese Erkenntnis auch in Zeiten der Globalisierung weiterhin ihre Gültigkeit behält.

Einwanderung und Integration wurden in Staaten wie der Bundesrepublik Deutschland oder Frankreich drei Jahrzehnte lang ignoriert

Im Zusammenhang mit anderen Migrationsursachen und der Integration von Einwanderern und Flüchtlingen lud sich die Problematik um den Faktor eines neuartigen ›Gegeneinanders‹ in der globalisierten Gesellschaft auf, was nicht nur innenpolitische, sondern auch sicherheits- und außenpolitische Konsequenzen hat. Herwig Birg monierte Anfang der 2000er Jahre mit Blick auf die Bundesrepublik Deutschland, dass ungesteuerte Migration für die Lebens-

16 | Vgl. »Eine Milliarde für Flüchtlingslager im Nahen Osten«, in: Süddeutsche Zeitung vom 24. September 2015.

wirklichkeit vieler Städte und Gemeinden ein besorgniserregendes Ausmaß angenommen habe. Dadurch sei nicht eine multikulturelle Gesellschaft entstanden, sondern ein Gesellschaftstyp, den er als konfliktträchtige »Multiminoritätengesellschaft« bezeichnete. Vielerorts in Europa, warnte Birg, könne die bisherige Mehrheitsgesellschaft bis 2020 ihre Stellung verlieren. Das gelte vor allem für die Altersgruppe der Menschen unter 40 Jahren, die für die Gestaltung der Zukunft eine zentrale Rolle spielen. Für ihn drohte damit die Stabilität unserer gesellschaftlichen und kulturellen Basis aus den Fugen zu geraten. Die um sich greifende Kinderlosigkeit untergrabe den Generationenvertrag als Kern des gesellschaftlichen Zusammenhalts. Dies führe zu einer demographischen Spaltung, wie sie gefahrenträchtiger kaum vorstellbar sei. Diese Spaltung bedrohe nicht nur die Funktionsfähigkeit der sozialen Sicherungssysteme, sondern auch das Gerechtigkeitsziel, welches das Fundament unserer Verfassung bildet (Birg 2001).

Die Konfliktlagen der Migration wurden anfangs stark dramatisiert, die Chancen und Notwendigkeiten einer intelligenten Zuwanderung und humanen Integration aber unterbelichtet

Zu dieser Zeit ging auch der Bevölkerungswissenschaftler Rainer Münz auf die Konfliktlagen der Migration ein. Die Gesellschaft werde durch Migration immer heterogener. In größerem Umfang als bisher werde sie durch ethnische oder religiöse Gemeinschaften geprägt, deren Repräsentanten nicht nur ihre Pflichten erfüllen, sondern auch Ansprüche formulieren werden. In vielen gesellschaftlichen Bereichen werde dies einen aktiveren Verständigungsprozess erfordern, etwa bei der Anerkennung anderer Religionsgemeinschaften, beim Religionsunterricht an staatlichen Schulen, bei der Berücksichtigung von Feiertagen oder in der Frage, inwieweit Sprache, Geschichte und Literatur der jeweiligen Herkunftsländer der Migranten im Schulunterricht behandelt werden sollen. Dies könne zu Reibungen zwischen ethnischen und religiösen Einwanderungsgruppen oder zwischen ihnen und Teilen der einheimischen Bevölkerung führen. Darüber hinaus schüre Migration dann den Konflikt, wenn Zuwanderer aus wenig oder nicht-demokratischen Ländern kommen und demokratische Regeln und Verfahren missachten. Der Islam mit seinen verschiedenen Verhaltensweisen und Verboten spiele direkt oder indirekt immer noch eine wichtige Rolle im alltäglichen Leben vieler Migranten. Religiöse Vorschriften zeichneten sich dadurch aus, dass ihrer Achtung nicht juristisch, sondern durch sozialen Druck ein gewisser Nachdruck verliehen wird (Verwandtschaft, religiöse Lehrer, islamische Gemeinde, religiöse Vereine etc.) und dass ihre Missachtung mit Folgen in Form von Ausgrenzung, Missachtung und Diskriminierung einhergehen. Schwierig werde es vor allem auch dann, wenn deren Anführer – wie im spektakulären Falle des ›Kalifen von

Köln‹ – die freiheitlich-demokratische Grundordnung des Gastlandes ostentativ ignorieren.

Viele ethnische, religiöse oder politische Gruppen operierten im Rahmen ihrer spezifischen Interessen im Aufnahmeland. Sie versuchten dort, Aktivisten zu rekrutieren und finanzielle Ressourcen zu generieren. Dies könne verstärkt dazu führen, dass ihre politischen, ethnischen oder religiösen Konflikte nicht nur im Herkunftsland oder der heimatlichen Region, sondern auch im Aufnahmeland eine größere Rolle spielen. Gleichzeitig führe Migration zu einer stärkeren Verflechtung von Aufnahme- und Herkunftsländern. Sie erhielte damit eine höhere außen- und sicherheitspolitische Bedeutung. Wahlen, Krisen und andere politische Ereignisse im Herkunftsland fänden verstärkt auch im Aufnahmeland ihren Niederschlag, wo zusätzlich die Konflikte der Heimat ausgetragen werden. In der Bundesrepublik Deutschland waren und sind die Aktivitäten der verbotenen Arbeiterpartei Kurdistans (Partiya Karkeren Kurdistan, PKK) hierfür ein anschauliches Beispiel. Die Organisation war insbesondere in den 1980er und 1990er Jahren in Deutschland aktiv und auch nach ihrem Verbot 1993 und ihrer Einstufung als kriminelle Vereinigung 1998 trat sie bis heute als aktive politische Kraft in Deutschland auf. Dabei hat sich die Zahl der PKK-Mitglieder in Deutschland seit ihrem Verbot von 6.900 Mitglieder auf 13.000 Mitglieder fast verdoppelt. Ihre Finanzausstattung gilt dabei mit etwa acht Millionen Euro p.A. als beachtlich.[17] Anfang der 2010 Jahre wurde dieser Kontext immer stärker aufgeladen, als Al-Quaida oder der sogenannte islamistische Staat immer stärker in den europäischen Ländern Personal über Radikalisierung akquirierten, die dann entweder in den Dschihad zogen oder in ihren Heimatländern Terrorattentate verübten.

Alles dies waren einerseits aufgeregte oder, im schlimmsten Fall, paranoid angehauchte, andererseits aber auch plausible oder begründete Sorgehorizonte Anfang der 2000er Jahre, als der Hype der Globalisierungsängste eindringlicher und gefragter war als nüchterne Reflektionen über die Chancen einer Einwanderungsgesellschaft – auch in Deutschland. Der abgeklärtere Blick auf diese Problematik 15 Jahre später zeigte dann ein ambivalentes Bild:

»Moscheestreit, Ausländerkriminalität, illegale Zuwanderung, Ehrenmord, Zwangsheirat, Kopftuchverbot – das sind Schlagworte, die sich in der Debatte um die gelungene oder missglückte Aufnahme von Zugewanderten oft in den Vordergrund drängten. Auch wenn diese Reizbegriffe in keiner Weise das objektive Bild der Integration in Deutschland zeichnen: sie sind doch untrügliches Indiz dafür, dass einiges schief gelaufen ist bei der Eingliederung der mittlerweile rund 15 Millionen Menschen aus anderen Ländern und deren Nachkommen der zweiten und dritten Generation« (Berlin Institut für Bevölkerung und Entwicklung 2009: 4).

17 | Vgl. Frankfurter Allgemeine Zeitung vom 1. Juni 2013.

Die Rekrutierung psychisch instabiler Novizen aus Deutschland und Europa durch den IS war 2016/2017 etwas abgeschwächt, insgesamt aber nach wie vor ungebrochen.

Die Zuwanderung zeigte deshalb politische Wirkung. Die Integrationsproblematik verursachte Probleme, deren Folgen man allzu oft ausgeblendet hat. Dies wurde auch in anderen Ländern deutlich. So etwa in den USA oder Frankreich, wo benachteiligte Randgebiete von Großstädten zu Herausforderungen für die Innenpolitik geworden sind. Arbeitslosigkeit, städtische Verwahrlosung und Gewalt prägen dort seit 30 Jahren den Alltag. Während etwa in Los Angeles die Häuser im Kampf zwischen Unterschicht und Migranten sowie Polizei brannten, sind die französischen Banlieues zum Inbegriff einer gescheiterten Migration geworden, die allerdings auch durch andere Faktoren gespeist worden ist: die Erklärungsansätze in Wissenschaft und Politik für die Ursachen der Unruhen sind vielfältig: sie reichen von einer sich verschärfenden sozialräumlichen Ausgrenzung, einer Krise des republikanischen Integrationsmodells, einer postkolonialen Krise, mangelhafter Stadtpolitik, Repression durch die Polizei über eine zunehmende Islamisierung und Kriminalität unter Jugendlichen bis hin zu einem negativen Einfluss der Medien. Insgesamt zeigt das Beispiel der Banlieues auf, dass verschiedene Aspekte der Globalisierung wie eine gescheiterte Integrationspolitik von Kriegs- und Armutsflüchtlingen ursächlich für dieses Problem sind.[18] Auch in Deutschland kamen solche Integrationsprobleme zunehmend auf. Sie kulminierten in der Silvesternacht 2015/2016 mit Übergriffen von nordafrikanischen Migranten und Asylbewerbern auf deutsche Frauen am Kölner Hauptbahnhof direkt vor der imposanten Kulisse des Kölner Doms im Rahmen von Diebstahl, sexueller Nötigung und Vergewaltigung. Angesichts der ohnehin angeheizten Atmosphäre mit Blick auf die Flüchtlingsbewegungen 2016 verdeutlichten sie drastisch, dass die Migrationsproblematik nicht wirklich im Rahmen eines Einwanderungskonzeptes und eines Einwanderungsrechts erfasst worden sind – national wie europäisch.

Probleme der Einwanderung und Integration dienten in Deutschland der Profilierungssucht einzelner Populisten und rechtspopulistischer Parteien

Demgegenüber war Deutschland offiziell noch nicht einmal als Einwanderungsland deklariert, hatte aber tatsächlich mit den Problemen einer fehlenden Integration der ausländischen Mitbürger zu kämpfen. Dies war Grund für innenpolitischen Konfliktstoff. 2010 schüttete Thilo Sarrazin populistisches Öl ins Feuer der Integrationsdebatte, als er auf einen aus seiner Sicht ›üblen

18 | Vgl. www.bpb.de/internationales/europa/frankreich/152511/problemgebiet-banlieue, aufgerufen am 19.Mai 2014.

Zusammenhang‹ von Geburtenrückgang, Zuwanderung und wachsender Unterschicht glaubte hinweisen zu müssen (Sarrazin 2010). Auch Bernd Lucke von der AfD griff die Phobie vieler Deutscher gegenüber der Migration auf und suchte mittels subtiler Agitation, das Thema für seine neugegründete Partei zu nutzen. Diese Polemik blendete aus, dass Millionen von Migranten ihrer Arbeit nachgehen, ihre Familien fürsorglich betreuen und ihren staatsbürgerlichen Pflichten sorgsam genügen. Sie blendete auch aus, dass diese Menschen normale Bürger des Landes geworden sind, die anteilig erheblich zum Wohlstand Deutschlands beitragen und nicht, wie viele glauben, das Land in habgieriger Weise durch ungerechtfertigte Sozialleistungen berauben.

Insgesamt standen sich in der Integrationsdebatte zwei Lager gegenüber: Auf der einen Seite diejenigen, welche die Notwendigkeit von Integration schlicht verleugneten und die Tatsachen ignorierten, dass Deutschland längst zum Einwanderungsland geworden ist. Auf der anderen Seite diejenigen, die zwar die Bedeutung der Zuwanderung nach Deutschland wahrnahmen, aber glaubten, durch falsch verstandene Multikulti-Toleranz sämtliche Hürden des Zusammenlebens von Zugewanderten und Einheimischen zu überwinden. Wirkliche Integration wurde von keiner Seite gefordert oder gefördert. Insofern wurden die Konfliktlagen der Migration zum Teil überdramatisiert, ihre Chancen im Rahmen einer intelligenten Integration dagegen leider übersehen. Dass diese ›politische Hyperventilation‹ in vielem irgendwann nicht mehr angebracht war, werden wir später noch genauer sehen. Allerdings brachen alle Emotionen hinsichtlich der Fragen von Kriegs-, Armuts- oder Klimamigration dann Mitte der 2015er Jahre im Rahmen der enormen Wanderung von Menschen aus Südosteuropa und Afrika nach Europa wieder auf. Hierbei zeigte sich, dass die 2010er Jahre keine Beruhigung in die Zuwanderungsdebatten in Deutschland und Europa zuließen.

Die Völkerwanderung in Europa 2015/2016 störte eine weitere Entspannung im Umgang mit Migration und Integration

Zug um Zug entwickelte sich Deutschland in den 1990er und 2000er Jahre zur Einwanderungsgesellschaft. Die deutsche Zivilgesellschaft und der deutsche Staat brachten funktionierende Integrationsformen und Schlichtungsmittel auf den Weg, auch in sozialen Brennpunkte. Der enorme Migrationsdruck der 2010er Jahre allerdings störte eine weitere Entspannung im Umgang mit Migration und Integration, die an vielen Stellen des Landes zu besichtigen war. Er führte zu einer teilweisen Überforderung der deutschen Gesellschaft und der lokal- und regionalpolitischen Strukturen der Verwaltung; alle möglichen Ressentiments gegen Ausländer und das Fremde brachen wieder auf. Dies betraf auch andere Mitgliedsländer der EU, die einerseits ebenfalls durch massenhafte Migration in Bedrängnis gerieten und andererseits im Rahmen des europäischen Intergovernmentalismus gemeinsam zu einem gemeinschaftlichen Verhalten nicht in der Lage waren. Drastische Interessengegensätze mit Blick auf die Dublin-Regeln, Aufnahmequoten, bürokratische Registrierungsverfahren, Auffanglager, Grenzregime oder Migrationsverpflichtungen zeigten klar die Grenzen des Intergovernmentalismus in der EU auf, die weder Bundesstaat noch Staatenbund ist.

Der Europaforscher und Politikberater Josef Janning wies in diesem Zusammenhang zu Recht darauf hin, dass sich der Intergovernmentalismus in dieser Situation als untaugliches Regierungsprinzip erwiesen habe und dass dies als schleichendes Gift für die europäische Integration wirke. Die politische Kultur der europäischen Integration würde sich damit fundamental ändern und ihre gemeinschaftlichen Wurzeln verfaulen. In dieser Situation erschiene die EU wie eine Quasi-Föderation, die unterlegt sei mit dem Geist konföderalistischen Denkens. Mit Blick auf die moderne Ideen- und Gründungsgeschichte der EU kann man es auch so formulieren: während das Europa der Gegenwart im Angesicht der Krise eigentlich mehr ein Europa im Geiste Jean Monnets sein sollte, erscheint es doch mehr als ein Europa der Vaterländer im Sinne Charles de Gaulles (Janning 2015).

Vor dem Hintergrund dieses subtilen staatsrechtlichen Schismas können die Erwartungen kurzfristig an eine gute und legitimierte europäische Einwanderungspolitik nur gering ausfallen. So hat sich die Europäische Union schon während der 1990er Jahre wenig an einem europäischen Einwanderungskonzept und einem differenzierten gemeinschaftlichen Integrationsrecht interessiert gezeigt, obwohl die Erwartung eines steigenden Migrationspotenzials überaus plausibel und die Politikberatung diesbezüglich über zwei Jahrzehnte eindeutig war (Weidenfeld [Hg.] 1994). Insofern kamen 2015 alle wesentlichen Detailprobleme der Migrationsproblematik hoch: wie geht die EU mit der Verheißung von Frieden, Sicherheit und Wohlstand um, wenn sie diese dann nicht mit einem legitimierten Einwanderungskonzept realistisch befriedigen kann? Wie geht die Union mit fundamentalen Menschenrechten um, zu dem das Recht auf Asyl in Gefährdungslagen essenziell dazu gehört? Und wie kanalisieren Kommission und Mitgliedstaaten den populistischen Druck, der sich in einer solchen Situation wie Mehltau auf die Mitgliedsländer legt und extremistische Parteien und Ansichten auf den Plan ruft? Hastige staatliche und supranationale Abwehrmechanismen, die auf staatlicher Ebene versagen, werden innerhalb der Gesellschaften aktiv: radikale Ablehnung weiteren Zuzugs, Nationalismus und gewaltbereite Überfremdungsangst nehmen zu. Nationale Grenzkontrollen verlagern nur Probleme von den Außen- an Binnengrenzen. Zäune und Stacheldraht wenden den Flüchtlingsstrom nicht ab, sondern stauen ihn nur. Die EU reagierte 2015 fragmentiert und zum Teil konfus und hatte angesichts der nationalen Alleingänge, die sich in chaotischer Manier vollzogen, nichts zu bieten (Adam 2015). Im Ergebnis stehen dann wieder jene Ängste und Sorgen im Raum, die vor zehn Jahren vor den absehbaren Integrationsproblemen warnten und die vor einigen Jahren schon als abgeschwächt erschienen. Selbst die evangelische, katholische und orthodoxe Kirche in ganz Europa fürchteten 2015 in Europa eine Renationalisierung der sozio-ökonomischen und politischen Verhältnisse.[19]

5. Die Endlosschleife alter Konfliktmuster

Das Ende des Ost-West-Konflikts befreite viele lokale oder regionale Auseinandersetzungen von den Fesseln der übergelagerten ideologischen Auseinandersetzung zwischen Kapitalismus und Sozialismus. Ethnische und nationalistische Aufwallungen oder Stammesauseinandersetzungen zum Beispiel in Zentral- und Ostafrika entfalteten sich – zum Teil als Genozid, wie etwa in Ruanda in den 1990er Jahre im Kampf zwischen Tutsi und Hutu oder im ehemaligen Jugoslawien – als erbarmungslose Auseinandersetzung zwischen unterschiedlichen ethnischen und religiösen Bevölkerungsteilen. Gleichzeitig profilierten sich neue Konfliktformationen durch einen religiösen Aktivismus, der zum Kennzeichen von politischen Rebellen oder sich religiös gebärdenden Banditen weltweit geworden ist. Von Al-Quaida über die Hizbollah bis hin zu christlichen Milizen oder jüdischen Extremisten zeichnete dieser Aktivismus eine Landkarte innerhalb dieses komplexen religiösen Terrains und verdeutlichte ein neues Zusammenspiel von Religion und Politik, das durch das Voranschreiten der Globalisierung und die explosionsartige Ausbreitung einer neuen Religionspolitik stimuliert worden ist. Der religiöse Aktivismus wurde dabei auch durch die Erosion säkularer nationaler Identitäten und den Zusammenbruch des Vertrauens in die moralischen Grundlagen des säkularen Staates provoziert. Die internationale Gemeinschaft muss seitdem verstärkt mit religiös geprägten Formen des Nationalismus umgehen und kann sie aufgrund ihrer kompromisslosen und brutalen Radikalität nicht verdrängend oder mit schlichten Vorstellungen eines religiösen Fundamentalismus verteufeln (Juergensmeyer 2009).

Globalisierung profiliert empfindliche Reibungsflächen zwischen den Kulturen ...

Der amerikanische Politikwissenschaftler Samuel Huntington hat bereits Ende der 1990er Jahre daraus den ›Clash of Civilization‹ abgeleitet, also den Zusammenprall der Kulturen, auf den ich eingangs als Problemstruktur der kulturellen Globalisierung bereits hingewiesen habe. Nach dem Ende des Ost-West-Konflikts entstanden Hoffnungen auf friedliche Beziehungen durch Frei-

19 | Vgl. Süddeutsche Zeitung vom 30. Oktober 2015.

handel zwischen den Ländern auf der Welt und hier insbesondere zwischen islamisch geprägten Ländern und dem Westen. Huntington hielt dies von Anfang an für eine Illusion, den Anspruch der Universalität der westlichen Werte für naiv. Er sah die Reibungen zwischen den unterschiedlichen Werte- und Gesellschaftssystemen als unvermeidlich an, weil schwindende Entfernungen, effektive Kommunikations- und Transportmittel sowie das internationale Regime des liberalisierten Welthandels früher bestehende Schutzfunktionen in vielen Gesellschaften aufheben. Für Huntington trat die Weltpolitik mit der dritten Globalisierung in ihre ›vierte Phase‹ ein. Die erste Phase reichte bis zur Französischen Revolution. Sie war die Phase des Krieges der Fürsten. Im 19. Jahrhundert ging sie in die zweite Phase des Krieges der Völker über, die dann nach dem Ersten Weltkrieg einmündete in die dritte Phase des Kriegs der Ideologien. Die vierte, mit dem Fall der Berliner Mauer eingetretene und bis heute gültige Phase, ist der ›Clash of Civilizations‹. Danach ersetzen zivilisatorische Verwerfungen zwischen den Kulturen die politischen und ideologischen Grenzlinien als Auslöser von Krisen und Blutvergießen.

Seine Schlussfolgerung, der Westen müsse seine Gefährdung erkennen, zusammenrücken und sich auf das Schlimmste vorbereiten, wurden im Anschluss äußerst kritisch beurteilt da eine echte Abgrenzung zwischen Westen und (muslimischem) Osten nicht möglich sei und seine Thesen nur eine schwache Erklärungskraft hätten.[20] Die Konstruktion eines ›Clash of Civilization‹ ist in der Tat irreführend. Er setzt voraus, dass bestimmte Werte fest mit einer gesamten Zivilisation verbunden sind. Der islamische Fundamentalismus mag eine gewisse Nähe zum Islam haben, aber er repräsentiert nicht die gesamte islamische Zivilisation. Fundamentalismus ist nicht der eine Islam. Darüber hinaus ist er in sich sehr heterogen. Er ist unterschiedlich in seinen Zielen, Motiven und seiner Gewaltbereitschaft (Riesebrodt 1990). Hilfreich ist deshalb die klare Differenzierung von Martin Riesebrodt, der diesbezüglich unterschied zwischen einem »Fundamentalismus der Weltflucht«, der im Rückzug aus der sündigen Gesellschaft eine ideale Gemeinschaft zu schaffen sucht, und einem »Fundamentalismus der Weltbeherrschung«, der sie auf reformistischem oder revolutionärem Weg umzugestalten sucht. Zahlreiche Vertreter des fundamentalistischen Islamismus konzentrieren sich dabei ganz auf die Nachfolge des Propheten Muhammad, scheuen politisches Engagement und lehnen Gewalt zur Durchsetzung ihrer Ziele ab (ebd.: 20). Andere aber nicht.

20 | Vgl. Tony Smith, Daniel Howell und Bruce Nussbaum in ›Response‹, in: Foreign Affairs 76, 1997.

… produziert aber kein fundamentales Gegeneinander unterschiedlicher Kulturkreise, …

Das politische Meinungsspektrum in der islamischen Welt ist breit gefächert. Ähnlich wie in Europa kann man dort liberale, konservative oder progressive Positionen finden, selbst wenn dies aufgrund der relativ großen räumlichen Entfernung oder einer kulturellen Distanz der Massenmedien in Europa oder den USA vor dem 11. September 2001 nicht von einer breiten Bevölkerung wahrgenommen worden ist. Der Islam hat in den verschiedenen Gesellschaften, wo er stark vertreten oder dominant ist, ein sehr unterschiedliches Gesicht (Scholl-Latour 1983, Konzelmann 1991, Haarmann/Halm 2001). Im ›grünen Gürtel‹, von Indonesien bis hin nach Algerien, das heißt vom östlichsten Zipfel Asiens bis zum westlichen Teil Nordafrikas, spielen nicht nur schiitische oder sunnitische Glaubensrichtungen in einer monolithischen und historisch gleich gewachsenen Form eine Rolle, sondern auch die lokalen und zum Teil sehr speziellen Eigenheiten der länderspezifischen Kultur oder die mentalen Prägungen der herrschenden Eliten. Hinzu kommt, dass trotz der Ablehnung des westlichen Gesellschaftsmodells in den 1980er Jahren im Nahen und Mittleren Osten der Ruf nach Demokratie wieder lauter geworden ist, auch wenn die Überlegungen zumeist auf eine ›authentische‹ Form einer spezifischen islamischen Demokratie zuliefen (Krämer 1999: 11). Mit dem ›Arabischen Frühling‹ 2010/2011 und Mitte der 2010er Jahren bestätigte sich dieser Trend. Die islamische Welt ist auf ihre Art und Weise plural. Zudem wollen die Eliten in einigen Staaten islamistische oder fundamentalistische Aspekte nicht zu sehr betonen. Solche Staaten – wie etwa Ägypten – fürchteten, den radikalen Islamisten im eigenen Land neuen Auftrieb zu geben, die man Anfang der 2000er Jahre unter Kontrolle gebracht hatte. Das säkularisierte Regime dort erinnerte sich höchst ungern an die Landsleute, die in Afghanistan Seite an Seite mit den Mudschahedin kämpften und nach ihrer Rückkehr zu einer Bedrohung für die politische Stabilität im Lande wurden (Steinberger 1999), was das Regime nach der kurzen ruinösen Herrschaft von Präsident Mursi und den Muslim-Brüdern Anfang der 2010er Jahre dann bewog, mit der Androhung von Hinrichtungen und schweren Repressalien gegen den Islamismus im eigenen Land vorzugehen und das Land mit einem Militärputsch aus dieser Situation herauszulösen.

Wenn sich Menschen aus religiösen, moralischen oder politischen Gründen gegen etwas wenden, sind es diese Grundsätze, die sie leiten, und nicht die komplexe Architektur einer gesamten Zivilisation, die dahinter steht. Menschen opponieren aus individuellen Gründen, nicht wegen einer Zivilisation. Trotz der Kritik an Huntington sind kulturelle Widerstände gegen die Globalisierung aber offensichtlich, denn spätestens die Verallgemeinerung der eigenen, fundamentalistischen Wertemuster als Motiv für den Terroranschlag auf die USA am 11. September 2001 hat gezeigt, dass kulturelle oder religiöse Reaktionen gegen eine als bedrohlich verstandene Hegemonie westlicher Werte oder Lebensweisen ernst zu nehmen sind.

Insofern haben sich die Auffassungen hinsichtlich des Charakters der Auseinandersetzungen zwischen den Weltkulturen differenziert, auch wenn Terrorismus und Auseinandersetzungen zwischen Okzident und Orient mit der Jagd auf Osama Bin Laden und die Al-Quaida im Rahmen des Afghanistan- und Irankrieges die 2000er Jahren weiterhin bestimmten. Trotz des sukzessiven Rückzugs westlicher Truppen aus diesen Ländern Anfang/Mitte der 2010er Jahren war das Thema der okzidental-orientalen-Auseinandersetzung damit nicht aus der Welt. Als die USA der Hydra des islamischen Terrorismus in Gestalt von Osama bin Laden den Kopf abgeschlagen hatten, wuchs mit dem sogenannten Islamischen Staat sofort ein neuer Kopf nach, der im Rahmen seiner ausgedehnteren Aktivitäten ein Mehr an terroristischer Bedrohung bedeutete.

… wirft aber trotzdem schwierige Fragen hinsichtlich der Identität von Menschen und Völkern auf

Trotzdem Huntingtons ›Kampf der Kulturen‹ insgesamt in eine irreführende Richtung wies, wirft die dritte Globalisierung zukünftig dennoch viele Fragen nach der Standortbestimmung von Gesellschaften und den Formen des interkulturellen Verkehrs zwischen ihnen auf. Die Vielfalt der Kulturen begründet zivilisatorischen Reichtum, sie bildet aber auch die Ursachen für Krisen und Konflikte. Nicht selten sind in der Geschichte der Kriege das Ziel und der Gegner durch die Grenzziehung zwischen den Kulturen definiert worden. Perverser Höhepunkt war hierbei zweifellos die Überhöhung kultureller Aversionen zur gnadenlosen rassistischen Anklage des jüdischen Volkes durch Adolf Hitler und seine Schergen. Die heutige wie zukünftige Weltkarte politischer Spannungen und Aggressionen veranlasst wieder viele Beobachter, sich verstärkt mit Konflikten zu befassen, die auf kulturelle Differenzen zurückzuführen sind. Unsere Haltung in kulturellen Fragen steht daher wieder erneut vor einer Nagelprobe. Kultur darf aber nicht nur als Anstoß zu Konflikt und Krieg gesehen werden, sondern sie ist auch Grundlage von Konsens und Kommunikation, wenn die Gradwanderung zwischen Assimilation und Bewahrung traditioneller Kulturgüter in Gesellschaften und zwischen den Kulturen gelingt (Weidenfeld 1995). Dabei sind Konflikte an denjenigen Schnittstellen vorprogrammiert, an denen inkompatible Elemente aufeinander prallen.

Aus der Universalisierungstendenz der westlichen Werte und Produktionsformen entsteht für andere Kulturen ein verschärftes Identitätsproblem. Sie stehen vor einem Dilemma: Schotten sie sich in ihrem Unmut gegenüber der westlich geprägten Modernität nach außen ab, wird die kontinuierliche Bestimmung der eigenen Identität durch den Vergleich mit anderen gefährdet. Zudem drohen gesellschaftliche Verwerfungen durch die ökonomischen und sozialen Nachteile der Abschottung, die zu innenpolitischen Krisen führen können. Durch die Alternative der Assimilation an von außen hereinströmende Werte und Verhaltensmuster, droht gleichermaßen eine Erosion der eigenen Selbstverständlichkeiten. Krisenphänomene können ebenso gut auf ein zu geringes wie auf ein zu hohes Maß des Austausches mit anderen Kulturen zurückgehen. Es spricht einiges dafür, dass die sozialistischen Staaten neben strukturellen Problemen ihres Wirtschaftssystems diesem Dilemma ihren Zusammenbruch zu verdanken haben. Die unterschiedlichen Optionen der Reaktion entzweien in aller Regel zusätzlich unterschiedliche Gruppen der betroffenen Gesellschaften. Es droht eine Spaltung zwischen Eliten und großen Teilen der Bevölkerung. Diese Konfliktlage ist insbesondere in den islamischen Gesellschaften entstanden, deren Eliten oftmals westliche Ausbildungen durchlaufen haben, zumindest teilweise Modernisierungsstrategien nach westlichem Vorbild favorisieren und damit auf erbitterten Widerstand anderer gesellschaftlicher Gruppen stoßen, nicht zuletzt, weil diese genau verstehen dass es in Zukunft unweigerlich Globalisierungsgewinner und Globalisierungsverlierer gibt.

Globalisierung führt zu militanten Abwehrreflexen ...

Ein frühes Beispiel dafür war Indonesien, wo sich seit dem Ende der Ära Suharto im Jahr 1998 zunehmend traditionelle islamistische Bewegungen gegen die aufgeklärten, liberalen, demokratischen und säkularisierten Kräfte wendeten. Der Asienexperte Andreas Ufen wies Anfang der 2000er Jahre bereits darauf hin, dass im größten islamischen Land der Erde die Entstehung eines gesamtindonesischen Inselstaats sehr unwahrscheinlich, dass aber der Kollaps der jungen indonesischen Demokratie durch das Zusammenwirken von reaktionären Kräften, Sezessionisten, gewaltbereiten Islamisten und populistischen Politikern sehr wohl möglich sei (Ufen 2001). In den 2000er Jahren wurde deutlich, dass es sich hier um Modernisierungs- und Machtkonflikte handelt, die über religiöse und kulturelle Bindungen politisiert worden sind. Ein Höhepunkt war der blutige Konflikt zwischen Christen und Islamisten auf den Molukken, wo seit Anfang der 2000er Jahre mehrere tausend Menschen ums Leben kamen.

... unterminiert aber gleichzeitig autoritäre Regime und reformunwillige Diktaturen

Ein entgegengesetztes und wesentlich komplexeres Beispiel dafür ist der ›Arabische Frühling‹, der auch als ›Arabellion‹ bezeichnet worden ist. Er zeigte die Dialektik zwischen Globalisierung und Lokalisierung deutlich auf. Und er zeigte auch auf, dass die Verweigerung autokratischer oder diktatorischer Regime gegenüber der neuen Globalisierung Modernisierungsimpulse im Keim erstickte, was nach politischer Partizipation strebende oder unterdrückte Teile der Bevölkerung zum Sturm auf die Barrikaden brachte. Der ›Arabische Frühling‹ bezeichnet eine Ende 2010 beginnende Serie von Protesten, Aufständen und Revolutionen in der arabischen Welt, die sich beginnend mit der Revolution in Tunesien, in Staaten im Maschrek und auf der Arabischen Halbinsel und im Maghreb gegen autoritäre Regime und die als antiquiert empfundenen Traditionen und sozialen Strukturen dieser Länder richteten. Hier wandte sich im Gegensatz zu Indonesien der Protest also nicht nur gegen die Globalisierung und ihre identitätsgefährdende Auswirkungen auf traditionelle Bindungen und Gewohnheiten, sondern auf die Beharrungskraft autoritärer oder diktatorischer Regime und die hoffnungslose sozio-ökonomische Lage breiter Schichten der Bevölkerung. Besonders betroffen davon waren und sind Frauen und junge arbeitslose Menschen.

Von Saudi-Arabien über Syrien, Ägypten und Libyen bis hin nach Tunesien, Algerien und Marokko betraf dies insgesamt 17 Länder mit unterschiedlicher Intensität und unterschiedlichen Konsequenzen und bezog indirekt zusätzlich Staaten wie China, Israel, Iran oder Spanien mit ein. Zusätzlich wurden auch die EU, die USA und die NATO insbesondere mit Blick auf Syrien oder Libyen involviert. Obwohl immer sehr spezifische innenpolitische und innergesellschaftliche Probleme dem Aufruhr in den jeweiligen Ländern ein landestypisches Gesicht verliehen, wiesen die Proteste einen hohen Globalisierungsbezug auf. In Marokko wurde die aufkommenden Probleme im Rahmen einer ›sanften Revolution‹ konstruktiv mit einer Verfassungsänderung 2011 relativ verträglich und weitgehend gewaltfrei kanalisiert. In Tunesien fanden 2014 Wahlen statt und fielen mit einem einwandfreien demokratischen Ergebnis zugunsten eines säkularen und nicht islamistischen Regimes aus. In Libyen oder Syrien eskalierten die Konflikte hingegen in einem blutigen Bürgerkrieg und in Ägypten fiel das gottgleiche Regime Mubaraks wie ein Aschehaufen in sich zusammen bis zu dem Zeitpunkt, wo sich die Generäle nach dem Zwischenspiel der Herrschaft der Muslimbrüder unter Staatschef Mursi das Land zurück eroberten. Insgesamt wandten sich die Regimegegner und Revolutionäre gegen autoritäre Regime mit einem ausgeprägten Sicherheitsapparat, fehlender Mitbestimmung der Bürger sowie einer ausgeprägten Korruption in Staat, Wirtschaft und Gesellschaft. Eine weitere Ursache war die hohe Jugendarbeitslosigkeit und die nachhaltig bestehende Armut, was als eine Verwahrlosung der politischen Sensibilitäten für die Nöte der eigenen Bevölkerung bezeichnet werden kann.

Hinzu kam die arrogante Drangsalierung der Bevölkerungen durch eine Verwehrung politischer Partizipation. Moderne Kommunikationstechniken und soziale Medien beförderten einerseits die Aufklärung der Menschen über das, was ›draußen‹ in der Welt geschah; gleichzeitig förderten sie den politischen Austausch einer zunehmend hoffnungslosen Gesellschaft, die von reaktionären Kräften attackiert wurde, welche jede politische Emanzipation im Keim zu ersticken suchte. Soziale Medien und das Internet wurden zu einem virtuellen Schauplatz des Krieges, der wichtig wurde in diesem überraschenden Bürgerkrieg und diesem enervierten Klima sozio-ökonomischer Konfrontation. Insgesamt war dies ein Vulkan der Globalisierung, der Anfang der 2010er Jahre zum Ausbruch kam.

Moderne Kommunikationstechnologien förderten dabei den regionalen Flächenbrand des Arabischen Frühlings. Über soziale Medien und das Internet solidarisierten sich die Träger des Protests; Fernsehsender wie Al Jazeera und Al-Arabyia transportierten die Bilder des Aufstandes in die ganze Welt. Damit etablierte und bewährte sich eine Informationsinfrastruktur, die jenseits von Regierungspropaganda oder Mainstream-Journalismus dem Aufstand ein authentisches Gesicht des Protests von unten gab. Der Arabische Frühling war ein Globalisierungseffekt und endete im Arabischen Winter. Zu viele Motivationen und sozio-kulturelle Strömungen flossen dort ineinander. Getragen wurde der Protest von einer breit gefächerten Bewegung, der verschiedenste soziale Schichten abseits der Regimeeliten angehörten. Er involvierte Linke, Bürgerliche, Säkulare, Christen, Muslime, Studenten, Frauen, die alle ihre eigenen Interessen und Zukunftsvorstellungen in diese Revolte einbrachten, wobei auch der traditionelle Konflikt zwischen Sunniten und Schiiten den Arabischen Frühling aufgrund der entstandenen Machtvakua schnell fortzubewegen begann. Das Drama endete dreigeteilt: während Staaten wie Marokko und Tunesien die Proteste mehr oder weniger ›sanft‹ kanalisieren konnten, dauerten die Unruhen in Staaten wie Algerien, Ägypten oder Jemen an; in Staaten wie Oman oder Mauretanien köchelten soziale Unruhen und in Staaten wie Libyen oder Syrien endete der Protest im blutigen Bürgerkrieg. Der Arabische Frühling machte in trauriger Weise klar, was die ›glokale‹ Dimension der kulturellen Globalisierung im schlimmsten Fall meint.

6. ›Neue Kriege‹ und die Barbaren des 21. Jahrhunderts

Mit der dritten Globalisierung verblasste der Horror der großen Weltkriegskonfrontation. Es kamen Hoffnungen auf, dass Kriege der Vergangenheit angehören. Unter diesem Eindruck legte Francis Fukuyama Ende der 1990er Jahre sein optimistisches Werk vom ›Ende der Geschichte‹ vor. In Europa zeigten friedenspolitische Fortschritte ihre Wirkung. Globalisieren ließ sich diese Erfolgsgeschichte jedoch nicht. Der Balkankonflikt, der Konflikt um das Gebiet der großen Seen und den Kongo, die beiden Golfkriege, der Afghanistan-Konflikt und der andauernde Nahostkonflikt sowie die zahlreichen und zum

Teil bestialischen Kriege in Afrika offenbarten neue Erscheinungsformen und Gründe für Kriege, insbesondere in den instabilen und peripheren Gegenden der Welt. Hinzu kam ein nicht weniger brutaler und lang andauernder Drogenkrieg zwischen Mexiko und den USA. Mit Blick auf die Geschichte des Krieges in Europa revitalisierte sich die Erscheinungsform der neuen Kriege oder der ›Konflikte niedriger Intensität‹ (Low Intensity Conflicts), die zu Zeiten des Dreißigjährigen Krieges oder der ›Condotteri‹[21] einen Teil der gängigen Kriegsführung ausgemacht hatten. Sie beschreiben in einem modernen Verständnis Konfliktsituationen unterhalb der Schwelle von konventionellen Kriegen, die aber weit über einen politisch-pluralen Wettbewerb hinausreichen und in der Regel voraussetzen, dass eine der Kriegsparteien nichtstaatlicher Natur ist. Der israelische Militärtheoretiker Martin van Crefeld definiert ›Low Intensity Wars‹ als gewalttätige Aktionen mit einer geringen Intensität – aber großer öffentlichen Wirkung. Sie durchbrechen völkerrechtliche Konventionen. Sie entziehen sich der politischen Kontrolle und missachten die Trennung von organisierten Armeen und unbewaffneter Bevölkerung (van Crefeld 1998: 228). Akteure in Konflikten niedriger Intensität sind oftmals Terrorgruppen oder Guerillaverbände, denen die asymmetrische Kriegsführung gemeinsam ist. Diese Kriegsführung bezeichnet die Art einer militärischen Auseinandersetzung ›ungleicher Akteure‹, die waffentechnisch, organisatorisch und strategisch stark differenziert ausgerichtet ist (Münkler 2010; Wassermann 2015).

Asymmetrische Kriege sind die Kriegsformen des 21. Jahrhunderts

In ihnen spielen nicht mehr Staaten die Hauptrolle, sondern Warlords, Söldner, Terroristen, organisierte kriminelle Banden und Piraten. Häufig werden die kriegerischen Auseinandersetzungen von minderjährigen Truppen, den sogenannten ›Kindersoldaten‹ ausgetragen, und häufig spielen jugendliche Straftäter innerhalb der organisierten Kriminalität als ›Kanonenfutter‹ oder ›eingeschränkt schuldfähiges‹ Personal eine große Rolle, so etwa in der italienischen Mafia. Dabei ist die Verbindung zwischen nichtstaatlichen Konfliktparteien und der organisierten Kriminalität ökonomisch von erheblicher Bedeutung. Sie lässt sich als Ergebnis zur Steigerung finanzieller Unabhängigkeit im Kampf oder als strukturelle Notwendigkeit klassifizieren. Die Dynamik der Globalisierung begünstigt die Erschließung adäquater Geldquellen. Wichtig dabei sind zum Beispiel der Anbau und die Distribution von Drogen, die Beteiligung am internationalen Waffenhandel oder der Prostitution. Darüber hinaus spielen kriminell erschlossene Einkommensquellen wie der Öl- oder Gashandel eine wichtige Rolle. So ist die islamistische Al-Shabaab-Miliz

21 | Condottieri bezeichnete Söldnertruppen, welche sich bei den italienischen Stadtstaaten im späten Mittelalter verdingten und die regulären staatlichen Truppen ergänzten.

in Somalia in den für die Umwelt verheerenden Holzkohlehandel involviert[22] und der IS im Nahen Osten griff 2014 auf verlassene Ölquellen in Syrien und im Nordirak als nicht unerhebliche Ressource zur Finanzierung seiner Gewalttaten zurück. Gewalt richtet sich nicht nur gegen staatliche Autoritäten oder Instanzen, sondern aus psychologisch-strategischen Gründen wie im internationalen Terrorismus oder bei ethnischen Aversionen häufig gegen die Zivilbevölkerung. Hochhäuser wie die Twin Towers in New York werden zu Schlachtfeldern und Fernsehbilder, Fotos und Schlagzeilen werden zu Waffen (Münkler 2004).

Gegenüber zwischenstaatlichen (symmetrischen) Auseinandersetzungen nahmen asymmetrische Kriege seit Beginn des 21. Jahrhunderts zu

Aus der Sicht der entwickelten Industriestaaten sind solche Krisenherde an ihrer Peripherie oder direkte Angriffe ›unsichtbarer‹ Gegner gefährlich, da sie ihre Stabilität unterminieren. Wie im Falle des 11. Septembers 2001 kann die eigene Bevölkerung getötet, verletzt oder traumatisiert werden. Gegenläufig zum Trend im zwischenstaatlichen Bereich stieg die Zahl der innerstaatlichen Konflikte seit den späten 1960er Jahren bis Mitte der 1990er Jahre immer schneller an. Dies zeigte an, dass es im Schatten des Ost-West-Konflikts bereits eine anwachsende Zahl asymmetrischer Kriege niedriger Intensität gab. Viele Konflikte dauern seit ihrem Beginn ab 1948 bis heute an. 1948 gab es bewaffnete Konflikte in Myanmar zwischen Regierung und Rebellen aus ethnischen Minderheiten; 1964 gab es den Konflikt zwischen der FARC und dem kolumbianischen Militär, der sich praktisch bis 2016 hinzog und eigentlich 2016 hätte tatsächlich und operativ beendet werden können: seit 1984 gibt es den Türkei-PKK-Konflikt oder 1988 den somalischen Bürgerkrieg. In den 2000er Jahren erregten der Unabhängigkeitskampf südossetischer Rebellen im Kaukasus oder der Drogenkrieg in Mexiko internationale Aufmerksamkeit. Und Mitte der 2010er Jahre erregten der Kampf der Séléka in der Zentralafrikanischen Republik, die Drohnenangriffe der USA in Pakistan oder die Annexion der ostukrainischen Halbinsel Krim durch Russland und der Bürgerkrieg in der Ostukraine die Öffentlichkeit.

Im gesamten Zeitraum seit Ende des Zweiten Weltkriegs bis heute wurden somit über 40 andauernde Konflikte auf der Welt in Gang gesetzt, die Millionen Menschen bedrohten, verletzten und töteten und immense materielle Schäden hervorbrachten. Viele der innerstaatlichen Konflikte sind Interessen-,

22 | Vgl. »Terror-Treibstoff. Der Holzkohle-Export sichert das Überleben der islamistischen Al-Shabaab-Miliz in Somalia. Das Geschäft mit dem hochwertigen Brennstoff läuft so gut, dass offenbar auch Kenias Armee mitmischt«, in Süddeutsche Zeitung vom 6. November 2014.

Güter- und Wertekonflikte, die bis 1989 durch die Klammer des Ost-West-Konflikts weitestgehend im Zaum gehalten wurden. Zunehmend mündeten diese Konflikte in Partizipations-, Autonomie- oder Sezessionsbestrebungen ein. Dadurch offenbarten sich auch die Schattenseiten der ›aufholenden Entwicklung‹ in zahlreichen unterentwickelten Ländern sowie der Wille, eigene Wege ohne Fremdbestimmung gehen zu wollen. Oft genug sind diese Konflikte jedoch Macht- und Dominanzkonflikte. Das heißt, sie sind häufig blanke Verteilungskämpfe, die sich hinter vermeintlichen Primärgründen wie ethnischen oder religiösen Bruchlinien verbergen.

Der Gestaltwandel des Krieges wurde – zusammen gefasst – durch eine kriminelle Gewaltökonomie, die sich auch in der zunehmenden organisierten Kriminalität spiegelten, durch modifizierte oder gar modernisierte Gewaltmotive, andere Gewaltstrategien und durch zahlreiche nicht staatliche Gewaltakteure charakterisiert. Das Zusammenspiel der Motive ließ neue Typen des Krieges entstehen, die prägend für das 21. Jahrhundert sind. Dies sind etwa terroristisch motivierte Gewaltakte, Ressourcen- oder Rohstoffkriege oder der Komplex der organisierten Kriminalität und Piraterie.

Der neue Terrorismus

Mit den Angriffen auf das World Trade Center und das Pentagon am 9. September 2001 kam dem islamistischen Terrorismus erstmals eine besondere Bedeutung zu. Jenseits dieser spezifischen Attacke darf man den Blickwinkel nicht auf den islamistischen Extremismus verengen und schon gar nicht einen ganzen Kulturkreis verdächtigen. Es stellte sich seit dem Ende des Ost-West-Konflikts die Frage, ob auf der Grundlage von politischen und kulturellen Konfliktlagen die Globalisierung über eine Radikalisierung von frustrierten Globalisierungsgegnern, fanatischen ›Gotteskriegern‹, anderen selbsternannten Kulturwächtern oder schlicht von wirtschaftlich hoffnungslosen Menschen zum nachhaltigen Konfliktthema gemacht wird – so wie etwa der Terrorismus der 1970er Jahre in Europa vielerorts aus den zunächst halb-politisierten Szenen der sechziger Jahre erwuchs (Aust 1986). Gegenüber dieser sozial-revolutionären Disposition wurde mit anderen Motiven und zunehmenden Aktionen im Laufe der Zeit allerdings klar, dass die terroristische Gefahr im Rahmen der Globalisierung ganz allgemein eine weitaus größere und gefährlichere Bedeutung als früher erfahren würde.

Terrorismus ist Gewalt gegen eine politische Ordnung oder eine kulturelle Vorherrschaft. Die Definition des Phänomens ist komplex, da es verschiedene Formen und Akteure des Terrors gibt und sich der politische Terrorismus und der politische Widerstand gelegentlich nur schwer voneinander abgrenzen lassen. Differenziert man nach der räumlichen Ausdehnung, lassen sich der nationale Terrorismus, der internationale Terrorismus und der transnationale

Terrorismus unterscheiden. Differenziert nach Motivation und Zielsetzung lassen sich verschiedene Erscheinungsformen des Terrorismus identifizieren. So den sozialrevolutionären Terrorismus der 1970er Jahre, der Rechtsterrorismus aus rassistischen oder völkischen Überzeugungen oder den religiös motivierten Terrorismus der Globalisierung. Die letztere Form hat seit dem Attentat der Al-Qaida auf das World Trade Center 2001 und dem monströsen Wachstum der Dschihadisten des ›Heiligen Kriegs‹ eine neue Dimension erreicht, welche nach Hamed Abdel Samad in der Logik eines radikalen Islam steht, der selbst im Sinne des Propheten Mohamed nach Weltherrschaft strebt (Abdel Samad 2015).

Die verstümmelte Skyline New Yorks wurde zum Symbol für Gefahr und Wirkungsmacht eines global agierenden Terrorismus

Der 11. September 2001 markierte nicht nur das Datum der schrecklichsten Terrorattacke, die ein westliches Land bis dahin jemals erleiden musste; dieser Tag steht zudem dafür, dass sich die Welt ihrer weitgehenden Verletzlichkeit durch solche Angriffe bewusst wurde. Sie musste sich eingestehen, dass nach Ende des Ost-West-Gegensatzes andere Konflikte eine neue Scheidungslinie zwischen Gesellschaftssystemen und einzelnen Kulturen schuf. Zugleich wurden der 11. September und die verstümmelte Skyline New Yorks ein Symbol für die brutale Wirkungsmacht eines global agierenden Terrorismus, der in einem engen Zusammenhang mit der Globalisierung von westlichen Wirtschaftsweisen, Werten und Lebensstilen steht (Turek 2001).

Die einstürzenden Twin Towers in New York wurden schlagartig für eine breite Öffentlichkeit zum Fanal einer unglaublichen Bedrohung, die durch die Präzision des Attentats und die Existenz eines international operierenden Netzwerkes zum Suizid bereiter Terroristen große Furcht erzeugte. Hierbei darf man jedoch nicht vergessen, dass bereits in den 1990er Jahren religiös-fundamentalistische und diffuse Formen des Terrors die bis dahin vorherrschenden ideologisch-politischen ›Spielarten‹ in den Hintergrund gedrängt haben. In herausragender Weise stand dafür bis zum 11. September 2001 der mörderische Gasangriff der Aum-Sekte auf fünf U-Bahnzüge in Tokio (Murakami 2001). Am 20. März 1995 gingen die Bilder der vom Gift Sarin überwältigten, unter Nasenbluten oder heftigen Husten- und Krampfanfällen leidenden Menschen über die Bildschirme der Welt und lösten Fassungslosigkeit angesichts eines derart brutalen Vorgehens aus. An jenem Tag starben zwölf Menschen an dem Nervengas. Etwa 5.000 wurden verletzt. Andere Beispiele sind der Sprengstoffanschlag der ›Christlichen Patrioten‹ im April 1995 auf das Alfred P. Murrah Federal Building in Oklahoma City, der landesweit eine Revolution auslösen sollte und bei dem 168 Menschen starben, sowie das von islamistischen Fundamentalisten ausgeführte erste Bombenattentat auf das World Trade Center 1993. Ab Mitte der 1990er Jahre war vielen Experten bereits klar, dass immer brutalere Angriffe und neue Akteure zu einer neuartigen Bedrohung für die westliche Welt werden würden. Die von Osama Bin Laden initiierten Bombenattentate auf die amerikanischen Botschaften in Nairobi und Daressalam am 7. August 1998 bestätigten diesen Befund. Das strategische Denken über derartige Formen des Terrorismus verlangte deshalb zu diesem Zeitpunkt richtungsweisende Analysen der neuartigen Situation.

Der religiös-fundamentalistische Terrorismus dominiert

Bruce Hoffman, Leiter der Abteilung für Terrorismusforschung der U.S.-amerikanischen RAND Corporation, analysierte deshalb als einer der ersten das Neue im Terrorismus (Hoffmann 1998). Seine Überlegungen wurden von vielen Experten geteilt und avancierten zum Mainstream der Interpretationen der neuen Anatomie des Schreckens (Waldmann 1998; Laqueur 1998; Gurr/Cole 2000; Frank/Hirschmann [Hg.] 2002). Terrorismus definiert er als » bewusste Erzeugung und Ausbeutung von Angst durch Gewalt [...] zum Zweck der Erzielung politischer Veränderung. Der Terrorismus ist darauf ausgerichtet, über die Opfer oder Ziele des terroristischen Angriffs hinaus weitreichende psychologische Effekte zu erzielen. Er will innerhalb eines breiteren ›Zielpublikums‹ Furcht erregen und dieses dadurch einschüchtern. Durch die Publizität, die sie mit ihren Gewaltakten erzeugen, versuchen Terroristen die Druckmittel, den Einfluss und die Macht zu erlangen, über die sie ansonsten nicht verfügen würden[...]« (Hoffmann 1998: 64). Nach dieser Begriffsbestimmung ist Terrorismus also, kurz gesagt, eine spezifische Kommunikationsstrategie und das Geschäft mit der blanken Angst (Münkler 2001). Damit geht es Terroristen nicht in erster Linie um den Zerstörungseffekt ihrer Aktion. Angesichts des Einflusses moderner Massenmedien und vor dem Hintergrund ihrer Wirkungsweise geben sie aufgrund ihrer am Nachrichtenwert orientierten Selektion eine ideale Bühne ab, um spektakuläre Terroraktionen publikumswirksam zu inszenieren Die Medien werden so zum Instrument, mit dem Terrorgruppen ihre Botschaften zuverlässig und wirksam vermitteln können.

Internationalität und Verschwommenheit prägen den modernen Terrorismus ...

Hoffman erkannte zwei neue Merkmale des Terrorismus: Internationalität und Verschwommenheit (›Diffusität‹). Das Auftauchen eines durch religiöse Wertvorstellungen motivierten Terrorismus habe bereits in den 1980er Jahren tiefgreifende Veränderungen im Wesen, in den Motiven und in den Fähigkeiten von Terroristen angestoßen. Die Entstehung einer professionellen Subkultur von ›Auftragskillern‹ gegen Ende des Jahrzehnts verwandelte den

Terrorismus in Verbindung mit der Zunahme von sogenannten ›Amateur-Terroristen‹ während der 1990er Jahre in ein amorpheres, also form- und gestaltloseres Phänomen. Eine wesentliche Grundlage für den Erfolg des Terrors sei dabei die gezielte Instrumentalisierung der Medien und die Beeinflussung der öffentlichen Meinung geworden. Für Hoffmann und andere war bereits zum Ende der 1990er Jahre klar, dass die Bedrohung durch den internationalen Terror steigen werde. Er sagte zutreffend voraus, dass politische, ideologische oder religiöse Konflikte vermehrt durch Terroraktionen ausgetragen werden. Terrorismus sei dabei immer mehr Krieg, ohne den Krieg zu erklären. Gegenüber dem politischen Terrorismus der Vergangenheit, ausgeübt durch die deutsche Rote Armee Fraktion (RAF), die irische Irish Republican Army (IRA) oder die spanische Separatistenbewegung Euskadi Ta Askatasuna (ETA), dem noch einigermaßen erkennbare Motive zugrunde gelegen hätten, werde der religiös-fundamentalistische, der rechtsextreme und der messianisch-sektiererische Terrorismus, der volatile und vermehrt irrationale Züge trägt, stärker. Die Beweggründe von Terrororganisationen mit solchem Hintergrund seien wesentlich schwerer einzuschätzen. Umso größer sei die Gefahr, die von Ihnen ausgehe. Es sei zu befürchten, dass die Mittel brutaler werden und in Zukunft Terroristen auch vor dem Einsatz von Massenvernichtungsmitteln nicht zurückschrecken würden. Diese Voraussagen wurden dann in den 2010er Jahren grausame Realität.

... besonders im religiös-fundamentalistischen Gewand

Als eine zentrale Ursache dafür machten die amerikanischen Terrorspezialisten Nadine Gurr und Benjamin Cole eine kulturelle Irritation in der Welt aus, die aus der fortschreitenden Globalisierung resultiert. Sie werde von den Anführern des Terrors seit einer Dekade gegen den Westen gerichtet. Sie stellten fest:

»Globalisierung und die Erosion traditioneller Werte hat zusammen mit der ökonomischen und politischen Ungleichheit zu erhöhten Unsicherheiten über die Zukunft innerhalb von Staaten geführt. Angesichts der wahrgenommenen oder eingebildeten Bedrohungen durch den westlichen politischen, ökonomischen und kulturellen Einfluss glauben viele Muslime, dass sie ihre religiösen Identität und ihre Zukunft hier und jetzt wirksam schützen müssen« (Gurr/Cole 2000: 4).

Empirisch wurde aus dieser psychologischen und sozial-psychologischen Interpretation ebenfalls brutale Realität. Zwischen 2001 und 2013 wurden 28 von 36 bedeutenden terroristischen weltweiten Aktionen von Islamisten an – und durchgeführt. Beispiele dafür sind die Madrider Zuganschläge in Spanien 2004, der versuchte Anschlag auf den internationalen Flughafen Glasgow in

England 2007 oder das Bombenattentat auf den Boston Marathon in den USA 2013. Die Terroranschläge von Paris am 13. November 2015 sowie die Vorfälle um den Terroranschlag im bayerischen Ansbach 2016 bewiesen die Erklärungsansätze des islamistischen Terrorismus erneut. Wieder wurden äußerst brutale terroristische Angriffe mit einer hohen Opferzahl so inszeniert, dass ein extremer Effekt von Verunsicherung und Entsetzen die Folge war.

Es gibt auch die Erwartung des Gebrauchs von Massenvernichtungswaffen

Die Erwartung einer religiös oder kulturell grundierten Konfrontation, wurde auch mit den Attentaten von Tokio und Oklahoma 1995 von der akademischen Diskussion in eine blutige Wirklichkeit überführt. Bereits die Anschläge von 1993 auf das World Trade Center und 1995 auf das Alfred P. Murrah Federal Building in Oklahoma haben in den USA die Auffassung gestärkt, dass es von diesen, noch mit konventionellen Mitteln durchgeführten Aktionen, nur ein kurzer Schritt zum Gebrauch von Massenvernichtungsmitteln sei. Proliferation wurde damit ab diesem Zeitpunkt ein ernsthaftes Problem des Antiterrorkampfes. Terroristischen Organisationen wurde nach Aussage des deutschen Bundesnachrichtendienstes als potenziellen Nutzern von Massenvernichtungsmitteln seitdem eine hohe Aufmerksamkeit gewidmet[23] und das Thema Terrorismus und Massenvernichtungswaffen zunehmend als reale Gefahr wahrgenommen (Neuneck 2002, Thränert 2002). Dies führte nach dem Attentat der Aum-Sekte in Tokio 1995 dazu, dass bereits die Clinton-Administration die Möglichkeit der Anwendung von ABC-Waffen noch ernster nahm und dass Bill Clinton unmittelbar danach mit der Präsidentschaftsdirektive 39 die Bekämpfung des Terrorismus zur nationalen Priorität erhob. Präsident Bush griff diese Initiative nach dem 11. September auf. Dies wurde dadurch deutlich, dass er für den Verteidigungshaushalt 2003 4,5 Milliarden US-Dollar zusätzlich für den Kampf gegen den Terrorismus auszugeben bereit war. Etwa 650 Millionen US-Dollar wurden zur Aufstockung des Vorrats an Impfstoffen und Antibiotika verwendet.[24]

Diese Entwicklungen machten die Erwartung unvermeidlich, dass sich der moderne Terrorismus in Zukunft auch nuklearer oder chemischer und biologischer Massenvernichtungsmittel bedienen werde. Darauf deutete in der 2000er Jahren vieles hin. So haben die amerikanischen Streitkräfte nach Angaben aus amerikanischen Regierungskreisen im März 2002 in Afghanistan in der Nähe von Kandahar ein Laboratorium entdeckt, in dem offenbar die

23 | Vgl. www.bnd.bund.de/DE/Themen/Lagebeitraege/Proliferation/Proliferation_node.html, aufgerufen am 25. Juni 2014.

24 | Vgl. »4,5 Milliarden Dollar gegen Bioterror«, in: Frankfurter Allgemeine Zeitung vom 5. Februar 2002.

Herstellung von biologischen Waffen vorbereitet wurde. Gestützt auf die gefundenen Dokumente und Geräte vermuteten die Amerikaner, dass dort Milzbrand-Waffen hergestellt werden sollten.[25] Die Hemmungen, solche Waffen zu gebrauchen, schwinden, während die Motivation dazu – auch aus Gründen antikapitalistischer Gesinnung und anti-westlicher Affekte – proportional steigt. Die Verbreitung von Waffen und nuklearem Material sowie das entsprechende technologische Know-How ließ die Vermutung zu, dass Terroristen vermehrt auf solche Waffen zugreifen werden. Nach unbestätigten Berichten sollen der Extremistenführer Osama bin Laden und seine Terrorgruppe Al-Qaida schon 1990 versucht haben, für zwei Millionen U.S.-$ eine taktische Nuklearwaffe und angereichertes Uran aus Kasachstan zu erwerben. Nicht alleine islamistische Organisationen wie Al-Qaida, Hamas oder Islamischer Staat sondern auch säkular orientierte Gruppen wie die Volksfront zur Befreiung Palästinas (Popular Front for the Liberation of Palestine, PFLP) machen seit Jahren keinen Hehl mehr aus ihrem Willen, gegebenenfalls mit äußerster Gewalt zu handeln.

Der moderne Terrorismus avancierte zur Schicksalsfrage

Das Bedrohungspotenzial des Terrorismus wurde nach dem 11. September 2001 zu einer schicksalhaften Frage. Der Terroranschlag auf die USA markierte eine Zeitenwende. Der Terror hatte gezeigt, dass nicht einmal der stärkste Staat der Welt die Sicherheit seiner Bürger garantieren konnte und mit hohen Kollateralschäden zu rechnen hat. Diese Hilflosigkeit hat auch Europa enorm erschreckt und so politisch ›kalt erwischt‹. Mit einem Schlag erschienen die historischen Konstellationen des Ost-West-Konflikts und die sich anschließenden Transformationsprozesse in einem sich abschwächenden Licht. Die Stabilität von gestern war Teil einer untergegangenen Ära und eine neue Epoche der Unsicherheit begann im Zeitalter der neuen Globalisierung.

Der 11. September markierte damals so eine historische Zäsur. Sie war aus drei Gründen tiefgreifend:

- Die Anschläge hebelten die bis dahin geltenden Grundlagen des sicherheitspolitischen Denkens aus. Abschreckung war bis dahin das leitende Prinzip. Beim Gegner wurde ein abwägendes Risikokalkül unterstellt. Dieser Ratio folgt das weltweite Terroristennetzwerk nicht. Der Angreifer ist zur Selbstaufgabe bereit. Dieser Akt der Selbstzerstörung wird gar durch eine transzendente Heilszusage überhöht. Dem Westen fehlen Kenntnis und Gespür für jene Welt islamischer Heilserwartung, für deren Feinbil-

25 | Vgl. »Biowaffenlabor in Afghanistan entdeckt«, in: Frankfurter Allgemeine Zeitung vom 25. März 2002.

der wie Hoffnungshorizonte. Da die Terroristen sich mit ihren hochtechnologischen Instrumenten in vielen Ländern eingenistet haben, wurde die Unterscheidung zwischen innerer und äußerer Sicherheit aufgehoben. Daraus folgte, dass die Strukturen der Gefährdung und die Organisationsform der Sicherheit zunehmend auseinander klafften. Nationalstaaten hielten große Apparate traditioneller Art gegen eine Bedrohung, die eine völlig neue Qualität aufwies. Die Terroristen aber bauten mit einer anders gearteten Perspektive ihre Netzwerke langfristig auf, konnten sie über Jahre ungenutzt ruhen lassen, um dann zu überraschenden und spektakulären Angriffen überzugehen. Das alles hieß: die freie Gesellschaft hatte einen militärischen Apparat, dem der Feind fehlt, und Feinde, für die sie keinen Apparat hat;

- Die Verwundbarkeit der modernen Gesellschaft erzeugte eine neuartige Herausforderung: Je arbeitsteiliger und differenzierter Gesellschaften sind, desto kleiner können hochorganisierte Gruppen sein, die ganze Regionen beschädigen oder gar lahm legen. Es bedarf lediglich eines Angriffs gegen einen der zentralen Stränge des Nervensystems moderner Gesellschaften: Verkehr, Energie und Wasserversorgung, Nahrungsmittel, elektronische Datennetze. Obwohl die menschliche Tragödie des 11. Septembers überwog: das Ausmaß der Schäden in New York hat gezeigt, wie sehr der Nerv einer komplexen Wirtschaft und ihrer Infrastruktur hierdurch getroffen werden kann. Die Analysen schwankten zwischen 50 und 100 Milliarden US-Dollar. Eine Analyse des Investmentbankers Heiko Thieme beziffert den gesamten Schaden des Anschlags für die USA sogar auf eine Billion US-Dollar.[26] Die informationstechnologische Vernetzung spielt seitdem eine sensible Rolle. Es steht das Szenario im Raum, dass statt einer hochgerüsteten Armee dreißig Computervirtuosen ausreichen, um die Vereinigten Staaten lahmzulegen. Der Terrorismus nutzt die Technologien der Netzwerkgesellschaft auf effektive Weise für seine Zwecke aus. Ob Satelliten-Telefon, Smartphone, Laptop oder Internet: Die Technologie ermöglicht es, den ›unsichtbaren‹ Kriegern im Verborgenen zu wirken. Sie sind bestens vernetzt mit den großen Metropolen der Finanzwelt. Ihre Strategie zielt auf die Schlüssel-Symbole und die Infrastruktur der freien Welt. Damit aber ist die Zahl der Ziele unbegrenzt. Die Welt der Symbole von Freiheit und Demokratie ist angesichts einer reichen Geschichte von unerschöpflicher Vielfalt;
- Die neue Globalisierung hat die terroristische Bedrohung endgültig transformiert. Es gibt viele Hinweise dafür, dass unterschiedliche terroristische und kriminelle Netzwerke mit unterschiedlichen Zielsetzungen zusammenarbeiten oder zumindest Koalitionen auf Zeit eingehen. Das Konzept

26 | Vgl. Interview in Explosiv – Weekend. RTL vom 22. Dezember 2001.

der strategischen Allianz hat damit als betriebswirtschaftliches Instrument selbst den heiligen Krieg erreicht. So kooperierten Mafia und Taliban bei der Weiterverarbeitung des für das Regime so wichtigen Opiums. Der internationale Terrorismus und die organisierte Kriminalität unterscheiden sich in ihren Zielen und ihrem Selbstverständnis. In ihren Organisationsstrukturen sind sie aber ähnlich und oft miteinander verknüpft (Weidenfeld/Turek 2002: 153ff.).

Der Krieg der Gotteskrieger gegen die ›westlichen Teufeleien‹ der Globalisierung geht unvermindert weiter, ...

Die Entwicklung des Terrorismus in den vergangenen 30 Jahren hat die Analysen zur Bedrohungslage verifiziert. Während die ideologisch-politischen Arten des Terrorismus mit der Selbstauflösung der deutschen RAF 1998, der Beendigung des bewaffneten Kampfes durch die irische IRA 2010 und schließlich mit der freiwilligen Entwaffnung der baskischen ETA 2014 massiv an Bedeutung verloren, nehmen die religiös-fundamentalistischen Formen des Terrors einen tieftraurig-prominenten Raum auf der Landkarte der Konflikte im 21. Jahrhundert ein. Die irrsinnige Raserei des sogenannten Islamischen Staats seit Beginn der 2010er Jahre markiert dabei einen Höhepunkt der Radikalität. Wie aus dem Nichts spuckte die Wüste eine tollwütige Armee aus, die mit ihrer seltsamen Gottesfurcht fortan weder Erbarmen noch Gnade mit irgendjemandem ihrer Gegner kannte.

... sie haben aber Schwerpunkte, Strategie und Taktik modifiziert ...

Die Schwerpunkte seit Beginn der zweiten Dekade des 21. Jahrhunderts haben sich verschoben. Es handelt sich nicht mehr nur um einen Krieg, den ein transnationales radikal-islamistisches Netzwerk gegen den Rest der Welt führt; die Gewalttaten dieses Netzwerkes finden heute nicht mehr nur in der westlichen Welt statt, sondern in muslimischen Ländern des Nahen und Mittleren Ostens selbst. Dort kämpften 2014 zwischen 130.000 und 170.000 schwer bewaffnete, radikalisierte und gewalttätige Gotteskrieger gegen dortige Regime, gegen internationale Organisationen, gegen Amerikaner, Briten, Deutsche oder Russen, gegen Muslime schiitischer oder sunnitischer Gesinnung, gegen Christen, gegen Juden und gegen alle, die ihren Vorstellungen von der Einführung eines Gottesstaates im Wege stehen. Sie stellen Jahrhunderte der Zivilisation in Frage-nicht nur der westlichen, sondern auch der muslimischen Zivilisation (Krause 2014: 16). Allerdings sind die Schauplätze des Krieges regional konzentriert. Unter den zehn am meisten betroffenen Ländern des Gotteskrieges sind nicht die USA und ist kein Staat Europas. Die Konflikte konzentrieren sich auf Irak, Pakistan, Afghanistan, Syrien oder Israel/Palästina. Böse Blüten entstanden 2014 in Nigeria oder Somalia. Einen traurigen Höhepunkt markierte der Anschlag der Taliban auf eine Schule in der pakistanischen Millionenstadt Peschawar am 16. Dezember 2014. Die Attacke galt als Racheakt für eine Militäroffensive gegen die Islamisten und zog daraufhin eine Spirale von Gewalt und Gegengewalt zwischen Staat und Terroristen auf.[27] Hierbei geht es nicht nur um ein Phänomen des internationalen Terrorismus, sondern um einen salafistischen Dschihadismus, der auch in andere Regionen wie Saudi-Arabien, das nordöstliche Afrika, Indonesien oder Zentralasien ausstrahlt. Zwischen 2008 und 2012 waren es 40.000 Menschen, die hier Opfer terroristischer Gewalt geworden sind.[28] Alleine der 16. Dezember 2014 fügte in Pakistan dieser Bilanz über 130 Tote hinzu. In den 2015/2016er Jahren waren dann aufgrund von erheblichen militärischen Anstrengungen der antiislamischen Koalition unter Führung der USA Erfolge im Luft-Bodenkampf gegen den IS festzustellen. Es unterlag einer gewissen Logik, dass die territorialen Misserfolge des IS insbesondere in Syrien durch eine Ausweitung der Terroranschläge in Europa kompensiert wurden. Damit wurde der Terrorkrieg wieder ein Stück weit global.

... und suchen nun als Operationsbasis die Schaffung eines Kalifats als ersten wirklich islamistischen Staat nach dem Vorbild der Scharia nachhaltig zu etablieren

Damit sieht das Lagebild anders aus als vor einigen Jahren. Der Krieg der Dschihadisten hat sich trotz des Todes von Osama bin Laden oder dem Arabischen Frühling verstärkt. Die ›Arabellion‹ hat die dschihadistische Bewegung nicht geschwächt, sondern, im Gegensatz, gestärkt. Al-Qaida und, in ihrem Gefolge der IS, nehmen an Bedeutung zu, da der demokratische Impuls des Arabischen Frühlings für die Sache der Gotteskrieger keinen Wert besitzt und die Traditionalisten im arabischen Raum reaktionären ›Schmusereien‹ lieber folgen als den Einflüsterungen einer sündigen westlichen Avantgarde mit demokratisch-aufklärerischen Motiven. Und offenbar hat der Dschihad eine fast unerklärliche Anziehungskraft für junge Männer aus aller Welt und allen gesellschaftlichen Schichten, die an einem ›einzigartigen‹ Gemeinschaftserlebnis partizipieren wollen und nach Expertenmeinungen oft genug psychisch labil sind. Dort hat man eine positive Rolle, man ist etwas wert, bekommt Aufgaben und Anerkennung dafür und wird im Idealfall zum Held. Nicht anders ist die Faszination zu erklären, die oftmals psychisch labile junge Männer und Frauen auch aus Europa in den Sog einer bestialischen Gewaltorgie zog und zieht, deren menschliche Ausmaße an die Kriegsgräuel des 20. Jahrhunderts

27 | Vgl. Taliban richten Massaker unter Schülern an, in: Süddeutsche Zeitung 17. Dezember 2014.

28 | Nicht mit eingerechnet sind die Opferzahlen des Kriegs in Syrien.

erinnern. Rund 1.200 Franzosen waren nach Behördenangaben 2014/2015 in Syrien und dem Irak. Dazu kommen Deutsche Belgier, Briten, Niederländer. Die Behörden gehen davon aus, dass etwa 3.000 Europäer sich für den Heiligen Krieg entschieden haben. Dies entspricht im Durschnitt etwa vier deutschen militärischen Bataillonen[29] und erhöht die Kampfkraft des IS erheblich. Die Listen werden immer länger, die Kontakte immer enger, die Netzwerke immer weiterreichender (Behnam 2014; Avenarius/Leyendecker/Rühle/Wernicke 2015).

Ein weiteres Kennzeichen des internationalen Terrorismus ist seine digitale Vernetzung, die jeden Tag in den sozialen Netzwerken zu besichtigen ist. Die Globalisierung ermöglicht im Rahmen der Digitalisierung der Information eine gezielte Anwerbung junger Kämpfer und eine weltweit hervorragend funktionierende Kommunikation der Kombattanten, die im Abwehrkampf zu dem Wunsch führt, Muster der Kommunikation zwischen den Islamisten zu erkennen, das zeigt, welche Schritte in die Radikalität führen. Irgendwann, so die Hoffnung, könnte man ein Präventionsprogramm entwickeln, dass die frühesten Anzeichen einer Radikalisierung erkennt und Alarm schlägt, so dass die Gesellschaft im Vorfeld eingreifen kann (Obermaier 2014: 33).

Das Weltbild des IS ist eine aus westlicher Sicht schwer zu verstehende Verbeugung vor dem Mittelalter

Die islamistischen Terrornetzwerke wie Al-Qaida oder IS sind plural geworden. Und stärker regional fokussiert. Aus dieser Bewegung ist ein global operierendes Netzwerk geworden. Die Gewalt der Dschihadisten wendete sich seit militärischen Niederlagen und operativen Schwächen und der Angst vor den USA seit Anfang der 2010er Jahre regionalen Zielen zu mit dem Ziel, eine weitflächige operative geographische Basis im Rahmen eines neuen Kalifats zu etablieren. Die befremdliche Hinwendung der Dschihadisten wird auch von islamischen Intellektuellen mitgetragen. Das sind Ärzte, Anwälte oder Hochschullehrer, die an der Globalisierung schier verzweifeln. Es ist eine im Westen schwer zu verstehende Verbeugung vor dem Mittelalter. Das Mittelalter gilt als finsterste Zeit für Europa – für den Islam war es das goldene Zeitalter seiner Hochkultur. Es bleibt wahrscheinlich, dass die Gewalt in dieser Dekade auch wieder vermehrt westliche Länder erreicht. Ein Indiz dafür war die Ermordung eines amerikanischen Journalisten im Konflikt zwischen der Terrorgruppe IS und den Kurden des Irak und der anschließenden Geiselnahme eines zweiten

29 | Ein Bataillon ist ein organisierter militärischer Verband. In ihm sind mehrere Kompanien einer Truppengattung zu einer organisch zusammengesetzten Truppe zusammen gefasst. Je nach Truppengattung umfasst ein Bataillon zwischen 300 und 1.200 Mann mit entsprechenden Waffen und entsprechendem Gerät.

Kollegen, wo der IS deutlich machte, dass auf mittlere Sicht der Westen weiterhin Feindbild Nummer Eins des religiösen Kampfes ist. Der symbolträchtige Terroranschlag von zwei muslimischen Dschihadisten auf die Redaktion der französischen Satirezeitschrift Charlie Hebdo am 7 Januar 2015 in Paris mit zwölf getöteten Journalisten und noch im gleichen Jahr der ungleich größere Terroranschlag des IS auf Paris mit über 100 Toten und mehr als 350 Verletzten waren mehr als deutlich. Anschließend häuften sich die Attacken auf den Westen. Die Angst vor einer ›Israelisierung‹ der Situation in Europa geht um, wo Terroranschläge alltäglich werden und die Gesellschaft in Atem halten.

Der islamische Staat wird global

Auf mittlere Sicht kann nach der Auffassung des Leiters des Instituts für Sicherheitspolitik an der Universität Kiel (ISPK), Joachim Krause, in diesem Sinne eine erfolgreiche regionale Agenda im Rahmen einer Machtübernahme in muslimischen Ländern viel gefährlicher sein, als terroristische Anschläge, insbesondere dann, wenn diese Länder über ein erhebliches militärisches Potenzial und eine sensible geostrategische Lage verfügen (ebd.: 19). Mit der Aggression des IS[30] in Syrien und im Irak 2014, mit der ein dschihadistisch-salafistischer Komplex versucht, einen islamischen Staat oder gar ein neues Kalifat im Irak und in (Groß-)Syrien zu etablieren, trat im Laufe des Jahres 2014 diese Befürchtung ein und wurde dann Mitte Juni 2014 nach beachtlichen militärischen Erfolgen mit der offiziellen Ausrufung eines Kalifats gekrönt. Die IS-Extremisten träumen dabei den Traum von einem gottesfürchtigen Reich im Mittleren Osten, einem großen Kalifat zwischen Mittelmeerküste und Persischem Golf; die Grenzen ziehen sie mit äußerster Brutalität. Das Kalifat ist das alt-neue Traumland der Sunniten, die sich über die Zeit von den Schiieten gepeinigt und gedemütigt fühlen. Auch wenn damit Krieg im Mittleren Osten oder eine neue Konfrontation mit den USA oder den Verbündeten in der NATO einzukalkulieren waren und sind, setzte das islamistische Terrornetzwerk eine differenzierte Strategie ihrer Machtpolitik in Szene und führte am 29. Juni 2014 mit der Ernennung von Abu Bakr al Bagdadi zum Kalifen

---

30 | Der IS bezeichnet einen Ableger der Al-Qaida, der sich im Laufe der Zeit von der Al-Qaida aber distanziert hat; IS ist die Abkürzung für das Ziel der Organisation, nämlich die Errichtung eines neuen Kalifats, eines islamischen Staates, der Syrien und den Irak, aber auch Libanon, Israel und Jordanien vereint. Ein Kalifat bezeichnet dabei das Reich eines Kalifen, das heißt die Herrschaft eines Nachfolgers oder Stellvertreters des Gesandten Gottes. Die Organisation kämpft im syrischen Bürgerkrieg gegen das Regime von Präsident Assad, gegen die Freie Syrische Armee und gegen das Regime im Irak und benannte sich nach der Ausrufung eines Kalifats am 29. Juni 2014 in »Islamischer Staat« (IS).

des neuen Gottesstaates unbeirrt ihren Dschihad fort.[31] Das Ergebnis war ein religiös-politisches Erdbeben und ein politischer Flächenbrand in der gesamten Region, der in seinen Konsequenzen Syrien, den Libanon, den Irak, den Iran, Afghanistan, Jordanien, Israel, den Gaza-Streifen, die Türkei und die internationale Diplomatie direkt oder indirekt betrafen und den Nahost-Konflikt im Rahmen einer neuen Nuance weiter befeuerte. Dies brachte mit dem Einsatz der internationalen Allianz unter Führung der USA zur militärischen Bekämpfung des IS im September 2014 eine weitere massive kriegerische Auseinandersetzung in die Welt , die dann mit dem aktiven Eingreifen Russlands zugunsten des syrischen Regimes eine weitere Komplizierung der gesamten Situation erhalten hat.

Mit den Anschlägen in Paris am 13. November 2015 und in Deutschland 2016 sandte der IS eine weitere Botschaft aus. Nicht nur die Destabilisierung des Nahen und Mittleren Ostens und die Konsolidierung des Kalifats in Syrien und dem Irak sei in Gang, sondern der Terror münde nun nach den Anschlägen in New York am 11. September 2001 (3.000 Tote), den Attentaten in Madrid 2004 (200 Tote) und dem Anschlag auf die Londoner U-Bahn 2005 (50 Tote) in eine weitere Eskalationsrunde seiner Internationalisierung ein. Der sogenannte Islamische Staat wird damit als Angreifer gegen den Westen nach einer mehrjährigen Konzentration auf seinen Machtaufbau des Kalifats in Syrien und dem Irak wieder dezidiert global. Und er griff darüber hinaus im Rahmen von Attentaten in der Türkei, im Libanon und mit dem Abschuss eines russischen Passagierflugzeugs über dem Sinai 2015[32] auch nichtwestliche Staaten an.[33] Dies betraf den Libanon, weil er potenziell zum Einflussgebiet des IS gehört und Russland und Frankreich, weil sie in die Antiterrorstrategie eingestiegen waren sowie die USA, weil diese 2015 ihre ambivalente Haltung gegenüber dem IS zugunsten eines klaren Konfrontationskurses beendet hatte.

Der sogenannte Islamische Staat ist nichts anderes als eine menschenverachtende Verbrecherorganisation – was die gepeinigte Bevölkerung in brutalster Form zu spüren bekommt ...

Dabei spielen nicht nur religiöse Motive eine Rolle. Bei Konflikten, Terror und Gewalt im Nahen und Mittleren Osten sowie in Afrika reduzieren sich die Analysen sehr oft auf religiöse und ethnische Gründe. Die Welt war zudem

31 | Vgl. »Islamisten rufen Gottesstaat aus«, in: Süddeutsche Zeitung vom 30. Juni 2014.

32 | Der Absturz der Maschine wurde am 16. November 2015 vom russischen Inlandsgeheimdienst offiziell als Ergebnis eines Bombenattentats bestätigt.

33 | Vgl. »Der Islamische Staat« wird global, in: Süddeutsche Zeitung vom 16. November 2015.

überrascht, welche Anziehungskraft der Dschihad auf junge Europäer hatte, die aus psychologischen Gründen oder aus ihrer als hoffnungslos und trist empfundenen sozialen Lage heraus zum Islam konvertierten (Peci 2015). Aber ebenso wichtig ist die Frage, wer von solchen Entwicklungen finanziell profitiert und wie sich der Terror überhaupt finanziert. Der IS, Boko Haram in Nigeria oder al-Shabaab in Somalia haben dort den größten Erfolg, wo Staaten gescheitert sind und aufgehört haben zu existieren. Gerade für den IS ist seine Ausdehnung auch ein Ergebnis eines beispiellosen Beutezugs, der sich durch Raubmord, Erpressung, Schutzgelder, Steuern, eine widerliche Enthauptungsindustrie und die wirtschaftliche Ausbeutung liegen gelassener oder aufgegebener Ölquellen und der vorgefundenen Landwirtschaft sowie von Phosphatvorkommen vorzüglich finanziert. Alleine die Kontrolle der Ölfelder brachte dem IS 1995 zwischen 500.000,-- und einer Million US-$ Umsatz – pro Tag![34]

... und er ist dabei organisatorisch verblüffend ›preußisch‹ organisiert

Dabei kontrollierte der sogenannte Islamische Staat 2015/2016 ein Gebiet so groß wie Großbritannien und bezog im gleichen Zeitraum über zehn Millionen Menschen als ›Untertanen‹ mit ein. Dabei haben USB-Sticks und Festplatten des IS nach der Liquidierung von Abdel Rahman al-Bilawi, dem zweiten Mann im IS gezeigt, dass der IS auch bürokratisch fast preußisch organisiert ist. Die Unterlagen, die nach einer irakischen Militäroperation gegen ihn in seinem Haus gefunden wurden zeigen, dass sich die Organisation nicht nur Staat nennt, sondern in ihren bürokratischen Abläufen auch wie einer handelt, bis in den Vermerk des Lieferdatums jeder Kalaschnikow. Der IS hat eine Art Föderalismus organisiert, in dem reichere Gebiete die ärmeren finanziell unterstützen. Es gibt ein ausgeklügeltes Sozialsystem, das die Angehörigen von Selbstmordattentätern versorgt, Krankenversicherung und Heiratsbeihilfen bezahlt oder Boni für diejenigen Kämpfer ausschüttet, die sich im Terrorkampf besonders tugendhaft hervorgetan haben. Herrschaft durch Terror, das ist die eine Säule, auf der die Macht des IS steht. Es gibt eine zweite Säule, weniger roh, fein herausgearbeitet, die Hausordnung der islamistischen ›Herrenmenschen‹. Das neue Kalifat soll sozial gerecht sein.[35] Dabei nimmt er mehr Geld ein, als er ausgibt. Dieser Staat will nicht nur kämpfen, er will regieren und nachhaltig verwaltet sein (Mascolo/Kabisch/Musawy 2014).

Die Eroberung der irakischen Stadt Mossul 2014 markierte in der Geschichte des IS dabei einen Wendepunkt. Mossul und die weiter westlich gelegene Stadt Raqqa wurden die Hochburgen des IS. Dem IS fielen damals modernste Waffen des irakischen Militärs, das von den USA geliefert worden war, im Wert

34 | Vgl. »IS – Die Wirtschaftsmacht der Gotteskrieger«, in: ARTE vom 10. Februar 2015.

35 | Vgl. »Was Gott zulässt«, in: Der Spiegel Nr. 27 vom 27. Juni 2015.

von etwa drei Milliarden US-$ in die Hände. Die Terrororganisation erhielt damit ihre eigene, modern ausgerüstete Armee. In Mossul plünderten die Gotteskrieger zudem die dortig angesiedelte Zentralbank und so fielen ihnen für 200 Millionen US-$ Gold und über 400 Millionen US-$ Bargeld die Hände. Mit der Eroberung von Mossul enthronisierte der IS endgültig Al-Qaida und aus dem kleinen internationalen Netzwerk wurde ein internationaler Konzern. Nach den Recherchen des französischen Journalisten Gerome Fritel wäre der IS auf dem Aktienmarkt heute 2000 Milliarden Euro wert![36] Vieles, was im Dschihad des IS im Namen Allahs geschieht, ist in Wirklichkeit auf niederste Motive der menschlichen Natur zurückzuführen (Engelhar 2014). Der IS performt einen mafiaähnlichen Verbrecherstaat. Die Melange der Gewalt und die Profite weisen Parallelen zu den Strategien lateinamerikanischer Drogenkartelle in der globalen Drogenkriminalität auf. In diesem Punkt haben der internationale Terrorismus und die organisierte Kriminalität verblüffende Ähnlichkeiten (Gerlach 2014), wobei das Ausmaß der kriminellen Energie und die politischen Ambitionen des IS weitaus größer sind als die enger eingegrenzten Motive der mexikanischen oder kolumbianischen Drogenmafia. Mit der Rückeroberung der Stadt Mossul durch irakische Truppen im Oktober/November 2016 wurde der IS empfindlich gestört, da er seine territoriale Hoheit zunehmend verlor. Seine Existenzfähigkeit störte dies aber vorläufig eher wenig

Der globalisierte Terrorismus ist zu einem Alltagsphänomen geworden – und die Welt muss damit irgendwie leben

Das Problem des Terrorismus ist eine Zukunftsaufgabe für alle staatlichen, politischen und zivilgesellschaftlichen Akteure. Er ist ein Alltagsproblem geworden, wo man täglich auf neue Attacken gefasst sein muss. Alleine in Deutschland gab es zwischen 2000 und 2014 13 versuchte Terroranschläge, die misslangen oder von den Sicherheitsbehörden vereitelt wurden.[37] 2016 kamen dann Attentäter in Würzburg und dem bayerischen Ansbach mit ihren Attentaten an ihr Ziel. Staat und Öffentlichkeit rechnen nach wie vor täglich mit grauenhaften Nachrichten und erzittern ob der Begrenztheit ihrer Möglichkeiten für eine richtige Reaktion. Es stellt sich die Frage, wie man damit systemisch, organisatorisch und im Einzelnen fertig werden kann. Die Fülle der damit verbundenen Fragen und der Details ist eine große politische und gesellschaftliche Herausforderung. Im Gegensatz zu den nationalen Formen und Spielarten des Terrorismus in Deutschland, Spanien, Frankreich oder Italien in den 1970er und 1980er Jahren ist Terrorismus heute ein organisierter und

36 | Vgl. »IS – Die Wirtschaftsmacht der Gotteskrieger«, a.a.O.

37 | So etwa der Terroranschlag, der von der sogenannten »Sauerlandgruppe« in den 2010er Jahren geplant worden war und der ebenfalls verheerende Folgen gehabt hätte.

globaler Krieg. Seit ungefähr 20 Jahren stehen sich hier bestens organisierte Kombattanten gegenüber. Es ist ein Krieg im Schatten und im Licht, der sich auf Seiten der Terroristen durch spektakuläre Aktionen in das Licht der Öffentlichkeit begibt, um dann wieder in den Schatten zurückzugehen. Insbesondere den Staaten im Westen ist klar, dass sich diese Bedrohung nicht einfach ausschalten lässt. Auch Deutschland, das aufgrund einer guten Ermittlungsarbeit der Behörden und mit Glück bis 2015 verschont geblieben war, erlebte 2016 die terroristische Gewalt und wird mit weiteren Angriffen rechnen müssen.

Auch das Problem der organisierten Kriminalität und Piraterie nimmt zu

Eine zunehmende Rolle auf der Landkarte der Konflikte nehmen die organisierte Kriminalität und die Piraterie ein. Die organisierte Kriminalität entspringt kriminellen Bewegungen und Gruppen, die ihre Ziele im Rahmen geschäftsähnlicher Strukturen und mithilfe von Gewalt und Einflussnahmen auf Politik, Medien, Justiz oder Wirtschaft systematisch verfolgen. Im Gegensatz zum Terrorismus, bei dem Straftaten zum Erreichen politischer Ziele verfolgt werden, sind die im Rahmen der organisierten Kriminalität begangenen Straftaten durch materielle Gewinnerzielung motiviert. Allerdings ist diese Trennung fließend, da sich terroristische Gruppierungen der organisierten Kriminalität bedienen, um Waffen, Gerät oder Geld zu beschaffen, die dann im terroristischen Kampf eingesetzt werden. Die organisierte Kriminalität profitiert von der Globalisierung, da sich die Entgrenzung der Welt positiv auf ihr Geschäftsmodell netzwerkartiger Aktivitäten und einer internationalen Logistik ausgewirkt hat. OK kennt heute keine Grenzen. Im Gegenteil, die Entgrenzung der Welt machte im Rahmen der neuen Globalisierung vieles erst möglich.

Beispiele dafür sind der internationale Drogenhandel, Schmuggel, die illegale Verbreitung von Nuklearmaterial, Entführung, die Prostitution, Schutzgelderpressung, Umweltkriminalität, illegale Abfallentsorgung, der Menschenhandel oder die Wirtschaftskriminalität. Nach dem ›Bundeslagebild Organisierte Kriminalität 2012‹ des Bundeskriminalamtes (BKA) waren in Deutschland im Jahr 2012 Rauschgifthandel und -schmuggel mit 37 Prozent, Kriminalität im Zusammenhang mit dem Wirtschaftsleben (nicht gleichzusetzen mit Wirtschaftskriminalität) 13,2 Prozent, Steuer- und Zolldelikte mit 9,3 Prozent und Schleuserkriminalität mit 6,3 Prozent die Bereiche mit dem größten Anteil der Straftatbestände. Die weiteren OK-Delikte blieben 2012 jeweils unter 5 Prozent, wobei der Bereich Cybercrime mit gut einem Prozent erwähnenswert ist. Gegenüber 2011 haben sich hierbei die Werte kaum verändert, so dass von einem relativ stabilen Lagebild auszugehen ist (BKA 2013: 5f.). Die Liste der Organisationen in Europa, den USA und Kanada, Lateinamerika und Asien ist beachtlich und ihr Einfluss auf Staat, Wirtschaft und Gesellschaft enorm. Die Kaufleute der Unterwelt überwinden leicht Grenzen. Insgesamt basieren mindestens zwei bis drei Prozent der weltweiten Wirtschaftsleistung auf kriminellen Machenschaften und Geschäften (Tenbrock 2007), wobei das illegal erwirtschaftete Geld dann später in legale Geschäfte fließt, um die Gewinne der organisierten Kriminalität reinzuwaschen.

Der internationale Drogenmarkt gehört neben dem Rohöl- und Waffenmarkt zu einem der profitabelsten Märkte auf dem Globus

Ein Beispiel für die Globalisierung der organisierten Kriminalität ist hierbei der internationale Drogenmarkt. Nur mit Öl und Waffen wird auf der Erde mehr Geld verdient. Nach Schätzungen des ›United Nations Office on Drugs and Crime‹ (UNODC) hat er einen jährlichen Gesamtumfang von etwa 300 Milliarden US-$. Damit ist er dreimal so groß wie der globale Markt für Tabak und 65mal größer als der für Kaffee. Die Wirtschaft hat sich globalisiert, die Industrie des Verbrechens zog folgerichtig mit modernen Geschäftsmodellen der organisierten Kriminalität nach. Christian Tenbrock von DIE ZEIT folgerte Ende der 2010er Jahre aufschlussreich:

»Ihr Netz operiert weltumspannend wie multinationale Konzerne. Sie erobern neue Märkte. Die globale Nachfrage nach ihren Produkten steigt« (ebd.).

Die organisierte Kriminalität im Drogenanbau und im Handel ist ein Netzwerk aus Produzentenländern und Absatzmärkten, ein Geflecht schlecht bezahlter Bauern in Afghanistan, Kolumbien oder Mexiko, Transporteuren, Kleindealern und Kurieren, korrupten Zöllnern und Polizisten, ›wegsehenden‹ Journalisten und den wahren Großverdienern in den international operierenden Kartellen. Türkische Organisationen arbeiten mit russischen Finanziers und albanischen Menschenhändlern zusammen, ukrainische Kriminelle tauschen in Südamerika Waffen gegen Kokain. Die Globalisierung der Finanzmärkte und des Handels öffnet Schlösser vormals dichter Grenzen. Kooperation und nicht Konkurrenz oder Krieg kennzeichnen viele Verbindungen der Akteure innerhalb der organisierten Kriminalität, Risikostreuung und ›Outsourcing‹ sowie die Beschäftigung von Subunternehmen und selbstständigen Dienstleistern sind in den entsprechenden Milieus Realität. So bilden sich Global Player der OK, die den nationalen Kriminalämtern oder internationalen Behörden wie Interpol, Europol oder dem Europäischen Amt für Betrugsbekämpfung (Office Européen de Lutte Anti-Fraude, OLAF) weit voraus sind.

Ein anderes Beispiel für die Globalisierung und Systematisierung der organisierten Kriminalität ist die Piraterie. Sie hat zwei Dimensionen: zum einen die Produktpiraterie auf den Weltgütermärkten und zum anderen die Schiffspiraterie auf den Weltmeeren. Bei der Produkt- oder Markenpiraterie werden Nachahmer-Produkte von bekannten Markenprodukten aus Luxussegmenten wie zum Beispiel Lacoste, Boss, Rai•Bayn, Rolex oder Ralph Lauren zu Schleuderpreisen auf den Markt gebracht. Und das so, dass auf den ersten Blick der Unterschied zwischen Original und Fälschung kaum zu erkennen ist oder die Fälschung im Vergleich zum Original einen kaum erkennbaren Qualitätsunterschied hat. Gefälscht wird in allen Bereichen: Software, Textilien, Accessoires, Uhren, Medikamenten oder Maschinenersatzteilen.

Produktpiraterie verursacht jährlich einen Schaden von etwa 300 Milliarden Euro

Nach Angaben der EU entfallen durch Produktpiraterie, illegale Überproduktion, Parallel- und Re-Importe etwa zehn Prozent des Welthandels auf Plagiate oder Fälschungen, was einem internationalen Schaden von 300 Milliarden Euro jährlich entsprechen soll. Zählt man den Binnenabsatz gefälschter Produkte hinzu, kam man bereits Ende der 2010er Jahre auf das Doppelte dieser Summe, was der jährlichen Wirtschaftsleistung von Ländern wie zum Beispiel den Niederlanden entspricht. Auch wenn Plagiate oder Fälschungen nichts neues sind und sogar in der Bundesrepublik Deutschland, Japan oder den ›Tigerstaaten‹ Südostasiens in den 1960er und 1990er Jahren bis zur Entwicklung einer eigenständigen Markenindustrie an der Tagesordnung gewesen sind, ist das Ausmaß durch die Globalisierung heute stärker als früher. Heute sitzen die Freibeuter der Globalisierung besonders in China und Thailand, was im Vergleich zu früheren Märkten ein spürbarer Unterschied ist. Rund 60 Prozent aller Fälschungen werden dort produziert, wie die vom Bundesfinanzministerium herausgegebene Statistik der Beschlagnahmungen des Zolls in Deutschland belegt.[38]

Hinzu kommt die Piraterie auf den Weltmeeren. Es handelt sich hier um Gewalttaten, Eigentumsdelikte oder Freiheitsberaubung, die auf hoher See verübt werden, die keiner unmittelbaren staatlichen Gewalt unterliegen, weil sie außerhalb der 3-Meilen-Zone bzw. der 12-Meilen Zone des internationalen Seerechts passieren.[39]

Der Piratenterror auf den Weltmeeren nimmt zu

Piraterie trat im Zuge der neueren Geschichte immer wieder auf. In der historischen Betrachtung folgte die Piraterie einem simplen Kosten-Nutzen-Kalkül: sie tauchte immer dann auf, wo der Seehandel ein ausreichend großes Aufkommen erreicht, gleichzeitig die Intensität der Überwachung und Bekämp-

38 | Vgl. http://de.wikipedia.org/wiki/Produktpiraterie, aufgerufen am 8. Juli 2014.

39 | Vgl. http://de.wikipedia.org/wiki/Piraterie, aufgerufen am 9. Juli 2014.

fung ein bestimmtes Maß im Verhältnis zur Küstenlänge nicht überschreitet und ein Teil der Bevölkerung in der Piraterie eine lohnende Alternative zu anderen Beschäftigungen sieht. Heute trifft dies vor allem auf Schwellenländer und einzelne große Häfen mit wenig effizienten Behörden zu sowie auf Seegebiete, wo wichtige internationale Schifffahrtsrouten an Küsten entlangführen, an denen dadurch die Kapazitäten der lokalen Behörden überfordert sind. Relativ hohe Risiken für die Schifffahrt bestehen im Gebiet um Indonesien und in der Straße von Malakka, vor West- und Ostafrika einschließlich des Golfes von Aden sowie vor Chittagon. Daneben gibt es noch in der Karibik und in Indien bzw. Bangladesh nennenswerte Piraterie. Betroffen ist weit überwiegend die Frachtschifffahrt, die meist ihres Bargeldes und der Wertgegenstände, seltener des Schiffes oder der Ladung beraubt wird. Um Somalia finden in jüngerer Zeit zunehmend Entführungen von Schiff und Besatzung mit Erpressung der Reedereien statt.[40] In Afrika kommt es praktisch in allen großen Häfen zu Überfällen.[41]. Gangstersyndikate oder arbeitslose Fischer sowie Terroristen terrorisieren die Schifffahrt.

Es lassen sich dabei drei Arten von Piratenangriffen klassifizieren:

- Low Level Armed Robbery (LLAR), der Angriff von leichtbewaffneten Piraten mit Kleinstbooten mit dem Ziel, die persönlichen Habseligkeiten der Besatzung und das Geld an Bord in ihren Besitz zu bringen;
- Medium Level Armed Assault and Robbery (MLAAR), gewaltsame Angriffe von gut organisierten Banden, die Diebstähle in größerem Umfang durchführen und vor der Tötung von Besatzungsmitgliedern nicht zurückschrecken;
- Major Criminal Highjack (MCHJ), internationale, gut organisierte Großbanden, bewaffnet mit Maschinenpistolen, und schweren Handwaffen, die ganze Schiffe stehlen und die Besatzungen aussetzen oder töten.[42]

Die Piraterie auf den Weltmeeren trifft die globalisierte Schifffahrt und die Reeder empfindlich. Sie ist mittlerweile mehr als nur ein Nadelstich des Welthandels und hat eine ganze Reihe von Reaktionen ausgelöst. Diese reichen von rechtlichen Maßnahmen nach der Inanspruchnahme fremden Eigentums auf See bis hin zu einer aktiven militärischen Bekämpfung der Freibeuter vor Ort (Kneissler 2010). 1992 wurde das Piracy Reporting Centre des International Maritime Bureaux in Kuala Lumpur/Malaysia gegründet, um eine aktuelle Datenlage der aktuellen Piraterie aufzubauen. Die USA und ihre Verbündeten

40 | Vgl. dazu auch den Film »Captain Phillips« mit dem amerikanischen Darsteller Tom Hanks (Regie Paul Greengrass), der auf einer wahren Begebenheit beruht (2015).

41 | Vgl. Fußnote 215.

42 | Vgl. ebd.

beteiligen sich seit Anfang der 2000er Jahre als Reaktion auf den Terrorangriff des 9. September 2001 an der militärischen Bekämpfung des Terrorismus und damit auch an der Bekämpfung der Piraterie. Dazu gehören Operationen am Horn von Afrika, wo auch die deutsche Marine involviert ist. Insgesamt haben diese Maßnahmen nur einen begrenzten Erfolg. Seit Mitte der 2000er Jahre ist ein weiterer Anstieg der Piraterie zu verzeichnen, wobei die von Somalia ausgehenden Aktionen deutlich hervorstechen.

Öko- und Rohstoffkriege

Ein anderes Terrain auf der Landkarte der Konflikte sind Öko- und Rohstoffkonflikte bzw. -kriege. Auf der einen Seite konkurrieren dabei die Industrie- und Schwellenländer um den Zugang zu Ressourcen und Bodenschätzen; auf der anderen Seite tobt seit vielen Jahren ein Konflikt um die Inanspruchnahme der Erde und ihres ökologischen Systems für Zwecke der industrielle Ausbeutung. Hierbei geht es um elementare Grundbedürfnisse der Menschheit nach ausreichender Nahrung, Kleidung, Energie und Wasser, und nicht um irgendwelche Luxusgüter. Das Wachstum der Weltbevölkerung auf etwa neun bis zehn Milliarden Menschen bis 2050 und die Begrenztheit natürlicher Ressourcen produzieren dabei zunehmend handfeste Konflikte. Hinzu kommt die rechtliche Aneignung von natürlichen Entstehungsprozessen in der Landwirtschaft, die sich zum Beispiel in problematischen Patenten im Bereich der Nahrungsmittelindustrie etabliert haben.

Deshalb ist es auch notwendig, sich den Schwierigkeiten hinsichtlich der Probleme gentechnisch veränderter Organismen sowie der globalen Wasserknappheit zuzuwenden. Mit Blick auf den Zugang zu industriell wichtigen Rohstoffen sei an dieser Stelle aber auch gesagt, dass die Verfügbarkeit von Metallen oder seltenen Erden genauso wie die Beherrschung der Energieförderung natürlich ein ebenso großes Konfliktfeld ist.

Züchtung von gentechnisch veränderten Organismen produziert erhebliche eigentumsrechtliche, handelspolitische und lebensmitteltechnische Probleme und Turbulenzen

Hierbei sind die Züchtung oder gentechnisch modifizierte Hervorbringung von Saatgut problematisch. Während die ersten großen staatlichen Saatgutsammlungen nach modernen Erkenntnissen unter anderem von Nikolai Vavilov in Leningrad eingerichtet wurden, machten private Züchter in den 1930er und 1940er Jahren erstmals geistige Eigentumsrechte an neu entwickelten Sorten geltend. Sie achteten jedoch auch in dem 1961 vereinbarten internationalen Sortenschutzabkommen UPOV darauf, dass das genetische Material selbst für weitere Züchtung frei verfügbar blieb (Züchtervorbehalt) und Landwirte aus eigener Ernte gewonnenes Saatgut anbauen konnten (Landwirteprevileg). Zu einem privatwirtschaftlich interessanten Geschäft wurde Saatzucht erst mit der Einführung von Hybridsaatgut in den 1920er Jahren durch die Firma Pioneer Hi-Bred. Weil die ertragreicheren Hybridsorten in der folgenden Generation keine Samen von einheitlicher Qualität mehr hervorbringen, wirken sie wie ein »biologischer Sortenschutz«. Seit den 1940er Jahren entwickelten internationale Pflanzenzuchtzentren, unter anderem mit Mitteln der Rockefeller und Ford Foundation, gezielt neue Hochleistungssorten, die zur Steigerung der Getreideproduktion und zur Bekämpfung des Hungers in den 1960er und 1970er Jahren einen wichtigen Beitrag leisteten. Hierbei handelte es sich um öffentliche, nicht-gewerbliche Programme. Sie gingen allerdings mit einem globalen Anstieg des kommerziellen Einsatzes von Pestiziden und Dünger einher.

In den 1980er Jahren begannen einige Firmen, systematisch in die Gentechnik zu investieren. Exklusive Patente auf gentechnische Veränderungen und isolierte Erbinformationen ermöglichten erstmals, anderen die Nutzung bestimmter genetischer Eigenschaften in der Züchtung zu untersagen. Seit der Jahrtausendwende bemühen sich Unternehmen zudem mit wachsendem Erfolg, sogar Patente auf die Ergebnisse herkömmlicher Züchtung, zum Beispiel den Gehalt bestimmter Inhaltsstoffe oder schiere Hochwüchsigkeit wie bei Monsantos ›geköpftem Brokkoli‹, durchzusetzen. Parallel dazu wurde auch das Sortenschutzrecht verschärft. Die Version des UPOV-Übereinkommens von 1991 verbietet Landwirten den Tausch oder Verkauf von geschütztem Saatgut und schränkt auch dessen Nachbau ein.[43] Die indische Nobelpreisträgerin Vandana Shiva geißelte deshalb Anfang der 2000er Jahre das ›golden‹ Zeitalter der Gentechnologie. Sie wies auf die Gefahr einer Monopolisierung der Nahrungsmittelerzeugung hin. Einige wenige Konzerne, die über Know-How und weit gefasste Patente verfügen, höhlten mit unfairen Praktiken die Rechte und Chancen der indigenen Bevölkerungen in Entwicklungsländern aus. 97 Prozent aller Saatgut-Patente befänden sich in den Händen von Unternehmen aus Industrieländern, obwohl 90 Prozent der biologischen Ressourcen aus dem Süden stammten. Als Ressourcenkonflikt um die Mindesternährung der Menschheit produziere dies reichhaltigen Konfliktstoff für die Zukunft (Shiva 2001: 137ff.).

Die Beherrschung des Weltsaatgutmarktes durch Großkonzerne aus den Industrieländern war eine logische Entwicklung

Die reale Entwicklung in den 2000er Jahren gab der Inderin zumindest in Teilen recht. Die Umsätze des globalen Saatgutmarktes lagen Anfang der 2010er

---

43 | Vgl. www.weltagrarbericht.de/themen-des-weltagrarberichtes/saatgut-und-patente-auf-leben.html, aufgerufen am 26. Juli 2014.

Jahre bei über 35 Milliarden Euro. Die zehn größten Unternehmen kontrollieren 75 Prozent des weltweiten Saatgutmarktes. Drei Unternehmen – Monsanto, DuPont und Syngenta – beherrschen 53 Prozent des Marktes, Monsanto alleine kontrolliert 26 Prozent. Ein Bericht des Center for Food Safety zeigt, dass Monsanto in 136 Fällen Bauern anklagte, die Monopolrechte der Firma verletzt zu haben, auch wenn ihre Felder durch Saatgut und Pollen von Nachbarfeldern verunreinigt wurden. Bis Januar 2010 gewann Monsanto 70 Prozesse und erhielt insgesamt 23.345.820 US-Dollar Schadensersatz. Es wird geschätzt, dass aufgrund außergerichtlicher Beilegungen eine vier- bis achtfach höhere Summe an Monsanto bezahlt wurde. Geistige Eigentumsrechte und die Oligopole einiger Anbieter können dazu führen, dass armen Landwirten der Zugang zu Saatgut, einem für sie lebenswichtigen Produktionsmittel, verwehrt wird. Dies kann dazu beitragen, dass die Nahrungsmittelpreise steigen, wodurch sich die Ärmsten viele Lebensmittel noch weniger leisten können als bisher.[44]

Streitapfel Handel: das Biosafety-Protokoll

Die Kontroverse um Chancen und Risiken der grünen Gentechnologie wird nicht nur durch eigentumsrechtliche Aspekte mit Blick auf das geistige Eigentum problematisiert, sondern zudem durch ihre handelspolitischen Implikationen verkompliziert. Auf der einen Seite ermöglicht die moderne Biotechnologie höhere Erträge, weniger Einsatz von Herbiziden und Insektenschutzmitteln. Sie bietet damit die Aussicht auf ökologisch nachhaltige Strukturen in der Landwirtschaft. Auf der anderen Seite birgt sie schwer einzuschätzende Risiken wie die mögliche Entstehung Antibiotika-resistenter Viren und negative Auswirkungen auf regionale Pflanzen- und Tierarten. Vor allem die Entwicklungsländer fürchten negative Folgen für ihren Artenreichtum sowie die mit der grünen Gentechnik steigende Kapitalintensität in der Landwirtschaft und die Konzentration der Unternehmensstrukturen im Agrar- und Lebensmittelbereich. Noch liegen die Entwicklung und die Vermarktung der modernen Biotechnologie fest in den Händen der Industriestaaten. Die unterschiedliche Verbreitung und die divergierenden Regulierungen haben die grüne Gentechnik zum Zankapfel in den internationalen Beziehungen werden lassen. Das erkennbare überproportionale Wachstumspotenzial der biowissenschaftlichen Agrartechniken lässt erwarten, dass die Konflikte noch weiter zunehmen werden.

Ein Großteil der Gentechnik-Pflanzen werden heute in fünf Ländern angebaut. Das sind mit Bezug auf das Jahr 2014 die USA mit 40 Prozent, Brasilien mit 23 Prozent, Argentinien mit 13,4 Prozent, Kanada mit 6,4 Prozent sowie Indien mit 6,4 Prozent. Im wesentlichen handelt es sich dabei um Raps, Soja,

44 | Vgl. ebd.

Mais und Baumwolle.[45] Weitere Länder, wie Australien, Chile und Uruguay stehen den Anwendungen der Gentechnik in der Landwirtschaft offen gegenüber und wollen ihre Anbauflächen ausweiten. Die Länder unter der Führung der USA vertreten den Standpunkt, dass gentechnisch veränderte Agrarerzeugnisse per se keine Gefahr für Umwelt und Verbraucher darstellen und restriktive Bestimmungen zu unnötigen Handelshemmnissen und Protektionismus im traditionell umkämpften Agrarmarkt führen. Importbeschränkungen sollten nach ihrer Auffassung im Einklang mit den Regeln der WTO stehen und auf wissenschaftlich fundierten Beweggründen beruhen.

Zu diesem Zweck sollte bereits früh eine internationale Vereinbarung gefunden werden, das völkerrechtlich den grenzüberschreitenden Transport, die Handhabung und den Umgang mit gentechnisch veränderten Organismen regeln sollte. Dazu wurde 1995 von den damals 170 Mitgliedstaaten der UNO die Aushandlung eines Protokolls über die biologische Sicherheit beschlossen (Biosafety Protocoll[46]). Eine entsprechende Konferenz der Vertragsstaaten wurde 1999 im kolumbianischen Cartagena beschlossen und 2000 in Montreal verabschiedet. Der Fokus des Biosafety-Protokolls sollte sich auf den Schutz der biologischen Artenvielfalt beschränken und nicht zusätzliche Dinge, wie Lebensmittelsicherheit beinhalten, die bereits von anderen Übereinkommen abgedeckt würden. In den Verhandlungen betonten die in der ›Miami-Group‹ zusammen geschlossenen Agrarexportländer immer wieder, dass es sich hier um ein Umwelt- und kein Handelsabkommen handle.

Demgegenüber forderten die Europäische Union, einige asiatische Länder und die große Mehrheit der Entwicklungsländer eine Trennung konventioneller und gentechnisch veränderter Erzeugnisse, die klare Kennzeichnung letzterer und die Möglichkeit, deren Einfuhr zu untersagen, auch wenn noch keine gesicherten wissenschaftlichen Beweise für eine Umweltgefährdung vorliegen. Eine Unterordnung des Biosafety-Protokolls unter die WTO lehnten sie ab. Der Versuch, sich im Februar 1999 in Cartagena auf das Protokoll zu einigen, scheiterte denn auch an den gegensätzlichen Auffassungen: auf der einen Seite die ›Miami Group‹, auf der anderen die ›Like-Minded-Group‹ der Entwicklungsländer – und irgendwo dazwischen die Europäische Union. Katalysator für das Zustandekommen des Biosafety-Protokolls in Montreal waren dann schließlich die wachsenden Vorbehalte der Verbraucher gegenüber gentechnisch veränderten Lebensmitteln in Europa, Asien und auch in den USA

45 | Vgl. www.keine-gentechnik.de/dossiers/anbaustatistiken/, aufgerufen am 19. Oktober 2015. Die Zahlen stammen vom International Service for the Acquisition of Agribiotech Applications, einer Organisation mit dem Ziel zur Verbreitung der pflanzlichen Biotechnologie.

46 | Vgl. http://de.wikipedia.org/wiki/Cartagena-Protokoll, aufgerufen am 1. August 2014.

sowie die striktere Regulierung bezüglich Zulassung und Kennzeichnung in der EU und einigen Ländern Asiens.

Der Konflikt zwischen den unterschiedlichen Regeln des Biosafety-Protokolls und denen der WTO und damit zwischen den ›neoliberal‹ bzw. ›protektionistisch‹ orientierten Ländern war damit klar. Die Ursache hierfür lag in der unterschiedlichen Systemlogik der beiden Ansätze globaler Politik. Im Gegensatz zum Biosafety-Protokoll, das aus einem Umweltabkommen heraus entstand, steht die WTO unter dem Paradigma des Freihandels. Während die WTO maßgeblich von den Ländern der OECD, vor allem den USA, dominiert wird und das WTO-Sanktionssystem eigentlich nur den ›Großen‹ entsprechende Sanktionsmittel an die Hand gibt, sehen die meisten Entwicklungsländer in den UN-Organisationen ein geeigneteres Forum für die Wahrung und den Schutz ihrer Interessen (Meinert/Turek 2000).

2003 wurde das Protokoll dann doch verabschiedet, durch die Unterschrift von 50 Staaten rechtskräftig und schließlich 2010 durch das Nagoya-Protokoll mit den Aichi-Zielen ergänzt. Inzwischen haben 159 Staaten und die EU das Protokoll anerkannt. Nicht zu den Unterzeichnern zählen einzelne Länder mit hohen Agrarexporten wie die USA und Australien oder Länder wie Kanada und Argentinien, die zwar das Abkommen unterzeichnet, aber anschließend nicht legislativ verabschiedet haben.

Die Kernpunkte des Protokolls über die Biologische Sicherheit sind:

- Wenn lebende gentechnisch veränderte Organismen in ein anderes Land exportiert werden sollen, um dort in die Umwelt freigesetzt zu werden, ist ein bestimmtes Informations- und Entscheidungsverfahren einzuhalten (Advanced Informed Agreement Procedure). Das Ausfuhrland ist verpflichtet, dem Empfängerland alle Informationen zugänglich zu machen, die für eine Sicherheitsbewertung erforderlich sind. Dieses kann die Einfuhr verbieten, wenn plausible Zweifel an der Sicherheit für Umwelt, biologische Vielfalt und menschliche Gesundheit bestehen. Anders als bei den Welthandelsabkommen ist keine fundierte wissenschaftliche Beweisführung notwendig, um ein Verbot zu begründen. Das Protokoll erlaubt es den Staaten somit, aus Vorsorge Importverbote zu verhängen;
- beim Handel mit gentechnisch veränderten Organismen, die wie zum Beispiel Sojabohnen oder Mais im Einfuhrland sofort zu Lebens- und Futtermitteln verarbeitet werden, gilt dieses Verfahren nicht. Die ausführenden Staaten verpflichten sich, alle sicherheitsrelevanten Informationen einer internationalen Clearingstelle zugänglich zu machen. Einfuhrländer können bei Bedarf auf diese zurückgreifen;
- beim Handel mit GVOs mit der Absicht der Freisetzung ist grundsätzlich die Zustimmung des Einfuhrlandes erforderlich – nicht jedoch bei der Aus-

fuhr von GVO-Produkten, wenn eine Freisetzung nicht vorgesehen ist. Das ausführende Land ist dafür verantwortlich, dass dem Empfängerland alle sicherheitsrelevanten Informationen und Erkenntnisse zur Verfügung stehen.[47]

Das Protokoll wurde einerseits als Erfolg gefeiert, da man endlich einen Minimalkonsens über den Handel mit gentechnisch veränderten Organismen hatte erringen können. Dies galt auch als Legitimation für den Einsatz gentechnischer Verfahren in der Landwirtschaft. Andererseits wurde es kritisiert, da es eine Bedrohung für die Anstrengungen der Forschung darstelle, nachhaltige Beiträge zur Ernährungssicherheit und Gesundheitsversorgung in Entwicklungsländern zu leisten. Die Befürworter des Protokolls und der grünen Gentechnik kritisierten das Protokoll als nicht weitreichend und als ein indirektes Verbot der Technologie; es wurde moniert, dass die Argumente der Wissenschaft zu kurz gekommen seien und dass die Haltungen von Nichtregierungsorganisationen zu sehr dominiert hätten, welche dann eine wissenschafts- und technologiefeindliche Agenda erfolgreich durchgestochen haben (De Greef 2004: 811f.). Die Unzufriedenheit mit dem Abschluss der Verhandlungen und dem Abkommen an sich führten zu weiteren Gesprächen 2010 in Japan, wo insbesondere die Artenvielfalt und der Handel mit gentechnisch modifizierten Organismen dann weiter thematisiert worden sind. Die Ergebnisse waren mager. Die Konflikte um das Biosafety-Protokoll sind damit nicht vom Tisch.[48]

Gentechnisch veränderte Organismen in der Futter- und Lebensmittelindustrie sind für viele Menschen ein ›rotes Tuch‹

Ein weiteres Konfliktfeld in diesem Bereich ist die Verwendung von gentechnisch veränderten Organismen (GVO) bei der Produktion von Lebensmitteln. Die ›Verschmutzung‹ von Lebensmitteln durch GVO ist in den 2010er Jahren nach Angaben der Ernährungs- und Landwirtschaftsorganisation der UNO (FAO) sprunghaft angestiegen und belastete aufgrund zahlreicher Ressentiments dagegen und die unterschiedlichen gesetzlichen Bestimmungen in den jeweiligen Ländern der Welt den Welthandel sowie das Verhältnis zwischen Lebensmittelproduzenten und Verbrauchern. In Deutschland, einem Land, das sehr skeptisch gegenüber dem Einsatz von gentechnisch veränderten Futter- und Lebensmitteln ist, gilt deshalb eine strikte Nulltoleranz bei Saatgut-

47 | Vgl. Das Cartagena-Protokoll über die Biologische Sicherheit. 13. Oktober 2010 auf: Transgen.de, aufgerufen am 30. Juli 2014: vgl. auch www.transgen.de/recht/gesetze/241.doku.html, aufgerufen am 1. August 2014.

48 | Vgl. http://bch.cbd.int/protocol/NKL_pressrelease.shtml, aufgerufen am 1. August 2014.

Kontrollen. Fast 90 Prozent der Deutschen lehnen nach einer Umfrage von 2013 den Anbau gentechnisch veränderter Pflanzen ab[49], obwohl andere gentechnisch veränderte Tiere für den menschlichen Verzehr von Unternehmen oder Universitäten entwickelt werden, die durchaus sinnvolle Veränderungen in sich tragen. Dies sind etwa BSE-resistente Rinder[50], Fleisch mit einem höheren Anteil an Omega-3-Fettsäuren[51] oder Hühnereier mit einem geringeren Cholesteringehalt.

Politische Spannungen um den Zugang zu Süßwasser sind vorprogrammiert

Ein anderer Ressourcenkonflikt ist die ausreichende Versorgung der Welt mit Süßwasser. Die Trinkwasserversorgung besonders der ständig größer werdenden Metropolen der Dritten Welt ist kritisch. Die Verteilung von Wasser zwischen den wachsenden Ballungszentren und den regionalen Landwirtschafts- und Industriebetrieben kommt aus dem Lot. Dies zeigt sich zum Beispiel im Westen der USA, wo es bei der Zuteilung von Wasserrechten zwischen der Stadtverwaltung von Los Angelas und den regionalen Großfarmen in den letzten Jahren zu heftigen Auseinandersetzungen gekommen ist. Der Moloch L.A. verbraucht und verlangt immer mehr Wasser, die angrenzenden Landwirtschaftsbetriebe zum Beispiel gehen in der Bewirtschaftung von Mandelbäumen und die breite landwirtschaftliche Weiterverarbeitung dieses Produkts zunehmend leer aus.[52]

Ein anderes Land mit großen Wasserproblemen ist Peru. Die Verteilung des Wassers, die bereits zu erheblichen Konflikten in der peruanischen Gesellschaft führte, ist eine zentrale Frage für die Zukunft des Landes. Der Klimawandel, das Abschmelzen der Andengletscher und die in vielen Regionen weiter voranschreitende Entwaldung laden das Problem zusätzlich auf. Die Küste Perus ist eine der trockensten Wüsten der Erde. In der Hauptstadt Lima ist die Wasserknappheit bereits heute schlimm. Lima gilt nach Kairo als zweittro-

49 | Vgl. »Genmais 1507 vor der Zulassung Bauern warnen vor Gentechnikkrieg auf den Dörfern«, in: Süddeutsche Zeitung, 11. Februar 2014.

50 | BSE ist eine Bovine Spongiforme Enzephalopathie; es handelt sich um eine Tierseuche und bezeichnet eine schwammartige Gehirnkrankheit bei Rindern, die im Volksmund auch ›Rinderwahnsinn‹ genannt wird.

51 | Omega-3-Fettsäuren sind Bestandteile in Lebensmitteln, die besonders bei Herz-Kreislauf-Erkrankungen wie koronare Herzkrankheit (Herzinfarkt) oder Schlaganfall das Risiko eines lebensbedrohenden akuten Vorfalls reduzieren können.

52 | Vgl. die Fernsehdokumentation von Klaus Kleber/Angela Andersen »Durst« auf ZDFzoom am 11. November 2014.

ckenste Hauptstadt der Welt und als Stadt mit dem größten Wasserstress.[53] Beide Beispiele zeigen auf, dass das Problem sowohl entwickelte Industrieländer als auch Entwicklungsländer betrifft und sich – im schlimmsten Fall – auch zu bürgerkriegsähnlichen Zuständen aufschaukeln könnten.

Die bisher verfügbaren Ressourcen reichen insgesamt global selbst bei einer Optimierung ihrer Verteilung oder dem Einsatz modernster Technologien nicht aus. Die Erdoberfläche besteht zu 71 Prozent aus Wasser; nur rund 0,3 Prozent ist jedoch für Menschen und die Landwirtschaft nutzbares Süßwasser. Dabei werden weltweit rund 70 Prozent der verfügbaren Süßwassermenge in der Landwirtschaft verbraucht, 20 Prozent in der Industrie und zehn Prozent in den privaten Haushalten.[54] In den 50 Jahren zwischen 1950 und 2000 hatte sich die verfügbare Süßwassermenge im kontinentalen Vergleich bereits zwischen 50 und 70 Prozent verringert. Wachsender Verbrauch, Verschmutzung und Verschwendung lassen die verfügbaren Ressourcen weiter schrumpfen. Schon heute verfügen etwa zwei Milliarden Menschen nicht über Zugang zu sauberem Trinkwasser oder sind mindestens einem dauernden Stress bei der Beschaffung des täglichen Wasservorrats ausgesetzt. Jährlich sterben fünf Millionen von ihnen an den Folgen von Infektionskrankheiten, die durch verschmutztes Wasser übertragen werden.

Abbildung 9: Verfügbare Süßwassermenge (in 1000 Kubikmeter pro Einwohner)

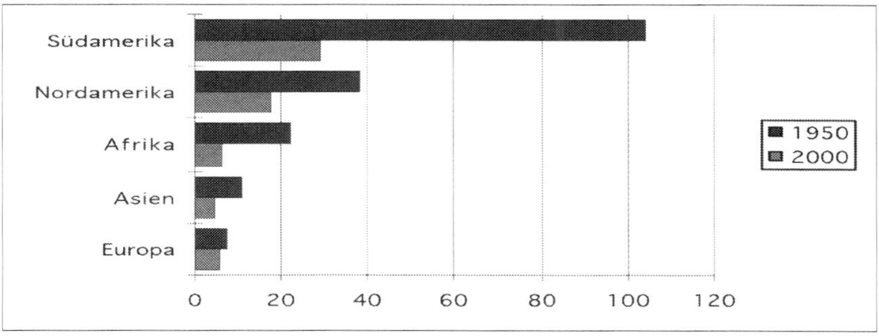

Quelle: Vereinte Nationen; Grafik: Turek Consulting München

Dieser Zustand wird sich verschärfen, da die Weltbevölkerung pro Jahr um rund 80 Millionen Menschen wächst und der Wasserverbrauch exponentiell ansteigt. Selbst in einem reichen und stabilen Land wie Spanien führt das zum Konflikt. So haben Pläne der Regierung, das Wasser des Ebro unterirdisch vom

53 | Vgl. www.arte.tv/de/peru-lima-eine-stadt-trocknet-aus/3333638,CmC=3333634.html, aufgerufen am 17. Dezember 2014.

54 | Vgl. www.bpb.de/mediathek/73427/der-krieg-um-wasser-findet-nicht-statt?bst=14402, aufgerufen am 29. Juli 2014.

Norden in die wasserarmen Gebiete im Südosten zwischen Valencia und Almeriá umzuleiten, Anfang der 2000er Jahre nach inoffiziellen Schätzungen in Barcelona rund 400.000 Menschen zum Protest auf die Straßen getrieben. Nach Berechnungen der UNO werden bis zum Jahr 2025 zwei Drittel der Menschen unter Wasserknappheit oder -mangel leiden. Weltweit fließen etwa 300 Flüsse durch zwei und mehr Länder und es gibt kein internationales Regime oder eine völlkerrechtliche Regelung für die Verteilung dieses Wassers. Beispiele für solche Flüsse sind die Donau in Europa, der Nil in Afrika oder der Mekong in Südasien. Grenzüberschreitende Wasserläufe bedeuten Macht für den Staat am Oberstrom. Diese Lage signalisiert, daß Kriege um diese Ressource im 21. Jahrhundert geführt werden könnten (Wellershoff 1999; Spillmann 2000; Orsenna 2012).

Der schweizerische Wissenschaftler Kurt R. Spillmann wies in diesem Zusammenhang auf zwei prinzipielle Erscheinungsformen der Verknappung hin: Zum einen spitzen sich Konflikte um die Nutzung von Seen, Flüssen und Grundwasservorkommen zu. So löste etwa 1990 die halbjährliche Unterbrechung des normalen Laufes des Euphrat zur Füllung des Attatürk-Staudamms heftige Proteste in Syrien und Irak aus. Der Irak reklamierte den Verlust von 15 Prozent seiner Ernten. Zum anderen kann die Alltagsversorgung eines Haushalts oder eines ländlichen Raums durch die schleichende Verminderung des Wassers und fehlende Infrastruktur problematisch werden. In beiden Fällen kann es zu Krisen und Eskalationen von Konflikten zwischen Gemeinden, Regionen und Staaten kommen. Dürren, Überschwemmungen und Mangel an Trinkwasser werden nach neuesten Studien Instabilität und Konflikte schüren. Besonders Entwicklungsländer werden als Folge des Klimawandels Probleme damit bekommen, die Versorgung ihrer wachsenden Bevölkerung mit Trinkwasser sicherzustellen. Um das Jahr 2020 werde nach dieser Studie die Wahrscheinlichkeit ansteigen, dass die Kontrolle über den Zugang zu Wasser in Kriegen als Waffe oder als Instrument des Terrorismus eingesetzt wird.[55]

›Hotspots‹ möglicher Konflikte sind der Nahe und Mittlere Osten, Zentralasien, Indochina und Afrika. In Indochina etwa wachsen die Spannungen um das Wasser des Mekong zwischen China, Laos, Kambodscha und Vietnam an. Staudämme und Wasserableitung nach Thailand verändern den Lebensraum von 60 Millionen Menschen. In Zentralasien ist die Verteilung des Wassers zwischen Kasachstan, Kirgistan, Tadschikistan, Turkmenistan und Usbekistan ein ungelöstes Problem. Der industrialisierte Westen ist hiervon derzeit zwar nicht direkt betroffen. Doch sein Problem ist die Migration. Nach Zahlen der UNO haben bis zum Ende des 20. Jahrhunderts bereits insgesamt 25 Mil-

55 | Vgl. www.spiegel.de/politik/ausland/us-geheimdienstbericht-prognostiziert-aera-der-kriege-um-wasser-a-823207.html, aufgerufen am 30. Juli 2014.

lionen Menschen als ›Wasserflüchtlinge‹ ihre Heimat verlassen.[55] Ein wachsender Aufnahmedruck ergänzt bei steigendem Widerstand gegen die Integration von Fremden als künftige Konfliktformation die Landkarte der Konflikte indirekt auch in der westlichen Welt, die in den 2010er Jahren bereits massiv durch Kriegs- und Armutsflucht herausgefordert worden ist.

Der Anstieg des klimabedingten Meeresspiegels bringt zusätzliche Ressourcenkonflikte in die Welt

Diese Ressourcenkonflikte wären dabei über Verteilungs- und Regulierungsregime allerdings lösbar. Diese können bilateral zwischen einzelnen Ländern installiert werden oder über multilaterale Organisationen wie der Europäischen Union, den Vereinten Nationen, der OSZE, der Weltbank, dem Internationalen Währungsfond, der Organisation für Afrikanische Einheit, des ASEAN oder etwa der APEC. Das Netz der multilateralen Zusammenarbeit ist nicht perfekt, könnte aber im Rahmen einer verdichteten Global Governance dichter und effizienter geknüft werden. Dabei werden in Zukunft mit Blick auf den klimabedingten Anstieg des Meeresspiegels zusätzlich weitere Ressourcenkonflikte auftauchen, die nicht so ohne weiteres über Verteilung oder Zugang gelöst werden können. Nicht nur der bloße Anstieg des Meeresspiegels stellt für die tiefer liegenden Küstenzonen eine Gefahr dar. Wichtig sind auch die mit dem Anstieg unmittelbar verbundenen Folgen. Dazu gehören die Erosion von Küstengebieten, ein höheres Auflaufen von Sturmfluten und insbesondere die Versalzung von Grundwasser durch das Eindringen von Meerwasser. Die regionale Wasserversorgung wird dabei genauso gestört wie die regionale Landwirtschaft. Von einem künftigen Meeresspiegelanstieg werden vor allem niedrig liegende Küstenregionen betroffen sein. Dies betrifft etwa Länder wie die Niederlande, England, selbst Deutschland oder Bangladesh. Rund 20 Prozent der Weltbevölkerung leben weniger als 30 Kilometer vom Meer entfernt. Global liegen etwa zwei Millionen Quadratkilometer Land weniger als zwei Meter über der mittleren Hochwasserlinie. Gerade diese Grenzzone zwischen Land und Meer ist durch besonders artenreiche Ökosysteme ausgezeichnet, und hier hat sich auch der Mensch bevorzugt angesiedelt. 1995 lebten ca. 60 Millionen Menschen auf Landflächen, die weniger als einen Meter über dem Meeresspiegel lagen, und 275 Millionen in weniger als fünf Meter. Acht der zehn größten Städte der Welt liegen gegenwärtig in niedrigen Küstenbereichen, in denen zugleich die Wachstumsrate der Bevölkerung doppelt so hoch ist wie im globalen Durchschnitt. Bis zum Ende des 21. Jahrhunderts werden daher wahrscheinlich 130 Millionen Menschen in den tiefen Küstenbereichen

56 | Vgl. Global Water Shortages Root of Future Conflicts?, in: The International Institute for Strategic Studies (Hg.), Strategic Commands, Bd. 5, Nr. 6 Juli 1999.

bis zu einem Meter und 410 Millionen Menschen bis fünf Meter über dem Meer leben.[57] Durch den Anstieg des Meeresspiegels werden Millionen von Menschen gefährdet und die Beherrschung dieser Situation wird mit Sicherheit eine wichtige globale Aufgabe werden.[58]

57 | Vgl. http://wiki.bildungsserver.de/klimawandel/index.php/Folgen_des_Meeresspiegelanstiegs, aufgerufen am 19. Oktober 2015.

58 | Vgl. www.peopleforfuture.de/inspiration/problem_details.php?id=10, aufgerufen am 19. Oktober 2015.

VI. Andere Fundamentale des Lebens

Der vierte Bereich der großen Globalisierungsfelder ist die Sozialstruktur. Es geht dabei um die vorherrschenden prägenden Strukturen einer Gesellschaft und die dominanten Faktoren des sozialen Wandels. Die Sozialstruktur bezeichnet eine Einteilung menschlicher Gesellschaften nach ihren sozialen Merkmalen, vor allem ihrer sozialen Schichtung, die neben der Demographie, die Geburten- und Sterberate, die Alterung und die Migration einer Gesellschaft erfasst. Die Beschreibung der Sozialstruktur leistet die Strukturanalyse. Sie bezieht sich auf Gruppierungen des sozialen Beziehungsgefüges einer Gesellschaft nach Ähnlichkeiten und Verschiedenheiten in mehreren Dimensionen. Dies sind zum Beispiel die soziale Schicht, die Klasse, die Kaste, die soziale Lage, die sozialen Milieus, der Lebensstil oder der Stand.[1] Globalisierung beeinflusst einerseits diese persönlichen Koordinaten und andererseits die wichtigen Trends gesellschaftlicher Entwicklung, egal ob dies nun die Demokratisierung von Staat und Gesellschaft sind, der Trend zur sozialen Absicherung der Daseinsbedingungen und Lebensrisiken wie Invalidität und Arbeitslosigkeit, Gesundheitsvorsorge und Alterssicherung, Bildung und Ausbildung oder Freizeitverhalten oder der Trend zu städtischen Formen der Siedlungs- und Lebensweise.

Im Rahmen der Industrialisierung waren einige Strukturveränderungen fundamental: Aufbau und Ausbau des Maschinen- und Fabriksystems und die Technisierung und Mechanisierung der Arbeitswelt; die Alphabetisierung und Verstädterung sowie die Änderung von Familien- und Versorgungsstrukturen. Und die Optimierung des Sozialstaats. Die Soziologie, die Wirtschaftsgeschichte oder die Volkswirtschaftslehre waren in diesem Zusammenhang eng mit den Paradigmen der Industriegesellschaft vertraut und über 200 Jahre lang als verlässlicher Deuter sozialer Wirklichkeit präsent. Nun, im Rahmen einer neuen industriellen Revolution, kommen diese Paradigmen in jeder Hinsicht unter Beschuss. Die Änderungen in der Sozialstruktur bewirken Änderungen bei den Handlungsbedingungen und Handlungsorientierungen der Menschen. Die durch die industrielle Revolution bewirkten Modifikationen in

1 | Vgl., http://de.wikipedia.org/wiki/Sozialstruktur aufgerufen am 27. August 2014.

der Produktion und Reproduktion der Daseinsbedingungen gelten als so bedeutsam, dass sie zusammen mit der Sesshaftwerdung der Menschen im Neolithikum als eine der bedeutendsten Schwellen in der Geschichte angesehen werden. Die englisch-industrielle und französische Doppelrevolution strahlte dabei auf ganz Europa aus (Schäfers 1981: 19ff.).

Neue Fundamentale sind disruptive soziale Erschütterungen

Mit Blick auf diese großen gesellschaftlichen Umwälzungen in der Neuzeit ist die dritte Globalisierung von ähnlicher Kraft, um das Leben der Menschen auf der Erde in den nächsten 100 Jahren entscheidend zu prägen. Man muss in diesem Zusammenhang von neuen Fundamentalen der sozialen Existenz in der Globalisierung sprechen. Soziale Fundamentale verändern sich disruptiv; es handelt sich um schnelle und gravierende Änderungen wichtiger Lebensbedingungen. Disruptive Veränderungen hat man im Zuge der industriellen Revolution als rapide Veränderungen von Technologien verstanden, die sich nicht allmählich veränderten, sondern im Zeitraffer. Es handelt sich durchaus um völlig unerwartete systemische und situative Veränderungen, die verblüffend sind. Und extrem herausfordernd. Nun ist wieder ein disruptiver Prozess des sozialen Wandels im Gang, bei dem die Menschen aus überkommenen Bindungen katapultartig herausgelöst und zugleich in neue Beziehungsverhältnisse hinein geschleudert werden, der wie nie zuvor die unmittelbare Erfahrungswelt der Familie, der Arbeitsgruppe oder Freundschaftsbeziehungen transformiert. Im Kern stellt sich also die Frage, ob die Merkmale der Industrialisierung und der vorausgegangenen philosophischen und politischen Bewegungen (Aufklärung, Liberalismus, Französische Revolution) für die sozialen Beziehungen und die Sozialstruktur der Globalisierung überhaupt noch eine Bedeutung haben. Und durch welche Trends sie nun ersetzt werden. Zusätzlich stellt sich diese Frage auch für den Rest der Welt: was also macht die Globalisierung mit den Sozialstrukturen in den anderen Kontinenten des Globus und ihren Ländern und wie bindet sie ihr Schicksal letztendlich zusammen. Dabei geht es um den essenziellen Kontext von Arbeit, Mensch und Gesellschaft. Die Erwerbsarbeit ist hierbei sehr wichtig. Sie bestimmt nicht nur die Notwendigkeit zur Sicherung der Existenz, sie ist gleichzeitig ein wesentlicher Faktor der eigenen Position in der Hierarchie in einer Gesellschaft.

1. Die unvermeidliche Patchwork-Erwerbsbiographie

Die Erwerbsarbeit der Menschen wurde im Übergang von der Agrargesellschaft zur Industriegesellschaft substanziell verändert. Nicht die Rhythmen von Tag und Nacht und der Jahreszeiten oder feudale Gesellschaftsstrukturen beherrschten die menschliche Existenz, sondern der Takt der industriellen Erwerbsarbeit und die Mechanisierung der Arbeitswelt. Im Zuge der Zähmung der sozialen Frage des Industriezeitalters bestimmten tariflich bestimmte Normalarbeitsverhältnisse ein Erwerbsleben, das die Versorgerehe, lebenslange Arbeit, gesellschaftlichen Status und soziale Absicherung und gesündere Arbeitsbedingungen als Errungenschaften ermöglichte. Nun, im laufenden Transformationsprozess der Globalisierung, werden diese Kontinuitäten der Sozialstruktur erneut tangiert. Insbesondere die Arbeitswelt und das Erwerbsleben des Individuums kommen da zwischen dem Normalarbeitsverhältnis und zunehmend prekären Lebensbedingungen unter Beschuss.

Zwischen Normalarbeitsverhältnis und ›Prekariat‹

Seit den 1980er Jahren wurde ein Wandel der Erwerbsformen in der westlichen Industriegesellschaft sichtbar. Bei oftmals stagnierender Gesamtbeschäftigung fand eine Umschichtung statt. Unbefristete ›normale‹ Vollzeitarbeitsstellen verschwanden zunehmend zugunsten atypischer Beschäftigungsformen wie Teilzeitarbeit, Minijobs, befristeter Beschäftigung oder Leiharbeit. Einige Beobachter zählten auch Gruppen von ›Solo-Selbständigen‹ dazu, die keine Mitarbeiter haben, jedoch der Not der Arbeitslosigkeit durch eine meist geförderte Selbständigkeit entkommen wollen. Die Gründe hierfür waren vielfältig: Neben der konjunkturellen Entwicklung, dem Produktivitätsfortschritt und dem gesamtwirtschaftlichen Strukturwandel haben auch die steigende Erwerbsbeteiligung der Frauen und veränderte Arbeitnehmer- und Arbeitgeberpräferenzen den Wandel der Erwerbsformen gefördert. Daneben sind institutionelle und beschäftigungspolitische Einflüsse wie Geld-, Fiskal- und Lohnpolitik, aber auch spezifische arbeitsmarktpolitische Regelungen und der Einsatz arbeitsmarktpolitischer Instrumente mit Blick auf den Wandel der Erwerbsformen von Bedeutung. In Deutschland waren insbesondere die Agenda 2010 und die Deregulierung arbeitsmarktpolitischer Normen wichtig. Der Begriff des Normalarbeitsverhältnisses wie auch der atypischen Erwerbsformen wurde in der Bundesrepublik in den 1980er und 1990er Jahren geprägt, um die ›Krise des Normalarbeitsverhältnisses‹ und die sichtbar werdenden Wandlungsprozesse auf dem Arbeitsmarkt konzeptionell erfassen zu können. Unter Normalarbeitsverhältnis wird in der Regel ein Arbeitsverhältnis von abhängig Beschäftigten verstanden, die vollzeitbeschäftigt und nicht als Leiharbeitnehmer tätig sind und die einen unbefristeten Arbeitsvertrag sowie eine daran gekoppelte gesellschaftliche Versorgung für den Krankheitsfall, die Arbeitslosigkeit und den Ruhestand haben.[2]

2 | www.bpb.de/politik/innenpolitik/arbeitsmarktpolitik/55341/deregulierung?p=all, aufgerufen am 27. August 2014.

Das Normalarbeitsverhältnis ist für viele Menschen ausgelaufen

Der Begriff des Normalarbeitsverhältnisses meint eine sozial abgesicherte, abhängige Vollzeitbeschäftigung, deren Rahmenbedingungen (Arbeitszeit, Löhne, Transferleistungen) kollektivvertraglich bzw. arbeits- und sozialrechtlich auf einem Mindestniveau geregelt sind. Der normative Kern des Normalarbeitsverhältnisses besteht demnach in weitreichenden Schutzfunktionen für die abhängig Beschäftigten. Dabei hat der Begriff eine doppelte Bedeutung: Zum einen waren Normalarbeitsverhältnisse weit verbreitet und wurden von großen Teilen der Bevölkerung als Normalität und als Stabilitätsanker wahrgenommen. Zum anderen diente dieses spezifische Arrangement von abhängiger Beschäftigung als Standard bzw. Orientierungspunkt für das Sozial-, Arbeits- und Tarifrecht. Atypische Erwerbsformen weichen von diesem Standard ab, in arbeits- und sozialrechtlicher Hinsicht, in materieller Hinsicht (sie ermöglichen häufig kein existenzsicherndes Einkommen), mit Blick auf die Arbeitszeiten und die betriebliche Einbindung. In der Zukunftsdebatte kamen deshalb Begriffe wie die Gig-Ökonomie auf. Die Arbeitswelt könnte also schnell so aussehen wie die von Musikern oder Schauspielern ohne festes Engagement, die sich von Woche zu Woche immer neue ›Gigs‹ organisieren müssen, wie einmalige Auftritte im Musik- oder Filmgeschäft genannt werden. Die ›Gig-Ökonomie‹ bedeutet für die unter solchen Bedingungen Beschäftigten fast völlige Freiheit, sehr viel Unsicherheit und: ein andauerndes Prekariat.

Prekäre Beschäftigungsverhältnisse sind nicht mit atypischen Erwerbsformen gleichzusetzen. Atypische Beschäftigungsverhältnisse sind nicht durchweg als prekär anzusehen, da ihre Auswirkungen neben dem Individualeinkommen von Kontextfaktoren sowie von ihrer rechtlich-institutionellen Ausgestaltung abhängen. So werden sozialversicherte Zeitarbeit in Vollzeit und vollzeitnahe Teilzeit mit voller sozialer Sicherung weitgehend als ›normal‹ und nicht als ›prekär‹ angesehen. Als prekär kann ein Arbeitsverhältnis bezeichnet werden, wenn die Beschäftigten aufgrund ihrer Tätigkeit deutlich unter ein Einkommens-, Schutz- und soziales Integrationsniveau sinken, das gesellschaftlich als Standard definiert ist. Prekär ist eine Erwerbsarbeit auch, wenn sie subjektiv mit Sinnverlusten, Anerkennungsdefiziten und Planungsunsicherheit in einem Ausmaß verbunden ist, so dass gesellschaftliche Standards deutlich zuungunsten der Beschäftigten unterlaufen werden. Nach Daten des Sachverständigenrats zur Begutachtung der gesamtwirtschaftlichen Entwicklung gingen im Jahr 1991 noch drei von vier Beschäftigten einer unbefristeten Vollzeittätigkeit nach, im Jahr 2007 nur noch 62 Prozent (also einer von drei Beschäftigten). Auswertungen des Statistischen Bundesamtes zur atypischen Beschäftigung kamen zu folgendem Ergebnis: Im Zeitraum von 1997 zu 2007 ging der Anteil des Normalarbeitsverhältnisses in Relation zur Gesamtzahl der abhängig Beschäftigten von 82,5 Prozent im Jahr 1997 auf 74,5 Prozent im Jahr 2007 zurück.[3]

In vielerlei Hinsicht wurde diese Entwicklung mit der Globalisierung in Zusammenhang gebracht. Der Kern dieser Konnotation bestand darin, dass industrielle Produktionsprozesse in Deutschland mit Blick auf den internationalen Wettbewerbsdruck rationalisiert und dabei insbesondere die Lohn- und Lohnnebenkosten reduziert werden mussten. Dies war in den 1990er und 2000er Jahren ein politisches Streitthema, was zu erbitterten Auseinandersetzungen über die Zukunft des Sozialstaats führte und nun, Mitte der 2010er Jahre im Rahmen einer großen Debatte über die Re-Industrialisierung der europäischen Volkswirtschaften und der Flexibilisierung von Produktions- und Betriebsprozessen etwa in Frankreich, Spanien oder Polen eine rege Folgedebatte über die Globalisierung und ihre arbeitsmarktpolitischen Folgen ausgelöst hat. Diese ist allerdings sehr eng mit der Verschuldungs- und Währungskrise im Euroraum seit 2007 sowie dem demographischen Wandel in den europäischen Ländern und dem Phänomen der Armutsrisiken verquickt und bezog somit auch regionale oder spezielle nationale Problematiken mit ein.

Globalisierungsimpulse waren in der Bundesrepublik Deutschland stimulierend für eine Flexibilisierung am Arbeitsmarkt, die Unternehmen und Beschäftigten entgegen kam

Interessant für Deutschland war dann der gegensätzliche Befund für 2013. Das Statistische Bundesamt in Wiesbaden teilte Ende 2013 mit: In den vorausgegangenen Jahren habe sich die Zunahme atypischer Beschäftigter verlangsamt. Im Jahr 2012 war die Zahl sogar rückläufig. Der Anteil atypisch Beschäftigter an allen Erwerbstätigen ging zwischen 2011 und 2012 von 22,4 Prozent auf 21,8 Prozent zurück. Seit 1991 war der Anteil atypisch Beschäftigter (12,8 Prozent) nahezu kontinuierlich gestiegen und hatte 2007 seinen bislang höchsten Wert von 22,6 Prozent erreicht. Seitdem blieb er knapp unter diesem Niveau und war 2012 erstmals rückläufig. Gleichzeitig ist die Zahl der Beschäftigten in Normalarbeitsverhältnissen seit 2006 gestiegen. Im Jahr 2012 erhöhte sie sich um 504.000 auf 24,2 Millionen. Von der Zunahme entfielen 116.000 auf Teilzeitbeschäftigte mit mehr als 20 Stunden (+ 4,4 Prozent) und 388.000 auf Beschäftigte in Vollzeit (+ 1,8 Prozent). Diese positive Entwicklung trug dazu bei, dass sich die Zahl der Kernerwerbstätigen, die sich maßgeblich aus Beschäftigten in Normalarbeitsverhältnissen und den atypisch Beschäftigten, aber auch Selbstständigen und unbezahlt mithelfenden Familienangehöri-

3 | Vgl. ebd.

gen zusammensetzen, um 341.000 Personen erhöht hat.[4] Dies zeigt, dass die Globalisierung in den hoch entwickelten Industriestaaten nicht zwangsweise und nicht flächendeckend negative Beschäftigungseffekte hatte. Je nachdem, wie sich einzelne Unternehmen, Arbeitnehmer, Selbstständige, Auszubildende oder Rentner auf die Umstellungen der Globalisierung einzustellen in der Lage waren, bedeutete die Flexibilisierung am Arbeitsmarkt nicht unbedingt eine grausame Umstellungszumutung des Systems und seiner Menschen.

›Prekarisierung‹ bedeutet in den unterschiedlichen europäischen Ländern durchaus etwas anderes

Damit kommt vieles in der Debatte über die Globalisierung und die Arbeitsgesellschaft – zumindest in der europäischen Szenerie – neu auf den Tisch. Und lässt die Bewertung der deutschen Agenda 2010 in einem anderen Licht erscheinen als bisher. Trotzdem ist das ›Prekariat‹ als Thema von Abstiegskarrieren innerhalb der Mittelschicht oder von bildungsfernen Personen mit oder ohne Migrationshintergrund damit nicht erledigt. Weder in der Bundesrepublik Deutschland noch in anderen Staaten der Europäischen Union wie etwa in Frankreich, Spanien oder Italien (Castel/Dörre 2009). Betrachtet man allerdings die soziale Lage bei unterschiedlichen Gruppen oder Einzelpersonen genau, so wird deutlich, dass ›Prekarisierung‹ in den einzelnen europäischen Ländern etwas Unterschiedliches bedeuten kann und nicht zu verallgemeinern ist. Das Beispiel der Bundesrepublik etwa hat gezeigt, dass im Rahmen von Sozialreformen die Integration in weltwirtschaftlich erzwungene Anpassungsformen durchaus nicht im Elend enden muss und Gefährdungen des Wohlstands der Mittelschicht mit Blick auf viele Einzelfälle zu relativieren sind.

Die ›disruptive Innovation‹ verändert Arbeit und den Charakter des Erwerbslebens allerdings schon …

Allerdings stimuliert die digitale Revolution demgegenüber langfristig doch starke Impulse für eine Veränderung von Arbeitsplätzen und Erwerbsbiographien (Ostovics/Kovar/Fernsebner-Kokert 2016). Dabei geht es nicht um einen schleichenden Prozess der Ent-Industrialisierung oder dann, als gegenläufiger Trend, der Re-Industrialisierung, in der lediglich alte Arbeitsplätze vergehen und neue entstehen oder sich die Arbeit mehr auf Dienstleistungssektoren verlagert. Mit Blick auf Schumpeters ›kreative Zerstörung‹ handelt es sich bei der digitalisierten Ökonomie vielmehr um einen explosiven Vorgang, der

4 | Vgl. https://www.destatis.de/DE/PresseService/Presse/Pressemitteilungen/2013/08/PD13_285_132.html, aufgerufen am 27. August 2014.

alte Geschäftsmodelle und Unternehmen massiv verändert oder gar gänzlich aus dem Markt verdrängt. Dies hat erhebliche Auswirkungen auf die Art der Arbeitsplätze und ihre sozio-ökonomische Verankerung in einer Gesellschaft. In Amerika nennt man diesen Prozess ›Disruption‹, die abrupte Zerstörung und Verdrängung von Altem durch Neues. Wie wir leben, wie wir arbeiten und wie wir denken, alles ist im radikal-schnellen Umbruch.

Ein Beispiel dafür ist die Entwicklung und der Einsatz von 3D-Druckern, wobei der Begriff Drucker für Verwirrung sorgen kann. Es handelt sich hierbei nicht um Druckmaschinen, sondern um Spritzgussmaschinen, die aus feinen Düsen ein beliebiges Material auf eine Unterlage sprühen und dabei Schicht um Schicht das gewünschte Objekt aufbauen. Sie eignen sich für eine dreidimensionale Bildgebung, die einen direkten Eindruck davon vermitteln, wie ein geplantes Bau-, Kunst- oder Infrastrukturprojekt nach seiner Fertigstellung tatsächlich aussehen wird. Diese Skulpturen oder Modelle werden dabei aus Kunststoff, Keramik oder ähnlichem Material und nicht aus Papier oder Pappe moduliert. In China sind heute bereits 3D-Drucker beim Bau von Wohnhäusern im Einsatz. Sie haben die Größe von Kränen und stellen die Betonskelette samt Außenwänden von Wohn- oder Bürogebäuden her. Kleinere Geräte fertigen etwa Zahnkronen oder sie werden in der Lebensmittelindustrie für Marzipanskulpturen verwendet (ebd.: 16).

Die kreative Zerstörung, die Schumpeter vor 100 Jahren beschrieb, war noch allmählich, da wuchsen und zerfielen Unternehmen über Jahrzehnte. Im Prozess der ›Disruption‹ geht alles ganz schnell, innerhalb von Monaten oder in ein oder zwei Jahren. Und dies betrifft nicht nur einzelne Firmen, sondern ganze Branchen oder Geschäftszweige. Das alte Geschäftsmodell verschwindet in einer Branche nach der anderen und wird durch ein neues ersetzt. »Das Hotel durch die privat angebotene Ferienwohnung bei AirBnB, der Mittelständler durch die App, die Bank durch das Fintech-Unternehmen« (Beise/Schäfer 2015c). Dabei spielen das Internet der Dinge und die Industrie 4.0 eine antreibende Rolle. In dem Augenblick, wenn Maschinen und Endgeräte unentwegt miteinander kommunizieren, große Datenmengen austauschen, abgleichen, überprüfen und daraus selbstständig lernen, verändert dies die Arbeitswelt und das Wirtschaftsleben enorm. Die Erwerbsarbeit, das Normalarbeitsverhältnis der Menschen im althergebrachten Sinn wird dadurch verändert. Arbeit wird zu einer allzeit und überall verfügbaren Leistung. Künftig steuert die digitale Ökonomie Angebot und Nachfrage nach Arbeit. Die Unternehmen der digitalen Wirtschaft arbeiten mit allen Instrumenten disruptiver Innovation: hoher Ertrag mit möglichst geringem Aufwand, Wagniskapital und Hochgeschwindigkeitsökonomie. Industrielle Arbeitsplätze werden durch den Prozess der Standardisierung und Automatisierung erfasst; das, was Internet-Plattformen heute für freie Mitarbeiter, digitalisierte Dienstleistungen und einfache Wertschöpfungsketten anbieten, erfasst nun viele Fabriken und Konzerne. Der deutsche Publizist Christoph Keese verweist auf eine neuere Studie der Universität Oxford, nach der 47 Prozent der heutigen Berufe in den nächsten Jahrzehnten durch Automatisierung verschwinden. Er schlussfolgert:

»Die aufziehende Revolution ist eine Revolution der Rückkoppelung und Aggregation von Marktzuständen. Menschliche Arbeit wird von Algorithmen erfasst, verwaltet und optimiert, wie heute die Suchergebnisse bei Google oder die Werbung bei Yahoo« (Keese 2014: 229f.)

Das heißt: Computer und Algorithmus bestimmen das Verhältnis von Angebot und Nachfrage nach menschlicher Arbeit mit.

Die Münchner Wissenschaftlerin Isabelle M. Welpe fasste die Zwänge zur Veränderung industrieller Strukturen neben der Disruption mit den Begriffen der Agilität (Unternehmen müssen sich schnell an veränderte Umstände anpassen), der Demokratie (Unternehmen müssen die Perspektiven und Bedürfnisse der Mitarbeiter aktiv einbeziehen), der offenen Fehlerkultur (Unternehmen müssen aus Fehlern lernen anstatt diese zu tabuisieren) und die Öffnung von Unternehmensgrenzen (Unternehmen brauchen eine aktive Kollaboration mit Wettbewerbern und Kunden) zusammen (M. Welpe 2016). Daraus ergeben sich sowohl für die Arbeitgeber als auch für die Arbeitnehmer gravierende Impulse für Anpassungen im betrieblichen Alltag, aber auch neue Regeln für den gesamten Zusammenhang von Berufswelt, Lebenswirklichkeit und Alltag. Dies führt konsequent in die Wissensgesellschaft, in der die Beziehungen zwischen Kapital und Arbeit neu auszuhandeln ist. Und dies wird, wie in der Vergangenheit auch, nicht ohne Schwierigkeiten und Konflikte vonstatten gehen.

... und führt konsequent in die Wissensgesellschaft, die durch politisch digitale Kompetenz und arbeitsmarktpolitische Regulierung der Souverän mit Blick auf das Internet der Dinge und die Kybernetik der Arbeitsmärkte bleiben muss

Insofern erhalten die Faktoren betriebliches Know-How in der Globalisierung, Wissen und Bildung sowie Arbeitsmarktregulierung, in der digitalisierten Revolution industriepolitisch und sozialpolitisch gesehen, nun wirklich die ihnen seit Jahren zugesprochene Schlüsselrolle. Eine Verteidigungsstrategie – oder Selbstbehauptungsstrategie – der sozialen Marktwirtschaft kann nur in Wissen und Orientierung sowie der Umsetzung von Bildung in technologische – und! – soziale Innovationen bestehen. Nur durch eine zeitgemäße, moderne Bildung können sich Menschen und Gesellschaften im Wettbewerb und – vor dem Hintergrund ihrer eigenen Wertvorstellungen einer humanen Arbeitswelt – durchsetzen. Die technologischen Grundlagen und technischen Anwendungen des Internet der Dinge fordern mit ihren politischen und gesellschaftlichen Konsequenzen ein intensiveres Nachdenken darüber hinaus, wie eine solchermaßen technologisch geprägte Gesellschaft mit Blick auf Bildung, Sozialverträglichkeit und soziale Kohäsion gestaltet werden soll. Insofern ist die Gestaltung der digitalen Arbeitswelt nicht nur ein technisches Problem oder ein Problem von Angebot und Nachfrage, sondern auch eine große Herausforderung für die Arbeitnehmer und Arbeitgeber sowie Tarifparteien der sozialen Marktwirtschaft, sofern eine Gesellschaft sich den Herausforderungen der digitalen Revolution sozialpolitisch nicht einfach so ergeben will. Christoph Keese, der 2013 ein halbes Jahr im Silicon Valley lebte und arbeitete, schrieb daraufhin seine Erfahrungen nieder:

> »Weil nichts so einfach in ein Gut-schlecht-Muster passt, kommt es vor allem darauf an digitale Kompetenz aufzubauen und die anstehenden Fragen (des Arbeitsmarktes, Anm. d. Verf.) klug zu verhandeln. Rechtsfrei darf der digitale Arbeitsmarkt nicht sein. Das ginge wegen der Tendenz zu Lohnnivellierung und Monopolbildung klar zu Lasten der Arbeitnehmer. Überregulierung ist jedoch genauso schädlich. Sie verhindert das Wachstum eines Sektors, der Arbeitnehmern neue Freiheitsgrade und Entfaltungsmöglichkeiten bringt sowie die Chance birgt, sich aus der Abhängigkeit von einem einzelnen Arbeitgeber zu befreien« (ebd.: 245).

Insofern löst der digitale Wandel gewohnte Strukturen auf. Für alle Parteien des Arbeitslebens entstehen gleichzeitig Vorteile und Risiken. Unternehmen, Gewerkschaften und Politik müssen sich in einer fremden Umgebung zurechtfinden und der deutsche Journalist Alexander Hagelüken spricht in diesem Zusammenhang von der ›flüssigen Arbeitswelt‹, in der alles im Fluss ist (Hagelüken 2015).

2. Der Stellenwert der Wissensgesellschaft

Die neue Globalisierung hat die Wissensproduktion und die Distribution von Wissen noch einmal ausgeweitet und beschleunigt. Der amerikanische Soziologe Robert E. Lane verwendete bereits Mitte der 1960er Jahre den Begriff der Wissensgesellschaft (Lane 1966), den der amerikanische Soziologe Daniel Bell dann mit seinem Buch »The Coming of Post-Industrial Society« populärwissenschaftlich aufgriff (Bell 1973). Mit dieser Studie stellte Bell die These auf, dass der Strukturwandel der Wirtschaft auf wirtschaftlicher Ebene hin zu einer Dienstleistungsökonomie und in kognitiver Hinsicht auf die Einbeziehung von Wissenschaft und Wissensarbeit in die Produktion hinausläuft. Von einer (komplexen oder ausdifferenzierten) Wissensgesellschaft ist nach dem deutschen Soziologen Helmut Wilke dann zu sprechen, wenn alle Funktionsbereiche der Gesellschaft stark wissensabhängig und ständig auf die Produktion von neuem Wissen angewiesen sind. Dies ist in allen hochtechnisierten und ausdifferenzierten Gesellschaften der Fall (Wilke 1999). Zusammen mit dem Begriff der Informationsgesellschaft bezeichnen beide Begriffe eine weiter entwickelte Vergesellschaftungsform, die auf einer Durchdringung aller Lebensbereiche durch Information und deren Umwandlung in temporär oder langfristig wertvolles Wissen hin geprägt wird. Insofern bezeichnet der Begriff der Wissensgesellschaft die qualitativ entscheidende Aufwertung des Begriffs der Informationsgesellschaft. Da er somit prägender für die neue Globalisierung ist, stelle ich ihn hier bevorzugt vor, auch wenn andere Interpreten der Informationsgesellschaft wie Geoffrey Moore eher technologisch denkend auf den kommerziellen Wert der Information rekurrieren.

Globalisierungsprozesse finden seit 500 Jahren statt. Immer geht es dabei auch um Wissen. In der Geschichte der Menschheit waren globale Interaktionen immer von einem Wissenstransfer begleitet, der einerseits sowohl Annäherungs- und Standardisierungsprozesse von Wirtschaft, Politik und Kultur sowie von Wissenssystemen vorangetrieben hat; andererseits haben diese Prozesse nicht nur Segnungen sondern auch Spannungen und unterschiedliche Bewältigungsstrategien innerhalb der sozio-ökonomischen und politischen Teilsysteme der Gesellschaft hervorgebracht, die oftmals kulturell fundiert gewesen sind. Win-win-Effekte kontrastierten dabei mit schmerzhaften Nullsummenspielen, bei denen es immer Gewinner und Verlierer von wissensbasierten Modernisierungsprozessen gab. Die These Huntingtons vom ›Clash of Civilizations‹ ist dementsprechend auch als Modernisierungskonflikt zwischen den unterschiedlichen Kulturen der Erde zu verstehen. Gegenüber den Erfolgsindikatoren der Industriegesellschaft wie dem Ausmaß der Schwerindustrie, der chemischen Industrie oder dem verarbeitenden Gewerbes haben die Faktoren Wissen und Know-How im Rahmen der Technologie- und Wissensgesellschaft an Bedeutung zugelegt.

Die Wissensgesellschaft geht dabei anstelle der Verwertung von Sachkapital von immateriellem Kapital aus, das nicht mehr mit klassischen Methoden gemessen werden kann. Nicht mehr Steinkohleeinheiten oder Millionen Tonnen von Stahl sagen nun etwas über die Leistungsfähigkeit der Wirtschaft aus. Vielmehr werden nun die Anzahl von wissenschaftlichen Veröffentlichungen und deren Umsetzung in Innovationsprozesse, in Patente oder die Güte betrieblicher Managementprozesse das Maß für die Innovationsfähigkeit und die Wettbewerbsfähigkeit eines Wirtschaftssystems in einem Land.

Information und Wissen wurden zum Produktionsfaktor

Diese relative Dematerialisierung der Warenwirtschaft wird dadurch charakterisiert, das Wissen zunehmend zum Produktionsfaktor geworden ist und sich damit der Eigentumsbegriff zu Gunsten eines Zugangs- oder Nutzenbegriffs veränderte. Eigentumsrechte an Waren erweitern sich also um Rechte, Wissen zu nutzen, weshalb in den 2000er Jahren die Fragen der intellektuellen Kapazitäten einer Volkswirtschaft und der nachhaltigen intellektuellen Eigentumsrechte eine immer größere Rolle spielten (Guretzky 2004). Auch wenn man in den 2010er Jahren zunehmend erkannte, dass eine Deindustriealisierung der Wirtschaft in Europa eine fatale Hinwendung zu den vermeintlichen Segnungen einer nur wissensbasierten Arbeitsteilung in der Weltwirtschaft gewesen ist (Turek 2014), hat der Faktor Wissen in der Weltwirtschaft dennoch eine entscheidende Bedeutung erlangt. Eine neue Symbiose von Wissen und hoch intelligenter industrieller Produktion ist heute die Grundlage des 21. Jahrhunderts, die das alte Zusammenspiel von Boden, Kapital und Arbeit seit nunmehr etwa 30 Jahren in jeder Hinsicht neu inspiriert.

Der natürliche Boden ist dem virtuellen Boden der elektronischen Netzwerke in seiner Bedeutung als Produktionsfaktor gewichen

Insbesondere der natürlich Boden ist in seiner Bedeutung dem virtuellen ›Boden‹ der elektronischen Netzwerke gewichen. Der Acker der hoch rationalisierten Agrarwirtschaft weicht in seiner Bedeutung den virtuellen Anbauflächen der digitalisierten Wirtschaft. Kapital und Wissen sind heute in ihrer einzigartigen Verbindung in der Informationsgesellschaft entscheidend. Dies hat weitreichende Konsequenzen für die Sozialstruktur einer Gesellschaft, für die eigene, sorgfältig und detailliert bei den professionellen Internetplattformen Linkedin oder Xing editierte Biographie, für das Management von Unternehmen, für die Organisation effektiver Verwaltungen im öffentlichen Dienst, für die Organisation des Bildungsgefüges, für Erziehung und Ausbildung, für das interkulturelle und das Zusammenleben der Generationen, für die Zukunftsgestaltung des sozio-ökonomischen Systems oder der Verteidigung essenzieller Wertvorstellungen gegenüber externen Normen und Herausforderungen durch andere Gesellschaften und Akteure. Die Verlagerung industrieller Wertschöpfung in andere Teile der Welt durch global agierende Unternehmen wie Apple, Volkswagen oder Infineon oder die permanenten kulturellen Austauschprozesse zwischen den unterschiedlichen sozio-ökonomischen Systemen auf dem Globus haben gezeigt, wie viele Reibungsflächen und Schnittstellenprobleme in einer global ausgerichteten Gesellschaft entstehen, deren Selbstverständnis global ist, aber an den lokalen Eigenarten und örtlichen Gewohnheiten anderer Standorte schnell ihre Schranken finden kann.

Der deutsche Politikwissenschaftler Wolfgang Leidhold hat sich Anfang der 2000er Jahre mit dem Phänomen der Wissensgesellschaft systematisch auseinander gesetzt (Leidhold 2001). Sein Aufsatz in einem von den Politikwissenschaftler Karl-Rudolf Korte und Werner Weidenfeld herausgegebenen Konzeptband zu den Trends der 2000er Jahren (Korte/Weidenfeld [Hg.] 2001) war neben den Analysen des amerikanischen Soziologen Manuel Castells (Castells

2002/2003a) zu dieser Zeit eine der hilfreichsten Wegweisungen für das, was im Rahmen der Wissensgesellschaft entsteht. Auf der Grundlage einer sorgfältigen begrifflichen Abgrenzung zur Informationsgesellschaft entwickelte er insbesondere eine feine Definition der Ökonomie des Wissens und wies zu Recht auf den großen Unterschied von Information und Wissen hin. Letzter Punkt ist von Bedeutung, denn Glaube, Information und Wissen sind unterschiedliche Felder der Wahrnehmung von Menschen und eine reine Vermehrung von Datensätzen und Datenflüssen sagt nichts über ihre effiziente Übertragung in wirtschaftlich, politisch oder gesellschaftlich nutzbringendes Verhalten aus.

Wissen ist das überragende strategische Thema der Ökonomie

Wissen ist im 19. und im 20. Jahrhundert immer mehr zu einem strategischen Thema der Ökonomie und schließlich der Politik geworden. Innerhalb der neuen Globalisierung wurde es wegen seiner explosionsartig angewachsenen Bedeutung, seines raschen Wandels und seines extremen Wachstums zu einem kritischen Faktor (Tapscott 1995). Innovationen wurden zu einem Rezept des Überlebens, Bestehens und der Weiterentwicklung von Unternehmen und Volkswirtschaften. Daniel Bell wies Anfang der 1970er Jahre auf die revolutionäre Kraft der Informationsverarbeitung und der Wissensgewinnung für Wirtschaft, Politik, und Gesellschaft hin (Bell 1973). Während früher Innovationen – also das Neue in der Welt – etwas Besonderes waren, degenerierten Trivialitäten oder Petitessen wie eine neue Diät allerdings im innovationsbessenen Rausch der 2000er und 2010er Jahre schnell zur Innovation schlechthin.

Der Unterschied zwischen Information, Glaube und Wissen verschwamm. Als Information wurde fortan alles gehandelt, was davor getrennt war: Glauben, Meinen, Wissen, ohne Unterschied. Mit den neuen Informations- und Kommunikationstechniken erschien Wissen zunächst als Information. Wissen stellte sich dabei immer mehr als alltägliche Flut dar, das permanent registriert, verarbeitet und wieder produktiv umgesetzt werden muss. Nach Leidhold lebte man deshalb im Wechsel zum 21. Jahrhundert in einer »globalisierten Subitogesellschaft« (Leidhold 2001: 433). Insofern zielt das Qualitätskriterium der globalisierten Wissensgesellschaft auf einen qualifizierten Begriff des Kommunizierten. Es müssen also bestimmte Merkmale erfüllt sein, damit etwas als Wissen eingestuft werden kann. Minimalanforderung ist, dass es sich um eine verarbeitete und nutzbare Information handelt und nicht um beliebige Datenflüsse oder soziale Belanglosigkeiten. Das ist das maßgebliche Kriterium der neuen Globalisierung und korrespondiert eng mit neuen Formen der Kommunikation. Hierbei geht es nicht um das ›Geschnatter‹ der Twitter- und Facebook-Generation, sondern um die Auswirkungen der digitalen Revolution in der Datenverarbeitung und ihre Integration zu einem weltweiten Netzwerk einer epochenprägenden Kommunikation (ebd.: 435).

Informations- und Kommunikationstechnologien bilden ein perfektes technisches Ensemble der Wissensgesellschaft

Im 19. und 20. Jahrhundert kam es dabei zu einer wahren Explosion von Datenträgern und Wissensbeständen. Im wissenschaftlichen Bereich hat eine interessante Untersuchung des englischen Bibliothekars Fremont Rider im Jahr 1944 ergeben, dass sich bei amerikanischen Bibliotheken die Bestände im Durchschnitt alle 16 Jahre verdoppelten. Dies verschlang schon zu damaligen Zeiten Ressourcen zur Pflege der Bestände und benötigte zunehmend Personal zur Pflege der aufbewahrten Literatur. Diese Entwicklung entfaltete sich auch in allen anderen Bereichen der Kommunikation von Daten und Wissen. Ähnliche Verdoppelungen zeigten sich bei Daten von Versicherungen, bei Ferngesprächen und in allen anderen Bereichen der Datenerhebung und Datenproduktion. Dabei erwies sich die Wissensexplosion als Schockerfahrung und keineswegs als Glückserlebnis, die schließlich dazu führte, dass die Explosion der Wissenskurve nicht zu einer Erschlaffung in der Informationsverarbeitung führte, sondern zu einem Ausbruch durch Arbeitsteilung und den Einsatz moderner Informations- und Kommunikationstechnologie.

Es folgte die Gutenberg-Revolution mit anderen Mitteln und die Verwissenschaftlichung der industriellen Produktion. Die zentrale Rolle dabei spielten die neuen Medien. Die Entwicklung der Informationstechnologie beschleunigte die Produktion und Distribution von Daten und deren Verwertung nochmals. Es entstand ein sechster virtueller Kontinent, der die Stofflichkeit der realen Welt durch eine neue Dimension erweiterte. Die Kapazität von technologisch übertragener Information (Kommunikation), die Kapazität Information durch die Zeit zu übermitteln (Speicherung) und die Kapazität, mit Informationen zu arbeiten (Informatik), nahmen dabei gemessen am durchschnittlichen Wachstum der Realwirtschaften überproportional und signifikant zu.[5]

Der Stellenwert der Informations- und Kommunikationstechnologien (IKT) wird nach Leidhold durch das Einlösen von drei großen Versprechen deutlich:

- sie ermöglichen, die Probleme zu lösen, die das exponentielle Wachstum von Wissen bereitet. Die Digitalisierung reduzierte physischen Speicherbedarf und die Kosten der Weiterverarbeitung von Informationen. Sie erleichterten die Suche nach Informationen ebenso wie ihre Übertragung;
- sie ermöglichten eine neue Organisation des Wissens und realisierten technisch-humane Netzwerke zu einem Hauptmedium;

5 | Vgl. http://de.wikipedia.org/wiki/Informationsgesellschaft, aufgerufen am 1. Oktober 2014.

- dieses Hauptmedium hob das Gefälle in Raum und Zeit auf. Alle Sender sind gleichzeitig Empfänger, alle Empfänger Sender, jederzeit in global Echtzeit aktiv oder potenziell erreichbar.

Im Ergebnis entstand eine globale Wissensgesellschaft, deren wesentlicher Rohstoff Information und ihre Verarbeitung zu handlungsrelevantem Wissen geworden ist. Eine hoch entwickelte Kommunikations- und Innovationsfähigkeit spielen in diesem Zusammenhang eine entscheidende Rolle wenn es darum geht, Informationen in Wissen, Wissen in Innovationen und Innovationen in wettbewerbsfähige Produkte und Dienstleistungen umzusetzen. Der technologische Wandel hat hierbei die dritte Globalisierung fundiert. Er realisierte in großen Sprüngen Fortschritte hinsichtlich der Bewältigung technischer, bürokratisch-organisatorischer und sozio-ökonomischer Herausforderungen und trägt als Zielobjekt gesellschaftlicher Entwicklung in sich wichtige Impulse für die politisch-strategische Entwicklung der neuen Globalisierung.

Neue Chancen und Herausforderungen der Wissensgesellschaft

Gesamtgesellschaftlich ergeben sich innerhalb der Wissensgesellschaft Herausforderungen und Chancen. Chancen entfalten sich innerhalb der Politik mit Blick auf die Schaffung von Arbeitsplätzen und wirtschaftliche Wettbewerbsfähigkeit. Herausforderungen stellen sich in den Bereichen Ausbildung und lebenslanges Lernen, Strukturwandel und Technologie- und Forschungspolitik. Das Internet galt hierbei Anfang der 2000er Jahre als Jobmaschine Nummer 1, das 21. Jahrhundert als Online-Jahrhundert, nicht nur für die IT-Branche, sondern für die Wirtschaft insgesamt. Der Zusammenbruch der Internetwirtschaft Anfang der 2000er Jahre hat aber gezeigt, dass die Effekte für neue Arbeitsplätze und ein breites Wirtschaftswachstum zunächst gering waren und sich die Hysterie um eine ›New Economy‹ rasch in Schall und Rauch auflöste. Nach dem Crash ordnete sich die Internetwirtschaft geläutert in die Realwirtschaft ein. Nüchtern betrachtet haben sich dann – nach der Euphorie der neuen Ökonomie – rationalisierte Geschäftsprozesse, Produktentwicklungen oder FTE-Anwendungen mit Einsatz der IKT und des Internet bewährt und sind heute eine nicht mehr wegzudenkende Grundlage von wirtschaftlichen Wachstumsprozessen, Wettbewerbsfähigkeit und gesellschaftlichem Fortschritt geworden. Die damit verbundenen Probleme des Datenschutzes, der Datenkriminalität oder des Cyberwars wurden hier eingangs ausführlich beschrieben. Dies ändert nichts daran, dass die Wissensgesellschaft zunehmend die elektronischen Infrastrukturen wie das Herz die koronaren Kranzgefäße braucht und nur so die Zukunft der Wissens- und Informationsgesellschaft konsolidieren kann.

Neben der Wirtschaft ist die Bildung die zweite Säule einer Politik der Wissensgesellschaft, denn das Wissen ist hoch qualifiziert und durch die Geschwindigkeit der Wissensgesellschaft permanent herausgefordert. Das Wissen, das die Wissensgesellschaft einfordert, ist nicht mehr das ›herkömmliche‹ Orientierungs- oder Bildungswissen der bürgerlichen Gesellschaft der Neuzeit. Es ist ökonomisch relevantes Anwendungswissen. Es wird durch seine rasche Alterung geprägt. Die Halbwertzeit von relevanten Informationen nimmt immer schneller ab. Die Konsequenz: die wissensintensiven Sektoren brauchen entsprechend ausgebildetes Personal und eine angepasste Form der Aus- und Weiterbildung sowie eine stärkere Konzentration auf permanente Forschungs- und Entwicklungsleistungen. Deutschland, die Staaten der EU und die Europäische Kommission tragen diesem Umstand seit den 2000er Jahren Rechnung, doch die Frage bleibt: reichen die Anstrengungen in den Bildungssystemen, in der Bildungs-, Forschungs- und Technologiepolitik oder in der Innovationspolitik aus?

Zwei Entwicklungspfade: die prosperierende Wissensgesellschaft versus die frustrierte Wissensgesellschaft

Zur Beantwortung dieser Frage ziehe ich zwei Szenarios des Politikwissenschaftlers Wolfgang Leidhold heran, die dieser Anfang der 2000er Jahre entwickelt hat. Er spricht von (1.) der prosperierenden Wissensgesellschaft und (2.) von der frustrierten Wissensgesellschaft (ebd.: 454ff.).

In beiden Szenarien geht er davon aus, dass die Wissensökonomie zunächst nicht wirklich anspringt: die Märkte erzeugen zwar ein überhitztes Investitionsklima und jedermann möchte von der Hausse an den Aktienmärkten profitieren. Doch die Entwicklung kompetenten Personals und des angewandten Wissens kann damit nicht Schritt halten – die neue Ökonomie erlebt das Produktivitätsparadox: entscheidend für den Durchbruch der Wissensökonomie ist nicht die Verfügbarkeit von neuen Technologien, sondern das Wissen um ihren erfolgreichen Einsatz. Aufbau- und Ablauforganisation der Wirtschaft werden umstrukturiert und es wird klar, dass das entscheidende Wissen nicht in der Technologie sondern in der Organisation und dem Management liegen. Diese Anpassungsschwierigkeiten werden in einer Dekade behoben (Leidhold bezieht sich dabei auf den Zeitraum von 2000 bis 2010) und die New Economy setzt sich als Motor der Wirtschaft durch. Das Paradigma der Wissensgesellschaft wird bestätigt.

Im Rahmen von Szenario 1 (Die »prosperierende Wissensgesellschaft«) hat dies positive Folgen. Der Aufschwung beflügelt die Arbeitsmärkte und führt zu Wirtschaftswachstum und konsolidierten Staatsfinanzen über Steuereinnahmen. Die neue Leistungsfähigkeit der wissensbasierten Ökonomie wird durch die Übernahme von Organisationsmethoden der Wirtschaft auf staatlicher Seite durch e-government kopiert. Dies bedeutet die Rationalisierung von Verwaltungsprozessen und e-policy setzt auf die Regulierung der digitalen Ökonomie. Dies setzt Anpassungen im Bildungssystem voraus, dass erstmals staatliche und private Bildungseinrichtungen arrangiert, um das benötigte Personal der Wissensgesellschaft zu qualifizieren, wobei gleichzeitig eine Straffung und Verkürzung der Ausbildungsgänge erfolgt. Gleichzeitig wird lebenslanges Lernen immer wichtiger, die Halbwertzeit des Wissens verfällt. Die digitalisierte Gesellschaft erfüllt den an sie gerichteten Anspruch dadurch, dass sie eine angepasste Wirtschaftsorganisation, eine angepasste Bildungslandschaft und neue Partizipationsformen in Politik und Gesellschaft formt.

Das Szenario zwei (Die »frustrierte Wissensgesellschaft«) verifiziert diese positiven Erwartungen nicht. Die erwarteten Produktivitätssteigerungen lassen sich nicht realisieren, die Wissensökonomie erleichtert zwar neue Produkte und insbesondere Dienstleitungen, benötigt aber auch einen größeren Aufwand in der Produktion, was zu betrieblichen Auslagerungen in die Weltwirtschaft führt. Dieser Trend wird durch die Globalisierung begünstigt. Nutznießer der Entwicklung sind China, Südostasien und Lateinamerika. Das Bildungssystem allerdings hält mit der Transformation der Industriegesellschaft in die globalisierte Wissensgesellschaft nicht mit. Staatliche Bildungseinrichtungen verkümmern, immer mehr private Anbieter von Bildungsinhalten treten auf den Plan. Es findet eine Verkürzung des Wissens auf wirtschaftsrelevante Informationen und Anwendungswissen statt, bei der das Bildungswissen, das Orientierungswissen und das Erbauungswissen verkümmern. Die ›Produkte‹ dieses Wissens sind wirtschaftlich wettbewerbsfähig, aber weniger lebensfähig oder glücklich. In diesem Prozess entsteht eine Zwei-Klassen-Gesellschaft, in der eine begüterte Elite die Führungspositionen innehat, der es gleichzeitig aber an Orientierungswissen und Bildungswissen mangelt; die andere Hälfte muss sich mit den Überbleibseln eines maroden staatlichen Bildungssystems begnügen und wird sukzessive vom Fortschritt und von dem nötigen Anwendungswissen der Eliten abgekoppelt.

Sowohl der Untergang der Industriegesellschaft durch den Bedeutungszuwachs des Wissens als auch eine komplette Ersetzung der industriellen Fertigung durch eine Wissensproduktion fanden nicht statt

15 Jahre nach dieser Reflektion, hat sich eher das Szenario 1 bewahrheitet. Die wirtschaftlichen und gesellschaftlichen Entwicklungen und die politischen Aktionen waren so komplex, dass sich damals keine eindeutigen Entwicklungspfade absehen ließen. Die Wissensökonomie ist heute ein fester Bestandteil einer digitalisierten Wirtschaft, die sowohl Globalisierung als auch Regionalisierung kennt. Ein kompletter wirtschaftlicher Niedergang der nationalen Wirtschaft fand ebenso wenig statt wie ein Comeback der Nationalökonomie. Vielfältigste

sozio-ökonomische Differenzierungen sind stattdessen das Ergebnis der Wissensgesellschaft, welche die Bedeutung der Industrie betont und die Komponente des Wissens entsprechend in die Produktion von Gütern und Dienstleistungen integriert. Eine ausdifferenzierte Globalisierung war der entscheidende Faktor der sozio-ökonomischen Entwicklung und nicht das Wissen selbst.

Auch die Ausbildungs- und Bildungssysteme folgten keinem monolithischen Trend. Die staatlichen Bildungssysteme wurden etwa in Deutschland reformiert, auch wenn die Verkürzung der gymnasialen Ausbildung sich als nicht zielführend effizient erwies. Das staatliche Ausbildungssystem wurde im Rahmen des Bologna-Prozesses standardisiert und staatliche Universitäten wie zum Beispiel die Ludwig-Maximilians-Universität und die Technische Universität in München rückten zu Eliteuniversitäten im nationalen Ranking des deutschen Bildungsministeriums auf. Gleichzeitig boten private Einrichtungen wie die Zeppelin-Universität in Konstanz am Bodensee oder die private Universität in Witten-Herdecke wettbewerbsfähige Bildungskonzepte an. Nicht Niedergang oder Aufschwung der Wissensgesellschaft waren also die Alternativen der Entwicklung, sondern strukturelle Anpassung und funktionale Differenzierung. Mit Blick auf die großen Veränderungen, die der industrialisierten Welt mit dem Konzept der Industrie 4.0 nun bevorstehen, ist wiederum die Erwartung angebracht, dass eine neuartige industrielle Produktion unter Einbeziehung künstlicher Intelligenz menschliche Arbeit nicht überflüssig macht, sondern im Rahmen struktureller Anpassungen nur anders.

Die Wissensgesellschaft zwingt zur interdisziplinären und internationalen Ausrichtung der Bildungs- und Arbeitsmarktpolitik

Die Anforderungen der Wissensgesellschaft korrespondieren mit Herausforderungen der Zukunft. Hand in Hand gehen dabei die Bildung und die Bildungspolitik in der Globalisierung sowie die Zukunft der Arbeit und der Arbeitsmarktpolitik. Längst werden Wissensmanagement und interkulturelle Kompetenz vom Arbeitnehmer der Zukunft erwartet. Arbeitnehmer erwarten ihrerseits die entsprechenden kosmopolitischen Kompetenzen ihrer Arbeitgeber, sofern sie in internationalen Geschäftsfeldern tätig sind. Dies schlägt sich auf der Nachfrageseite nach Arbeit in den Ansprüchen der Auszubildenden und Studenten der Gegenwart und Zukunft im globalen Maßstab nieder, für die Vernetzung, Interdisziplinarität und Internationalität zur Selbstverständlichkeit geworden sind. Dies bezieht sich nicht nur auf europäische oder nord- und südamerikanische Studenten, sondern beispielsweise auch auf junge chinesische, indische, indonesische, südasiatische oder afrikanische Menschen. Ein großes Potenzial der zukünftigen Bildungseliten liegt in Zukunft außerhalb von Europa. Es verlagert sich in den wissenschaftlich, wirtschaftlich und demographisch weiter anwachsenden pazifischen Raum. Wissen ist die zentrale Ressource für Produktivitätsfortschritte und Wohlstandssicherung. Mehr als 85 Prozent des global verfügbaren Wissens entsteht heute außerhalb Deutschlands. Neue Technologien werden immer komplexer. Wissenschaftliche Arbeit organisiert sich heute viel stärker in internationalen Kontexten. Große und wissenschaftlich fundierte Projekte können nur noch durch eine Bündelung von Ressourcen organisiert und finanziert werden. Ein Beispiel dafür ist die Internationale Raumstation, an der Europa, die USA und Russland beteiligt sind. Bildung avanciert deshalb zur zentralen Herausforderung im 21. Jahrhundert (Schlüter/Strohschneider [Hg.] 2009).

Insofern ist die Internationalisierung für die deutsche und europäische Wirtschaft und Wissenschaft alternativlos. Mit dem Bologna-Prozess wurde eine Angleichung der akademischen Ausbildungswege in Europa geschaffen. Die war mit Blick auf die wachsende Exzellenz der Wissensgesellschaften außerhalb Europas ein wichtiger Schritt, auch wenn man hinsichtlich seiner bildungspolitischen Details Kritik in Kauf nehmen musste. Aber die Internationalisierung von Wirtschaft und Gesellschaft fordert vereinheitlichte, qualitativ vergleichbare und zumindest regional angepasste Wissenssysteme heraus, denn die Kompetenz, sich in einer globalisierten Welt zu orientieren und in dieser zu bestehen, ist aus wettbewerbspolitischen Gründen die zentrale Herausforderung an die Wissensgesellschaft (Schütte, in: ebd: 281).

Junge Menschen, Familien und Bildungseinrichtungen sind in ihren Bildungsentscheidungen vielen theoretischen bildungspolitischen Debatten weit voraus – und prägen das Zukunftsbild einer globalen und kosmopolitischen Wissensgesellschaft

Darauf haben die Bildungssysteme in Europa, in Amerika oder in China und Südostasien und – vor allem – junge Menschen, ihre Eltern und ihre Familien auch reagiert. Viele Familien und Jugendliche legen deshalb auf die internationalen Komponenten in der Ausbildung von Kindern immer mehr wert. Der Markt für kontinuierliche Weiterbildung boomt. Nach dem Adult Education Survey (AES) des deutschen Bildungsministeriums bildet sich mehr als 51 Prozent der Deutschen weiter. Dieser Wert bestätigt den seit 2010 zu beobachtenden Trend einer steigenden Weiterbildungsbeteiligung. Am häufigsten nehmen Erwerbstätige an Weiterbildung teil. Hier hat 2015 gegenüber 2010 auch die Weiterbildungsbeteiligung unter Arbeitern um sechs Prozentpunkte zugenommen, die Weiterbildungsbeteiligung unter Ungelernten und Angelernten stieg im gleichen Zeitraum um sieben Prozentpunkte (Bundesministerium für Bildung und Forschung 2015: 4). Auch in der Berufsausbildung und in dualen Ausbildungssystemen wie in Deutschland sowie im zunehmend international agierenden Mittelstand sind fremdsprachliche Kompetenzen, interkulturelle Kompetenz und das Verständnis für Sachverhalte der Weltwirtschaft heute selbstverständliche Anforderungen, die es mit Blick auf die sozio-ökonomische Wettbewerbsfähigkeit im alltäglichen Berufsleben zu bewältigen gilt. Im wissenschaftlichen Bereich vermeldete der Deutsche Akademische Austauschdienst (DAAD) 2014 für die Internationalisierung der deutschen Hochschulen herausragende Ergebnisse. So erreichte die Zahl ausländischer Wissenschaftler in Deutschland einen zweifachen Rekord: zum einen verzeichnete die Anzahl der Gastwissenschaftler mit 45.000 ein deutliches Plus; zum anderen hat der Anteil ausländischer Wissenschaftler am wissenschaftlichen Personal deutscher Hochschulen zum ersten mal die Zehn-Prozent-Marke überschritten. Darüber hinaus war auch die Zahl ausländischer Studierenden in deutschen Hörsälen mit 300.000 so hoch wie nie zuvor. Im Gegenzug waren die Programme auch im Hinblick auf die Mobilität deutscher Studenten bemerkenswert: ihre Zahl ist 2014 um zwei Prozent auf rund 140.000 gestiegen. Der akademische Austauschdienst ist dabei nicht nur national, sondern auch europäische organisiert. Mobilitätsmotoren waren neben den Individualisierungsprogrammen des Austauschdienstes auch das europäische Erfolgsprogramm ERASMUS, das den Austausch von europäischen Studierenden seit Jahrzehnten erfolgreich fördert und organisiert (Deutscher Akademischer Austauschdienst (DAAD) 2014: 9).

Das Internet gewährt durch seinen Zugang zu weltweit verfügbaren Informationen zum Beispiel über Wikipedia, online gestellte Informationsportale von Universitäten, Bildungseinrichtungen oder Nichtregierungsorganisationen theoretisch einen ersten Zugang für Wissen für jedermann. Nicht nur die ›Gatekeeper‹ der traditionellen Medien entscheiden darüber, welches Wissen für wen, wann, wie und ob überhaupt bereitsteht, sondern zunehmend auch autonom agierende Internetplattformen, soziale Medien, Bildungskanäle oder Blogs von Gruppen und Einzelpersonen. Potenziell kann sich jedermann alle Informationen verschaffen und das Bedeutungs- und Orientierungswissen aufbauen, das zur Daseinsbewältigung und Daseinsgestaltung in einer international arbeitsteiligen Wirtschaft und einer pluralistischen und kulturell stark ausdifferenzierten Gesellschaft immer wichtiger geworden ist. Dass diese Möglichkeiten nicht von allen Menschen in einer Gesellschaft genutzt werden, hat vielfältige oder tief liegende Gründe. Auch in auf Bildung ausgerichteten Gesellschaften gibt es bildungsferne Schichten, die sich Bildung nicht leisten wollen oder können, von Bildungsangeboten nichts halten oder diese für sich nicht als notwendig erachten. In vielen Gesellschaften aber steht die Verringerung von Bildungsferne ganz oben auf der Agenda der Gesellschaftspolitik, da die Gleichgültigkeit gegenüber der Bildungsferne im übrigen auch in Einwanderungsgesellschaften langfristig Probleme und Kosten verursacht. Das Problembewusstsein und das Potenzial der Möglichkeiten sind groß und spielen in Zukunft eine wichtige Rolle. Das erhöht den Zugzwang zur Anpassung an die Wissensgesellschaft. Bildungsferne Schichten kommen mit Blick auf ihre eigene Lage und die Zukunftschancen ihrer Kinder deshalb immer mehr unter Druck.

Zukunft der Arbeit

Die Globalisierung prägt nicht nur die Bildung der Zukunft, sondern auch die Arbeit der Zukunft. Es sind dabei technologische, ökonomische, betriebswirtschaftliche und demographische Antriebskräfte, welche neue berufliche Anforderungen provozieren oder Berufsbilder verändern. Die Globalisierung greift mit Blick auf gesellschaftliche und international arbeitsteilige organisierte Arbeitsstrukturen tief in zukünftige sozio-ökonomische Vergesellschaftungsformen ein. Technologisch betrachtet sind dies künstliche Intelligenz und die weitere Automatisierung und Roboterisierung der Arbeitswelt im Zuge der Industrie 4.0. Gesellschaftlich ist dies eine weitere Durchdringung des alltäglichen Lebens durch ökonomische Sachzwänge, die sich durch die Veränderung der Erwerbsbiographie ergeben. Demographisch werden Fragen der Verbindung von aktivem Erwerbsleben, Rente und medizinischer Versorgung einer alternden Bevölkerung den Gesellschaften ein anderes Gesicht geben, die sich nicht durch eine aktive Demographiepolitik im Spannungsfeld von Flexibilisierungen auf dem Arbeitsmarkt, Integration fremder Menschen im Arbeitsleben und Versorgung von alten Menschen behaupten können.

3. Weniger, bunter, älter: Herausforderungen der Demographie

Die Konsequenzen demographischer Verschiebungen sind eine Herausforderung für die ganze Welt – mit unterschiedlichen Vorzeichen. Die Trennungslinie liegt zwischen den entwickelten Industrieländern und den Entwicklungs- und Schwellenländern. Und: trotz unterschiedlicher Problemlagen sind die verschiedenen gesellschaftlichen Ausgangssituationen und Schwierigkeiten im Zeitalter moderner Globalität miteinander verknüpft.

Doppelte Problemlage: Überalterung und Migration

Während sich die industrialisierte Welt damit konfrontiert sieht, dass sie zunehmend altert und die Fortpflanzungsrate (Fertilitätsrate) abnimmt, sehen sich viele Entwicklungsländer mit dem umgekehrten Problem konfrontiert:

- Die Bevölkerung wächst;
- die Verstädterung nimmt zu;
- ethno-nationale Konfrontationen und Verteilungskonflikte wachsen;
- lokaler Terror, Pandemien wie Aids oder Ebola, Ernährungsunsicherheit

und ökologische Desaster zwingen perspektivisch zur weiträumigen Flucht und Migration;
- das Regierungshandeln hält mit den Herausforderungen der Globalisierung lokal, regional und national nicht Schritt.

Demographische Veränderungen gehören zur Entwicklung eines Landes oder einer Region selbstverständlich hinzu. Sie prägen das Gesicht einer Gesellschaft. Als sozialstruktureller Zustand bestimmt die Demographie den Generationen- und Gesellschaftsvertrag eines jeden Landes. Diese (ungeschriebenen) Grundlagen prägen die Balance in Familien sowie zwischen den lernenden, arbeitenden, ruhenden und zu- und wegziehenden sowie gesunden und kranken Teilen einer Gesellschaft. Sie trimmen die Generationengerechtigkeit zwischen jungen und alten Menschen. Der demographische Wandel beschreibt die Tendenzen der Bevölkerungsentwicklung. Das sind die Altersstruktur, das Verhältnis von Frauen und Männern, der Anteil von Inländern, Ausländern und Eingebürgerten, sowie die Geburten- und Sterbeentwicklung und nicht zuletzt die geographische Verteilung der Bevölkerung im Land. Die entscheidenden Faktoren, die den demographischen Wandel bestimmen, liegen also in den Einflussgrößen Geburtenziffer, Lebenserwartung, Migration und – früher oft vernachlässigt – Integration. Als Gestaltungsaufgabe nimmt er alle Akteure der Gesellschaft mit Blick auf sozio-ökonomische und technologische Innovationen sowie die Renten-, Sozial-, Arbeits- und Gesundheitspolitik in die Pflicht (Turek 2012: 367).

Für die Bundesrepublik Deutschland ist der demographische Wandel seit den 1970er Jahren ein Problem. Seit 1972 ist die Mortalität in der Bundesrepublik höher als die Fertilitätsrate, so dass es trotz der Zuwanderung in den Folgejahren erstmals zu einer negativen Bevölkerungsentwicklung kam (Statistisches Bundesamt 2002: 28-37). Die Geburtenhäufigkeit liegt in Deutschland derzeit bei 1,4 Kindern pro Frau; wobei die Zahl der Frauen, die überhaupt keine Kinder bekommen zunimmt, während Mütter weiterhin zumeist mehr als ein Kind haben (Statistisches Bundesamt 2011: 42 und 400). Dieser Trend setzt sich fort. Laut Prognose liegt die Geburtenrate im Jahr 2030 bei 1,2-1,6 Kindern pro Frau.[6] An diesem Trend wird auch die relative Geburtenzunahme in Deutschland 2015/2016 nichts ändern, die zu einer Tendenz hin zu einer tatsächlichen Geburtenrate von 1,4 bis 1,6 Prozent neigte.[7] Im europäischen Vergleich zählt Deutschland damit nicht nur bei den Geburten zu den schwa-

6 | Statistisches Bundesamt (2011c): Annahmen zur Geburtenhäufigkeit, online verfügbar: https://www.destatis.de/DE/ZahlenFakten/GesellschaftStaat/Bevoelkerung/Bevoelkerungsvorausberechnung/Geburtenannahmen.html?nn=50746, aufgerufen am 18.11.2014.

7 | Vgl. »Babys im Boom«, in: Süddeutsche Zeitung vom 22./23. August 2015.

chen Staaten, sondern verzeichnet auch den deutlichsten Bevölkerungsrückgang mit einem Gesamtsaldo von circa 200.000 Personen zwischen 2009 und 2010 (Statistisches Bundesamt 2011a: 399).

Abbildung 10: Bevölkerungsaufteilung 2010 *Bevölkerungsaufteilung 2030*

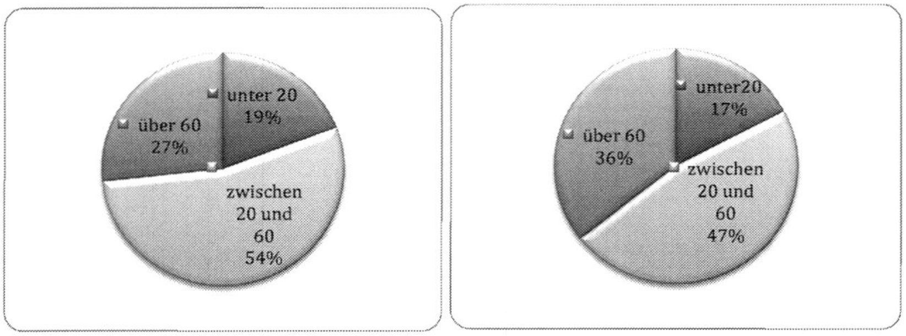

Grafik: Bettina Reiter, C•A•P, basierend auf den Ergebnissen der 12. koordinierten Bevölkerungsvorausberechnung des Statistischen Bundesamtes (Basis: 31.Dezember 2008)

Insgesamt schrumpft Deutschland damit trotz Migration seit 2003. Die einheimische Bevölkerung, also die Gruppe ohne Migrationshintergrund, hat sich zwischen 2005 und 2009 um etwa 1,3 Millionen Menschen reduziert. Hingegen nahm die Zahl der Menschen mit Migrationshintergrund im gleichen Zeitraum um 715.000 Personen zu. Der Grund dafür ist insbesondere der Anstieg der hier geborenen Kinder in Haushalten mit Migrationshintergrund. Bei einem Bevölkerungsanteil von etwa 20 Prozent wurden Schätzungen zufolge im Jahr 2009 214.000 Deutsche mit Migrationshintergrund geboren. Dies entspricht in etwa einem Drittel aller Geburten (Statistisches Bundesamt 2011a: 188). Die Migrationsrate ist in den letzten 20 Jahren ständig gefallen, aber dennoch positiv. In den kommenden Jahren wird von einem jährlichen Wanderungssaldo zwischen 100.000 und 200.000 Personen ausgegangen, was im im Rahmen einer schlechten Variante von abnehmender Fertiltät und geringer Migration im Jahr 2060 zu einer Bevölkerungszahl von 65 Millionen führen würde (Statistisches Bundesamt 2009: 12-14 und 31-35). In einer mittleren Variante schrumpft die Bevölkerung bis zu diesem Zeitpunkt nur auf 70,7 Millionen Menschen. Und bei einer höheren Zuwanderung und Fertilität könnte sich die Bevölkerung bis 2060 gar nur auf 78,4 Millionen Menschen reduzieren.[8] Da die nach Deutschland zuziehenden Menschen im Durchschnitt jünger sind als die fortziehenden, ergibt sich für die deutsche Bevölkerung ein »Verjüngungseffekt«; er reicht aber nicht aus, um die Alterung und Schrumpfung der Gesamtbevölkerung insgesamt aufzuhalten. Mit dem Verhältnis aus

8 | Vgl. »2030. Es kommen härtere Jahre«, in: Der Spiegel Nr. 12 vom 14. März 2015.

Geburten- und Sterberate, der steigenden Lebenserwartung sowie den künftigen Migrationsdynamiken ist der statistische Rahmen der demographischen Entwicklungen abgesteckt. Der alleinige Blick auf die Daten und Fakten reicht aber nicht aus, um die existierende Problemlage in Gänze zu erfassen. In Folge des demographischen Wandels sieht sich die Bundesrepublik Deutschland mit etlichen Herausforderungen konfrontiert, die in vergleichbarer Art und Weise auch für andere Industrienationen gelten (Turek 2012: 369-372).

Gewicht und Dramatik des Themas lasten schwer auf den durch den demographischen Wandel betroffenen Ländern der Welt, denn die Verschiebungen in der Bevölkerungsstruktur kommen verstärkt im Alltag an. Fragen der Gesundheitsfürsorge und Pflege, die Schwierigkeiten der Integration fremder Menschen, das ›Halten‹ der Arbeitsgesellschaft sowie die Finanzierung eines angemessenen Lebensstandards im Alter durch Renten und Pensionen sind bedrängende Themen für Jedermann. Hinzu kommt eine ›heikle‹ Intonation mit Blick auf die Verlängerung des Lebens und den Umgang mit Siechtum, Demenz und Tod – für viele die Disharmonie in der Melodie vom guten Altern schlechthin. Das fordert eine größere Aufmerksamkeit sowie immer stärker ein strategisches Verhalten heraus. Hier geht es um fundamentale gesellschaftliche Problemlagen und somit um eine nicht unerhebliche Abwägung von Problemen, Optionen und Lösungsstrategien. Es stellt sich die Frage, was der demographische Wandel jenseits einer engen Begriffsbestimmung heute eigentlich ist und was das langfristig bedeutet. Und was die strategischen Antworten der globalisierten Gesellschaften darauf sind.

Erfasst werden vier große Zusammenhänge:

- Bevölkerungsrückgang;
- alternde Bevölkerung;
- Migration;
- regionale Ungleichgewichte.

Globalisierung hat dabei den Aspekt der Migration und Integration gegenüber den innenpolitischen Problemen der Finanz-, Renten-, Arbeitsmarkt- oder Bildungspolitik aufgewertet. Denn anschwellende Fluchtbewegungen und Migration aufgrund von Krieg, Diktatur, Elend oder aufgrund des Verlustes der natürlichen Lebensgrundlagen lassen äußerst problematische Perspektiven demographischer Verschiebungen auf der südlichen Erdhalbkugel zu. Wir haben in den Betrachtungen der sicherheitspolitischen Dimensionen der Globalisierung bereits gesehen, das das Flüchtlingsaufkommen Unfrieden auf der Welt produziert und welche sicherheitspolitischen Probleme damit verbunden sind. Als Flucht- und Wanderungsursache kommen Armut, die Zerstörung von natürlichen Lebensgrundlagen oder schlicht der Wunsch nach besseren Lebensbedingungen hinzu. Hierbei wird eine Zunahme der Fluchtursachen –

Krieg und Bürgerkrieg, Menschenrechtsverletzungen, Umweltzerstörung und Armut – prognostiziert, wobei den Ursachen Umweltzerstörung und Armut eine hartnäckige Bedeutung beizumessen ist (Opitz 1997).

Dies führt in der Staatenwelt zu Sorgen, obwohl sie es gerade ist, die nicht nur aus humanitären Gründen aufgerufen ist, zu handeln. Sie muss auch aufgrund von wirtschaftlichen Notwendigkeiten und demographischen Verschiebungen im eigenen Land um Menschen konkurrieren. So benötigt etwa Deutschland nach Schätzungen der UNO bis 2050 ca. 25 Millionen Einwanderer, um das Verhältnis von Erwerbstätigen und Nicht-Erwerbstätigen stabil zu halten. Die Weltbank hat errechnet, dass, gemessen an der Weltbevölkerung insgesamt, die Bevölkerung in den entwickelten Industriestaaten bis 2050 von 12,7 Prozent auf 8,6 Prozent schrumpfen wird.

Die Systeme der sozialen Sicherheit geraten deshalb unter Druck. Diese Länder werden einerseits versuchen, ihre gesellschaftlichen Belange durch den Zuzug von solchen Menschen zu stabilisieren, die als ›genug‹ qualifiziert und ›systemstabilisierend‹ angesehen werden. Sie werden andererseits angehalten sein, solche Menschen abzuwehren, von denen destabilisierende Effekte für die Systeme sozialer Sicherheit und die innere Ordnung zu erwarten sind. Dies hängt sehr eng mit der Überalterung der eigenen Bevölkerung zusammen, welche die Frage nach geeigneten Einwanderungskonzepten auf die Agenda der Industrieländer setzt. So ergibt sich das (inhumane) Dilemma, Armuts- und Umweltflüchtlinge oder Asylbewerber gegebenenfalls abzuweisen – gleichzeitig aber um die Besten und Stärksten in der Welt zu konkurrieren (Weidenfeld/Turek 2002: 105-108).

Abbildung 11: Altersstruktur

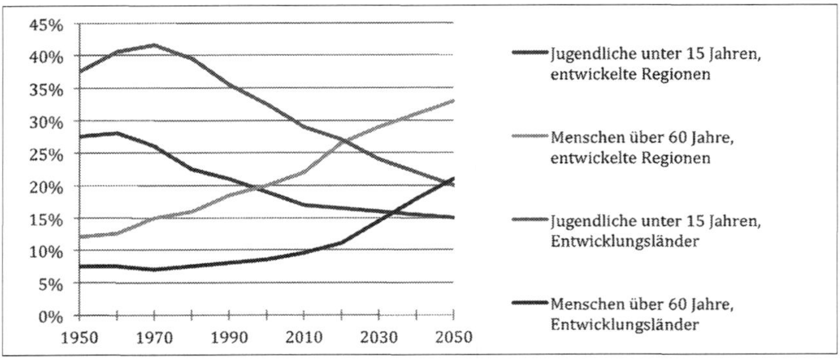

Quelle und Grafik: Vereinte Nationen (UNO)

Das Spannungsfeld von Migration und sozialer Sicherheit wird um den Faktor einer starken Überalterung in fast allen Industriestaaten ergänzt (Bosworth/Burtless 1998). Die Potenziale der modernen Biomedizin werden diese Entwicklung noch verstärken. Im Ergebnis dreht sich die Alterungspyramide von den Füßen auf den Kopf. Der Anteil der Alten gegenüber den Jungen nimmt immer stärker zu. Ursache dieser Verschiebung sind sinkende Geburtenraten und damit eine abnehmende Zahl potenzieller Beitragszahler sowie eine steigende Lebenserwartung und damit höhere Leistungsansprüche pro Kopf. Die durchschnittliche Rentenbezugsdauer wird steigen. Besonders hoch ist der Anpassungsdruck in Staaten wie Deutschland oder Italien, deren Altersversorgungssysteme überwiegend umlage- und nicht kapitalfinanziert sind. Wenn bis zum Jahr 2025 der Altenanteil so stark zunimmt, wird der prozentuale Anteil der Altersversorgung am Bruttosozialprodukt steigen, wobei die zusätzliche Last durch Beitrags- oder Steuererhöhungen von der dann erwerbstätigen Generation zu tragen ist.

4. Der Sog der Metropolen

Mitte der 2000er Jahre lebte erstmals in der Geschichte der Menschheit jeder zweite Mensch in einer Stadt. Und mehr als ein Drittel in städtischen Slums. Im Jahr 2050, so die Prognose der UNO-Organisation Habitat, werden zwei Drittel aller Menschen weltweit in Metropolen leben. Deshalb trägt dieses Millennium den Namen des urbanen Millenniums und seine Menschen nennt man den Homo Urbanus. Die Globalisierung macht aus dem 21. Jahrhundert das Millenium der Städte.[9] Bis heute entstanden Riesenstädte, wie Tokio, oder urbane Konglomerate, wie Los Angelas. Hinzu kamen Riesenstädte wie Kairo, Mexiko City oder Sao Paulo. Ursache dafür sind einerseits die wirtschaftliche und kulturelle Attraktivität der Metropolen und andererseits Landflucht sowie eine allgemeine Verstädterung. Städte in Entwicklungs- und Schwellenländern oder auch moderne städtische Konglomerate galten stadt-, umwelt- oder entwicklungspolitisch zum Teil als Wurzel des Übels städtischer Verwahrlosung. Tokio, das eine der modernsten Städte der Welt ist und nicht in die Liste der problematischen städtischen Konglomerate wie die Städte der Schwellen- und Entwicklungsländer passt, galt dabei mit seinen fast 40 Millionen Einwohnern bislang als Archetyp der Mega- oder Metacities.

Mit 95 Prozent verteilt sich der Großteil des globalen Bevölkerungswachstums in den nächsten zwei Jahrzehnten auf die Städte der Schwellenländer. Auf vier Milliarden Menschen wird sich bis 2030 die Stadtbevölkerung in den Schwellen- und Entwicklungsländern verdoppeln. Als urban explosiv gilt Asien. Bombay und Dhaka werden 2020 zu den fünf größten Städten der Welt zählen – und als Mega- oder Metacities jeweils über 20 Millionen Einwohner beherbergen. Noch führen quantitativ Tokio, New York, Mexiko-Stadt und Seoul die Liste der größten Städte vor Bombay an. Mit Blick auf die Globali-

9 | Vgl. www.unhabitat.org/categories.asp?catid=9, aufgerufen am 23. Oktober 2013.

sierung sind dabei politische, wirtschaftliche und kulturelle Aspekte wichtig. Metropolen waren seit jeher politische Machtzentren der großen Weltreiche und einflussreicher Volkswirtschaften. Beispiele sind Alexandria, Rom oder Konstantinopel. Bisher waren es Städte wie Washington, Paris, Tokio, Berlin, London, Moskau oder Peking, die Regierungssitz des jeweiligen Staates und insofern Konzentrationspunkte von international tätigen Unternehmen, ausländischen Botschaften und Lobbyisten sind.

Hinzu kommen nun die Städte der Schwellen- und Entwicklungsländer, insbesondere in China und den aufstrebenden BRIS-Staaten und anderen Ländern wie etwa Nigeria. Aufgrund ihrer schieren Größe bewirken sie eine vibrierende wirtschaftliche Dynamik. Aus Metropolen wurden erst Megacities und schließlich Metacities mit zweistelligen Millioneneinwohnerzahlen, wie etwa Sao Paulo. Heute nennt man sie auch Weltstädte oder ›Global Cities‹. Und ihre Zahl steigt ständig an.

Im Gegensatz zu früher bildet bei dem Weltstadtbegriff das gesamte Städtesystem der Erde den Bezug. Weltstädte sind Zentren von Industrie und Dienstleistungen mit erheblicher Ausstrahlungskraft. Finanzdienstleistungen, transnationale Unternehmen oder Rechts-, Finanz- und Unternehmensberatungen, Werbe-, Web- und PR-Agenturen oder Steuerberatungen sowie Unternehmensberatungen sind dort ebenso vertreten wie Universitäten, Bildungszentren, Verlage oder weltweit beachtete Zeitungen und Journale. Sie nehmen als ›Brain-Centers‹ eine Spitzenstellung ein. Aufgrund der Verflechtungen der Weltwirtschaft sind sie Knotenpunkte von Verkehr und Kommunikation. Ihre kulturelle Bedeutung liegt in ihrer Anziehungskraft für Künstler und Kulturschaffende. Dort werden Kulturgüter wie Film, Theater, Mode, Architektur produziert. Die bildende Kunst ist hier zuhause und Sportvereine beliebter Sportarten wie Fußball oder American Football von internationaler Bedeutung tragen zum kulturellen Renommee von Städten bei. Global Cities gelten heute als Symbol einer durchgreifenden Globalisierung. Sie stehen im Zentrum eines neuartigen transnationalen Städtesystems. In ihnen konzentrieren sich Steuerungsfunktionen einer weltweit stark diversifizierten Industrieproduktion und der Finanzdienstleistungen. Ihre transnationale Vernetzung wurde dabei durch elektronische Informations- und Kommunikationsinfrastrukturen sowie eine intensivierte Verkehrsinfrastruktur möglich. Die Herausbildung globaler Finanz- und Dienstleistungszentren schuf einen erweiterten Bedarf an unternehmensorientierten Dienstleistungen, die wiederum andere Dienstleistungen anzogen. Aufgrund ihrer Attraktivität realisieren sie eine starke Anziehungskraft. Der Sog der Metropolen fördert die Konzentration der Menschen auf enge Punkte und regt Zuwanderung an, welche die Städte mit Kapazitäts- und Integrationsproblemen konfrontiert und andere Lebensräume veröden lassen kann.

Der Sog der Metropolen ist ein Ergebnis durchgreifender Globalisierung. In Megastädten werden die globalen Ströme von Waren, Dienstleistungen und Kapital und auch von Migranten gelenkt. Megastädte sind sozio-ökonomische Verdichtungen, Schaltzentralen, Wachstumsmotoren und Zentren der Produktivität. Sie erwirtschaften oft den Großteil des landesweiten Einkommens. Bangkok zum Beispiel trägt 40 Prozent zum Bruttosozialprodukt Thailands bei. Gleichzeitig leiden sie unter Schwierigkeiten. Dies sind Umweltprobleme, Infrastrukturschwächen, Versorgungsmängel oder soziale Schieflagen in der Bevölkerung. Konkret sind dies die Wasserversorgung und Abwasserentsorgung, fehlende oder marode Verkehrswege, Umweltverschmutzung und Mängel in der medizinischen Versorgung, Slumbildung, Arbeitslosigkeit, Wohnungsmangel und Kriminalität. Demgegenüber absorbieren sie einen Teil der Bevölkerungsexplosion in Schwellen- und Entwicklungsländern. Die Organisation einer effektiven Infrastruktur für große Menschenmengen erscheint am ehesten allerdings nur in Städten möglich.

Megacities sind Brennpunkte menschlicher Konflikte – und funktionieren trotzdem

Städtische Siedlungsformen gibt es bereits seit etwa 5.000 Jahren. Megastädte sind die Problemkinder unter den menschlichen Siedlungsformen. Sie kämpfen mit gewaltigen Problemen – und funktionieren dennoch. Irgendwie. Für viele Menschen ist die Stadt oft die einzige Hoffnung. Eine effiziente, korruptionsschwache, regelgebundene und nachhaltige Governance der Urbanisierung ist gute Globalisierungspolitik. Städte ermöglichen menschliche Entwicklung und Zugang zur Modernität. Globale Sicherheitsfragen werden in Städten entschieden. Dort wird ausgemacht, ob soziale Probleme oder eine ausufernde Armut zu nackter Gewalt eskalieren und hoher Migrationsdruck entsteht, der wiederum regionale oder internationale Nachbarschaften mit Problemen durch Armuts- und Umweltmigration überzieht. Dort wird auch entschieden, ob Megastädte zum Hort einer wachsenden Kriminalität werden, etwa im Bereich der organisierten Kriminalität mit Drogenhandel, Prostitution, Menschenhandel oder Cyberkriminalität. Megastädte sind paradoxerweise kleinteilig strukturiert, über lokale Solidaritätstrukturen, Nachbarschaften, Familien, Vereine, soziale Netzwerke. Es sind »Städte in Städten«, wie es Klaus Töpfer, ehemaliger Exekutivdirektor des Umweltprogramms der Vereinten Nationen (United Nations Envirorment Program, UNEP) einmal formulierte,[10] der in Ausübung dieser Tätigkeit selbst lange in Nairobi lebte. Stabilität in diesen Städten entsteht dabei nur, wenn ihre Stabilität im Inneren gewährleistet

10 | Vgl. www.bpb.de/gesellschaft/staedte/megastaedte/64801/friedenspolitik-in-staedten, aufgerufen am 10. November 2013.

wird. Herausragend dabei ist das Spannungsfeld zwischen großer Armut und teils überbordendem Reichtum. Gelingt ein relativer Ausgleich sozialer Gegensätze und die Herausbildung einer Mittelschicht, dann avanciert Stadtpolitik zur Friedenspolitik.[11] Ein Beispiel dafür ist Rio der Janeiro in Brasilien. Megastädte mit zehn Millionen, 20 Millionen oder mehr Einwohner übertreffen die Einwohnerzahl mancher europäischen Staaten. Insofern ist Stadtentwicklung ein wesentlicher Aspekt für eine Nachhaltigkeitsstrategie der Globalisierung, bei der nicht nur Staaten miteinander kooperieren, sondern auch die Megastädte der Zukunft. Eine kluge und effektive Urbanisierung gehört so indirekt zu einer Politik der neuen Globalisierung.

Städte sind ein ideales Biotop für die menschliche Entwicklung. Sie befördern Unternehmensneugründungen, die nicht aus der Not (Necessity-Entrepreneurship), sondern aus kreativer Energie heraus (Opportunity-Entrepreneurship) erfolgen. Solche Neugründungen im Rahmen kreativer Energien sind von sehr großer Wichtigkeit, sollen doch Cluster und Standorte in Städten entstehen und zeitgemäße Wertschöpfungsketten realisieren. Dies geht auf die empirischen Befunde des amerikanischen Wirtschaftswissenschaftlers Richard Florida zurück (Florida 2002). Floridas Theorie besagt, dass hoch qualifizierte Köpfe und ihre innovative Kreativität das wirtschaftliche Wachstum einer Region maßgeblich beeinflussen. Die relevanten Faktoren dafür sind für ihn die drei T's: Toleranz, Talent und Technologie: Technologie als Voraussetzung und Katalysator für die schnelle Umsetzung kreativer Ideen, Talent als Basis für die Ausschöpfung von Humankapital und Toleranz als kulturelle Komponente einer freien Umgebung für kreatives Schaffen. Letztere konstituiert sich durch das Zusammenspiel von diversen kulturellen Angeboten, der Vielschichtigkeit der Interessen, Attitüden, und unterschiedlichen Herkunft der Bevölkerung und vor allem der Offenheit und aktiver Toleranz von Mitmenschen. In seinen Studien stellt Florida fest, dass eine solche Atmosphäre insbesondere in Städten wie New York oder Chicago besonders gut wirkt und durch städtische Wohnformen wie etwa Mikrowohnen oder House-Sharing sowie vielfältige kulturelle Angebote und interessante Mobilitätsangebote begünstigt werden kann.

Städte vom Reißbrett werden Globalisierungsknoten der weltweiten Vernetzung

Ein weiterer Aspekt der Urbanisierung kommt hinzu. Aus wirtschaftlichen Gründen entstehen immer mehr Städte auf dem Reißbrett, die zum Beispiel

11 | Die Herausbildung einer Mittelschicht und die Bekämpfung von Armut und Kriminalität etwa in den Favelas der brasilianischen Städte Rio de Janeiro oder Sao Paolo gelten hierbei als Beispiele für eine ›gute‹ Urbanisierungspolitik.

in China oder Saudi Arabien Modernisierungsschübe und die Integration der Länder in ein globales Miteinander ermöglichen sollen. Sie werden zum Beispiel in Dubai geplant als Globalisierungsknoten der weltweiten Vernetzung. Die Führung in Saudi-Arabien hat in der Mitte der 2000er Jahre begriffen, dass das Land seinen Reichtum nicht unendlich lange aus seinen Bodenschätzen und hier insbesondere seinen Ölvorräten beziehen kann. Dabei spielen große Infrastrukturvorhaben, der Wunsch, zur Drehscheibe für internationale Finanzdienstleistungen zu werden, Luxustourismus und eine faszinierende Urbanisierung eine herausragende Rolle. Schaut man auf das Land und die Vereinigten Arabischen Emirate so drängt sich der Eindruck auf: man verwirklicht die Vision von 1000 und einer Nacht im Zeitalter der Globalisierung. Gleiches gilt auch für China. 60 Kilometer südlich von Shanghai errichtet das Büro des deutschen Architekten Meinhard von Gerkan ›Lingang New City‹, eine komplett neue Metropole für 1,3 Millionen Menschen. Abseits der Rohöl- und Gasförderung und der Petrochemie setzt Saudi-Arabien dezidiert auf das Konzept der »Economic Cities«, die in diesem Jahrhundert eine zukunftsfähige moderne Logistik, herausragende Bildungsstätten und eine profitable Finanzwirtschaft zu einem weiteren Pfeiler der saudischen Industrie machen sollen. Vier Mega-Städte sind geplant und strategisch über das ganze Land verteilt. Zentren der Zukunft, der Technologie, der Privatindustrie und, wie die Saudis es sich wünschen, vor allem Zentren der ausländischen Investitionen. Jede Stadt soll dabei bestimmte Industriebereiche bedienen: Die King Abdullah Economic City zwischen Mekka und Medina aufgrund ihrer Lage am Meer zum Beispiel unter anderem die Hafenlogistik, die Prince Abdulaziz Bin Mousaed Economic City (PABMEC) im Zentrum des Landes, entlang zentraler Handelsstraßen gelegen, vor allem Bau und Landwirtschaft. Daneben will das Königreich bis 2020 allein 900 Milliarden US-$ in den Ausbau seiner Infrastruktur investieren: Erst im Juli 2014 hat das Land einen Großauftrag für ein U-Bahn-System in der Hauptstadt Riad an drei Firmenkonsortien vergeben, wo unter anderem auch die deutsche Firma Siemens beteiligt ist.[12]

5. Die Individualität und die Frage nach »meiner Gesellschaft«

Die neue Globalisierung berührt die Identität von Menschen, sozialen Gruppen und Gesellschaften. Einstmals dominante Bezugsgrößen wie Staat oder Nation verlieren an Bedeutung, die Globalisierung bricht vielfach nationale Vergesellschaftungsformen und lokale Anschauungen oder Verhaltensformen

12 | Vgl. www.sueddeutsche.de/wirtschaft/saudi-arabiens-plaene-fuer-die-zukunft-weg-vom-oel-1.1849904, aufgerufen am 23. März 2014.

auf. So werden etwa mit Blick auf ›Best Practices‹ regionale Anbaumethoden in der Landwirtschaft durch aus Globalisierung resultierendem Wissen modifiziert. Oder Bildungsinhalte von Schulen und Universitäten, die sich der globalen Entwicklung des Wissens anpassen. Oder auch die Einlassung auf andere Menschen und Kulturen im Rahmen von internationalen Geschäftskontakten oder Tourismuskonzepten. Andere Normen und Werte, neue Produkte und Dienstleistungen, neuartige Perspektiven brachen in traditionelle Lebensformen ein, ohne diese zwangsläufig existenziell bedroht zu haben.

Im Alltag kontrastiert das Bild von der identitätsgefährdenden Dramatik der Globalisierung mit einer unaufgeregten Anpassung der Menschen durch Kompensation

Insofern verändert die Globalisierung das alltäglich Leben, ohne dass es, wie Anfang der 2000er Jahre befürchtet, zwangsläufig zu nivellierenden Prozessen oder gravierenden persönlichen Nachteilen kommen muss. Die Globalisierung hat keine flächendeckende oder vereinheitlichende Kultur der Anpassung und eine Zerstörung von lokalen oder regionalen Identitäten bewirkt. Allerdings erschien Globalisierung vielen Menschen als ›Nullsummenspiel‹, in dem die Gewinne anderer zwangsläufig gewachsene eigene Besitzstände bedrohen. Formen der Besitzstandswahrung gerieten unter Beschuss. Die Perspektive von Diskontinuitäten in der eigenen Biographie erzeugte Unsicherheit und Zukunftsangst. Auf der Suche nach der eigenen Identität, im Bemühen um eigenen Schutz und bei der Verteidigung des eigenen Terrains wurde das Fremde deshalb auch als bedrohlich interpretiert. So interpretierte zum Beispiel die Politikwissenschaftlerin Gesine Schwan im Dezember 2014 die Entstehung des Bündnisses »Patriotische Europäer gegen die Islamisierung des Abendlandes« (Pegida) im Osten Deutschlands auch als kollektives Ventil, um Abstiegsängste zu formulieren und Frustrationen der Globalisierungszumutungen irgendwie emotional loszuwerden.[13]

Gleichzeitigkeit von Universalismus und Fragmentierung als Dichotomie der Globalisierung

Es wurde einerseits klar, dass der Universalismus der Globalisierung gleichzeitig eine Abgrenzung und Fragmentierung in den einzelnen Gesellschaften zur Folge hat. Volkszugehörigkeit und traditionelles Brauchtum, Geschichte und nationale Bindungen gewannen demgegenüber andererseits aber an Kraft. Die Entwicklung der letzten zehn Jahre hat gezeigt: Globalisierung wurde von

13 | Vgl. »Abstiegsängste bringen Wut hervor«, in: Bonner Generalanzeiger vom 23./24. Dezember 2014.

Individuen oder sozialen Gruppen durch Anpassungsstrategien zum Teil neutralisiert. Ralf Dahrendorf hatte die Dichotomie der Globalisierung anfänglich dramatisiert. Für ihn war dieser Lokalismus ein »Integrismus«, also die Suche »nach der Aufhebung der großen Dichotomien, vor allem der von Sphären des Glaubens und Sphären der Vernunft«, eine Suche nach Gemeinschaft in allen möglichen Formen. Er schrieb vor 15 Jahren:

»Man muss schon sehr fortschrittsgläubig sein, um in solchen Tendenzen nur Maschinenstürmerei zu sehen, die bald vom Fortschritt der Technologie erledigt wird. Wahrscheinlicher ist, dass beide Tendenzen, Globalisierung und Integrismus, zugleich stärker werden. Es gibt eine wilde und erbarmungslose Globalisierung und einen gewaltsamen Integrismus. Wer von beiden den Sieg davon tragen wird, ist nicht leicht vorauszusagen[...]. Wenn (aber) etwas bei der Doppelentwicklung auf der Strecke bleibt, dann ist es der Nationalstaat als Gehäuse von Rechtsstaat und Demokratie« (Dahrendorf 1997).

Diese Befürchtung hat sich mit Blick auf die westlich-plurale Gesellschaft nicht bewahrheitet, auch wenn sich innerstaatliche oder innergesellschaftliche Konflikte im Gegensatz zu zwischenstaatlichen Konflikten häuften und der Konflikt zwischen dem Westen und dem radikalen Islamismus zum wahren Clash of Civilization geworden ist. Wie etwa die europäische Integration der letzten 20 Jahren zeigte, gehen Globalisierung und regionaler Integrismus trotz populärpolitischer Aktionen und der äußerst bedenklichen Verschuldungs- und Währungskrise der 2000er und 2010er Jahre auf einer sachlich rationalen Ebene Hand in Hand. Die neue Globalisierung beförderte und forderte auf individueller, regionaler und nationaler Ebene die Entstehung von Kompensationsmechanismen gegenüber ihren Umstellungszumutungen und brachte eine zögerliche Kultur der Resillienz hervor. Der Begriff ist in der politischen Debatte relativ neu. Er lässt sich mit Widerstandsfähigkeit übersetzen und meint, dass menschliche Individuen und soziale Systeme so beschaffen sind, dass sie unliebsame Entwicklungen und Gefahren nicht (mehr) verhindern können, aber dass sie es schaffen, intelligente Anpassungsstrategien zur Beherrschung ihrer Folgen zu entwickeln. Im Mittelpunkt stehen also nicht die Vorkehrungen, die verhindern können, dass eine ungünstige oder gefährliche Entwicklung eintritt[14], sondern Maßnahmen und Mechanismen, um mit ihren Folgen fertig zu werden und in Zukunft dann damit leben zu können. Dies gilt zumindest für die USA und Kanada, Japan und Südostasien, Europa, Südamerika, Asien, Australien und selbst gewisse Teile Afrikas. Eine gewisse Ausnahme bildet der grüne Gürtel des Islam von Marokko am Atlantischen Ozean über Nordafrika, den Nahen und Mittleren Osten bis nach Malaysia,

14 | Wie etwa beim Klimawandel oder bei der Bevölkerungsexplosion.

Indonesien und Teile der Philippinen am Pazifischen Ozean, der zum Teil eher abweisende kollektive Reaktionsmuster auf Globalisierungsprozesse entwickelt hat. Teile der Bevölkerung gerieten immer mehr in den Strudel einer Radikalisierung und in einen irrationalen und antimodernistischen Obskurantismus.

Die ›Kompensation der Globalisierung‹ erweist sich als intelligente Anpassungsstrategie der Resilienz

So erwies sich die Kompensation als intelligentes Anpassungsmuster an die Globalisierung. Dies hatte in den letzten 30 Jahren Auswirkungen auf individuelle Lebensentwürfe und Lebenssachverhalte und den sozialen Zusammenhalt. Dabei gerieten allerdings früher verbindliche Sozialisationsformen wie Ehe oder (Groß-)Familie und kirchliche Bindungen durchaus unter Beschuss. Entgegen verbindlichen Loyalitäten und klaren Bekenntnissen zur Zugehörigkeit in Gruppen, Glaubensformen oder Lebensverbünden triumphierten der Individualismus und Eklektizismus der Bürger (Weidenfeld/Turek 2002: 44ff.).

Der Eklektizismus der Bürger ist dabei der Kompensationsmechanismus

Die Globalisierung hat die Abschwächung familiärer Bindungen und kollektive Sinnverluste verstärkt. Familien prägten das Leben in der Agrar- und Industriegesellschaft. In ihnen wuchs die größte Zahl der Kinder mehr oder weniger geordnet auf. Familien stellten das größte Potenzial für die Vermittlung von Werten der Solidarität und Gemeinschaft. Sie waren der Rahmen für ein stabiles gesellschaftliches Miteinander. Familien erlebten im Rahmen der dritten Globalisierung die größten Umbrüche seit der industrielen Revolution. Stabilität und Sicherheit der familiären Basis bröckelten. Der dominante Familientypus der Industriegesellschaft, die Versorgerehe, in welcher der männliche Haushaltsvorstand auf Dauer die ökonomische Basis der ganzen Familie sichern konnte, wurde – zumindest in der westlich geprägten Welt – zu keinem Ehe- und Familienideal, das die Bevölkerung in großer Mehrheit leben kann oder will (Bertram 1997: 9).

Kollektive Sinndefizite sind das Ergebnis einer undurchschaubar gewordenen Welt, in der keiner Institution mehr ein Monopol an Sinnstiftung zugebilligt wird. Regierungen, Parteien, Kirchen, Gewerkschaften, Verbände, und damit politische Programme, Ideologien oder Religionen durchleben eine Krise der Legitimität und haben an bindender Kraft verloren. Viele Länder und ihre Gesellschaften gingen seitdem durch eine Phase der Entkirchlichung. In ganz Europa muss sich die katholische wie die protestantische Kirche zwischen einer Nischenexistenz oder einer gewandelten öffentlichen Funktion für große Teile der Gesellschaft entscheiden (Huber 1998). Die säkularen Impulse der Globalisierung, ihr Materialismus und die Vielzahl spiritueller oder politischer Alternativen führte zu einer Vorstellung von der Funktion der Gesellschaft, die auf religiöse Sinngebung auf traditionelle Art und Weise verzichten konnte und wollte. Traditionelle religiöse und sinnstiftende Bedürfnisse wanderten aus den überkommenen Institutionen aus und suchten eine neue Heimat auf einem anderen spirituellen Terrain. Die Individualisierung hat gewachsene Selbstverständlichkeiten und Traditionen innerhalb weniger Generationen aufgelöst. Entlastende Rituale sind zerbrochen, zentrale Institutionen geschwächt. Wo früher stabile gesellschaftliche Einrichtungen ein stabiles ›Sozialkapital‹ bildeten, dominieren heute individuelle Lebensentwürfe. In vielen liberal-demokratischen Gesellschaften hat sich die Wirksamkeit gesellschaftlicher Bindungskräfte verringert. Das Sozialkapital alter Art ist erodiert (Berger 1997; Putnam 2001). Gleichzeitig kompensierten ›intermediäre Institutionen‹ wie Familien, NGOs, soziale Bewegungen, Beratungsinstitutionen oder gesellschaftliche Ordnungsinstanzen und neue Sinnanbieter kollektive Defizite, die aus der Individualisierung und dem Bedeutungsverlust traditioneller Deuter entstanden sind (Luckmann 1998). Die globalisierte Gesellschaft produziert so eine Gleichzeitigkeit von Gegensätzen.

Im Ergebnis entstand die ›Sowohl-als-auch-Gesellschaft‹

Der Trendforscher Matthias Horx erklärte diesen Mechanismus der ›Sowohl-als-auch-Gesellschaft‹ bereits Mitte der 1990er Jahre mit dem Begriff der Eklektik: Eklektizismus, also die beliebige Auswahl von bereits vorhandenen Handlungsoptionen, sei schlicht Ausdruck der Ausdifferenzierung unserer Kultur. Das heißt, es gibt nicht nur für nahezu jede Idee auch eine Option, sondern auch eine bereits bestehende konkrete Umsetzungsmöglichkeit. Der Mechanismus ist für Horx einfach:

> »Für das Individuum ist immer das, was man nicht hat, begehrenswert. Wer Bindung hat, möchte Freiheit und umgekehrt. Wer Atheist ist, sehnt sich nach religiöser Inbrunst. Wer technisch, logisch, funktional in die Welt blickt, sehnt sich alsbald nach alles überschwemmender Romantik. Da die Rhythmen dieser Umorientierungen immer schneller erfolgen, ›montiert‹ sich der Einzelne aus den verschiedenen Widerspruchsebenen ein eigenes Universum. Je nach Bedarf und Gelegenheit wird entweder das eine oder das andere Element betont. So entstehen treue Bohemiens, fromme Atheisten, eiskalte Romantiker« (Horx 1995: 58).

Der Ekletizismus stößt aber schnell an Grenzen

Der Zuwachs an individueller Freiheit und der Luxus einer individuellen Wertewelt sind verbunden mit größerer Eigenverantwortlichkeit und einer sich ständig anreichernden Identität. Jeder Einzelne muss seinen sozialen Zusammenhalt permanent selbst organisieren und pflegen. Auch Organisationsdebatten mit Blick auf ein modernes Management griffen diese Trends der individualisierten Lebensführung auf. Die Management-Beraterin Gertrud Höhler packte diese Erkenntnis etwa in die griffige Formel des Sinn-Managements (Höhler 2002). Die Spaßgesellschaft hat in diesem Konzept ihre Gewissheiten verloren. Die Ich-AG stand plötzlich vor dem Konkurs, weil sie keinen Sinn stiften kann, der den Menschen Zuversicht und Orientierung, vermittelt. Das Plädoyer der Kommunitarier in den USA wies ebenso auf die Sinn- und Verantwortungsschwächen pluraler Gesellschaften hin (Etzioni 2000) wie die Konjunktur der Bürgergesellschaft und neuer Sinnanbieter in Europa, von Sekten bis hin zu alternativen sozialen Bewegungen. Sie reduzierten die permanenten Zwänge zur eigenen Integration und physischer Selbstbehauptung durch die Vermittlung von Identität und das Angebot von kollektivem Schutz. Dies hat gezeigt: moderne Gesellschaften brauchen kollektiv gültige Wertmaßstäbe und keine ad-hoc-Selbstvergewisserung im Maßstab von moralischen Discountern. In der pluralistischen Gesellschaft haben sich viele Selbstverständlichkeiten aufgelöst, und die Freiheiten des gesellschaftlichen Lebens stellen immer höhere Anforderungen an das Entscheidungsvermögen des Individuums. Deshalb sprach schnell vieles dafür, dass Individualisierungstendenzen oder eklektische Selbstdefinitionen aufgrund ihrer flachen Sinngebungskraft in der westlich-pluralen Gesellschaft schnell auch wieder an ihre Grenzen stoßen.

Neue Sinnanbieter kompensieren Sinndefizite individueller Selbstverwirklichung

In der Konsequenz hat das Interesse an alternativen Religionen, Sekten oder anderen Glaubensrichtungen im säkularen 20. Jahrhundert stark zugenommen. Der ehemalige Missionar David Barrett, der Ende des 20. Jahrhunderts die Entstehung alternativer und neuer Religionen zum Gegenstand breit angelegter Untersuchungen in anschaulicher Form gemacht hatte, stellte fest, dass Religionen überall auf der Welt in einem enormen Tempo entstehen oder sich verändern. Fast 10.000 eigenständige Religionen hat Barrett statistisch erfasst und pro Tag kommen immer noch neue hinzu (Kreye 2002). So sind viele Glaubensrichtungen mit regionaler oder globaler Ausstrahlung entstanden, etwa der Sufi-Orden mit über 50 Millionen Mitgliedern in Zentralasien und Indien, oder die japanische Sokka Gakkei International mit 18 Millionen

Anhängern in 115 Ländern. In der globalisierten Gesellschaftswelt, so steht zu erwarten, wird der integrierende Charakter der neuen religiösen Bewegungen wichtiger, da sie ein Netz von Beziehungen schaffen, das vor allem für die Zuwanderer in den schnell wachsenden Metropolen die traditionellen Netzwerke ersetzen, ob auf Manhattans Lower Eastside, in den Favelas von Rio oder den Slums von Lagos.

Allerdings könnten sich im 21. Jahrhundert einige Sinndeutungen weiter abschwächen; spirituell verbrauchte Deutungsmuster werden die Suche nach anderen oder neuen Orientierungen inspirieren. Die Frage stellt sich, welche Leitbilder und Deutungen sich in Zukunft bilden und gegebenenfalls im Wettbewerb als Deutungshoheit durchsetzen werden.

Neben spirituellen Wegweisungen entwickeln sich dabei auch rationale Leitbilder, mit denen die Menschen zusätzlich in einer technologisch geprägten globalisierten Gesellschaft Orientierung erhalten. Ihnen wird eine festigende Kraft für die Bewältigung von Zukunftsaufgaben zugeschrieben. Eine Vorstellung, die hier an Kontur und Anziehungskraft gewonnen hat, ist das Bild der Schwarmintelligenz. Es verkörpert den Glauben an die Kraft der Rationalität. In der neuen Welt hat sich die Vorstellung verstetigt, dass menschliches Handeln im Rahmen des Kollektivs intelligenter und zielführender sein kann als individuelles Handeln und dass sich im Rahmen der zeitgenössischen Netzwerke im Internet eine Art kollektive Superintelligenz organisieren lässt. Dieser Ansatz ist insofern bemerkenswert, als dass sich dadurch eine Substitution emotional-spiritueller Sinnsuche durch eine eher rationalistische Deutung anbahnen könnte, die dann später wieder spirituell untermauert werden könnte. Wieder entsteht so das Bild des Kulturbruchs, das der Journalist Frank Schirrmacher mit Blick auf das Internet einst geschaffen hatte (Schirrmacher 2013).

6. Die Sache mit der Schwarmintelligenz

Mit Blick auf die Umstellungszumutungen der Globalisierung wird dem Begriff und dem Konzept der Schwarmintelligenz als Lösungsinstanz komplexer Problemlagen eine große Bedeutung beigemessen (Lux 2011; May 2011). Diese Betrachtung wurde Anfang der 2010er Jahre populär und der Grundgedanke dabei ist: nicht Einzelne im ›Elfenbeinturm‹ oder patriarchalische System mit autoritären Entscheidungssystemen kommen zu situationsgerechten und problemadäquaten Lösungen, sondern Kollektive mit flachen und entspannten Hierarchien, sofern sie sich im Wissen um ihre kollektive Stärke im Rahmen einer intelligenten Selbstorganisation zusammenfinden. Intelligenz bezeichnet allgemein die Fähigkeit, Sachverhalte zu verstehen und zwischen verschiedenen Handlungsoptionen zu wählen. Sie ist der Begriff für die kognitive Leistungsfähigkeit des Menschen. Schwarmintelligenz wird auch kollektive Intelligenz oder Gruppenintelligenz genannt. Der zentrale Gedanke, der sich hinter diesen Begriffen versteckt ist, dass Kommunikation und daraus abgeleitetes Handeln von Individuen eine Art Superorganismus hervorrufen, der menschliche Entscheidungssituationen besser bewältigt als das Individuum.

Naturwissenschaftlich gelten der Ameisenstaat oder der Bienenschwarm hierbei als eine Art Leitbild, um das System der Schwarmintelligenz zu veranschaulichen und im Grundsatz besser zu verstehen (Miller 2010). Eine Ameise hat ein begrenztes, aber sehr funktionales Verhaltensrepertoire. Im selbstorganisierenden Zusammenspiel ergeben sich jedoch Verhaltensmuster, Abläufe und Resultate, die aus menschlicher Sicht intelligent erscheinen. Die Individuen staatenbildender Insekten agieren mit eingeschränkter Unabhängigkeit, sind in der Erfüllung ihrer Aufgaben jedoch zielgerichtet. Die Gesamtheit solcher Insektengesellschaften wie Ameisen oder auch Bienen ist leistungsfähig, was auf die spezifische Form der kollektiven Selbstorganisation zurückgeführt wird. Hier entsteht die entscheidende Brücke zur Hirnforschung und zum Internet. Das Gehirn wird als Zusammenspiel eines Superorganismus aus an sich ›unintelligenten‹ Individuen betrachtet, nämlich der Neuronen. Ein Neuron ist nichts weiter als ein Integrator mit Reaktionsschwelle. Erst das komplexe Zusammenwirken von Milliarden von Neuronen ergibt, was der Mensch unter Intelligenz versteht.

Der Kybernetiker Francis Heylighen betrachtet das Internet als solchen Organismus. Eine Gesellschaft könne als vielzelliger Organismus angesehen werden, mit den Individuen in der Rolle der Zellen. Das Netzwerk der Kommunikationskanäle, die die Individuen verbinden, spiele die Rolle des Nervensystems für diesen Superorganismus. Der Schwarm ersetze das Netzwerk also nicht, sondern bilde die Basis für die Entwicklung einer höher stehenden Intelligenz. Es geht demnach also um eine qualitative Aggregation menschlicher Intelligenz.[15] Die Soziologie versteht darunter gemeinsame, konsensbasierte Entscheidungsfindung. Schwarmintelligenz sei ein altes Phänomen, auf dass Fortschritte in der Informations- und Kommunikationstechniken lediglich verstärkt hinweisen. Das Internet vereinfache wie nie zuvor, dezentral verstreutes Wissen zu koordinieren und deren kollektive Intelligenz auszunutzen.

Das Internet und die sozialen Netzwerke werden dabei als eine Art Krönungsweg gesehen, um solche Lösungen zu erarbeiten oder auch demokratischere Wege zu gehen, als patriarchalische oder autoritäre Entscheidungs- und Lösungssysteme anbieten können. In einer positiven Interpretation des partizipativen Gedankens der Schwarmintelligenz heißt das: der Schwarm

---

15 | Vgl. http://de.wikipedia.org/w/index.php?title=Kollektive_Intelligenz&redirect=no, aufgerufen am 28. Oktober 2014.

wird zum Souverän.[16] Nicht nur die Werbebotschaften der Parteien oder die ›Gate-Keeper‹ der Medien bestimmen das Bild, sondern zusätzlich auch eine dezentrale und selbstbewusste Meinungsbildung über das Netz. Blogs, Wikis und Internetmedien bestimmen die Lagebeurteilung des Tages heute ebenso wie früher die klassischen Leitmedien und gewinnen mit Blick auf direkte oder repräsentative Demokratie so ein Stück weit Deutungshoheit über die Bewertung der sozio-ökonomischen und politischen Realität. Wirtschaftlich bedeutet das: der Schwarm wird Faktor der Ökonomie 4.0. Kollektive Datensammlungen und Entscheidungsprozesse seien allemal besser als individuelle, so die These. Die Schwarmintelligenz wird zur Unterstützung von geschäftlichen Entscheidungsfindungen eingesetzt. Beispiele sind Crowdsourcing oder Social Forecasting als web2.0-Tool.[17] In diesem Zusammenhang wurde der Cyberspace als der Superorganismus der kollektiven Intelligenz gefeiert. Mit Blick auf die Fülle zusammenhangloser Informationen oder dümmlicher Interaktionen etwa im Bereich der sozialen Medien wird zu Recht allerdings auch von kollektivem Unwissen und Datenmüll gesprochen. Dennoch wird weiterhin das Internet metaphorisch als eine Art globales Gehirn betrachtet. Die Frage allerdings ist, was dieses Gehirn produziert und was diese Produktion dann auch wirklich für die Gesellschaft oder wen auch immer wert ist. Oder anders gefragt: wie hoch ist der Intelligenzquotient (IQ) des Netzes wirklich?

Ist die Auffassung von der innovativen Kraft der Schwarmintelligenz ein Etikettenschwindel?

Die Frage aber ist, ob das so wirklich stimmt, wann das zutrifft und welche Bedeutung dies wirklich hat. Es bestehen Zweifel, Gedanken an einen Etikettenschwindel der Schwarmintelligenz und auch Bedenken hinsichtlich der Manipulationsmöglichkeiten des Internet kommen auf (Schimmelpfennig/

16 | Interview mit Kurt Biedenkopf in: Frankfurter Allgemeine Sonntagszeitung vom 21. Oktober 2012.

17 | Crowdsourcing bezeichnet das Auslagern traditionell interner Teilaufgaben an eine Gruppe freiwilliger User, zum Beispiel über das Internet und ist an den Begriff des Outsourcing angelehnt; vgl. http://de.wikipedia.org/wiki/Crowdsourcing, aufgerufen am 28. Oktober 2014; Social Forecasting ist ein Crowdsourcing-Ansatz, dessen Ziel es ist, das verteilte Wissen von Mitarbeitern und Experten zu aggregieren und in quantifizierbare Geschäftskennzahlen umzuwandeln, die dem Management zur Verfügung stehen Es ist eine Methode, um mithilfe des kollektiven Wissens einer Gruppe Aussagen über den Ausgang zukünftiger Ereignisse zu entwickeln. Unternehmen nutzen Social Forecasting, um Prognosen oder Analysen von ihren Mitarbeitern für zukunftsweisende Fragen zu erhalten; vgl. http://de.wikipedia.org/wiki/Social_Forecasting#cite_note-1, aufgerufen am 28. Oktober 2014.

Jenewein 2014). Wie, zum Beispiel, verhält es sich bei diesem Gedankenkonstrukt mit dem Bezug von Intelligenz und Bewusstsein? Ein Faktor, der bei der Analyse von Insekten-, Fisch- oder Vogelschwärmen ausgeblendet ist. Wann entscheiden nicht rational ausgefeilte und in keiner Weise emotional belastete Informationslagen über politische, wirtschaftliche oder gesellschaftliche Organisationsfragen, sondern – gegen jede Vernunft – Vorurteile, dumpfe emotionale Stimmungen oder, im schlimmsten Fall, massenhaft erzeugter Wahn? Ab welchem Grad der Komplexität und Schwierigkeit der zu bewältigenden Problemlage greift das Konzept der Schwarmintelligenz, und wann nicht? Wann also kippt die Schwarmintelligenz und führt zur Schwarmdummheit, die schädlich für die Regelung von wirtschaftlichen, gesellschaftlichen oder politischen Sachverhalten ist? Hier kollidiert die Vorstellung von der Schwarmintelligenz mit Interpretationen der Massenpsychologie, die seit 100 Jahren unversöhnlich gegeneinander stehen mit Blick auf mechanistische Weltbilder der Naturwissenschaften und die früh davor gewarnt haben, wie Massen – oder heute würde man sagen Schwärme – durch Agitation und Manipulation in abstruse gesellschaftliche Lebenslagen geleitet werden können (Le Bon 1922; Weber 1922; Freud 1921).

Die (neue) These der Schwarmintelligenz ist von ebenso begrenzter Gültigkeit wie die (alte) These von der Überlegenheit der (industriellen) Gruppenarbeit

Ein interessanter ›Nebenfluss‹ der Diskussion um die Bedeutung der Schwarmintelligenz ist dabei betriebswirtschaftlicher Natur. Es geht hier um die Euphorie hinsichtlich der Bedeutung der Gruppenarbeit in der Industrie, die den stumpfen ›Fordismus‹ der industriell geprägten Bandarbeit durch eine an Gruppendynamik ausgerichtete Arbeit ersetzen sollte, die aber auch die in sie gesetzten Erwartungen so nicht erfüllen konnte, wie man sich dies einmal erhofft hatte. Die These von der industriellen Gruppenarbeit besagte im Kontext der Überwindung starrer Produktionsprozesse in der frühen Industriegesellschaft, dass die zunehmende Zerlegung der Arbeitsvollzüge im Zuge der Rationalisierung industrieller Produktionsprozesse, die durch den Taylorismus und Fordismus praktiziert worden waren, eine seelenlose Arbeitsweise entstand, die nicht nur inhuman war, sondern aufgrund von Qualitätsmängeln in der Produktion auch nicht wirklich förderlich für eine gute Rendite des investierten Kapitals. Der Gedanke der Gruppenarbeit lenkte die Aufmerksamkeit auf emotionale und motivierende Aspekte der Arbeit in der Massenproduktion und die Kritik daran führte zu betrieblichen Pilotprojekten und zu Reformvorschlägen in der Sozial- und Arbeitswissenschaft.

Der Begriff bezeichnete ein neues arbeitsorganisatorisches Konzept, das einen in kleinste Arbeitsschritten zerlegten und somit nahezu atomisierten Arbeitsprozess in die selbstständige Regelung einer Gruppe von Arbeitnehmern überführt und dort die interne Regelung der Aufgabenverteilung angesiedelt. Konkret hieß dies etwa bei dem schwedischen Automobilhersteller Volvo in den 1980er und den 1990er Jahren, dass die Produktion eines Autos von Teilen der Bandarbeit getrennt und in einen qualitätssichernden Prozess einer autonomen Gruppenarbeit überfuhrt wurde, wobei die Partizipation der Gruppenmitglieder in der Zuweisung einzelner Aufgaben und der Problemlösung den Sinn der Gruppenarbeit definierten. Bei Gruppenarbeit wird die Arbeitsaufgabe eines Arbeitssystems teilweise oder ganz durch mehrere Arbeitspersonen erfüllt. Gruppenarbeit im engeren Sinn liegt vor, wenn bei einem oder mehreren Ablaufabschnitten gleichzeitig mehrere Menschen am selben Arbeitsgegenstand zusammenwirken.[18] Das Konzept wurde damals besonders wohlwollend von der stark automatisierten Automobilindustrie aufgenommen, deren Ablauforganisation im Rahmen von standardisierten Arbeitsschritten vollzogen wurde. Der ›Benchmark‹ war damals insbesondere mit Blick auf die Qualitätssicherung Japan. Eine große und weltweit beachtete Studie von James Womack aus den 1980er Jahren entdeckte und empfahl seinerzeit den Automobilproduzenten das japanische Organisationskonzept der ›Lean Production‹ (im japanischen auch ›Kaizen‹ genannt) mit flexiblen Fertigungsgruppen (Womack et al. 1991). Hinzu kamen später ›Just-in-Time- Fertigungsprozesse (spektakulär von dem spanischen Industriemanager José Ignacio Lopez bei Opel und dann VW umgesetzt) und eine Durchrationalisierung aller Fertigungsstufen von modernen Automobilen. Der Gedanke bei diesen Reformvorhaben war dreigeteilt: (1.) eine bessere Qualität der Produktion aufgrund einer humaneren Arbeitsorganisation, (2.) motivierte und gesunde Arbeitnehmer und dadurch ein verringerter Krankenstand und weniger Fluktuation sowie (3.) verringerte Produktionskosten als Ergebnis beider Organisationsformen. Hinzu kamen positive Erwartungen hinsichtlich der Bewertung eines Unternehmens seitens der Öffentlichkeit und der Politik. Anführer dieser (kleinen) industriellen Revolution war damals der japanischen Technologie- und Automobilhersteller Toyota. Namhafte Hersteller wie VW, Audi, BMW oder Mercedes folgten.

Das Konzept war innovativ und in seiner Zeit revolutionär. Allerdings zeigte sich auch, dass sich Gruppenarbeit auf Dauer nur bewährt, wenn bestimmte betriebliche Faktoren und Organisationsformen stimmen. Erfolgreiche Gruppenarbeit ist an spezifische Ausprägungen in der Arbeitsorganisation gebunden. Dies sind die Durchführungsautonomie, die klare Definition der Aufgabe, die Planungsautonomie, die personelle Kontinuität der Arbeit, ausreichende Kommunikationsmöglichkeiten, und, ganz wichtig, die Gruppengröße, und natürlich die Qualifikationsstruktur der Gruppenangehörigen. Es hat sich gezeigt, dass, wenn eine Reihe dieser Kriterien nicht greifen oder die Synergie

18 | Vgl. http://de.wikipedia.org/wiki/Gruppenarbeit_(28Arbeitsorganisation_), aufgerufen am 20. Oktober 2014.

der Gruppenarbeit nicht fasst, das Konzept nicht gut oder praktisch gar nicht funktioniert. Insofern hat sich die fast grenzenlose Euphorie hinsichtlich dieses Konzepts gelegt; es wurde vielmehr seitdem oft in kluger Differenziertheit und betriebswirtschaftlich ausgefeilter umgesetzt und verbindet heute – gerade in der Automobilindustrie – roboterisierte mit menschlichen Arbeitsabläufen. Darüber hinaus bestehen diese Zweifel auch mit Blick auf den Nutzen der Schwarmintelligenz für Unternehmen. Der Mathematiker Gunter Dueck, der neben einer wissenschaftlichen Tätigkeit an der Universität Bielefeld auch als Manager im Wissenschaftlichen Zentrum des Unternehmens IBM gearbeitet hat, beschreibt in einer sanft formulierten Polemik, wann aus Schwarmintelligenz Schwarmdummheit werden kann. Und wie es dazu kommt. Er führt dies auf dynamische gruppenpsychologische Prozesse zurück, die sich aus schlechten oder mittelmäßigen Entscheidungen der Führungsriegen bis in die unteren Teamebenen eines Betriebes durchfressen können und die gruppendynamische Zwänge erzeugen, denen sich niemand – trotz Zweifel oder besseren Wissens – in der Hierarchie widersetzen kann oder will. Das wiederum münde in dauerhafte Mittelmäßigkeit ein, die jede Kreativität erstickt und im Zweifel für das Unternehmen im Wettbewerb schwere Folgen nach sich ziehen könne. Verfestigen sich nicht intelligente Entscheidungen und Verfahren, gebe es ein böses Erwachen, wenn diese Betriebe die Realität einhole. Nach dieser pointierten Betrachtung ist die Schwarmdummheit ein Grundübel, gegen die der Einzelne oft nichts ausrichten könne, obwohl sie doch irgendwann von vielen erkannt worden sei und die eigentlich niemand haben wollte. Mit einem ironischen Blick auf die gelegentlichen Absurditäten von Arbeitsteilung und Meeting-Kultur vermerkt Dueck schlicht: »Das Ganze ist dümmer als die Summe der Intelligenz der Einzelnen« (Dueck 2015: 11).

Der Begriff der Schwarmintelligenz ist zu undifferenziert und mit Blick auf seine sozio-ökonomische Relevanz diffus

Eine Relativierung der revolutionären Effekte industrieller Gruppenarbeit (früher) oder der umwerfenden Wirkung der Schwarmintelligenz (heute) erscheint auch heute, wie vor über 20 Jahren angebracht, ohne deshalb die Möglichkeiten der betrieblichen Optimierung, der kollektiven Mobilisierung über das Internet oder sein Demokratisierungspotenzial mit Blick auf politische Partizipationsprobleme von vorneherein diskreditieren oder gar diskriminieren zu wollen. Schwarmintelligenz heißt heute – viele gute Entscheidungen Einzelner können die ›Weisheit der Masse‹ bereichern und vermehrt zu win-win-Situationen führen. Der Grundgedanke orientiert sich wie bei der industriellen Gruppenarbeit an dem Dogma, dass das Ganze mehr ist als nur die Summe seiner Teile. Es liegt aber im Rahmen beider Konzepte nahe, dass dieses Konzept an eine Reihe von Bedingungen geknüpft ist. Nicht immer entscheiden

Kollektive klüger als die ihnen vorgeschalteten Chefs, gerade auch wenn Blender oder ›Besserwisser‹ Mehrheiten hinter sich versammeln und dann populistisch und nicht primär klug und sachgerecht auf diese einwirken. Die idealistische Hinwendung blendet auch das Thema der unternehmerischen oder betrieblichen Verantwortung gerne aus. Wer als Entscheider seinen Kopf für etwas hinhalten muss, der muss auch – gerade in Zweifelsfällen oder schwierigen Güterabwägungen – entscheiden können, und wer entscheidet, hat dann auch die Konsequenzen zu tragen. Insofern bietet die Schwarmintelligenz und ihre Ausformung in intelligente Gruppenarbeit mehr ›Empowerment‹ der Mitarbeiter; allerdings ist dann auch mehr ›Commitment‹ gefragt![19]

... und blendet die Manipulation von Massen durch Wirtschaft und Politik aus

Die diversen Finanzkrisen seit den 1930er Jahren haben gezeigt, dass die Pauschale der Schwarmintelligenz illusorisch wirkt. Die Illusionen der Schwärme mit Blick auf die möglichen und/oder von Banken und Finanzberatern versprochenen Börsengewinne lenkten und lenken sie – obwohl es Informationen zu den Risiken und Chancen von Geldanlagen an den internationalen Geld- und Kapitalmärkten in Hülle und Fülle gab – ins nackte Verderben. Was für Insekten oder Fisch- und Vogelschwärme als artgerechtes intelligentes Verhalten gilt, kann nicht auf Menschen übertragen werden. Die Verklärung einer Massenintelligenz erscheint sozialpsychologisch und historisch bedenklich, wenn man sich erinnert, welche Anmutungen dadurch in politischen Interpretationen geweckt werden können. Die vielen Kommentare mit Blick auf eine gute gemeinsame Zeit im Internetzeitalter erscheinen angesichts der Gräueltaten im Zeichen eines kollektiven Willens in der Geschichte der Menschheit problematisch. Und solche Phänomene sind weiter aktuell, wenn man sich etwa in Europa die Vitalität populistischer Akteure und die öffentliche Zustimmung zu ihrer politischen Programmatik zum Beispiel bei den Wahlen zum europäischen Parlament 2014 anschaut. Also, was meint die Schwarmintelligenz denn nicht nur situativ, sondern sozio-ökonomisch oder politisch genau, und was versprechen sich ihre Apologeten davon?

In Wirklichkeit ist dieses Bild von beschränkter Relevanz. Ähnlich wie im Kontext der Finanzkrisen zeigt sich im politischen Schwarm- oder Massenverhalten nicht unbedingt eine höhere Intelligenz als im Individual-, Klassen- oder Milieuverhalten. Wenn mit Schwarmintelligenz ein informiertes, koordiniertes und effektives Kollektivverhalten gemeint ist, wird gerne auf neuartige und erstaunlich wirksame Protestaktionen hingewiesen, die sich im und über das Internet artikulierten und dann in politischen Meinungsbildungsprozes-

19 | Vgl. »Wer gefragt wird, denkt mit«, in: Süddeutsche Zeitung vom 14./15. Februar 2015.

sen wirksam geworden sind. Ein Beispiel dafür waren die über das Internet organisierten Proteste gegen die Beschlüsse der WTO-Sitzung in Seattle 1999, in der es um eine weitere Liberalisierung des Welthandels gehen sollte. Insofern ermöglichten moderne Informations- und Kommunikationsmedien eine neue Form politischer Partizipation. Die Erwartung in der folgenden Zeit war dann, dass durch soziale Schwarmintelligenz bessere politische Willensbildungsprozesse mit besseren Ergebnissen in einem besser legitimierten politischen Prozess erzielt werden könnten als Entscheidungen der politischen Eliten. Ob die damit verbundenen Analysen, Intentionen oder Verhaltensformen durch eine über das Internet organisierte politische Partizipation intelligenter wurden, ist dabei aber nicht gesagt. Allerdings zeigte dieses Phänomen auch auf: auch wenn man die Proteste nicht teilen mochte, bedeutete der Einsatz der Informations- und Kommunikationstechnologien wenigstens eine neue Form der Formung politischer Macht im Rohzustand.

Blickt man auf die Erscheinungsformen radikalisierter oder populärwissenschaftlicher Politikformen im Informationszeitalter, erkennt man heute wiederum den intelligenten Gebrauch moderner Informations- und Kommunikationstechnologien. Im Einsatz für die politische Agitation der Dschihadisten im heiligen Krieg oder für die Umsetzung extremer politischer Absichten in der westlichen Welt, werden diese Technologien heute in hoch professioneller Art und Weise genutzt. Die Frage bleibt, was die Motive dahinter mit menschlicher Intelligenz zu tun haben. Denn Schwarmintelligenz ist keineswegs nur eine Frage der Intelligenz, sondern der normativen Ziele, für die sie eingesetzt wird. Und die Komplexität intrinsischer oder extrinsischer Handlungsmotive des Menschen bleibt dabei unerwähnt.

VII. Risse im Neuen

Das fünfte Globalisierungsfeld besteht aus den Elementen der Politik, der politischen Ideen und der Ideologie. Es geht hier um gesellschaftliche Gestaltung sozialer Wirklichkeit, das Bewahren von Traditionen, die Pflege von Wertschätzungen, aber auch um die Frage, wie kommt das Neue vernünftig und sozialverträglich in die Welt. Und es geht darum, wie die politische Macht in einer globalisierten Welt verteilt ist und wie sich Machtausübung darin entfalten wird.

Drei zentrale Entwicklungen spielen dabei eine herausragende Rolle:

1. Die territoriale Entgrenzung der Politik
Im Bereich der klassischen nationalstaatlichen Politik erlebten die Akteure und nationalstaatlichen Entscheidungssysteme in den letzten 30 Jahren territoriale Entgrenzungstendenzen. Aus der Globalisierung entstanden Problemlagen, welche die Nationalstaaten der Welt direkt betrafen, die mit nationalen Lösungsstrukturen aber alleine nicht mehr zu lösen waren und sind.

2. Eine neue Form des politischen Willensbildungsprozesses
Parallel dazu entwickelte sich durch Globalisierung und den technologischen Fortschritt in nationalen und in regionalen Kontexten eine neue sozio-politische und technische Infrastruktur des politischen Willensbildungsprozesses und der öffentlich-rechtlichen Wahrnehmung öffentlicher Belange, was sich in neuen politischen und administrativen Konzepten des e-voting, des e-government oder der e-admistration niederschlug. Die Digitalisierung der Politik wurde ein wichtiges Instrument des Verwaltens und Regierens und damit auch ein Hebel für die Entwicklung politischer Produktivität. Gleichzeitig wurde der politischen Partizipation der Massen aufgrund der politischen Möglichkeiten des Internet Bedeutung zugemessen.[1]

---

1 | Siehe hierzu nochmals das Unterkapitel zur Bedeutung der Schwarmintelligenz.

3. Die Entwicklung der Medien zur vierten Gewalt im Staat
Und schließlich entwickelten sich die Medien immer mehr zur vierten Gewalt im Staat und der Einfluss von NGOs und ›Guerillagruppen‹ der Globalisierung nahm stetig zu.

Diese drei Phänomene der Globalisierung strahlen auf strategisch wichtige Politikfelder und gesellschaftliche Sensibilitäten hinsichtlich der politischen Kultur eines Landes aus. Es zeichnet sich dabei ab, dass bei vielen Hoffnungen der Politik der Globalisierung vieles Schein und nicht Sein geblieben ist; es zeigten sich schnell Risse im Neuen.

1. Notwendigkeit und Unvollkommenheit einer Weltregierung

Die Entgrenzung gehört zu den Herausforderungen des (1.) nationalstaatlichen und (2.) globalen politischen Handelns. Zur Lösung transnationaler und globaler Problemlagen geriet das Programm der Global Governance zunehmen in den Fokus der internationalen Politik. Es meint die kooperative und multilaterale Gestaltung der Globalisierung. Ausgangspunkt war das Gefühl der Notwendigkeit kollektiven politischen Handelns angesichts der Zunahme grenzüberschreitender Problemlagen im Bewusstsein darüber, dass nationale Lösungsstrukturen nicht mehr mit globalen Problemlagen in Übereinstimmung zu bringen waren. Wegweisend dafür waren der Bericht des Club of Rome zu den ›Grenzen des Wachstums‹, der ›Brundtland Report‹, das Ende der Ost-West-Konfrontation, die ›Agenda 21‹ sowie der Bericht ›Our Global Neighbourhood‹ der Commission on Global Governance.

Entscheidend waren Souveränitätsverluste des Nationalstaats und Legitimationsprobleme der herkömmlichen Politik. Es entstanden Vakua, in das neue politische Akteure und Ideen strömten, insbesondere mit Blick auf alternative Politikstile, Herrschaftsalternativen, Mitbestimmungsforderungen und politische Prioritäten. Dies forderte nationale Entscheidungsstrukturen, Entscheidungsprozesse und Ordnungsverhältnisse auf lokaler, regionaler und nationaler Ebene heraus. Ein erstes Beispiel dafür war in Europa die Entstehung von neuen politischen Parteien. Herausragend war die grüne Bewegung seit den 1970er Jahren, und der wachsende Einfluss von Nichtregierungsorganisationen (NGOs) auf angestammte politische Entscheidungsprozesse und Entscheidungsergebnisse. Eine neue Generation von Politikern und die Zivilgesellschaft erreichten dadurch ein anderes Gewicht mit Blick auf die Gestaltung von politischen Mehrheiten oder das politische Lobbying. Globalisierung führte dazu, dass Aufgaben des Nationalstaats ohne neue Formen einer interdisziplinären und internationalen Kooperation und Kommunikation nicht mehr gut erfüllt werden konnten. Gegenseitige Abhängigkeiten und wirtschaftliche Verflechtung sowie der Wunsch von nichtparlamentarischen Gruppen nach mehr politischer Partizipation veränderten den Handlungsspielraum des Nationalstaats, auch wenn ihm der Anspruch auf das Gewaltmonopol blieb. Die territorial gebundene Demokratie verlor immer mehr an Substanz, während die Wirkungsmacht globaler Politik wuchs – zumeist ohne eine ausreichende politische Legitimation.

Globalisierung und ihre Einhegung durch eine Politik der ›Begrenzung der Entgrenzung‹ durch Global Governance

Ich habe den Begriff eingangs mit Dirk Messner als »Entwicklung eines Institutionen- und Regelsystems und neuer Mechanismen internationaler Kooperation, die die kontinuierliche Problembearbeitung globaler Herausforderungen und grenzüberschreitender Phänomene erlauben« definiert (Messner 2000). Global-Governance-Ansätze stehen also für den Versuch, das System souveräner Nationalstaaten in ein internationales Mehrebensystem unter Einbeziehung nichtstaatlicher Akteure einzubinden. Im Ergebnis, so die optimistische Sicht, entsteht durch global wirksame Institutionen, den internationalen Rechtsverkehr und vor allem durch gemeinsamen politischen Gestaltungswillen eine international legitimierte Ordnungspolitik die, nach westlichem Verständnis, demokratisch fundiert, effizient und rechtsstaatlich satisfaktionsfähig ist. Allerdings hat dieser Prozess in den 2010er Jahren eine Wendung erfahren. Während im professionellen Politikbetrieb – etwa im Rahmen der europäischen Integration oder internationalen Governance – ein ›Business as Usual‹ betrieben wurde, wuchsen in Europa politische Kräfte, die gerne das Rad der Integration zurückdrehen würden. Das ›Nationale‹ gewinnt innerhalb dieser Bestrebungen wieder ein größeres Gewicht. Das Beispiel einer Kompensation europäischen oder gar internationalen Einflusses durch nationalstaatliche Souveränität zum Beispiel in Ungarn in den 2010er Jahren hat gezeigt, wie bewusst eine ›Begrenzung der Entgrenzung‹ nationalstaatlicher Politik gesucht und politisch festgelegt worden ist. Gerade in Ungarn hat die Errichtung eines Grenzzauns zur Abwehr von Balkanflüchtlinge 2015 drastisch verdeutlicht, wie sehr dieses Bild konkret Gestalt angenommen hat – und von großen Teilen der wählenden Bevölkerung wohlwollend akzeptiert worden ist, obwohl ein Volksentscheid der Ungarn die repressive Migrationspolitik des Regimes 2016 nicht mit einer Mehrheit bestätigt hat. Diese ›Begrenzung der Entgrenzung‹ wurde auch in Frankreich durch den Front National, in Deutschland durch die AfD, in den Niederlanden durch die Partij voor de Vrijheid, in Dänemark durch die Dansk Folkeparti oder in Polen durch die seit 2015 regierende Partei ›Recht und Gerechtigkeit‹ teilweise boulevardesk und wahlwirksam propagiert.

Die globale Ebene politischen Handelns wurde seit den 1990er Jahren immer wichtiger – demokratietheoretisch, völkerrechtlich, handelsrechtlich, umweltrechtlich und sicherheitspolitisch

Auch wenn der Begriff und das Konzept in der politischen Wahrnehmung häufig als leere Worthülse bezeichnet worden sind, haben sich alternative Begriffe wie Weltinnenpolitik oder globale Ordnungs- und Strukturpolitik nicht durchgesetzt, obwohl sie den Kern der Global Governance durchaus präzise erfassen. Gleichzeitig wurden die Reichweite globaler Ordnungspolitik und die Ausstrahlungskraft internationaler Regime kritisiert. Global Governance sei weit davon entfernt, eine Art Weltregierung zu etablieren und lediglich der Versuch, unterschiedliche Akteure irgendwie in ein Netzwerk an Institutionen und Regelungen mit einzubeziehen, die es erlauben, den Herausforderungen der Globalisierung wenigstens annähernd zu begegnen. Demgegenüber wurden die globalen Ebenen politischen Handelns immer wichtiger. Rasch zunehmende Vernetzungen und der wachsende Problemdruck globaler Entwicklungen etwa im Klimaschutz oder der Sicherheitspolitik führten zu einer gesteigerten Aufgeschlossenheit für Konzepte einer weitergehenden Integration politischer Prozesse und Entscheidungen.

Das Konzert internationaler Organisationen und Regime war seit jeher durch Konzepte negativer Integration geprägt, die meist nur auf eine Öffnung der Nationalökonomien oder eng definierte Souveränitätsverzichte ruhten. Beispiele hierfür sind das Handelsregime der WTO und die vom Internationalen Währungsfonds betriebene Öffnung der Kapitalmärkte. Der Begriff der negativen Integration beschreibt die Verringerung von Reibungsflächen im internationalen Miteinander, die aus Unterschieden bei nationalen Regelungen oder protektionistischen Handelshemmnissen resultieren. Ansätze positiver Integration, also die aktive Gestaltung gemeinsamer Herausforderungen, verblieben oft auf einer deklaratorischen Ebene und hatten eine geringe Verbindlichkeit und Wirkung. Beispiele hierfür sind die unzähligen Abkommen der Internationalen Arbeitsorganisation (ILO) oder die Umweltabkommen unter dem Dach der UNO.

Nationale Souveränität versus globale Governance

In den 1990er Jahren hat sich jedoch zunehmend die Einsicht durchgesetzt, dass internationale Politik angesichts entgrenzter Problemzusammenhänge in verstärktem Maße politische Innovationen innerhalb der internationalen Zusammenarbeit benötigt. Damit deuteten sich Schritte hin zu einem Paradigmenwechsel globaler Kooperation an. In diesem Zeitraum hat die Dichte internationaler Interaktionen und Konferenzen sowie Abkommen erheblich zugenommen. Das Kyoto-Protokoll zur Verringerung der weltweiten CO^2-

Emmissionen von 1997 und das Biosafety-Protokoll zur Regelung des grenzüberschreitenden Verkehrs von gentechnisch veränderten Organismen 2000 waren Meilensteine in dieser Entwicklung, die aber auch die Defizite einer Global Governance verdeutlichen, welche auf dem schlecht durchsetzbaren Völkerrecht beruhen. Das Biosafety Protokoll zum Beispiel legt Mindestregeln für den grenzüberschreitenden Handel mit gentechnologisch veränderten Organismen fest, skizziert Hilfsmaßnahmen für Entwicklungsländer für den Aufbau eines Regulierungsapparates dieser Technologie, entwickelt aber keine eindeutigen Sanktionsmechanismen. Dies macht deutlich, dass Völkerrecht im Hinblick auf die essentiellen Zukunftsaufgaben um globales Gemeinschaftsrecht ergänzt werden muss. Doch dies ist aufgrund der Bedeutung der nationalen Unabhängigkeit, der staatlichen Souveränität, des Nationalinteresses und der Nichteinmischung in nationale Angelegenheiten nach wie vor ein souveränitätspolitisches Problem.

Es gab veritable Erfolge globaler Governance zum Beispiel im Umweltbereich

Demgegenüber stehen aber auch Erfolgsgeschichten. So hat das internationale Umweltregime erfolgreich dafür gesorgt, dass die Problematik des Ozonabbaus in der Atmosphäre gelöst werden konnte. Die dramatische Entwicklung der Ozonzerstörung durch Chloratomen aus Fluorchlorkohlenwasserstoffen (FCKW) hatte eine permanente Schwächung der Ozonschicht über den Polarregionen der Welt zur Folge. Das Problem entwickelte sich innerhalb weniger Jahre von wenigen Prozent auf mehr als 50 Prozent. In der Folge nahm der Einfluss der Intensität der Sonnenstrahlen auf Mensch, Flora und Fauna zu. Die Entwicklung und das zweifelsfreie Wissen um die Ursachen des Phänomens führten zu einem Verbot der industriellen Nutzung von FCKW (etwa im Bereich der Kühl- und Frosttechnologie), das 1987 im Montrealer Protokoll völkerrechtlich verbindlich vereinbart wurde. Obwohl mit einer kompletten Schließung des Ozonlochs nach wissenschaftlichen Berechnungen erst bis etwa 2050 gerechnet werden kann, gilt dies als ein nachhaltiger Erfolg der Ökobewegung und des internationalen Umweltrechts, der durch eine permanente Kontrolle der Vorschriften durch insgesamt fünf Änderungsprotokolle bis zum Ende der 1990er Jahre immer wieder konsolidiert worden ist.[2] Das Protokoll beruht auf dem Vorsorgeprinzip und gilt zu Recht als ein Meilenstein im Umweltvölkerrecht.

2 | Vgl. http://montreal-protocol.org/en/, aufgerufen am 1. November 2014.

Die Unvollkommenheit globaler Regime und Akteurskonstellationen zeigt die Schwächen und Widersprüche im Konzept der Global Governance auf

Die Themenfelder und Probleme der Global Govenance indes bleiben:

- eine Klärung des Verhältnisses von nationalen, supranationalen und globalen Zuständigkeiten im politischen Betrieb;
- Fragen der Energieversorgung, der globalen Ökologie und des Klimaschutzes;
- der Zugang zu strategischen Rohstoffen, Wasser und eine ausreichende Ernährung der Weltbevölkerung;
- Probleme der internationalen Kriminalität und des Terrorismus;
- ordnungspolitische Probleme im globalen Welthandelssystem;
- gravierende Handlungsschwierigkeiten in der Kontrolle der internationalen Verschuldungs- und Finanzkrise;
- regionale und globale Migrationsprobleme angesichts von Armuts-, Kriegs- und Klimaflucht.

Das System der internationalen Politik hat Fortschritte gemacht. Es ist für die weiter oben angesprochenen Probleme allerdings weiterhin unzureichend ausgestattet.

Dies wird deutlich durch:

- mangelnde Kooperation und weiterhin bestehende Koordinationsprobleme zwischen den einzelnen politischen Ebenen des internationalen Entscheidungssystems;
- Legitimationsdefizite internationaler Politik;
- nicht vorhandene oder schlecht funktionierende Sanktions- und Konfliktlösungsmechanismen;
- bürokratische Hemmnisse oder fehlende Gestaltungsmöglichkeiten in internationalen Organisationen;
- Dominanz und Vetomacht einiger weniger Staaten in der Entscheidungsfindung.

Die Steuerungs- und Problemlösungskapazität des Konzepts gilt bei Kritiker dabei insgesamt immer noch als beschränkt, auch wenn die Bedeutung völkerrechtlicher, handelsrechtlicher und sicherheitspolitischer Innovationen auf globaler Ebene unbestritten ist. Insofern kommt der Global Governance trotz all ihrer Unzulänglichkeiten in Zukunft weiterhin eine unverzichtbare Steuerungsaufgabe zu, die allerdings nicht nur als technische Herausforderung zu verstehen ist, sondern die politischen Interessen und Akteurskonstellationen der internationalen Politik besser einzubeziehen hat.

Will man dies ändern, werden sich Regeln für gesellschaftliches Leben stärker differenzieren und ineinandergreifen müssen. Die von verschiedenen Ebenen – lokal, national, supranational und international – erarbeiteten Regelungen erfordern dabei Legitimation. Die politischen Schritte dorthin beziehen sich im wesentlichen auf drei Dinge, die es zu tun gibt: Integration, Souveränitätsverzicht und eine Reform der Institutionen globaler Ordnungspolitik.

2. Die digitale Revolution entlässt ihre Kinder

Das Ende des Ost-West-Konflikts war der ›Big Bang‹ der zweiten Hälfte des 20. Jahrhunderts. Er planierte den Weg für die Entfaltung der neuen Globalisierung. Politisch bedeutete er unter anderem die Verwirklichung einer grandiosen politischen Partizipation, sofern diese nicht durch Repressionen von autokratischen und undemokratischen Regimen verhindert wurde. Dies war anfangs aufgrund des Faszinosums der vielen theoretischen Entfaltungsmöglichkeiten der Menschen auf dem Globus auch nicht der Fall. Eine Grundlage dafür waren neuartige technologische Möglichkeiten der politischen Partizipation, die durch die Digitalisierung der Information, durch das Internet und durch mobile Endgeräte wie Laptops, Smartphones und Tablets vorangetrieben wurden. Dabei wurde im Zeitverlauf aber klar, dass (1.) technologische Quantensprünge alleine keine basisdemokratische Revolution mit paradiesischen Endzuständen produzieren würde und dass (2.) viele Hoffnungen und Versprechungen der digitalen Revolution im Sumpf ihrer vielen Missbrauchsmöglichkeiten versinken würden. Zur Mitte der 2010er Jahre hat sich gezeigt, dass die positiven politischen Effekte der Digitalisierung durchaus mit vielen negativen Auswüchsen und Enttäuschungen kontrastierten. Verglichen mit der positiven Aufbruchsstimmung der ›kalifornischen Bewegung‹, die einen Anstrich hatte wie die westliche Hippiebewegung der 1960er und 1970er Jahre, haben die letzten 20 Jahre gezeigt, dass die digitale Revolution ihre Kinder in den Zwiespalt von Euphorie und grundtiefer Enttäuschung ob der befreienden globalen Wirkungen des technologischen Fortschritts entlassen hat. Dennoch bleiben die politischen Innovationspotenziale der Digitalisierung für politische Freiheit und demokratische Partizipation evident.

Der bedeutendste politische Effekt der Digitalisierung ist die Demokratisierung der Information, ...

Ein Effekt der Digitalisierung im Zeitalter der Globalisierung war insbesondere die potenziell mögliche Demokratisierung der Information. Diese Erwartung illustriert zunächst rein quantitativ der Anstieg der Zahl der Internetnutzer weltweit. So stieg die Zahl der User von 121 Millionen Nutzern 1997 über

1.373 Milliarden Nutzern 2007 auf 2.756 Milliarden User 2013 an.[3] Die Anzahl der Personen, die das Internet über ihr mobiles Endgerät nutzen, lag im Jahr 2013 bei 1.91 Milliarden Menschen.[4] Das waren rund ein Drittel aller Menschen auf dem Globus. Es war also nicht falsch zu glauben, dass damit große Partizipationsmöglichkeiten verbunden sind und diese aufgrund der neuen technologischen Möglichkeiten auch politisch umgesetzt werden würden.

Die Digitalisierung der Information speist das koronare Herzkranzgefäß der Globalisierung. Damit werden die Durchsetzung der Menschenrechte und die Verbreitung demokratischer Werte genauso verbunden wie die Förderung von Pluralismus und kultureller Vielfalt. Die Digitalisierung der Information erlaubte es Menschen auf der ganzen Welt problemlos miteinander zu kommunizieren und Wissen und Meinungen auszutauschen. Dieses Netz verändert die Form und die Intensität politischer Kommunikation. Sie durchbricht die Macht von ›Gate-Keepern‹ in der Presse, von etablierten Meinungsmachern und TV. Verbesserte Artikulationsmöglichkeiten bedeuten im Ergebnis veränderte oder neuartige Aktionsmöglichkeiten auch von solchen politischen Akteuren, die bisher eine untergeordnete Rolle gespielt haben, nun aber die immer preisgünstigeren und benutzerfreundlicheren Kommunikationstechnologien nutzen können, um sich politisch zu organisieren. In besonderer Weise sind hier die NGO's betroffen. Der erstmals über das Internet organisierte Protest gegen die WTO-Sitzung in Seattle 1999 hat gezeigt, wie dieses Medium in effizienter Weise zur politischen Aktion genutzt werden kann: Inhalte des Widerstands konnten schnell formuliert und verteilt, Orte des Protests festgelegt, Aktionsformen gemeinsam abgesprochen und spezielle Adressaten des Widerspruchs ausgewählt werden. Auch wenn man die Proteste nicht teilen mag, bedeuten die Informationstechnologien nicht nur eine neue Konstellation von Macht, sondern auch die Demokratisierung der Information (Glaab/Kießling 2001: 600).

... die allerdings durch Trickssereien der Public Relations schnell konterkariert werden kann

Gleichzeitig ist die Aufrechterhaltung diktatorischer Regime in einer informationstechnologisch integrierten Gesellschaftswelt schwieriger – auch wenn einige Regime oder die Länder alles daran setzen, demokratisierende Wirkungen des Internet zu beschränken. Informationstechnologische Innovationen erschweren die Behauptung totalitärer Informationsmonopole und erleichtern

3 | Vgl. http://de.statista.com/statistik/daten/studie/186370/umfrage/anzahl-der-internetnutzer-weltweit-zeitreihe/, aufgerufen am 6. November 2014.

4 | http://de.statista.com/statistik/daten/studie/172505/umfrage/anzahl-der-personen-weltweit-die-mobil-das-internet-nutzen/, aufgerufen am 6. November 2014.

die Vielfalt der Meinungsbildung. Gerade die Freiheit des Internet unterläuft die Möglichkeit autoritärer politischer Systeme, politische oder kulturelle Kommunikation zu unterbinden. In der transnationalen Technologiegesellschaft nimmt selbst unter totalitären Bedingungen die Menge der Wissenschaftler, Manager oder anderer Personen zu, denen man alleine aus ökonomischen Gründen einen relativ freien Zugang zu den Quellen des Wissens gestatten muss und die auch das Privileg längerer Auslandsaufenthalte in Anspruch nehmen können. Sie haben die Gelegenheit, Erfahrungen mit den Lebensverhältnissen in freien Systemen zu machen und haben so Kenntnisse, welche die herrschende Ideologie im eigenen Land desavouieren können. Der informationstechnologische Fortschritt mindert also die Chancen der Bewusstseinskontrolle, die George Orwell zur Grundlage seiner Horrorvision einer totalitären Gesellschaft in seinem Roman ›1984‹ machte. Er ist ein Medium der Beschleunigung, der Diffusion von Information und damit des Abbaus der Chancen zu einer perfekten Vergangenheits- und Gegenwartskontrolle.

Die Geschichte vom italienischen Duce und dem Stallburschen ist exemplarisch, bringt einen aber auch zum Schmunzeln

Der Philosoph Hermann Lübbe hat diesen Mechanismus mit einem entlarvenden und amüsanten Rekurs illustriert:

»Die Älteren mögen sich noch an jenes pompöse Bild erinnern, dass uns auf einem Schimmel mit hocherhobenem Schwert Mussolini[5] als ›Schutzherrn des Islam‹ zeigte. Im Original zeigte aber das Foto überdies einen Stallburschen, der für alle Fälle das Ross am Zügel hielt – eine Szene von nicht gerade heroischer Anmutungsqualität. Entsprechend wurde der Stallbursche wegretuschiert und das so imperial gemachte Foto millionenfach propagandistisch verbreitet. Aber die Beseitigung des ungleich weniger imperialen Originals gelang nicht vollständig. Unter der Hand blieb das Bild des stallburschenbetreuten Duce verbreitet, und die Römer hatten zu lachen« (Lübbe 1997: 22).

In der Konsequenz aber heißt dies: In der Informationsgesellschaft werden in totalitären Systemen Vergangenheitskontrollen als wesentliche Voraussetzungen für die Erfüllbarkeit der Anmaßung historisch unverbrüchlicher Konstanz ideologischer Wahrheit immer geringer.

Information kann heute definitiv nicht mehr umfassend kontrolliert werden. Besonders das Internet hat die These vom ›dämonischen Einfluss‹ und der Gleichschaltung der Medien, die in den 1970er Jahren des 20. Jahrhun-

5 | Es handelt sich um den italienischen Politiker Benito Mussolini, der als Duce del Facismo und Capo del Governo von 1925 bis 1943 als Diktator an der Spitze des italienischen Staats stand.

derts von der ›Frankfurter Schule‹ in Deutschland popularisiert worden ist, widerlegt. Der italienische Soziologe Gianni Vattimo zeigte bereits früh auf, dass heute nicht nur das aufgezeichnet wird, was aus der Sicht der herrschenden sozialen Klassen relevant erscheint. Vielmehr setzt sich auch das durch, was von vielen verschiedenen Orten aus über den Äther geschickt, ins Internet gestellt oder über ein anderes Medium verbreitet wird. Die Multimedialität trägt dazu bei, dass es unmöglich wird, die Welt und die Geschichte unter einheitlichen Gesichtspunkten zu sehen. An die Stelle unverrückbarer und nicht zu widerlegender ›Wahrheiten‹ tritt vielmehr die Vielfalt der Standpunkte und Meinungen. Die Pluralität verstellt den Blick auf nur eine gültige Wahrheit und bewahrt damit die Möglichkeit der eigenen Interpretation. Vattimo sah deshalb bereits vor 20 Jahren keinen Anlass, die Entwicklungen der Mediengesellschaft mit Sorge entgegen zu blicken, denn ihre Transparenz ist der Garant ihrer Wahlfreiheiten – und letztlich ihrer Authentizität (Vattimo 1992).

Die Freiheit des Internet unterläuft die Möglichkeit autoritärer Systeme, politische, wirtschaftliche und kulturelle Kommunikation zu kontrollieren. In Ländern wie China oder Singapur, wo der Staat die Nutzung des Internet zu kontrollieren sucht, wird sich im 21. Jahrhundert zeigen, ob offene Kommunikation gesellschaftliche Stabilität oder politischen Konflikt befördert. Bislang galt, dass der Wirkungsgrad des Internet für China eingeschränkt wird und deshalb für den autoritären Staat offenbar wenig bedrohlich ist. Allerdings ist das Netz auch dort zweifellos ein Machtfaktor, der die gesellschaftliche und politische Realität Chinas zusammen mit der wirtschaftlichen Modernisierung beeinflussen wird. 2014 konnte China bereits 618 Millionen Internetnutzer gegenüber 275 Millionen Nutzern in den USA vorweisen.[6] Das Land ist damit innerhalb von wenigen Jahren zur größten Online-Nation geworden, wobei diese Zahl angesichts einer Gesamtbevölkerung von 1.35 Milliarden Menschen in China gegenüber von etwa 318 Millionen Amerikanern zu relativieren ist.

Die entscheidende Frage in China ist: Wie lange funktioniert eine ökonomische Liberalisierung ohne die Begleitung durch politische Freiheit?

Vergleiche der freien Verfügbarkeit von Informations- und Kommunikationstechnologien zeigen eine direkte Korrelation zur Qualität politischer Partizipation, zu freier Marktwirtschaft, zu hohem Lebensstandard sowie zur Achtung

6 | Vgl www.zdnet.de/88181587/china-meldet-618-millionen-internetnutzer/ und http://de.statista.com/statistik/daten/studie/205251/umfrage/anzahl-der-internetnutzer-in-den-usa/, aufgerufen am 7. Oktober 2015.

von Menschenrechten auf,[7] wobei es hier nicht nur um den Zugang zum Internet sondern auch zu ›konventionellen‹ Kommunikationsmedien wie Brief, Satelliten-TV, Radio oder Telefon geht. Auch für China ist dieser Sachverhalt relevant; bisher wird eine freie Internetkommunikation durch die staatliche Überwachung der Internetaktivitäten der chinesischen Bürger zum Beispiel durch Backbone-Router und IP-Adressblockaden und durch eine Zensur direkter politischer Kommunikation allerdings weiterhin blockiert.[8] Die empirische Erfahrung der Wissenschaft allerdings ist, dass keine wirtschaftliche Liberalisierung auf Dauer ohne die Gewährung von politischer Freiheit aufrecht zu erhalten ist. Wie ein Damoklesschwert lastet die Frage auf dem Land, wann wirtschaftliche Liberalisierung endgültig zu einer massenhaften Forderung nach mehr politischer Freiheit führen wird. Ähnliches gilt für Russland, dass allerdings mit Blick auf eine vergleichbare wirtschaftliche Dynamik weit hinter China zurück liegt.

Die entscheidende Frage für Russland ist: Wann implodiert diese Gesellschaft aufgrund von gesellschaftlicher Apathie und politischer Unfreiheit?

In kaum einem anderen Staat werden die digitale Revolution und politische Liberalisierungsbestrebungen so scharf unterdrückt wie in Russland. Dies korrespondiert aber – im Gegensatz zu China – mit einem relativen Stillstand in der gesamten Modernisierung des Landes. Während in China zumindest die makroökonomischen Daten steile Wachstumserfolge zeigen, stagniert das Land in jeder Hinsicht. Der Bertelsmann Transformations-Index zeigt seit Jahren auf, dass das Land mit Blick auf Fortschritte zu mehr Demokratie und Marktwirtschaft lahmt und alle innen- und außenpolitischen Entwicklungen der 2010er Jahre haben gezeigt, dass sich das Land einem neuen Putinismus beugt und politisch wie wirtschaftlich eher im Abstieg begriffen ist. 2016 er-

7 | So die frühe und warnende Beurteilung von Experten auf der Tagung »Informationstechnologie und Sicherheitspolitik« der Bundesakademie für Sicherheitspolitik am 21./22. November 2001 in Berlin.

8 | Backbone-Router filtern im Rahmen einer Rasterung von Informationen systemkritische Informationen aus. So werden IP-Adressen auf kritische Wörter wie etwa »Revolution«, »Demokratie« oder »Falun-Gong« untersucht, um unliebsame Informationen herausfiltern zu können. Jeder Rechner hat eine sogenannte IP-Adresse (das ist eine Identifikation des Rechners und seines Nutzers, ähnlich eines Straßennamens und einer Hausnummer); wenn zwei Teilnehmer eine TCP-Verbindung aufgebaut haben, mit der sie über die übliche Internetkommunikation via HTTPS kommunizieren, werden von Rechnern, die diese Kommunikation kontrollieren, die anvisierten Rechner bei der Versendung von sogenannten IP-Paketen gestört.

reichte dieser Zustand der Agonie einen neuen Höhepunkt. Russland war hart von den westlichen Wirtschaftssanktionen durch seine Ukrainepolitik und durch die gefallenen Öl- und Gaspreise gezeichnet und der strikte Putinismus ließ demokratische Freiheiten oder eine neue Öffnungspolitik gegenüber dem Westen nicht zu.

Vor zehn Jahren wurde das Internet als Heilsbringer der direkten Demokratie gepriesen – heute wissen wir: Es entstanden Reibungsflächen zwischen digitaler Demokratie, politischer Macht und wirtschaftlicher Begehrlichkeit

Die Digitalisierung der Politik und die Demokratisierung der Information stellte von Anfang an die Frage nach dem Verhältnis von technologischem Fortschritt und politischer Macht. Exemplarisch hat der britische Essayist des Trendmagazins Wired, John Browning, diesen Zusammenhang bereits früh thematisiert. Browning trat Anfang der 2000er Jahre als Intellektueller auf den Plan, der zu einer avantgardistischen ›Community‹ von Zukunftsdenkern der Internet-Gesellschaft gehörte. Auch Manuel Castells, Esther Dyson, Jane Metcalf oder Luis Rosetto standen in den 2000er Jahren für eine Szene in den USA, welche die Möglichkeiten des Netzes, seiner Kultur und Ökonomie ausloteten. Diese Debatten zeigten eine große Ambivalenz in der Bewertung des demokratischen Potenzials der Internetgesellschaft. Prinzipiell wurden damals einerseits die Stärken der Technologien für eine direktere Demokratie und effektivere öffentliche Verwaltung betont; andererseits befasste sich eine kritische Sicht mit den Möglichkeiten der Manipulation in der modernen Gesellschaft. Heute wissen wir: Mit Blick auf die realen ökonomischen, sozio-kulturellen und politischen Abartigkeiten und Machenschaften in der Netzwerkgesellschaft war durchaus auch Skepsis angebracht.

Ausgehend von der Prämisse, dass die Welt der Arbeit durch eine Welt der Ideen, Images und Argumente, durch eine Welt der Information, abgelöst wird, erwartete etwa Browning gravierende Änderungen für die politische Qualität des politischen Systems. Das Internet ermögliche vor allem die stärkere Eigenbestimmung von Menschen. Lokale, regionale oder transnationale Netzwerke könnten hierbei Funktionen für die Menschen erfüllen, zu denen etablierte Parteien, öffentliche Verwaltungen oder die klassischen Medien nicht mehr in der Lage seien.[9] Während sich etwa auch der Schweizer Politikwissenschaftler Heinz Kleger (Kleger 1998) vom Netz mehr Chancen für eine direkte und transnationale Demokratie versprach, waren der Demokratie-

9 | Vgl. John Browning auf der Trilateral Agenda Conference des Centrums für angewandte Politikforschung (C•A•P) der Ludwig-Maximilians-der Universität München am 22./23. März 1998. Dokumentiert unter www.cap.uni-muenchen.de/fgz, aufgerufen am 6. November 2014.

theoretiker Benjamin R. Barber, der Ökonom Herbert Schiller (Schiller 1998) oder der Medienkritiker Ben Bagdikian (Bagdiakin 1997) von Anfang an skeptisch. Für Barber bedroht der unkontrollierte Wettbewerb der Inhalte auf den Informationsmärkten – den die amerikanische Publizistin der Informationsgesellschaft, Esher Dyson, zum Kern des Internet und damit zur Grundlage einer Demokratie ›von unten‹ stilisierte (Dyson 1997) – aufgrund der zu erwartenden ökonomischen Konzentrationsprozesse den Gleichheitsgrundsatz der Demokratie.

Barber sprach sich deshalb für eine wirksame Kontrolle der neuen Technologien aus, damit ihr Missbrauch durch die nur am Profit und nicht am Gemeinwohl orientierten Hard- und Software-Kartelle die Demokratie nicht unterminiert. Er schrieb:

»In der solipsistischen[10] virtuellen Realität des Cyberspace scheint die Öffentlichkeit an sich gefährdet zu sein. Der Kommerz tendiert nicht allein zum Monopol, er setzt auch einzig und allein auf Privatisierung, und die Privatisierung ist der Tod der Demokratie. Denn Demokratie hat immer mit dem öffentlichen Wollen und dem öffentlichen Nutzen sowie dem Gemeinwohl zu tun. Dezentralisierung kann die Demokratie stärken, Privatisierung untergräbt sie nur« (Barber 1997: 129).

Ben Bagdikian sekundierte, wenn er sich auf die Deregulierung und Kommerzialisierung der Telekommunikations- und Rundfunksysteme bezog. Er meinte:

»Die Macht der Unternehmen, die das gesamte gesellschaftliche Leben durchdringen können, hat kein Beispiel in früheren Epochen. Indem sie die alte und die neue Technik nutzen, wechselseitig Anteile aneinander besitzen, in Joint Ventures als Partner agieren und durch andere Formen der Kooperation hat diese Hand voll Giganten geschaffen, was nur als neues Kommunikationskartell zu betrachten ist. [...]. Es geht hier nicht nur um Unternehmenskennzahlen wie Produktionsziffern, auch nicht um gewöhnliche Industrieprodukte wie Kühlschränke oder Textilien. Es geht hier um den Besitz von Macht, nahezu jeden Mann, jede Frau und jedes Kind mit kontrollierten Bildern und Worten zu umzingeln [...], die politische Tagesordnung [...] zu verändern. Und mit dieser Macht geht die Fähigkeit einher, einen Einfluss auszuüben, der größer ist als der von Schulen, Religion, Eltern und sogar des Staates« (Bagdikian 2000: 300).

Im Grunde ging es in dieser frühen Phase der Politisierung und der Kommerzialisierung des Internet darum, wie sich Deutungshoheit und politische Macht im Rahmen dieses vollkommen neuen Mediums generieren. Das Ver-

10 | Der Solipsismus ist ein egozentrischer Standpunkt, der nur das eigene Bewusstsein als Realität gelten lässt.

hältnis von technologischem Fortschritt, wirtschaftlicher Deregulierung und politischer Macht wurde dabei in zweifacher Hinsicht belastet. Einerseits war es unentschieden, ob Markt und Technologie Pluralisierung und demokratischere Verhältnisse aus sich selbst heraus erschaffen werden, was die Formel von der Manipulation und Kommerzialisierung ersetzen könnte. Informations- und Kommunikationstechnologien (ITK-Technologien) schaffen die Möglichkeit einer pluralistischen und demokratischen Kommunikation, was den Einfluss der Industrie zügeln kann – wenn eine wache Gesellschaft ihre soziokulturellen Ansprüche und verbrauchsrelevanten Interessen hartnäckig an die Politik kommuniziert. Andererseits wurden die Ansichten in der Öffentlichkeit polarisiert. Greift man etwa den Standpunkt Benjamin Barbers auf, so wurde die Verortung der Debatte im Koordinatensystem sozio-ökonomischen Machtverhältnisse deutlich. Er warnte davor, dass sich der Streit um die Regulierung des Internet als gesellschaftliches Konfliktthema aggressiv aufladen könnte, wenn es in verhärtender Weise weiter auf den Schlachtfelder der Kapitalismuskritik ausgetragen wird.

Dies war in den 2000er Jahren in vielfältiger Hinsicht der Fall. Gleichzeitig wurden viele Kontroversen über das Internet und die Social Media zunehmend in eine breitere Öffentlichkeit überführt. Das Internet wurde so einerseits das entscheidende Schlachtfeld der ideologischen, intellektuellen und sachlichen Debatten. Andererseits setzten sich praktische Anwendungsfelder im Rahmen der politischen Kommunikation immer mehr durch und erreichten Ende der 2000er Jahre die professionalisierten Felder der politischen Kommunikation im Rahmen der Public Affairs und der Corporate Social Responsibility (CSR). Gegenüber der akademischen Diskussion über die Manipulationsmöglichkeiten von Wirtschaft und Politik von oben herab (Top-Down), ergaben sich vielfach beachtete und belastbare Kommunikationsstränge von unten nach oben (Botton-Up). Die Etiketten dieses Trends wurden zur Ordnung des Phänomens mit den Konzepten der e-politics, des e-voting und des e-campaigning versehen. Sie veranschaulichten den Einfluss der Digitalisierung auf den Input der Politik.

E-politics, e-voting und e-campaigning wurden zu normalen Instrumenten der digitalisierten Politik

Vieles sprach Anfang der 2000er Jahre dafür, dass der Mehrwert des Internet für die Demokratie ambivalent zu bewerten war. Der ›Netizen‹, der gut informierte und politisch vielseitig aktive ›Netzbürger‹ und eine wie aus dem Nichts auftauchende Phalanx der digitalen Demokratie entpuppten sich erst einmal als eine schwache Illusion. Nach einer Untersuchung der Politikwissenschaftler Manuela Glaab und Andreas Kießling Anfang der 2000er Jahre wurden die Medien von denjenigen am häufigsten genutzt, die aufgrund ihrer Bildung und ihres Berufs ohnehin aktiver sind. Dennoch waren Untergangszenarios, die auf die elektronische Demokratie projektiert worden sind, ebenso unrealistisch wie irgendwelche diffusen Heilserwartungen. Alles in allem sind positive Effekte und Verbesserungen sowohl für die Nachfrage- als auch Angebotsseite hervorzuheben. Auch wenn sich das Verhalten der breiten Masse der Bürger nicht so schnell ändern wird: Das Internet erleichtert den Zugang zu Informationen durch neue Kommunikations- und Partizipationsformen (Glaab/Kießling 2001: 604). Die Angebotsseite der Politik wurde durch IKT-Technologien stärker erfasst. Besonders in den USA haben Parteien und Politiker das Internet schnell als wichtige Plattform ihres Wahlkampfes erkannt und etabliert – viele andere Länder und politischen Systeme folgten dem unverzüglich nach. So konnte der amerikanische Präsidentschaftskandidat McCain mit einer für ihn eingerichteten Website 20 Prozent mehr Wähler erreichen als mit herkömmlichen Methoden. Die Einrichtung der ›Site‹ kostete 300.000 US-$. McCain konnte auf diesem Wege 5,6 Millionen US-$ an Wahlkampfspenden akquirieren.[11] Dieses Beispiel hat in den USA dann schnell Schule gemacht. Wie kein anderes politisches Wahlkampfteam hat sich schließlich die Crew um den demokratischen Präsidentschaftsbewerber Barak Obama 2008 den politischen Werbemöglichkeiten des Internet geöffnet – mit großem, wahrscheinlich sogar wahlentscheidenden Erfolg, wobei es hier auch nicht nur um die Akquisition von Spendengeldern ging, sondern auch um die Mobilisierung ansonsten politisch passiver Wähler und die Formulierung einer alternativen Politik für die Vereinigten Staaten von Amerika.

Auch in Deutschland wurde das Internet für die Parteien und Politiker immer wichtiger. Es ist heute selbstverständlicher Teil des politischen Geschäfts. Bei der Bundestagswahl 1998 verzichtete keine Partei mehr auf den elektronischen Wahlkampf (e-campaigning). Sie sahen in dem Medium große Chancen, weil damit Informationen ungefiltert, authentisch, kurzfristig und damit schlagkräftig zur Verfügung gestellt werden konnten. Eine große Bedeutung erhielt das Internet darüber hinaus für die innerparteiliche Kommunikation. So veranstaltete die CDU 2000 im Vorfeld des ›realen‹ kleinen Parteitages in Stuttgart am 20. November 2000 einen ›virtuellen‹ Parteitag zum Thema Bildung. Der Parteitag des Bündnis 90/Die Grünen fand im gleichen Jahr dann gleichzeitig im Netz statt. Die digitale Welt erreichte in den kommenden Jahren alle Bereiche des politischen Betriebs. Das Internet veränderte Wahlkämpfe, politische Debatten und sogar das Intrigenspiel der Politik. Die Verjüngung

11 | Daten nach Aussage des amerikanischen Wahlkampfberaters Tracy Westen auf der Konferenz des Centrums für angewandte Politikforschung (C•A•P) und des amerikanischen Generalkonsulats/München »Cyber Democracy & E-elections: Politik und Wahlen im Internet-Zeitalter« am 20. November 2000. Siehe dazu auch www.cap.uni-muenchen.de/fgz/b_/index.html, aufgerufen am 11. November 2014.

des politischen Personals beförderte den Einzug elektronischer Kommunikation in Legislative, Exekutive und Judikative des politischen Systems. ›Digital Natives‹[12] prägen in zunehmender Weise die Generierung und Ausübung staatlicher Macht. So erfolgte nach dem deutschen Bundestagswahlkampf 2013 ein signifikanter Generationenwechsel bei dem Personal im Deutschen Bundestag. Je weiter der Generationenaustausch voranschritt, desto stärker wurde der Einfluss des Internet und der digital vernetzten Kommunikation auf die Politik. Sie hat handfeste Auswirkungen auf die Art und Weise, wie Abgeordnete Politik gestalten und wie sie mit den Wählern kommunizieren. Heute ist das Thema Internet und Politik durch. Kein Mensch hinterfragt den Nutzen der elektronisch organisierten politischen Kommunikation und niemand kommt an dem ›Instrument Internet‹ in der politischen Kommunikation vorbei.

Politische Kommunikation ist keine Einbahnstraße mehr

Die größere Transparenz der politischen Kommunikation und ein direkterer Austausch von Politkern, Wählern, Parteiaktivisten oder Lobbyisten ist heute eine Errungenschaft der digitalisierten Politik. Einseitige Informationsflüsse von politischen Sendern zu politischen Empfängern sind ein Relikt der Vergangenheit. Axel Wallrabenstein, ein PR-Manager der MSL Group Germany und Parteimitglied der CDU/CSU, Lutz Mache, ein Sozialdemokrat und Tobias Heyer, ein Mitglied von Bündnis 90/Die Grünen, haben diesen Sachverhalt parteiübergreifend Ende 2013 aus ihrer Sicht dargelegt: Twitterer und Online-Politiker übernehmen in der politischen Zweibahnstraße einen aktiven Part in Diskussionen, greifen den Gegner an oder verteidigen ihre Politik. Das Bild des Politikers zum Anfassen wird auf einmal virtuell real und Bürger wie Lobbyisten können nun schneller an Informationen gelangen, die von Abgeordneten und ihren Büros (gezielt) ins Netz gestellt werden (Wallrabenstein/Mache/Heyer 2013). Handelt es sich um verifizierbare Informationen aus Ausschusssitzungen, Parteibeschlüsse oder Kabinettsvorlagen, ist ein kompetenter Schlagabtausch der Beteiligten jenseits von Desinformationskampagnen oder Manipulationsversuchen der Öffentlichkeit auf Augenhöhe möglich.

Die Kontaktaufnahme ist nicht mehr nur auf das klassische Netzwerken bei parlamentarischen Abenden oder bei bestimmten Treffen der Politikszene möglich. Mit dem Eintauchen der politischen Sphäre in das Social Web ist die Bühne für politische Auseinandersetzungen und für Gesetzesdebatten größer geworden, auch wenn die echte Reichweite dieser politischen Kommunikation schwer zu fassen ist. Insgesamt aber haben das Internet und die Online-Kom-

12 | ›Digital Natives‹ bedeutet digitale Eingeborene. Sie sind die Generation, die im Rahmen der digitalen Revolution aufgewachsen ist und für die die digitale Welt eine Selbstverständlichkeit ist.

munikation die politischen Kommunikationsbedingungen und die Kommunikationsverhältnisse auf den Kopf gestellt. Herrschaftswissen, Geheimnistuerei, kommunikative Abschottung politischer Eliten, das alles funktioniert nicht mehr so wie früher – national und international. Auch Politiker werden gläsern, Vorgänge werden nackt. Man könnte von der Entstehung einer digitalen Parallelwelt sprechen, in der neue Kommunikatoren mit eigenen Kommunikationsstrukturen und Regeln auf den Plan getreten sind und die traditionelle politische und mediale Akteure in ihrem Selbstverständnis, ihrem Selbstbewusstsein und in ihrem Agieren hart attackieren können.

Es wird im Zusammenprall der Kommunikationswelten neue Kommunikationsstile und mehr politische Kontroversen geben, bei denen die Diskussionen online ausgetragen werden. Die politische Auskungelei im Hinterzimmer anhand von Packet-Deals oder windigen Beschlüssen verliert an Bedeutung. Die Intensität nimmt zu, weil mehr Fachvertreter, Lobbyisten und Bürger sich sachkundig und engagiert beteiligen. Viele Aktivisten sind zum Beispiel bei Verbraucherschutzthemen schlagkräftig aufgestellt. Vermeintliche Nischenthemen stoßen online auf viel mehr Interesse als zuvor: Sie werden nicht mehr von Journalisten und Gatekeepern gefiltert und auf 6-zeilige Meldungen beschränkt. Internationale Benchmarks und die explosionsartig angestiegenen Vergleichsmöglichkeiten in Form von wissenschaftlichen Rankings verdeutlichen dabei den positiven Effekt, den die Globalisierung auf solche Beurteilungsfähigkeiten hat.

Neben den demokratischen Effekten der Digitalisierung sind bürokratische und verwaltungstechnische Vorteile unspektakulär – aber bemerkenswert

Im Rahmen der Globalisierung und der Digitalisierung der Information spielen nicht nur demokratische Aspekte der direkteren politischen Partizipation eine Rolle. Jenseits der Problematik der Abhörskandale um den NSA-Fall und andere geheimdienstliche Möglichkeiten der Spionage gegen Staaten und einzelne Personen, ermöglicht die Globalisierung der Information im bürokratischen, militärischen, polizeilichen, geheimdienstlichen und juristischen Bereich Rationalisierungs- und Kooperationspotenziale. Mit Blick auf die chaotischen Entwicklungen in der internationalen Politik erfordert dies eine Güterabwägung gegenüber Bürger- und Freiheitsrechten. Dieser Spagat – und nochmals gesagt, mit Blick auf die Snowden-Affaire und den NSA-Skandal – wird zum Lackmustest der Demokratie. Demgegenüber sind die Vorteile der Digitalisierung für den Bereich der öffentlichen Verwaltung unspektakulär, aber bemerkenswert.

Der Zusammenbruch der New Economy schockierte die Wissensgesellschaft und die Internetwirtschaft. Der Schrecken, dass zwischen März 2000 und Mai 2001 rund 73 Milliarden Euro an börsennotiertem Kapital verbrannt waren, saß tief. Entsetzen kam auf, als das goldene Kalb fiel und sich sein innerstes als schnöder, nur mit Gold überzogener Ton erwies. Kleinlaut registrierten die Apologeten des Informationszeitalters, dass sich trotz der neuen Technologien die Grundgesetze des Marktkapitalismus und die Gier des Menschen nicht geändert hatten. In den Schatten der Aufmerksamkeit gerieten damit aber die Fortschritte in den politischen Anwendungsfeldern der Technologie, die gegenüber der Übertreibung der Informationswirtschaft mit Blick auf die partizipatorischen und administrativen Aspekte bemerkenswert waren und sind. Staaten arbeiteten weltweit an ihrer Modernisierung. Das elektronisch organisierte Regieren und Verwalten ist ein Königsweg. Es hat Quantensprünge gemacht. Der Drang zum E-Government ist ungebrochen.

Hier muss man zwischen E-Government und E-Governance unterscheiden. Ihre Konzeption und ihr Verständnis sind unterschiedlich. Und manchmal wird E-Government als reine Fortsetzung von E-Business in die Verwaltung projiziert – doch verbirgt sich hinter dem Begriff weit mehr: Eine Erhöhung der Partizipationschancen der Bürger und eine umfassende Modernisierung der Administration mit flacheren Hierarchien und effektiveren Leistungen.

E-Government ist die bedeutendste Innovation im Bereich der öffentlichen Verwaltung und ein Segen für das Verhältnis von Bürger und Staat

Hierbei geht es um die Bereitstellung von Informationen durch Behörden, die Möglichkeiten zum jederzeitigen Abruf aktueller behördlicher Informationen, die Durchführung von Dienstleistungen des Staats gegenüber seinen Bürgern oder die Zusammenführung administrativer Leistungen von mehreren Behörden. Weiter differenzieren lässt sich E-Government in den Informationsaustausch zwischen Staat und Bürgerinnen und Bürgern (Government2Citizens), Unternehmen (Government2Business) und staatlichen Einrichtungen (Government2Government). E-Government versprach interessante Ansätze und respektable Leistungen modernen Regierens. Das haben Regierungen und Administrationen weltweit bemerkt. Sie trieben deshalb ihre Modernisierung voran. Auch die Vereinten Nationen erkannten in den 2000er Jahren, dass E-Government Potenziale für nachhaltige Entwicklungen enthielt und installierten mit dem United Nations E-Government Survey ein Instrument, mit dem jährlich Fortschritte beim Einsatz moderner IKT-Technologien für modernes, effizientes und demokratisch legitimiertes Regieren gemessen werden (United Nations E-Government Survey 2001ff.). Mit dem Report legt die UNO ein Ranking unter denjenigen Ländern vor, die bei der Innovation von E-Government-Strukturen führend bzw. weit vorangekommen sind. Für 2014 war dies in Europa Frankreich. Das Land lag dabei im weltweiten Vergleich hinter Südkorea, Australien und Singapur beim Ausbau von elektronischen Verwaltungs- und Dienstleistungsstrukturen zudem auf dem vierten Platz.

Die Europäische Union forciert deshalb den Ausbau von informationstechnologischen Strukturen, welche E-Government im Bereich der politischen Partizipation und im Bereich der Qualitätssteigerung von öffentlichen Dienstleistungen voranbringen sollen. Die wesentliche Initiative dafür ist bereits seit einer Dekade die ›Digitale Agenda‹, die an die Fortschritte der digitalen Möglichkeiten als politisches und technologisches Instrument über den Zeitverlauf immer wieder angepasst worden ist und auch weiterhin angepasst wird. Sie verweist auf die Priorität der EU-Kommission, den Binnenmarkt und auch die öffentliche Verwaltung durch einen verstärkten Netzausbau digital zu modernisieren und im weltweiten Vergleich wettbewerbsfähig zu machen.[13] Die Bundesrepublik Deutschland schaffte dann mit dem E-Government-Gesetz Mitte 2013 Voraussetzungen für zeit- und ortsunabhängige Verwaltungsdienste.[14] Spät, schaute man sich die Modernisierungsanstrengungen anderer Länder an. Verständlich, schaut man auf die Befürchtungen der auf Sicherheit bedachten Bundesbürger hinsichtlich des Datenschutzes oder der Cyberkriminalität.[15]

Insofern machte sich die Welt in den 2000er Jahren auf, auch die politische Kommunikation und das Verwaltungshandeln an die digitale Revolution anzupassen. Die Ergebnisse im Verwaltungshandeln sind bemerkenswert. Die kleine Republik Estland machte es vor. Sie galt in den 2000er Jahren als Musterknabe einer elektronisch durchorganisierten Republik. Schweden folgte. Diese Länder leben die digitale Partizipation und Verwaltung vor. Bereits 2005 konnten die Esten bei den Kommunalwahlen online abstimmen. Zu den Parlamentswahlen 2011 konnte per SMS (Short-Messanger-Services) via Handy und Smartphone gewählt werden. Die estnische Regierung arbeitet komplett papierlos. Der Sitzungssaal des Parlaments in Tallinn ist seit langem mit entsprechender Technik ausgestattet, die Kabinettssitzungen werden online abgehalten. Doch nicht nur die Politik ist in Sachen E-Government fortschrittlich. Die Esten können online ihre Steuererklärung abgeben, die Führerscheinprüfung absolvieren, ein Gewerbe anmelden oder per Handy die Parkgebühren bezahlen. Der Zugang zum Internet ist den Bewohnern Estlands gesetzlich garantiert. Im ganzen Land gibt es Gratis-Hot-Spots, selbst in ländlichen und strukturell schwächeren Regionen. Estland ist mit etwa 1,3 Millionen Einwohnern und der Fläche von der Schweiz ein kleines Land. Insofern ist es schwer, Vergleiche mit den großen EU-Mitgliedsstaaten wie Deutschland oder Frank-

---

13 | Vgl. http://europa.eu/legislation_summaries/information_society/strategies/si0016_de.htm, aufgerufen am 25.November 2014.

14 | Vgl. www.bmi.bund.de/DE/Themen/IT-Netzpolitik/E-Government/E-Government-Gesetz/e-government-gesetz_node.html, aufgerufen am 25. November 2014.

15 | Vgl. die Untersuchung von ipima (institute for public information management) und initiative D21 bunter www.egovernment-monitor.de/fileadmin/uploads/Dokumente_2013/eGovernmentMONITOR_2013_web.pdf, aufgerufen am 26. November 2014.

reich anzustellen, da alleine die Population und die Fläche technologisch besser zu beherrschen sind. Dennoch zeigt diese kleine politische Entität auf, dass eine konzentrierte technologische Modernisierung binnen einer absehbaren Zeit Erstaunliches vollbringen kann.

3. Chancen und Grenzen einer kritischen Zivilgesellschaft

Ein Teil der Globalisierung ist der Aufstieg der Zivilgesellschaft als politischer Akteur neben den traditionellen politischen Parteien, Regierungen oder den altehrwürdigen gewerkschaftlichen und religiösen Sachwaltern sowie bürgerlichen Honoratioren der Industriegesellschaft. Dieser Aufstieg war das Resultat des Misstrauens in staatliche Autorität, in unternehmerische Redlichkeit und bürgerliche Integrität. Viele Unternehmen oder nichtstaatliche Akteure nahmen ihre politischen Interessen zunehmend selbst in die Hand. Unternehmen, Nichtregierungsorganisationen und neue soziale Bewegungen stießen in den 1990er und 2000er Jahren zunehmend selbstbewusst in den staatlichen Bereich vor. Und schreckten das Establishment auf. Zunehmende international agierende Organisationen und nichtstaatliche Akteure bestimmten immer stärker das politische Geschehen dort mit, wo der Problemdruck herkömmliches staatliches Handeln herausforderte. Eine alternative politische Bewegung entstand. Sie forderte Mitwirkungsrechte und ihre Interessen dort ein, wo sie staatliches Versagen, Korruption oder moralischen Verfall der bürgerlichen Gesellschaft vermutete.

Das Modell eines ruhig funktionierenden Wohlfahrtstaates wurde konfrontiert mit der Realität von neuen Interessenkonflikten und wechselnden Allianzen der Akteure in der Zivilgesellschaft

Die neue Zivilgesellschaft griff damit verstärkt in die inneren und äußeren Angelegenheiten von Staaten ein. Globalisierung führte dazu, dass traditionelle Aufgaben des Nationalstaats ohne neue Formen der Kooperation und Kommunikation nicht mehr effektiv erfüllt werden konnten. Gegenseitige Abhängigkeiten und wirtschaftliche Verflechtung veränderten den Handlungsspielraum des Nationalstaates, auch wenn ihm das Gewaltmonopol blieb. Die territorial gebundene Demokratie verlor an Substanz, während die Wirkungsmacht transnationaler Politik wuchs – zumeist ohne traditionelle demokratische Legitimation.[16] Ihre Akteure sprossen wie Pilze aus dem Boden, ihr Ge-

16 | Das bedeutete in der damaligen Lesart aber nicht, dass der Staat nicht auch in Zukunft eine wichtige Rolle spielen wird. Kritische Beobachter der damaligen Situation sahen darüber hinaus sogar eine Stärkung des Staats durch die Globalisierung, wenn dieser durch ein anderes Verhalten und mit anderen Konzepten richtig reagiert.

schäft boomte. Es entstand eine Gilde aus Wirtschaftslobbyisten, Stiftungen, gesellschaftlichen Aktivisten, Nichtregierungsorganisationen, Interessenvertretungen, die sich in die Politik einmischten. Die Methodik der Einmischung wurde immer mehr differenziert und subtil. Public Affairs, Politikberatung, angewandte Politikforschung, Corporate Social Responsibiltiy (CSR) und Public Relations wurden zu unverzichtbaren Geschäftsaktivitäten der Wirtschaft und der gelegentlich erbittert gegen das Establishment eingestellten Zivilgesellschaft. Die Tätigkeit dieser mächtigen Interessenvertretungen fügte sich wie eine zusätzliche Blutbahn in das koronare Herzkranzgefäß der politischen Globalisierung ein. So entwickelte die Globalisierung in der Wirtschaft wie in der Zivilgesellschaft politische Gegenmacht. Selbstredend provozierte dies neue Konflikte zwischen Staat, Wirtschaft und Gesellschaft. Die verstaubten Klassenkonflikte der Industriegesellschaft wurden durch neue Kämpfe um wirtschaftliche Besitzansprüche, Besitzstände, Interessenwahrung und um die Deutungshoheit der Globalisierung ersetzt.

Transnationale Unternehmen sind aufgrund ihrer Größe, Ausrichtung und ihres Einflusses manchmal mächtiger als Staaten

Transnationale Unternehmen (TNU) wuchsen durch internationale Standortpolitik, strategische Allianzen und Lobbyismus zu Akteuren der internationalen Politik heran. Sie sind eine treibende Kraft der Globalisierung, da sie über die organisatorischen, technischen und finanziellen Ressourcen verfügen, um eine Strategie des ›global-sourcing‹ umzusetzen. Nach Angaben der United Nations Conference on Trade and Development (UNCTAD) lag die Zahl der TNU Ende der 1960er Jahre bei etwa 10.000. Bis zum Jahr 1990 stieg die Gesamtzahl auf rund 35.000 und erhöhte sich bis zum Jahr 2000 noch einmal deutlich auf gut 63.000. Mit 82.000 TNU erreichte die Anzahl im Jahr 2008 einen Höchstwert. Parallel zur steigenden Anzahl der TNU erhöhte sich auch die Zahl ihrer Tochterunternehmen von 150.000 im Jahr 1990 auf 807.000 im Jahr 2008. Allerdings wurde im Jahr 2003 mit 927.000 die bisher höchste Zahl an Tochterunternehmen erreicht.[17] Sie haben gigantische Anteile am Welthandel, wobei ein großer Teil dessen im Grunde nicht mehr den nationalen Außenhandelszahlen zuzurechnen ist, denn es handelt sich um innerbetriebliche Investitionen, Warenlieferungen und Dienstleistungen.

Das Volumen dieser globalen Finanztransaktionen wird auf mehrere hundert Milliarden Dollar pro Tag geschätzt. Ein Drittel davon findet ausschließlich im Inneren transkontinental operierender Unternehmen statt, also innerhalb eines Konzerns, der Geld von einem Profitzentrum zu einem anderen

17 | Vgl. www.bpb.de/wissen/3MGDOS,0,0,Anzahl_Multinationaler_Unternehmen.html, aufgerufen am 5. Dezember 2014.

überträgt. Die transnational operierenden Unternehmen erwirtschaften Umsätze, die das Bruttosozialprodukt von Staaten übertreffen. Die Umsätze von General Motors übertrafen mit ca. 125 Milliarden US-$ schon im Jahr 1995 das Bruttosozialprodukt einer mittleren Volkswirtschaft wie Norwegen.[18] Wal-Mart hatte 2013 einen Jahresumsatz von 470 Milliarden US-$, Exon Mobil von 450 Milliarden US-$ und Apple von 156 Milliarden US-$.[19] Damit hatten alleine diese drei amerikanischen Unternehmen kombiniert etwa doppelt so viel Umsatz wie Deutschland, dessen Steuereinahmen 2013 ›nur‹ etwas über 570 Milliarden Euro betrugen.

NGOs galten mit Blick auf die globalen Aktivitäten der Unternehmen und der globalen Handlungsschwäche des Staates als Gegenmacht

Ende des 20. und Anfang des 21. Jahrhunderts galten die Nichtregierungsorganisationen als Hoffnungsträger für eine globale Ordnungspolitik. Die Hoffnung war, dass sie diese mitprägen und dies vor allem auf eine nicht profitorientierte und basisdemokratischere Art und Weise tun würden. Insofern entstand ein Bild von den NGOs als faire Interessenvertreter der zivilen Gesellschaft. In den 2000er Jahren entstand das Konzept des ›Partizipatorischen Wohlfahrtstaates‹. Ihm lag die Vorstellung zugrunde, dass sowohl die Wirtschaft als auch NGOs, soziale Bewegungen und Bürger sich stärker am Gemeinwohl beteiligen und eine positive Gesellschaftsentwicklung befördern würden. Als Grundlage für diese Erwartung diente ein erkennbarer Trend zu mehr stiftungspolitischem Engagement der Unternehmen und der reichen Gesellschaftsschicht, zu mehr Bürgerbeteiligung, Selbsthilfe, Alltagssolidarität und ehrenamtlichem Engagement in der Gesellschaft. Unternehmen, Bürger und NGOs strebten eine aktivere Rolle an und sprachen und handelten von nun an nicht nur, wenn sie gebetene Gäste der Politik gewesen sind. Daran mussten sich Politiker und Beamte gewöhnen. Von da an galt, dass politisches Handeln nicht nur von staatlichen Institutionen von oben nach unten gesteuert, sondern auch von dezentralen und eigenständigen Netzwerken von unten nach oben beeinflusst wird.

Der Einfluss der Unternehmen und der Zivilgesellschaft setzte Akzente einer problematischen Privatisierung der Politik

Mit ihrer unterschiedlichen Handlungslogik beeinflussen Unternehmen wie NGOs dabei staatliche Macht, die sich an Machtinteressen und Rechtsprinzi-

18 | Vgl. »Trommler der Empörung«, in: Der Spiegel vom 21. Januar 2002.

19 | Vgl. www.giga.de/unternehmen/apple/news/satter-jahresumsatz-apple-erstmals-in-top-10-der-fortune-500-liste/, aufgerufen am 2. Dezember 2014.

pien orientiert. NGOs leben vom freiwilligen Engagement. Sie streben zwar keine ökonomischen Gewinne an, sind demokratisch aber nicht legitimiert und verfolgen häufig nur partikulare Interessen. Andererseits stehen sie permanent im Lichte der Öffentlichkeit. In der Praxis achten sie deshalb oft mehr auf die öffentliche Meinung als bürokratische Apparate. Unternehmen gründen sich auf Kosten-Nutzen-Kalkülen und Renditeerwartungen und sind nicht genuin am Gemeinwohl interessiert.

Die Privatisierung der Weltpolitik umfasst damit erstens die Entstaatlichung der Politik, indem Zwang und Verbindlichkeit durch freiwilliges Engagement substituiert werden. Sie betrifft zweitens die Kommerzialisierung der Politik, die auf Rationalisierung durch Marktmechanismen und durch Orientierung am Eigennutz abzielt. Als Meilenstein dieser Entwicklung identifizierte der Friedensforscher Hartwig Hummel die Konferenz der Vereinten Nationen über Umwelt und Entwicklung (UNCED), die 1992 erstmals private Akteure in den politischen Kommunikationsprozess mit einbezog (Hummel 2001). Private Unternehmen, zusammengeschlossen im Business Council on Sustainable Development (BCSD) propagierten dort marktwirtschaftliche Lösungen für ökologische Probleme, während ein bunt gemischtes Bündnis gemeinnütziger NGOs nachhaltige Entwicklung mit der Mobilisierung der Gesellschaften im Rahmen der Agenda 21 verband. Im Laufe der Zeit nahmen die Aktivitäten sowohl der Wirtschaft als auch der sozialen Bewegungen zu. Am augenfälligsten manifestierte sich dies im Wirken des Weltwirtschaftsforums in Davos im Schweizerischen Graubünden und in dem alternativen Weltsozialgipfel. Beide Foren sind hervorragend organisiert, hoch aktiv und realisieren Wirkungsmacht auf die operative Politik. Aus dem erhofften Miteinander von Wirtschaft und Zivilgesellschaft entstand leider schnell ein Gegeneinander von unterschiedlichen Interessen, das auf den politischen Meinungsbildungsprozess der Politik eine polarisierende Wirkung hatte und weiter haben wird. Das utopische Szenario des partizipativen Wohlfahrtstaates wurde ersetzt durch das realistische Szenario einer neuen Lagerbildung in der Zivilgesellschaft, die sich einreihte in die gewohnten Verteilungs- und Partizipationskonflikte des 20. Jahrhunderts.

Nichtregierungsorganisationen sind heute mächtige und fest etablierte Akteure einer Weltzivilgesellschaft

NGOs haben mittlerweile eine lange Tradition. Global agierende, nicht-staatliche Akteure wie die Kirche, Orden, weltumspannende Handelshäuser wie die Fugger oder die norddeutsche Hanse gab es schon vor der Bildung von Nationalstaaten. Organisationen wie das Rote Kreuz, die Vereinigung christlicher junger Männer (YMCA) oder die internationale Arbeiterorganisation agierten wirksam und über nationale Grenzen hinweg. Sie betrieben so auch eine Art von Außenpolitik im Schatten. Ihre Definition ist umstritten. So sind die konzeptionellen Unterschiede zwischen NGOs, sozialen Bewegungen oder Solidaritätsbewegungen häufig unklar. Definitorisch gelten sie vielen als nicht geklärt.

Die Anzahl von NGOs ist dementsprechend unklar, ihr Wirken somit nicht eindeutig im Umfeld von Wirtschaft, Staat und Gesellschaft zuzuordnen. Im Wirtschafts- und Sozialrat der Vereinten Nationen (Economic and Social Council, ECOSOC) engagieren sich 54 Mitgliedstaaten auf wirtschaftlichen und sozialen Gebieten. Konkrete Aufgaben sind die Hebung des allgemeinen Lebensstandards in der Welt, die Formulierung von Lösungsvorschlägen für internationale wirtschaftliche, soziale und gesundheitliche Probleme, die Förderung der internationalen Kooperation in Kultur und Erziehung sowie die Förderung der Menschenrechte.[20] Er listet seit 1948 NGOs mit konsultativem Status auf. Dies integriert also solche Organisationen, die als soziale Interessenvertretungen im weiteren Sinne anerkannt und praktisch bei der UNO als solche akkreditiert sind. Demnach hat die Zahl der dort geführten NGOs von 1948 mit 40 notierten Akteuren auf 3.900 im Jahr 2013 zugenommen.[21]

Im Gegensatz zu Wirtschaftsunternehmen und ihren Verbänden und Stiftungen, die eher Partikularinteressen vertreten und sich explizit nicht als Teil einer globalen Zivilgesellschaft verstehen, entstand in den 1990er und 2000er Jahren die Idee einer Weltzivilgesellschaft, deren tragende Säulen neben dem Staat eine in sich gefestigte und kooperierende Phalanx zivilgesellschaftlicher Akteure ist. Aber auch dieses Wunschbild fiel der Fragmentierung, den Feindbildern oder den entstehenden Lagern innerhalb der Zivilgesellschaft zum Opfer. Festzuhalten bleibt: Die Anzahl der NGOs hat stark zugenommen, etablierte Organisationen wie Amnesty International, Greenpeace oder Transparency International haben ein erhebliches Gewicht. Die Globalisierung hat eine zivilgesellschaftliche Facette, die mit Blick auf Global Governance politisch relevant und wirkungsmächtig geworden ist. So gibt es starke Netzwerke der Zivilgesellschaft, die sich im Laufe der 2000er und 2010er Jahre natürlich auch unterstützt haben, um eine Phalanx gegenüber der etablierten Politik bilden zu können. Es sind dabei – so wie zwischen internationalen Unternehmen üblich – strategische Allianzen, die von Fall zu Fall geschlossen werden und eine große politische Wirkungsmacht entfalten können.

20 | Vgl. http://de.wikipedia.org/wiki/Wirtschafts-_und_Sozialrat_der_Vereinten_Nationen, aufgerufen am 5. Dezember 2014.

21 | Vgl. http://de.statista.com/statistik/daten/studie/158268/umfrage/entwicklung-der-anzahl-von-ngos-weltweit-seit-1948/, aufgerufen am 5. Dezember 2014.

4. Smart Power als Ergänzung multipolarer Realpolitik

Mit dem Ende des Ost-West-Konflikts brach die Aufteilung der Welt in eine westliche, unter Führung der USA stehende und eine östliche Hemisphäre, in der die UdSSR die Macht hatte, zusammen. Nach Auflösung der Sowjetunion wurde die bipolare Welt Makulatur. Schnell, vorschnell, wurden die USA in ihrer Führungsrolle in der nordatlantischen Allianz als einzig verbliebene Supermacht angesehen. Francis Fukuyama ging von einer monopolaren Welt unter Führung der Vereinigten Staaten aus, in der sich das freiheitliche und demokratische Modell des Westens durchsetzen werde (Fukuyama 1992). Situativ war dies plausibel, wurde aber dann durch die Realität widerlegt. Samuel Huntington postulierte das Entstehen einer multipolaren Welt, in der die anwachsende und in das Vakuum des implodierten Ost-West-Konflikts schnell vorstoßende Macht von Staaten wie China, Indien oder Russland Gegengewichte zur amerikanischen Hegemonie aufbauen würde (Huntington 1996). Auch Eberhard Sandschneider, ehemaliger Direktor der Deutschen Gesellschaft für auswärtige Politik in Berlin, wies 2007 auf den schnellen Machtanstieg Chinas mit Besorgnis hin (Sandschneider 2007; auch Scholl-Latour 1990). Die Entwicklung gab den beiden letztgenannten Wissenschaftlern mit ihrer spezifischen Erwartung recht: Die Geschichte ersetzte die Hegemonie der schwächelnden USA, deren Bedeutung und Weltmachtanspruch seitdem im Sinken begriffen ist (Kennedy 1989), durch die Entstehung von mehreren Polen militärisch-industrieller und politischer Macht.

Die Entwicklung zeigte auch, dass die USA, die Europäische Union und die NATO in Krisen wie dem Balkankonflikt in den 1990er Jahren, dem Afghanistan-Konflikt, im Irakkrieg oder in den Interventionen in Syrien gegen die IS eine gewisse Handlungsfähigkeit bewiesen haben, Ordnungsansprüche oder die Durchsetzung westlicher Werte aber nicht mit der Souveränität eines Hegemons durchsetzen konnten. Die bittere Wahrheit war: Der Westen zeigte sich sicherheitspolitisch zersplittert und militärisch nicht ausreichend handlungsfähig. Und nicht entschlossen genug. Dies zeigte sich im Scheitern der militärischen Missionen im Irak und erreichte Mitte der 2010er Jahren im Ukraine-Konflikt einen weiteren Höhepunkt der zeigte, dass die Multipolarität eine fragile Realität ist und äußerst gefährlich werden kann (Kissinger 2014). Das Ruhekissen einer monopolaren Welt unter Führung der USA sucht man vergebens; die globalisierte Welt muss mit zuweilen fragilen multipolaren Strukturen leben lernen. Und, um sich Gehör zu verschaffen oder durchzusetzen, kamen zunehmend diplomatische und imagepolitische Argumentationen als politische Instrumente in der Auseinandersetzung hinzu.Im 21. Jahrhundert zählt deshalb nicht nur die militärische Hardware der Waffengewalt, sondern zunehmend auch der Kampf um die Deutungshoheit in der globalisierten Welt. Nicht mehr die platte Dichotomie der Welterklärung zwischen Kapitalismus und Sozialismus grundierte nunmehr die Legitimität der internationalen Politik; vielmehr bedurfte es einer permanenten politisch-kulturellen Überzeugungsarbeit im Kampf um strategische Vorherrschaft in der multipolaren Welt. Eine große Bedeutung bekam dabei die intellektuelle Konzeption politischer Führung.

Soft Power und Hard Power verschmelzen zur Smart Power als Schlüsselelement politischer Herrschaft

In diesem Kontext – und auch mit Blick auf die globale Vernetzung – hat sich ein Wandel im Verständnis von der effektiven Ausübung staatlicher Macht entwickelt. Der Westen musste nicht nur erkennen, dass die Implosion der UdSSR und des Warschauer Pakts nicht automatisch einem Siegeszug über die Mächte der Vergangenheit glich; es zeigte sich vielmehr, dass neue erbitterte Auseinandersetzungen entstanden, die sich nicht mit dem Einsatz von blanker Waffengewalt und platter bipolarer Propagandarhetorik lösen ließen. Die militaristischen ›Betonköpfe‹ des Kalten Krieges wurden über Nacht arbeitslos, die dumpfen Public-Relations-Agenturen der Bipolarität verschwanden im Nichts. Mit dem Ende des Ost-West-Konflikts zeichnete sich nicht nur eine instabile multipolare Machtarchitektur mit neuen mächtigen Gegenspielern ab. Es wurde offenkundig, dass die Begründungszusammenhänge politischer Machtansprüche neu zu formulieren waren. Nicht alleine die Überzeugungskraft waffenstarrender Arsenale zählte. Die politische Machtausübung auf Grundlage kultureller Attraktivität und wegweisender Ideologie im Konzert mit legitimierten Institutionen wurde wichtig. Der Begriff der Soft Power wurde als Herrschaftsinstrument plausibel und als Konzept staatlichen Handelns attraktiv. Zentrales Merkmal dieses Konzepts ist die Machtausübung durch die Beeinflussung der Ziele politischer Akteure, ohne dass dazu wirtschaftliche Anreize oder militärische Bedrohungen eingesetzt werden. Es ging also zusehends um ein psychologisches Konzept der politischen Überzeugung.

Smart Power ist, andere dazu bewegen, dieselben Werte zu teilen und die gleichen politischen Ziele zu verfolgen, wie man selbst

Der Begriff der Soft Power wurde von dem amerikanischen Politikwissenschaftler und Diplomaten Joseph Nye in Abgrenzung und als Gegensatz zur Hard Power formuliert, welche ökonomische und militärische Stärke meint und die auf der Grundlage von ökonomischen Anreizen oder militärischen Bedrohungen zwischenstaatliche Beziehungen prägt (Nye 1990). Sie ist die Fähigkeit der Beeinflussung und Formung politischer Präferenzen anderer politischer Akteure und eng an immaterielle Werte gebunden. Ihren Charme entwickelt Soft Power durch ihre attraktive Anziehung auf andere. Ressourcen von Soft Power sind Werte, die eine Sogkraft auf andere politische Akteure entfalten wie Kultur, politische Attraktivität und auswärtige Politik. Betrachtet man dies genau, war der weltweite Durchstoß des Marxismus-Leninismus seinerzeit die Entwicklung einer mächtigen Soft Power, die viele Länder dazu bewegte, sich dieser Ideologie anzuschließen und sozio-ökonomisch revolutionäre Veränderungen zu initiieren und durchzusetzen. Ähnliche Veränderungen bewirkte alleine der Freiheits- und Gleichheitsgedanke der Französischen Revolution im 18. Jahrhundert oder die Verwirklichung einer selbstbewussten und liberalen Bürgergesellschaft innerhalb einer vereinten deutschen Nation im 19. Jahrhundert. Soft Power bedeutet also die Fähigkeit von Staaten, andere Akteure dazu zu bewegen, denselben politischen Willen zu entwickeln und die gleichen politischen Ziele zu verfolgen wie man selbst. Nach Nye ist Soft Power ein Schlüsselelement politischer Führung. Die Fähigkeit eines Akteurs zur erfolgreichen Kombination von Soft Power und Hard Power – also die Entwicklung fesselnder Werte und Zukunftsvisionen in Kombination mit der Demonstration von realen Fähigkeiten, diese gegebenenfalls auch mit sanftem oder hartem Druck umzusetzen – bezeichnet Nye als Smart Power (Zaharan/Ramos 2010: 25).

Die Veränderungen im politischen System der Globalisierung, das Auftauchen neuer Akteure in der nationalen wie internationalen Politik und die diffizile Ergänzung von politischen Instrumenten prägt Entwicklungspfade und Gestaltungsoptionen der Globalisierung. Für alle Beteiligten des globalen ›Mehrebenensystems‹ auf lokaler, regionaler, nationaler, supranationaler und internationaler Ebene entsteht ein konzeptioneller Orientierungsbedarf. Mit Blick auf die Gestaltungsmöglichkeiten einer globalisierten Welt erfordert dies in der Konsequenz eine komplexe Handlungsstrategie der Globalisierung. Diese muss (1.) die erkennbaren und zugehörigen Problemlagen mit konkreten Lösungsvorschlägen verbinden. Es geht (2.) um ein kohärentes Politikverständnis und ein Politikkonzept für eine konstruktive Politik der Globalisierung im 21. Jahrhundert. Eine daraus abgeleitete Strategie muss (3.) dabei (aus westlicher Sicht) demokratisch legitimiert, sozial umfassend und effizient sowie politisch auf allen Ebenen auch umsetzbar sein. Dieser Dreiklang von Zielsetzung und Ansatz, Nutzen und Strategie sowie Akzeptanz und Effizienz macht den Kern eines wirksamen Politikkonzepts aus.

Deshalb sind Ideen für die Entwicklung eines intellektuellen Koordinatensystems wichtig. Gleichzeitig müssen Handlungsmöglichkeiten für den nationalen Rahmen, den europäischen Rahmen und den internationalen Rahmen formuliert werden um ein Bild darüber zu erlangen, wie sich Globalisierung in sinnvolle Strukturmerkmale globalisierter Gesellschaften und ihrer Beziehungen zueinander formulieren lassen.

VIII. Das intellektuelle Koordinatensystem der dritten Globalisierung

Eine entscheidende Frage im Kontext der neuen Globalisierung ist: Entwickelt sich damit auch eine angepasste Rationalität gesellschaftlichen, wirtschaftlichen und politischen Handelns? Ausgehend von den Staatszielen einer Gesellschaft oder ihrem Staatszweck sowie den Interessen der sich daran anlehnenden Akteuren in Staat, Wirtschaft und Zivilgesellschaft führt dies zu der Frage, welche Ziele die Entscheidungsinstanzen einzelner Länder, regionaler Zusammenschlüsse, oder globaler Institutionen angesichts der neuen Globalisierung verfolgen. Gleichermaßen wichtig ist die Frage, wie diese Zielfindung zukünftig legitimiert ist und wie die Menschen, Interessengruppen, Parteien und Stakeholder der Globalisierung daran beteiligt sind. Es stellt sich die Herausforderung, das Paradigma der durchgreifenden Globalisierung mit den erforderlichen gesellschaftlichen, wirtschaftlichen und politischen Handlungen zu verbinden. Diese Handlungen könnten auf sechs Prinzipien fußen, welche für die Gestaltung der Globalisierung wichtig sind: (1.) Legitimation, (2.) Subsidiarität, (3.) Integration, (4.) Resilienz, (5.) Innovation und (6.) Humanität.

1. Legitimation: Neue Rechtfertigung von öffentlicher Ordnung und Staat

Legitimation bedeutet die Rechtfertigung des Staats für sein hoheitliches Handeln und dessen Ergebnis, das unter Beachtung ihrer Bestandteile Transparenz, Effizienz und demokratische Beteiligung die Anpassungen an die Globalisierung aktiv gestaltet und nicht nur passiv erleidet. Veränderungen sind schwierig. Im Sinne Schumpeters können sie als kreative Zerstörung aufgefasst werden, die unter schmerzlichen Anpassungen unnützes altes vernichten um neues nützliches zu ermöglichen. Die Anpassung daran ist schmerzlich. Dies zeigt sich in besonderer Weise bei den sozial-, arbeitsmarkt- und wirtschaftspolitischen Umstellungszumutungen der Globalisierung. Diese gilt es nach dem Selbstverständlich westlich organisierter Staaten sozialverträglich in einem Entscheidungssystem zu gestalten, dass allgemeine Akzeptanz erfährt, Teilhabe ermöglicht und nachvollziehbare und verständliche Entscheidungen mit guten Ergebnissen produziert. Eigenes politisches Handeln zu legitimieren fällt bei den Entscheidungen am ›grünen Tisch‹ oft leicht; der Weg dorthin über ein schwieriges Change Management in einer Welt des Wandels ist oftmals in der Praxis schwierig und kompliziert.

Legitimation ist konstituierender Teil der Raison d'être des modernen Staates und ein gutes Argument zur Ausübung von smart power in den internationalen Beziehungen

Im Parlamentarismus und der sozialen Marktwirtschaft des westlich geprägten Nationalstaats ließen sich diese Funktionen befriedigend organisieren. Mit der Abschwächung nationaler Organisations- und Entscheidungsstrukturen durch die Globalisierung stellt sich die Frage nach einem guten ›Change Management‹ innerhalb der staatlichen und wirtschaftlichen Ordnung sowie in den internationalen Beziehungen. Dies bezieht sich auf regionale, transnationale und globale Lösungsstrukturen. Die Globalisierung erfordert deshalb eine Arbeitsteilung, die sich sinnvoller Weise an dem Subsidiaritätsprinzip orientiert.

2. Subsidiarität: Organisation arbeitsteiligen Handelns

Das Subsidiaritätsprinzip ist eine politische, wirtschaftliche und gesellschaftliche Maxime, welche die Entfaltung der individuellen Fähigkeiten, Selbstbestimmung und Eigenverantwortung anstrebt. Dementsprechend sollen Aufgaben, Handlungen und Problemlösungen so weit wie möglich selbstbestimmt und eigenverantwortlich unternommen werden, also wenn möglich von der untersten Ebene einer Organisation. Nur wenn dies nicht möglich ist, sollen größere Organisationseinheiten oder höhere Organisationsformen die Aufgaben unterstützend übernehmen. Dafür wird ein Zurückdrängen der individuellen Selbstbestimmung und Eigenverantwortung für den jeweiligen Zweck in Kauf genommen. Zumeist wird der Grundsatz der Subsidiarität im politischen und wirtschaftspolitischen Kontext verwendet, bei dem Aufgaben zunächst selbstbestimmt und eigenverantwortlich vom Individuum ausgeführt werden sollten. Erst subsidiär sollen der private Haushalt und andere private Gemeinschaften bis hin zu den öffentlichen Kollektiven wie Gemeinden, Städten, Landkreisen, Ländern, Staaten und zuletzt Staatengemeinschaften und supranationalen Organisationen eingreifen. Das Subsidiaritätsprinzip ist ein wichtiges Konzept und bewährte Praxis für föderale Staaten wie die Bundesrepublik Deutschland oder die Schweizer Eidgenossenschaft sowie föderale Staatengemeinschaften wie die Europäische Union. Es ist auch zentrales Element des ordnungspolitischen Konzepts der sozialen Marktwirtschaft oder der katholischen Soziallehre.[1]

3. Integration: Legitimation und Subsidiarität als Gemeinschaftsprinzip

Das Subsidiaritätsprinzip wurde in den Verträgen zur europäischen Integration festgeschrieben. Es ist Bestandteil der Verhaltensregeln, die in der Präambel und in Artikel 5 Absatz drei des Vertrages über die Europäische Union (EUV) von 1992 (Maastrichter Vertrag) festgelegt wurden. Demnach hat die Europäische Kommission drei Verhaltensregeln bei ihrer Tätigkeit zu beachten:

- Stärkung der demokratischen Kontrolle in der EU;
- Transparenz bei der gemeinschaftlichen Gesetzgebung;
- Achtung des Subsidiaritätsprinzips.

Dementsprechend könnte das Subsidiaritätsprinzip auch ein wichtiger Bestandteil im intellektuellen Koordinatensystem der Globalisierung sein, ohne dass allerdings ein so differenziertes und funktionsfähiges politisches System wie das der Europäischen Union im globalen Maßstab heute schon vorhanden ist.

Die plausible politische Antwort auf die Globalisierung ist die der Integration, die dem Subsidiaritätsprinzip folgt. Natürlich gibt es heute keine Welt-Union nach dem Vorbild der EU. Aber unter Beachtung des Subsidiaritätsprinzips ist mehr globale Politik mit den bereits geschaffenen internationalen Institutionen sinnvoll, möglich und wünschenswert. Das Beispiel der europäischen Integration hat dabei im übrigen gezeigt, dass binnen 50 Jahren politische Konflikte und ökonomische Fragmentierungen sehr erfolgreich geändert werden konnten. Dies hat seit den Römischen Verträgen zur Gründung der Gemeinschaft sicher mit Blick auf einen so kurzen Zeitraum nicht jeder gedacht.

Die europäische Integration ist wegweisend für globale Integrationsversuche im 21. Jahrhundert

Die europäische Integration ist eine beispiellose Referenz für eine große friedens- und wirtschaftliche Innovation, die heute (noch)[2] 28 vormals höchst

---

1 | Vgl. http://de.wikipedia.org/wiki/Subsidiarität, aufgerufen am 4. Januar 2015.

2 | Zum Zeitpunkt der Schlussredaktion zu diesem Buch war noch nicht wirklich klar, wie sich das BREXIT-Votum Englands auf die Mitgliedszahl der Mitgliedsländer wirklich auswirkt.

unterschiedliche Staaten im Rahmen des acquis communitaire[3] der Europäischen Union zusammenbindet. Im Rahmen ihrer stetigen Weiterentwicklung von einer Montanunion wurde sie zunehmend eine Wirtschafts-, Währungs- und eine politische Union – mit Blick auf einen europäischen Bundesstaat allerdings immer noch mit unvollendeter Gestalt. Heute ist die Union aus europäischer Perspektive trotzdem die richtige Antwort auf die wirtschaftliche, politische und gesellschaftliche Globalität. Der Anfang einer weltpolitischen Integration wurde mit den internationalen Institutionen und internationalen legislativen Regelwerken seit Gründung des Völkerbundüber schon seit langem gemacht. Der Einfluss von Weltbank, internationalem Währungsfond, Internationalem Gerichtshof, den verschiedenen Organisationen der Vereinten Nationen ist durchaus groß. Das globale Welthandelssystem und zahlreiche regionale Handelsregime sowie große regionale Institutionen wie die OECD, ASEAN oder die Afrikanischer Union ergänzen das Netzwerk der Welt. Aber eine harmonische Gemeinschaft ist das alles in allem nicht. Im Gegenzug zu einer politischen Koordination, wie sie etwa die EU im Rahmen ihres Vertragswerkes entwickelt hat, stellt sich für die Zukunft die Frage, wie ein weltpolitisches Entscheidungssystem – mit anderen Worten eine globale Governance – über Integration eine bessere Legitimation erreichen kann; und im Ergebnis dann gute und mehrheitlich akzeptierte Entscheidungen trifft.

4. Resilienz: Widerstandsfähigkeit im 21. Jahrhundert

Das Konzept der Resilienz bezieht sich auf die Widerstands- und Anpassungsfähigkeit eines technischen oder sozio-ökologischen Systems gegenüber Veränderungen, die nicht mehr umkehrbar sind. Ursprünglich bezog sich dieser Begriff auf kybernetische Zusammenhänge und ökologische Fragen. Im Laufe der Zeit bestimmte er Anfang der 2010er Jahre das Denken von Sozialwissenschaftlern, Zukunftsforschern, Ökonomen und Politikern. Hierbei geht es um die Anpassungsfähigkeiten der Welt angesichts des sozio-ökonomischen und sozio-kulturellen Wandels. Dies ist zum Beispiel beim Klimawandel der Fall. Anfang der 2010er Jahre trat er bei der Betrachtung von zukünftigen Ereignissen in der Welt der Experten und Wissenschaftler dann immer häufiger auf. Bemerkenswert war, dass er bei vielen ›Merkern‹ und Meinungsmachern der Politik Anfang der 2010er Jahre zu einem Mainstream des Denkens wurde. Expertensysteme, sensible Politiker und wirtschaftliche Führungspersönlichkeiten reagieren damit auf eine gewisse Ernüchterung, die mit Blick auf das Ziel der Nachhaltigkeit eingetreten war, was durch wissenschaftliche Studien be-

3 | Der acquis communitaire bezeichnet den gemeinschaftlichen Rechtsraum oder gemeinschaftlichen Besitzstand des Rechts der Europäischen Union, der alle Rechtsakte der EU umfasst, die für alle Mitgliedstaaten der EU verbindlich sind.

legt worden ist (Osztovics/Kovar/Mayrbäurl 2012). Die Journalistin Ulrike Weiser von der österreichischen Zeitung die Presse hat dies einmal als die »neue Nachhaltigkeit« formuliert (Weiser 2012). Es geht dabei also um die Frage, ob wir zukünftig darauf vorbereitet sind, Krisen und Schocks zu überstehen oder nicht und wenn ja, mit welchem Ergebnis. Insofern ist das Prinzip der Resilienz eine Ernüchterung mit Blick auf das hehre Ziel der globalen Nachhaltigkeit, das, vormals als Weltprinzip formuliert, eine vielleicht zu anspruchsvolle und laute globale Intonation hatte.

Resilienz ist die kleine Schwester der Nachhaltigkeit

Damit komplettiert das Konzept der Resilienz das Konzept der Nachhaltigkeit und ersetzt es nicht. Realiter schaltet die Welt damit einen Gang zurück in der Bewältigung der zukünftigen Herausforderungen wie Klimawandel, Demographie, Energie und Ressourcen. Der Anspruch in den 1970er, 1980er und 1990er Jahren war es, mit klugen und global abgestimmten Prozessen die absehbaren Weltprobleme so in den Griff zu bekommen, dass man sich mit den Folgen von katastrophalen Entwicklungen erst gar nicht beschäftigen muss. Dieses Zurückrudern gesteht ein, dass man bei vielen Problemen zunächst nur noch auf Sicht fahren kann. Es geht dabei also zum Beispiel zunächst nicht darum, wie man den Klimawandel aufhalten, sondern wie man mit einem durchschnittlichen Temperaturanstieg von zwei bis vier Grad auf der Welt leben kann und wie man den Konsequenzen begegnet. Es geht darum, wie man angesichts des demographischen Wandels eine Gesellschaft organisiert, in der mehr als die Hälfte der Bevölkerung über 60 Jahre alt sein wird und die sich Gedanken um eine Demographiestrategie machen muss, die innerhalb und zwischen den Generationen greift. Und es geht darum, wie eine Weltgesellschaft entstehen kann, die auf all dies so reagieren kann, dass wenigsten eine Resilienzstrategie entsteht, die das Unvermeidliche wirksam packt und trotzdem ein weiteres Nachdenken über nachhaltige Lösungen nicht nur resignierend ersetzt. Insofern repräsentiert der Griff auf das Prinzip der Resilienz das strategische Denken von heute und morgen, das sich nicht auf ein paralysiertes Abwarten zurückziehen darf, sondern auf ein Management von sozio-ökonomischen und politischen Risiken zu konzentrieren hat. Resilienz führt insofern zu einem Chancen-Management, das sich an Realitäten orientiert und sich nicht auf Wunschdenken kapriziert.

5. Innovation: Priorität intelligenter Problemlösungen

Die logische Konsequenz der Konzentration auf das Prinzip der Resilienz ist die Konzentration auf (1.) gutes Krisenmanagement und (2.) gute lokale, regionale, nationale und globale sozio-ökonomische und politische Innovationen.

Wesen und Wert der Innovation müssen von der Politik genauso intensiv verstanden und verfolgt werden wie von der Wissenschaft, Forschung und Wirtschaft

Innovationen sind das Neue. Sie veranschaulichen die Kraft des menschlichen Intellekts, im Rahmen wissenschaftlich-technischer Erkenntnisse und Prozesse etwas Neues zu schaffen. Sie bedeuten, bekannte Pfade zu verlassen, neue Ideen zu entwickeln und durchaus auch, etwas Anderes anders zu machen. Sie entstehen durch Wissen, Denken und Handeln. Innovationen sind mehr als nur Erfindungen, oder technologische Verbesserungen. Sie repräsentieren eine Wertschöpfungskette, mithin das Wollen, von einer Idee über eine Erfindung und einen Test ihrer Relevanz bis hin zur konkreten materiellen oder immateriellen Nutzung, erfolgreich etwas Neues zu schaffen. Eine moderne Gesellschaft muss dafür sorgen, dass die Strukturen des Lernens und Forschens, des Wirtschaftens und Arbeitens sowie der politischen Entscheidungen mit dem dazu gehörigen und sich ständig neu bildenden Wissen Schritt halten. In der Ökonomie bringen Innovationen neue Produkte und Dienstleistungen auf den Markt. Sie erhöhen die Produktivität und schaffen neue oder andere Arbeitsplätze. Sie sind im Rahmen ihrer Erzeugung für die nachhaltige Performance eines Wirtschaftsraumes quantitativ wie qualitativ von fundamentaler Bedeutung (Weidenfeld/Turek 1996: 33-40).

Länder, Regionen oder Kontinente entscheiden mittels ihres Bildungs- und Wissenschaftssystems, im Rahmen der Innovationskraft ihrer Unternehmen und durch ihre Wirtschafts- und Finanzpolitikpolitik über den Grad ihrer Wettbewerbsfähigkeit und Prosperität. Es geht jenseits der engeren technischen oder ökonomischen Beziehungen um das Zusammenwirken verschiedener Elemente eines Systems, um Innovationen möglich zu machen. Ein Innovationssystem erfordert (1.) Innovationsfähigkeiten, (2.) eine Innovationskultur und (3.) eine entsprechende Innovationspolitik. Erfolgreiche Innovationsentwicklung setzt ein enges Zusammenspiel von staatlicher Technologie- und Wissenschaftspolitik mit universitären und außeruniversitären Forschungseinrichtungen, Hochschulen und Unternehmen voraus. Als Voraussetzung für funktionierende Innovationsprozesse dient die Innovationskultur. Innovationskultur ist Grundlage der Innovationsfähigkeit und lenkt die Formen der Innovationspolitik in einer als geeignet angesehenen ganzheitlichen Innovationsarchitektur. Der Begriff der Innovationskultur erweist sich als prägend für die Fortentwicklung der wissenschaftlich-technologischen Leistungsfähigkeit eines Landes. Sie beschreibt und umfasst den »institutionellen Rahmen, der die Wahrnehmung der am Innovationsprozess beteiligten Akteure hinsichtlich wirtschaftlicher und technischer Herausforderungen prägt, sowie Strategien zu ihrer Bewältigung bereitstellt. Innovationskultur ist immer an das Handeln konkreter Akteure gebunden und damit zeitlich und räumlich wandelbar« (Wieland 2004: 10).

Bemerkenswerte politische Innovationen waren die Stein-Hardenberg'schen Reformen in Preußen. Es waren eine Reihen von Verwaltungsreformen des frühen 19. Jahrhunderts, die von gesellschafts- und wirtschaftspolitischen Maßnahmen begleitet wurden und eine Reaktion auf die Niederlage Preußens gegen Napoleon in der Schlacht bei Jena und Auerstedt im Jahr 1806 sowie auf die Modernisierungserfordernisse im Rahmen der Aufklärung. Sie führten zu einschneidenden Veränderungen in der staatlichen Ordnung und Verwaltung, in der Agrarverfassung und in der Gewerbeordnung und modernisierten Preußen. Eine andere Innovation war die Einführung der deutschen Rentenversicherung durch den deutschen Reichskanzler Otto von Bismarck als Reaktion auf die im Zuge der Industriealisierung entstandene Not der Arbeitnehmerschaft im ausgehenden 19. Jahrhundert. Drittens lässt sich der ›New Deal‹ in den Vereinigten Staaten nennen. New Deal ist eine amerikanische Redewendung und bedeutete so viel wie ›Neuverteilung der Karten‹. Der suggestive Slogan meinte eine komplette ›Umkrempelung‹ der amerikanischen Wirtschafts- und Sozialordnung. Er manifestierte sich in einer Reihe von Wirtschafts- und Sozialreformen, die in den Jahren 1933 bis 1938 unter US-Präsident Franklin D. Roosevelt als Antwort auf die Weltwirtschaftskrise durchgesetzt wurden. Er stellte einen großen Umbruch in der Wirtschafts-, Sozial- und Politikgeschichte der USA dar. Er sollte zunächst Not lindern, dann die Wirtschaft wieder beleben und langfristig ein funktionierendes Sozialsystem in den Staaten etablieren. Der New Deal funktionierte. Damit wurde in den USA die Marktwirtschaft vor dem Kollaps bewahrt, indem vor allem durch Regulierung des Bankensystems und des Wertpapierhandels eine stabilere Wirtschafts- und Sozialordnung geschaffen wurde. Große politische Innovationen machten Geschichte. In neuester Zeit gilt die Agenda 2010 in Deutschland als herausragende politische Innovation. Auf europäischer Ebene lassen sich die Modernisierung des europäischen Binnenmarktes und die Einführung der Währungsunion nennen. Ein wirkliches Beispiel auf Augenhöhe mit Blick auf die internationale Ebene steht bisher aus.

Die deutsche Agenda 2010 machte die deutsche Gesellschaft überlebensfähig in der Welt der Globalisierung

In Deutschland wirkte die Agenda 2010 der rot-grünen Koalition unter Bundeskanzler Gerhard Schröder systemisch sehr intensiv, die als Reform des deutschen Sozialsystems und Arbeitsmarktes zwischen 2003 und 2005 von der damaligen Bundesregierung umgesetzt wurde. Sie reagierte dabei auf den gewachsenen Leidensdruck der deutschen Wirtschaft und Gesellschaft mit Blick auf die Zukunft des gesamten Sozialsystems im demographischen und sozioökonomischen Wandel, der in der öffentlichen Diskussion als zunehmend unerträglich empfunden und von Politikern, Intellektuellen und Journalisten in Deutschland in zunehmender Weise eindringlich beklagt wurde (Miegel 2002; Steingart 2004). Der Ökonom und frühere Chef des ifo-Instituts der Ludwig-Maximilians-Universität in München, Hans-Werner Sinn, beklagte die Reformunwilligkeit des Landes und fragte ostentativ: Ist Deutschland noch zu retten? (Sinn 2003). Vorher hatte der ehemalige Bundespräsident Roman Herzog schon gefordert, es müsse nun ein reformatorischer »Ruck« durch das Land gehen. Die Agenda war ein hoch innovatives Projekt der Politik. Sie zielte auf die Verbesserung der Rahmenbedingungen für mehr Wachstum und Beschäftigung in Deutschland sowie den Umbau des Sozialstaates, der insbesondere mit den sogenannten Hartz--Maßnahmen umgesetzt wurde. Die Agenda 2010 griff insgesamt in alle wirtschaftlichen Bereiche der Gesellschaft im Rahmen eines angebotspolitischen Ansatzes ein. Sie enthielt Änderungen in der Handwerksordnung, eine Erhöhung der Bildungsausgaben, eine Totalreform des Arbeitslosengeldes und des Bezugs von Sozialleistungen, Einschnitte innerhalb des Leistungskatalogs in der gesetzlichen Krankenversicherung sowie eine Ergänzung der deutschen Rentenformel um einen Nachhaltigkeitsfaktor.[4] Die Agenda rief bei Wirtschaftswissenschaftlern Kritik hervor, die sie lediglich als ideologischen Wirtschaftssystemwechsel kritisierten und andere Faktoren wie monetäre Spätfolgen der Wiedervereinigung oder die Verantwortung der Tarifpartner im Aushandeln von Löhnen innerhalb ihrer Tarifautonomie für Erfolge der Reformpolitik hervorhoben. Unter dem Strich richtig ist, dass seitdem die Wettbewerbsfähigkeit Deutschlands und der allgemeine Wohlstand angestiegen sind, wenngleich die Gewinne der Agenda 2010 nicht unbedingt gleichwertig verteilt worden sind.

Der europäische Binnenmarkt und die Vorbereitung der europäischen Währungsunion waren Schlüsselinnovationen der europäischen Integration nach dem Abschluss der Römischen Verträge zur Gründung der Europäischen Wirtschaftsgemeinschaft (EWG) 1957

Auf der internationalen Ebene muss man die Errichtung des europäischen Binnenmarktes und der europäischen Währungsunion unter der politischen Führung des damaligen Präsidenten der Europäischen Kommission, Jaques Delors, hervorheben. In einer Zeit, als das Gespenst der »Eurosklerose« durch Europa irrte, initiierte er einen politischen Innovationsprozess, der die europäi-

---

4 | Der Nachhaltigkeitsfaktor ist Teil der Rentenanpassungsformel und beeinflusst die jährliche Rentenanpassung entsprechend der Veränderung des Verhältnisses der Beitragszahler zu den Rentenbeziehern. Dabei werden sowohl demographische als auch konjunkturelle Änderungen berücksichtigt. Er wurde in das deutsche Sozialgesetzbuch integriert und soll den Anstieg des Beitragssatzes bis zum Jahr 2030 auf maximal 22 Prozent beschränken.

sche Integration nach Jahren der Stagnation mit Überschallgeschwindigkeit voranbrachte. In seine Präsidentschaft fallen die Reformen der Einheitlichen Europäischen Akte (EEA) 1986, der Vertrag von Maastricht 1992 und die institutionelle Reform der europäischen Kommission und ihrer Gemeinschaftspolitik (Delors Paket) 1988. Parallel zur EEA-Vertragsreform verfolgte die Europäische Kommission damals das Ziel der Verwirklichung des Binnenmarktes mittels eines umfassenden europäischen Rechtssetzungsprozesses. Bis Ende 1992 war der größte Teil der damit verbundenen Maßnahmen verabschiedet und umgesetzt. Diese gewaltige Binnenmarktanstrengung entfachte eine neue Dynamik innerhalb der EU. Diese Maßnahmen gelten zu Recht als Meilensteine der europäischen Integration, da sie Verkrustungen im politischen System und der Gemeinschaftspolitik aufbrachen und neue Horizonte auf dem Weg zu einer Wirtschafts- und Währungsunion erschlossen. Diese brachten der Union in den 1990er und 2000er Jahren enorme wirtschaftliche Vorteile in den Bereichen Wachstum, Beschäftigung und Innovation und machten Europa fit für den internationalen Wettbewerb. Alleine der Zuwachs des jährlichen realen Bruttoinlandsproduktes pro Einwohner in Folge der zunehmenden Binnenmarktintegration war eindrucksvoll. Besonders stark profitierte dabei Deutschland. Dort stieg von 1992 bis 2012 das reale Bruttoinlandsprodukt jährlich um durchschnittlich 37 Milliarden Euro. Das entsprach einem jährlichen Einkommensgewinn von 450 Euro pro Einwohner. Aber auch andere Länder wie Österreich, Finnland, Dänemark Belgien oder Schweden konnten starke Einkommensgewinne verbuchen und auch südländische Länder wie Spanien, Griechenland und Portugal profitierten vom europäischen Binnenmarkt.[5]

6. Humanität: Menschlichkeit als das Maß aller Dinge

Der Begriff und das Verständnis der Humanität darf bei diesen Überlegungen zur Gestaltung der Globalisierung nicht unterbelichtet werden. Zum Anfang des 21. Jahrhunderts haben wir erlebt, dass die menschliche Gesellschaft und ihre politische Ordnung nicht humaner geworden ist. Die Welt war nach dem Ende des Zweiten Weltkriegs zunächst erleichtert, dass solche unfassbaren Ereignisse wie der Holocaust Geschichte wurden. Die Barbarei war aber nicht vorbei. Der Völkermord auf dem Balkan in den 1990er Jahren und die unfassbaren Gräueltaten des IS in den 2010er Jahren haben gezeigt, dass sich die menschliche Natur nicht überall der Modernität und den ethischen, religiösen oder rechtsstaatlichen Normen einer humanen Weltgesellschaft anpassen will. So bleibt gültig, was die Denker der Moderne stets eingefordert haben: Das Recht, die Freiheit und die Würde des Einzelnen und die Demokratie des Volkes. Nach dem Münchner Philosophen Julian Nida-Rümelin ist ein

5 | Vgl. www.bertelsmann-stiftung.de/binnenmarkt, aufgerufen am 23. September 2015.

vitaler Humanismus dabei in besonderer Weise auch die philosophisch und politisch richtige Antwort auf die neuen Fanatismen und Fundamentalismen der Gegenwart (Nida-Rümelin 2016). Der normative Kern des Humanismus könne sich auf einen internationalen, alle Kulturregionen und Staaten einbeziehenden Konsens berufen: Die Allgemeine Erklärung der Menschenrechte durch die Generalversammlung der Vereinten Nationen vom 10. Dezember 1948 und die beiden Menschenrechtsverträge aus den 1960er Jahren. Deshalb sei eine Rückbesinnung und eine Revitalisierung des Humanismus in Theorie und Praxis ein wichtiges Anliegen der zeitgenössischen Weltpolitik. Ohne eine kosmopolitische Praxis, ohne den schrittweisen Aufbau globaler institutioneller Verantwortung, lasse sich diese Agenda nicht realisieren. Insofern ist die Verankerung eines vitalen Humanismus eine wichtige Antwort auf die Herausforderungen der dritten Globalisierung und verkörpert die ethische Komponente in ihrem intellektuellen Koordinatensystem.

Was in Zukunft zählt: Unaufgeregte Offenheit für Neues und globale Zusammenarbeit, die Bereitschaft, auf Souveränität zu verzichten, unabänderliche Realitäten zu akzeptieren und sich in diesem Rahmen auf sinnvolle Innovationen anstatt auf sinnloses Beharren auf das Alte zu konzentrieren

Diese Vorbilder dienen als gute Beispiele von herausragenden Innovationen im politischen Bereich. Sie orientierten sich im Rahmen der Gesetzgebung und Rechtsetzung an den Prinzipien der Legitimation, der Subsidiarität, der Integration und der Nachhaltigkeit. Da heute das Prinzip der Nachhaltigkeit nur zusammen mit dem Prinzip der Resilienz zu denken ist, ist diese Verbindung für politisches Denken und Handeln im 21. Jahrhundert bemerkenswert. Hinzu kommt das Prinzip der Humanität. Die Verknüpfung dieser sechs Prinzipien erscheint mir als Ultima Ratio politischen Handelns in der neuen Globalisierung wichtig und attraktiv. Sie ersetzt nationalstaatliche Egoismen und globale Ignoranz durch Weltoffenheit und Weitblick in einem neuen intellektuellen Koordinatensystem, das sich dem Neuem auch aus guten Gründen des Eigeninteresses öffnet. Mit Blick auf die Legitimationserfordernisse guter Politik ist die Offenheit für Subsidiarität und integrierte Entscheidungsstrukturen zukünftig wichtig. Resillientes Handeln ist realitätsnah und die Konzentration auf Innovationen in Wirtschaft, Politik und Gesellschaft im Gegensatz zu dem ausschließlichen Festhalten an überkommenen Traditionen oder Denkweisen zeitgemäß.

Das Wesen der neuen Globalisierung fordert die Politik vor diesem Hintergrund also fundamental heraus. In vielem geht es nicht mehr nur um eine ›gewisse‹ Neujustierung von Stellschrauben im sozio-ökonomischen und politischen System; auf der Agenda stehen (1.) Neuorientierung, (2.) systemische Entscheidungen und (3.) wichtige Einzelfallentscheidungen. Auf der horizontalen Ebene eines Landes betrifft dies die Organisation nationaler Entscheidungen und das Regelsystem zwischen den Akteuren des politischen, wirtschaftlichen und zivilgesellschaftlichen Systems. Auf der vertikalen Ebene fordert dies eine legitimierte internationale Ordnungspolitik heraus. Aus eurozentrischer Sicht bezieht sich dies auf die Organisation der supranationalen Zusammenarbeit innerhalb der Europäischen Union und schließlich – auch von diesem Standpunkt aus gesehen – auf das internationale Regelsystem einer globalen Governance.

Ich wende mich nun den Konsequenzen für die nationale Politik Deutschlands, für das Regieren im europäischen Mehrebensystem der Europäischen Union und dem internationalen Regime der Global Governance zu, indem ich mich auf die strategischen Schlussfolgerungen für aus meiner Sicht entscheidende Politikfelder eingehe.

Dafür dienen mir Reflektionen mit Bezug auf:

- die paradigmatischen Weichenstellungen der deutschen Politik;
- die Schwerpunkte der europäischen Integration;
- eine legitimierte Politik in einem globalen Regime.

Es geht darum, zu klären, wie besonders die Bundesrepublik und die Europäische Union die Performanz von Demokratie, freier Marktwirtschaft und Sozialstaat bewahren. Im ersten Teil dieses Buchs konnten wir sehen, welche grundlegenden Veränderungen stattgefunden haben bzw. stattfinden und wir konnten auch sehen, welche Politikfelder strategisch für die Zukunft besonders wichtig sind. Auf nationaler Ebene ragen hierbei Fragen der wirtschaftlichen und technologischen Wettbewerbsfähigkeit, der demographische Entwicklung und der Integration von fremden Menschen als besondere Herausforderungen heraus. Und diese nationalen Herausforderungen hat nicht nur die Bundesrepublik Deutschland zu bewältigen. Dies betrifft nahezu alle europäischen Staaten und viele Länder in der Welt.

Die prioritären Gemengelagen nationaler Politik sind häufig mit europäischen oder internationalen Bezügen versehen. Dies betrifft die Währungs- und Geldpolitik, die innere Sicherheit oder die Ausrichtung der Außen- und Verteidigungspolitik Deutschlands. Deshalb sind die Rahmenbedingungen der europäischen Integration und die Frage der Konstitution der EU wichtig. Aus diesem Grunde diskutiere ich das Thema einer stärkeren bundesstaatlichen Ordnung Europas. Im Rahmen der Politikfelder erscheinen mir hier Fragen der europäischen Sicherheit, der Energieversorgung und Energiesicherheit sowie der Wettbewerbsfähigkeit im Dreieck von Forschung, Invention und Innovation als Schlüsselthemen wichtig. Und schließlich interessieren mich die Statik und Architektur einer zukünftigen globalen Ordnungspolitik. Innerhalb der multipolaren Welt ist die Regelung von internationalen Problemen schwierig und anders gelagert als im System der Ost-West-Konfrontation. Deshalb werfe ich einen Blick auf die politische Geographie und verschiedene Geostrategien des 21. Jahrhunderts und frage mich, welche Potenziale die Globalisierung für die Idee und das Konzept einer ›Global Governance‹ wirklich mobilisiert.

IX. Der Standort: Dynamik für Deutschland

Aus deutscher Sicht wurde die dritte Globalisierung eine wichtige Herausforderung nationalstaatlicher Politik in den 2000er Jahren. Sie konfrontierte das Land – und dies in einem engen Zusammenhang mit der großen Herausforderung der deutschen Wiedervereinigung – mit komplizierten Fragen der nationalen Selbstorganisation und der Einordnung in sein internationales Umfeld. Es verwunderte deshalb nicht, dass mit dieser doppelten Herausforderung Unruhe, Zweifel und Ängste mit Blick auf die Zukunftsfähigkeit des Landes entstanden. In einem großen Kraftakt konnte die Bundesrepublik Deutschland die Fragen der nationalen Sicherheit und Selbstorganisation mit einer innovativen Politikgestaltung bewältigen: Alle politischen Parteien zogen an einem Strang, mit der Einrichtung der Treuhandanstalt wurde die ökonomische Restrukturierung Ostdeutschlands bewältigt, eine nationale DM-Währungsunion wurde etabliert, der Zwei-plus-Vier-Vertrag regelte das Verhältnis Deutschlands zu den ehemaligen Siegermächten des Zweiten Weltkriegs, das neue Deutschland wurde relativ geräuschlos und konfliktarm in das europäische Umfeld der Europäischen Union und der NATO sanft konfiguriert.

Es herrschte nach anfänglichen Widerständen seitens Großbritanniens und Frankreichs – relativ – rasch Ruhe hinsichtlich der ›Deutschen Frage‹, die in überraschend kurzer Zeit ad acta gelegt wurde. Die Nation wurde lockerer, als in den 1990er Jahren die sozio-ökonomische und politische Einigung des Landes gelang und in den 2000er Jahren die Deutschen mit einer gemäßigten Außenpolitik Sympathien und Vertrauen erlangen konnten. Hier spielte auch ein politischer Generationenwechsel eine wichtige Rolle, bei der die grüne Partei realistischer, die Sozialdemokraten und die CDU/CSU ›mittiger‹ und der Liberalismus der FDP wieder regierungsrelevant wurden. Politischer Extremismus hatte in Deutschland keine breite Basis. Das deutsche Regierungshandeln war mit Blick auf die Balkankrise, den Zweiten Irakkrieg oder den Afghanistan-Einsatz der Bundeswehr moderat und europäisch abgestimmt.

Deutschland prosperierte angesichts der Leistungsfähigkeit seiner Wirtschaft und ihrer Exportorientierung und schuf eine Situation, in der die Welt alle Befürchtungen der Deutschen Frage zu vergessen bereit war. Aber die sozio-ökonomischen Probleme des Landes nahmen wie auch im gesamten Raum der Europäischen Union angesichts des sich rasch verstärkenden internationalen Wettbewerbs stetig zu. Deutschland fand in dieser Situation eine eigene Antwort und stellte sich im Rahmen der Agenda 2010 den Realitäten einer scharfen internationalen ökonomischen Konkurrenz. Deutschland wurde so eine Wettbewerbsgesellschaft. Sie musste eine neue Balance schaffen zwischen ökonomischer Leistungsfähigkeit, sozialem Ausgleich und systemischer Gerechtigkeit. Wie in allen anderen Ländern auch erregte der Druck der Globalisierung auch in der Bundesrepublik zunehmend die Aufmerksamkeit von Politik, Wirtschaft und Gesellschaft. Und jedes Land in Europa sowie die Europäische Union reagierte auf seine Art und Weise auf die veränderten Realitäten der nationalen und regionalen Selbstorganisation. Dabei wurden Probleme und Konflikte benannt, Auseinandersetzung hinsichtlich der Zukunftsfähigkeit einer alternden Gesellschaft in einem dynamischen internationalen Umfeld mit vielen neuen Konfliktlagen thematisiert und als Zukunftsprobleme relevant, von denen vieles dramatisiert, einiges gelöst und anderes noch immer politisch bestimmend ist. Ich möchte deshalb wissen, was heute und in Zukunft zählt und was sich im Globalisierungsdiskurs im Zeitverlauf bewahrheitet hat und was nicht.

1. Die Realitäten der Wettbewerbsgesellschaft

Deutschland stand vor der Herausforderung, den zunehmenden Wettbewerbscharakter der Globalisierung innerhalb der eigenen Wirtschaft und Gesellschaft auszutarieren. Dies betraf grundlegende Merkmale der Sozialstruktur, das Ausbildungs- und Bildungssystem, den Arbeitsmarkt und die Wirtschaftsordnung. Wettbewerb wurde immer stärker zum Momentum des Alltags. Das Land steht heute als Wettbewerbsgesellschaft gut da. Der Weg dorthin war allerdings steinig und schwer. Und auch in Zukunft wird dem Land nichts geschenkt. Die Bundesrepublik Deutschland hat ihre Wettbewerbsfähigkeit in der Globalisierung systemischen Umständen und dem Charakter seiner Bevölkerung und Wirtschaft zu verdanken.

Dies sind:

- der Mut und die Kraft, gegen politische Widerstände die notwendige Reformpolitik betrieben zu haben;
- die große wirtschaftliche Leistungsfähigkeit der deutschen Wirtschaft, insbesondere des deutschen Mittelstandes;
- eine moderne Infrastruktur;
- die Konzentration auf Wissenschaft und technologische Innovationen;
- eine funktionierende korporative sozio-ökonomische Gesellschaftsordnung mit kooperationsfähigen und kooperationswilligen politischen Parteien;

- eine schlanke Parteienlandschaft mit funktionierenden Volksparteien;
- ein weitgehend funktionierendes föderales Ausgleichssystem;[1]
- Augenmaß im außenpolitischen Verhalten und die konsequente Konzentration auf die weitere europäische Integration.

Vor dem Hintergrund der dritten Globalisierung ist die Belastungsfähigkeit der sozio-ökonomischen Strukturen der Republik essenziell. Sie haben dazu geführt, dass die Herausforderungen des wirtschaftlichen Wettbewerbs für Deutschland so kanalisiert werden konnten, dass sich die unvermeidlichen Konflikte des nationalen Change-Managements im Rahmen hielten. Hinsichtlich der wirtschaftlichen Stärke Deutschlands ist klar, dass sich die Widerstandsfähigkeit im internationalen Wettbewerb oder die Innovationsfähigkeiten des Landes nicht automatisch in der Zukunft perpetuieren. Die sozio-ökonomische Leistungsfähigkeit und Elastizität hat Grenzen und die Bundesrepublik kann nur im Rahmen ihrer Möglichkeiten handeln.

Dies sind:

- eine Bevölkerung von etwa 80 Millionen Menschen;
- ein Bruttoinlandsprodukt von etwa drei Billionen Euro und ein Bruttoinlandsprodukt/pro Kopf von rund 44.000 Euro pro Jahr;
- eine industrielle Führerschaft von ›Hidden Champions‹ insbesondere in der Automobil-, Nutzfahrzeuge-, Elektrotechnik- und Chemieindustrie sowie der Versicherungsdienstleistungswirtschaft;
- ein leistungsfähiges duales Ausbildungssystem und eine funktionierende Fachhochschul- und Hochschullandschaft mit zum Teil international exzellenten Universitäten;
- ein korporatistisches Gesellschaftsverständnis mit kanalisierenden Mechanismen eines breiten Interessenausgleichs und akzeptierten Mechanismen der Konfliktbewältigung.

Für Deutschland stellen sich vor diesem Hintergrund Anschlussfragen: Wie lässt sich die Wettbewerbsfähigkeit des Landes nachhaltig sichern oder steigern? Welche strategischen Weichenstellungen oder Prioritäten sind für die Gesellschaft, Wirtschaft und Politik langfristig wichtig? Auf welche Aufgaben sollten sich Wirtschaft, Politik und Gesellschaft konzentrieren und wie lässt sich die Zukunft des Landes nachhaltig und resilient organisieren? In wirtschaftlicher Hinsicht erscheinen mir drei Politikfelder strategisch ent-

1 | Was nach den Beschlüssen der Bundesregierung und der Bundesländer im Jahr 2016 ab 2017 in ein modifiziertes System einer stärkeren finanziellen Beteiligung des Bundes überführt werden soll und damit die finanzstarken Bundesländer entlastet und den deutschen Föderalismus insgesamt stärkt.

scheidend zu sein: Die Erhaltung der industriellen Basis in Deutschland, insbesondere über den deutschen Mittelstand, eine Demographiestrategie, die sich den großen gesellschaftlichen Herausforderungen der Zukunft stellt und eine konsequente Umsetzung der Migration im Rahmen einer intelligenten Integrationsstrategie. Innerhalb dieser Politikfelder spielen Fragen einer sozialpolitischen Agenda 2050, der technologischen Innovationsfähigkeit der deutschen Forschung und Industrie sowie der konsequenten Umsetzung der Energiewende im Spannungsfeld von Versorgungssicherheit, Wettbewerbsfähigkeit und Nachhaltigkeit eine wichtige Rolle. Diese Akzente sind mit den politischen Zielen und Aufgaben der europäischen Integration eng verzahnt.

Wie funktioniert nationale Wettbewerbsfähigkeit in der Globalisierung?

Für ein Land wie Deutschland, das über keine nennenswerten Rohstoffe oder Bodenschätze verfügt und das es nicht vermag, Niedriglohnländern bei der Produktion billiger Güter und Dienstleistungen Paroli zu bieten, können Wettbewerbsvorteile nur durch Vorsprünge bei exzellenten Innovationen und im Wissens- und Forschungsbereich entstehen: So etwa bei technischen Verfahren und hochwertigen Gütern, beispielsweise in den Bereichen Logistik, Verkehr, Energie, sowie in der Biologie-, Medizin- und Pharmatechnik und in der Informations- oder Nanotechnologie. Aber auch durch moderne Dienstleistungen oder durch erstklassige Standards in Wissenschaft und Kultur kann internationale Wettbewerbsfähigkeit entstehen.

Die Theorie der nationalen Wettbewerbsvorteile macht Wettbewerbsfähigkeit in der Weltwirtschaft transparent und verständlich

Dieser Umstand wird in seiner Bedeutung für die Volkswirtschaften westlicher Prägung belegt durch die Theorie der Wettbewerbsvorteile der Nationen. Der Begründer dieser Theorie, der amerikanische Wirtschaftswissenschaftler Michael E. Porter, machte die Zukunftsfähigkeit der Marktwirtschaft im internationalen Vergleich deutlich (Porter 1991). Hier spielt die Innovationsfähigkeit der Wirtschaft für die internationale Konkurrenzfähigkeit und damit wiederum für die Prosperität eines Landes eine überlebenswichtige Rolle. Die Theorie der Wettbewerbsvorteile versteht die Determinanten der internationalen Wettbewerbsfähigkeit und ihre intervenierenden Variablen als ein dynamisches System, innerhalb dessen sie sich gegenseitig beeinflussen und verstärken oder abschwächen. Dies korrespondiert mit dem systemischen Wirken der Variablen innerhalb des Innovationssystems. Nachhaltige Wettbewerbsvorteile beruhen deshalb auch auf dem Wirken aller Determinanten und Variablen und nicht nur auf einer oder einigen Determinanten.

Bei Wettbewerb handelt es sich um Konkurrenz und Rivalität von Marktteilnehmern um Ressourcen, Kunden, Absatzmärkten oder Marktanteilen. Er entsteht durch Angebot und Nachfrage und drückt sich bei der Preis-, Qualitäts-, Service- oder Designqualität aus. In der Betriebswirtschaftslehre bedeutet Wettbewerbsfähigkeit, dass Unternehmen an den für sie relevanten nationalen oder internationalen Märkten ihre Waren- oder Dienstleistungsangebot mit Gewinn vermarkten. In der Makroökonomie bedeutet Wettbewerbsfähigkeit die Summe der Wettbewerbsfähigkeit der verschiedenen inländischen Unternehmen. Als wirtschaftspolitisches Schlagwort bezieht es sich auf die Rangordnung von ganzen Volkswirtschaften und zwar in der Hauptsache im Hinblick auf die spezifischen wirtschaftsgeographischen und institutionellen Rahmenbedingungen, innerhalb derer die Unternehmen eines Landes agieren können.[2]

Die Theorie der Wettbewerbsvorteile von Nationen hat Kriterien der Wettbewerbsfähigkeit entwickelt. Sie definiert diese als die Fähigkeit, die Produktivität im Vergleich zu anderen Ländern zu erhalten oder zu steigern. Porter erinnerte uns daran, dass internationale Wettbewerbsfähigkeit eine Grundbedingung ist für einen hohen Lebensstandard. Hierbei ist die Eingliederung in die Arbeitsteilung der Weltwirtschaft in Zeiten der Globalisierung wichtig. Der Außenhandel ist ein integrierter Bestandteil dieses Konzepts. Die Exporte besonders produktiver Branchen bewirken dort Produktionssteigerungen, stoßen wiederum Innovationen an und regen eine weitere Steigerung der Produktivität an. Wettbewerbsfähigkeit kennzeichnet das Vermögen einer Gesellschaft, Waren und Dienstleistungen anzubieten, die dem Test internationaler Konkurrenz standhalten und attraktiv sind. Ein deutscher Porsche, ein deutsches Segelflugzeug von Alexander Schleicher oder eine Küche von Miele sind technologische Spitzenprodukte, die ein weltweites Ansehen genießen und in den entsprechenden Angebotssegmenten stark nachgefragt sind. Gleichzeitig genießen die Menschen in einer wettbewerbsfähigen Wirtschaft einen Lebensstandard, der wächst und/oder beständig ist.[3] Ein Land oder eine wirtschaftliche Region muss zur Sicherstellung oder Erhöhung des Lebensstandards ständig neue oder produktivere Produkte und Dienstleistungen erschließen. Dabei wird es notwendig, weniger produktivere Bereiche aufzugeben, wenn die (knappen) Ressourcen Arbeit und Kapital in wettbewerbsfähigeren Branchen lukrativer eingesetzt werden können.

Die Produktivität einer Volkswirtschaft ist die Summe der Produktivität ihrer Firmen. Die Theorie der Wettbewerbsvorteile ermittelt Wettbewerbs-

2 | Vgl. http://de.wikipedia.org/wiki/Wettbewerbsfähigkeit, aufgerufen am 11. Februar 2015.

3 | Angelehnt an eine zeitlose Definition von Laura D'Andrea Tyson, zitiert nach Paul Krugman, »Wettlauf der Besessenen«, in: DIE ZEIT, 29. April 1994.

fähigkeit von einem mikroökonomischen Standpunkt aus. Die Gründe von Wettbewerbsvorteilen werden also in einzelnen Unternehmen oder Branchen, also praktisch auf einer Grass-Roots-Ebene, und nicht auf der gesamtwirtschaftlichen Ebene, also aus einer Vogelperspektive, gesucht. Wettbewerbsvorteile werden demnach anhand von vier Determinanten erfasst[4]: Dies sind die Faktorbedingungen, die Nachfragebedingungen, das Vorhandensein von verwandten oder unterstützenden Industrien und schließlich Firmenstrategien sowie Struktur und Wettbewerb. Intervenierende Variablen sind der Staat und der Zufall.

Abbildung 12: Determinanten von Wettbewerbsvorteilen nach Michael E. Porter

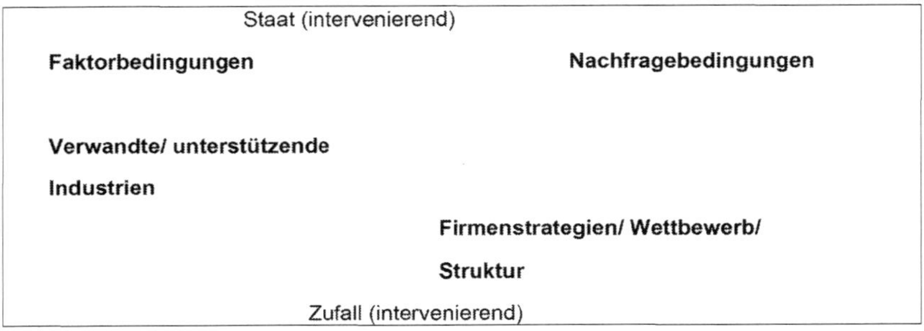

Grafik: Turek Consulting München

Faktorbedingungen unterscheiden natürliche Ressourcen, Humankapital, Wissen, Kapital und Infrastruktur. Damit ist das Spektrum erfasst zwischen der Bedeutung von Bodenschätzen, geographischer Lage, Quantität und Qualität der Arbeitskräfte, aber auch Arbeitsethik, Führungsstile und -kultur, technisches und wissenschaftliches Know-How, Kapitalverfügbarkeit, Verbindungs- und Transportkapazitäten etc. Die individuelle Zusammensetzung der verfügbaren Produktionsfaktoren eines Landes oder einer Region fördern die Wettbewerbsvorteile, wenn sie mit den standortspezifischen Produktionserfordernissen und mit den internationalen Nachfragebedingungen übereinstimmen. Produktionsfaktoren werden in Hierarchien nach elementaren und fortschrittlichen Faktoren unterschieden. Während die elementaren Produktionsfaktoren – wie Bodenschätze, Klima oder Arbeitskräfte – passiv ererbt werden, sind die fortschrittlichen Produktionsfaktoren – wie Technologie oder moderne Infrastruktur – durch aktive Innovationen zu schaffen. Fortschrittliche Produktionsfaktoren müssen durch ständige Investitionen erhalten und verbessert werden. Selektive Faktornachteile müssen hierbei nicht zwangsläufig zu Wettbewerbsnachteilen führen. Sie können dann zu einem Wettbe-

4 | Als Determinanten können starkdominierende Merkmale verstanden werden.

werbsvorteil werden, wenn ein Unternehmen zum Beispiel durch gesetzliche Auflagen oder hohe Energiepreise gezwungen wird, effizientere Produktionsmethoden zu etablieren oder einen Ersatzstoff für einen fehlenden Rohstoff oder ein Zwischenprodukt herzustellen oder zu beschaffen.

Die Inlandsnachfrage in Deutschland und ihre internationale Ausstrahlungskraft sind für die Bundesrepublik Deutschland eine sichere Bank der Wettbewerbsfähigkeit

Die zweite Determinante der Wettbewerbsvorteile sind die Nachfragebedingungen. Wichtig sind hier die Zusammensetzung der Inlandsnachfrage, ihrer Größe und ihre Wachstumsentwicklung sowie ihre Internationalisierung. Nationale oder regionale Wettbewerbsfähigkeit entsteht dann, wenn Güter auch im Ausland benötigt werden. Eine starke Inlands- und eine wachsende Auslandsnachfrage erzeugen Wettbewerbsfähigkeit durch die Erzielung höherer Skalenerträge. Die Binnenmarktgröße entscheidet über die Anzahl der Käufer und ihre Hinwendung zu nationalen Produkten. Ein Anwachsen des heimischen Marktes ist dann von Nutzen, wenn dies früher als im Ausland stattfindet und zukünftige internationale Machfragetrends antizipiert. Das ist der handfeste Vorteil eines industriellen Trendsettings. Die Theorie der Wettbewerbsvorteile drückt aus, dass die Inlandsnachfrage, ihre Größe und ihr Wachstum Faktoren sind, die die heimischen Unternehmen stärken und ihnen ein Auslandsengagement erst erlauben. Andererseits können Unternehmen auch dann in internationale Märkte gezogen werden, wenn bestimmte Eigenheiten der Inlandsnachfrage ins Ausland übertragen werden. Im Rahmen der kulturellen Globalisierung in den Bereichen Film- oder Musikindustrie war das in herausragender Weise zum Beispiel der Fall; das gleiche fand – bezogen auf die Bundesrepublik Deutschland – in der Automobilwirtschaft statt.

Die dritte Determinante internationaler Wettbewerbsvorteile ist der Bestand an verwandten oder unterstützenden Industrien. Wenn Branchen eines Landes miteinander verwandt sind oder in einem Kunden-Lieferanten-Verhältnis miteinander stehen, so beeinflussen sie einander in einer sich gegenseitig verstärkenden Art und Weise.

Die vierte Determinante internationaler Wettbewerbsfähigkeit bilden Firmenstrategien sowie Struktur und Wettbewerb. Die politischen, moralischen oder religiösen Strukturen eines Landes, das Erziehungssystem und seine Sozialstrukturen beeinflussen die Werte und Einstellungen zu Autorität, die Umgangsformen, die Arbeitgeber-Arbeitnehmer-Beziehungen sowie die Normen des Gruppen- und Individualverhaltens. Die Managementphilosophien und Führungsstrukturen müssen den Anforderungen einer Branche ebenso gerecht werden wie den nationalen und regionalen Eigenarten. Übereinstimmung muss es auch mit den vorherrschenden Organisationsformen von Wirtschaft und Gesellschaft geben. Internationale Wettbewerbsvorteile werden durch persönliche Werte und Zielvorstellungen beeinflusst, so durch technischen oder unternehmerischen Stolz, Prestigedenken oder Risikohaltungen. Darüber hinaus spielt auch die Rivalität zwischen Firmen in einem Land oft eine Rolle bei der Entstehung und Erhaltung von internationalen Wettbewerbsvorteilen. Als Beispiel mag hierfür der prestigeträchtige Kampf zwischen Microsoft und Apple um den Ruf des innovativsten und technologisch anspruchsvollsten Anbieters von moderner Hard- und Software im IT-Bereich gelten.

Staat und Zufall gelten als intervenierende Variablen im Gesamtsystem der Determinanten internationaler Wettbewerbsfähigkeit. Subventionen und Steuern beeinflussen die Faktorbedingungen. Produktionsstandards und das öffentliche Beschaffungswesen prägen Nachfragebedingungen. Marktzugangsbeschränkungen tarifärer und nicht-tarifärer Art wirken sich auf die Entwicklung verwandter Branchen aus. Das Kartellrecht ist für die Wettbewerbsfähigkeit von Bedeutung und prägt die internationale Wirtschaftspolitik im Rahmen der Wettbewerbspolitik mit. Hierbei spielt die Handelspolitik mit Blick auf Wettbewerbsvorteile und Wettbewerbsfähigkeit im Rahmen der Globalisierung eine große Rolle.

Hinsichtlich nationaler Wettbewerbsvorteile spielt auch der Zufall eine Rolle. Dazu gehören politisch motivierte Preissteigerungen, wie dies in den 1970er Jahre durch die Ölpreisschocks geschehen ist oder ein so einmaliger politischer Vorgang wie die abrupte deutsche Einheit oder der nukleare Unfall in Fukushima/Japan 2014.

Der Theorie nach haben Wettbewerbsvorteile selten lange Bestand. Ihr interdependenter Charakter bedingt meist eine kontinuierliche Schwächung oder Stärkung. Die Theorie der Wettbewerbsvorteile differenziert hierbei vier Stadien. Die ersten drei Stadien – Antrieb durch Faktoren; Antrieb durch Investitionen; Antrieb durch Innovationen – sind durch wirtschaftlichen Aufschwung gekennzeichnet. Das vierte Stadium – Antrieb durch Wohlstand – wird von einem ersten Hauch des wirtschaftlichen Verfalls begleitet. Diese vier Stadien unterscheiden sich durch die jeweils vorherrschenden Determinanten der Wettbewerbsvorteile.

Im ersten Stadium beruhen die Wettbewerbsvorteile in der Regel auf der besseren Verfügbarkeit von allgemeinen Produktionsfaktoren. Faktorvorteile haben jedoch im Preiswettbewerb nicht lange Bestand. Im zweiten Stadium des Antriebs durch Investitionen werden mittels großer Kapitalinvestitionen neue Fertigungsstätten und Mechanismen zur Schaffung von Produktionsfaktoren entwickelt. Die Wirtschaft erweitert sich und erlangt ein höheres Niveau im internationalen Wettbewerb. In dieser, durch Rivalität und Konkurrenz geprägten Phase, wird Wettbewerbsfähigkeit durch wachsende Nachfrage, geeignete Unternehmensstrategien (Marketing), austarierte Strukturen und Wettbewerb erzielt. Antrieb durch Innovationen kennzeichnet die dritte

Stufe wirtschaftlicher Entwicklung. Diese ist geprägt von effizienten Mechanismen zur Schaffung von Produktionsfaktoren, einer anspruchsvollen Nachfrage, einer verdichteten Struktur verwandter und unterstützender Unternehmen und schließlich durch einen hohen Wettbewerb. Die zeitliche Dauer der innovationsgetriebenen Wirtschaft lässt sich nicht festmachen. In einer vierten Phase kann eine Volkswirtschaft jedoch aufgrund des erreichten und in jedem Fall zu verteidigenden Wohlstands in einen ökonomischen Niedergang einmünden. Hier kommt es zu keinem riskanten Wettbewerbsverhalten mehr, sondern lediglich zur Verwaltung des bestehenden Wohlstands. Diese Entwicklung war in den letzten zehn Jahren in einer Reihe von europäischen Staaten zu beobachten. Deutschland hat sich mit der Agenda 2010 und einer ganzen Reihe weiterer Maßnahmen im sozio-ökonomischen System dieser Entwicklung erfolgreich entgegen gestemmt und ist heute der wirtschaftlich stärkste und wettbewerbsfähigste Standort in Europa.

Soweit die Theorie, welche die Funktionsweise der Wirtschaft mit Blick auf die Rolle von Wettbewerbsvorteilen gut erklärt. Uns interessieren mit Blick auf die dritte Globalisierung nun aber die Praxis und die intervenierende Variable staatlichen Handelns mit Blick auf geeignete politische Strategien in Deutschland – und anschließend auch mit Blick auf die wirtschaftliche Stärke der Europäischen Union.

›Hidden Champions‹ – die unsichtbare Stärke der deutschen Industrie

Eine entscheidende Stärke der deutschen Industrie ist ihre industrielle Leistungsfähigkeit, insbesondere in den eingangs erwähnten industriellen Bereichen. Prinzipiell ist diese Leistungsfähigkeit ein strategischer Vorteil im Rahmen der internationalen Arbeitsteilung und ein wieder erstarktes Gütesiegel ›Made in Germany‹, das in den 1990er und 2000er Jahren zu erodieren schien. Während sich in Europa in dieser Zeit eine ökonomische Philosophie der Wissensgesellschaft und Dienstleistungswirtschaft etablierte und viele Länder ihre industrielle Produktion vernachlässigten, haben sich deutsche und auch österreichische Firmen auf eine sinnvolle und profitable Einordnung ihrer Produkte und Zulieferungen in der Weltwirtschaft konzentriert. Der Bonner Managementberater und Betriebswirt Hermann Simon, der sich seit vielen Jahren mit der ›stillen‹ Wettbewerbsfähigkeit ›unbekannter Weltmachtführer‹ in Deutschland und Österreich beschäftigt hat, belegte auch 2014, warum gerade hier exzellente Wirtschaftsleistungen zu beobachten waren und weiterhin zu beobachten sind (Simon 2007, 2014). Im Rahmen einer über 10jährigen kontinuierlichen Beobachtung des deutschen Mittelstands weist er uns auf die Erfolgsfaktoren der ›Hidden Champions‹ hin und betont, dass es davon im deutschsprachigen Raum mehr als im Rest der Welt zusammen gibt (Simon 2014: 14).

Ihr Erfolgsrezept ist – wie so oft – gleichermaßen komplex wie einfach. Es lässt sich vereinfachend so zusammenfassen, dass eine eigenwillige Bodenständigkeit mit industrieller Spitzenleistung im Rahmen einer unspektakulären aber effizienten Unternehmensentwicklung eine produktive Einheit bilden. Durch Fokussierung und Tiefe erzielen sie Weltmarktführerschaft, die sie bewusst anstreben und nicht dem Zufall überlassen. Simon fasst dies so zusammen: »Fokussierung und Globalisierung sind die beiden unverzichtbaren Pfeiler der Hiddens-Champions-Strategie« (ebd.: 12). Die Hidden-Champions investieren doppelt so viel wie deutsche Industrieunternehmen in Forschung und Entwicklung. Pro 1.000 Mitarbeiter halten sie fünfmal so viele Patente wie Großunternehmen. Produktqualität steht dabei an erster Stelle.

Im Koordinatensystem zwischen Faktorbedingungen, Nachfragebedingungen, Firmenstrategien (im Wettbewerb) und Bedingungen intervenierender oder unterstützender Art, realisieren sie somit im Sinne der Theorie der Wettbewerbsvorteile der Nationen für die Bundesrepublik in den 2010er Jahren das dritte Stadium einer wettbewerbsfähigen Nation: Antrieb, Wachstum und Wettbewerbsfähigkeit durch Innovation.

Für die Bundesrepublik Deutschland ist damit die Positionierung im Rahmen der globalisierten Weltwirtschaft sowohl sozio-ökonomisch als auch politisch klar. Es bestehen politisch stabile Verhältnisse, starke DAX-Konzerne wie Siemens, VW, Allianz, Münchner Rück oder Bayer und eine belastbare Sozialstruktur sowie ein robuster und weltweit wettbewerbsfähiger Mittelstand. Besonders dieser Mittelstand ist das Ass im Ärmel der deutschen Wirtschaft. Die geographisch günstige Lage in der Mitte Europas sowie die genannten systemischen und charakterlichen Eigenschaften formatieren eine Wettbewerbsgesellschaft, die auch in Zukunft im Kontext der europäischen Integration gut bestehen wird. Dabei bilden der europäische Binnenmarkt, die europäischen Wettbewerbsregeln und das europäische Mandat bei den Welthandelsgesprächen im Rahmen der WTO oder der regionalen Handelsabkommen CETA und TTIP, der europäische Forschungsraum und die Innovationsstrategie der Europäischen Kommission für die deutsche Wirtschaft eine wichtige Grundvoraussetzung für ihre europäische und globale Wettbewerbsfähigkeit. Deutschland ist Teil eines großen europäischen Wirtschaftsraums mit über 500 Millionen Einwohnern, der im Rahmen einer weiteren Vereinfachung und Anpassung der sozio-ökonomischen Verhältnisse die deutsche Wirtschaft weiter stabilisiert. Als globalisierte Gesellschaft stellt sich die Bundesrepublik nicht nur dem weltweiten Wettbewerb, sondern auch den innenpolitischen Problemen, die sich aus den mittelbar durch die Globalisierung ergebenden Politikfeldern Demographie, Migration und Integration ergeben. Die Migrations- und Integrationsproblematik, die ein wesentlicher Bestandteil des demographischen Wandels ist, avanciert also zum wichtigen nationalen Globalisierungssujet.

Die demographische Frage des 21. Jahrhunderts ist auch eine Frage der Wettbewerbsfähigkeit der deutschen Wirtschaft

Der demographische Wandel wurde zu lange ignoriert. Eine verlässliche Auskunft darüber, was dies für die gesamte Konstitution einer Gesellschaft bedeutet, war jenseits der hauptsächlich gestellten Frage der Sicherheit der Rente und ihrer Finanzierung nicht von Belang. Demgegenüber erfasst der demographische Wandel weit mehr Probleme, die eine globale Technologiegesellschaft zu lösen hat. Er erfordert eine konzentrierte Empathie, die ein wesentlich komplexeres Empfinden für eine Gesellschaft schafft, die schließlich »weniger, bunter, älter« sein wird (Kösters 2011). Dabei geht es nicht nur um Finanzierungsfragen, funktionierende Regelsysteme oder sozialpolitische oder familiäre Ruhe. Eine Gesellschaft, die nicht nur den materiellen Ausgleich und den sozialen Frieden sucht, sondern auch Werte wie Respekt, Gerechtigkeit, Rücksicht und Fürsorge fordert, die humane Zustände und eine echte Integration will, muss sich auf gravierende Veränderungen einstellen und diese in positiver Weise meistern. Dies ist die Situation in der Bundesrepublik Deutschland, ihrer Nachbarn in Europa sowie in vielen anderen Ländern der Welt.

Deutschland braucht angesichts der bekannten Fakten ein Konzept das zeigt, wie das Land den demographischen Wandel in allen seinen Facetten meistern kann. Gefragt ist ein aussagekräftiges Bild, das Herausforderungen und Chancen der Demographie ins Verhältnis und gesellschaftspolitisch in Szene setzt. Erfolgsvoraussetzungen beim Umgang mit dem Wandel sind ein gesellschaftliches Leitbild, langfristige Ziele und ein Verständnis von Demographie als Querschnittsaufgabe. Hier ist die Einwanderungs- und Integrationsproblematik der Globalisierung ein herausragender Aspekt. Bei allen Problemen der Einwanderung und der Integration gilt: Die Einwanderung bietet für Deutschland eine Chance, die das Land mit Blick auf seine Wettbewerbs- und Zukunftsfähigkeit ergreifen muss. Dieser Aspekt wurde im Rahmen der Flüchtlingswellen von Südosten und Süden in die Mitte Europas durch viele damit verbundenen Aufregungen etwas verdrängt; nichtsdestotrotz sind damit jenseits der humanitären Verpflichtungen auch integrationspolitische Chancen verbunden, die gut sind für die deutsche Wirtschaft und Bevölkerung.

Der Gewinn an Humanvermögen durch Migration und Integration ist von vitaler Bedeutung für ein Land wie Deutschland

In der deutschen Wirtschaft sind der Fachkräftemangel, fehlende Wissensarbeiter und abnehmender Nachwuchs mittlerweile ein reales Problem. Um das Niveau der Produktivität einer Gesellschaft zu halten oder zu steigern propagieren Wirtschaft und Staat die Mobilisierung von Frauen und älteren Beschäftigten im ersten Arbeitsmarkt, um Wachstum und die Beschäftigungsquote zu erhöhen. Generationenübergreifende Ansätze der Zusammenarbeit von jüngeren und älteren Arbeitnehmern ermöglichen erfahrungsgemäß Produktivitätsprämien und immaterielle betriebliche Entlastungen, die sich durch reduzierten Ausschuss, geringere Fehlzeiten oder abnehmende Irritationen wie Burnouts ausdrücken können. Ein Zusammenhang von Alterung und Zukunftsanforderung ist dabei zusätzlich von Bedeutung: Die Volkswirtschaften im Westen sind gesundheits- und wissensbasiert. Sie realisieren einen positiven Zusammenhang zwischen Gesundheit und Wohlstand. Jedes Jahr an zusätzlicher Lebenserwartung bedeutet einen Zuwachs an 7 Prozent Pro-Kopf-Bruttoinlandsprodukt. Mit Blick auf die seit Jahren klaffende Lücke im Lehrstellenmarkt in Deutschland und den Mangel an qualifiziertem Personal stellt sich aber die Frage der Arbeitsmigration in stärkerem Maße als zuvor. Ein positives Migrationsklima ist die Voraussetzung für eine nachhaltige Migrationskultur, die es der Wirtschaft erlaubt, qualifizierte und fachlich ausgewiesene Arbeitskräfte anzuwerben. Ein Gewinn an Humanvermögen gehört somit also zu den wichtigsten Zielen einer Demographiestrategie, welche die wirtschaftliche Leistungsfähigkeit des Landes erhalten und die sozialen Sicherungssysteme nicht schleifen lassen will.

Von der umgekippten Alterspyramide zum demographischen Würfel

Die Problematik der finanziellen Dimension des demographischen Wandels ist nach wie vor existent. Sie wird sich in Deutschland verschärfen, wenn die Babyboomer der ab 1960 geborenen Menschen in den Ruhestand gehen. Es ist gewiss, dass sich die Alterspyramide zum Beispiel in Deutschland, in Frankreich oder in Japan eine Zeitlang deutlich von den Füßen auf den Kopf stellen wird und das Problem identifiziert, inwieweit die arbeitende Bevölkerung die ruhende oder auch kranke Gesellschaft finanzieren kann. Dies wird in vielen Ländern in den kommenden 50 Jahren ein Problem und die Diskussion über ein umlagefinanziertes oder ein steuerfinanziertes Umlagesystem ist auch heute, 30 Jahre nach dem Erkennen der Problematik, noch immer in Gang. Die Finanzierung des demographischen Wandels ist nicht alles, aber ohne eine solide finanzielle Grundlage ist jede demographische Strategie nichts. Entgegen vielen Vorwürfen haben die Reformen der letzten Jahre gezeigt, dass Beitragssätze bisher im Rahmen blieben und die Pflegeversicherung Einzug in das System gehalten hat. Die Konstruktion aber hängt von der permanenten Anpassung an die Bevölkerungsentwicklung und vom Zuwachs der Produktivität der Wirtschaft in Deutschland ebenso ab wie vom Verhältnis der Erwerbstätigen zu den Rentenbeziehern im Land. Der Internationale Währungsfonds (IWF) hat die Lücken der gesetzlichen und privaten Rentenkassen bis 2050 auf etwa zwei Billion Euro taxiert und die enorme Beanspruchung der Pflegeversicherung aufgrund altersbedingter Demenz oder chronischer Krankheiten benannt. Für das deutsche Renten- und Pflegesystem ist es deshalb nötig, ein nachhaltiges Finanzierungskonzept zu erstellen. Darüber hinaus ist die Finanzierung der Ruhebezüge der Beamten zu klären. Im Staatshaushalt türmen sich ›unsichtbare‹ 1,3 Billionen Euro bis 2050 als Verpflichtung des Staates gegenüber seinen Pensionären auf, die nur zum Teil durch spezifische Rücklagen gedeckt sind. Dies muss mittel- und langfristig finanzierbar sein.

Und dennoch ist die finanzielle Dimension der Altersversorgung in Deutschland langfristig relativ. In etwa 50 bis 100 Jahren wird sich die gesamte Situation wieder ändern. Wie kann das sein? Werfen wir einen Blick auf Japan, der älteste Gesellschaft der Welt. Männer haben dort im Durchschnitt eine Lebenserwartung von 79,4 Jahren, Frauen von 85,9 Jahren (Weisman 2014: 362). Auch Japans Bevölkerungspyramide ist aufgrund des Anteils der alten Leute kopflastig. Dieser Trend wird sich weiter verstärken. Der japanische Wirtschaftswissenschaftler Akihiko Matsutani propagiert gegen den ökonomischen Mainstream der Wachstumsbefürworter in seinem Land eine bedachte Enthaltsamkeit gegenüber einer Wachstumshysterie, die auf jeden Preis wirtschaftliches Wachstum will, und Gelassenheit angesichts der demographischen Situation (Matsutani 2006). Er sagt, dass, wenn die Altersblase platze, wenn die alten, fruchtbaren Generationen also weggestorben seien, dann werden die nachfolgenden Generationen für den Ausgleich sorgen, und die Pyramide werde zum Würfel werden, weil sich die Kinderzahl dann der Sterberate annähern werde. Die Menschen würden weiterhin Kinder bekommen und wenn sich die Fruchtbarkeit wieder bei zwei Kindern pro Paar einpendeln würde – ein vernünftiges Ergebnis in einer nicht mehr so überfüllten Welt – werde sich die Bevölkerung stabilisieren. Er weist jedoch darauf hin, dass eine Umstellung der demographischen Geometrie von der Pyramide zum Würfel in einem Land, dessen Menschen eine so hohe Lebenserwartung haben mindestens ein Jahrhundert dauern werde (ebd.: 368). Diese Betrachtung ist für die industrialisierte OECD-Welt relevant. So auch für Deutschland. Hinsichtlich der globalen Verteilung von erfolgreich schrumpfenden und dennoch prosperierenden Ländern – auch im Verhältnis zu demographisch sehr instabilen Ländern – indes sagt sie natürlich wenig aus.

2. Eine Demographiestrategie

Insofern bleibt eine effiziente und politisch akzeptable Demographiestrategie wichtig. Diese Aufgabe hat Priorität und gegenüber den vielen einzelnen Anpassungsschritten innerhalb der Gesellschaft und zwischen der älteren und jüngeren Generation bleibt sie auch heute und morgen wichtig.[5] Dies beschreibt nicht nur die Situation in der Bundesrepublik Deutschland, sondern

5 | Vgl. »2030. Deutschland deine Zukunft,« in: Der Spiegel Nr. 12 vom 14. März 2015.

auch die ihrer Nachbarn in Europa sowie in vielen anderen Ländern der Welt. Politik und Wirtschaft, aber auch die organisierte Zivilgesellschaft wurden in der jüngsten Zeit diesbezüglich immer stärker sensibilisiert. Die Politik griff deshalb die Konsequenzen mit Blick auf die vielschichtigen Dramen einer alternden und schrumpfenden Gesellschaft verspätet auf. Der Druck, sich den strategischen Herausforderungen der Demographie zu stellen, wuchs an und die Frage eines nationalen Konzepts stand Mitte der 2010er Jahre unwiderruflich im Raum.

Die Bundesregierung legte deshalb 2012 ihre konzeptionellen Vorstellungen mit Blick auf eine Demographiestrategie für die Bundesrepublik Deutschland vor (Bundesministerium des Inneren 2012). Der Ansatz erscheint durch seine vielfältigen Bezüge zu Familie und Bildung, Arbeit und Gesundheit, Wachstum und Wohlstand sowie die Handlungsfähigkeit des Staates belastbar; dennoch kommt vieles als Sammelsurium von Programmen, Projekten und einzelnen Vorstellungen daher. Die Realität indes zeigt, dass viele gute Innovationen mit Blick auf den demographischen Wandel möglich und zum Teil schon Realität sind. Mit dem Ruhestand der Jahrgänge der 1960er Jahre wird Deutschland im übrigen nicht schlagartig vergreisen, nicht veröden, nicht untergehen; das Land wird sich ebenso wenig in ein perfekt organisiertes Rentnerparadies verwandeln. Das Land wird aber eine demographische Großbaustelle sein und es braucht eine gute Strategie, um den inneren Frieden und zumindest große Teile des errungenen Wohlstands zu wahren.[6] Im Rahmen der Globalisierung braucht ein Land wie Deutschland deshalb auch eine positivere Haltung mit Blick auf die Einwanderung fremder Menschen. Dies setzt die Akzeptanz voraus, dass die Bundesrepublik ein Einwanderungsland ist. Liegt diese vor, lassen sich auf dieser Grundlage die Gesetze der Zuwanderung, Integration, des Asylrechts oder der Abschiebung besser durchsetzen. Auch weitere Initiativen für ein breit legitimiertes europäisches Einwanderungskonzept werden so besser durchsetzbar.

3. Die Einwanderungsgesellschaft

Der Umgang mit Migration und Integration ist eine wichtige Herausforderung für Deutschland. Migration wird insgesamt weltweit weiter zunehmen und bleibt so ein zentrales Thema der dritten Globalisierung. Die Hauptrichtung der Wanderungsbewegung weist von Süden nach Norden, also in Richtung Europa und Nordamerika. Es gibt heute kein entwickeltes Land, das nicht mit massiven Migrationsströmen zu tun hat – Migranten aus Mexiko und Mittelamerika streben in die USA, Armutsflüchtlinge aus Südosteuropa in die EU. Süditalien, Griechenland, Spanien werden von nordafrikanischen Flüchtlin-

6 | Vgl. ebd.

gen überrannt und reichen diese gerne nach Mitteleuropa weiter. Die Einwanderungswellen treffen auf Widerstand seitens der Bevölkerung und nichts deutet darauf hin, dass sich ein schwieriges oder feindliches Klima mit Blick auf diese Lage ändern könnte. Rechtspopulistische Parteien haben daraus bei den letzten Wahlen auf EU-Ebene und bei nationalen Parlamentswahlen politisches Kapital geschlagen. Die deutsche Pegida-Bewegung 2014 – 2016 hat gezeigt, dass sich Ängste hinsichtlich einer befürchteten kulturellen Überfremdung der deutschen Gesellschaft in übler Weise instrumentalisieren lassen. In Deutschland, den Niederlanden, Dänemark, Schweden, Frankreich, Belgien oder Großbritannien ernten Rechtspopulisten mit ihren fremdenfeindlichen Parolen politischen Gewinn. Sie verdanken ihre Gewinne durchweg dem Migrationsthema, dem Kampf gegen die Zuwanderung, gegen Ausländer, gegen vermeintliche ›Sozialschmarotzer‹, gegen den Islam. Die Schwedendemokraten etwa wuchsen innerhalb weniger Jahre von 1,4 Prozent auf 12,9 Prozent der Wählerstimmen; die Ukip in Großbritannien wurde in Großbritannien zur dritten politischen Kraft nach Labour und den Konservativen. Der Front National punktete ebenso bei den Wählern wie die dänische Anti-Ausländerpartei Dansk Folkeparti. In Belgien kämpft der Vlaams Belang ebenso gegen Zuwanderer wie Geert Wilders PVV in Holland, es gibt die »Wahren Finnen«, die Lega Nord in Italien, die FPÖ in Österreich, in Ungarn stellt Fidesz sogar die Regierung. Die Basis ist nach der Arena Analyse 2015 der Public Affairs Agentur Kovar & Partner immer die gleiche: Die diffuse Angst der Menschen vor den ethnischen, sozialen und wirtschaftlichen Umbrüchen, die eine Migration und Globalisierung nach sich ziehen könnten. Die Zuwanderung bringt die europäischen Staaten in Schwierigkeiten, wobei die Schwierigkeiten noch größer wären, wenn Migranten ausbleiben, denn diese sind für die Stabilität der Wirtschaft und der Sozialsysteme in Deutschland und Europa langfristig unverzichtbar (Osztovics/Kovar/Fernsebner-Kokert 2015: 48).

Deutschland ist eine Einwanderungsgesellschaft …

Die Migrations- und Integrationsproblematik bleibt für Deutschland wie für alle anderen entwickelten Staaten ein Thema höchster Priorität. Ich habe eingangs bereits darauf hingewiesen, dass dieses Thema alleine aus national- und sozialstaatlichen Gründen mit Blick auf die Erhaltung von sozialstaatlichen Strukturen und der Vitalität der europäischen Gesellschaften von eminenter Bedeutung ist. Entgegen der politischen Brisanz des Themas oder der Zuspitzungen fremdenfeindlicher Aktivitäten wird die Debatte darüber heute aber in der Bundesrepublik konstruktiver als früher geführt. Die Problemfälle demonstrieren, dass es dabei um jene geht, die noch nicht in ihrer neuen Heimat angekommen sind; die schlecht oder nicht adäquat ausgebildet wurden, auf dem Weg in eine Parallelgesellschaft und im schlimmsten Fall der Gesellschaft gegenüber feindlich gesonnen. Und es geht um jene, die aus religiöser Überzeugung an Vorstellungen festhalten, die nicht mit den normativen Grundlagen der hiesigen Gesellschaft zu vereinbaren sind (Berlin Institut für Bevölkerung und Entwicklung 2009: 4). Insofern verlor das Land zwei Jahrzehnte durch eine destruktive (oder nicht stattgefundene) Debatte über die Integration von fremden Menschen, die freiwillig oder aus Not in die Bundesrepublik gekommen waren. Die Vision einer multikulturellen Gesellschaft, in der jede Herkunftsgruppe unbeeinflusst ihre Eigenart ausleben sollte, ließ echte Integration nie zu, sondern stärkte das Leben in jenen Parallelgesellschaften, in denen sich die Unterschichten der Großstädte konzentrieren. Aber auch die jahrelange Verweigerung, Bleibewilligen die Staatsbürgerschaft anzubieten, unterband ein konstruktives Miteinander.

Das Berlin Institut für Bevölkerung und Entwicklung wies Anfang der 2010er Jahre deshalb darauf hin, das fast 20 Prozent der heute in Deutschland lebenden Menschen einen Migrationshintergrund haben. Man muss sich dabei vor Augen halten, dass zwischen 1950 und 2013 über 43 Millionen Zuwanderer nach Deutschland gekommen sind! Abzüglich der Abwanderer blieben davon über zehn Millionen Menschen im Land. Diese Personen bekommen ein Drittel aller Kinder, die hier geboren werden. Damit gestalten sie die Zukunft im Lande mit. Es war daher folgerichtig, dass sich Deutschland Anfang der 2010er Jahre immer mehr einer konstruktiven Zuwanderungs- und Integrationspolitik zuwandte und diesen Umstand trotz der damit verbundenen Konflikte insbesondere in städtischen sozialen Brennpunkten nicht mehr verschwieg (ebd.; Buschkowsky 2012). Die soziale Konfliktlage der Migration hat allerdings auch heute nach wie vor Bestand, wird aber reifer beurteilt und weniger ideologisch vorverurteilt als früher. Hinzu kommt: Mittlerweile belegen sozialwissenschaftlich fundierte Studien, wie positiv sich die Einwanderung in Deutschland insgesamt ausgewirkt hat. Ein Befund, dem man mehr Verbreitung wünschen würde als den hochgespielten Nachrichten zu vereinzelten fremdenfeindlichen Übergriffen oder einer vermeintlichen allgemeinen Fremdenfeindlichkeit in Deutschland.

... mit vielen positiven sozialen Effekten

So profitiert der Sozialstaat in Deutschland von der Einwanderung. Die sechs Millionen Menschen ohne deutschen Pass haben den Sozialstaat nach einer Studie des Zentrums für Europäische Wirtschaftsforschung (ZEW) im Auftrag der Gütersloher Bertelsmann Stiftung 2012 um 22 Milliarden Euro entlastet. Jeder Ausländer zahlte bis dahin demnach pro Jahr durchschnittlich 3.300 Euro mehr Steuern und Sozialabgaben, als er an staatlicher Leistung erhält. Das Plus pro Kopf ist in den vergangenen zehn Jahren über die Hälfte gestiegen (Bonin 2014).

Und selbst die Flüchtlingswelle der Jahre 2014/2015 ist – jenseits der verfassungsrechtlichen und humanitären Verpflichtung – aus Sicht der Ökonomie für Deutschland langfristig vorteilhaft. Zunächst allerdings kostet die Aufnahme und erste Versorgung von Flüchtlingen Geld, etwa 1.000 Euro pro Kopf und Monat. Je nach Zahl der Flüchtlingen und Dauer der Verfahren und ersten Integrationsmaßnahmen könnten 2016 und 2017 dadurch Kosten in Höhe von sechs bis 15 Milliarden Euro entstehen. Die Ökonomen des Deutschen Instituts für Wirtschaftsforschung in Berlin gehen davon aus, dass mindestens die Hälfte der anerkannten Flüchtlinge nach zwei bis fünf Jahren keine Beschäftigung finden und auf Sozialleistungen angewiesen sein werden. Das Bundesarbeitsministerium rechnete Mitte 2015 damit, dass in den folgenden Jahren eventuell bis zu einer halben Million Menschen zusätzlich Hartz IV beantragen könnten. Zusammen mit den nötigen Sprachkursen und anderen Integrationsmaßnahmen bedeutet dies weitere Ausgaben in Milliardenhöhe.

Diesen kurzfristigen Belastungen stehen langfristige Chancen gegenüber, denn die möglichen oder wahrscheinlichen Wohlstandsgewinne liegen in der Zukunft. Und diese ökonomischen und gesellschaftlichen Gewinne sind nicht so deutlich zu beziffern wie die – aller Wahrscheinlichkeit – in den nächsten Jahren anfallenden Kosten. Mit jedem integrierten Flüchtling, der die deutsche Sprache erlernt, seine Zeugnisse anerkannt bekommt, auf dieser Grundlage eine Weiterbildung zu einem Facharbeiter absolviert und so in Beschäftigung in einen deutschen Betrieb gelangt, verschiebt sich nach Marc Beise und Jan Bielicki von der Süddeutschen Zeitung die Gesamtbilanz des Staates ein Stück von ›Kosten‹ zu ›Nutzen‹. Wer eine Arbeit hat, zahlt Steuern und Sozialabgaben und kann keine Transferleistungen mehr beanspruchen. Zudem bewirken alle staatlichen Transfers hin zu Flüchtlingen Stimulanzen für die Wirtschaft in Deutschland. Nicht jeder der Flüchtlinge ist mittellos. Etliche Migranten werden Kapital aus ihren Herkunftsländern auf deutsche Konten überweisen. Die staatlichen Leistungen im Wohnungsbau, für Sachleistungen oder soziale Integrationsmaßnahmen haben belebende konjunkturelle Impulse. Das DIW ist in seiner Analyse 2015 zu dem Schluss gekommen, dass langfristig die positiven wirtschaftlichen Impulse für Deutschland die Kosten übertreffen werden. (Beise/Bielicki 2015).

Im weiteren greifen dann auch die Argumente, die im Rahmen des demographischen Wandels in Deutschland wichtig sind. Denn es kommen zum Teil hoch motivierte und ausgebildete junge Menschen nach Deutschland. Wenn es gelingt, sie in Deutschland gesellschaftlich und wirtschaftlich zu integrieren, belebt das die Wirtschaft und stabilisiert dies den Sozialstaat in der Bundesrepublik.

Erst eine selbstbewusste, intelligente und humane Einwanderungskonzeption bewirkt eine nachhaltige Integration

Diese empirische, ökonomische und humanitäre Erfahrung spricht also für eine intelligente und sozial kompetente Einwanderungskonzeption. Dass dies im übrigen eine anspruchsvolle Aufgabe ist, bezweifelt niemand. Allein aus ökonomischer Sicht bleibt dem Gemeinwesen in Deutschland kaum eine andere Wahl, als diese Menschen gut zu integrieren. Denn die demographische Entwicklung – immer mehr ältere Rentenempfänger bei einer sinkenden Zahl junger Menschen, die ins Erwerbsleben einsteigen können und die notwendigen Rentenzahlungen erwirtschaften – zwingt dazu, alle Menschen die kommen, bestmöglich auszubilden und volkswirtschaftlich zu nutzen.

So stellt die oben genannte Studie des ZEW und der Bertelsmann Stiftung fest, dass sich der Beitrag der Ausländer zu den öffentlichen Haushalten noch weiter erhöhen könnte, wenn sich ihr Bildungs- und Qualifikationsniveau erhöht. Gute Bildungspolitik ist damit die beste Integrationspolitik. Selbst erhebliche zusätzliche Bildungsinvestitionen würden sich nach Auffassung von Jörg Dräger von der Bertelsmann Stiftung finanziell für den Staat lohnen.[7] Nur so lässt sich auch der Weg bereiten für weitere Zuwanderung, die das Land braucht, weil es wegen der niedrigen Kinderzahlen auf qualifizierte Arbeitskräfte aus dem Ausland angewiesen ist, um seine Wirtschaftskraft zu sichern (Institut für Bevölkerung und Entwicklung: 4). Dabei können öffentliche Haushalte und damit jeder Bürger entlastet werden, wenn die künftige Zuwanderung sinnvoll gesteuert wird. Je besser qualifiziert die Zuwanderer sind, desto höher sind ihre Beiträge zur Finanzierung öffentlicher Kassen. Um mehr als 400 Euro könnte jeder Bürger in Deutschland jährlich finanziell entlastet werden, wenn künftig mindestens 200.000 Zuwanderer pro Jahr nach Deutschland kämen und 30 Prozent von Ihnen hoch und weitere 50 Prozent mittel qualifiziert wären.[8]

Eine weitere Studie der Bertelsmann Stiftung hat darüber hinaus Anfang 2015 ermittelt, dass eine große Mehrheit der vier Millionen Muslime in Deutschland ein fester Bestandteil dieses Landes sind. Ihre Einstellungen und Sichtweisen orientieren sich stark an den Grundwerten der Bundesrepublik wie Demokratie und Pluralität. Umgekehrt stehen den Muslimen und ihrer Religion aber große Teile der nicht-muslimischen Bevölkerung ablehnend gegenüber. Das zeigt die »Sonderauswertung Islam« aus dem Religionsmonitor der Bertelsmann Stiftung (Hafez/Schmidt 2015). Die Studie belegt eine

---

7 | Vgl. www.bertelsmann-stiftung.de/de/presse-startpunkt/presse/pressemitteilungen/pressemitteilung/pid/sozialstaat-profitiert-von-zuwanderung/, aufgerufen am 8. Januar 2015.

8 | Vgl. ebd.

starke Verbundenheit der Muslime mit Staat und Gesellschaft. 90 Prozent der hochreligiösen Muslime halten die Demokratie für eine gute Regierungsform. Neun von zehn Befragten haben in ihrer Freizeit Kontakte zu Nicht-Muslimen. Jeder zweite hat sogar mindestens genauso viele Kontakte außerhalb seiner Religionsgemeinschaft wie mit Muslimen.

Trotzdem fühlen sich viele Deutsche vom Islam bedroht. So äußern 61 Prozent der Bundesbürger die Meinung, der Islam passe nicht in die westliche Welt. Im Jahr 2012 hatten das 52 Prozent gesagt. 40 Prozent der Befragten fühlen sich zudem durch Muslime wie Fremde im eigenen Land. Jeder Vierte will Muslimen sogar die Zuwanderung nach Deutschland verbieten. Diese Einschätzungen finden sich keineswegs nur am Rand der Gesellschaft. Weder die politische Orientierung, das Bildungsniveau noch der Sozialstatus beeinflussen das Islambild der Deutschen nennenswert. Entscheidender sind das Alter und der persönliche Kontakt zu Muslimen. Von den über 54-Jährigen fühlen sich 61 Prozent durch den Islam bedroht, von den unter 25-Jährigen hingegen nur 39 Prozent. Die Angst ist zudem am stärksten dort, wo die wenigsten Muslime leben. In Nordrhein-Westfalen, wo ein Drittel von ihnen wohnt, fühlen sich 46 Prozent der Bürger bedroht. In Thüringen und Sachsen, wo kaum Muslime leben, äußern das 70 Prozent. Obwohl die große Mehrheit von 85 Prozent der Deutschen sagt, sie stehe anderen Religionen tolerant gegenüber, scheint dies nicht für den Islam zu gelten. Trotz des immer besser gelingenden Zusammenlebens der Religionen in Deutschland bestehe die Gefahr einer breit durch die Bevölkerung gehenden Islamfeindlichkeit. Es gebe vieles in Deutschland, was Muslime und Nicht-Muslime verbindet. Daraus könne ein Wir-Gefühl wachsen. Aber dafür bedarf es einer stärkeren Anerkennung und Wertschätzung der Muslime und ihrer Religion.[9]

Bewegungen wie Pegida oder rechtspopulistische Parteien wie die AfD in Deutschland oder der Front National in Frankreich torpedieren solche Annäherungsbewegungen mit ihrer platten und fremdenfeindlichen Rhetorik. So stehen empirisch gefestigte Tatsachen einer dumpfen ›postfaktischen‹ Meinungsmache gegenüber, die sich immer noch an dem Bild des Clash of Civilization von Samuel Huntington orientiert. Dies gilt europa- und weltweit und verkommt immer mehr zu einer traurigen Globalisierungstatsache. Insofern kommen nationalen Migrations- und Integrationsstrategien in Zukunft eine noch höhere Bedeutung zu als bisher und eine herausragende Rolle kommt nach wie vor einem europäischen Einwanderungskonzept zu. Fundierte strategische Überlegungen dazu liegen im übrigen bereits seit Mitte der 1990er Jahre vor (Weidenfeld [Hg.] 1994).

---

9 | Vgl. www.bertelsmann-stiftung.de/de/themen/aktuelle-meldungen/2015/religions monitor/, aufgerufen am 8. Januar 2015.

Für die Zukunft gilt: Entscheidend ist nicht das Konfliktpotenzial der Migration und auch nicht alleine der Bedarf der deutschen Wirtschaft, entscheidend ist das Potenzial der Migranten und eine gute Integration

Die Migration nach Deutschland – und dies bezieht die Kriegsflüchtlinge aus dem Nahen und Mittleren Osten hierbei mit ein – eröffnet für die deutsche Wirtschaft und Gesellschaft ein hohes Entwicklungspotenzial. Michael Hüther, Chef des Instituts der deutschen Wirtschaft in Köln, hat die Chancen der Migration betont, wenn sie denn konstruktiv umgesetzt und organisiert wird. Zuwanderung setze nicht einfach ein, wenn der deutsche Arbeitsmarkt sie dringend benötige. Vielmehr müsse sich die Bundesrepublik für einen Entwicklungspfad entscheiden, den sie aktiv und energisch verfolgen müsse. Die positiven Erwartungen an eine gesteuerte Zuwanderung seien dabei gut begründbar. So liege unter den von 2001 bis 2011 Zugewanderten im erwerbsfähigen Alter der Anteil mit Hochschulabschluss deutlich höher als unter der Gesamtbevölkerung (31 Prozent gegenüber 19 Prozent). Der entsprechende Anteil von Akademikern mit naturwissenschaftlich-technischem Abschluss liege bei den Migranten fast doppelt so hoch wie bei der heimischen Bevölkerung. Erwerbstätige Zuwanderer hätten schließlich bei Fach- und Führungspositionen mit der Gesamtbevölkerung gleichgezogen (Hüther 2015). Klaus F. Zimmermann, Direktor des Bonner Forschungsinstituts zur Zukunft der Arbeit bekräftigt diesen Befund. Das Migrationsproblem rücke die Gestaltung des Zugangs zu unserem Arbeitsmarkt in den Vordergrund. Insofern sei es nun nur konsequent, die Solidarität mit Flüchtlingen nun zu verbinden mit einem leichteren Zugang zum Arbeitsmarkt und zu verschiedenen Integrationsformen (Zimmermann 2015).

Innerhalb der OECD gilt mittlerweile das deutsche Aufenthaltsrecht für Arbeitsmigranten als eines der liberalsten überhaupt. Insofern steht Deutschland als Einwanderungsland besser da, als es öffentlich wahrgenommen und über die Medien transportiert wird. Im internationalen Vergleich hat die Bundesrepublik in ihrer Migrationspolitik nicht nur aufgeholt, sondern reiht sich mittlerweile ein in die Riege der als fortschrittlich eingestuften Einwanderungsländer. Dies ist das Ergebnis des Jahresgutachtens des Sachverständigenrates deutscher Stiftungen für Integration und Migration vom April 2015, das gleichzeitig aber auch konstatiert, dass demgegenüber der Umgang Europas mit Flüchtlingen und Asylbewerbern ungenügend sei.[10] Der Migrant Integration Policy Index (MIPEX) bestätigt diese Sicht. Er ist ein Länderindex mit einer dazugehörigen Studie zum Bewerten, Vergleichen und Verbessern von

---

10 | Vgl. »Einwanderung Made in Germany«, in: Süddeutsche Zeitung vom 29. April 2015; das Jahresgutachten findet sich unter www.svr-bzw. die ›falschen‹ von den ›richtigen‹ de/jahresgutachten/, aufgerufen am 8. Mai 2015.

Integrationspolitik. Für die Untersuchung werden die Rechtslage und die Integrationspolitik des jeweiligen Landes in den Blick genommen – nicht die Situation von Eingewanderten selbst. Anhand von einzelnen Politikindikatoren zeichnet der MIPEX ein umfassendes Bild der Teilhabe-Chancen von Migranten in der Gesellschaft. Die MIPEX-Studie ist eine Initiative des Barcelona Centre for Internationale Affairs und der Migration Policy Group und wird unter anderem von der EU-Kommission, der Heinrich-Böll-Stiftung in Deutschland sowie 50 weiteren europäischen Think Tanks unterstützt.[11]

Nach den Ergebnissen des Index 2015 geht es in Deutschland mit der Integration von Migranten alles in allem gut voran. Die Mobilität des Arbeitsmarktes funktioniere. Nicht-EU-Bürger genießen demnach annähernd gleiche Rechte, profitieren von verbesserten Verfahren zur Anerkennung von ausländischen Berufs- und Studienabschlüssen. Hinter Kanada und den skandinavischen Staaten erreicht Deutschland hier einen beachtlichen vierten Platz. Auch sei die Willkommenskultur der deutschen Gesellschaft heute besser als zuvor und der Einfluss rechtsradikaler Parteien als Störfaktor der Integration relativ gering. Negativ seien demgegenüber die fehlende Förderung der Chancengleichheit. Und Fälle von Diskriminierung würden statistisch nicht erfasst. Der Zugang zur Justiz sei für Migranten in Deutschland schwer und die grundlegende medizinische Versorgung unzureichend. Dennoch zeigt der Index auf, dass der Wert der Migration und Integration heute besser verstanden wird als früher und die Politik konkrete Verbesserungen eingeleitet hat.

Das deutsche Zuwanderungsrecht wurde Anfang der 2010er Jahre komplett modernisiert. Mit der ›Blauen Karte‹ für ausländische Akademiker (2012), dem Anerkennungsgesetz (2012) und der Beschäftigungsverordnung (2013) orientiert sich das Recht nun am Potenzial der Migranten. Ihre Qualifikation steht im Mittelpunkt. Offen bleibt nach Hüther bei der Flüchtlingsmigration das Potenzial für einen erfolgreichen Integrationspfad. Das verbaue den Flüchtlingen Optionen. Und es schade der Bundesrepublik. Insofern ist es richtig, nicht der Begrenzung der Zuwanderung sein Augenmerk zu schenken, sondern der Steuerung. So ließe sich manche Sorge nehmen, denn Zuwanderung müsse erfolgreiche Integration zum Ziel haben. Laut Umfragen sei die allgemeine Abwehrhaltung gegenüber Zuwanderung so niedrig wie nie. Hüther sagt zu Recht, das Deutschland nunmehr eine doppelte Dividende kluger Arbeitsmarkt- und Lohnpolitik genieße: Steigende Erwerbstätigkeit und zunehmende Akzeptanz der Migration (Hüther 2015). Prinzipiell und mit Blick auf den Tsunami der Flüchtlingswellen 2014/2015 stellt sich dabei die Frage, wie Migration von einem relativ chaotischen Zulauf in einen geordneten Integrations-

11 | Vgl. http://mipex.eu/who-produces-mipex, aufgerufen am 12. Juni 2015 und www.tagesschau.de/inland/mipex-integration-deutschland-101.html, aufgerufen am 12. Juni 2015.

prozess überführt werden kann. Wieder entsteht das moralische Problem, mit welchen Maßstäben man die ›guten‹ Migranten von den ›schlechten‹ bzw. die ›falschen‹ von den ›richtigen‹ Flüchtlingen unterscheidet und wie man mit beiden Gruppen dann angemessen umzugehen hat. Das ist moralisch manchmal unerträglich, muss aber als Integrationsleistung in vielen einzelnen Fallbewertungen bewältigt werden.

X. Die Referenz: Europa

Europa kommt im Rahmen der Globalisierung als politische und wirtschaftliche Macht sowie als sozio-kultureller Magnet eine Schlüsselrolle zu – wenn sich der alte Kontinent konsequent an die Globalisierung anpasst. Mit den Verträgen zur europäischen Union von Paris (1955), Rom (1958) Maastricht (1993), Amsterdam (1999) Nizza (2003) und Lissabon (2009) sowie der Einheitlichen Europäischen Akte (EEA, 1987) hat sich die EU immer intensiver politisch und institutionell organisiert. Mit dem Scheitern der Europäischen Verfassung 2007 gelang der große bundestaatliche Entwurf dann allerdings nicht; dies warf die Integration zurück. Der Grund dafür waren Volksentscheide in den Niederlanden und in Frankreich, also nationale Vorbehalte. Waren es zu Beginn die Europäischen Gemeinschaften, die über die Europäische Atomgemeinschaft (EURATOM), die Europäische Gemeinschaft für Kohle und Stahl (EGKS) und die Europäische Wirtschaftsgemeinschaft (EWG) eine engere wirtschaftliche Kooperation und eine industrielle Verflechtung im Wunsch nach einem dauerhaften Frieden suchten, so hat sich mit der Einheitlichen Europäischen Akte und dem Vertrag von Maastricht die Qualität der europäischen Integration in Richtung einer größeren Staatlichkeit, eines einheitlichen Binnenmarktes und der Währungsunion dennoch verstärkt.

Im Rahmen dieser vertraglichen Konstruktion und – vor allem – mit der Osterweiterung der EU ist die EU komplexer geworden. Insbesondere das Ende des Ost-West-Konflikts, die Integration Ost- und Südosteuropas, das Verhältnis zu Russland und einer maroden GUS, alles dies hat den Integrationsprozess über eine Dekade zwischen 2000 und 2010 entscheidend geprägt. Und gebremst, führt man sich die Herkulesaufgabe der Osterweiterung und später die Bewältigung der multiplen Währungs- und Schuldenkrise in der EU vor Augen. Die EU hatte mit Akzeptanzproblemen bei den EU-Bürgern zu kämpfen, mit der Heterogenität des europäischen Sozialstaatsmodells und mit den Schwierigkeiten, im bestehenden Institutionengefüge die Arbeits- und Handlungsfähigkeit der einzelnen Organe zu gewährleisten. Das Scheitern der Europäischen Verfassung bremste den Schwung der Integration, und die Union musste wieder den Weg der mühsam ratifizierten einzelnen Integrationsfortschritte gehen. Im Rahmen des heute gültigen Vertragswerks im Kontext des Lissaboner Vertrags existieren drei Säulen der EU: (1.) die Europäische Gemeinschaft (EG), (2.) die polizeiliche und justizielle Zusammenarbeit in Strafsachen (PJZS) und Justiz und Inneres (JI) sowie (3.) die Gemeinsame Außen- und Sicherheitspolitik (GASP).

Twilight Zone: Die EU funktioniert als politisches System leidlich, ist aber weder Staatenbund noch Bundesstaat

Mit den institutionellen Innovationen im Rahmen des Vertrages von Lissabon ist die EU heute kein Bundesstaat, aber mehr als ein Staatenbund. Und diese Konstruktion ist gut. Denn kein Nationalstaat ist demgegenüber groß und stark genug, um – passiv – alleine in einer globalisierten Umwelt beständig bestehen zu bleiben oder – aktiv – weltpolitisch zu agieren und seine Interessen wahrzunehmen. Alleine fast die gesamte Handlungsmacht hinsichtlich des internationalen Handelsregimes im Rahmen der WTO liegt in den Händen der Europäischen Kommission. Die Integration bleibt insbesondere in den Gründerstaaten der Europäischen Gemeinschaften Staatsraison.[1] Auch wenn die ursprüngliche Idee der Einigung Europas – Frieden schaffen durch Integration – zur Selbstverständlichkeit geworden ist, ist die zunehmende Integration Europas für Sicherheit, wirtschaftliche Stabilität, regionale Entwicklung und soziale Kohäsion, die entscheidende Referenz für zukünftiges politisches Handeln angesichts der Globalisierung. In Zukunft steht das Integrationswerk vor großen Herausforderungen. Die EU muss täglich beweisen, dass sie die richtige wirtschaftliche, staatliche und soziale Antwort auf die Globalisierung ist: Gegenüber ihren Bürgern, ihren Mitgliedsstaaten und gegenüber der internationalen Staatengemeinschaft. Dabei greift sie auf ursprüngliche Ideen und Pläne einer erweiterten Integration zurück. Bereits in den 1950er Jahren gab es die Idee einer weitreichenden politischen Zusammenarbeit, die auch eine Europäische Verteidigungsgemeinschaft (EVG) und bereits in den 1960er Jahren die Schaffung einer Währungsunion vorsah. Der Pleven Plan, benannt nach dem französischen Premierminister René Pleven, konzipierte eine Verteidigungsgemeinschaft, in der bundesdeutsche Militärverbände und die Streitkräfte anderer Nationen integriert sein sollten. Da die politischen Umstände der EVG und der damit gekoppelten Europäischen Politischen Gemeinschaft (EPG) sowie die Schaffung einer Wirtschafts- und Währungsunion – verhandelt auf dem EU-Gipfeltreffen von Den Haag Ende 1969 – völlig andere waren als es die heutigen Umstände sind, ist die Europäische Union im Rah-

1 | Es muss an dieser Stelle angesichts des BREXIT kurz daran erinnert werden, dass Großbritannien nicht zu den Gründerstaaten der Europäischen Union gehörte, sondern später beigetreten ist.

men ihrer bisherigen Entwicklung theoretisch gut gerüstet für eine weitere institutionelle Vertiefung – allerdings mit weiteren Souveränitätseinbußen der Mitgliedsstaaten. Dies betrifft besonders die Bereiche Verteidigung, Haushalt und Wirtschaft und Finanzen.

Dabei darf man die Augen nicht davor verschließen, dass die Union in der Mitte der 2010er Jahre angesichts der Finanzkrise, der Flüchtlingskrise und ihren Effekten einer europäischen Entsolidarisierung, dem Rechtsruck in einigen europäischen Mitgliedsländer sowie dem britischen BREXIT erhebliche – um nicht zu sagen existenzielle – Probleme bekommen hat, ihre Existenz und ihr Tun zu rechtfertigen. Die gesamte Legitimität der europäischen Integration geriet damit unter Beschuss. Dies wurde selbst von der EU-Kommission und ihrem Präsidenten Jean-Claude Juncker 2016 nicht geleugnet. Allerdings bietet sie immer noch einen geeigneten Rahmen für ein koordiniertes und legitimiertes europäisches Handeln. Insofern ist sie – ganz im Sinne ihrer Gründungsgedanken vor über 50 Jahren – nunmehr herausgefordert, sich dieser schwierigen Situation besser zu stellen. Auch diese ›Besserungsaufgabe‹ wurde von Jean-Claude Juncker ausdrücklich nicht verneint.

Dabei hat sie unter Beachtung des Subsidiaritätsprinzips folgendes zu leisten:

- die Gewährleistung der inneren und äußeren Sicherheit;
- die Bewahrung der wirtschaftlichen Wettbewerbsfähigkeit und der Währungsunion;
- die Entwicklung einer vitalen Innovationsfähigkeit innerhalb der europäischen Industrie;
- die Pflege einer europäischen Identität ihrer Bürger und die Sorgsamkeit hinsichtlich fairer sozialer Verhältnisse;
- die Schaffung einer nachhaltigen staatlichen Regierungsqualität.

Der letzte Punkt deutet auf die Frage der Finalität der europäischen Einigung hin. Bisher schwankend zwischen Staatenbund und Bundesstaat wird sich das Schicksal Europas langfristig an dieser Frage entscheiden, denn eine nachhaltige staatliche Qualität ist letztlich das Ergebnis einer weitergehenden Integration hin zu einer politischen Union in Europa. Der ehemalige deutsche Außenminister Joschka Fischer hat in einer bemerkenswerten Rede an der Humboldt – Universität in Berlin im Jahr 2000 diesem Umstand Rechnung getragen. Dort schlug er im Kern den Abschluss eines Verfassungsvertrages zur Gründung einer europäischen Föderation auf der Grundlage des Subsidiaritätsprinzips vor.[2] Konsequent weiter gedacht schließt dies – mit Blick auf

2 | Vgl. www.cvce.eu, aufgerufen am 13. März 2015.

die Geschichte der europäischen Integration wieder einmal – die Bereiche der Verteidigungs- und der Fiskalunion mit ein.

1. Ein starkes Europa – politisch, wirtschaftlich, sozial

Die Europäische Union ist aufgrund ihrer politischen und wirtschaftlichen Leistungen und ihrer Perspektiven sowie mit Blick auf Antworten auf die Globalisierung trotz aller Krisen in ihrer Entwicklung und trotz des zuletzt verstörenden BREXIT-Votums der englischen Bevölkerung ein strahlender Stern am Firmament der regionalen Integration. Joschka Fischer wies in seiner Berliner Rede zu Recht darauf hin, dass sich die Integration als »phänomenal erfolgreich« erwiesen habe (Fischer 2000: 3). Entgegen einer zerrissen wirkenden inneren Verzagtheit strahlt sie global eine große Anziehungskraft aus. Dies bewies der Integrationssog nach dem Fall der Berliner Mauer, der 2004 zu dem ›Big Bang‹ der großen Osterweiterung führte, was zu Recht als eine echte politische Errungenschaft gewürdigt worden ist. Ihre kulturelle Vielfalt und sozio-ökonomische Freizügigkeit ist einzigartig. Der Binnenmarkt hat den Mitgliedstaaten gewaltige Zuwächse beim Bruttoninlandsprodukt und damit allgemeine Wohlstandszuwächse gebracht. Trotzdem Europa institutionell und politisch immer noch eine Baustelle ist und trotz aller politischen Querelen, schafft die europäische Integration eine Situation, in der die beteiligten Nationen und Regionen in jeder Hinsicht profitiert haben und auch in Zukunft nur profitieren können. Der Grund dafür sind die vier Freiheiten eines Binnenmarktes: Der freie Warenverkehr, der freie Personenverkehr, der freie Dienstleistungsverkehr und der freie Kaptalverkehr. Nach Angaben der Europäischen Kommission hat die Schaffung des Binnenmarktes seit seiner Gründung 1993 mehrere Millionen neue Arbeitsplätze geschaffen und für einen zusätzlichen Wohlstand von über 800 Milliarden Euro gesorgt.[3] Der europäische Binnenmarkt ist (noch) der größte Binnenmarkt der Welt!

Dieses Bild zu vermitteln, ist aber in der EU nach wie vor kompliziert. Zu abstrakt bleiben die volkswirtschaftlichen Vorteile des Binnenmarkts für viele Bürger. Und zu intransparent erscheinen die Entscheidungsmechanismen des politischen Systems. Und zu schnell und automatisch wird die Europäische Union dann zum Sündenbock gemacht, wenn es auf den nationalen oder lokalen Ebenen der Union nicht funktioniert. Treten Defekte im politischen System der Nationalstaaten auf, wird Brüssel dafür unverzüglich und – mit Blick auf das Ganze – verantwortlich gemacht. Es verwundert nicht, dass in einzelnen Ländern immer wieder Rufe nach mehr nationaler Autonomie zu hören sind oder sogar ein Austritt aus der EU erwogen wird, wenn nationale Wege scheinbar erfolgreicher zu sein scheinen. Auch wenn vieles davon ge-

3 | Vgl. http://de.wikipedia.org/wiki/Binnenmarkt, aufgerufen am 16. März 2015.

rade auf das Konto rechtspopulistischer Parteien geht, kommt dieses Thema auch für die etablierten Volksparteien immer wieder auf den Tisch. Besonders penetrant wurde damit in Großbritannien hantiert und der Vorgang wurde am 23. Juni 2016 mit einem Volksentscheid thematisiert und entschieden. Der BREXIT wurde Realität und die europäische Idee sowie die Europäische Union wurden bis ins Mark erschüttert. Mark Leonhard vom European Council on Foreign Relation (ECFR) erklärte dieses Phänomen mit einer europhoben Haltung einer finanzstarken und einflussreichen britischen intellektuellen Elite, welche die britische Öffentlichkeit beeinflusse. Dies bleibt erstaunlich, waren die politischen und ökonomischen Kosten vor dem BREXIT doch hinreichend bekannt. In einer Studie errechnete die London School of Economics (LSE) schon vor dem Votum der Engländer, das finanzielle Risiko: Die Verluste für die britische Wirtschaft betrügen ein Vielfaches des jährlichen Mitgliedsbeitrags an die EU von 10,3 Milliarden Euro!

BREXIT, GREXIT oder GREXIDANT waren Schreckgespenster Europas

Der österreichische Journalist Wolfgang Böhm fasste die Ergebnisse der Studie, die auch der britischen Öffentlichkeit jederzeit zugänglich war, zusammen: Rund die Hälfte der Exporte der Insel gehen in die Partnerstaaten der EU. Das entspricht etwa 15 Prozent des Bruttoinlandprodukts. Ein Ausscheiden aus dem Binnenmarkt würde neue Zölle und andere Handelsbarrieren für britische Produkte bedeuten. »Allein die Verluste in der Exportwirtschaft wären erheblich«, schreiben die Studienautoren. Laut einem ›optimistischen Szenario‹ werde Großbritannien nach Ausscheiden aus der EU vermutlich weiterhin an Teilen des Binnenmarkts partizipieren – ähnlich wie Norwegen oder die Schweiz. Dies würde aber bedeuten, dass London auch weiterhin EU-Regeln übernehmen müsste. Die Verluste für die Volkswirtschaft würden in diesem Fall 1,1 bis 2,2 Prozent des BIP betragen. Das wären jährlich zwischen 22 und 43 Milliarden Euro. Kommt es zum großen Bruch und Großbritannien als auch die EU entscheiden sich für eine vollkommene Trennung, wären die Verluste noch deutlich höher. Dann würden sie auf 3,1 bis 9,5 Prozent des BIP oder im Extremfall auf 184 Milliarden Euro im Jahr steigen. Das wäre eventuell sogar schlimmer als die Finanzkrise 2008/2009 (minus sieben Prozent des BIP). Die Studie ging davon aus, dass ein EU-Austritt darüber hinaus weitere negative Effekte hätte. So sei anzunehmen, dass sich einige ausländische Investoren aus Großbritannien zurückziehen würden. Diese Auswirkungen seien im Gegensatz zu den Exporteinbrüchen aber schwerer zu prognostizieren.

Die Studie ging aber auch möglichen Vorteilen eines solchen Schritts nach. London würde sich nicht nur den Mitgliedsbeitrag an die EU ersparen, es könnte auch viele Entscheidungen unabhängig von Brüssel treffen – etwa die Regeln für den Zuzug von Arbeitsmigranten. Allerdings, so argumentierten die Studienautoren, hätte die Beschränkung des Arbeitsmarkts ebenfalls negative wirtschaftliche Auswirkungen. Auch britische Arbeitnehmer könnten nicht mehr dorthin wechseln, wo sie produktiver sein können und mehr Gehalt bekommen. Dies würde insgesamt negative Auswirkungen auf den Wohlstand haben (Böhm 2014).

Nach den Worten des britischen Wirtschaftshistorikers Timothy Leunig würde der Austritt also massiven Schaden anrichten. Mit Blick auf Unternehmen und Konzerne wurde er dabei im Vorfeld des Volksentscheids deutlich: Die größten Verlierer werden dabei der Exportsektor und die Finanzindustrie. Besonders leiden würden japanische Autohersteller wie Nissan und Toyota, die sich nach den Reformen von Margret Thatcher in den 1980er Jahren entschlossen hatten, ihre europäische Autoproduktion in Großbritannien aufzubauen.[4] Der BREXIT sei eine nationalistische Dummheit und damit eigentlich ein absolutes ›NO GO‹ für das Inselreich. Mit der Wahl am 7. Mai 2015 hatten die Briten unerwartet deutlich die regierenden Konservativen mit Premierminister Cameron im Amt bestätigt und den liberalen Koalitionspartner aus der Koalition gedrängt. Es kam dann auf die Wähler auf dem Inselreich an, ob sie gemäß einer traditionellen konservativen Grundhaltung der Briten trotz alledem an der EU-Mitgliedschaft festhalten und bei der Volksabstimmung eine europäisch-konstruktive Haltung einnehmen. Mit der Wahl in Großbritannien hatte der britische Premierminister David Cameron bis dahin mehr Freiheit für seine Verhandlungen mit den Staatschefs der EU und der EU-Kommission erzielen können. Wenn gleichzeitig Brüssel auf die Briten wohlwollend und konstruktiv zugehe, ebne dies mit Blick auf die ›Britische Frage‹ den Weg der Katharsis für die EU.[5]

Am 23. Juni 2016 wurde das Schreckszenario des BREXIT dann Realität

Mit dem Volksentscheid vom 23. Juni 2016, der Entscheidung einer knappen Mehrheit der Briten (51,8 Prozent dafür; 48,2 Prozent dagegen bei einer Wahlbeteiligung von 72 Prozent[6]) für den Austritt aus der Europäischen Union waren diese politischen Erwägungen und Kalkulationen plötzlich Realität, auch wenn nicht klar ist, was diese Entscheidung langfristig bedeutet. Nach der BREXIT-Entscheidung machte sich politische Katerstimmung auf dem Inselreich breit. Die englische Jugend, die mit einem merkwürdigen politischen Desinteresse auf den Volksentscheid reagiert hatte, merkte plötzlich auf, dass

4 | Vgl. www.wiwo.de/politik/ausland/britischer-oekonom-es-waere-saudumm-die-eu-zu-verlassen/5949450.html, aufgerufen am 19. Mai 2014.

5 | Vgl. Financial Times vom 10. Mai 2015 und Die Welt vom 10. Mai 2015.

6 | Vgl. Kreissparkasse Köln, Sonderstudie: Auswirkungen des BREXIT auf Wirtschaft und Politik, in: Kapitalanlagebrief Juli 2016.

mit diesem Votum zahlreiche positive Chancen der eigenen Entwicklung verstellt werden könnten und gingen zornig-verzagt auf die Straße zur Demonstration – zu spät; die Schotten, die sich Monate zuvor mühsam für einen Verbleib im Vereinigten Königreich ausgesprochen hatten, reagierten verärgert auf die neue Situation und brachten eine neue Abstimmung über ihr Schicksal im Vereinigten Königreich ins Spiel. Wales und Nordirland waren verunsichert, da die zukünftigen Zuwendungen der EU für sie als strukturschwache Regionen nunmehr auf den Prüfstand kommen werden. Nachdem führende BREXIT-Befürworter sich verantwortungslos der politischen Verantwortung entzogen – Boris Johnson, Nigel Farrad und David Cameron – brach die Führung der englischen Konservativen mit der Ernennung von Premierministerin May auf einen schwierigen Zukunftspfad auf. Der neue Nationalismus bekam mit der Entscheidung eines der wichtigsten EU-Mitgliedsländer ein neues Gewicht, das sofort die Austrittsphantasien von rechtskonservativen und rechtspopulistischen Kräften in Frankreich, den Niederlanden oder Dänemark befeuerte.

Der neue Nationalismus einzelner Regierungen oder politischer Parteien in Europa ist ein Irrweg

Die vielfältigen und absehbaren negativen Konsequenzen des BREXIT zeigten (1.) die Unsinnigkeit nationalistischer oder populistischer Angriffe auf die Union und gleichzeitig – paradoxerweise – (2.) die sozio-ökonomischen Vorteile der Integration auf. Letztendlich wurde dies ja auch von der schottischen Bevölkerung im September 2014 bereits akzeptiert, die nach einem großen Separationsgetöse trotz alledem für ihren Verbleib im britischen Commonwealth und damit für ihren Verbleib auch in der EU votierten. Selbst das Votum der katalanischen Bevölkerung für die Unabhängigkeit gegenüber dem Mutterland Spanien Ende 2014 verstellt nicht den Blick dafür, das diese Region alleine schon mit Blick auf eine – theoretisch – regionale Verteidigungs-, Wirtschafts- und Währungspolitik hoffnungslos überfordert wäre. Vor diesem Hintergrund und angesichts der weltwirtschaftlichen Entwicklung stellt sich also vielmehr die Frage, wie Europa als Ganzes wirtschaftlich und politisch handlungsfähiger und Separationsgelüsten oder Spaltungen gegenüber unempfindlicher werden kann.

Letzterer Punkt war ein entscheidendes politisches Momentum der griechischen Entwicklung innerhalb der europäischen Währungsunion, die mit dem Begriff GREXIT (Greek Exit) ebenso dramatisch formuliert worden ist, wie das britische Problem. Dies macht klar: Der neue Nationalismus in Ländern der EU wird teuer und macht im Zeitalter der Globalisierung keinen Sinn. Dennoch war diese Botschaft in den Jahren 2015/2016 politisch nicht ›zu verkaufen‹, weder in lokalen, regionalen oder nationalen Wahlkämpfen noch im europapolitischen ›Tagesgeschäft‹. Dies musste auch der EU-Kommissionspräsident Jean-Claude Juncker vor dem Europaparlament bei seiner Rede zur Lage der Europäischen Union im Frühherbst 2016 zugeben, als er sagte, Europa sei mit Blick auf diesen Zeitraum »nicht in Topform«. Die internationale Presse konzedierte in diesem Kontext, dass nach BREXIT, Terroranschlägen in Frankreich, Deutschland und Belgien, Migration und der antidemokratischen Entwicklung in der Türkei nach dem gescheiterten Militärputsch der ganze Integrationsmotor arg ins Stottern geraten sei.[7] Der Schweizer Tagesanzeiger titelte mit Blick darauf »Immer noch zu wenig Europa und zu wenig Union«. Das niederländische NRC Handelsblatt legte den Finger in die Wunde wenn es schrieb, »Kommission steht mit peinlich leeren Händen da«[8]. Der Nationalismus in Europa wurde immer stärker. Insofern war die EU genau in der Mitte der 2010er Jahre wieder einmal in der Krise und es stellte sich die Frage, wie die weitere Integration angesichts dieser Misere weitergehen kann.

Die Problematik kam im Herbst 2016 deutlich bei der Europäischen Kommission, dem Europäischen Parlament und den Regierungschefs der europäischen Nationalstaaten an. Bei dem EU-Gipfeltreffen in der slowakischen Hauptstadt Bratislava am 17./18. September 2016 war die ganze Frustration nach dem BREXIT, dem Terror und dem Flüchtlingsdesaster zu spüren. Gleichzeitig aber auch der Wille, auf dem Weg der europäischen Integration trotz aller Differenzen weiter voranzuschreiten. Dies äußerte sich zum Beispiel in dem Willen, die ›Gemeinsame europäische Verteidigungspolitik‹ voranzutreiben. Es geht hierbei darum, in der Rüstungsindustrie stärker zusammenzuarbeiten und ein permanentes EU-Hauptquartier für militärische und zivile Auslandseinsätze zu schaffen. Nach dem BREXIT, ohne die ewig bremsenden Briten, war dies ein konsequentes europapolitisches Statement. Der Chef des Ressorts ›Internationales‹ der Süddeutschen Zeitung, Stefan Kornelius, fasste die gesamte Situation nach dem Gipfeltreffen gut zusammen.

Er schrieb:

»Der BREXIT und die Nachwehen des Flüchtlingsschocks belasten die EU schwer, dazu kommt eine diffuse EU-Wut, die genauso wenig zielgerichtet ist wie der Überbietungswettbewerb der Berufseuropäer um »mehr« oder »weniger« oder ein »ganz anderes« Europa. Hinter all dem steckt eine Menge Unkenntnis der Gemeinschaft. Europa ist nicht über Nacht entstanden, es wird nicht über Nacht verschwinden, und es lässt sich über Nacht nicht neu erfinden« (Kornelius 2016).

---

7 | Vgl. dazu mit Blick auf die Türkei »Es war einmal eine Demokratie. Diktator Erdogan und der hilflose Westen« in: Der Spiegel Nr. 30 vom 37. Juli 2016.

8 | Vgl. www.eurotopics.net/de/166095/wie-ist-die-lage-der-europaeischen-union?zitat=166071#zitat166071 und www.tagesanzeiger.ch/ausland/europa/junckers-schwierige-rede/story/24516311, aufgerufen am 14. September 2016.

In England hatte man zu diesem Zeitpunkt langsam verstanden, wie dumm die BREXIT-Entscheidung ist, und in der Flüchtlingskrise war deutlich geworden, wie verbissen sich die Nationalstaaten mit Blick auf die Lösung dieser Problematik verhalten hatten. Mit Blick auf die politische Integrationsleistung der Europäer in den letzten 60 Jahren ist dies, wie Stefan Kornelius treffend bemerkte, absurd, weil bei allen Sorgen Europa und einzelne Nationalstaaten, allen voran Deutschland, viel geleistet haben. Der EU-Ratspräsident Donald Tusk brachte dies nach dem Gipfeltreffen in Bratislava so auf den Punkt: »Wir alle waren uns einig, die EU ist nicht perfekt, aber sie ist das Beste, was wir haben« (Brössler/Kirchner 2016).

Die differenzierte Integration als Integrationsmotor

Mit Blick auf die Integrationsgeschichte bleibt dennoch festzuhalten, dass die Integrationsfähigkeit und der Integrationswille der europäischen Mitgliedsstaaten weiterhin unterschiedlich ausgeprägt sind und dass dies vorläufig auch so bleibt. Nach dem BREXIT werden sich solche Gegensätze auch in anderen Mitgliedsländern der EU noch weiter artikulieren und verstärken. Die multiple europäische Währungs- und Staatsschuldenkrise hat gezeigt, dass der Integrationsgrad der einzelnen Länder – auch in der Eurogruppe – trotz einer über 15jährigen Mitgliedschaft im Euro unterschiedlich geblieben ist. Die wirtschaftspolitische, fiskalische und sozialpolitische Konvergenz wurde in diesem Zeitraum nicht in dem Maße erreicht, wie es mit dem Maastrichter Vertrag erhofft worden war. Dennoch ist und bleibt die europäische Integration die Referenz für ein starkes Europa in der Globalisierung. Nur ein effektiveres europäisches politisches System hat Einflusspotenzial auf die globale Machtarchitektur und nicht eine Fragmentierung der europäischen Staatenwelt und eine Renaissance des Nationalstaats.

Um diesen Widerspruch von politischen Wünschen und politischen Realitäten aufzulösen hat die EU – auch vertraglich in den europäischen Verträgen – die Möglichkeit, die Integration differenziert zu gestalten. Das entspricht einerseits dem Prinzip der Subsidiarität[9], drückt andererseits aber auch die unterschiedlichen Präferenzen und Prioritäten der einzelnen Staaten im System der europäischen und euroatlantischen Institutionen aus.[10] Und dies ist eine realistische Politikoption, auch wenn europapolitisch einflussreiche Intellektuelle wie die Politikwissenschaftlerin Ulrike Guérot – sicherlich auch in

9 | Was – zur Erinnerung – seit dem Vertrag von Maastricht fester Bestandteil der Verfassungsordnung von Europäischer Gemeinschaft (EG) und EU nach Artikel 5 (3) des Vertrags der Europäischen Union (EUV) ist.

10 | Was sich innerhalb der EU, der NATO, der OSZE, des Europarats abspielt, wobei die EU und die NATO die ›festen‹ Bezugspunkte europäischer Politik sind.

entschiedener Replik auf die nationalistischen Aufwallungen der Rechtspopulisten in Europa – nun dezidiert die Gründung einer europäischen Republik für wünschenswert und erforderlich halten (Guérot 2016).

Es gibt verschiedene Nuancen der differenzierten Integration

Deshalb wurden früher bereits verschiedene Konzepte einer differenzierten Integration formuliert. Durch ein Strategiepapier von 1994 von den deutschen Politikern Wolfgang Schäuble und Karl Lamers fand der Begriff eines Kerneuropas Eingang in die politische Diskussion. Später wurde – in diesem Sinne – das Konzept des ›Europa der zwei Geschwindigkeiten‹ diskutiert. Es besagt, dass einige Mitgliedstaaten der EU weitere Schritte gehen, während andere vorerst zurückbleiben oder sich nur punktuell an weiteren Integrationsschritten beteiligen. Hierbei wurde unterschieden zwischen dem freiwilligen Voranschreiten bzw. Zurückbleiben von Mitgliedstaaten einerseits und der Qualifikation von Mitgliedstaaten für einen bestimmten Integrationsschritt auf der Grundlage vertraglich definierter Kriterien andererseits. Die Eurozone ist hier ein Beispiel für eine differenzierte Integration ebenso wie das Schengen-Abkommen zur Abschaffung der Kontrollen an den gemeinsamen Grenzen oder das Sozialprotokoll zum Vertrag über die Europäische Union.

Andere Konzepte wie die ›verstärkte Zusammenarbeit‹, die ›variable Geometrie‹ oder das ›Europa á la carte‹ suchten ebenso die Differenzen der EU-Mitgliedstaaten auszugleichen wie später die Methode der ›offenen Koordinierung‹. Alle Konzepte drücken das Bemühen aus, den Integrationsprozess variabel und elastisch zu gestalten, so dass das komplexe Integrationsgeschehen nicht kollabiert, ohne dabei tief greifende Verbindlichkeiten mit Blick auf das Abtreten nationaler Souveränität in Kauf nehmen zu müssen. Gleichzeitig war das beäugte Problem der differenzierten Integration, dass einige Mitgliedsstaaten damit den Verdacht verbanden, dass sie möglicherweise vom Integrationsprozess abgekoppelt oder von den ›Großen‹ in der EU an ›die Wand‹ gedrückt werden könnten, obwohl dieses Konzept vorsieht, dass alle EU-Mitgliedsländer sich dann der vertieften Integration anschließen können, wenn sie es denn wollen oder politisch können. Mit Blick auf die Handlungsoptionen der einzelnen Staaten ist dieses Konstrukt realpolitisch gut, mit Blick auf eine bundestaatliche Einheitlichkeit der EU schlecht.

Paradoxerweise passt allerdings auch der BREXIT in dieses Bild. Großbritannien kann in diesem neuen Szenario seine Anbindung an die EU im Rahmen einer praktisch ›zurückgenommenen Integration‹ mit verschiedenen Modellen neu organisieren, ohne dass die Nation ihr Gesicht verliert. Optionen sind dabei Assoziationsmodelle, wie sie die EU mit Norwegen, der Schweiz oder der Türkei umgesetzt hat. Am schnellsten umzusetzen wäre das Norwegen-Modell, das die Staaten des Europäischen Wirtschaftsraums umfasst. Das hieße voller Marktzugang, Anpassung an EU-Standards, aber auch die Übernahme von EU-Recht und Beibehaltung der Personenfreizügigkeit, also das Recht aller EU-Bürger, in Großbritannien zu leben und zu arbeiten und – besonders brisant – die Einbindung in eine europäische Migrationspolitik. Mit der Entscheidung des britischen ›High Court‹ am 4. November 2016, dass das britische Parlament unbedingt an der BREXIT-Entscheidung per Parlamentsbeschluss beteiligt werden muss, eröffnete sich dabei eine neue Variante im BREXIT-Szenario, dass einen ›weichen‹ BREXIT den Weg ebnete – vorbehaltlich der Entscheidung des ›Supreme Courts, der diesem Votum noch seine Zustimmung geben muss.

Weniger Pflichten, aber auch weniger Rechte bietet das Schweiz-Modell. Dies bedeutet eingeschränkter Marktzugang, wobei alles individuell ausgehandelt werden muss. In diesem Modell gäbe es eine eingeschränkte Personenfreizügigkeit. Das Türkei-Modell realisiert einen partiellen Marktzugang mit strengen Vorgaben aus Brüssel, dafür aber auch keine Personenfreizügigkeit.[11] Die vierte Option ist ein spezifisches UK-Modell, das eine maßgeschneiderte Lösung für das Vereinigte Königreich entwickeln könnte, wobei es die besonderen Komplikationen der Anbindung Schottlands, Nordirlands oder von Wales zu berücksichtigen hat. Es spricht vieles dafür, dass sowohl die Briten als auch die europäischen Mitgliedstaaten der EU sowie die europäische Kommission selbst eine solche ›individuelle‹ Mitgliedschaft ins Auge fassen werden.

Wenn die europäische Integration weiterhin funktionieren soll, muss sie vorerst asymmetrisch bleiben, da eine föderale Grundordnung in absehbarer Zeit nicht gelingt – und schon gar nicht ein föderaler europäischer Bundesstaat

Der europäische Integrationsprozess fußt auf der Verfügbarkeit von zeitlich vorhandenen und politisch möglichen Optionen. Das war so, das ist so und das wird so bleiben. Insofern betraf dies bisher die wirtschaftliche Integration, schloss aber bisher die fiskalische, sicherheitspolitische oder sozialpolitische Integration aus. Insofern war der europäische Integrationsprozess unter seiner glorreichen Oberfläche immer schon ein asymmetrischer und politisch fragiler Prozess. Während die wirtschaftliche Integration durch den gemeinsamen Binnenmarkt seit 1993 und die Europäische Währungsunion seit 2002 eine bemerkenswert hohe Dichte erreicht hat, ist man in der Außen- und Sicherheitspolitik sowie der Sozialpolitik von einer gemeinsamen Politik weit entfernt. Es ist indes klar, dass insbesondere in der Außen- und Sicherheitspolitik die weiteren Integrationsschritte aufgrund der klaren Herausforderungen angesichts der Veränderungen in der politischen Geographie des 21. Jahrhunderts, der

11 | Vgl. C. Röckerath/E. Petering, in: Heute Journal vom 5. Juli 2016.

terroristischen Herausforderung und der ›Rückkehr der Geschichte‹ mit Blick auf die desolate und instabile Lage jenseits der östlichen und südöstlichen Grenze der EU nur eine Frage der Zeit sind. Denn in immer dichterer Folge branden Krisen an Europas Grenzen auf. Dies betrifft selbst den Bündnispartner der NATO und den (theoretischen) Beitrittskandidaten Türkei, der nach dem Militärputsch im Sommer 2016 zu einem demokratischen und geopolitischen Problem der westlichen Staatengemeinschaft geworden ist. Die Zeit, in der sich die Mitglieder im Schatten der globalen Konflikte sicher und frei ihren Geschäften widmen konnten, ist vorbei. Der islamische Terror kennt keine Grenzen. Seine Gruppierungen rekrutieren ihren Nachwuchs auch in Europa. Bedrohungen entstehen für die EU auf instabilem Terrain östlich und südlich seiner Grenzen, wo staatliche Strukturen entweder schwach oder zerschlagen sind. Dort ist die Grenze zwischen Krieg und Frieden verschwommen, eingefrorene Konflikte stehen als Synonym für Endloskriege (Kaufmann/Kornelius 2015). Die EU kann diese Herausforderungen nun weder außen- noch sicherheitspolitisch weiter ignorieren.

Außenpolitisch stößt der Ansatz der intergouvernementalen Kooperation für den Augenblick an seine Grenzen. Die unruhige Nachbarschaft im Süden und Osten Europas und das Verhalten Russlands sind besorgniserregend geworden. Neben einer stärkeren europäischen Verteidigungspolitik stehen auch eine neue europäische Nachbarschaftspolitik und eine Anpassung der europäisch-amerikanischen Zusammenarbeit auf der Agenda, welche die Krise als neuen Normalzustand begreift. Die Russlandkrise hat der Nato vor Augen geführt, dass ›The New Normal‹ Konsequenzen hinsichtlich der konkreten politischen und militärischen Kooperation hat. Europa macht sich klar, dass seine demokratische und wirtschaftliche Strahlkraft an der südlichen und östlichen Peripherie nicht mehr so greift wie früher und diese Konsequenzen im Rahmen traditioneller diplomatischer Mittel nicht ausreichend gehandhabt werden können. Die alte Idee, durch Europas normativen Einfluss in den 16 Ländern, die durch die bisherige Nachbarschaftspolitik erfasst werden, einen graduellen Wandel bewirken zu können, muss durch einen realistischeren Ansatz ersetzt werden. Ein Bewusstseinswandel und ein Change Management-Ansatz wären dafür nötig, der nach dem anstehenden ›Reviewprozess‹ der außenpolitischen Strategie der EU durch die Hohe Vertreterin Mogherini auch schon folgerichtig angekündigt worden ist (Chollet 2015).

2. Die europäische Sicherheitsarchitektur

Die Gewährleistung der inneren und äußeren Sicherheit gehört zur ›Raison d'être‹ des Staats. Sie wird im Rahmen der spezifischen Staatsziele einer Nation, ihrer geostrategischen Lage, der Verfassung und der Bündnisverpflichtungen bestimmt. Im Rahmen der europäischen Integration haben sich die

EU-Mitgliedsländer aus guten Gründen dazu entschlossen, unter dem Dach der Gemeinsamen Außen- und Sicherheitspolitik (GASP) und der Gemeinsamen Sicherheits- und Verteidigungspolitik (GSVP) und mit EUROPOL und FRONTEX sicherheitspolitische Aufgaben und Kompetenzen im Inneren und nach außen an die Union zu delegieren. Die GSVP wurde mit dem Vertrag von Nizza 2001 unter der Bezeichnung Europäische Sicherheits- und Verteidigungspolitik (ESVP) eingeführt und erhielt ihren heutigen Namen mit dem Vertrag von Lissabon 2007. Sie ist als Politikfeld Teil der GASP, folgt jedoch teilweise eigenen Regeln. Wichtigste Akteure der GSVP sind die nationalen Regierungen der EU im Rat der Europäischen Union.[12] Dabei ist die Kooperation mit der NATO heute Bestandteil der GASP als auch der GSVP.

Hierzu dienen definierte Kooperationsstrukturen, die über das Supreme Headquarters Allied Powers Europe in Brüssel (SHAPE) organisiert werden. Eine temporär eingerichtete Planungszelle der EU, die dort eingerichtet werden kann, soll im Bedarfsfall die Kooperation mit den militärischen NATO-Strukturen sicherstellen. Damit hat die EU ein Netzwerk sicherheitspolitischer Kooperation etabliert und auch die Kooperation mit der NATO formal und organisatorisch sichergestellt. Das gesamte Konstrukt indes klingt mit Blick auf eine echte außen- und sicherheitspolitische Robustheit leider besser, als es im Stresstest der internationalen Beziehungen tatsächlich ist. Dies bezieht sich letztendlich auch auf das gesamte Konstrukt der NATO, das eine starke völkerrechtliche Beistandsverpflichtung im Rahmen des Artikels 5 (»Bündnisfall«) des transatlantischen Bündnisvertrages kennt, dass aber im partiellen lokalen Konflikt nur mühsam gemeinsame Verteidigungsanstrengungen entwickeln kann, da die NATO keine eigenen Verbände unterhält und von Fall zu Fall auf die Zuweisung von Truppen und Gerät einzelner Mitgliedstaaten angewiesen ist.

Die sicherheitspolitische Infrastruktur und die eingeleiteten militärpolitischen Konsultationsprozesse sind ein Schritt in die richtige Richtung, ...

Aufgrund des Balkankrieges in den 1990er Jahren gab die Bundesrepublik Deutschland unter Verantwortung der rot-grünen Bundesregierung unter Bundeskanzler Gerhard Schröder ihre historisch bedingte außenpolitische Abstinenz in Sicherheitsfragen auf. Sie wurde nach einer grundlegenden Entscheidung des Deutschen Bundestags und einer entsprechenden Verfassungsänderung damit sicherheitspolitisch uneingeschränkt handlungsfähig.

12 | Der Rat der Europäischen Union (auch Europäischer Rat oder Ministerrat) repräsentiert die Regierungen der EU-Mitgliedstaaten auf der Ebene der Fachressorts (also etwa Verteidigung, Umwelt oder Verkehr). Er gilt als Länderkammer der EU mit weit reichenden Entscheidungsbefugnissen.

Die deutsche Bundeswehr wurde nach einer entsprechenden Änderung des Grundgesetzes in Sicherheitsmandate der UNO sowie in Kooperationen mit der NATO oder den USA eingebunden. Nach dem Terroranschlag in New York am 9. September 2001, aufgrund der katastrophalen Entwicklung des ›Arabischen Frühlings‹ in Nordafrika in den 2010er Jahren und im Rahmen der kriegerischen Auseinandersetzung zwischen Russland und der Ukraine ab 2014 spitzten sich die Herausforderungen für die Union in außenpolitischer Hinsicht zu. Immer mehr wurde dabei auch der Ruf nach effektiveren europäischen Verteidigungsstrukturen und einer institutionellen Erweiterung der politischen Entscheidungsmechanismen laut, die auch explizit die Schaffung eines europäischen Verteidigungsministers sowie einer europäischen Armee mit einschlossen. Die Idee der Schaffung europäischer Streitkräfte war in den 2000er Jahren durchaus ein Thema, welches unter anderem auch vom Centrum für angewandte Politikforschung (C•A•P) an der Ludwig-Maximilians-Universität München frühzeitig aufgegriffen wurde (Algieri/Bauer/Turek 2003), die allerdings bei den ›Transatlantikern‹ in Deutschland und in den europäischen NATO-Staaten eher abwehrende Reaktionen auslösten, da sie im Rahmen eines traditionellen Denkens kategorisch nach Lösungen innerhalb der NATO und in Kooperation mit den Amerikanern und nicht in einer vagen europäischen Konstruktion suchten. Im Gespräch über eine europäische Verteidigungspolitik zeigte sich aber auch in diesem Lager damals schon, dass auch in diesen Kreisen durchaus Verständnis für eine europäische Armee zu mobilisieren war.[13]

... sie stießen aber außer einer theoretischen Diskussion über die europäische Armee erneut keine echte sicherheitspolitische Initiative an

Die Zeit hat diese Aversionen bisher aber nicht aufgelöst, obwohl der Druck auf die europäische Sicherheitspolitik nach der mühsam gelösten Balkanproblematik mit den militärischen Interventionen in Afghanistan, im Irak, der Aggression des sogenannten Islamischen Staates im Mittleren Osten und der gefährlichen Konfrontation zwischen Europa und Russland im Kontext der Ostukrainekrise angestiegen ist. Unter dem Eindruck dieser Gemengelage griff der neue EU-Kommissionspräsident Jean-Claude Juncker im März 2015 diese Idee explizit wieder auf. Er forderte Mitte März 2015 eine gemeinsame Armee als Antwort auf die Bedrohung vor allem aus Russland. Wie schon Mitte der 2000er Jahre stieß dieser Vorstoß auf ein gemischtes Echo: Die deutsche Frankfurter Allgemeine Zeitung kommentierte diesen Vorstoß damit, dass

13 | Wie zum Beispiel eine intensive Diskussion der Münchner Wissenschaftler mit dem eher konservativen Seeheimer Kreis der SPD im Deutschen Bundestag Anfang der 2000er Jahre dann zeigte.

eine Stärkung der NATO wirkungsvoller wäre und eine europäische Armee nicht funktionieren könne, wenn es keine (echte!) gemeinsame Außen- und Sicherheitspolitik gäbe (Kohler 2015); die tschechische Zeitung Lidové Noviny mahnte an, dass die europäischen Streitkräfte ohne Kommando dastünden[14] – demgegenüber kommentierte der Irish Examiner diesen Vorschlag als Beitrag für eine wirksame Abschreckung[15] und die estländische Zeitung Eesti Rahvusringhääling befand, dass eine europäische Armee der EU-Außenpolitik gut täte.[16] Es verwundert nicht, dass die Reaktionen angesichts der unvollkommenen Konstruktion der EU-Sicherheitspolitik und der Uneinigkeit der nationalen Regierungen in Europa auf ein derart geteiltes Echo stießen.

Entgegen den jahrelangen Vorbehalten von Transatlantikern oder Euroskeptikern: Die Europäische Union braucht eine gemeinsame Verteidigungsgemeinschaft so, wie sie den europäischen Binnenmarkt und die europäische Währung brauchte

Es bleibt indes weiterhin klar, dass Europa eine eigenständige, politisch legitimierte, operativ handlungsfähige und materiell gut aufgestellte Armee braucht. Die EU sieht sich sowohl von innen wie von außen immer stärker mit der Forderung konfrontiert, weltweit mehr sicherheitspolitisches Engagement zu übernehmen. Ein zunehmender Druck entstand auch für die deutsche Bundesregierung. Entscheidend hierfür wird der umfassende Ausbau der gemeinsamen europäischen Sicherheits- und Verteidigungspolitik (GSVP) sein. Dies bedeutet mehr als nur eine Steigerung der militärischen Handlungsfähigkeit der EU. Doch in einer wiederholten Einschätzung muss festgestellt werden, dass es hinsichtlich des militärischen Potenzials der Union und des sicherheitspolitischen Willens, einen solchen Schritt zu tun, weiterhin deutliche Defizite gibt. Insbesondere die Nuklearmächte Frankreich und Großbritannien stehen einem solchen Unterfangen mit erheblicher Skepsis gegenüber, wobei die militärpolitische Zusammenarbeit mit Großbritannien in diesem Kontext nach dem BREXIT noch unklarer ist als zuvor. Hier spielen immer noch Argumente und Sichtweisen historischer Art eine Rolle. So brachte bereits der ehemalige britische Premierminister Winston Churchill eine europäische Armee mit westdeutscher Beteiligung ins Spiel, die insbesondere mit den USA eng kooperieren sollte. Auch der amerikanische Außenminister Dean Acheson sprach sich für diese Idee aus, allerdings unter Führung der USA. Das Ergebnis war dann der Pleven-Plan, der die Bildung einer europäischen Armee forcierte, dann aber am Widerstand der französischen Nationalversammlung

14 | Vgl. eurotopics-d@mailman.bpb.de, aufgerufen am 15. März 2015.

15 | Vgl. ebd.

16 | Vgl. ebd.

scheiterte. Damit war diese Idee ›vom Tisch‹ und die USA und die NATO dominierten im Rahmen der Doktrin der nuklearen Abschreckung in den folgenden 60 Jahre die europäische Verteidigungspolitik und -strategie.

Eine europäische Armee könnte einen erheblichen Zuwachs an Effizienz schaffen

Dabei sprechen heute die Zahlen für eine effiziente und gemeinsam organisierte Verteidigungsfähigkeit. Eine Zusammenlegung der Streitkräfte der EU-Staaten würde die Effizienz erhöhen und die Kosten für die einzelnen Länder senken. Die Anzahl aller Soldaten innerhalb der Europäischen Union macht mit etwa 1,9 Millionen Mann etwa 150 Prozent der Mannstärke der US-Streitkräfte aus. Dennoch ist die Kampfkraft der Union schlechter und beträgt etwa nur zehn bis 15 Prozent der Effizienz der US-Streitkräfte. Eine Armee, so Berechnungen, die befähigt ist, ständig 100.000 gut ausgerüstete und gut ausgebildete Soldaten bereitstellen zu können, würde Verteidigungsausgaben in einer Größenordnung von 175 Milliarden Euro erfordern. Da die EU gegenwärtig etwa 200 Milliarden Euro für ihre Streitkräfte ausgibt, wäre eine entsprechende Kostenreduktion zu erwarten (Schnell 2011).[17]

Sie würde die militärische Glaubwürdigkeit Europas und den Abschreckungseffekt ihrer Verteidigungsfähigkeit erhöhen

Der ehemalige Hohe Vertreter der Union für die gemeinsame Außen- und Sicherheitspolitik, Javier Solana, hatte im Kontext seines Entwurfs für die strategische Gesamtausrichtung Europas, bereits Anfang der 2000er Jahre auf die Bedeutung der militärischen Glaubwürdigkeit der EU hingewiesen. Europa sei aufgrund seiner wirtschaftlichen Bedeutung und seiner Bevölkerungsgröße zum globalen Akteur verdammt, und müsse deshalb dafür Sorge tragen, dass es seiner Verantwortung für die globale Sicherheit gerecht werden kann. Unter dem Titel »Ein sicheres Europa in einer besseren Welt« hatte Solana die aus seiner Sicht wesentlichen Merkmale einer geostrategischen Vision Europas bereits zu einem frühen Zeitpunkt zu Papier gebracht. Die drei wesentlichen Bedrohungskulissen für die Zukunft fasste das Papier unter den Begriffen Terrorismus, Massenvernichtungswaffen und Staatszerfall zusammen. Um diesen Gefahren angemessen entgegentreten zu können, müsse die EU für Stabilität und Demokratie in ihrer direkten Nachbarschaft sorgen, sowie den multilateralen und auf den Grundsätzen des Völkerrechts fußenden Ansatz der UNO mit allen Mitteln unterstützen. Dies bedeutete die Bereitstellung notwendiger

---

17 | Quelle nach http://de.wikipedia.org/wiki/Europaarmee#cite_note-schnell-2, aufgerufen am 17. März 2015.

militärischer Mittel für die UNO, falls nötig auch in präventiver Funktion. Dieses Ziel zur Schaffung einer europäischen strategischen Kultur, die zur schnellen, rechtzeitigen und – wenn notwendig – auch harten Intervention bereit ist, sollte in diesem Ansatz zu mehr politischem Gewicht der Europäischen Union führen, und damit eine verlässliche Stütze der UNO schaffen. Außerdem sichere man sich damit den politischen Einfluss auf geostrategische Entscheidungen und erhöhe den Abschreckungseffekt der EU.

Die europäische Armee ist langfristig eine politische Notwendigkeit und dies wird auch durchaus so akzeptiert – theoretisch zumindest

Seither wurden diese Forderungen und Überlegungen auch von den höchsten politischen Ebenen immer wieder aufgegriffen. Die deutsche Bundeskanzlerin Angela Merkel forderte 2007 eine europäische Armee mit »geregelten Zuständigkeiten«; der ehemalige deutsche Außenminister Guido Westerwelle betonte auf der Münchner Sicherheitskonferenz 2010, dass die EU eine gemeinsame Armee brauche, um ihrer politischer Rolle als globaler Akteur gerecht zu werden. Ähnliche Argumente wurden von dem belgischen Regierungschef Guy Verhofstadt und anderen formuliert. Die deutsche Verteidigungsministerin Ursula von der Leyen sprach sich Anfang 2014 in diesem Sinne explizit für eine Zusammenlegung der europäischen Streitkräfte aus und – wie gesagt – Kommissionspräsident Jean-Claude Juncker griff die Idee gemeinsamer europäischer Streitkräfte Anfang 2015 dann ebenfalls wieder auf. Die Schaffung einer europäischen Armee wurde zudem im Koalitionsvertrag der großen Koalition 2013 als politisches Ziel festgelegt.

Aufbauend auf der Geschichte der Integration und diesen grundlegenden Überlegungen wurde im Rahmen der GSVP ab den 1990er Jahren eine Reihe von Institutionen gegründet und gemeinsame Prozesse initiiert. Die institutionelle Struktur der GSVP wurde seither immer weiter entwickelt – allerdings in einer schwerfällig wirkenden, bürokratischen Form und mit zahlreichen Truppenformationen und Zuständigkeiten, die immer noch fragmentiert wirken und zum Teil nur lose – auch mit der NATO – verbunden sind. Im Rahmen der GSVP der EU wurde eine Reihe von Institutionen gegründet. Dazu gehören der Militärausschuss (European Union Military Committee, EUMC), der Militärstab (European Military Staff, EUMS), der Ausschuss für die zivilen Aspekte der Krisenbewältigung, die europäische Verteidigungsagentur für die Bereiche Entwicklung der Verteidigungsfähigkeiten, Forschung, Beschaffung und Rüstung (Europäische Verteidigungsagentur, EVA), das Satellitenzentrum der Europäischen Union (European Union Satellite Centre, EUSC) und das Institut der Europäischen Union für Sicherheitsstudien (EU Institute für Security Studies, EUISS). Besonders die Europäische Verteidigungsagentur wurde eine zentrale Institution der GASP. Sie unterstützt den europäischen Rat[18] in Verteidigungsfragen und in seinen Bemühungen um die Verbesserung der Verteidigungsfähigkeiten der EU im Bereich der Krisenbewältigung. Ihr Ziel ist, die ESVP dauerhaft zu stärken. Ihr obliegt also die Entwicklung effektiver Verteidigungskapazitäten (insbesondere im Bereich des Krisenmanagements) sowie die Koordination der Rüstungsaktivitäten der Mitgliedstaaten und möglicher gemeinsamer Waffenanschaffungen. Außerdem soll sie zur Finanzierung der europäischen Rüstungsforschung beitragen. Durch die Koordinierungstätigkeit der EVA soll eine effizientere Nutzung der Rüstungsausgaben der europäischen Staaten ermöglicht werden – etwa durch die Vermeidung von Überkapazitäten und durch Synergieeffekte bei gemeinsamen Anschaffungen. Letzterer Punkt ist bei den sehr unterschiedlichen rüstungswirtschaftlichen Beschaffungspraktiken der EU-Mitgliedstaaten ein sensibler Punkt, da die heimischen Rüstungsindustrien und ihre Lobbyisten nationalstaatliche Interessen vertreten und nicht übergeordnete europapolitische Ziele verfolgen.

In der EU sind eine Reihe multinationaler Verbände organisiert: Das Eurokorps bildet mit ca. 60.000 Mann den Kern eines stehenden Heeres. Zur deutsch-französischen Brigade[19] kommen weitere Brigaden aus Deutschland, Frankreich, Belgien und Spanien hinzu. Zu den militärischen Operationen des europäischen Militärstabs (European Union Force, EUFOR) gehörten bzw. gehören zeitlich befristete Einsätze in Bosnien-Herzegowina, im Tschad oder im Kongo. Dabei handelte es sich um temporäre Einsätze, deren Kommandostruktur von einer der am Einsatz beteiligten Nationen federführend organisiert wird. Hinzu kommt die European Air Group, die bereits 1995 als französisch-britische European Group gegründet und 1997 mit den Niederlanden, Belgien, Deutschland, Italien, Spanien erweitert wurde. Schließlich steht das 1. Deutsch-Niederländische Korps als NATO Response Force zur Verfügung. Der Brigade unterstehen weitere Streitkräfte aus den Niederlanden, Deutschland, Belgien, Frankreich, Spanien, Dänemark und der Türkei sowie Norwegen. In Krisenzeiten unterstehen der EU-Eingreiftruppe mehr als 30.000 Mann, die permanent stehenden 1.200 Mann wurden zwischenzeitlich auf 8.500 Mann aufgestockt.[20] Im Rahmen dieser verschachtelten Konstruktion kann das Eurokorps bisher vermutlich als der harte Kern der GSVP bezeichnet werden. Wenn diese Organisationsstruktur mitnichten eine europäische Armee bildet, kann sie dennoch in organisatorischer, bürokratischer und technischer Hinsicht als ihr Nukleus angesehen werden, der im Rahmen der bisherigen EUFOR-Ope-

18 | Also den Rat der europäischen Außen- und Verteidigungsminister.

19 | Eine Brigade besteht aus 1.500 bis 5.000 Soldaten und ist der kleinste, aus mehreren Truppengattungen zusammen gesetzte Großverband einer Armee.

20 | Vgl. http://de.wikipedia.org/wiki/Europaarmee#cite_note-schnell-2, aufgerufen am 17. März 2015.

rationen zumindest in der Lage war, sich effektiv an militärischen Operationen in Europa und darüber hinaus zu beteiligen. Darüber hinaus besitzt sie eine konstruktive Kooperationsstruktur mit den Entscheidungsgremien der NATO.

Trotz alledem bleibt die Idee einer echten militärischen Integration für den Augenblick eine Vision

Trotz dieser differenzierten Struktur innerhalb der GASP und GSVP gilt: Eine europäische Armee ist das, verglichen mit einer nationalen Armee etwa in den USA, Frankreich oder Großbritannien nicht. Die Streitkräfte der Vereinigten Staaten sind straff organisiert und ihre fünf Teilstreitkräfte – Heer, Luftstreitkräfte, Marine, Marineinfanterie, Küstenwache – gelten als die am besten ausgestattete und personell nach der Volksbefreiungsarmee Chinas zweitgrößte Militärmacht der Welt. Nach der internationalen Beurteilung sind die nordamerikanischen Streitkräfte unangefochten die schlagkräftigsten der Welt. Diese Schlagkraft fußt auf dem mit Abstand und anhaltend größten Militärbudget der Welt, aus dem die umfangreichsten Anteile in Aufklärung, Informationsfluss, Vernetzung, Ausrüstung und Forschung fließen. Der Etat lag 2012 bei 649 Milliarden US-$ (ca. 4 Prozent des gesamten BIP).[21] Die US-Armee ist die einzige Streitmacht, die gleichzeitig weltweit an mehreren Konfliktpunkten militärisch effektiv agieren kann. Sie hat höchst ausgeprägte Fähigkeiten in der Ausrüstung, Aufklärung und Einsatzfähigkeit, an die momentan kein anderer Staat heranreichen kann. Das US-Militär hat klare Befehlsketten, Rangstrukturen und eine hochmoderne Ausrüstung. Demgegenüber hat die EU die oben beschriebene fragmentierte Zusammensetzung mit vielen Zuständigkeiten, verschiedenen militärischen und politischen Entscheidungs- und Organisationsstrukturen und einen inhomogenen rüstungspolitischen Beschaffungsansatz. Diese Unterschiede zwischen der schlagkräftigsten Armee der Welt und der europäischen Verteidigungsstruktur sind evident und machen klar, dass jenseits eines lauen politischen Willens die Organisation und die Fähigkeiten sowohl der GSVP als auch der Streitkräfteintegration bisher lediglich rudimentär ausgebildet sind.

Die europäische Armee bleibt ein wichtiges europäisches Projekt ohne Alternative

Trotzdem bleibt die europäische Armee weiterhin ein ehrgeiziges – und durchaus richtiges – Projekt der EU mit historischer Dimension. Die Debatte darüber flammte 2015 mit der Initiative des Präsidenten der EU-Kommission Jean-Claude Juncker erneut auf. Die Kommentare diesbezüglich zeigten allerdings

21 | Vgl. ARD-Tagesschau vom 9. Juli 2011.

gewohnte Skepsis. Jackson Janes, Chef des American Institute for Contemporary German Studies in Washington, bewertete den Vorschlag sehr wohlwollend, wies aber auch auf den wohlbekannten Umstand hin, dass es nach wie vor keine einheitliche politische Entscheidungsstruktur in Europa gibt, von einer militärischen Kommandostruktur ganz zu schweigen.[22] Der britische Sicherheitsexperte Julian Lindley-French schrieb auf seinem Blog, dass die Idee gut aber nicht neu sei, und auch derzeit wieder keine Chance habe, wirklich umgesetzt zu werden.[23] Die Fakten untermauern dieses Bild. Obwohl die Europäische Union 2001 mit dem ›European Capability Action Plan‹ militärische Defizite ausfindig gemacht hatte, kann seitdem von keiner einheitlichen Militärstruktur die Rede sein mit Streitkräften, die untereinander und auch mit der amerikanischen Armee effizient interagieren können.

Damit war zumindest aber der Pfad eines gesamteuropäischen Streitkräfteansatzes angelegt. Es bleibt der Widerspruch von Anspruch und Wirklichkeit. Keine Nation in Europa kann die Instrumentarien für umfassende Konfliktprävention und Konfliktregulierung alleine entwickeln. Hierin liegt der gegenwärtige Ansatz der rüstungstechnologischen Zusammenarbeit in Europa begründet. Die Komplexität moderner Waffensysteme erfordert arbeitsteilige Forschung, Entwicklung, Produktion und Beschaffung. Dadurch könnten zwei Probleme mit einem Schlag gelöst werden. Erstens vermeidet man die Duplizierung von Waffensystementwicklungen, wodurch die ansonsten verschwendeten Ressourcen für andere, wichtigere Projekte frei werden würden, und zweitens schafft man sich eine Basis für miteinander verknüpfbare Kapazitäten. Entwickelt man nach den gleichen Standards und Anforderungen ein gemeinsames System, besteht eine deutlich bessere Ausgangslage für die Schaffung multinationaler Fähigkeiten. Das Stichwort hierbei ist Kompatibilität. Doch hierfür fehlt in der Konsequenz der politische Wille. Selbst der Eurofighter war nicht für eine solche Struktur des ›pooling of forces‹ vorgesehen. Es existiert zwar ein eigenes Vertriebszentrum für alle am Eurofighter beteiligten Nationen, von einer echten Zusammenarbeit außerhalb der Entwicklung kann jedoch immer noch nicht die Rede sein. Die besten Aussichten, das erste von der Planung über die Beschaffung bis hin zur Einsatzunterstützung realisierte Europaprojekt zu werden, besaß der Anfang der 2000er Jahre in Auftrag gegebene und Ende 2013 erstmals eingesetzte A-400M Transporter von Airbus. Doch auch dieses Projekt war von Makeln, Problemen und Pannen nicht befreit.

---

22 | Vgl. www.aicgs.org/issue/a-european-army-who-speaks-for-europe/?utm_medium=email&utm_source=advisor, aufgerufen am 18. März 2015.

23 | Vgl. https://www.linkedin.com/pulse/european-defence-juncked-professor-dr-julian-lindley-french?trk=prof-post, aufgerufen am 17. März 2015.

Lastenteilung ist der Kernpunkt für die militärische und rüstungspolitische Zusammenarbeit der Europäer

Lastenteilung bei einem ökonomischen und sicherheitspolitischen Mehrwert ist der Kernpunkt für die europäische Integration im 21. Jahrhundert. Dies gilt nicht nur für eine gemeinsame Rüstungspolitik, sondern auch für deren Nutznießer, die europäischen Streitkräfte. Deswegen muss der Blick über das ›pooling of forces‹ hinausreichen, das heute zum Beispiel Deutschland und die Niederlande im Bereich militärischer Flugtransporte betreiben. Denkt man die Strategie der finanziellen, personellen und politischen Lastenteilung auf dem Gebiet der GSVP zu Ende, so kann am Ende dieses Prozesses nur die Schaffung europäischer Streitkräftestrukturen als logische Schlussfolgerung stehen.

Die neuen geostrategischen Herausforderungen können nur in einem gemeinsamen Kraftakt bewältigt werden. Eine verstärkte Zusammenarbeit zwischen EU und Nato gilt hierbei als zentrales Fundament. Die offenkundigen Fähigkeitsdefizite im Bereich des Lufttransports und der Luft-Luft-Betankung sowie den unzureichenden Kapazitäten auf dem Feld der Aufklärung und der Raketenabwehr haben zur Einrichtung der »EU-Nato-Capability Group« geführt, die gemeinsame Strategien zur Behebung der Probleme führen soll. Europäische Kapazitäten sollen dadurch die europäische Säule im transatlantischen Bündnis stärken und einen gewichtigeren Einfluss auf die geostrategischen Entscheidungen der USA ermöglichen. Europäische Fähigkeiten können dann in einer europäischen Armee gebündelt werden, die über den Ansatz des »pooling of forces« hinausgehen. Multinationale Verbände, zum Beispiel das Eurokorps oder das Deutsch-Dänisch-Polnische Korps Nord-Ost[24], stellen eine Übergangsmöglichkeit dar. Man sollte sie jedoch nicht als Endpunkt der Streitkräfteintegration ansehen. Es gilt vielmehr, eine europäische Armee aufzubauen, gestützt auf einen europäischen Generalstab und unter der politischen Verantwortung einer europäischen Regierung. Die gegenwärtige Debatte lässt jedoch nicht darauf schließen, dass dieses Ziel – in naher Zeit – realisiert werden kann oder soll.

Dabei warten zahlreiche komplexe Herausforderungen auf dem Weg zu den ›Vereinten Streitkräften Europas‹. Obwohl deren Mehrwert gegenüber nationalen und multinationalen Modellen offenkundig ist, stellen sich die einzelnen Mitgliedsländer gegen einen solchen Entwurf. Grund dafür sind Bedenken in Bezug auf nationale Souveränitätsrechte und der Verweis auf nationale Zuständigkeiten, die einer Integration der bewaffneten Machtmittel in einem europäischen Verbund im Wege stehen. Bedenkt man die finanziellen Engpässe und die Unfähigkeit, das gegenwärtige Dilemma durch einzelstaatliche

24 | Das allerdings der NATO zugehört und nicht der ESVP.

Lösungsansätze zu bewältigen, stehen nationale Vorbehalte gegen eine solche Zusammenarbeit im Widerspruch zu den eigenen nationalen Interessen. Der gegenwärtige ›bottom-up‹-Ansatz, der eine Zusammenarbeit dadurch stärken möchte, in dem man vereinzelte Einheiten und Verbände grenzübergreifend näher zusammenführen möchte, lässt den politischen Willen außen vor.

Ein ›top-down‹-Ansatz dagegen könnte die Planungen zwischen Regierungen und Streitkräfteführungsstäben erleichtern, da er eine klare Linie und eine klare Struktur vorgeben würde. Dieser ›top-down‹-Ansatz müsste sich vornehmlich um eine Angleichung der einzelstaatlichen Vorstellungen bemühen und in eine Art Fahrplan umgesetzt werden. Der Gesamtumfang europäischer Streitkräfte und deren Befehlsstrukturen müssten dabei ebenso analysiert werden wie die rechtlichen Aspekte der inneren Führung, einer gemeinsamen Wehrordnung und der Übertragung nationaler Befugnisse auf eine demokratisch legitimierte europäische Ebene. Eine so entstehende europäische Wehrgerechtigkeit kann sich nicht aus dem Ansatz von unten nach oben ergeben.

Auch die digitale Sicherheit rückt zunehmend in den Fokus einer europäischen Sicherheitspolitik

Die europäische Kommission hat 2010 eine digitale Agenda beschlossen, mit der sie den Weg in einen digitalen Binnenmarkt für Inhalte und Dienste öffnen wollte und will. Nach Schätzungen der Europäischen Kommission kann die EU ihr Bruttosozialprodukt um fast 500 Milliarden Euro jährlich steigern, sobald der digitale Binnenmarkt vollendet ist.[25] Aufgrund des regionalen und internationalen Charakters dieses Vorhabens ist die Sicherheit im Netz sowohl eine nationale als auch eine europäische Regulierungsaufgabe. In der Bundesrepublik Deutschland wird diese Regulierungsaufgabe in Zukunft durch das neue IT-Sicherheitsgesetz erfüllt. Damit sich die damit verbundenen Technologien wie der elektronische Zahlungsverkehr, Cloudcomputing oder die Industrie 4.0 durchsetzen können, muss das Vertrauen bei den Anbietern und Abnehmern der digitalen Produkte und der öffentlichen Dienste hinsichtlich der Sicherheit der Funktionsfähigkeit des neuen Marktes geschaffen werden. Wir haben eingangs bereits gesehen, wie anfällig die digitale Welt für Angriffe von Kriminellen ist und wie stark sie sich für die Kriegsführung sowohl in symmetrischen konventionellen als auch in asymmetrischen unkonventionellen Kriegen instrumentalisieren lässt. Nach allen Daten der Europäischen Agentur für Netz- und Informationssicherheit (European Network and Information Security Agency, ENISA) und der deutschen Agentur für Netzsicherheit nehmen Sicherheitsvorfälle im Cyberraum rasant zu. Die Angreifer können die

25 | Vgl. Digital Agenda Review, FAQ vom 18. Dezember 2012.

Bereitstellung grundlegender Dienste wie Wasserversorgung, Gesundheitsfürsorge, Strom, Mobilfunk oder den elektronischen Zahlungsverkehr empfindlich stören oder gar ausschalten.

Annegret Bendiek von der deutschen Stiftung für Wissenschaft und Politik referiert deshalb seit 2014 im renommierten Jahrbuch der europäischen Integration regelmäßig zu diesem Thema. Ein wichtiger Beitrag, der neu in das wichtigste jährlich erscheinende Grundlagenwerk in Deutschland zur Europäischen Integration aufgenommen worden ist (Bendiek, in Weidenfeld/Wessels 2014: 189ff.). Bemerkenswert ist hier die erste Cybersicherheitsstrategie der EU, die Anfang 2013 von der Europäischen Kommission und dem Europäischen Auswärtigen Dienst präsentiert worden ist sowie eine EU-Richtlinie für Netz- und Informationssicherheit. Zusammen mit dem Anfang 2013 eröffneten Zentrum zur Bekämpfung der Cyberkriminalität sollen diese Initiativen den Weg ebnen, im europäischen Verbund gegen Cybergefahren vorzugehen. Das Zentrum ist Teil des Europäischen Polizeiamtes und soll als Anlaufstelle dienen für die Bekämpfung der Cyberkriminalität in der EU. Die Strategie hat zum Ziel, Sicherheitsstandards von Informations- und Kommunikationstechnologien zu gewährleisten.

Die Europäische Union hat eine kontinentale Cybersicherheitsstrategie entwickelt

Sie sieht vor, die Öffentlichkeit für die Sicherheitsprobleme des Internet zu sensibilisieren, einen Binnenmarkt für Cybersicherheitsprodukte und -dienste aufzubauen sowie Investitionen in Forschung und Entwicklung zu fördern. Ergänzt werden sollen diese Maßnahmen durch eine verstärkte Cyberkriminalitätsbekämpfung und eine internationale Cybersicherheitspolitik (ebd.: 190). Diese Befassung mit der Cybersicherheit über eine Meldepflicht insbesondere in den fünf ›intelligenten Netzen‹ (eGovernment, eMobility, eEnergy, eHealth und eLearning) für Sicherheitsvorfälle bei IT-kritischer Infrastruktur, eine verbesserte Kooperation zwischen privater Wirtschaft und Staat bei der Kriminalitätsbekämpfung über Public-Private-Partnerships (PPP) und dem juristischen Datenschutz zeigt, dass diesem Thema nun die ihm angemessene europäische Bedeutung zukommt. Dies wird von der europäischen Öffentlichkeit akzeptiert. Etwa 35 Prozent aller Entscheidungsträger aus Wirtschaft und Politik sind überzeugt, dass Europa beim Thema Datensicherheit und Datenschutz aktiv werden muss. In Deutschland (einem sehr um Sicherheit bemühten Land) meinen etwa 57 Prozent, der befragten Wirtschaftsvertreter und 77 Prozent der befragten Personen im Bereich Politik, dass eine bessere Zusammenarbeit zwischen Unternehmen und Behörden nötig sei, um die Funktionsfähigkeit der Kommunikations- und Datenübertragungsnetze zu sichern (ebd.; Schallbruch 2013: 38).

3. Der Traum von einem energieautarken Europa

Jedes Land und jede Region strebt im Idealfall eine allzeitig gesicherte, politisch stressfreie und klimatisch neutrale Energieversorgung an. Je mehr eigene Energieträger benutzt werden könne oder je mehr Diversifikation bei der Energiebeschaffung auf dem Weltenergiemarkt möglich ist, desto besser. So wie jedes Land oder politisch integrierte Region möglichst viel politische Handlungsfähigkeit erreichen möchte, so viel wirtschaftliche Autarkie im wirtschaftlichen Bereich strebt es an. Eine sichere Energieversorgung und eine geringere Abhängigkeit von energiewirtschaftlichen Monopolen oder Oligopolen ist besonders für Deutschland oder Frankreich von herausragender Bedeutung. Wir haben eingangs gesehen, dass in den vergangenen zwei Jahrzehnten Bewegung in die Themen Energieversorgung, Versorgungssicherheit und Klimaschutz gekommen ist. Dies betrifft auch die europäische Energiepolitik, die aufgrund der dynamischen Entwicklung auf den Weltenergiemärkten, den Versorgungsproblemen in der EU, den Disparitäten in der Energieversorgungsstruktur der jeweiligen Länder, dem politisch wichtiger gewordenen Sujet des Klimaschutzes und den unterschiedlichen Vorstellungen in den EU-Mitgliedsländern hinsichtlich des richtigen Energiemix' in zunehmender Weise herausgefordert wird.

Vom Energiebinnenmarkt zur europäischen Energiepolitik

Energiepolitik ist seit der Gründung der Europäischen Gemeinschaft für Kohle und Stahl (EGKS) und der Europäischen Atomgemeinschaft (Euratom) von Beginn an ein wichtiges Thema gewesen. Die 1952 von Frankreich, Deutschland, Italien und den Benelux-Staaten gegründete Montanunion bzw. die Europäische Gemeinschaft für Kohle und Stahl bezog sich in erster Linie zunächst auf die Schaffung einer europäischen Friedensordnung sowie den Aufschwung der beteiligten Länder nach dem Zweiten Weltkrieg. Ein gemeinsamer Kohlemarkt sollte aber auch dem Ziel einer ausreichenden und sicheren Versorgung mit dem damaligen Hauptenergieträger dienen. Fünf Jahre später folgte die europäische Atomgemeinschaft Euratom, die große Hoffnungen in die zivile Nutzung der Kernenergie freisetzte – und damit die Hoffnung auf das Ende aller Versorgungsprobleme (Holzer 2007: 75). Eine gemeinsame und supranationale Energiepolitik entsprach demgegenüber aber lange Zeit nicht den Vorstellungen der Mitgliedstaaten.

Erste Ansätze einer gemeinsamen Energiepolitik zeigten sich dann Ende der 1980er Jahre. Mit verschiedenen Richtlinien zur Öffnung der Strom- und Gasmärkte sollte der Wettbewerb unter den Anbietern belebt werden. Die Energiecharter (1991), an der über 50 Staaten vor allem in Europa und Asien beteiligt sind, sowie die Energiegemeinschaft (2005) zwischen der EU und den südosteuropäischen Nachbarländern diente sodann der Stabilisierung des internationalen Energiehandels, in dem die allgemeinen WTO-Bestimmungen bzw. der Rechtsrahmen der Union auf die Regionen in der Nachbarschaft ausgeweitet wurden. Die Vollendung des Energiebinnenmarkts wurde durch die Marktöffnung 2007 vorangetrieben. Allerdings konnte damit eine gewisse Oligopolisierung des europäischen Energiemarktes nicht wirklich durchbrochen werden, selbst wenn regionale und lokale Formen der Energieversorgung zunehmend attraktiv wurden und Fuß fassten. Fraglich bleibt auch nach wie vor, ob angesichts knapper Ressourcen und einer langfristig global ansteigenden Nachfrage die Schaffung eines Energiebinnenmarktes alleine ausreichen kann, um ein niedriges Preisniveau und einen hohen Grad an Versorgungssicherheit zu gewährleisten (Baumann/Turek 2008: 161).

Versorgungssicherheit, Nachhaltigkeit und Wettbewerbsfähigkeit bilden die inhaltliche Trias der europäischen Energiepolitik

Die Europäische Kommission reagierte auf diese Entwicklung mit einem Energie-Grünbuch »Eine europäische Strategie für nachhaltige, wettbewerbsfähige und sichere Energie« (Europäische Kommission 2006) und machte so die Trias aus Versorgungssicherheit, Nachhaltigkeit und Wettbewerbsfähigkeit zum neuen, übergeordneten Leitmotiv der europäischen Energiepolitik.[26] Nach den üblichen Konsultationen im europäischen Gesetzgebungsprozess folgte auf das Grünbuch eine politische Offensive der Kommission, mit der sie eine gemeinsame Energiepolitik forderte, »die auf eine effiziente Gemeinschaftspolitik, Kohärenz zwischen den Mitgliedstaaten und Stimmigkeit der Maßnahmen in verschiedenen Politikbereichen ausgerichtet ist« und sich zudem an der Trias orientiert (Rat der Europäischen Union 2006: 13). Sie legte dann 2007 den Aktionsplan »Eine Energiepolitik für Europa« vor (Europäische Kommission 2007). Die bestehende Konkurrenz zwischen den drei energiepolitischen Teilaspekten wurde dabei aber nicht ausreichend reflektiert. So ist Kohle zwar bis heute ein Energieträger, der sich günstig gewinnen lässt und der noch lange in großen Mengen verfügbar ist. Angesichts der sich zuspitzenden Klimaproblematik stellt sie aber nicht wirklich eine Alternative dar.[27]

Öl und Gas sind langfristig zeitlich limitiert und unterschiedlich verfügbar. Erneuerbare Energien sind die einzige Alternative in diesem Kontext; sie

26 | Das sogenannte Zieldreieck findet sich bereits an früherer Stelle, etwa in nationalen Energiestrategien und prägte auch die Bemühungen der Europäischen Kommission bereits vor 2006. Erst mit dem Grünbuch aber wurde es als fixer Rahmen der europäischen Energiepolitik explizit festgeschrieben.

27 | Das gilt in Ländern wie China, das nach wie vor noch auf die Nutzung von Kohle setzt in noch viel stärkerem Maße als in den Ländern der Europäischen Union.

sind aber aufgrund der vergleichsweise hohen Preise und der Grundlastfähigkeit des Ökostroms immer noch problematisch. Mit dem Aktionsplan zur Energiepolitik hatte die Kommission allerdings vor knapp zehn Jahren nicht weniger als die Forderung nach einer neuen industriellen Revolution vorgelegt. Die Vollendung des Energiebinnenmarktes, eine Steigerung der Energieeffizienz sowie der Ausbau erneuerbaren Energiequellen sollten damals den Weg zu einer kohlenstoffarmen Zukunft ebnen. Damit hatte die Kommission nicht nur ein ehrgeiziges energie- und klimapolitisches Paket vorgelegt; die Initiative ebnete den Weg für den Beschluss der EU, den Ausstoß klimaschädlicher Gase EU-weit bis 2020 um mindestens 20 Prozent zu reduzieren und im gleichen Zeitraum den Anteil der erneuerbaren Energien im Energiemix auf 20 Prozent zu erhöhen. Die Steigerung der Energieeffizienz ebenfalls um 20 Prozent blieb hingegen eine unverbindliche Absichtserklärung.

Die energiepolitischen Herausforderung haben sich in den letzten 50 Jahren erheblich gewandelt

Dieser geschichtliche Rekurs zeigt: Im Zeitverlauf haben sich die mit der Energiefrage verbundenen Implikationen, Probleme und Herausforderungen gewandelt. Standen vormals friedens-, forschungs- und energiepolitische Fragen einer ausreichenden Versorgung mit dem Hauptenergieträger Kohle sowie die Frage einer friedlichen und effektiven Nutzung der Atomenergie im Fokus des Interesses, gerieten erst die Liberalisierung der Energieversorgung, schließlich dann Versorgungssicherheit und dann Klimaschutz verstärkt auf die Politische Agenda – auch der Europäischen Union. Die Bedeutung des Themas verdichtete sich mit der ursprünglich geplanten Verfassung der Europäischen Union und dann schließlich mit dem Lissaboner Reformvertrag, die beide dem Thema erstmals explizit ein eigenes Kapitel widmeten. Neben dieser neuen primärrechtlichen Zuordnung wurde das Thema dann zu Recht immer mehr Gegenstand einer intensiven politischen Debatte.

Diese Debatte um die ›richtige‹ Energiepolitik ist geprägt von Bildern wie ›peak oil‹, ›Gasstreit‹ und ›Versorgungslücken‹. Sie folgt – wie eingangs aufgezeigt – einer Wellenbewegung in Abhängigkeit von tatsächlichen oder vermeintlichen Energiekrisen bzw. der jeweiligen Bedeutung, die der Klimawandel in der öffentlichen Meinung gerade einnahm. Verschiedene Faktoren – etwa eine partielle Entkoppelung von Wirtschaftswachstum und Energieverbrauch oder die Förderung von Öl und Gas in der Nordsee – haben beispielsweise die Lage in Europa nach zwei Ölkrisen entschärft, so dass eine ausreichende Versorgung mit fossilen Energieträgern langfristig gesichert schien (Steeg 2001: 49) und das Thema Energiesicherheit keine herausragende Rolle spielte. Im Zeitverlauf zeigte sich, dass die Energieversorgung im Spannungsfeld von Versorgungssicherheit, Wettbewerbsfähigkeit und Nachhaltigkeit eine viel größere Herausforderung darstellt, als man das lange Zeit angenommen oder überhaupt als Problem reflektiert hatte. Die globale Energiefrage wird – trotz temporärer Überangebote auf dem Weltenergiemarkt etwa durch die Methode des Fracking – weiter dramatisch ansteigen und die Versorgungslage ist weiterhin durch eine fatale Importabhängigkeit gegenüber politisch instabilen oder autokratisch regierten Staaten gekennzeichnet. An russischem Gas führt derzeit zum Beispiel vorerst kein Weg vorbei (Pflüger 2015).

Ansätze einer europäischen Energiestrategie

Seit 2006 verfolgt die Europäische Union deshalb eine Energiestrategie (Fischer 2011; Fischer/Geden 2013). Operative Grundlage ist das 2006 vorgelegt Grünbuch über eine nachhaltige, wettbewerbsfähige und sichere Energieversorgung, das eine breite Diskussion über die europäische Energieversorgung eröffnete sowie die Aufnahme der Energiepolitik in das europäische Primärrecht durch den Lissaboner Vertrag. Auf dieser Grundlage stellte die EU eine Energiestrategie vor, die seitdem alle zwei Jahre überprüft wird. Mit der Strategie will die EU drei Ziele gleichzeitig erreichen. Sie will den Klimawandel bekämpfen, die durch die hohe Importabhängigkeit entstehende Verwundbarkeit der Union dämpfen und mittels einer wettbewerbsfähigen Energieversorgung Wachstum und Beschäftigung fördern. Aufgrund von Unschärfen hinsichtlich der genauen Umsetzung dieser Strategie stellte die EU-Kommission 2010 eine erweiterte Strategie mit langfristigen Zielen vor, die gültig ist für den Zeitraum 2011 bis 2020. Im Herbst 2010 legte die Kommission einen entsprechenden Entwurf einer nochmals erweiterten Energiestrategie vor, mit Langfristzielen für 2050, ebenso eine Fortschreibung des Energieaktionsplans, gültig für den Zeitraum 2011-2020.

Schwerpunkte der EU-Energiestrategie

Die Schwerpunkte der EU-Energiestrategie bilden die Themenbereiche Energiebinnenmarkt, Energieeffizienz, Verbraucherschutz, Forschung und Entwicklung sowie die Energieaußenbeziehungen der EU. Damit hat die europäische Energiepolitik eine klarere Kontur und bietet die Möglichkeit, ihre Aktionsfelder im Erdgas- und Elektrizitätsbinnenmarkt, in der Energieversorgungssicherheit, bei der Energieeffizienz und bei den erneuerbaren Energien, bei den Energietechnologien und in der Energieaußenpolitik zu definieren. Damit sind die Aktionsfelder der europäischen Energiepolitik klar bestimmt, die Europäische Union signalisiert, dass sie Versorgungssicherheit und Energiewende als Themen höchster Priorität etabliert. Der Pfad, der eingeschlagen worden ist, zielte jenseits der Etablierung eines Energiebinnenmarktes in zunehmender Weise auf die Verwirklichung einer effizienten und gemeinschaftlichen europäischen Energiepolitik. Die Steigerung der Energieeffizienz und der Ausbau des Anteils erneuerbarer Energien können wesentlich dazu beitragen, die Treibhausgase zu reduzieren, den Import fossiler Energieträger zu verringern und die Wettbewerbsfähigkeit der einzelnen Volkswirtschaften zu stärken. Deshalb hat sich die EU zur Förderung erneuerbarer Energieträger verbindliche Ziele gesetzt. Bis 2020 will sie die Gesamtheit am Endenergieverbrauch im EU-Durchschnitt auf 20 Prozent steigern. Doch dieses Ziel ist angesichts von inkompatiblen nationalen Energiestrategien etwa in Frankreich – das auf Atomenergie setzt – oder Polen – das eine sehr starke Nutzung der Kohle betreibt – schwierig.

Eine europäische Energiestrategie ist – trotz der vielen bürokratischen und politischen Probleme in den Mitgliedsländern und der Konflikte zwischen der supranationalen und den nationalen Ebenen – ein wichtiges Ziel einer europäischen Globalisierungsstrategie

Energiepolitik bleibt damit eines der wichtigsten Politikfelder europäischer Politik, auch wenn die konkrete Implementierung einer spezifischen Europäischen Energiestrategie angesichts vieler Baustellen etwas festgefahren ist. Doch der Traum von einem energieautarken Europa bleibt attraktiv – und langfristig gesehen ohne Alternative. Florian Baumann und Severin Fischer, beide trittsichere Experten auf dem komplizierten Parkett der Energiemärkte und der Energiepolitik in Europa, äußerten für das Jahr 2014 und auch für die Jahre darüber hinaus gemischte Gefühle. Sie bilanzierten einerseits Fortschritte mit Blick auf die Vollendung des europäischen Binnenmarkts, andererseits aber auch Rückschläge mit Blick auf eine kohärente europäische Energiestrategie (Baumann/Fischer 2014: 195ff.). Dies geschah auch mit Blick auf die verschärfte Situation in der Ostukraine und die rapide Verschlechterung des Verhältnisses der EU oder einzelner Mitgliedstaaten zu Russland, was wieder einmal Fragen hinsichtlich der Versorgung mit Gas im Rahmen der nicht unkomplizierten Versorgungswege über den North-Stream (direkt über Russland an Deutschland), den South-Stream (aus Aserbeidschan über die Türkei) für Europa aufgeworfen hat. Hinzu kamen Probleme mit Blick auf die geplante Mittelmeerunion, mit der langfristig eine kompakte Versorgung Europas mittels einer solaren Stromgewinnung über die nordafrikanischen Anrainerstaaten der EU organisiert werden sollte. Die Frage der Versorgung Europas mit ausländischen Energielieferungen hat somit überhaupt nichts an Spannung verloren.

Dennoch hat die Europäische Kommission mit der Veröffentlichung eines neuen Grünbuchs zur strategischen Ausrichtung der EU-Energie- und Klimapolitik bis 2030 desungeachtet einen weiteren Aufschlag gemacht, dem sich in Europa dann ein breiter Konsultationsprozess angeschlossen hat. Der Kommissionsvorschlag umfasste ein unilaterales Treibhausgasminderungsziel der EU in Höhe von 40 Prozent bis 2030 gegenüber 1990; ein verbindliches Erneuerbare-Energien-Ziel in Höhe von 27 Prozent ohne nationale Zielsetzung; ein neuer Governance-Mechanismus zur Koordinierung nationaler Energiepolitiken in der EU; eine Stabilitätsreserve für den Emissionshandel; die Steigerung der Wettbewerbsfähigkeit mit Blick auf Energiepreise; mehr Diversifizierung und eine Verbesserung der Versorgungssicherheit (ebd.).

Dies zeigt: Auch in der europäischen Energiepolitik versuchen die Mitgliedstaaten der EU und die Europäische Kommission (1.) den internationalen Wettbewerbsbedingungen auf dem Weltenergiemarkt, (2.) den Autarkiebestrebungen der wirtschaftlichen und politischen Akteure und (3.) den Gewinnorientierungen der Unternehmungen bei gleichzeitiger Beachtung nachhaltiger Bedingungen der Energiegewinnung und des Klimaschutzes gerecht zu werden. Dies erzeugt Zielkonflikte und politische Reibungsflächen in der europäischen Energiepolitik. Dies schlug sich zum Beispiel in der kontroversen Diskussion der Kommissionsvorschläge vom 22. Januar 2014 nieder. Insbesondere ein rigoroses Erneuerbare-Energien-Ziel fand in den Mitgliedstaaten nur wenig Zustimmung. Auch ist der Energiebinnenmarkt noch nicht vollendet obwohl dies eigentlich das Ziel bis Ende 2014 gewesen war (ebd.: 196). Hier zeigen sich erhebliche Umsetzungsdefizite der Rechtsvorschriften und nach wie vor bestehende technische Probleme im Rahmen inkompatibler grenzüberschreitender Infrastrukturen oder nationalstaatlicher politischer Interventionen. Auch die wettbewerbspolitischen Regelungen innerhalb der EU erweisen sich zum Teil als schwer vereinbar mit den nationalstaatlichen Vorstellungen und den Vorstellungen der EU-Kommission hinsichtlich der Implementierung des Binnenmarktes und der europäischen Energiestrategie. Was aber zählt: Gegenüber anderen Ländern oder wirtschaftlich (viel weniger) integrierten Regionen in der Welt hat die Europäische Union bisher einen Ansatz (1.) zur Integration der regionalen Energiemärkte, (2.) für einen regionalen Energiebinnenmarkt und (3.) für eine intelligente Energiestrategie der EU gefunden.

Das dürfte aus meiner Sicht ein nicht zu unterschätzender Vorteil für ein Europa sein, das im Rahmen der Trias von (1.) Versorgungssicherheit, (2.) Nachhaltigkeit und (3.) Wettbewerbsfähigkeit den Erfordernissen einer modernen Energiepolitik gerecht werden will. Am Ende steht die Vollendung einer Energieunion, welche die 28/27 Mitgliedsländer auf die gemeinsame Energiestrategie verpflichtet.

Die wohl gemeinte und strategisch unverzichtbare europäische Energiestrategie kann allerdings nicht den Blick darauf verstellen, dass – ähnlich wie in der europäischen Sicherheitspolitik – nationale wirtschaftliche und politische Interessen nach wie vor eine große Rolle spielen. So ist ein Verzicht Frankreichs auf die nationale Nuklearpolitik derzeit so wenig vorstellbar wie ein Verzicht auf Braun- und Steinkohle in Polen. Beide nationale Energiestrategien haben Gründe in der nationalen Entscheidung für eine bestimmte Energiepolitik und lassen sich derzeit nicht europäisch regeln.

4. Die europäische Innovationsunion

Die Europäische Union forciert ihre Anstrengungen zur Stärkung der wirtschaftlichen Wettbewerbsfähigkeit in Europa. Hintergrund ist die internationale Konkurrenz in Wirtschaft, Forschung und Innovation sowie die damit verbundenen Prosperitäts- und Beschäftigungseffekte in der Union. Vor diesem Hintergrund verfolgen Europäische Kommission und europäischer Rat mit der Strategie ›Europa 2020‹ ein ehrgeiziges Vorhaben. Dieses Vorhaben knüpft an die ›Lissabon-Strategie‹ von 2000 an. Mit ihr waren bis zum deklarierten Zieleinlauf 2010 große Erwartungen zur Stimulierung des Wirtschaftswachstums, zur Steigerung der wirtschaftlichen Wettbewerbsfähigkeit, zur Sicherung von Technologieführerschaft und Beschäftigung sowie die Konzentration auf bessere Leistungen in Wissenschaft und Forschung verbunden. Die Motivation zu der neuen Strategie ›Europa 2020‹ besteht im Scheitern der Lissabon-Strategie und in fortbestehenden wettbewerbspolitischen Befürchtungen. Sie alle haben ihren Ursprung in der Sorge um eine nachlassende wirtschaftliche Attraktivität und eine zunehmende industrielle Bedeutungslosigkeit Europas – und in der wachsenden Wettbewerbsfähigkeit Chinas, der BRIS-Staaten sowie der High-Tech-Konkurrenz aus den USA, aus Japan, Singapur, Taiwan oder Südkorea. Dies sind allesamt Länder, die seit den 1970er Jahren zunehmend in einen intensiven Wettbewerb untereinander eingetreten sind, und zwar nicht nur in Bereichen der Landwirtschaft oder der Versorgung mit normalen Konsumgütern, sondern eben auch und gerade in den High-Tech-Industrien des 21. Jahrhunderts (Servan-Schreiber 1970; Seitz 1991; Bürklin 1993; Weidenfeld/Turek 1993 und 1996; Pilny 2006; Steingart 2006).

China, die BRIS-Staaten und auch andere Schwellenländer intensivieren zunehmend den Wettbewerbsdruck in der Weltwirtschaft

Die Anteile dieser Länder am weltweiten Bruttosozialprodukt werden weiter ansteigen, je nachdem, wie Europa seine Wirtschaftskraft erhalten und seine Wettbewerbsfähigkeit entwickeln wird. Die EU-Kommission hat 2011 drei Szenarios vorgelegt, welche im Rahmen eines »›Nobody Cares-Szenarios‹, eines ›Europe Under Threats-Szenarios‹ und eines ›EU Renaissance-Szenarios‹ die weltweite Verteilung des Bruttosozialprodukts bis 2050 unterschiedlich prognostizieren. In den Szenarios spielen Forschung, Innovation, Technologieentwicklung und Bildung als Faktoren einer starken Wettbewerbsfähigkeit und einer entsprechenden Wirtschaftsleistung eine herausragende Rolle (Europäische Kommission 2011). Die Szenarios verdeutlichen, dass die Performanz Europas in der Weltwirtschaft nicht gottgegebenes Schicksal ist, sondern Ergebnis einer Priorisierung zukunftsrelevanter Politikfelder.

Abbildung 13: Regionale Anteile des weltweiten Bruttosozialproduktes 2010

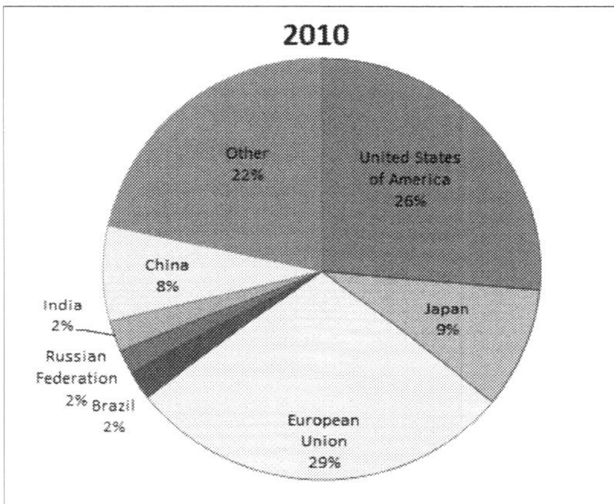

Quelle: Europäische Kommission/European Research Area/Global Europe 2050

Abbildung 14: Regionale Anteile des weltweiten Bruttosozialproduktes 2050 im Szenario ›Nobody Cares‹

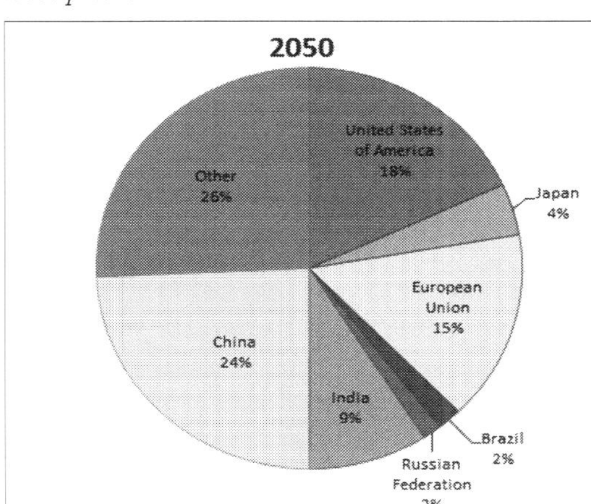

Quelle: Europäische Kommission/European Research Area/Global Europe 2050

Abbildung 15: Regionale Anteile des weltweiten Bruttosozialproduktes 2050 im Szenario ›Europe Under Threats‹

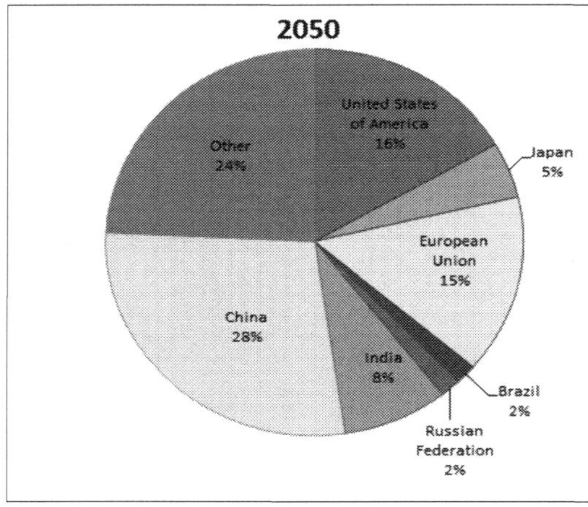

Quelle: Europäische Kommission/European Research Area/Global Europe 2050

Abbildung 16: Regionale Anteile des weltweiten Bruttosozialproduktes 2050 im Szenario ›EU Renaissance‹

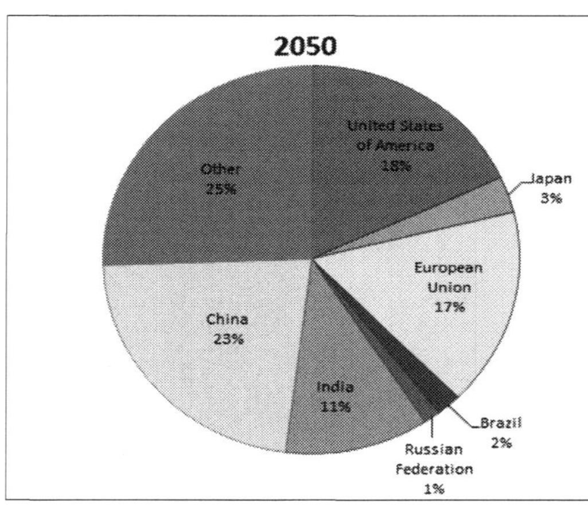

Quelle: Europäische Kommission/European Research Area/Global Europe 2050

Die Strategie »Europa 2020« als Ersatz für die gescheiterte Lissabon-Strategie von 2000

Das Sondertreffen des Europäischen Rats in Lissabon vom 23. bis 24. März 2000 hatte die mangelnde technologische Wettbewerbsfähigkeit, das schwache Wirtschaftswachstum und die hohe Arbeitslosigkeit in der Europäischen

Union mit großer Besorgnis thematisiert. Die Staats- und Regierungschefs verständigten sich deshalb auf ein ehrgeiziges Programm, um das Wirtschaftswachstum und die Forschungs- und Innovationsintensität zu stimulieren und in Europa wieder Vollbeschäftigung zu erreichen. Das strategische Ziel war, die EU innerhalb der ersten Dekade des 21. Jahrhunderts zum wettbewerbsfähigsten und wachstumsfreudigsten Wirtschaftsraum der Welt zu entwickeln. Aufgrund der relativ erfolglosen Umsetzung dieser Strategie bis 2010 gab es Anlass für den Europäischen Rat, erneut tätig zu werden.

Das Ergebnis war die strategische Initiative ›Europa 2020‹. Sie gilt als Wachstumsstrategie für die Dekade der 2010er Jahre des 21. Jahrhunderts.[28] Sie soll Europa zu einer flexiblen, nachhaltigen und in allen Bereichen wettbewerbsfähigen Wirtschaftsgemeinschaft formen. Im Kontext dieser Initiative hat die Union konkrete Vorstellungen mit Blick auf die Bereiche Wirtschaft und Beschäftigung, Forschung, Technologieentwicklung und Innovation, Beruf und Bildung, soziale Kohäsion, Klimaschutz und Energie formuliert.

Abbildung 17: Programmatische Themenfelder der europäischen Strategie »Europa 2020«

Grafik: Turek Consulting München

Die Initiative enthält sechs konkrete Handlungsfelder:

- Hebung der Beschäftigungsquote der 20 bis 64Jährigen auf 75 Prozent, mit Schwerpunkt auf jüngere, ältere und gering qualifizierte Arbeitskräften und einer besseren Integration legaler Migranten;
- Verbesserung der Bedingungen für Forschung und Entwicklung, um das Investitionsvolumen auf drei Prozent des europäischen Bruttoinlandpro-

28 | Vgl. http://ec.europa.eu/europe2020/index_en.htm, aufgerufen am 18. März 2010.

dukts (BIP) zu erhöhen, und Förderung von Forschung und technologischer Entwicklung, (FTE)[29] sowie Innovationen;

- Senkung der Treibhausgasemissionen um 20 Prozent gegenüber 1990 – bei gleichzeitigem Festhalten an der Zusage, die Treibhausgasemissionen unter bestimmten Bedingungen bis 2020 um insgesamt 30 Prozent zu senken;
- Erhöhung des Anteils erneuerbarer Energien am Energieendverbrauch auf 20 Prozent und Erhöhung der Energieeffizienz um 20 Prozent in Richtung auf das sogenannte 20-20-20-Ziel (gleichzeitige Senkung der Treibgasemissionen, Erhöhung des Anteils der erneuerbaren Energien und Steigerung der Energieeffizienz bis 2020);
- Hebung des Bildungsstands durch Senkung der Schulabbruchquoten auf unter zehn Prozent und Erhöhung des Anteils der 30- bis 34Jährigen mit Hochschulabschluss oder gleichwertigem Abschluss auf 40 Prozent;
- Förderung der sozialen Integration, indem Armut bekämpft und mindestens 20 Millionen Menschen aus Armut und Ausgrenzung herausgeholt werden (Europäische Kommission 2011: 23).

Ein wichtiger Bestandteil der Strategie ›Europa 2020‹ ist das Rahmenprogramm für Wettbewerbsfähigkeit und Innovation. Zusammen gefasst unter dem Titel der ›Innovationsunion‹ erfasst es die Politikfelder Forschung, Wissenschaft und Technologieentwicklung, Wettbewerbsfähigkeit und Industriepolitik. Die Idee der Innovationsunion umfasst zehn Schlüsselelemente. Zu ihnen zählen die Europäischen Innovationspartnerschaften. Diese gelten als wichtig. Sie sollen öffentliche und private Akteure (Public-Private-Partnerships) auf europäischer, nationaler und regionaler Ebene für gemeinsame Ziele mobilisieren. Sie dienen der Bewältigung gesellschaftlicher Herausforderungen und verkörpern die Hoffnung, Europas Wettbewerbsfähigkeit nicht nur zu hüten, sondern den alten Kontinent in vielfältiger Weise an die Weltspitze zu bringen. Zudem hat die Kommission mit dem ›Innovation Union Scoreboard‹ eine Checkliste und ein Instrument der Qualitätssicherung für ein erfolgreiches Innovationssystem erstellt. Außerdem wurde ein ›European Design Leadership Board‹ und ein »European Design Excellence Label« geschaffen. Als weitere Maßnahme kündigte die Kommission an, den Zugang zu Risikokapital zu erleichtern, Vorschläge zur Vervollständigung des Forschungsraums vorzulegen und das Urheberrechtssystem in Europa weiter modernisieren zu wollen. Mit Blick auf staatliche Beihilfen der Innovationsförderung sollen auch

29 | FTE ist eine gängige Abkürzung in der Fachliteratur für den Komplex von Invention, Forschung, technologischer Entwicklung. Gleichzeitig wird im europäischen Forschungsraum häufig das Kürzel FuE (Forschung und Entwicklung) verwendet, das im Kern jedoch das gleiche meint.

die Rahmenbedingungen für die Strukturfonds überprüft werden[30], was mit Blick auf die bisherige Zielsetzung und Ausrichtung der Strukturfonds auf ›angestammte‹ Förderbereiche nicht unproblematisch ist.

Im Fokus der Innovationsunion stehen insbesondere die Bereiche Forschung, Technologieentwicklung und Marktfähigkeit. Einer Studie zufolge könnten bis 2025 durch eine Erhöhung der Forschungs- und Entwicklungsinvestitionen um bis zu drei Prozent des Bruttosozialprodukts der EU fast vier Millionen Arbeitsplätze geschaffen werden. Das Bruttosozialprodukt würde um bis zu 795 Millionen Euro ansteigen.[31] Die FTE-Politik der Union und ihre Finanzierung werden somit zu einem Eckpfeiler der europäischen Innovationsunion. Sie ist mit dem Europäischen Forschungsraum und seinem Hauptinstrument, dem Europäischen Forschungsrahmenprogramm, klar disponiert.

Der Europäische Forschungsraum ist seit rund zehn Jahren der Rahmen für die europäische Forschungs- und Technologiepolitik. Seine Begründung geht zurück auf die Person des EU-Forschungskommissars Phillipe Busquin, der seine Ideen 2000 in der Kommissionsmitteilung »Hin zu einem Europäischen Forschungsraum« präsentierte. Sein Ziel war die Entwicklung einer echten gemeinsamen europäischen Forschungspolitik. Seitdem wurde dieses Konzept mit dem 6. und dem 7. Forschungsrahmenprogramm der EU umgesetzt. Durch den ›Ljubljana-Prozess‹ wurde es weiter differenziert und austariert. Im Rahmen der Leitvision ›Europa 2020‹, der Innovationsunion und des 8. Rahmenprogramms ›Horizon 2020‹ soll der Forschungsraum nun zur vollen Entfaltung kommen. Er soll folgende Vorgaben realisieren:

- angemessener Austausch von Wissenschaftlern;
- Forschungsinfrastrukturen von Weltniveau;
- Spitzenforschungseinrichtungen;
- effektiver Wissensaustausch;
- gut koordinierte Forschungsprogramme und Forschungsschwerpunkte;
- breite Öffnung des Forschungsraums für die Welt und exzellente internationale Kooperationen.

Somit spielt das neue Forschungsrahmenprogramm ›Horizon 2020‹« eine wichtige Rolle innerhalb der Vision ›Europa 2020‹. Es ist im Sinne der Vollendung des europäischen Forschungsraums ein weiterer Meilenstein innerhalb der Bemühungen der EU, die europäische Wettbewerbsfähigkeit durch

30 | Vgl. http://europa.eu/rapid/pressReleasesAction.do?reference=IP/10/1288&format=HTML&aged=0&language=de, aufgerufen am 10. März 2010.

31 | Vgl. ebd.

Forschung, Technologieentwicklung und Innovationen zu stärken.[32] ›Horizon 2020‹ symbolisiert die kontinuierliche Fortführung der FTE-Politik der EU. Das Programm kann als Meilenstein bei den Bemühungen interpretiert werden, durch administrative Hilfen, staatliche Förderung und intensivere ›Public-Private-Partnerships‹ den Europäischen Forschungsraum mit Blick auf die internationale Forschungs- und Technologiekonkurrenz zu stärken. Es deckt dabei den Innovationszyklus durch eine engere Verzahnung von Maßnahmen im Programmwechsel besser ab als bisher. Man strebt damit an, die Lücke zwischen Idee und Marktreife durch Unterstützung erster Pilotprojekte, die Nutzung vorhandener Forschungsergebnisse, Standardisierungsmaßnahmen, innovationsorientierte öffentliche Aufträge oder durch an kleine und mittlere Unternehmen (KMU) gerichtete Aktionen zu verringern.

Horizon 2020

›Horizon 2020‹ soll alle forschungs- und innovationsrelevanten Förderprogramme der Europäischen Kommission zusammenführen. Das Programm realisiert dies auf einer im Wesentlichen mit dem Vertrag von Lissabon 2009 geänderten Rechtsgrundlage. Mit Blick auf die zuweilen schwierige Kompetenzverteilung von Kommission und Mitgliedstaaten ist dies eine wichtige Note. Mit dem Vertrag hat die EU mit den Artikeln zwei bis sechs AEUV erstmals einen Zuständigkeitskatalog formuliert, der eine »geteilte« Zuständigkeit der Kommission und der Mitgliedstaaten vorsieht. Im Gegensatz zum Nizza-Vertrag, der eine »unterstützende« bzw. eine »ergänzende« Kompetenz von Union und Mitgliedstaaten vorsah, besteht nun eine »parallele« Zuständigkeit. Im Kern der neuen Rechtsgrundlage steht die Neuausrichtung des Europäischen Forschungsraums als Mittel zur Stärkung der wissenschaftlichen Basis in der EU. Der Raum wird damit dynamischer definiert als bisher. So weitet der Vertrag im Konzert mit den Artikeln 179 – 190 AEUV die Unionsaufgaben auf das ganze Spektrum der Forschung, technologischen Entwicklung und Raumfahrt aus und präzisiert die Koordination von Union und Mitgliedstaaten.[33] Neben dieser Kompetenzausweitung ist der budgetäre Ansatz von ›Horizon 2020‹ anders. Er ist mit einem Budget von 80 Milliarden Euro deutlich höher als bei den früheren Programmen. Beides – die rechtliche Klärung des Verhält-

---

32 | Vgl. Council of the European Union, Agreement on »HORIZON 2020«: The EU's research and innovation programme for the years 2014 to 2020. 11985/13, Presse 319, Brussels, 17 July 2013 unter www.consilium.europa.eu/uedocs/cms_Data/docs/pressdata/en/intm/138118.pdf, aufgerufen am 9. April 2015.

33 | Vgl. Amtsblatt der Europäischen Kommission (ABL.) C323/01 vom 3. Dezember 2009. Entschließung des Rats zur besseren Gestaltung des Europäischen Forschungsraums (EFR).

nisses von Union und Mitgliedstaaten und die bessere materielle Ausstattung – sind wichtige Elemente einer effizienteren europäischen FTE-Politik.

Themenfelder von ›Horizon 2020‹ sind:

- Gesundheit, demographischer Wandel und Wellness;
- Ernährungssicherheit, nachhaltige Agrarkultur, maritime Ressourcen und Biotechnologie;
- Sicherheit, saubere und sichere Energie;
- ›smarte‹ und integrierte Logistik;
- sichere soziale Verhältnisse;
- Klimapolitik, Ressourceneffizienz und ›seltene‹ Erden.

Nach einer Zwischenbewertung des 7. Forschungsrahmenprogramms 2010 (Mid-Term-Evaluation) durch eine 10köpfige Expertengruppe im Auftrag der EU-Kommission unter Leitung von Rolf Annerberg, werden mit dem neuen Programm Instrumente der vergangenen Förderpolitik an geänderte Rahmenbedingungen angepasst; Schwächen oder Defizite der Forschungsförderungen werden so behoben. Wesentliche Ergebnisse dieser Evaluation waren ein stärkerer Beitrag der Forschungspolitik zur Verwirklichung des Europäischen Forschungsraums und der Ziele der Innovationsunion durch Integration der Forschungsbasis und Defragmentierung der Forschungslandschaft sowie eine bessere Arbeitsteilung zwischen EU-Programmen und nationalen Programmen. Hinzu kam die Empfehlung, die Mittel insbesondere auf Themen mit »notwendiger kritischer Masse und internationaler Dimension« (große gesellschaftliche Herausforderungen) und/oder höchstem Innovationspotenzial zu konzentrieren.

›Horizon 2020‹ soll aussichtsreiche Forschungsergebnisse über die wissenschaftliche Publikation hinaus bis zur Umsetzung in marktfähige Produkte oder Dienstleistungen fördern. Insofern ist der Kern des Programms die Stärkung der industriellen Wettbewerbsfähigkeit bei Schlüsseltechnologien wie Informations-, Nano- und Biotechnologie, Photonik, Pharmazie und Medizintechnik sowie erneuerbare Energie, Logistik, Materialforschung und Fertigungstechnologien. Das Programm bleibt damit Bestandteil der allumfassenden Wettbewerbsstrategie der EU.[34] Das globale Marktvolumen dieser Schlüsseltechnologien sollte voraussichtlich von 650 Milliarden Euro auf über eine Billion Euro im Jahr 2015 ansteigen. Die europäische Kommission strebt deshalb an, die Schlüsseltechnologieforschung mit 6,7 Milliarden Euro für Industriekapazitäten zu fördern, ein mehrjähriges Arbeitsprogramm innerhalb von ›Horizon 2020‹ aufzulegen und innovationsorientierte Public-Private-Partnerships zu etablieren. Im Juni 2012 veröffentlichte die EU-Kommis-

34 | www.forschungsrahmenprogramm.de/zwischenevaluierung.htm, aufgerufen am 14. März 2015.

sion vor diesem Hintergrund die Mitteilung »Eine europäische Strategie für Schlüsseltechnologien – eine Brücke zu Wachstum und Beschäftigung«, mit der sie die große Bedeutung dieser Schlüsseltechnologie für die Wettbewerbsfähigkeit der europäischen Industrie hervorhob. Dieser Akzent in der Förderpolitik unterstreicht prinzipiell die wesentliche Bedeutung von Schlüsseltechnologien für die Stellung Europas in der Weltwirtschaft.

Immer wichtiger für die europäischen Forschungs- und Innovationsprogramme wird die internationale Zusammenarbeit. Im 7. Forschungsrahmenprogramm war bereits an jedem fünften Projekt auch ein Partner aus einem Nicht-EU-Mitgliedstaat beteiligt. Dies bezieht sich zum Beispiel auf die Partnerschaft Europas mit den Entwicklungsländern im Bereich klinischer Prüfungen (die etwa in den Ländern südlich der Sahara die Bekämpfung von HIV/Aids, Tuberkulose und Malaria vorantreibt), auf Marie-Curie-Aktionen mit Teilnehmern aus über 80 Ländern oder das ›Human Frontier Science Program‹, mit dem die EU und 13 Drittländer die internationale Zusammenarbeit in der Grundlagenforschung unterstützen (Europäische Union 2012: 59).

Die EU macht nach Auffassung der EU-Kommission gute Fortschritte bei der Umsetzung der Innovationsunion. Vier auf die Schaffung eines Binnenmarktes für Innovation ausgerichtete Maßnahmen sollen neue Impulse für Investitionen in Forschung und Technologie geben:

- Senkung der Patentierungskosten in Europa durch die im Dezember 2012 realisierte Einführung eines Einheitspatents;
- Modernisierung und Beschleunigung des Normungsprozesses, um neue Märkte zu erschließen und Marktführerschaft zu erlangen;
- Beendigung der Fragmentierung der europäischen Risikokapitalmärkte durch einen EU-Pass für Risikokapitalfonds;
- Nutzung der Kaufkraft des öffentlichen Auftragswesens für die Innovation durch konkrete Vorschläge in den EU-Richtlinien über das öffentliche Auftragswesen.[35]

Neu dabei sind die europäischen Innovationspartnerschaften. Sie beruhen auf einem Konzept, das die Entstehung innovativer Lösungen für konkrete gesellschaftliche Herausforderungen beschleunigen soll. Hierzu werden Interessengruppen aus Forschung, Entwicklung und Innovation mobilisiert. Ziel ist, öffentliche und private Akteure auf der Angebots- und Nachfrageseite branchenübergreifend zu koppeln. Jede dieser Partnerschaften soll bis 2020 ein ambitioniertes Ziel erreichen und soll innerhalb von zwei bis drei Jahren in folgenden Bereichen erste Ergebnisse liefern: Aktives und gesundes Altern, Rohstoffe, Wasser, Produktivität und Nachhaltigkeit.

35 | Vgl. ebd.

Europäische Weltraumpolitik als zentraler Bestandteil von ›Horizon 2020‹

Mit Blick auf den Start des 8. Forschungsrahmenprogramms der Europäischen Union ›Horizon 2020‹ Anfang 2014 bleibt die europäische Weltraumpolitik auf der Grundlage des Artikels 189 im Vertrag von Lissabon ein fester Bestandteil der Forschungs- und Technologiepolitik der Europäischen Union. Im Rahmen des strategischen Dreiecks von Forschung, Innovation und industrieller Wettbewerbsfähigkeit bildet sie ein wichtiges Instrument für die Umsetzung der ›Strategie 2020‹ (Turek 2010). Die europäische Kommission verfolgt damit den Weg, den sie mit ihrer Mitteilung ›Auf dem Weg zu einer Weltraumstrategie der Europäischen Union im Dienste der Bürgerinnen und Bürger‹ vom April 2011 eingeschlagen hat. Dies war eine Wegweisung, die vom Europäischen Parlament Anfang 2012 bestätigt wurde. Im Zusammenhang mit der Entwicklung einer europäischen Weltraumpolitik seit Anfang der 2000er Jahre bedeutete diese Mitteilung eine bahnbrechende Neuausrichtung, da sie mit Blick auf die Zielsetzungen der Weltraumpolitik, ihre Umsetzung und die Zuständigkeiten von EU und Europäischer Weltraumagentur (European Space Agency, ESA) von strategischer Bedeutung war.

Konkret bedeutet dies die Vollendung des europäischen Satellitenprogramms Galileo und des Geostationären Navigationsergänzungsdienstes für Europa (EGNOS), die Umsetzung des Europäischen Erdbeobachtungsprogramms (GMES) zur Überwachung von Land, See, Atmosphäre, Luftqualität und Klimawandel sowie Notfalleinsätze und Sicherheit, Schutz der europäischen Weltrauminfrastruktur durch den Aufbau eines Europäischen Systems zur Weltraumlageerfassung (Space Situation Awareness, SSA), Unterstützung der Weltraumforschung etwa im Kontext der Internationalen Weltraumstation (International Space Station, ISS), Förderung der Grundlagenforschung und die Stärkung der Partnerschaft zwischen Europäischer Weltraumorganisation und den EU-Mitgliedstaaten.[36] Seit Mitte 2012 können GPS-Daten zusätzlich zum Satellitensignal auch über das Internet abgerufen werden. Der europäische Datenzugriffsdienst (EDAS) soll die Satellitennavigation in Europa zuverlässiger und für kommerzielle Anwendungen in schwieriger Umgebung besser einsetzbar machen. EDAS soll neue Dienste unterstützen, etwa für das Ausbringen von Dünger, die automatische Mauterhebung, das Fuhrparkmanagement, die Binnenschifffahrt, Gefahrguttransporte oder die Vermessung von Flächen. Mithilfe der drahtlosen Kommunikationstechnologie wird man künftig auch mit Handgeräten wie ›Smart-Phones‹ oder ›Pads‹ Zugriff auf GPS-Daten haben.

36 | Vgl. http://europa.eu/rapid/pressReleasesAction.do?reference=IP/11/398&format=HTML&aged=0&language=DE&guiLanguage=en, aufgerufen am 14. März 2015.

Das Satellitenprogramm Galileo ist neben dem Programm GMES eines der zwei Flaggschiffprojekte des europäischen Weltraumprogramms. Im Oktober 2012 wurden zwei weitere Galileo-Satelliten in die Umlaufbahn gebracht. Mit diesem Satellitenstart wurde nach Angabe der Europäischen Kommission nunmehr das Fundament für die Validierung des Systems auf der Basis von vier Galileo-Satelliten gelegt. 2014 und 2015 wurde die Errichtung der Satellitenstruktur fortgeführt; das vollständige Galileo-System wird 30 Satelliten umfassen und stellt – je nach Standpunkt – eine wichtige Ergänzung bzw. Konkurrenz zum amerikanischen GPS-System dar. Die europäische Weltraumpolitik dient zur Absicherung von Wachstum und Wettbewerbsfähigkeit durch einzigartige Spitzenforschung im All und optimale wirtschaftliche Verwertung.

Vitale Interessen der zivilen und militärischen Sicherheit kommen hinzu. Die Raumfahrt entwickelt sich immer mehr zu einer Schlüsselbranche moderner Industriestaaten. Neben den USA, Russland und der EU wird sie seit vielen Jahren auch von Schwellenländern wie China, Indien oder Brasilien intensiv betrieben. Der Umsatz der europäischen Weltraumindustrie beträgt etwa 5,4 Milliarden Euro bei etwa 31.000 Beschäftigten. Die elf größten europäischen Satellitenbetreiber haben 153 Kommunikationssatelliten im Einsatz und erzielen einen Jahresumsatz von sechs Milliarden Euro mit nachgelagerten Auswirkungen auf weitere 30.000 Beschäftigte. Die Märkte für Weltraumdienste werden weiter wachsen. Galileo und EGNOS könnten dabei aufgrund ihrer qualitativen Vorteile gegenüber den Systemen der Konkurrenz in den kommenden 20 Jahren einen wirtschaftlichen und sozialen Nutzen in einer Größenordnung von 60 bis 90 Milliarden Euro generieren. Das weltweite Marktvolumen für globale Satellitennavigationsprodukte und Satellitendienstleistungen wird derzeit auf 124 Milliarden Euro pro Jahr geschätzt; in den nächsten zehn Jahren soll es weiter wachsen und 2020 voraussichtlich 244 Milliarden Euro betragen.[37] Weltraumpolitik ist vor diesem Hintergrund ein in sich schlüssiger Baustein des Rahmenprogramms ›Horizon 2020‹. Damit ist sie ein wichtiger Beitrag zur Stärkung von Wachstum, Wettbewerbsfähigkeit und Beschäftigung innerhalb der Strategie ›Europa 2020‹.

Der europäische Forschungsraum und die Digitalisierung der Gesellschaft

Im Rahmen der Vision ›Europa 2020‹ spielt eine weitere Komponente eine bemerkenswerte Rolle: Die ›Digitale Agenda für Europa‹. Sie knüpft an die früheren Programme ›eEurope 2005‹ und ›i2010‹ an, mit denen der Zugang für alle EU-Bürger zum Internet geebnet werden und alle Informations- und Kommunikationstechnologien sicher und vollständig zur Verfügung gestellt werden

37 | Vgl. http://europa.eu/rapid/pressReleasesAction.do?reference=IP/11/398&format=HTML&aged=0&language=DE&guiLanguage=en, aufgerufen am 14. März 2015.

sollen. Wissen und Information gelten als Motor für nachhaltiges Wachstum. In der breiteren Nutzung der Informations- und Kommunikationstechnologien (IKT) sieht die EU einen Schlüssel zur Verwirklichung der Lissabon- bzw. der Horizon 20-Ziele. Hintergrund dabei ist der Aufbau einer technisch vollständig integrierten Informationsgesellschaft (Sturm 2008: 250; Turek 2012: 175f.). Hierbei sind die Bereiche Telekommunikation und Internet mit Blick auf Verbraucherschutz, Datensicherheit und faire Preis-Leistungsverhältnisse von Anbietern und Nutzern von elektronischen Kommunikationsmedien sensibel. Mit der ›Digitalen Agenda‹ soll in Europa bis 2020 eine florierende digitale Wirtschaft realisiert werden. Aus Sicht der EU-Kommission ist dies ein Sektor, in dem ein wissensbasiertes Wachstum par excellence möglich ist, da bereits in den vergangenen 15 Jahren die Hälfte des europäischen Produktivitätswachstums auf die Informations- und Kommunikationstechnologien entfielen. Bis 2020, so die Auffassung der Kommission, werde die digitale Agenda zu einem digitalen Binnenmarkt im Wert von vier Prozent des europäischen Bruttoinlandproduktes führen (Europäische Kommission 2012: 23).

Die digitale Agenda flankiert die Bemühungen der EU, die Union zum innovativsten und wettbewerbsfähigsten Raum in der Weltwirtschaft zu machen. Sie ist in erheblichem Maße auf Forschung und technologische Entwicklung im Kontext der Forschungsrahmenprogramme der EU angewiesen. Sie repräsentiert eine auf fünf Jahre angelegte Strategie der EU zur Förderung der digitalen Wirtschaft und zur Bewältigung gesellschaftlicher Herausforderungen mithilfe digitaler Technologien. 2012 wurde die Halbzeit bei ihrer Umsetzung erreicht. Eine 2012 durchgeführte Evaluation habe nach Meinung der EU-Kommission gezeigt, dass die Agenda viele ihrer Ziele erreicht hat. 38 der insgesamt 101 Maßnahmen wurden abgeschlossen, die Internetnutzung habe zugelegt, der Online-Einkauf wachse weiterhin an. Auch wenn noch (zum Teil erhebliche) Unterschiede in den einzelnen Mitgliedstaaten bestünden, gebe es darüber hinaus Anzeichen für eine zügige Verbreitung von Hochgeschwindigkeits-Breitbandanschlüssen.

In Zukunft will die Kommission weitere Maßnahmen ergreifen:

- Schaffung eines stabilen Rechtsrahmens für Breitbandnetze;
- Schaffung neuer Infrastrukturen für digitale Dienste durch die Fazilität ›Connecting Europe‹;
- Einrichtung einer großen Koalition für digitale Kompetenzen und Arbeitsplätze;
- Vorschläge für eine Richtlinie und eine Strategie zur ›Cybersicherheit‹;
- Aktualisierung des Urheberrechts;
- Unterstützung des Ausbaus des Cloud-Computing;
- Einführung einer Strategie für die Elektronikindustrie – ein ›Chips-Airbus‹.

Die Europäische Kommission erwartet, durch die Umsetzung dieser aktualisierten digitalen Agenda eine Steigerung des Bruttoinlandproduktes in den kommenden acht Jahren um fünf Prozent bzw. 1.500 Euro pro Person, indem die Investitionen erhöht, die Kompetenz bei den Informations- und Kommunikationstechnologien verbessert, Innovationen im öffentlichen Sektor ermöglicht und die Rahmenbedingungen für die Internetwirtschaft reformiert werden.

Wichtig für die Zukunft der digitalen Agenda sind der Ausbau des elektronischen Handels, die Freisetzung des Cloud-Computing-Potenzials in Europa, Regeln für grenzüberschreitende und sichere elektronische Transaktionen in Europa, Schutz von Kindern im Internet und eine gemeinsame Nutzung von Frequenzen zur Förderung funktechnischer Innovationen. Zusammengefasst dient diese To-do-Liste dazu, den elektronischen Binnenmarkt zu vollenden und den Beitrag der Internetwirtschaft zum europäischen BSP zu verdoppeln; in Zukunft ist die Verfügbarkeit von Rechenkapazitäten und Inhalten von Cloud-Computing-Fazilitäten wichtig wie auch die grenzüberschreitende Verwendung elektronischer Signaturen für eine elektronische Identifizierung im digitalen Binnenmarkt. Wenn man bedenkt, dass sich der Internetverkehr etwa in Deutschland in den nächsten fünf Jahren verdoppeln soll, werden Fragen der Kapazität und Geschwindigkeit des Netzes zentral. Dem Schutz von Kindern kommt eine hohe Bedeutung zu: Die Kommission stellte 2012 einen Plan vor, um Kindern die digitalen Fähigkeiten und Werkzeuge an die Hand zu geben, die sie brauchen, um sich die digitale Welt auf sichere Weise voll zu erschließen. Die ›Snowden-Affaire‹ 2013 hat zudem in schockierender Weise offenbart, das der Schutz der Privatheit, der Datenschutz und die Gewähr der persönlichen Integrität eine absolute Priorisierung auch innerhalb der digitalen Agenda erhalten müssen.

Weichenstellung für die Zukunft

›Europa 2020‹, das Programm für nachhaltiges Wachstum und Beschäftigung, die Innovationsunion und ein großer europäischer Forschungsraum mit einem potenten 8. Forschungsrahmenprogramm unterstreichen den Aufbruch der Europäischen Union, mit dem sie bis 2020 versucht, im Konzert mit nationalen Anstrengungen politische Rahmenbedingungen für den Wirtschaftsstandort Europa zu prägen und zu stärken. Dieser Ansatz ist gut – doch nicht wirklich neu. Das Programm steht in der Tradition der Lissabon-Strategie von 2000 sowie allen Anstrengungen, die innerhalb des europäischen Forschungsraums mit seinen Forschungsrahmenprogrammen sowie der Innovationsstrategie bereits in der ersten Dekade des 21. Jahrhunderts gemacht worden sind. Der Dreiklang von europäischem Forschungsraum und Rahmenprogramm, Wettbewerbs- und Innovationsinitiativen sowie Lissabon-Strategie hatten das Ziel, die Wettbewerbsfähigkeit Europas als Ganzes zu fördern (Turek 2010: 180).

So sehr ein neuer strategischer Ansatz in den Bereichen Wettbewerb, Forschung und Technologie vonnöten war, so sehr wurde deutlich, dass mit den seinerzeit aufgelegten Visionen und Initiativen kein radikal neuer Ansatz gefunden worden ist. Betrachtet man das Programm der 2000er Jahre, so wurde schnell klar, dass Erfolge bescheiden ausgefallen sind. Die Lissabon-Strategie wurde 2004/2005 kritisch durch die Kok-Kommission evaluiert und 2010 angesichts ihrer hohen Ansprüche als wenig wirksam angesehen. Sie wurde mit ähnlicher Zielrichtung durch die Vision Europa 2020 ersetzt bzw. fortgeschrieben. Dennoch hat der europäische Forschungsraum eine Struktur realisiert, die operativ funktionierte und auch institutionell sowie systematisch zu überzeugen vermochte. Es bleibt zu hoffen, dass der modifizierte Ansatz von ›Europa 2020‹, Innovationsunion und europäischem Forschungsraum zur Stärkung der europäischen Wettbewerbsfähigkeit besser funktioniert. Die wirtschaftlichen Erwartungen hinsichtlich der Entwicklung des weltweiten Bruttosozialprodukts zeigen auf, dass sich ohne nennenswerte Reaktion seitens der EU Weltmarktanteile auch in High-Tech-Bereichen nach Asien und Südostasien, Eurasien oder Südamerika verlagern werden. Mit Blick auf die fortschreitende Globalisierung wird es in ungleich schnellerer Geschwindigkeit zu prüfen sein, ob die Ideen und Vorschläge besser greifen als bisher. Insofern ist es gut, dass die EU in der zweiten Dekade des 21. Jahrhunderts beharrlich eine neue Aufstellung sucht. Die Änderung der Rechtsgrundlagen der europäischen FTE-Politik im Vertrag von Lissabon sowie die Bereitstellung von erheblich mehr Mitteln im 8. Forschungsrahmenprogramm sind hier als Akzente der Strategie ›Europa 2020‹ bemerkenswert.

Mit ›Horizont 2020‹ und der Weiterentwicklung des Europäischen Forschungsraums sind die Weichen für die Forschungs- und Technologiepolitik bis 2020 gestellt. Zusammen mit der Innovationsunion wird die Strategie ›Europa 2020‹ damit wenigstens im forschungs- und technologiepolitischen Bereich konsequent umgesetzt. Im Rahmen des zukünftigen Ansatzes greifen die EU und ihre Mitgliedstaaten die vielfältigen Herausforderungen der Wissensgesellschaft im Inneren und die Herausforderungen durch den internationalen Wettbewerb mit Blick auf die Außenbeziehungen auf. Die Struktur der europäischen Forschungsförderung erhält so eine robuste Struktur, wobei der finanzielle Haushaltsansatz des 8. Forschungsrahmenprogramms beeindruckt. Der klare Blick auf die gesamte Wertschöpfungskette von Forschung und Invention, Patentierung und Innovation sowie auf die anschließende industrielle Verwertung hin zu attraktiven und konkurrenzfähigen Produkten und Dienstleistungen erschließt die Notwendigkeit integrierter forschungs-, technologie- und industriepolitischer Aktionen zugunsten der Wettbewerbsfähigkeit der europäischen Industrie. Hinzu kommen die weiter steigende Bedeutung von Infrastruktur und Logistik, insbesondere im digitalen Binnenmarkt. Form und Struktur der Weltraumpolitik sowie der digitalen Agenda zollen diesem Aspekt die nötige Aufmerksamkeit. Der Wert der Digitalisierung für die Wettbewerbsfähigkeit und Funktionalität der europäischen Wirtschaft ist dabei von enormer Bedeutung; Lösungen von Problemen der Datensicherheit, ›Netiquette‹ und des kriminellen Datenmissbrauchs sowie der Übertragungsqualität elektronischer Vernetzungen gewinnen mit Blick auf die zunehmende Dichte des elektronischen Verkehrs und der elektronischen Organisation des sozio-ökonomischen Alltags in Europa erheblich an Gewicht.

Insgesamt stellt sich die Europäische Union mit der Innovationsunion, dem neuen Forschungsrahmenprogramm ›Horizon 2020‹, der dort eingebetteten Weltraumpolitik und der digitalen Agenda mit Blick auf wissenschaftliche und forschungspolitische Herausforderungen ihrer Wettbewerbsfähigkeit konzeptionell, strukturell und operativ gut auf. Inwieweit die Strategie ›Europa 2020‹ der ›große Wurf‹ ist, wird vor dem Hintergrund der gemachten Fortschritte oder erkennbarer Misserfolge allerdings erst wieder in etwa fünf bis zehn Jahren wirklich zu bewerten sein.

5. Die politische Union als Bundesstaat

Ich habe vorher darauf hingewiesen, dass eine asymmetrische Integration in Europa dann eine Entwicklungsalternative ist, wenn eine föderale Organisation der EU nicht gelingt. Obwohl die Konstruktion der Europäischen Union in den drei Säulen der Zusammenarbeit (Europäische Gemeinschaft (EG), Polizeiliche und justizielle Zusammenarbeit und Gemeinsame Außen- und Sicherheitspolitik) rechtlich im Rahmen des Rechtsbestandes der Union und zusätzlich mit der Methode der offenen Koordinierung vorangeschritten ist, handelt es sich nicht um einen europäischen Bundestaat. der durch eine klare Gewaltenteilung föderal organisiert ist. Es gibt mit der Europäischen Kommission zwar eine Exekutive (also eine den Rechtsbestand der Union umsetzende bzw. verwaltende Institution), mit dem Europäischen Parlament eine europäische Legislative (also Gesetzgebungskompetenz) und mit dem Europäischen Gerichtshof eine Judikative (also die Einhaltung und Umsetzung des EU-Rechts kontrollierende Instanz). Demgegenüber aber haben die Nationalstaaten besonders in den Bereichen der Steuer- und Sicherheitspolitik weitest gehende Entscheidungskompetenzen, die auf dem Willen zur nationalen Souveränität beruhen und im wesentlichen durch den Europäischen Rat ausgeübt werden (also das Gremium der nationalen Regierungschefs bzw. der Fachressortminister).

Deshalb spricht man in Europa von supranationalen Entscheidungsstrukturen bzw. von einem politischen Mehrebensystem. Dieses System ist einerseits durch die Verträge zur europäischen Union entstanden, andererseits aber durch unermüdliche Politiker, deren Wert für die Vitalität des Integrationsprozesses nicht hoch genug eingeschätzt werden kann: Dies waren Jean Monnet, Konrad Adenauer und General de Gaule, Giscard d'Estaing und Helmut Schmidt, Jacques Delors und Helmut Kohl und nun auch Angela Merkel[38], die durchaus viele Entscheidungsbefugnisse nach Brüssel delegieren ließen, wesentliche Kernkompetenzen jedoch im Nationalstaat beließen bzw. nicht zuletzt aufgrund von Volksentscheidungen, parlamentarischen oder verfassungsrechtlichen Entscheidungen belassen mussten.

Die Idee der Europäischen Union hat sich vor dem Hintergrund der ursprünglichen Idee zur Errichtung eines Bundesstaats kontinuierlich fortentwickelt. Und dies im Verständnis eines europäischen Föderalismus. Dass dies noch nicht geht, hat die gescheiterte Initiative der Europäischen Union mit Blick auf eine europäische Verfassung in den Jahren von 2004 bis 2007 gezeigt (Weidenfeld [Hg.] 2005). Trotzdem ist diese Vision bei vielen Politikern und Vordenkern eines geeinten Europas nach wie vor vital und der Vertrag von Lissabon hat de facto viele Elemente des Verfassungsentwurfs tatsächlich auch umgesetzt, sofern es der politische Wille der Bevölkerung in den Nationalstaaten zugelassen hat. Der Widerstand allerdings gegen die Bildung eines vermeintlichen ›Superstaats‹ in Europa, der angeblich unsozial, undemokratisch und militaristisch sei, war einerseits zum Teil irrational, andererseits aber vehement. Obwohl der Verfassungsvertrag im Rahmen einer sorgfältigen politischen Genese über einen europäischen Konvent, eine anschließende Regierungskonferenz und dann über einen Ratifizierungsprozess zustande kam, scheiterte er dann letztlich an einem negativen Volksentscheid in Frankreich und in den Niederlanden. Er wurde dann durch den Vertrag von Lissabon ersetzt, der 2009 Rechtskraft erlangte. Dieser Vertrag ist heute die Rechtsgrundlage der Europäischen Union.

Die politische Union ist die nächste Evolutionsstufe der europäischen Union

Die politische Union als Bundesstaat steht weiterhin für die Vision für ein geeintes Europa. Das dies im Widerstreit nationaler und europäischer Interessen weiterhin sehr problematisch ist, zeigt die Staatsschulden- und Währungskrise der EU seit 2007 und insbesondere der BREXIT 2016 auf. Auch die sicherheitspolitische Situation Europas bleibt schwierig. Allerdings der Grundsatz bleibt: Der Nationalstaat ist heute zu klein, um die (globalen) Probleme, mit denen er

38 | Zur Erinnerung: Das sind die Verträge zur Gründung der europäischen Montanunion, der Atomgemeinschaft, die Römischen Verträge zur Etablierung einer europäischen Wirtschaftsgemeinschaft und schließlich die Verträge von Maastricht, Amsterdam, Nizza und Lissabon.

konfrontiert wird, zu lösen. Der Weg zu einer größeren und handlungsfähigen politischen Entität aber bleibt vorerst verstellt. Die politische Lösung einer europäischen Union, die nationalstaatlichen Eigenheiten und Souveränitätsansprüchen gerecht werden will, ist und bleibt weiterhin das aktuelle Problem der Integration. Dabei darf nun, im Jahr 2017 nicht verschwiegen werden, dass sich im Rahmen des Rechtspopulismus und einer gewachsenen Aversion vieler EU-Bürger gegen die europäische Integration massiver Widerstand gegen eine weitere Vergemeinschaftung der Politik formiert hat, die schon als ›Auflösungstendenzen‹ der Europäischen Union interpretiert werden. Diese Empfindung ist zum Teil emotionell nachvollziehbar, rational aber gefährlich und irreführend.

Zeichnet sich die Finalität Europas ab?

Ein deutscher (und europäischer) Politiker, der diese Problematik klar erkannte und in den Mittelpunkt seines außenpolitischen Denkens stellte, war der frühere Politrebell und Aktivist Joseph (Joschka) Fischer von der Partei Bündnis 90/Die Grünen in Deutschland, dem man eine fein ziselierte, intellektuell messerscharfe, prowestliche und europäische Grundhaltung bei seinem ›krawalligen‹ Amtsantritt als hessischer Umweltminister 1985 niemals zugetraut hätte. Doch in seiner politischen Reifephase und schließlich als deutscher Außenminister in den Jahren der rot-grünen Koalition (1998 bis 2005) bewies er nicht nur Qualität als Diplomat, sondern auch als geopolitisch und geostrategischer Denker seiner Partei und der damaligen Koalition. Mit seiner Rede an der Humboldt-Universität in Berlin zum Thema »Vom Staatenbund zur Föderation. Gedanken über die Finalität der europäischen Integration« brachte er die Gedanken auf den Punkt, welche die europäischen Föderalisten seinerzeit mit Blick auf die Finalität der europäischen Integration bewegten (Fischer 2000), was aber zum damaligen Zeitpunkt vielen immer noch politisch blauäugig erschien und einfach nicht zu realisieren war.

Dennoch waren die Grundzüge dieser Rede wegweisend. Es war damals klar, dass die Osterweiterung mehr politische Integration bringen muss als weniger und dass Deutschland und Frankreich als europäische Lokomotiven fungieren müssen, um den Zug der europäischen Integration in Gang zu halten. Fischer betonte zu Recht die ungemeinen Erfolge der bisherigen Integration. Allen Beteiligten war aber damals klar, dass insbesondere die enorme friedenspolitische Leistung der EU und die großen Errungenschaften des europäischen Binnenmarktes und der fortgeschrittenen wirtschaftlichen Integration einfach zu selbstverständlich hingenommen worden sind. Die friedenspolitischen und wirtschaftlichen Erfolge der Integration waren längst schon konsumiert. Eine auf Westeuropa beschränkte EU hätte es dauerhaft mit einem gespaltenen Staatensystem in Europa zu tun gehabt: In Westeuropa die Integration, in Osteuropa das alte Gleichgewichtssystem mit seiner anhaltend nationalen Orientierung, Koalitionszwängen, klassischer Interessenpolitik und der permanenten Gefahr nationalistischer Ideologien und Konfrontationen. Ein gespaltenes europäisches Staatensystem ohne überwölbende Ordnung würde Europa dauerhaft zu einem Kontinent der Unsicherheit machen, und auf mittlere Sicht würden sich diese traditionellen Konfliktlinien von Osteuropa auch wieder in die EU hinein übertragen. Gerade Deutschland wäre dabei der große Verlierer. Auch die geopolitischen Realitäten ließen nach 1989 keine ernsthafte Alternative zur Osterweiterung der europäischen Institutionen zu, und dies gilt erst recht im Zeitalter der Globalisierung« (ebd.: 3).

Es war dem politischen Betrieb dienlich, dass zu diesem Zeitpunkt ein prominenter Vorstoß zum Gedanken einer möglichen Finalität der europäischen Integration von einem populären Politiker geäußert wurde. Es war ein politisches Ausrufezeichen im Geschnatter und Hintergrundrauschen des tagespolitischen Geschäfts. Heute, 15 Jahre später, wäre eine neue große europäische Debatte im Rahmen der zum Teil dramatisch veränderten binnen- und außenpolitischen Umstände der EU notwendiger denn je. Die Herausforderungen bestehen nicht wie damals in der Bewältigung der Osterweiterung der EU oder der Einführung einer gemeinsamen Währung, sondern in den Fragen einer völkerrechtlich verbindlichen Verfassung für Europa, die Weiterentwicklung der institutionellen Struktur der EU, die Einführung einer Fiskalunion, in einer nachhaltigen Migrations- und Integrationsstrategie und den Aufbau einer europäischen Armee. Nichts geringeres als dies meinte Fischer in seiner Rede in Berlin:

»Fragen über Fragen, auf die es allerdings eine ganz einfache Antwort gibt: Den Übergang vom Staatenverbund der Union hin zur vollen Parlamentarisierung in einer Europäischen Föderation, die Robert Schuman bereits vor 50 Jahren gefordert hatte. Und das heißt nichts Geringeres als ein europäisches Parlament und eine ebensolche Regierung, die tatsächlich die gesetzgebende und die exekutive Gewalt innerhalb der Föderation ausüben. Diese Föderation wird sich auf einen Verfassungsvertrag zu gründen haben« (ebd.: 5).

Eine europäische Föderation hat die nationalen Unterschiede in Europa und den politischen Willen der Bevölkerung zu respektieren

Er machte gleichzeitig klar, dass eine echte europäische Föderation die nationalen Unterschiede in Europa zu berücksichtigen und zu respektieren habe. Das politische System der EU und insbesondere das europäische Parlament seien dabei dem Subsidiaritätsprinzip verpflichtet, das Fischer mit dem Begriff der »Souveränitätsteilung« versuchte, verständlicher und griffiger zu übersetzen. Ein europäisches Parlament müsse demnach immer »ein Doppeltes repräsentieren: Ein Europa der Nationalstaaten und ein Europa der Bürger«. Dies werde sich nur machen lassen, wenn das europäische Parlament im Rahmen eines (normalen) Zwei-Kammer-Systems die politischen Eliten und dann auch die nationale Öffentlichkeit zusammenführt. Der europäische Rat müsse zu einer funktionierenden europäischen Regierung gemacht werden. Diese drei Reformen – also die Lösung des Demokratieproblems sowie eine prinzipielle Neuordnung der Kompetenzen zwischen den europäischen Institutionen – werde nur durch eine konstitutionelle Neugründung gelingen. Das heißt durch eine europäische Verfassung, deren Kern die Verankerung der Grund-, Menschen- und Bürgerrechte ist, durch eine gleichgewichtige Gewaltenteilung und durch eine präzise Abgrenzung zwischen der europäischen und der nationalstaatlichen Ebene (ebd.: 6).

Diese Vision eines europäischen Bundestaats und auch die Art und Weise der intensiven Reflexion Fischers riefen ein enormes Echo hervor. Wieder einmal stand die Frage im Raum, ob ein ›Europa der Vaterländer‹ im Sinne Schumanns und im Rahmen der ›Methode Monnet‹ einer verstärkten intergouvernementalen Zusammenarbeit für Europa eine geeignete Integrationsstrategie und mit Blick auf die Welt die richtige Globalisierungsstrategie sei, oder, ob nunmehr der konsequente Schritt hin zu einer europäischen Föderation der Pfad Europas sein muss. Vor 15 Jahren zeichnete sich die große Verwerfung der europäischen Währungs- und Verschuldungskrise noch nicht ab und die dritte Globalisierung war gerade erst dabei, sich zu entfalten. 9/11 war nicht geschehen, nicht der Afghanistan-Feldzug und auch nicht der zweite Irak-Krieg. Der sogenannte Islamische Staat war nicht existent und eine nukleare Bewaffnung Irans kein Thema. Die integrationspolitische Lage Europas wurde im wesentlichen durch die wichtige Frage des Verhältnisses von Erweiterung und Vertiefung geprägt und die weltpolitische Lage war nicht von solch einer Dramatik geprägt wie heute. Betrachtet man diese im Mai 2000 vorgetragene Rede des deutschen Außenministers, hat sie heute eine noch größere Relevanz als damals, weil sie die strategische ›Unfertigkeit‹ der EU weitsichtig aber in keiner Weise arrogant oder populistisch thematisierte.

Damit war die Strategiefrage Europas wieder auf der Agenda der deutschen Politik, strahlte aber auch weit in die europäischen Nachbarländer aus

Es gehört zur Tradition des Nachdenkens zur europäischen Integration, dass die Frage der Finalität Europas von herausragenden Politkern und Intellektuellen immer wieder – auch öffentlichkeitswirksam – thematisiert worden ist. Mitte der 1990er Jahre griff etwa der Brite Sir Leon Brittan die damalige politische Unsicherheit hinsichtlich der weiteren europäischen Integration mit einer umfassenden strategischen Reflektion zur Zukunft Europas auf. Er war vier Jahre Vizepräsident der Europäischen Kommission und präsentierte zu dieser Zeit ein Programm für die wirtschaftliche und politische Evolution des alten Kontinents, das eine Strategie für die Osterweiterung der EU und die Implementierung der Währungsunion forderte (Brittan 1995). Auch andere Politiker wie Altbundespräsident Roman Herzog entwickelten eine entsprechende strategische Nachdenklichkeit für Europa und fragten nach den Möglichkeiten der Europäer, wie man die Integration als Antwort auf die globalen Herausforderungen entwickeln könne (Herzog 1996).

Wir haben in den vorausgegangenen Reflektionen gesehen, dass Europa in den vergangenen 20 Jahren großartige Fortschritte machte, den großen strategischen Entwurf als ›Weltmacht‹ allerdings nicht wagte und nicht schaffte. Finalität Europas, die Vereinigten Staaten von Europa, die Renaissance des alten Kontinents, die Selbstbehauptung Europas, all dies waren Chiffren, die letztlich Kopfgeburten blieben und im Rahmen der demokratischen Alltagswirklichkeit der nationalen Staaten zwischen Sachzwängen, nationalen Vorbehalten oder europaskeptischen Gefühlen dann auch als ebensolche Kopfgeburten hängen blieben. Einen emotionalen Durchbruch und eine europapolitische Euphorie, wie sie sich damals in der Nachkriegszeit durch das Niederreißen von Schlagbäumen an den innereuropäischen Grenzen zeigte, vermochte der Gedanke der europäischen Einigung nicht mehr zu entfachen. Die Feuerstelle der Integration blieb kalt, niemand wollte sich mehr an der Flamme der Vergemeinschaftung erwärmen, eine echte Leidenschaft für das europäische Projekt kam nicht auf. Das europäische Betriebssystem steckt bei 2.0 fest.

Die Realpolitik in der nördlichen Hemisphäre der EU denkt jetzt und in den nächsten Jahren im Traum nicht an die Verwirklichung eines europäischen Bundesstaats

Das hatte sehr viel mit der konkreten Machtverteilung in einem europäischen Bundestaat, seiner Lastenteilung oder mit einem europäischen Finanzausgleich zu tun. Die europäische Staatsschulden- und Währungskrise hatte die Frage der Staatshaftung (Bail-out) heftig auf die Agenda gebracht, sodass die politische Mehrheit keineswegs gewillt war, einen europäischen Föderalismus auch nur halbwegs in diesen Zeiten ernsthaft zu thematisieren. Hier spielte auch die modifizierte Politik der Europäischen Zentralbank eine Rolle, die ihren Auftrag der Geldpolitik erweiterte und mit dem Aufkauf von maroden Staatsanleihen begann. Die Haftung dafür lag letztlich bei allen Mitgliedstaaten der Eurozone.

Deshalb griff der deutsche Politikwissenschaftler Werner Weidenfeld die strategischen Defizite der Integration 2014 mit einem Essay zur strategischen Hilflosigkeit Europas auf (Weidenfeld 2014c) und rekurrierte zu Recht auf die emotionalen Vorbehalte gegenüber einer zu weit gehenden europäischen Integration. Jenseits der institutionellen und staatsrechtlichen Fragen der europäischen Integration forderte er eine holistische, also ganzheitliche und in sich schlüssige Strategie, welche auch die Frage nach einer europäischen Identität mit einschloss, ein Aspekt, den auch Fischer in seiner historischen Rede angesprochen und als wichtig erachtet hatte (Fischer 2000: 6f.). Weidenfeld erinnerte daran, dass es in Europa gelte, eine neue Begeisterung zu wecken, die Begründung für die europäische Einigung zu erneuern und Ideen für eine Differenzierung der Union zu entwickeln (Weidenfeld 2014c: 109). Das musste man auch als Weckruf für die Europäer interpretieren, angesichts der permanenten Krise und der unendlich vielen einzelnen Problemfälle nicht abzuschlaffen und sich nicht nur auf das Krisenmanagement zu beschränken. Er erinnerte nochmals daran, dass Europa als rettende und elementare Antwort auf die Globalisierung ein neues Ethos entfalten müsse. In der Globalisierung liege die Idee für diesen Aufbruch. Und wichtig sei, dass nur derjenige einen Aufbruch aus der zweiten Eurosklerose vermitteln könne, der die große Kunst der Deutung beherrsche. Der Kern der Botschaft sei, dass Europa darauf eine Antwort liefere mit seinem strategischen Konzept der Differenzierung nach außen und nach innen. Europa habe das Potenzial zur Weltmacht. Allerdings müsse das Potenzial organisiert und mit dem Geist europäischer Identität erfüllt werden. Eine solche historische Großleistung könne das gleiche Europa erbringen, das heute den Herausforderungen verunsichert gegenüberstehe (ebd.: 116).

Der Europäische Bundesstaat bleibt die Vision der EU, die differenzierte Integration bis auf weiteres die politische Realität

Mit diesen historischen Verweisen und technisch-institutionellen sowie politisch-kulturellen Koordinaten ist das Ziel einer europäischen Föderation gut und ausreichend beschrieben. Es geht um die Entwicklung eines effizienten und solide legitimierten politischen Entscheidungssystem, das im Rahmen einer demokratischen Verfassung eine politische Legislative, eine politische Exekutive und eine politische Judikative robust entwickelt, beschließt und nachhaltig in Szene setzt. Vielen Politikern, Beamten, Journalisten, Wissensarbeitern und Professoren ist diese hervorragende Kopfgeburt wohl bekannt und sie ist in Wirklichkeit auch sozio-ökonomisch und politisch attraktiv und sinnvoll. Der europäische Bundestaat ist die Antwort auf die Globalisierung, die es im Rahmen der europäischen Demokratie aber auch den Bürgern zu vermitteln gilt, damit aus der intellektuellen Kopfgeburt auch ein politisch und gesellschaftlich gutes Bauchgefühl werden kann. Und dann eine reale staatliche Struktur. Insofern bleibt die Finalität Europas im Rahmen einer europäischen Föderation die Vision, die differenzierte Integration aber bis auf weiteres die Realität des politisch Machbaren.

Dabei darf das normative Ziel eines geeinten Europas nicht in Vergessenheit geraten. Die Europäische Union war im Rahmen ihrer relativ jungen Entwicklungsgeschichte der Ort der Visionen einer einheitlichen Wirtschafts- und Sicherheitspolitik und im Sinne ihrer Gründungsväter der Beginn einer neuzeitlichen europäische Identität. Der deutsche Finanzminister Wolfgang Schäuble hat in seiner Rede bei der Verleihung des Karlspreises an ihn in Aachen 2012 zu Recht darauf hingewiesen, dass der europäische Einigungsprozess ein historisches Projekt ohnegleichen ist, das eine starke politische Legitimität erlangen muss, um erfolgreich fortgesetzt zu werden. Dazu betonte er die Essentials der Integration: die Geltung des Subsidiaritätsprinzips, die Stärkung der Demokratie in Europa durch eine demokratische Willensbildung über das europäische Parlament und die Herausbildung einer europäischen Identität. Dabei forderte er auch eine Stärkung der exekutiven Institutionen, so etwa, einen europäischen Präsidenten in direkter Volkswahl in der EU zu wählen. Gleichzeitig forderte er eine effizientere Nutzung der außenpolitischen Instrumentarien der EU, so etwa im Bereich der Gemeinsamen Außen- und Sicherheitspolitik oder eine Überführung des europäischen Fiskalpakts in den Vertrag von Lissabon. Insofern knüpfte der christdemokratische deutsche Politiker an die wegweisende Ansprache seines grün-linken Kollegen Joschka Fischer an, indem er die Finalität Europas angesichts dieser feierlichen Preisverleihung erneut betonte. Zeitgeschichtlich war dies am richtigen Ort und zur richtigen Zeit ein starkes neues Signal mit Blick auf die Finalität Europas.[39]

39 | Rede von Wolfgang Schäuble bei der Preisverleihung des Karlspreises in Aachen 2012 unter www.karlspreis.de/de/preistraeger/wolfgang-schaeuble-2012/rede-von-dr-wolfgang-schaeuble, aufgerufen am 3. November 2015.

XI. Der Rahmen: Statik und Architektur einer globalen Ordnungspolitik

Mit dem Ende des Ost-West-Konflikts begann eine neue politische Interpretation geographischer Gegebenheiten und ihrer strategischen Konsequenzen. Der Fall der Mauer öffnete in Europa die Gelegenheit für neue politische Bündnisse und Aktionen. Für machtpolitische Erwägungen ist dabei die Geostrategie ein wichtiges außenpolitisches, diplomatisches und schließlich militärisches Instrument. Seit Ende des 19. Jahrhunderts sucht die Geopolitik geographische Gegebenheiten mit politischen Intentionen zu verknüpfen (Ratzel 1897). Geopolitisch und geostrategisch wichtig sind zum Beispiel Fragen des Zugangs zu Häfen und zum offenen Meer, die Zugänglichkeit von Gebieten und natürlichen Rohstoffen wie Öl, Kohle oder Eisenerz, die Kontrolle über Grenzen, Flughäfen, Transportrouten, Straßen und Schienenwege und schließlich selbst das Wetter. Zu allen Zeiten war die Eroberung, Beherrschung und Gestaltung von geographischen Räumen von erheblicher politischer und militärischer Bedeutung. So waren die Feldzüge Alexander des Großen durch seinen Drang bestimmt, neue Gebiete zu entdecken und zu beherrschen. Mit Blick auf die dritte Globalisierung sind die außen- und weltpolitischen Einzelheiten der Geostrategie deshalb genauso wichtig wie eh und je. Es geht also um die Frage, welche Vor- und Nachteile politischer Herrschaft sich aus einer geographischen Lage ergeben und wie sich diese geographischen Aspekte in den internationalen Beziehungen seit Anfang der 1990er Jahre entwickelt haben. Und wie sie sich im Zuge der weiteren Entwicklungen verändern werden.

Der Begriff und das Verständnis der Geopolitik in der neuesten Geschichte sind noch relativ jung. Prägten im 15. Jahrhundert regional fokussierte Denker wie Nicolo Machiavelli (Machiavelli 1532/1978) strategisches politisches Denken mit lokalem Bezug, so zeichnete sich im ausgehenden 19. und angehenden 20. Jahrhundert im Rahmen der technologischen Möglichkeiten und der nationalstaatlichen Expansionsgelüste der damaligen Großmächte[1] ab, dass Geopolitik neben ihrer europäischen zunehmend eine globale Bedeutung bekam. Die Reichweite geopolitischer und geostrategischer Reflexionen erfuhren im Rahmen der beiden Weltkriege (1914 bis 1918 und 1939 bis 1945) und des Kolonialismus eine sehr viel komplexere Bedeutung. Im Nationalsozialismus wurde die eigentliche Rationalität der Geopolitik durch ihren dumpfen ideologischen Missbrauch diskreditiert. Die Instrumentalisierungen des Begriffs im Zeichen des deutschen Imperialismus luden das Konzept ideologisch auf, da Geopolitik im wesentlich völkisch sowie rassistisch interpretiert und vorgetragen wurde.

Im Rahmen des Kalten Krieges erfuhr der Begriff dann im Sinne der westlichen Rationalität eine Renaissance, obwohl dieses konzeptionelle Denken in seinen außen- und militärpolitischen Konsequenzen strittig oder irrig blieb. Dies zeigte sich nicht zuletzt im Indochina- und Vietnamkrieg, zuerst der Franzosen und schließlich der Amerikaner in den 1960er und den 1970er Jahren, der im Rahmen der amerikanischen ›Dominotheorie‹[2] als eine falsche Schlussfolgerung der amerikanisch geprägten antikommunistischen Politik in die Annalen der Geschichte eingegangen ist und den ehemaligen amerikanischen Außenminister Robert McNamara vor seinem Tod 2009 zu der demütigen Äußerung trieb, dass der von ihm mitverantwortete Vietnamkrieg der Amerikaner einer fatalen geostrategischen Fehleinschätzung unterlag (McNamara 1995). Führt man sich die Opfer dieser Auseinandersetzung vor Augen, wird das Elend dieses Irrtums deutlich: Im Indochina-Krieg starben über fünf Millionen Vietnamesen, darunter über 1,3 Millionen vietnamesischer Soldaten sowie fast 60.000 US-Soldaten und über 5.000 Soldaten ihrer Verbündeten. Mehrere Millionen Menschen wurden verletzt und verstümmelt und dem giftigen Entlaubungsmittel ›Agent Orange‹ ausgesetzt, nur damit amerikanische

1 | In Europa waren dies zur damaligen Zeit Deutschland, Frankreich, Großbritannien, Russland, in Asien Japan und, zögerlich, China, und in Nordamerika die USA.

2 | Die Dominotheorie besagte nach dem ehemaligen US-amerikanischen Präsidenten Dwight D. Eisenhower, dass sich Länder, die sich geographisch in der Nähe eines kommunistischen Landes befänden, durch die populistische Kraft der kommunistischen Ideologie ebenfalls kommunistisch werden. Entsprechend würden nach und nach alle Länder einer Region wie bei einer Kette von Dominosteinen umfallen und sich damit von der westlichen Welt abwenden. Aufgrund dieser Theorie betrieben die USA bis zum Ende des Kalten Krieges das Vordringen des Kommunismus zu verhindern, besonders in Südostasien, in Lateinamerika und Afrika. Schien diese Theorie anfänglich durch das Überschwappen der kommunistischen Ideologie auf (Nord-)Korea, Laos und Vietnam sowie auf Kuba und Nicaragua bestätigt zu sein, stellten sich später erhebliche Zweifel an Gültigkeit und Reichweite ein. Die Dominotheorie wurde dem amerikanischen Realismus bzw. Neorealismus zugeordnet und verlor nach dem Zusammenbruch des Ostblock endgültig an Sinn und Bedeutung.

Bombenflugzeuge vor dem Hintergrund vietnamesischer Truppenbewegungen eine bessere Orientierung bei der Zielfindung für den Abwurf ihrer tödlichen Bombenfracht haben konnten. Der Krieg dauerte immerhin 20 Jahre[3] und zeigte später den ganzen Irrsinn einer ideologisch geprägten geostrategischen Einschätzung einer Supermacht auf, die, wie Robert McNamara zugab, falsch war. Eine dramatischere und authentischere Beichte eines Spitzenpolitikers einer atomaren Weltmacht mit Blick auf das eigene Irren und Scheitern gab es bis dahin noch nie.

Geostrategisches Denken bleibt trotz der Irrungen und Wirren der Geschichte dennoch für Staaten nach wie vor essenziell. Geopolitik prägte staatliches Handeln im Rahmen der sich seit 1945 veränderten Weltordnung des Ost-West-Gegensatzes. Es fällt auf, dass die geopolitischen und geostrategischen Debatten des Kalten Krieges und, auch nach dem Fall der Berliner Mauer, sehr stark von amerikanischen Wissenschaftlern und Politikberatern dominiert worden sind. Beeinflussten in den Jahren zwischen 1950 und 1990 Denker wie der Franzose Raymond Aron (Aron 1962) oder André Glucksmann (1983) die strategische Debatte, griffen später immer mehr angelsächsische Autoren in diese Diskussion ein. Insbesondere der ehemalige amerikanische Außenminister Henry Kissinger, der Politloge und Vertraute der amerikanischen Präsidenten Carter und Clinton, Zbigniew Brzezinski oder Edward Luttwak und Samuel Huntington sowie der israelische Militärtheoretiker Martin van Creveld dominierten die Diskussionen über die Qualitäten und Ausrichtungen der Geostrategie im Ost-West-Konflikt (van Creveld 1991; Kissinger 2002; Brzezinski 2002, Luttwak 2003, Huntington 1996). Sie unterfutterten die amerikanische Realpolitik intellektuell und waren in ihren Schlussfolgerungen und Urteilen für die strategische Debatte von hoher Bedeutung. In Frankreich, Großbritannien oder Deutschland griffen nur eine Handvoll von Politikern, Journalisten und Politikberater das Thema auf (Kaiser/Schwarz 2000, Weidenfeld 1996/2005b), die über den strategischen Sachverstand und einen persönlichen Zugang in den USA sowie eine personelle Infrastruktur verfügten, welche eine Befassung mit dieser zuweilen heiklen und schwierigen Materie ermöglichte. In herausragender Weise befasste sich der ehemalige Verteidigungsminister und Bundeskanzler Helmut Schmidt mit geostrategischen Fragen der westlichen Politik, zuerst im Rahmen der alten Ordnung des Ost-West-Konflikts (Schmidt 1961, 1986 und 1987) und schließlich auch nach dem Fall des Eisernen Vorhangs (Schmidt 2004). Heute, im 21. Jahrhundert, und im Rahmen einer entfalteten Globalisierung, gehören geopolitische und geostrategische Überlegungen in jeden Handwerkskasten der juristischen, militärischen, historischen und politikwissenschaftlichen Ausbildung sowie der internationalen Diplomatie dazu.

3 | Vgl. http://de.wikipedia.org/wiki/Vietnamkrieg, aufgerufen am 27. April 2015.

Der virtuelle Raum des Internet bedeutet eine neue geostrategische Herausforderung für die internationale Politik

Ein wichtiger Aspekt ist dabei der virtuelle Raum des Internet. Während die klassische Geopolitik und Geostrategie auf den Zugang zu physischen Räumen, Wegen, Ressourcen oder Kontrolle von Grenzen und anderen geographisch wichtigen Aspekten der natürlichen Umwelt abzielten, eröffnete sich mit dem Netz ein neuer virtueller Kontinent. Er ergänzt die Stofflichkeit der geographischen Gegebenheiten um eine virtuelle Dimension. Das Internet realisiert neue Wege und Möglichkeiten und hilft, geographische Umstände bei der Interaktionen von Staaten durch eine nichtstoffliche Kommunikation zu umgehen. Waren in grauer Vorzeit erst Kutschen, Eisenbahnen oder Pferde die Übersender von Informationen und Meinungen und später Telegrafie, Telefon und Fax, ersetzten die modernen Informationstechnologien diese Kommunikationsinstrumente durch ein weltumspannendes informationstechnologisches Netz, das den Austausch von Informationen und Meinungen in Echtzeit am Tag und in der Nacht ermöglicht. Dies bezieht militärische Aspekte in herausragender Weise mit ein.

Je komplexer die industrielle Infrastruktur der Länder und ihrer Vernetzung wird, desto anfälliger wird diese nun aber auch für Attacken aus dem Nichts, und so relativer wird der konventionelle Krieg, der seinerseits auch nicht mehr ohne modernste Elektronik geführt werden kann. In Zukunft kommt es auf die Qualität und Sicherheit von elektronischen Verbindungswegen an, unter Wasser, auf Land, in der Luft und im All, auf den Standort von Servern, auf die Verfügbarkeit der natürlichen Ressourcen, die für die Entwicklung der notwendigen Hardware notwendig sind und jederzeitigen Zugriff auf Energie und Logistik. Wurden früher geostrategische Herausforderungen durch den zweidimensionalen Zugriff auf Raum und Zeit bewältigt, kommt es heute gleichsam auf die Beherrschung einer dritten Dimension an, die des virtuellen Raums, die den natürlichen Raum ergänzt. Das Internet schafft so eine neue geopolitische Herausforderung im 21. Jahrhundert.

1. Geostrategie im 21. Jahrhundert

Da die Globalisierung nach dem Ende des Ost-West-Konflikts im wesentlichen ökonomisch getrieben wurde, waren insbesondere die volkswirtschaftlichen und weltwirtschaftlichen Effekte von Bedeutung. Ich habe eingangs bereits die Entfesselung der Ökonomie und die Intensivierung des Welthandels beschrieben. Wir wissen heute auch, welche Bedeutung die Digitalisierung der Wirtschaft hat, und dass nur einer ökologisch ausgerichteten Wirtschaft die Zukunft gehören kann. Und ich habe analysiert, wie die internationalen Beziehungen durch die Globalisierung verändert worden sind. Insofern ergänzt die Geoökonomie die Geopolitik und bezieht wirtschaftliche Abhängigkeiten, Notwendigkeiten und gewünschte Wirtschaftsstrukturen in die Konstruktion von modernen Geostrategien mit ein.

Die politische Geostrategie berücksichtigt heute veritable Verschiebungen im Machtgleichgewicht der Welt. In der Ära des Ost-West-Konflikts dominierten die USA und die UdSSR sowie ihre Verbündeten und Vasallen das Weltgeschehen, Länder wie Frankreich, Deutschland, Großbritannien oder Japan waren Verbündete, die wirtschaftlich nach dem Zweiten Weltkrieg erstarkt waren und sich mit den anderen Ländern Europas innerhalb der Europäischen Union formierten, sich insgesamt aber der Raison der Nachkriegsordnung innerhalb der NATO unter Führung der USA unterordneten. China, die ›kleinen Tigerländer‹ Südostasiens (Südkorea, Singapur, Taiwan und Hongkong) sowie Brasilien, Südafrika und Indien waren eher von peripherer Bedeutung. Nach 1989 hatten Russland und die ehemaligen Mitgliedstaaten des Warschauer Pakts und des Comecon (Council for Mutual Economic Assistance, oder Rat für gegenseitige Wirtschaftshilfe) wirtschaftlich insgesamt keine besondere Bedeutung. Lediglich Russland besaß reichhaltig Rohstoffe und Energievorkommen. Das Land hat den Status einer Nuklearmacht und musste weiterhin militärisch und weltpolitisch beachtet werden.

Status und Rang einiger dieser Länder haben sich seit den letzten 50 Jahren stark gewandelt. Galten die USA, Europa und Japan in der späteren Nachkriegszeit als ›Nabel der Welt‹, spielten diese Länder außerhalb der euro-japanisch-amerikanischen Sphäre in der Weltpolitik und der Weltwirtschaft recht bald eine wichtige Rolle und kreierten mit dem Label ›BRICS‹-Staaten (heute getrennt in China und die BRIS-Staaten Brasilien, Indien und Südafrika) eine eigene Marke. Aus einer bipolaren Welt wurde binnen kurzer Zeit eine multipolare Welt, die mit der ihr eigenen Urgewalt eine neue Mitbestimmung, neue Rechte und schließlich eine von ihr mitbestimmte Weltordnung wollte und will. Das forderte wiederum die USA, die Staaten Europas und Japan heraus. Diese Länder standen vor dem Problem, wirtschaftlich leistungsfähig und innovativ zu bleiben; gleichzeitig forderten die Umstände zunehmend eine weltpolitische Rolle dieser Länder ein, was sie aufgrund verschiedenster Probleme schlecht oder – etwa mit Blick auf Japan – gar nicht leisten konnten oder wollten. Sowohl die Länder als auch die internationalen Organisationen wie die NATO mussten plötzliche strategische Fragen auf neue wirtschaftliche und sicherheitspolitische Probleme finden, auf die sie nicht oder schlecht vorbereitet waren. Plötzlich entstanden im Rahmen der Globalisierung unangenehme Perspektiven als klar wurde, dass die weltpolitische Eurozentrierung keinerlei Selbstverständlichkeit mehr besaß und die Amerikaner zunehmend den pazifischen Raum als wichtiger – oder als wenigstens gleichwertig zu Europa – für ihre wirtschaftlichen und strategischen Interessen erachteten. Gleichzeitig mussten die Europäer bis in die Mitte der 2010er Jahre erkennen, dass es mit Russland keine einfache Nachbarschaft geben kann. Mit der Annexion der Krim und dem Ostukraine-Krieg zeigte sich, dass der imperiale Impetus und das Weltmachtstreben des Riesenreichs im Osten nicht erloschen war und – ganz im Gegenteil – sich eine weltpolitische Geltungssucht auftat, die man so nicht unbedingt hätte kalkulieren müssen oder erwarten können. So erfüllte sich peu á peu das Bild, das unter anderem Helmut Schmidt bereits in der Mitte der 2000er Jahre von den ›Mächten der Zukunft‹ gezeichnet hatte (Schmidt 2004).

Europa ist geostrategisch nach wie vor nur sehr begrenzt handlungsunfähig und handlungswillig

Gleichzeitig wurde China immer stärker und auch Indien kam als wirtschaftliche Regional- und Atommacht stärker in den Fokus des Interesses. Alles dies warf gewohnte Gedankenspiele und Politikkonzepte vollkommen über den Haufen und das Jammern der euro-atlantischen Eliten konnte das Fehlen einer europäischen Geopolitik und Geostrategie im Verbund mit den USA nur über wenige Jahre verdecken. Über eine europäische Geostrategie nachzudenken bedeutete, Neuland zu betreten. Wichtig war die Frage, ob es Europa gelingen kann, genuin europäische Interessen zu formulieren und zu vertreten. Dies aber scheiterte an dem grundlegenden Problem europäischer Politik im Rahmen der Methode Monnet: die EU kann keine gemeinsamen europäischen Interessen definieren, da sie dafür kein echtes Mandat hat und starke Mitgliedsländer der Union wie Frankreich, Großbritannien, Deutschland, Polen, Spanien oder Italien dies nicht wollten. Und, wie der BREXIT gezeigt hat, auch nicht wollen. Auch das Konzept der differenzierten Integration löst diese Problematik bis auf weiteres nicht. Zudem kennt die europäische Integration bis heute keine offizielle Geostrategie, obwohl der Einfluss des geographischen Raums auf die Politik schon längst hätte Einfluss nehmen müssen auf die gemeinsame Außen- und Sicherheitspolitik der Europäischen Union.

So lange sich dies nicht ändert, hat die EU mit Blick auf geopolitische Fragen und geostrategische Herausforderungen weiterhin nur ›weiche‹ diplomatische Instrumente an der Hand. Im Schatten der amerikanischen Weltmacht war dies bis Anfang der 2000er Jahre ein durchaus komfortables Arrangement; angesichts der Machtverschiebung auf den pazifischen Raum, das schwierige Verhältnis der EU zur Türkei und die katastrophale Entwicklung in Russland stellt sich die Frage, wie lange diese geostrategische ›Hängepartie‹ noch anhalten kann. Charles Kupchan, der einer der wichtigen außenpolitischen Berater Präsident Clintons war, entwickelte schon Mitte der 2000er Jahre das Bild vom Ende der Vorherrschaft der USA und wies darauf hin, dass Amerika nicht nur eine europäische, sondern auch eine pazifische Perspektive habe und darüber hinaus seine Vorherrschaft nicht ewig werde behaupten können (Kupchan 2003). Ähnlich wie Paul Kennedy (Kennedy 1989) und John Mearsheimer (Mearsheimer 2001) es schon früher und grundsätzlicher formuliert haben, erreiche die Pax Americana im 21. Jahrhundert Grenzen. Dieser Blick wurde dann durch den Rückzug der Vereinigten Staaten aus dem Nahen Osten Mitte der 2010er Jahre empirisch zum Beispiel verifiziert und der ehemalige deutsche Außenminister Joschka Fischer titelte einen Beitrag in der Münchner Süddeutschen Zeitung lapidar: »wenn der Hegemon geht«. (Fischer 2015). Er wies damit auf die enorme Destabilisierung hin, die der Rückzug der USA aus der Region bewirkte. Sie entstehe im entfachten Machtkampf um die Vorherrschaft des Iran oder Saudi-Arabiens über den Nahen Osten, der auch Europa aufgrund seiner energiepolitischen Abhängigkeit und seiner Sensibilität für Israel trifft. Hinzu kommt die enorme Nervosität in Pakistan und Afghanistan, da beide Länder von dieser Gemengelage stark betroffen sind (Woltersdorf 2015). Die iranischen Bestrebungen für den Erhalt nuklearer Waffen kommen hinzu, welche die Situation nochmals verkompliziert. An kaum einem anderen Beispiel lässt sich die herausragende Bedeutung der Geopolitik besser illustrieren als an diesem auch für Europa entscheidenden Standortwettbewerb, der schnell über die Türkei oder über moderne Abstandswaffen für Europa ein Problem werden könnte.

Die geopolitischen Herausforderungen werden früher oder später Europa aus seinem Dornröschenschlaf ›wachküssen‹

Ob es Europa und den Europäern nun passt oder nicht: sie müssen sich mit der neuen geopolitischen Situation abfinden und sich geostrategisch auf neue Herausforderungen einlassen. Ulrike Guérot und Andrea Witt haben schon vor geraumer Zeit auf die entscheidenden geostrategischen Herausforderungen der EU hingewiesen:

»Im größeren Kontext muss entschieden werden, welche Verantwortung die EU in internationalen Konflikten übernimmt bzw. wie sie sich in Krisenregionen wie dem Mittleren Osten engagiert. Auch hier gilt die Wechselbeziehung zwischen Raum und Handlungsabläufen. Ist die Mehrzahl der gegenwärtigen internationalen Konflikte einerseits grenzenlos, da künstlich gezogene Demarkationslinien keinen Schutz bieten? Haben sie andererseits klare räumliche Dimension? Sowohl die zu erwartenden Verteilungskämpfe um knappe Ressourcen wie Wasser als auch der internationale Terrorismus sind in ihrem Ursprung territorial ungleich verteilt. Nach (Christian, Anm. d. Autoren) Hacke führen Konflikte wie der internationale Terrorismus zu neuen Dynamiken in den Ost-West- und den Nord-Süd-Beziehungen. Als Konsequenz entstehen nicht nur neue Nord-Süd-Probleme, auch die West-Ost- sowie die West-West-Beziehungen im Rahmen des transatlantischen Verhältnisses werden belastet. Diese gefährliche Tendenz wird verstärkt, wenn sich Europa den neuen Herausforderungen nicht entschieden stellt.« (Guérot/Witt 2004).

An dieser Situation und ihrer Analyse hat sich bis heute aus europäischer Sicht nichts Wesentliches geändert.

2. Die geostrategische Herausforderung der Globalisierung

Nimmt man Deutschland und Europa als Ausgangspunkt einer geostrategischen Betrachtung so hat sich nunmehr gezeigt, wie sehr die Verschiebung der internationalen Machtgewichte und die Veränderungen der Weltpolitik das politische Nachdenken hier beeinflussen. Die Rationalität, Zwänge und Konturen des Kolonialismus sowie der 50jährigen Nachkriegsordnung sind verschwunden. Im Rahmen des Ost-West-Konflikts waren sowohl Fronten als auch Koalitionen klar: im Westen dominierten die USA, die NATO und die EU das bündnispolitische Geschehen, die westliche Militärstruktur die westliche Wirtschaft; spiegelbildlich herrschten im Osten die UdSSR, der Warschauer Pakt und das Wirtschaftsbündnis Comecon.

Es gab neben dem Ost-West-Konflikt den Nord-Süd-Gegensatz, der die Welt zusätzlich in entwickelte Industrieländer und Entwicklungsländer einteilte. Viele Staaten in dieser Welt entschieden sich im Rahmen des Ost-West-Konflikts für das ein oder andere Lager: so tendierten Kuba und eine Reihe anderer Staaten Mittel- und Lateinamerikas in Richtung UdSSR, andere wie Argentinien oder Chile in Richtung USA. Im pazifischen Raum gehörte die Loyalität Thailands, Japans oder Südkoreas in ungeteilter Weise den USA, Vietnam oder Laos fielen nach den kriegerischen Konflikten der 1970er Jahre in den Einflussbereich der UdSSR. China und Indien rangen um ihre politische Stabilität und ihre wirtschaftliche Entwicklung und waren in dieser Zeit nur von marginaler Bedeutung, hatten mit ihren Konflikten mit Japan oder Nepal (China) bzw. Pakistan oder Kaschmir (Indien) aber auch geopolitischen Stress. Einige Länder bemühten sich um Neutralität, gerieten aber trotzdem immer wieder in den Sog der ost-westlichen oder nord-südlichen Gemengelagen dieser Zeit hinein. Mit dieser zugegebener Maßen etwas kursorischen Betrachtung wird klar, wie übersichtlich die geopolitische Lage des Ost-West-Konfliktes eigentlich war und wie konkrete geostrategische Konzepte hierbei entwickelt und viele Jahre gepflegt werden konnten.

Mit dem Anfang der dritten Globalisierung veränderte sich diese Situation. Die etablierten Fronten und Koalitionen lösten sich auf. Die wirtschaftliche Entwicklung vieler Länder wie etwa Chinas, Indiens, Brasiliens oder in jüngerer Zeit auch Südafrikas waren eine politische und sozio-ökonomische Explosion (O'Neil 2012; Follath 2013). Die gesamte Lage wurde komplizierter und verwirrender. Auch wenn die jüngste Geschichte trotz aller Brüche natürlich noch viele Bezüge und Verbindungen zur Vergangenheit zeigt, zeichnen sich in diesem veränderten Szenario zehn nationalstaatliche und regionalpolitische Entwicklungspfade ab, die zum Teil gravierend mit der Vergangenheit brechen:

- Die USA verlieren mehr und mehr ihre Rolle und Bedeutung als Weltpolizist und hegemoniale Macht;
- China steigt unaufhaltsam als wirtschaftliche, militärische und zusätzlich regional dominierende Weltmacht auf;
- Indien wird eine starke Regionalmacht in Südasien mit einem langfristig enormen wirtschaftlichen Potenzial;
- Iran und Saudi-Arabien treten in einen Machtkampf um die Vorherrschaft im Mittleren Osten ein, in dem der Irak keine und die Türkei zunehmend eine konkurrierende Rolle spielen;
- So lange im islamischen Gürtel von Indonesien im äußersten Osten bis Marokko im äußersten Westen des ›grünen‹ Gürtels das Schisma des Islam, die islamisch gewollte Einheit von Staat und Religion und der Wunsch nach der Herrschaft der Scharia bestehen, bleibt das Scheitern von Staaten im westlichen Sinne in diesem Kontext Normalität;
- Die politische Labilität, der Terror und die Bürgerkriege im islamischen Raum bedrohen die Stabilität Europas, weil er seine inneren Probleme, seine Frustrationen und Aggressionen mit Blick auf seine Unfähigkeit, sich mit Blick auf die dritte Globalisierung zu modernisieren, auch in einer Konfrontation mit der westlichen Welt entlädt;
- Die EU steht unter Druck, die eigene Einheit zu behaupten und die Legitimität der Integration durch eine höhere demokratische Qualität und Effizienz der politischen Entscheidungen zu steigern;
- Russland beharrt auf seiner Rolle als regionaler Hegemon und als Weltmacht mit einer eigenen sozio-kulturellen Identität und politischen Einflusssphäre;
- Brasilien wird in Südamerika die vorherrschende Regionalmacht, Mexiko in Mittelamerika;
- In Afrika öffnet sich eine tiefe Kluft zwischen prosperierenden und gut regierten Ländern und scheiternden Staaten.

Diese Entwicklungspfade sind von geostrategischer Bedeutung. Sie haben sowohl unmittelbare als auch mittelbare Bezüge zu Fragen der Energie- und Rohstoffversorgung in der Weltwirtschaft, zu Fragen des internationalen Welthandels und der Freizügigkeit der Mobilität von Menschen, Arbeit, Information und Kapital, zu der Frage von Krieg, Duldung, Frieden oder aktiver politischer Kooperation zwischen den 193 Ländern dieser Welt, zu Fragen der Menschenrechte, zu Fragen der weltweiten Migration, des Klimaschutzes oder zum Entstehen und Vergehen von Staaten und Fragen der Zivilisations- und Vergesellschaftungsformen. Nach Ende des Ost-West-Konflikts standen auch Fragen im Raum, wie sich bestimmte Länder entwickeln werden, mit wem sie ökonomisch kooperieren oder militärisch paktieren, und mit wem nicht, und über welche Waffen zukünftig welche Staaten verfügen werden. Geopolitisch wichtig waren im Rahmen der neuen Situation die Nicht-EU-Mitglieder der osteuropäischen Peripherie sowie Russland und die Ukraine. Hinzu kommen die politischen Entwicklungen in China und Indien und Asien sowie im Nahen und Mittleren Osten.

Russlands beharrlicher Drang, Weltmacht zu sein und zu bleiben, ist für die Europäische Union und den Westen eine große geostrategische Herausforderung

Nach dem Zerfall der UdSSR, des Warschauer Pakts und des Comecon entstand in Ost- und Südosteuropa ein machtpolitisches und wirtschaftspolitisches Machtvakuum, das in den 2000er Jahren zunächst mit dem Beitritt der osteuropäischen Staaten und den Ländern des Baltikums zur EU und zur NATO mit politischem Sauerstoff aufgefüllt wurde. Bulgarien und Rumänien wurden 2004 Mitglieder der NATO und 2007 Mitglieder der EU. Nach der Beendigung des Balkankonflikts und dem Beitritt von Slovenien 2004 und Kroatien 2013 zur EU und zur NATO wurden in Südosteuropa weitere geopolitische und geostrategische Weichen gestellt. Die EU und die NATO dehnten ihren Einflussbereich in den 2000er und 2010er Jahren damit kontinuierlich und konsequent aus. Keine eindeutige geopolitische Zuordnung besteht seitdem mit Blick auf Albanien, Bosnien-Herzegowina und Serbien und insbesondere auch auf die Ukraine, die im Rahmen ihrer politischen Unabhängigkeit seit 1991 ihre nationale Identität und ihre internationale Rolle zwischen einer westlichen Orientierung im Rahmen von NATO und EU und einer östlichen Orientierung mit Blick auf Russland schwankt. Hinzu kommen Weißrussland, Georgien sowie Moldawien, die als Staaten bzw. als Regionen politische Spannungen mit Blick auf ihre Beziehungen zu Russland erleben. Für Europa resultieren aus dieser Situation eine Reihe von gravierenden geostrategischen Problemen, die insbesondere mit der Annexion der Krim durch Russland 2014 und dem folgenden Krieg in der Ostukraine schwerwiegende Fragen mit Blick auf die Stabilität der östlichen Nachbarschaft und das Verhältnis zu Russland aufgeworfen haben. Durch die Existenz der russischen Enklave in Kaliningrad und der direkten Lage der baltischen Staaten zur Grenze mit Russland kamen in Polen, Estland, Lettland und Litauen Befürchtungen hinsichtlich einer friedlichen Nachbarschaft mit dem östlichen Nachbar auf, der schon im Tschetschenien-Konflikt gegenüber islamischen Separatisten demonstriert hatte, was er von Separationsbestrebungen in seiner Einflussspähre hält. Auch wenn dieser Konflikt nicht zu vergleichen ist mit der russischen Einflussspähre in der westlichen Peripherie des Landes kamen vor dem Hintergrund einer leidvollen Geschichte mit dem russischen Staat dennoch massive Ängste in diesen Ländern auf, die über Jahrzehnte durch Bedrohung, Ausbeutung, Bevormundung und Annexion gekennzeichnet ist. Solche Bedenken wurden besonders in Polen oder den baltischen Ländern geäußert und Forderungen nach einer größeren Präsenz der NATO in diesen Staaten wurden laut.

Insofern wurden Osteuropa, Südosteuropa, die Ukraine und besonders Russland nach der Beruhigung durch die Schaffung klarer geopolitischer und geostrategischer Verhältnisse durch die Beitrittswellen zur NATO und die EU wieder zum geopolitischen Problem. Geostrategisch drückt sich dies diplomatisch, militärisch und wirtschaftspolitisch aus. Der Versuch, mit dem NATO-Russland-Rat und der Europäischen Nachbarschaftspolitik ein entspanntes und konstruktives Verhältnis des Westens zu Russland herzustellen, musste vor dem Hintergrund des Georgienkonflikts 2008 sowie mit der Annexion der Krim durch Russland und der Intervention in der Ostukraine zur Unterstützung der prorussischen Rebellen und einer Separation dieses Teils der Ukraine 2014 als gescheitert angesehen werden. Die militärische Zusammenarbeit der NATO mit Russland liegt seit 2014 auf Eis und auch das Partnerschafts- und Kooperationsabkommen zwischen der EU und Russland wurde nach dem Georgienkonflikt 2008 faktisch suspendiert. Russland hat klar gemacht, dass es ein weiteres Vordringen des Westens in seine Einflussspähre nicht dulden wird und strebt nun aus eigener Sicht folgerichtig die Bildung einer Eurasischen Union an, zu der in Zukunft Russland, Kasachstan, Weißrussland und Armenien gehören sollen.

Mit dieser Positionierung schaffte Russland eine Reihe von geostrategischen Herausforderungen für die USA, Deutschland, Frankreich, Großbritannien, die EU und die NATO. Diese sind vor allem verteidigungs- und energiepolitischer Natur. Russland rüstet seit Jahren massiv auf und besitzt eine der schlagkräftigsten Armeen der Welt. 2015/2016 provozierte das Land mit seiner militärischen Solidarität für den syrischen Staatschef Assad den Westen. Das Land verfügt über Nuklearwaffen und hat mit spektakulären Übungen an der Grenze und im Luftraum zur NATO 2014 demonstriert, dass es seine eigenen Interessen konsequent und – falls nötig – auch mit militärischen Mitteln vertreten will. Als Soldaten in der Ostukraine ohne Hoheitszeichen auf den Uniformen agierten, wurde klar: die Mentalitäten der Vergangenheit haben in Russland Bestand. Der ehemalige NATO-Generalsekretär Anders Fogh Rasmussen sprach in diesem Zusammenhang von einem historischen Wendepunkt: »zum ersten Mal seit dem Zweiten Weltkrieg hat eine europäische Nation sich gewaltsam Land angeeignet. Wir dachten, dass das, was wir auf der Krim gesehen haben und im Osten der Ukraine erleben, der Vergangenheit angehört. Aber es geschieht am Anfang des 21. Jahrhunderts [...]«[4]. Später, kurz vor Ende seiner Amtszeit, sprach er von einem kriegerischen Akt Russlands gegenüber der Ukraine. Diese Äußerung fand in enger Absprache mit den Mitgliedern der Allianz statt. Auch die deutsche Bundesregierung fand mit Außenminister Frank Walter Steinmeier klare Worte. Nach einer sorgfältigen Bestandsaufnahme im Sommer 2014 wurde klar, dass der russische Zugriff auf die Krim und die Ostukraine eine von langer Hand geplante Invasion gewesen ist.

Der deutsche Journalist Thomas Gutschker berichtete dies in der Frankfurter Allgemeinen Sonntagszeitung vom 7. September 2014 (Gutschker 2014). Mit Blick auf die Herrschaftselite in Russland – und eben nicht nur auf die Einzelperson von Wladimir Putin, der kein Zar ist, sondern der als vorgeschobene Person einer russischen Elite mit kameradschaftlichen Ursprüngen aus St. Petersburg agiert (Gloger 2015) – zitiert Gutschker eine Rede des russischen Generalstabschefs Walerij Gerassimow im Januar 2014, wo dieser vor der Jahresversammlung der Russischen Akademie für Militärwissenschaften über eine neue Rolle des Krieges sprach.[5] Darin war davon die Rede, dass sich die Grenzen des Krieges und des Friedens auflösten. Kriege würden nicht mehr erklärt, sie verliefen vielmehr nach einem »ungewohnten Muster«. Er bezog sich damit auf den ›Arabischen Frühling‹, in Wirklichkeit aber wohl eher auf die ›Orange Revolution‹ in der Ukraine. Das Postulat der neuen Kriegsführung sei dabei einfach: die Regeln des Krieges haben sich verändert. Politische Ziele seien nicht mehr mit konventioneller Feuerkraft zu erreichen, sondern durch den Einsatz breit gestreuter Desinformationen, durch politische und ökonomische, humanitäre und andere nichtmilitärischen Maßnahmen, die in Verbindung mit dem Protestpotenzial der Bevölkerung zum Einsatz kommen. Gerassimow plädiert dafür, dass sich die imperiale Macht Russland die Methoden von Guerillakämpfern aneignet. Es geht also um ›nichtlineare Kriegsführung‹.

Die NATO spricht in diesem Kontext von ›hybrider Kriegsführung‹. Das zeigt, wie Kriege im 21. Jahrhundert selbst von Supermächten geführt werden: still, verschlagen, clever, ohne großen materiellen Aufwand, eher mit einer in Nacht und Nebel entfalteten Feuerkraft von gepanzerten Fahrzeugen, Raketen, Drohnen und hoch modernen automatischen Waffen, und mit einer gezielt desorientierten Öffentlichkeit. Hier passt es auch ins Bild, dass die russische Luftwaffe im Oktober 2014 im Rahmen eines ungewöhnlich groß angelegten Manövers den Luftraum der NATO streifte, ohne diesen aber wirklich zu

4 | Vgl. Die Annexion der Krim ist ein Wendepunkt. Interview in der Frankfurter Allgemeinen Sonntagszeitung vom 4. Mai 2014.

5 | Die Rede wurde nach Meldung der Frankfurter Allgemeinen Sonntagszeitung (FAS) im Internet veröffentlicht, war aber nach der Berichterstattung durch die Zeitung dort nicht mehr auffindbar.

verletzen, sondern mit dem Ziel, auf die Fähigkeiten der russischen Armee hinzuweisen, jenseits der hybriden oder nichtlinearen Kriegsführung durchaus auch im konventionellen und nuklearen Bereich handlungsfähig zu sein. Als die NATO 2015 beschloss, als Reaktion auf die Zuspitzungen im Ukraine-Konflikt eine 30.000 Mann starke Einsatzgruppe in Osteuropa militärisch zu bilden, aufzurüsten und zu koordinieren und die Gründung eines Militärhauptquartiers in Polen und einer Kommandobasis in Rumänien beschloss, reagierte Russland mit der Ankündigung, seine Einheiten in Weißrussland und Kaliningrad konventionell zu verstärken und auch neue atomare Raketen in Stellung zu bringen.[6] Das war ein Gruß aus der Vergangenheit, als der Kalte Krieg das Klima zwischen West und Ost prägte.[7]

Mit der Annexion der Krim sicherte sich das Land den strategischen Zugriff auf den Militärhafen Sewastopol, wo die russische Schwarzmeerflotte liegt und damit einen direkten Seeweg über den Bospurus in das Mittelmeer. Dies betrifft einerseits den militärischen Zugang Russlands zum Mittelmeer, andererseits den maritimen Zugang zum internationalen Seehandel. Neben Agrargütern und Industrieprodukten hat das Erdöl einen entscheidenden Anteil am großen Transportvolumen auf diesem Weg.

Die Schwarzmeerregion ist aus europäischer Sicht energiepolitisch und logistisch wichtig – geopolitisch allerdings ein Pulverfass

Insbesondere die Anrainerstaaten am östlichen Schwarzen Meer sowie deren durch Pipelines angebundenes Hinterland gelten als Erdöllieferanten des 21. Jahrhunderts, zugleich aus europäischer und nordatlantischer Sicht auch als Region permanenter Unruhe. Die Energieversorgung Europas ist der wichtigste geostrategische Faktor in der Betrachtung der osteuropäischen und russischen Partnerschaft, auch wenn die bisher einzig funktionierende Pipeline für Erdgas von Russland über die Ostsee nach Deutschland diesen logistischen Zugang seit 2011 ergänzt. Die zusätzlichen Alternativen einer südlichen (South Stream) und einer südöstlichen Pipeline (Nabucco) kommen nicht voran oder wurden zwischenzeitlich für beendet erklärt. Im Rahmen der politisch unruhigen Nachbarschaft in der östlichen Peripherie der EU, der Schwarzmeerproblematik, der russischen Militärmacht und den Fragen zur Energiesicherheit Europas wird die geopolitische Bedeutung und die geostrategische Problematik dieses geographischen Raums für Europa klar.

Das Hauptinteressen Europas gilt den Energiereserven in der Schwarzmeerregion. Dabei steht die Kaukasusregion als Produzent und als Transitgebiet für die gewaltigen Vorkommen in Zentralasien im Mittelpunkt. Der Trans-

6 | Vgl. Süddeutsche Zeitung vom 16. Juni 2015.

7 | Vgl. Süddeutsche Zeitung vom 31. Oktober 2014.

fer verläuft über Aserbaidschan, Georgien und die Türkei in Richtung Balkan nach Mittel- und Südosteuropa. Aus europäischer Sicht und der Sicht jedes einzelnen Mitgliedstaates der EU sind die politischen Konfliktlagen der Region deshalb ein Problem. Fast alle Länder sind gekennzeichnet von Demokratiedefiziten mit Repression und Rechtlosigkeit, Korruption, organisierter Kriminalität, Geldwäsche und Drogenhandel, wirtschaftlicher Rückständigkeit und ethnischen Konflikten. Alle Anrainer des Schwarzen Meeres sind multiethnische und multikonfessionelle Länder, wobei Ethnie und Religion oft miteinander kombiniert sind: Bulgarien mit einer starken türkischen Minderheit sowie Sinti und Roma, Rumänien mit ungarischen und deutschen Minoritäten und einer größeren Roma-Bevölkerungsgruppe. Moldawien mit Ukrainern, Russen und türkischen Gagausen sowie der abtrünnigen Region Transnistrien, die als Konfliktlösung eine Föderalisierung anstrebt. Die Ukraine ist gespalten in einen von Ukrainern bewohnten Westteil und einen mehrheitlich russischsprachigen Ostteil. Die Krim mit mehrheitlich russischer Bevölkerung wird auch von den während des Zweiten Weltkrieges deportierten Tataren als traditioneller Teil ihrer Heimat beansprucht. Im Nordkaukasus lebt eine bunte Vielfalt von Völkerschaften: Tscherkessen, Karatschaier, Balkaren, Osseten, Tschetschenen, Inguschen, Dagestanis und Kalmyken, teils in eigenen monoethnischen Republiken, teils in bi-ethnischen wie Karatschai-Tscherkessien und Kabardino-Balkarien. Die Region ist abgesehen von den mehrheitlich russischen Gebieten überwiegend muslimisch geprägt. Der Südkaukasus ist belastet von ethnischen Konflikten, die zu Kriegen und Sezessionen bestimmter Regionen führten (Bergkarabach, Abchasien und Südossetien).

Georgien und Armenien sind überwiegend christlich, Aserbaidschan muslimisch, aber nach türkischem Vorbild laizistisch. Der zu Russland gehörige Nordkaukasus ist immer noch weitgehend unterentwickelt und die Bevölkerung von ethnischen und religiösen Konflikten durchzogen. Die Schwarzmeerregion war immer wieder von Konflikten und Kriegen betroffen. Während des Kalten Krieges war das Schwarze Meer zwischen den beiden Blöcken aufgeteilt. Die nördliche und östliche Küste beherrschte die Sowjetunion, im Westen lagen die Warschauer Pakt-Mitglieder Rumänien und Bulgarien: im Süden erstreckte sich in voller Breite das NATO-Mitglied Türkei – insgesamt vier Staaten beherrschten die Region. Nach dem Ende des Ost-West-Konflikts brachen dann innerethnische und nachbarschaftliche Konflikte in der Region aus, die unter den neuen Staaten zu Kriegen und bis heute andauernden Spannungen führten. Beispiele sind Moldawien und das abtrünnige Transnistrien, mehrere Tschetschenienkriege, ethnische und religiöse Konflikte im Nordkaukasus, die Loslösung der abtrünnigen Gebiete Abchasiens und Südossetiens von Georgien oder der Krieg zwischen Armenien und Aserbeidschan um die Region Berg-Karabach. Von Mittelasien, dem Iran, Saudi-Arabien und der arabischen Welt dringen starke islamfundamentalistische Strömungen in die

Kaukasus-Region ein und breiten sich inzwischen auch ins Innere Russlands aus. Im Nordkaukasus macht sich die Aufstandsbewegung um Doku Umarov ständig durch Attentate und Scharmützel mit den Sicherheitsorganen bemerkbar.

Am 19. Juli 2012, am Vorabend des Ramadan, erregte ein Attentat auf zwei hohe Geistliche in dem sonst für seine versöhnliche Politik bekannten Tatarstan Aufsehen. Das säkulare Aserbaidschan konnte wie auch die Türkei durch ihr laizistisches System den fundamentalen Islamismus bisher eindämmen. Jedoch droht auch hier ein Eindringen islamistischer Strömungen aus dem Nahen Osten (Hoppe 2012). Und auch in Taschikistan, wo sich rund 95 Prozent der Bevölkerung zum sunnitischen Islam bekennen, ist es zu einer augenfälligen Wiederbelebung muslimischer Wert- und Ordnungsvorstellungen gekommen. Die Staatsführung unternimmt mittlerweile große Anstrengungen, um religiöse Praxis und Propaganda einzudämmen und ihnen den sozialen Nährboden zu entziehen. Betroffen davon sind illegal operierende islamistische Gruppierungen, politische Kräfte wie die ›Partei der islamischen Wiedergeburt‹ oder religiöse Autoritäten, die ihre Lehren in der Gesellschaft verbreiten. Insofern wird in diesem Land versucht, die religiös-politischen Aktivitäten einzudämmen. Begründet wird dies mit stabilitäts- und sicherheitspolitischen Imperativen. Grund dafür ist neben der geographischen und kulturellen Nähe zu Afghanistan und der potenziellen Bedrohung durch dort operierende dschihadistische Gruppen auch die Beteiligung von Tadschiken auf Seiten des sogenannten Islamischen Staats an den Kämpfen in Syrien und dem Irak (Schmitz, 2015: 5). Die Entwicklungen der 2000er und 2010er Jahren haben dabei gezeigt: diese Fragen haben sich verschärft und sie sind auch heute noch Fragen von Krieg und Frieden in der östlichen Nachbarschaft der EU. Die Gemengelagen sind insofern geopolitisch ein Problem und trotz der gewissen räumlichen Distanz geostrategisch relevant.

China, Indien und der pazifische Raum sowie der islamische Raum sind aus deutscher und europäischer Sicht ein geopolitisches und geostrategisches Problem

Zwei weitere Spotlights, Asien und der grüne Gürtel der islamischen Welt, sind von ebenso großer Bedeutung. Asien, weil es sich aufgrund des Bevölkerungswachstums und seiner wirtschaftlichen Entwicklung zu einer großen wirtschaftlichen Herausforderung entwickelt und dabei – trotz der relativ großen Entfernung – dadurch für Probleme mitverantwortlich ist, die sich etwa mit den Zielen der Nachhaltigkeit nicht vereinbaren lassen; der islamische Raum insbesondere in Nordafrika und dem Nahen und Mittleren Osten, weil er sich aufgrund von Terrorismus, Bürgerkrieg und der speziellen Situation Israels direkt an der Peripherie der EU zu einem schwerwiegenden sicherheitspolitischen Problem entwickelt, das aufgrund des Ölreichtums der Region und der humanitären Folgeproblematiken im Rahmen von Kriegsflucht und Migration politisch unangenehm für Deutschland und Europa geworden ist.

Die Ausstrahlung Chinas, Indiens und des pazifischen Raums ist geradezu atemberaubend

Der Aufstieg Asiens bestimmt heute die Lage der Weltwirtschaft ebenso wie viele geopolitische und geostrategische Fragen der Zeit. Der Raum zwischen Pakistan im Westen, Japan im Osten, China im Norden und Indonesien im Süden bezeichnet ein Koordinatensystem, das zeigt, wie beispiellos die wirtschaftliche Entwicklung dort in den letzten drei Jahrzehnten gewesen ist. Die Länder Asiens sind heute ein selbstverständlicher und ihre Menschen ein selbstbewusster Teil der Globalisierung. Dies drückt sich in wachsender Bevölkerung, besserer Bildung, einer großartigen wirtschaftlichen Leistungsfähigkeit, wachsender Wettbewerbsfähigkeit und einem kräftigen Machtgewinn aus. Wenn man heute China – und hier insbesondere den ›Speckgürtel‹ im Osten und Südosten von Peking über Hangzhou und Shanghai bis hinunter nach Hongkong oder die ›Sonderwirtschaftszonen‹ im Süden des Landes bereist, erlebt man geradezu körperlich die Intensität, wie sich die Expansion und Transformation Chinas ›anfühlt‹ und man bekommt einen Eindruck, wie das Land wiederum in den nächsten zehn bis 20 Jahren aussehen wird, wenn die politische Situation Chinas stabil bleibt.

Der Schwerpunkt der Weltwirtschaft verlagert sich weiter nach Asien

Makroökonomisch hat sich bereits seit den 1970er und 1980er Jahren angedeutet, dass sich der Schwerpunkt der Weltwirtschaft zunehmend in Richtung China, Indien und den pazifischen Raum verlagern wird (Seitz 1991, Bürklin 1993; Weidenfeld/Turek 1993 und 1995; Siebert, in: Bertelsmann Stiftung [Hg.] 2007; Pilny 2007 und 2008). Die letzten 30 Jahre haben gezeigt, dass die Wachstumsraten signifikant über dem weltweiten Durchschnitt lagen Die Innovationskraft ist dabei gewachsen. Die wirtschaftliche Integration und technologische Führungsrolle asiatischer Schlüsselländer sowie das Freihandelsabkommen ›Trans-Pacific Partnership‹ (TTP) zwischen den Vereinigten Staaten von Amerika, Japan und elf weiteren asiatischen Ländern der Region werden diese ökonomisch weiter stimulieren.[8] Asien bestreitet heute mit einer Bevölkerung von über vier Milliarden Menschen (das sind 60 Prozent der

8 | Vgl. www.faz.net/aktuell/wirtschaft/fruehaufsteher/japan-und-amerika-steuern-auf-handelseinigung-zu-13519023.html, aufgerufen am 28. April 2015.

Weltbevölkerung) und einem Bruttosozialprodukt von etwa zehn Billionen US-$ ein Drittel des Weltsozialprodukts.

Der pazifische Raum ist schon lange nicht mehr nur die ›verlängerte Werkbank‹ des Westens, sondern investiert zunehmend in die Ausbildung der Menschen, die Modernisierung der Wirtschaft und die Entwicklung einer High-Tech-Industrie

Asien hat dabei ein großes Potenzial an zum Teil auch in den USA oder Europa ausgebildeten Menschen. Die Länder Asiens schneiden bei den Investitionen in Forschung und Technologie sehr gut ab. So wendet etwa Japan über drei Prozent seines Bruttoinlandprodukts für Forschung und Entwicklung auf und auch China strebt zunehmend in die Liga der High-Tech-Nationen der Welt. In der Dekade der 2000er Jahre wurde deutlich, wie sehr sich die Länder Mittelasiens, Südasiens und Südostasiens erst emanzipiert und dann wirtschaftlich erfolgreich entwickelt haben. Mit Blick auf China, Taiwan, Indien, Südkorea, Vietnam kann man sagen: aus Entwicklungsländern wurden erst Schwellenländer und dann Industriestaaten und moderne industrielle Produktionsstandorte und smarte Dienstleistungsgesellschaften.

Ostasien führte in den 2000er Jahren mit China, Taiwan, Japan und Südkorea diese Entwicklung in Asien mit durchschnittlich über sechs Prozent Wirtschaftswachstum jährlich an. Hinzu kommt, ähnlich wie in Europa, der Versuch, Wachstumsprozesse durch eine vertiefte wirtschaftliche Integration zu stärken. Insgesamt handelt es sich bei diesen regionalen Zusammenschlüssen um rund zwei Dutzend Freihandelsabkommen in Asien, die außer der 1992 gegründeten ASEAN Free Trade Area (AFTA) und der Kooperation zwischen Australien und Neuseeland alle nach 2000 zustande kamen. Neben den regionalen asiatischen Integrationen ist auch noch die 1989 gegründete Asiatisch-Pazifische Wirtschaftsgemeinschaft (Asia-Pacific Economic Cooperation, APEC) wichtig, die es sich zum Ziel gesetzt hat, im pazifischen Raum eine Freihandelszone einzurichten und in der auch die USA seit Beginn Gründungsmitglied sind.

Asien und der pazifische Raum hatten in den letzten drei Jahrzehnten im Gegensatz zu den USA oder Europa kontinuierlich überdurchschnittliche Wachstumsraten. Wenngleich insbesondere in China immer wieder bremsende Faktoren wie Engpässe in der Infrastruktur, Fragen der Einkommensverteilung und der sozialen Absicherung sowie der Ressourceneinsatz zur Verringerung von Umweltschäden aufgetreten sind, ist es dem Land wie vielen anderen Ländern der Region doch gelungen, seine Innovationskraft und wirtschaftliche Attraktivität zu stärken und dabei auch die technologische Dimension der Weltwirtschaft mit zu beeinflussen. Der Schwerpunkt der Weltwirtschaft verlagert sich weiter in Richtung China, Indien und Südostasien und diese Länder gewinnen – auch mit Blick auf die USA – in der internationalen Politik immer mehr an Bedeutung.

China und Indien stehen für das asiatische Jahrhundert und bauen ihren Rang in der Weltpolitik auch militärisch unaufhaltsam weiter aus

Unter dem Gesichtspunkt der Verteidigungshaushalte, der verfügbaren Waffensysteme und militärischer Kapazitäten hat der amerikanische Historiker Paul Kennedy den Aufstieg der asiatischen Großmächte Chinas und Indiens schon Ende der 2000er Jahre als die epochale Veränderung der Weltpolitik bezeichnet (Kennedy, in: Bertelsmann Stiftung [Hg.] 2007: 55-70). Geostrategisch wird keine Region der Welt von dem sich vollziehenden Machtwandel unangetastet bleiben. China und Indien sind Atommächte und auch konventionell-militärisch sehr stark. Für Europa ist diese Entwicklung eine große Herausforderung, da der alte Kontinent es hier in jeder Hinsicht mit sehr selbstbewussten Ländern zu tun hat, die ihre nationalen Interessen vor dem Hintergrund einer über 100jährigen Demütigung durch den westlichen Imperialismus der Kolonialzeit heute regional und global mit Wucht in die Schale zu werfen wissen. Auch das kleine Vietnam wird den kolonialen Würgegriff und den Indochinakrieg mit Frankreich und den USA noch lange nicht vergessen. China und Indien sind dabei durchaus bereit, im gemeinsamen Interesse zu kooperieren. »Nach zwei Jahrhunderten der Weltherrschaft des Westens beginnen China und Indien sich unter die führenden Länder der zukünftigen Welt einzureihen« stellte die Peking-Rundschau nach einer Reise des chinesischen Ministerpräsidenten Wen Jiaboa nach Indien 2005 fest (Pilny, 2006: 11). Zu beobachten ist, dass Asien mittlerweile zum Schauplatz einer klassischen Macht- und Gleichgewichtspolitik geworden ist, wie sie Europa seit Mitte des 20. Jahrhunderts nicht mehr kennt.

Auf diesen Aspekt komme ich bei meinen Überlegungen hinsichtlich einer globalen Ordnungspolitik später zurück.

Die militärische Aufrüstung in China und Indien ist massiv, die regional gewollte Machtprojektion gegenüber Japan bzw. Pakistan unübersehbar

Die militärischen Anstrengungen Chinas und Indiens sind technisch, finanziell und politisch konsequent und beachtlich. Alleine der große Aufwand, der dort betrieben wird, könnte schon eine gewisse Einschüchterung bewirken. Wolfgang Hirn vermutet, dass der nächste Kalte Krieg gegen den Westen bereits im vollen Gange ist (Hirn 2013). Er prophezeit Kriege zwischen China und den USA und seinen Verbündeten um Rohstoffe, Wasser, Technologien, die Meere und die Kontrolle des Internet. Auch wenn das Bild eines neuen Kalten Krieges übertrieben erscheint: die Zunahme militärischer Macht Chinas oder Indiens äußert sich in der Verfügbarkeit von technisch hoch entwickelten Waffensystemen, dem Besitz der Atombombe sowie in den gesteigerten militärischen Ambitionen zur geostrategischen Machtprojektion. Asien stellt die militärische Macht Europas in den Schatten, sollte sich das Engagement Europas in Fragen mit Blick auf eine effektive europäische Sicherheits- und Verteidigungspolitik nicht substanziell verstärken.

Dementsprechend hat Europa heute keinerlei Bedeutung für die sicherheitspolitischen Angelegenheiten Asiens. Europa spielt bei der Sicherung der zwei bedeutendsten maritimen Handelswege, der Route über den Pazifik und der wichtigen Handelsstraße zwischen Persischem Golf und Fernem Osten, keine Rolle. Vom Westen tragen einzig und allein die USA nennenswert zur Sicherheit in diesen Regionen bei. Die militärische Flotte Chinas wächst beständig an, wobei, neben Japan, die Kriegsmarinen Chinas und Indiens mit modernsten Schiffen und U-Booten kontinuierlich wachsen. China und Indien sind in der Nutzung des Weltraums hoch aktiv, weil sie das Weltall kommerziell, wissenschaftlich und militärisch stärker nutzen wollen. Wenngleich Europa ebenfalls mit dem Galileo-Programm (Navigation und Ortung) sowie der GMES-Initiative (Global Monitoring for the Environment and Security) in der Weltraumpolitik als Technologiemacht vertreten ist, ist die militärische Nutzung dieses Satellitensystem politisch kontrovers und bisher auf politischer Ebene nicht geklärt. Darüber hinaus sind die Staaten China, Indien und Südostasiens auf diplomatischer Ebene hoch aktiv und werden – wie die westlichen Nationen bis hierhin auch – ihre nationalen Interessen in der UNO, der Weltbank, im IWF und anderen internationalen Institutionen wie der WTO weiterhin offensiv zum Vortrag bringen. Weiterhin gilt, dass China und Russland ständige Mitglieder im UN-Sicherheitsrat sind und nicht Deutschland oder die europäische Union.

Die geostrategische Herausforderung des islamischen Raums

Die zweite große geostrategische Herausforderung für Deutschland und Europa ist der islamische Raum. Er umfasst den ›grünen Gürtel‹ der islamisch geprägten Welt, der von Europa aus gesehen südlich den alten Kontinent umschließt und im äußersten Osten von Indonesien bis zum äußersten Westen nach Algerien reicht. Die zehn Länder mit dem größten Anteil an der muslimischen Weltbevölkerung sind Indonesien (12,9 Prozent), Pakistan (11,1 Prozent), Indien (10,3 Prozent), Bangladesch (9,3 Prozent), Ägypten und Nigeria (5 Prozent) Iran und Türkei (jeweils 4,7 Prozent) sowie Algerien (2,2 Prozent) und Marokko (2 Prozent). Muslimisch geprägte Länder im südlichen und südöstlichen Europa, das nicht Teil des EU-Europas ist, sind Albanien, Bosnien Herzegowina, der Kosovo, Mazedonien und die Türkei. Der Islam ist mit über 1,5 Milliarden Anhängern nach dem Christentum (über zwei Milliarden Anhänger) die zweitgrößte Religion der Welt und die meisten Menschen dieses Glaubens leben im ›grünen Gürtel‹ der islamischen Welt. Die Orientierung ergibt sich aus den Lehren des Korans, der als das dem Propheten Mohammed offenbarte Wort Gottes gilt. Die zweite Grundlage bilden die Berichte (Hadithe) über die Verhaltensweise (Sunna) Mohammeds, der als der Gesandte Gottes Vorbildcharakter für alle Muslime hat. Die sich aus diesen Texte ergebenden Normen werden in ihrer Gesamtheit als Scharia bezeichnet.[9]

Die islamische Welt ist mit ihren religiösen Ausprägungen vielschichtig und im Rahmen ihrer missionarischen Geschichte sowie ihren politischen Herrschaftsansprüchen geostrategisch schwierig. Die gröbste Einteilung des Islams ist die nach Sunniten und Schiiten. Die Trennung der beiden Gruppen erfolgte bereits kurz nach Muhammads Tod im Streit um seine Nachfolge; die Schiiten (abgeleitet von Schia, arabisch: Partei) waren gegen den von den Sunniten (abgeleitet von Sunna, arabisch: Tradition) durchgesetzten Kalifen Abu Bakr und für Muhammads Cousin und Schwiegersohn Ali.

Abbildung 18: Staaten mit einem islamischen Bevölkerungsanteil von mehr als 5 Prozent. Hell- bis mittelgrau: Sunniten, dunkelgrau: Schiiten und Ibaditen (nur Oman), schwarz

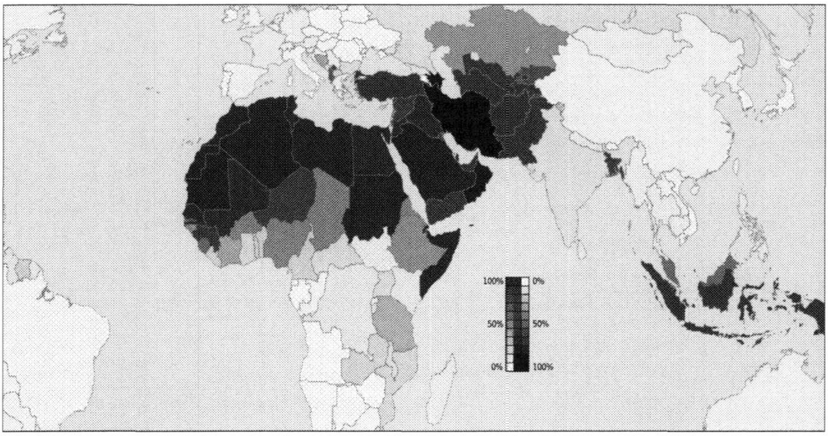

Grafik: CIA World Factbook unter http://de.wikipedia.org/wiki/Islam

Die meisten Schiiten leben heute im Iran und Irak sowie in Aserbaidschan, Bahrain, Indien, Pakistan und dem Libanon. Die Sunniten sind mit etwa 85 Prozent die deutlich größte Gruppe innerhalb des Islams. Allerdings gibt es auch hier Unterschiede. Im 8. bis 10. Jahrhundert bildeten sich an verschiedenen Orten – Medina, Mekka, Kufa, Basra und Damaskus – lokale Gelehrten-

9 | Vgl. http://de.wikipedia.org/wiki/Islam, aufgerufen am 30. April 2015.

schulen heraus. Im sunnitischen Islam gelten heute vier sogenannten Rechtsschulen als anerkannt: die Hanafiten, die Malikiten, die Schafiiten und die Hanbaliten. Einzelne Gläubige wie auch ganze Staaten orientieren sich an einer dieser oder auch anderen Rechtslehren. Die Hanafiyya ist vor allem in Südasien, Zentralasien und in der Türkei verbreitet, die Malikiyya im westlichen Afrika, die Schafiiyya in Ägypten, Syrien, Jemen, Südostasien und an den Küsten des Indischen Ozeans und die Hanbaliyya in Saudi-Arabien. Hinzu kommen die Wahabiten als Anhänger einer puristisch-traditionalistischen Richtung des sunnitischen Islam, die sich gegen Auffassungen des mehrheitlichen sunnitischen Islam auflehnen. Sie selbst bezeichnen sich nicht als Wahabiten sondern als Salafis. Viele Wahabiten leben heute in Saudi-Arabien, Katar, Indien, Pakistan und Westafrika und aufgrund ihrer Eigenheiten hat Peter Scholl-Latour diese Glaubensrichtung als obskurantistische Spielart des sunnitischen Glaubens bezeichnet. Neben den sonstigen lokalen Traditionen prägen die Rechtsschulen entscheidend die muslimische Kultur in den jeweiligen Ländern. Manche Länder wie beispielsweise Afghanistan, Algerien, Iran, Jemen, Mauretanien oder die Türkei sind zu nahezu 100 Prozent muslimisch; der Islam ist dann häufig auch die offizielle Staatsreligion.[10] Besonders der Aspekt der Einheit von Religion und Staat ist aus westlicher Sicht ein Problem, da sie der westlichen Auffassung von der Trennung von Politik und Religion entgegensteht und im Rahmen von interkulturellen Konflikten oder dem Herrschaftsanspruch des Islam mannigfaltige Irritationen in den internationalen Beziehungen provoziert.

Die geostrategischen Herausforderungen des islamischen Raums ergeben sich durch drei spezifische Eigenarten: (1.) den kulturellen Gegensätzen zur westlichen Welt, die aus islamischer Sicht als eine Bedrohung der islamischen Identität wahrgenommen wird, (2.) den sozio-ökonomischen Verhältnissen und (3.) den militärischen Kapazitäten in der Region.

Die geopolitische Betrachtung des Islam und ihre geostrategischen Rückschlüsse müssen seinen unveränderten Anspruch eines universellen Weltordnungskonzepts beachten

Mit Blick auf die geostrategische Qualität des islamischen Raums ist aus historischer Perspektive betrachtet das universale Weltordnungskonzept des Islam mit seiner Vision eines einzigen, von Gott sanktionierten Herrschaftssystems, das die Welt eint und friedlich regiert, von großer Bedeutung. Henry Kissinger erinnerte jüngst in seinem monumentalen Werk ›Weltordnung‹ an diese fundamentale religiös-kulturelle und historisch schon einmal umgesetzte Prägung des Islam. Im Gegensatz zu den andersartigen intellektuellen, religiösen

10 | Vgl. ebd.

und mentalen Koordinatensystemen des Westens und des fernen Ostens, hatte sich der Islam im 7. und 8. Jahrhundert nach Christus auf einer beispiellosen Welle religiöser Begeisterung und imperialer Expansion über drei Kontinente ausgebreitet. Nachdem der Islam die arabische Welt geeint, die Reste des Römischen Reiches übernommen und das Persische Reich erobert hatte, herrschte er über den Nahen Osten, Nordafrika, weite Teile Asiens und Teile Europas. Nach dem eigenen Anspruch war der Islam dazu bestimmt, sich über das Gebiet der Ungläubigen auszudehnen, bis schließlich die ganze Welt zu einem einheitlichen, durch die Botschaft des Propheten Mohammed harmonisierten System verschmolzen werden sollte. So entstand im Jahre 1299 in der heutigen Türkei das Osmanische Reich, durch das die Vorherrschaft über die arabischen Kernlande hinaus über das Mittelmeer, den Balkan und Osteuropa weiter ausgedehnt wurde. Mit Blick auf Europa war sich der Islam damals klar, dass in Europa eine neue zwischenstaatliche Ordnung entstand. Aus islamischer Sicht stellte sie jedoch kein Modell, sondern die Quelle von Zerwürfnissen dar, die zum Zweck der westgewandten osmanischen Expansion ausgenutzt werden konnte (Kissinger 2014: 14).

Das Osmanische Reich währte von 1299 bis 1922. Dazwischen lag eine höchst wechselvolle und sehr gewalttätige Geschichte, die neben vielen einzelnen Details des inneren Verfalls des Reiches und interner Konflikte insbesondere die Auseinandersetzung zuerst mit dem byzantinischen Reich und später den aufstrebenden Mächten des Westens erlebte. Auch wirtschaftliche Entwicklungen und die Bedeutung der Technologie spielten eine zunehmende Rolle, da die Expansion der christlichen Staaten des Westens und Innovationen die Handelsströme und wirtschaftliche Entwicklungen beeinflussten. Mit der Entdeckung der Seewege um Afrika herum verloren die Osmanen ihr Monopol auf den Indienhandel. Auch im mediterranen Seehandel verloren die Osmanen zunehmend an Bedeutung, seit sie 1536 den Franzosen bedeutende Handelsprivilegien eingeräumt hatten. Ähnliche Kapitulationen wurden mit England, Venedig und den Niederlanden geschlossen, so dass die osmanische Handelsflotte bald zur Bedeutungslosigkeit verurteilt war und dem Reich eine wichtige Einnahmequelle fehlte. Neben den militärischen Niederlagen trat so der ökonomische Niedergang, der viel mit der Innovationsunfähigkeit des islamischen Reiches zu tun hatte. Er ist auch heute noch im Positiven und im Negativen ein beachtenswertes Element der geopolitischen Bedeutung des Raumes und seiner geostrategischen Bewertung. Im Rahmen der Geschichte zerfiel das osmanische Reich nach dem Ersten Weltkrieg und mit einer Reihe von Abkommen zwischen der Türkei und den westlichen Mächten, wovon bis heute das Sykes-Picot-Abkommen das wichtigste war, wurde das Reich in Interessensphären aufgeteilt. In der Balfour-Erklärung von 1917 wurde den Juden eine nationale Heimstätte in Palästina versprochen und in Aussicht gestellt. Die Siegermächte besetzten im November 1918 einen Großteil des Osmanischen Reiches und Israel erhob spätestens mit seiner Staatsgründung 1948 den Anspruch auf die Herrschaft über das heilige Land. Das Reich und sein universaler Weltordnungsanspruch waren am Ende (Bethel 1979).

Der Kolonialismus, die industrielle-technische Revolution, die eigensüchtige Politik der Mächtigen und das tödliche Schisma des Islam katapultierten den islamischen Raum in die internationale Bedeutungslosigkeit. Es blieben über Jahrzehnte die Verzweiflung und Wut über die Ohnmacht, eine gerechte Lösung für den Nahostkonflikt zu finden. Die arabische Welt ist bis heute der Auffassung, die europäischen Industrienationen seien am Schwelbrand der Konflikte im arabischen Raum interessiert, weil er ihren wirtschaftlichen und politischen Interessen nutzt. Peter Scholl Latour beleuchtete diese Situation. Er beschrieb die arabische Welt als eine Region, über der nach jahrzehntelanger politischer und militärischer Intervention des Westens ein Fluch zu liegen scheint – der Fluch der bösen Tat heilloser Einmischung (Scholl-Latour 2014). Hinzu kam der hilflose Zorn in der arabischen Welt über die eigene Kraftlosigkeit in dem Versuch, die Konflikte zu bewältigen und 130 Millionen Araber in einen gemeinsamen Staat zu überführen. Der arabische Nationalismus, der Mitte des 19. Jahrhunderts mit der Orabi-Bewegung einen ersten großen Anlauf nahm und in den 1950er Jahren mit den Versuchen des Ägypters Gamal Abdel Nassers revitalisiert werden sollte, scheiterte kläglich an den Eigenarten arabischer Kultur, Politik und Religion (Konzelmann 1986; Hottinger 2004).

Das Ende des Osmanischen Reiches marginalisierte den islamischen Raum geopolitisch – geostrategisch blieb er aufgrund von Energiereichtum und der Kontrolle über wichtige See- und Handelswege wichtig

Seitdem liegt der Mehltau der Marginalisierung über weite Teile des islamischen Raums, die bis heute weit in den Westen und die übrige Welt negativ ausstrahlt. Berücksichtigt man die Geschichte des Islam und des osmanischen Reiches, wird vieles an den Entwicklungen der letzten Jahre deutlich, auch wenn historische Bezüge aktuelle Situationen alleine nicht aufklären können. Seitdem Samuel Huntington mit seinem Buch ›Clash of Civilization‹ auf das mögliche Konfliktpotenzial zwischen dem Westen und dem islamischen Raum hingewiesen hat, seitdem der israelische-palästinensische Konflikt in immer wieder neue Runden geht, seit dem ersten und zweiten Golfkrieg, dem 11. September 2011, den Afghanistan- und Irakfeldzügen des Westens und dem Versuch Irans, eine waffenfähige Uranindustrie aufzubauen, mit dem Fortbestehen des gewalttätigen Schismas zwischen Sunniten und Schiieten und dem Erscheinen des sogenannten Islamischen Staates und angesichts der weiter bestehenden Abhängigkeit der industrialisierten Welt von arabischem Öl, haben der Westen und die islamische Welt ihren Frieden nicht gemacht.

Gleichzeitig sind die Entwicklungen in der islamischen Welt ihrerseits gegensätzlich und politisch wirr. Neben dem Ölreichtum im islamischen Gürtel sind einerseits erhebliche Modernisierungsanstrengungen etwa in den Vereinigten Arabischen Emiraten von Bedeutung; andererseits verharren Staaten wie Afghanistan, Libyen oder Jemen bzw. wichtige Glaubensrichtungen und Bevölkerungsteile in den traditionellen Denkmustern des Mittelalters oder im Trotz gegen die Globalisierung, die ganz und gar nicht in die Lebenswelt vieler Muslime passen will. Insofern herrschen enorme Spannungen in der Region. Zwischen arabischen Tagträumen vom verlorenen Glanz und einem radikalen Islamismus agieren versteinerte Regime, die sich einem sozialen und friedlichen Wandel verschließen und ihrerseits rücksichtslose Machtpolitik betreiben (Flottau 2004). Dies alles trieb die Region in die politische Instabilität, die zuerst mit der gescheiterten ›Arabellion‹ und später mit dem Aufstieg des sogenannten Islamischen Staates verbunden war.

Mit dem Arabischen Frühling keimten große Hoffnungen auf eine durchgreifende Modernisierung im arabischen Raum

In den 2000er und Anfang der 2010er Jahren keimte eine große Hoffnung auf die neue Generation des Nahen und Mittleren Ostens und den demokratischen Erfolg des ›Arabischen Frühlings‹ auf. Der Islamwissenschaftler und Publizist Navid Kerami hegte einige Jahre zuvor bereits große Hoffnung in die ›Revolution der Kinder‹, die er im Iran im Gange sah (Kermani 2001). Auch der Chef der Berliner Stiftung für Wissenschaft und Politik, Volker Perthes, betonte 2002 die Chancen, die sich durch innere Veränderungen in den Ländern des Nahen und Mittleren Ostens ergeben könnten (Perthes 2002). Beide äußerten den vorsichtigen Optimismus, dass sich die Gesellschaften aus sozio-ökonomischen Gründen aktiv an einer Modernisierung des Landes beteiligen wollten, zur Not selbst gegen den Widerstand der etablierten Herrschaftsschicht. Volker Perthes stellte Anfang der 2000er Jahre fest, dass sich die Staaten des Nahen und Mittleren Ostens in einer Umbruchphase befänden. Der erste Golf-Krieg und der Friedensprozess im Nahen Osten hätten die Beziehungen zueinander in Bewegung gebracht und die Region könne angesichts der weltwirtschaftlichen Entwicklungen nicht so tun, als ginge sie dieser Modernisierungsprozess nichts an. Der Tod langjähriger Herrscher wie König Hussein von Jordanien, König Hassan von Marokko und Präsident Asad von Syrien habe in der arabischen Welt einen Generationswechsel eingeleitet, der innerhalb eines Jahrzehnts zu einem vollständigen Austausch der politischen Führungseliten führen werde. Perthes erwartete realistischer Weise keine Entwicklung zu einer europäischen Demokratie, aber er setzte darauf, dass es pluralistischer werde, jünger, moderner, und die neuen Führungen daran interessiert seien, ihre Länder wirtschaftlich stärker zu öffnen. Fraglich bleibe aber, ob diese Generation in der Lage sein werde, innergesellschaftliche und zwischenstaatliche Konflikte erfolgreicher zu bewältigen als vorangegangene Generationen. Die Frage von Krieg und Frieden bleibe im übrigen auch nicht nur nach außen virulent.

Der Arabische Frühling implodierte aufgrund der Beharrungskräfte etablierter Mächte und dem raschen Eindringen radikal-islamischer Gruppen in die politischen Machtvakua des arabischen Raums

Im Rahmen der folgenden Dekade brachen diese Hoffnungen im Hagel der Kugeln des Establishments und der islamistischen Gewalt zusammen, obwohl beide Analytiker mit ihrer Sensibilität für die individuellen Wünsche einer jungen Generation, ihrer sozialen Aussichtslosigkeit, ihrer individuellen Tristesse und dem Sehnen einer intellektuellen Schicht nach Emanzipation, politischer Freiheit und wirtschaftlicher Teilhabe im arabischen Raum zu erreichen, die Vorzeichen des Arabischen Frühlings richtig gedeutet hatten. Die Frage von Krieg und Frieden war in der Tat auch nach innen virulent und das Machtgefüge in der Region kam in Bewegung und endete Anfang/Mitte der 2010er Jahre in Syrien, Lybien, dem Jemen und dem Irak in blanker Anarchie. Auch und gerade durch die Anwendung brutalster Gewalt. Allerdings nicht in Richtung stabiler politischer Verhältnisse. Schlagstöcke und Maschinengewehre regierten und schnell stießen traditionelle und religiös-fundamentalistische Kräfte in die entstehenden Machtvakua, welche die unerfahrenen Aktivisten einer politischen Erneuerung selbst in keiner Weise füllen konnten. Während es in Marokko, Saudi-Arabien, Mauretanien, Oman und Sudan bei Massenprotesten und Unruhen blieb, welche allerdings teilweise zur Umbildung der Regierungen führte, die herrschenden Schichten aber insgesamt in ruhigere Bahnen kanalisieren konnten, wurden in Libyen und Ägypten sowie dem Jemen die Regierungen bei blutigen Aufständen gestürzt. Libyen erlebte Massaker und versank im Chaos, in Ägypten wurde nach den dilettantischen Versuchen der Muslimbrüder, ein auf die Scharia beruhendes Regime zu etablieren, eine autoritäre und antifundamentalistische Militärregierung installiert, der Jemen versank im Bürgerkrieg. Syrien wird durch den Zerfall der inneren autoritären Ordnung und die fast biblisch anmutende Heimsuchung des IS geprüft und an die Herstellung stabiler politischer Verhältnisse ist in keiner Weise zu denken. Damit änderte sich der Nahe Osten auf eine fundamentale Art und Weise (Perthes 2015).

Die Hoffnungen auf eine positive politische Stabilisierung oder gar politische Reformen haben sich zu großen Teilen nicht erfüllt, auch wenn es etwa in Tunesien dann 2015 eine demokratische Wahl gab, die ein gemäßigtes Regime etablierte, was zu einer großen Erleichterung in Europa führte. Allerdings bleibt die Analyse des Arabischen Frühlings hoffnungslos. Die Konflikte der islamischen Welt haben weiterhin Bestand. Sie strahlen als geostrategische Herausforderung nicht zuletzt mit der ständig wachsenden Flüchtlingsproblematik weiterhin auf Europa aus. Dementsprechend unruhig wurde das EU- und NATO-Mitgliedsland Spanien angesichts der besorgniserregenden Ereignisse an ihrer südlichen Grenze und in den nordafrikanischen Enklaven Ceuta und Melilla, die eingebettet sind im äußerten Norden Marokkos und 2014/2015 überrannt worden sind von den hoffnungslosen Flüchtlingen Afrikas. Im Rahmen dieser Entwicklung in der südlichen und südöstlichen Peripherie Europas wird klar, wie sehr dies die geostrategischen Angelegenheiten Europas tangiert.

Zuletzt sind die militärischen Kapazitäten des islamischen Raums für Europa geostrategisch relevant. Saudi-Arabien etwa verfügt über mit modernstem Gerät ausgerüstete Streitkräfte. Das Militär gilt als gut ausgebildet und motiviert. Die Armee des Königsreichs gilt nach den Streitkräften Israels als das schlagkräftigste Militär in der Region. Die Ausgaben für militärische Rüstungsgüter, Logistik und die Einsatzbereitschaft der islamischen Staaten in der Region sind beachtlich. Mit über 60 Milliarden US-$ im Jahr führt Saudi-Arabien die Bemühungen um einen funktionierenden Wehretat an. Das Land hat Zugang zu den modernsten Waffensystemen der Welt. Es verfügt über modernste Kampflugzeuge amerikanischer Bauart, deutsche Kampfpanzer und Abstandswaffen. Eine militärische Betrachtung der Region wird im Rahmen der bestehenden Loyalitäten und Bündniszugehörigkeiten der einzelnen Länder aber relativiert.

Die militärisch stärkste Macht ist die Türkei, die Mitglied der NATO ist und ein jährliches Militärbudget von etwa 20 Milliarden US-$ hat. Die Türkei unterhält innerhalb der NATO die zweitgrößte Anzahl an aktiven Soldaten nach den USA in Höhe von etwa 718.500 Mann. Die Streitkräfte sind mit 3.657 Kampfpanzern, knapp 2.000 Flugzeugen und etwa 100 Kriegsschiffen und Wasserfahrzeugen ausgerüstet. Die türkischen Streitkräfte können im Rahmen der nuklearen Teilhabestrategie der NATO mit US-Sprengköpfen nuklear bewaffnet werden. In der Türkei werden einsatzfähige Atomsprengköpfe am NATO-Stützpunkt Incirlik Air Base unter der Kontrolle der amerikanischen Luftwaffe (United States Airforce, USAF) dafür bereitgehalten.[11] Israel gehört als Atommacht und mit einer schlagkräftigen Armee fest zu den USA. Jordanien sucht eher westlichen Beistand, Saudi-Arabien und die USA sind Verbündete und der Irak sowie Afghanistan spielen geostrategisch und in traditionellen militärischen Kategorien gedacht keine Rolle. Der Mittlere Osten mit den Ländern Turkmenistan, Usbekistan, Kasachstan, Kirgistan und Tadschikistan

11 | Vgl. http://de.wikipedia.org/wiki/Türrkische_Streitkräffte, aufgerufen am 10. Mai 2015.

liegen im Einflussbereich Russlands und sind dementsprechend für Europa und Deutschland nur energiepolitisch und nicht militärisch relevant.

Der Iran bereitet in diesem Lagebild wegen der anhaltenden Bemühungen, nukleare Kampffähigkeit zu erhalten Sorgen, obwohl iranische Abstandswaffen Europa nicht erreichen können. Die konventionelle Kampfkraft des Iran ist aufgrund der kriegerischen Auseinandersetzungen mit dem Irak in den letzten 30 Jahren und des Waffenembargos des Westens trotz eines stehenden Heeres von etwa 500.000 Mann, etwa 1.600 Kampfpanzern, drei U-Booten und zwei Korvetten sowie rund 300 Kampfjets eher schwach. Der Militärhaushalt in Höhe von geschätzten zehn Milliarden US-$ im Jahr ist bescheiden.[12] In einer konventionellen militärischen Konfrontation mit der NATO, den USA, Israel und Saudi-Arabien könnte das Land nicht bestehen.

Das als historisch eingeschätzte Abkommen mit den fünf UN-Vetomächten und Deutschland hinsichtlich der Kontrolle der iranischen militärischen Nuklearindustrie kann als Anerkennung der geostrategischen Dominanz des Westens, der Türkei und Israels gedeutet werden – vorläufig

Der Umstand der allgemeinen militärischen und militärtechnologischen Unterlegenheit Irans gegenüber den USA, Saudi-Arabien, der Türkei, Israels und der Unwille Russlands, Englands, Chinas und Deutschlands, eine nukleare Abschreckungsproblematik in der Region aufwachsen zu sehen, mag der Grund dafür gewesen sein, dass sich der Iran im Juli 2015 einem Abkommen mit Blick auf die Entwicklung eigener nuklearer militärischer Kapazitäten zu unterwerfen. Hinzu kam, dass der Westen seine empfindlichen wirtschaftlichen Sanktionen gegen das Land aufzuheben gewogen war. Angesichts der schlechten Wirtschaftslage des Landes war dies sicher ein akzeptabler ›Package Deal‹. Die Einigung hat den seit 13 Jahren schwelenden Konflikt um das Nuklearprogramm der Islamischen Republik erst einmal beigelegt und sicher gestellt, dass Iran sich keine Atomwaffen verschaffen kann. Das Abkommen sieht vor, dass Iran seine Atomindustrie für zehn bis 15 Jahre weitreichenden Einschränkungen unterwirft und strikte Kontrollen durch die Internationale Atomenergiebehörde (IAEA) akzeptiert. Im Gegenzug werden die bilateralen Wirtschafts- und Finanzsanktionen der USA und der EU aufgehoben, nach und nach auch die restlichen Sanktionen der UNO. Nach fünf Jahren soll das Embargo für konventionelle Waffen, drei Jahre später auch das für ballistische Raketen fallen. Sollte Iran nicht gegen seine Verpflichtungen verstoßen, werden die Sanktionen sofort wieder in Kraft gesetzt. Die westlichen Staaten hat-

12 | Die Angaben über die Struktur des iranischen Militärs und des Militärhaushaltes beruhen im Wesentlichen auf Schätzungen. Hier werden Zahlen des Londoner Institute für International Strategic Studies (IISS) referiert.

ten auf einen entsprechenden Sicherheitsmechanismus beharrt, den Russland und China nicht durch ein Veto im UN-Sicherheitsrat blockieren können.

Insofern baut das Abkommen nicht auf Vertrauen, sondern auf strikte Überwachung, wie US-Präsident Barak Obama im Anschluss sagte.[13] Das Abkommen wurde einerseits als historischer Akt gefeiert; andererseits war insbesondere Israel mit dem ›Deal‹ nicht zufrieden und auch in der Bundesrepublik Deutschland ergab sich ein Unbehagen mit Blick auf eine langfristige Domestizierung der iranischen Nuklearpolitik. Hubert Wetzel von der liberalen Süddeutschen Zeitung in Deutschland sprach deshalb zu Recht von einer Bombe, die weiter ticke und der Welt für den Augenblick nur eine Atempause beschere (Wetzel 2015).

Hinzu kommt, dass die Rivalitäten am Persischen Golf damit nicht entschieden oder eindeutig kanalisiert worden sind. Obwohl das Atom-Abkommen ein Abrüstungsabkommen ist, wird es unterhalb der nuklearen Schwelle zu einer massiven konventionellen Aufrüstung führen. Damit werden Rüstungsgeschäfte in größerem Ausmaß aktiviert, da damit bereits bewilligte Aufrüstungsprojekte zwischen den USA und Saudi-Arabien abgewickelt werden können. Die Vereinigten Arabischen Emirate hatten zu diesem Zeitpunkt einen Kaufvertrag im Wert von 130 Millionen US-$ über 1.100 laser-geleitete Flugkörper auf dem Tisch; weitere 900 Millionen US-$ würde der Kauf von Artillerie-Anlagen kosten. Die Aufrüstungsspirale zwischen den Staaten der Region gehört somit zum Preis für eine ungewisse nichtnukleare Aufrüstung in der Region. Alles dies macht den Machtkampf zweier traditioneller Machtpole deutlich, die sich im Mittleren Osten um die Vorherrschaft bemühen. Auf der einen Seite Iran, das sich schon seit der Antike als wichtige Regionalmacht versteht. Es hat Zugang zu zwei Meeren und verbindet Asien mit Arabien. Ihm gegenüber steht Saudi-Arabien, ein zwar erst 100 Jahre ›junger‹ Zusammenschluss von Beduinen-Familien auf der Arabischen Halbinsel, der aber immer noch mit einem immensen Reichtum an Rohstoffen gesegnet ist. Beide sehen sich als Hegemon in der Region. Beide mischen sich in regionale Konflikte im Libanon, Syrien oder etwa im Jemen massiv ein (Steinke 2015).

3. Politische Realitäten der Weltgesellschaft – Chancen und Grenzen der Global Governance

Das Konzept globaler Governance oder einer internationaler Ordnungspolitik ist eine plausible Reaktion auf die Globalisierung von Menschheitsproblemen und der Entgrenzung der Staatlichkeit. Die Weltpolitik kennt hierzu bereits seit nahezu 100 Jahren intensive Versuche, die sich erst auf die Befriedung der Welt und dann später auch auf globale Umwelt- und Menschenregime, eine

13 | Vgl. Süddeutsche Zeitung vom 15. Juli 2015.

gerechte Entwicklungspolitik, die Verringerung der Armut sowie eine globale Regulierung der Finanzmärkte richteten. Sie versuchten, im Rahmen der Diplomatie Mechanismen der Konfliktvermeidung und Konfliktbeilegung zu errichten. Mit dem Völkerbund hatte man nach dem Ersten Weltkrieg bereits versucht, Frieden durch eine schiedsgerichtliche Beilegung internationaler Konflikte, internationale Abrüstung und ein System der kollektiven Sicherheit dauerhaft zu errichten. Die Idee ging zurück auf den niederländischen Rechtsgelehrten Hugo Grotius, der 1625 mit seiner Schrift »Über das Recht des Krieges und des Friedens« die Grundlagen für ein Völkerrecht entwickelt hatte. Immanuel Kant forderte 1795 in seinem Buch »Zum ewigen Frieden« das Völkerrecht ein. Hierbei wurde die Idee einer friedlichen Gemeinschaft der Völker ausführlich dargestellt. Die Ideen der Aufklärung brachten dann im 19. Jahrhundert eine internationale Friedensbewegung hervor. Sie führte 1899 und 1907 zur Zusammenkunft der Haager Friedenskonferenz. Der ›Haager Staatenverband‹ scheiterte dann vor allem am Deutschen Reich in der Frage der obligatorischen internationalen Schiedsgerichtbarkeit. Nachdem das Vorhaben ad acta gelegt worden war, wurde nach dem Zweiten Weltkrieg die Gründung der Vereinten Nationen (UNO) beschlossen und die 34 Mitglieder kamen 1946 überein, den Völkerbund aufzulösen.

Der Konflikt zwischen dem Zwang zur internationalen Kooperation und dem Beibehalten der nationalen Souveränität ist das größte Problem der globalen Governance

Schon damals wurde klar, dass sich die Nationalstaaten keine Verhaltensregeln vorschreiben lassen wollten und keine Zugriffe auf ihr nationales Selbstbestimmungsrecht und ihre Souveränität dulden würden. Insofern standen der Völkerbund und die UNO einige Zeit parallel und unverbunden gegenüber. Vermieden wurde damit der Eindruck, dass die UNO nun eine modernisierte Fortsetzung des gescheiterten Völkerbundes sei. Vielmehr strebte die UNO eine neue Organisation und ein modernes Selbstverständnis als Organisation einer globalen Ordnungspolitik an. Allerdings war allen Beteiligten zu diesem Zeitpunkt auch klar, dass es im Rahmen der internationalen Konfliktlagen irgendeine institutionalisierte Gesprächs- und Verhandlungsebene geben müsse. Zudem hatten die westlichen Siegermächte des Zweiten Weltkriegs, die USA, Frankreich, Großbritannien, Russland und später China auch schnell erkannt, dass der Sicherheitsrat der Vereinten Nationen ein ausgezeichnetes Instrument der Beeinflussung von internationalen Angelegenheiten sein kann. Seitdem wurde diese Institution von ihnen als ständige Mitglieder immer wieder im Rahmen eigener Interessen politisch instrumentalisiert. Auch die nichtständigen Mitglieder versuchten, ihre Angelegenheiten alleine oder im Konzert mit ihren Verbündeten zur Geltung zu bringen. Allerdings hat die

UNO mit ihren zahlreichen Unterorganisationen zweifelsohne ihren Beitrag zu einer globalen Ordnungspolitik beigetragen, auch wenn niemand dies als ein finales Konzept der politischen Globalisierung oder gar ansatzweise als das Wirken einer Weltregierung werten kann.

Eine wichtige Sonderorganisation der UNO ist der Internationale Währungsfonds (International Monetary Fund, IMF oder deutsch IWF). Zu seinen Aufgaben gehören die Förderung der internationalen Zusammenarbeit in der Währungspolitik, Ausweitung des Welthandels, Stabilisierung von Wechselkursen, Kreditvergabe, Überwachung der Geldpolitik und technische Hilfe. Der IWF wurde zusammen mit seiner Schwesterorganisation Weltbank infolge der Konferenz von Bretton Woods entworfen. Beide Organisationen werden deshalb als Bretton-Woods-Institution bezeichnet. Während der IWF auf den Bereich der Finanzwirtschaft spezialisiert ist, stellt die Weltbank Finanzierungsinstrumente für langfristige Entwicklungs- und Aufbauprojekte im Bereich der Realwirtschaft zur Verfügung. Der IWF stellt demgegenüber für Länder, die oft aufgrund von Zahlungsbilanzschwierigkeiten Bedarf an Fremdfinanzierung haben, Brückenfinanzierungen bereit. Die Tätigkeit des IWF ist daher eher auf den Bereich der Finanzwirtschaft als auf die Finanzierung der Realwirtschaft gerichtet. Die gemeinsame Kernaufgabe beider Institutionen ist es, die wirtschaftliche Entwicklung von weniger entwickelten Mitgliedstaaten durch finanzielle Hilfe, Beratung sowie technische Hilfe zu fördern und so zur Umsetzung der internationalen Entwicklungsziele beizutragen. Dies bezieht sich explizit auch auf das Ziel, den Anteil der Armen an der Weltbevölkerung um die Hälfte zu reduzieren zu helfen. Sie dienen auch als Katalysator für die Unterstützung durch Dritte. Die Weltbank vergibt im Jahr einen zweistelligen Milliardenbereich an Darlehen, Zuschüssen, Beteiligungen, Investitionen und Garantien an ihre Mitgliedstaaten sowie Privatinvestoren. In beiden Institutionen entscheiden die Mitgliedstaaten entsprechend ihrem Gewicht über die Verteilung von Finanzmitteln.[14] Beide Institutionen sind im Rahmen der Überlegungen für eine globale Ordnungspolitik wichtig. Gelegentlich stehen sie aufgrund ihrer Kontrollen im Fokus der Kritik. Der IWF zum Beispiel spielt eine zentrale Rolle bei der finanzpolitischen Stabilisierung Griechenlands 2014/2015/2016 und verfolgte wie die anderen zwei Mitglieder der Troika (EU-Kommission und Europäische Zentralbank) eine relativ strikte Austeritätspolitik gegenüber dem Land. Allerdings erfüllt er dabei nur seine Aufgabe als ordnungspolitische Instanz im Rahmen des weltweiten Währungs- und Finanzsystems.

14 | Wobei die größten Anteile bei den USA mit fast 16 Prozent liegen, gefolgt von Japan (etwa sieben Prozent), China (knapp fünf Prozent), Deutschland (vier Prozent), dem Vereinigten Königreich und Frankreich (jeweils knapp vier Prozent) und Indien (etwa drei Prozent).

Beide Institutionen verdienen im Rahmen der Arbeit der UNO mehr Aufmerksamkeit und Anerkennung, als ihnen öffentlich zuteil wird. Die UNO selbst hat für ihre Verdienste den Friedensnobelpreis erhalten. Sie hat seit ihrem Bestehen an zahlreichen Friedensmissionen mit ihren ›Blauhelmen‹ teilgenommen. Sie wirkten bei der Gründung des Staates Israel 1948 mit, die Vereinten Nationen halfen mit, die Berlinkrise 1948 bis 1949 zu entschärfen, ebenso die Kubakrise 1962, die Nahostkrise 1973 und die Beendigung des ersten Irak-Krieges. Blauhelme sicherten den Frieden in Kambodscha (1993), Guatemala (1996) oder Zypern (andauernd). Das Welternährungsprogramm der UN stellt mehr als die Hälfte der weltweit zur Verfügung gestellten Nahrungsmittel bereit. Die UNO ist eine Organisation, die eine valide Datenbasis zur Weltentwicklung anbieten kann, so unter anderem mit dem jährlich publizierten World Development Report zur Lage der Entwicklung der Menschen. Sie arbeitet eng mit den nationalen Regierungen oder Nichtregierungsorganisationen der Zivilgesellschaft zusammen. Sie sorgen dafür, dass viele Entwicklungen in der Weltpolitik nicht im Verborgenen bleiben, sondern transparent werden für Politik und die Öffentlichkeit. Die UNO hat mit der UN-Generalversammlung, dem UN-Sicherheitsrat, dem UN-Wirtschafts- und Sozialreferat, dem UN-Sekretariat und dem Internationalen Gerichtshof in Den Haag eine differenzierte und arbeitsteilige Struktur. Die Nebenorgane wie das Welternährungsprogramm, die Abrüstungskonferenz oder der Hochkommissar für Flüchtlinge leisten eine wichtige Arbeit im Rahmen der Ziele der Organisation. Insofern legte sich die UNO in den letzten 50 Jahren als engmaschiges politisches Netz über den Globus, welches ein wichtiger Teil der Globalisierung ist und vielleicht zu oft und zu ungerecht kritisiert worden ist.

Die UNO ist gut organisiert, wichtig und nicht wegzudenken. Bei den unbestreitbaren Verdiensten der Organisation wurde dennoch seit ihrer Gründung bis heute deutlich, dass das Konzept einer globalen Ordnungspolitik immer wieder an ihre Grenzen stieß. Eine gute Organisation aber sagt noch nichts über ihre Akzeptanz, ihre demokratische Verfassung und ihre tatsächliche Effizienz aus. Die Kritik an ihr setzte in den vergangenen Jahrzehnten an der Vielzahl von Politikkonzepten und an einer nicht wirklich existierenden exekutiven Durchschlagskraft mit Blick auf die nationale Politik der Mitgliedsländer an. Da es auch um Fragen von Krieg und Frieden und internationalen Wohlstand oder Rang ging, gerieten die Mitgliedstaaten immer wieder aneinander. Kritiker bemängeln die Zusammensetzung und Organisation des Sicherheitsrates. Die fünf ständigen Mitglieder machten in der Vergangenheit regen Gebrauch von ihrem Vetorecht, um Verurteilungen und Sanktionen gegen sich selbst oder verbündete Staaten abzuwenden. Die Stimmverteilung in den Vereinten Nationen ist ein Problem. Kleine Staaten haben genauso eine Stimme wie die großen Mitgliedsländer. Zentrale Probleme der Vereinten Nationen sind und bleiben die kaum vorhandenen Kompetenzen. Es gelang den Vereinten Nationen vor allem deshalb nahezu alle Staaten der Welt unter einem Dach zu vereinen, weil die Charta an entscheidenden Stellen so flexibel interpretierbar ist, dass sie von praktisch allen kulturellen Überzeugungen und politischen Ideologien – auch wenn diese sich zum Teil gegenseitig ausschließen – in deren Sinne und zu deren Gunsten entsprechend der Situation ausgelegt werden kann. Damit das Konzept einer handlungsfähigen Weltorganisation vollständig aufgehen kann, wäre eine größere Abgabe nationalstaatlicher Kompetenzen und legislativer Befugnisse an diese Organisation notwendig. Kein Staat ist dazu aber bereit. Hinzu kommen starke Differenzen hinsichtlich der Rolle der UNO und der Herrschaftsstrukturen in ihrem Inneren sowie heftige Nord-Süd-Konflikte hinsichtlich der Aufmerksamkeit der Organisation für periphere oder benachteiligte Staaten der Globalisierung.

Ob diese institutionelle Komplexität zwischenstaatliche Zusammenarbeit wirklich nicht nur schwächt, sondern stärkt, wurde eher im Sinne der ersten These in einer Art ›Mainstream‹ verifiziert. Neuere Überlegungen und Studien zeigen allerdings auf, dass funktional überlappenden, internationalen Institutionen die Tendenz zur Herausbildung einer Arbeitsteilung inhärent ist. Diese These widerspricht der Auffassung, die von einer prinzipiellen Schwächung internationaler Institutionen und ihrer beschränkten Relevanz sprechen (Faude 2015). Deshalb ist das Konzept globaler Governance nicht nur Teil einer konzeptionellen Antwort auf die Globalisierung, sondern auch im Rahmen ihrer institutionellen Potenziale wichtig. Als politisch-institutionelle Antwort auf die Globalisierung von Staatlichkeit ist sie eine Ergänzung zu regionalen oder bilateralen Abkommen und Vereinbarungen, wenn auch das Handlungssystem der bisher vereinbarten Zusammenarbeit oder die Institutionen selbst unzureichend und ›Dauerbaustellen‹ sind.[15]

Auch im 21. Jahrhundert wird es keine globale Weltregierung geben. Es kommt bis auf weiteres also darauf an, die Machtverhältnisse realpolitisch auszutarieren und bei der Lösung von internationalen Problemen und Konflikten besser miteinander zu kooperieren

Insofern zeigt das Konzept globaler Governance Schwächen auf, wenn man es idealistisch und nicht realpolitisch interpretiert. Aufgrund der Erschöpfung nach dem 30-jährigen Krieg in Europa oder nach dem Ersten und Zweiten Weltkrieg war die Bereitschaft jeweils groß, sich einer regionalen Friedensordnung und globalen Normen und Verhaltensregeln unterzuordnen, die ein friedliches Miteinander aufgrund der Prinzipen der Achtung der nationalen

15 | Deshalb ist die Reform der UNO, die teilweise eine Neustrukturierung des Sicherheitsrates, teilweise aber auch die Einrichtung einer Parlamentarischen Versammlung bei den Vereinten Nationen vorsieht, aus verschiedenen Gründen seit Jahren ein Dauerthema.

Souveränität bewirkten und die Gräuel der Vergangenheit im Rahmen stabiler Ordnungssystemen zu begraben wussten. Die Schmerzen von unglaublichen politischen Irrtümern, der Egomanie und Dummheit der Mächtigen im Ersten Weltkrieg (Clark 2013), die Perfidie und unglaubliche Perversität der Nationalsozialisten, die zum Zweiten Weltkrieg führten (Kogon 1974; Haffner 1978; Fest 2003) zeigten auf, dass die Zeit der Barbarei und Nicht-Kooperation mit Blick auf die Aufklärung eigentlich hätte vorbei sein müssen.

Doch der Ost-West-Konflikt und das Wissen um die sowjetische Schreckensherrschaft unter Stalin in der UdSSR (Solschenizyn 2008), oder der Faschismus einiger entfesselten Vasallen in Südosteuropa[16] ließen keine Atempausen zu. Nach einer gewissen Zeit brachen immer wieder nationale Gegensätze, politische Animositäten, territoriale oder machtpolitische Ansprüche zwischen den Deutungs- und den politischen Herrschaftssystemen auf, zuletzt im bipolaren Ost-West-Konflikt zwischen den USA und der UdSSR. Seitdem haben die einzelnen Konflikte keinen so großen Leidensdruck mehr erreicht, um wieder die Leidenschaft für eine große kollektive Anstrengung für eine besser funktionierende globale Ordnungspolitik freizusetzen. Deshalb stellt sich im 21. Jahrhundert die Frage, wie eine legitime globale Governance beschaffen sein könnte und wie diese Idee unter Beachtung der Interessen der Nationalstaaten in ein funktionierendes Konzert überführt werden kann. Es bietet sich an, die Idee einer politisch geeinten und kollektiv geführten Welt mit den Prinzipien des Westfälischen Systems zu konfrontieren, das bis heute eine allgemein anerkannte Grundlage dessen ist, was realpolitisch gesehen als Weltordnung existiert.

Das Westfälische System nach Ende des Dreißigjährigen Kriegs realisierte mit seinen Prinzipien der nationalen Unabhängigkeit, der staatlichen Souveränität, des nationalen Interesses und der Nichteinmischung ein Konstrukt, dass ein internationales Miteinander im Sinne einer ›negativen Integration‹ ermöglichte

Als Westfälischer Frieden wird die Gesamtheit der im Jahr 1648 in Münster und Osnabrück geschlossenen Friedensverträge bezeichnet, die den Dreißigjährigen Krieg in Deutschland und zugleich den achtzigjährigen Unabhängigkeitskrieg der Niederlande beendeten. Vorausgegangen war ein fünf Jahre währender Friedenskongress aller Kriegsparteien, der zugleich in beiden Städten tagte. Es war der erste internationale Kongress, auf dem nahezu alle großen europäischen Mächte vertreten waren. Der Westfälische Frieden fixierte im Wesentlichen das Ende der Kampfhandlungen und wichtige Grundentscheidungen, war also im heutigen Politikverständnis vor allem ein Waffen-

16 | So etwa das bestialische Terrorregime von Nicolae Ceausescu in Rumänien.

stillstandsvertrag. Die friedenschließenden Parteien verpflichteten sich aber dazu, die Einzelheiten für eine vertragliche Friedensordnung dann in einem separaten Friedensexekutionskongress zu verhandeln. Diese dann nochmals über ein Jahr währenden Verhandlungen fanden im darauffolgenden Jahr beginnend – zwischen April 1649 und Juli 1650 – in Nürnberg statt (Nürnberger Exekutionstag). Die Ergebnisse dieser Verhandlungen wurden in zwei Rezessen zusammengefasst: zum einen in dem sogenannten Interims-Rezess, der im September 1649 beschlossen wurde, und zum zweiten als Abschluss in dem Reichs-Friedens-Rezess vom Juli 1650. Die Rezesse enthielten verbindliche Abmachungen zu Abrüstungs- und Entschädigungsfragen, sie können als eigentlicher Friedensvertrag im heutigen Sinne gelten, da sie darauf abzielten, eine stabile neue Friedensordnung zu schaffen. Die Rezesse bestimmten für über 100 Jahre die politische Neuordnung Mitteleuropas nach Ende des Dreißigjährigen Krieges. Sie wurden als Durchführungsbestimmungen des Westfälischen Friedens und wichtige Ergänzungen und Präzisierungen als Reichsgrundgesetz behandelt und im vollen Wortlaut in den Abschied des Reichstages vom 17. Mai 1654 aufgenommen, genannt Jüngster Reichsabschied. Der Westfälische Friede wurde zum Vorbild für spätere Friedenskonferenzen, da er dem Prinzip der Gleichberechtigung der Staaten, unabhängig von ihrer tatsächlichen Macht, zur Durchsetzung verhalf. Seine Regelungen wurden zu Bestandteilen der Verfassungsordnung des Heiligen Römischen Reichs Deutscher Nation bis zu dessen Ende 1806. Zugleich trug der Westfälische Friede zur gesamteuropäischen Stabilität bei, da sich spätere Friedensschlüsse bis zur Französischen Revolution immer wieder an ihm orientierten.

Der Westfälische Frieden war ein erzwungener, aber dennoch herausragender Kompromiss eines Interessensausgleich von allen Parteien und Konfessionen

Der Westfälische Friede war ein Kompromiss zwischen allen beteiligten Parteien, der möglich wurde, weil durch die Erschöpfung der Ressourcen und die Kriegsmüdigkeit keine Seite durch die Fortführung des Krieges etwas gewinnen konnte. Das umfangreiche Regelwerk umfasst neben einem revidierten Religionsfrieden auch weitgehende Regelungen der Verfassungsverhältnisse des Reiches, die auf einen Ausgleich zwischen Kaiser und Reichsständen bedacht sind (Westphal 2015; Repgen/Dickmann 2013). Damit wurde der Friedensvertrag neben der Goldenen Bulle zum wichtigsten Dokument der Reichsverfassung. Viele der in ihm festgelegten politischen Kompromisse wirken noch bis in die Gegenwart fort. Im Vertragswerk offen gebliebene Fragen, insbesondere zum Thema Truppenabzug, wurden in den Folgemonaten im Friedenexekutionskongress in Nürnberg geklärt. Nach heutigem Verständnis wird der Westfälische Friede als historischer Beitrag zu einer europäischen

Friedensordnung gleichberechtigter Staaten und als Beitrag zum friedlichen Miteinander der Konfessionen gewertet.

Die Verhandlungen von Münster, Osnabrück und Nürnberg stehen am Anfangspunkt einer Entwicklung, die zur Herausbildung des modernen Völkerrechts geführt hat. Die Politikwissenschaft sieht hier die Grundlagen des souveränen Nationalstaats. Er markiert den Höhepunkt religiöser Konflikte und politischer Umwälzungen in Mitteleuropa, der mit dem Dreißigjährigen Krieg einen Flächenbrand auslöste, in dem sich politische und konfessionelle Zwistigkeiten vermischten, die Konfliktparteien den ›totalen Krieg‹ gegen die Bevölkerungszentren führten und fast ein Viertel der mitteleuropäischen Bevölkerung an Kriegsfolgen, Krankheiten oder Hunger starb. Nach dem Krieg zeigte sich dann, dass der Protestantismus überlebt und sich weiter ausgebreitet hatte. Die politischen Einheiten hatten sich so lange bekämpft und schließlich doch nur ein Patt erreicht. Das Westfälische System stand dementsprechend in Mitteleuropa für ein politisches Konstrukt, dass durch religiöse und politische Vielfalt gekennzeichnet war.[17] So realisierte das Westfälische System eine negative Integration in der es nicht darum ging, durch eine weitgehende Integration die nationale Einheit zu beseitigen, sondern um Maßnahmen zur Beseitigung von Feindlichkeit, Hass und Argwohn im internationalen Miteinander.

Der Westfälische Frieden schuf erstmals ein komplexes System der ›Balance of Power‹

Es existierte fortan eine Vielzahl politischer Einheiten, von denen keine stark genug war, um alle anderen zu besiegen, und die zum Teil gegensätzlichen Philosophien anhingen und unterschiedliche Regelsysteme hatten. Der Westfälische Frieden war eine pragmatische Anpassung an die Realität und keine moralische Einsicht. Er beruhte auf einem System unabhängiger Staaten, die nun davon Abstand nahmen, sich in die inneren Angelegenheiten einzumischen und die jeweiligen Bestrebungen der anderen durch ein allgemeines Gleichgewicht der Kräfte zu kontrollieren suchten. Nach der Auffassung des Altmeisters der amerikanischen Diplomatie, Henry Kissinger, umriss das entstehende Westfälische System die zeitgenössische Befindlichkeit: es enthielt sich eines Urteils über das Absolute zugunsten einer pragmatischen und ökumenischen Weltsicht, und es wollte Ordnung schaffen, indem es die bestehende Vielfalt anerkannte und gleichzeitig gegenseitige Zurückhaltung zusicherte. Damit legten die Verhandlungsführer des Westfälischen Friedens das Fundament für ein System, dass sich aus heutiger Sicht auch global anwenden lässt (Kis-

17 | Vgl. http://de.wikipedia.org/wiki/Westfälischer_Friede, aufgerufen am 16. Mai 2015.

singer 2014: 12). Dieser historische Bezug ist interessant und kann politisch zielführend sein, wenngleich andere Kontinente und Länder zur damaligen Zeit durch andere Prinzipien gelenkt wurden: Russland durch ein Konzept der absolutistischen Herrschaft eines einzelnen Führers, eine einheitliche religiöse Orthodoxie und ein Programm territorialer Expansion; China mit seinem Selbstverständnis als Zentrum seines eigenen hierarchischen und universalen Ordnungskonzepts unter Führung eines Kaisers, dessen Einfluss grenzenlos ist und dessen Macht von der Mitte der Welt auf den Rest der Menschheit ausstrahlt; der islamische Raum mit seinem universalen Weltordnungskonzept mit der Vision eines einzigen, von Gott sanktionierten Herrschaftssystems, das die Welt eint und befriedet.

Demgegenüber entstand in den Vereinigten Staaten im 18. und 19. Jahrhundert später eine andere, eher Europa zugewandte Sicht der Dinge, obwohl sich die damalige ›Neue Welt‹ von Europa zunächst einmal erfolgreich abgenabelt hatte. In Amerika sollte ein Gemeinwesen entstehen, das die Welt durch einfache und gerechte Prinzipien inspirieren und ihr als Beispiel vorangehen sollte. Dabei sollten sich Frieden und Gleichgewicht auf natürliche Weise ergeben – wenn anderen Nationen dasselbe prinzipielle Recht eingeräumt wurde, über ihr Herrschaftssystem selbst zu entscheiden. Aufgabe der Außenpolitik war es deshalb nicht, die Verfolgung eines spezifischen amerikanischen Interesses zu betreiben, sondern vielmehr die Kultivierung gemeinsamer Grundsätze. Insofern waren die Amerikaner praktisch Anhänger und Verteidiger der europäischen Ordnung. Allerdings beruhte das amerikanische System nicht auf der Übernahme des europäischen Systems des Mächtegleichgewichts, sondern der Friede sollte – mit einem idealistischen Grundverständnis – durch die Verbreitung demokratischer Prinzipien geschaffen werden (ebd.: 13f.).

Das Westfälische System ist eine europäische Erfindung; für den Rest der Welt war es lange Zeit unbekannt – und später – unterschiedlich wichtig

Dieser historische Rückblick zeigt auf, wie sehr die jüngere Geschichte das Verhalten der einzelnen Staaten und Herrschaftsbereiche auch heute noch prägt. Das Verhalten Russlands wird so mit Blick auf Osteuropa, die Krim und die Ostukraine ein Stück weit plausibler, der Herrschaftsanspruch Chinas in Mittel- und Südostasien klarer und die Widerspenstigkeit des islamischen Raums gegen jede territoriale und kulturelle Expansion des Westens deutlicher. Allerdings stellt das Westfälische System heute eine reale Grundlage dessen dar, was als eine gewisse Weltordnung existiert. Die Welt ist weiterhin national organisiert und partiell regional integriert. Das Westfälische System verbreitete sich weltweit als Rahmen für eine auf Nationalstaaten beruhende internationale Ordnung, die viele unterschiedliche Zivilisationen und Regierungsformen umfasst, weil die europäischen Staaten bei ihrer weiteren Expansion diese Blaupause für eine internationale Ordnung mit sich führten. So entstand wildwüchsig ein globales Westfälisches System, das darauf abzielt, den anarchischen Charakter der Welt durch ein Netz internationaler Rechts- und Organisationsstrukturen zu bändigen. Es soll einen liberalisierten freien Handel und ein stabiles internationales Finanzsystem fördern, allgemein akzeptierte Prinzipien zur Lösung internationaler Streitfragen etablieren und, sollte es doch zu Kriegen kommen, diesen Konflikten Grenzen setzen. Das globale Staatensystem ist heute im Rahmen der Vereinten Nationen und einer Vielzahl von Unterorganisationen organisiert. Es umfasst alle Kulturen oder Religionen. Ihre Institutionen stellen einen Rahmen für die Interaktionen unterschiedlicher Gesellschaften zur Verfügung. Allerdings ist dieses System in jeder Hinsicht nicht perfekt und seine Prinzipien werden immer wieder in Frage gestellt und zum Teil mit Füßen getreten.

Im Nahen Osten zeigen Terroristen und die Gotteskrieger des Islam auf, was sie von den Grundlagen des Westfälischen Systems halten: nichts. Sie stürzen mit dem sogenannten Islamischen Staat in Syrien und in dem Irak ganze Staaten ins Chaos, um ihre Vision eines neuen Kalifats zu verwirklichen. Sie bedrohen den Libanon, Jordanien und, in letzter Konsequenz, auch Israel. Europäisch geprägte Prinzipien von Staatlichkeit, Rechtsstaatlichkeit und Souveränität haben dort keine Geltung. Russland greift das System der nationalstaatlichen Souveränität überall dort an, wo es um seinen Einfluss fürchtet und riskiert, mit seinen Aktionen in Georgien und in der Ukraine eine ernsthafte Konfrontation mit dem Westen. Lediglich in Asien anerkennt man die Umsetzung des Konzepts der staatlichen Souveränität. Doch auch dort erinnert man sich an alternative Ordnungsvorstellungen und -konzepte und auch dort brodeln jene Rivalitäten und historische Ansprüche, die Europas Ordnung vor 100 Jahren zerstörten.

Die USA verteidigen einerseits das Westfälische System; andererseits verletzen sie es durch die Ignoranz der Nichteinmischung in die Angelegenheiten anderer Staaten aufgrund des eigenen nationalen Interesses. Die USA zeigen dabei erstaunliche Ambivalenzen. Einerseits beharren sie auf der universalen Gültigkeit ihrer Werte beim Aufbau und Erhalt einer friedlichen Weltordnung; andererseits haben die Amerikaner nach drei traumatisch endenden Kriegen und nach Vietnam lernen müssen, dass es nötig ist, das Verhältnis zwischen seiner Macht und seinen Prinzipien zu definieren. Nach Kissinger stützen sich alle Machtzentren dieser Welt auf die Prinzipien der Westfälischen Ordnung, aber keines betrachtet sich als Anwalt des Systems. Alle durchlaufen interne Prozesse des Wandels und die Frage steht im Raum, ob Regionen mit derart unterschiedlichen Kulturen und geschichtlichen Erfahrungen jemals die Legitimität eines gemeinsamen Systems herstellen und verteidigen können oder wollen (ebd.: 17).

Wie sind die westfälischen Prinzipien mit einer globalen Weltordnung vereinbar?

Das Westfälische System war eine Erfindung aus der Not. Erfunden von Staaten und ihren Herrschern, die 30 Jahre einen hohen Blutzoll für ihre politischen Ziele gezahlt hatten. Es war die Errichtung eines stabilen Status Quo – für den Moment. Es wies aber keine Richtung für eine Weiterentwicklung. Mit ihm wurden die Beziehungen der verschiedenen politischen Gebiete geordnet. Und es wurde Macht verteilt. Eine Antwort auf die Frage, wie sich Legitimität in einer globalen Weltordnung begründen lässt, gibt das Westfälische System nicht. Und es lässt zunächst die Frage offen, inwieweit es im Rahmen der Unterschiede zwischen der westlichen und der nichtwestlichen Zivilisation wirksam zur Anwendung kommen kann. In der globalen Geopolitik steht die Ordnung, die von den westlichen Ländern erdacht und erschaffen wurde und die als universell proklamiert wurde, an einem Wendepunkt (Kupchan 2012). Heute gelten die westfälischen Prinzipien für andere Länder wenig und viele machen daran letztlich ihre Kritik und Geringschätzung des Westens fest. Vielmehr herrscht die Gleichzeitigkeit der Ungleichzeitigkeit. Dies meint eine Welt mit zunehmend gegensätzlichen Realitäten und nichts spricht dafür, dass dies automatisch zu einer legitimierten Weltordnung führen wird und schon gar nicht dafür, dass sich die Führungen höchst unterschiedlicher Länder in der Welt mit den gleichen rationalen Gedankenmodellen oder Wunschvorstellungen über eine gerechte Weltordnung im diplomatischen Gespräch darüber begegnen.

Das Dilemma einer globalen Ordnungspolitik

Die Notwendigkeit einer Weltordnung konkurriert mit den sehr unterschiedlichen philosophischen, religiösen und rationalen Zugängen von Gesellschaften und ihrer politischen Eliten zur Realität. Dies bewirkt in den bedeutenden Zivilisationen der Erde eine andersartige Wahrnehmung der Wirklichkeit. Und dies führt zu eigenartigen Interpretationen des Ideals ihrer eigenen Zivilisation. Mit Blick auf die Notwendigkeit einer globalen Ordnungspolitik und der Realität der westfälischen Prinzipien führt dies zu einem Dilemma: einerseits sind globale Regelwerke in der globalisierten Welt nötiger denn je, da die globalen Problemstrukturen aus den nationalen Lösungsstrukturen ausgewandert sind. Kriege und Pandemien, Klimakatastrophe und ökologische Desaster, weltweite Migration und organisierte Kriminalität, die Proliferation von Massenvernichtungswaffen außerhalb der staatlichen Gewaltmonopole, alles dies erfordert eine globale Ordnungspolitik. Andererseits bietet das westfälische System jenseits der Respektierung nationaler Souveränität und des Nichteinmischungsprinzips keine Wegweisung für das globale Miteinander von verschiedenartigen Staaten, Kulturen und Regionen. Die starke Regionalisierung zieht darüber hinaus eine neue Ebene der internationalen Diplomatie ein. Nicht das Gegeneinander einzelner Nationen und Staaten beherrscht das Gesicht der Welt, sondern die Macht ökonomisch, politisch und militärisch integrierter Regionen oder Konflikte zwischen Einflusssphären mit inkompatiblen politischen Strukturen und Regierungsformen – zum Beispiel zwischen dem Westfälischen System und dem radikalislamischen Modell. Es stellt sich die Frage, wie im Rahmen der Existenz von (1.) ›Failing States‹, (2.) der Ungleichzeitigkeit von wirtschaftlicher Globalisierung und unzureichender politischer Internationalisierung, (3.) schlechter internationaler Kooperation im multipolaren Machtsystem und (4.) vor dem Hintergrund einer ungewissen Rolle der Weltmacht USA das Westfälische System und weltpolitische Handlungsfähigkeit in einer legitimierten Form besser zueinander passen könnten – und dann vielleicht in ein reiferes, humaneres und besser legitimiertes internationales System der Kooperation nun einmünden könnte.

Dieses Dilemma zwischen der Nichteinmischung in die Angelegenheiten anderer Staaten und dem Respekt vor den Eigenheiten anderer Nationen und der Notwendigkeit globaler Governance ist das wohl gravierendste Problem des internationalen Miteinanders in der ersten Hälfte des 21. Jahrhunderts.

Es wurde 2015 mangels durchschlagender Erfolge ein neuer Anlauf zur Erreichung der Millenniumsziele notwendig – und eine Anstrengung, noch mehr zu wollen und zu tun

Das internationale Staatensystem und die Weltgemeinschaft haben sich 2015 für den Zeitraum von weiteren 15 Jahren dennoch viel vorgenommen. In diesem Zeitraum soll es in verdichteter Weise um noch tiefer gehende Weichenstellungen für globale Entwicklungen gehen, als es im Jahr 2001 mit den Millenniumszielen intendiert war. Die Vereinten Nationen haben auf einem Sondergipfel in New York im September 2015 eine neue globale Partnerschaft im Sinne der ursprünglichen Millenniumsziele beschlossen – eine Art Weltzukunftsvertrag, der die internationale Zusammenarbeit besser aufstellen soll. Die Mitgliedstaaten wollen damit einen Aktionsplan für die Menschheit, den Planeten und Wohlstand. Anders als bei den Millenniumszielen (Millennium Development Goals, MDGs) erhalten bei den neuen ›nachhaltigen Entwicklungszielen‹ (Sustainable Development Goals, SDGs) auch die Entwicklungsländer Vorgaben und nicht nur die entwickelten Industrieländer.

Zu den neuen ›nachhaltigen Entwicklungszielen‹ gehören:

- extreme Armut und Hunger zu bekämpfen;
- eine allgemeine globale Grundschulausbildung zu verwirklichen;
- die Gleichstellung der Geschlechter und die Stellung von Frauen zu fördern;

- die Kindersterblichkeit zu senken;
- die Gesundheit von Müttern zu verbessern;
- HIV/Malaria und andere schwere Krankheiten zu bekämpfen;
- die ökologische Nachhaltigkeit zu sichern und
- eine weltweite Entwicklungspartnerschaft zu sichern.

Damit wurden die Millenniumsziele neu aufgestellt und erweitert. Das alte Programm konnte dabei durchaus Erfolge erzielen. Das Ziel der Reduzierung von etwa einer Milliarde hungernden Menschen von 1990 gelang nicht, es sind ›nur‹ 170 Millionen weniger. Der Kampf gegen Armut war etwas erfolgreicher. 2010 war der Prozentsatz mehr als halbiert, was sich wegen des Bevölkerungswachstums statistisch in absoluten Zahlen nicht zeigt. 1,9 Milliarden Menschen galten 1990 als extrem arm, 2010 waren es 1,2 Milliarden. Die Hoffnung, die Kindersterblichkeit um zwei Drittel zu verringern hat sich demgegenüber nicht erfüllt.[18] Allerdings ist die Zahl von 12,6 Millionen Kindern, die 1990 starben, gesunken. Trotz dieses ambitionierten Programms bleibt – nach wie vor – das Problem der weiteren Umsetzung bestehen. Einiges wurde seit dem Jahr 2000 erreicht, vieles wird nun für den Zeitraum bis 2030 geplant. Nichts führt in diesem Zusammenhang allerdings erneut an den grundlegenden Fragen des Verhältnisses von staatlicher Souveränität und weltpolitischer Handlungsfähigkeit vorbei.

Staatliche Souveränität und weltpolitische Handlungsfähigkeit

Die globale Ebene spielt für die Menschen eine existenzielle Rolle. Im Verlauf der letzten 50 Jahre sind sich viele Staaten ihren internationalen Verpflichtungen bewusst geworden; sie haben sich, oft genug aus blankem innenpolitischen Interesse, Problemlösungen geöffnet. Wir haben bereits bei der vorherigen Betrachtung des internationalen Regimes der Vereinten Nationen gesehen, dass es noch stärker darum gehen muss, globales Handeln richtig und in akzeptabler Form zu organisieren, auch wenn die UNO eine unverzichtbare internationale Organisation ist. Wenn die Globalisierung zum Prägestempel des 21. Jahrhunderts wird, stellt sich die Frage nach der Legitimität einer globalen Ordnungspolitik, die gerechte Regeln und die Verteilung der Macht organisiert, dies in einer allgemein akzeptierten Form tut und nationale und regionale mit globalen Ordnungssystemen möglichst reibungslos verknüpft. Die Legitimität des globalen Ordnungssystems erhält damit eine entscheidende Bedeutung (Weidenfeld/Turek 2002: 183ff.).

Politische Regelungsebenen werden sich stärker differenzieren und ineinandergreifen müssen. Die Legitimität der von diesen verschiedenen Ebenen

18 | Vgl. »UN wollen Armut besiegen«, in: Süddeutsche Zeitung vom 4. August 2015.

– Kommunalverwaltungen, nationalen Administrationen, internationalen Behörden – erarbeiteten Regelungen erfordert eine klare Kompetenzabgrenzung, eine effiziente Arbeitsteilungen und transparente Entscheidungsverfahren. Die Notwendigkeit der Vernetzung in einem globalen Mehrebenensystem lässt sich mit dem Begriff, der ›glokalen Kooperation‹ anschaulich beschreiben. Dies ist eine Zusammenarbeit, die lokale Bedürfnisse und Fähigkeiten mit regionalen und globalen Erfordernissen in Übereinstimmung bringt. So formuliert etwa die Agenda 21 aufgrund der Umweltprobleme globale Ziele und Strategien, mit deren Umsetzung auf lokaler Ebene begonnen werden soll. Ein Beispiel hierfür sind die Pläne für integrierte Ansätze zur Entwicklung, Bewirtschaftung und Nutzung der Wasserressourcen. Die im Rahmen der UN entwickelten und von den Nationalstaaten gebilligten Pläne formulieren in detaillierter Weise Probleme, Ziele und adressierte Maßnahmen für lokale Lösungen. Damit werden konkrete Aufgaben an unterschiedliche Entscheidungsebenen und Akteure delegiert. Die nationalen Regierungen werden zum Beispiel aufgefordert, Aktionspläne und Investitionsprogramme für eine nachhaltige Bewirtschaftung der Wasserressourcen zu entwickeln und umzusetzen. In dem Maße, wie die Agenda 21 als erstes Beispiel für ›glokale Kooperation‹ gelten kann, so mangelt es ihr an konkreten Durchsetzungsmechanismen. Deshalb kann sie nur bedingt als Beispiel für eine funktionierende Global Governance verwendet werden. Ihre Umsetzungsdefizite sind symptomatisch für bestehende internationale Regime, die durch das Fehlen wirksamer Sanktionen und den Mangel an Konfliktregulierungen gekennzeichnet sind. Zusätzlich entstehen Reibungsverluste und Kompetenzstreitigkeiten im Prozeß der Entscheidungsfindung und -umsetzung. Das zentrale Dilemma ›glokaler Kooperation‹ zeigt sich jedoch darin, dass die Notwendigkeit, Probleme gemeinsam anzugehen, auf drastische Unterschiede bei den Kapazitäten regionaler und lokaler Akteure trifft. Dies kann zu Überforderungen einzelner Länder bei der Umsetzung von Maßnahmen führen. Hinzu kommen Machtungleichgewichte der Akteure, die zu Abwehrreflexen lokaler oder regionaler Zentren führen können.

Für eine erfolgreiche ›glokale Kooperation‹, in der Konflikte kanalisiert und alle Akteure in einen nicht diskriminierenden und gleichberechtigten Dialog eingebunden werden, ist eine Verbesserung des institutionellen Umfelds notwendig. Dies muss das Spannungsfeld zwischen Handlungsfähigkeit und Gerechtigkeit ausbalancieren. Zusätzlich müssen internationalen Organisationen Kompetenzen und Aufgaben klar zugeordnet werden. Es kann hierbei nicht das Ziel sein, eine ausufernde Weltbürokratie zu organisieren. Global Governance muß sich auf die Sicherung des Friedens, die Gewährleistung der Menschenrechte, eine nachhaltige Bewirtschaftung globaler öffentlicher Güter, eine gemeinsame Wettbewerbsordnung und die Nichtdiskriminierung beschränken. Angesichts der Vielfalt der Kulturen, der politischen Systeme und der gesellschaftlichen Ordnungsvorstellungen ist es trotz dieser Beschränkung schwierig genug, einen Querschnitt gemeinsamer und verbindlicher Regeln zu formulieren.

Positive Integration

Vernetzungen führen zu einer gesteigerten Aufgeschlossenheit für Konzepte einer weitergehenden Integration. Das Konzert internationaler Organisationen und Regime ist durch Konzepte negativer Integration geprägt, die meist nur auf eine Öffnung der Nationalökonomien zielten. Beispiele hierfür sind das Handelsregime der WTO und die vom Internationalen Währungsfonds betriebene Öffnung der Kapitalmärkte. Der Begriff der negativen Integration beschreibt die Verringerung von Reibungsflächen im internationalen Miteinander, die aus Unterschieden bei nationalen Regelungen oder protektionistischen Handelshemmnissen resultieren. Ansätze positiver Integration, also die aktive Gestaltung gemeinsamer Herausforderungen, verblieben bisher meist auf einer deklaratorischen Ebene und hatten eine geringe Verbindlichkeit und Wirkung. Beispiele hierfür sind die unzähligen Abkommen der Internationalen Arbeitsorganisation (ILO) oder die Umweltabkommen unter dem Dach der UNO.

Seit den 1990er Jahren hat sich jedoch zunehmend die Einsicht durchgesetzt, dass auch die internationale Politik in verstärktem Maße gestalterische Perspektiven benötigt. Damit deuteten sich Schritte hin zu einem Paradigmenwechsel globaler Kooperation an. In diesem Zeitraum hat die Dichte internationaler Konferenzen und Abkommen erheblich zugenommen. Das Kyoto-Protokoll zur Verringerung der weltweiten CO^2-Emmissionen von 1997 und das Biosafety-Protokoll zur Regelung des grenzüberschreitenden Verkehrs von gentechnisch veränderten Organismen 2000 sind Beispiele für diese Entwicklung, die aber auch die Defizite einer Global Governance verdeutlichen, welche auf Völkerrecht beruht. Das Biosafety-Protokoll zum Beispiel legte Mindestregeln für den grenzüberschreitenden Handel mit gentechnologisch veränderten Organismen fest, skizziert Hilfsmaßnahmen für Entwicklungsländer für den Aufbau eines Regulierungsapparates für diese Technologie, entwickelt aber bis heute keine eindeutigen Sanktionsmechanismen und lässt Länder wie die USA, Australien, Kanada außen vor, die das Abkommen nicht unterzeichnet bzw. nicht auf nationaler Ebene im Rahmen ihrer Legislative ratifiziert haben. Dies machte deutlich, dass Völkerrecht im Hinblick auf Zukunftsaufgaben um globales Gemeinschaftsrecht ergänzt werden muss, dass aber diese Ergänzung im Sinne des Soziologen Max Weber eine internationale Politik des ›Bohrens dicker Bretter‹ zur Voraussetzung hat.

Es darf an dieser Stelle nicht verschwiegen werden, dass Ansätze einer globalen ›Positiven Integration aus der Sicht der 2015er/2016er Jahre weniger

Chancen einer Verwirklichung haben als man nach dem Ende des Ost-West-Konflikts nach 1989 gedacht hatte. Viele Bemühungen einer besseren internationalen Kooperation sind vor allem in der 2010er Jahren ins Lehre gelaufen. Selbst innerhalb der EU, die dezidiert große Anstrengungen einer positiven Integration verfolgt, gab es mit dem Scheitern einer europäisch abgestimmten Flüchtlings- und Migrationspolitik größte Probleme hinsichtlich dieses Ansatzes; schließlich kamen erhebliche Probleme bei den Verhandlungen über die Freihandelsabkommen der EU mit Kanada (CETA) und den USA (TTIP) als gravierende Störungen hinzu. Probleme in den Abstimmungen hinsichtlich einer kohärenten Sicherheitspolitik innerhalb der NATO mit Blick auf die Bekämpfung des internationalen Terrors oder der Vorgehensweise gegenüber dem sogenannten Islamischen Staat belasteten auch diese ansonsten solide Bündnisstruktur. Prinzipiell allerdings ändert dies nichts an der Notwendigkeit, mit Blick auf eine funktionierende ›Global Governance‹ an weiteren Schritten einer positiven Integration zu arbeiten. Dies alles betrifft im übrigen auch das schwierige Problem eines nationalen Souveränitätsverzichts der Staaten, selbst wenn dieser zunächst nur partiell und behutsam in die Wege geleitet werden kann.

Souveränitätsverzicht

Denn die Aufweichung nationalstaatlicher Souveränität ist heute Realität. Dies wurde vor gut 15 Jahren erstmals durch den Kosovo-Einsatz der NATO oder den Arrest des chilenischen Ex-Diktators Pinochet in Großbritannien deutlich. Auch die internationale Öffentlichkeit bekam ein Gespür dafür, dass, im Gegensatz zu früher Kriegsverbrecher nicht immer ohne Strafe und Ächtung davonkommen können. Während im ersten Fall das Prinzip der Nichteinmischung aus übergeordneten Gründen außer Kraft gesetzt wurde, ignorierte im zweiten Fall die britische Gerichtsbarkeit die Immunität eines Amtsträgers aus einem anderen Land. Die militärische Operation in Afghanistan, der Zweite Irakkrieg sowie die Militäroperation der amerikanischen Navy Seals zur Ausschaltung von Osama Bin Laden in Pakistan zeigten weitere Aufweichungen oder Verletzungen der westfälischen Prinzipien auf. Später wurden auch andere politische Mandatsträger und Staatsoberhäupter strafrechtlich zur Verantwortung gezogen, weil sie, wie der ehemalige jugoslawische Ministerpräsident Milosevicz, schwere Menschenrechtsverletzungen befohlen und zu verantworten haben. Gleichzeitig provozierten ›Failing States‹ und die entstehenden Machtvakua die Ausbreitung anarchischer und verbrecherischer Strukturen, welche zum Beispiel den Westen zwang, gegen Piraterie vor der Küste Somalias militärisch vorzugehen. Diese Entwicklung und die Perspektive der Schaffung eines globalen Rechtsrahmens berührt das klassische Verständnis nationaler Souveränität im Sinne des Westfälischen Systems. Wir sehen, dass diese

Konzeption angesichts globaler Interdependenz immer mehr an ihre Grenzen stößt. Auch wenn der Nationalstaat als Bezugspunkt des Politischen bestehen bleiben wird, entstehen neue Begrenzungen staatlicher Autonomie, wenn globale öffentliche Güter betroffen sind.

Die Problematik des Souveränitätsbegriffs zeigt sich sehr plastisch in der Umweltpolitik: das gegenwärtige Verständnis staatlicher Souveränität entwickelt mit Blick darauf eine schwierige Dynamik. Die Zerstörung von Ökosystemen, der übermäßige Verbrauch von Ressourcen und die Verursachung von ökologischen Risiken wird politisch und rechtlich zunächst als innere Angelegenheit von Nationen behandelt, obwohl hiervon die Zukunftschancen der gesamten Menschheit betroffen sind. Das legitime Recht auf nationale Selbstbestimmung muss mit dem Recht aller auf eine lebenswerte Umwelt abgewogen und in Einklang gebracht werden. Für eine Umkehr dieses Trends sollte sich der Grundsatz durchsetzen, dass es sich bei der Erhaltung der ökologischen Lebensgrundlagen um eine Angelegenheit von gemeinsamem Interesse handelt und staatliche Autonomie ihre Grenzen hat. Dieser Grundsatz darf nicht nur rhetorische Grundlage für die Politik sein, wie dies seit dem ersten Umwelt Gipfel 1992 in Rio der Fall war. Gleichzeitig muss die Entwicklung entsprechender rechtlicher Sanktions- und Konfliktregulierungsmechanismen folgen, die unter bestimmten klar zu definierenden Voraussetzungen Staaten in die Verantwortung nehmen. Um in einer global integrierten Wirtschaft Nachteile für ökologisch nachhaltige Produktionsformen zu verringern, sind – analog der staatlichen Gesetzgebung – verbindliche und erzwingbare Umweltschutzauflagen für alle Wettbewerbsteilnehmer erforderlich. Die Politik kann darüber hinaus für eine weitest mögliche Verankerung des Verursacherprinzips auf nationaler und internationaler Ebene sorgen und durch fiskalische Anreize die Entwicklung ökologisch nachhaltiger Produktionsformen unterstützen.

Reform internationaler Institutionen

Eine mächtige, handlungsfähige und demokratisch legitimierte Weltregierung wird es auf absehbare Zeit nicht geben. Es wird jedoch immer notwendiger, die bestehenden Ansätze einer globalen Ordnungspolitik zu stärken und in Übereinstimmung zu bringen. Hierzu gehört, die häufig unvermittelt nebeneinander operierenden Teile der internationalen Entscheidungssysteme zu koordinieren, also unterschiedliche Systemlogiken zu erkennen und sinnvoll zu vernetzen. Im Gegensatz zum Biosafety-Protokoll, das aus einem Umweltabkommen heraus entstand, steht zum Beispiel die WTO unter dem Paradigma des Freihandels. Weil die WTO maßgeblich von den Ländern der OECD, vor allem den USA, dominiert wird sehen die meisten Entwicklungsländer in den UN-Organisationen ein geeigneteres Forum für die Wahrung und den Schutz ihrer Interessen. Eine solche Widersprüchlichkeit muss debattiert werden, um wenigstens das Bewusstsein aller beteiligten nochmals zu schärfen, dass es diese Widersprüche gibt und man sich Gedanken machen sollte, wie man diese überwinden kann.

Zudem werden sich die internationalen Institutionen noch stärker um mehr Transparenz und demokratische Verfahrensweisen bemühen müssen. Trotz der demokratischen Architektur der WTO werden die Entscheidungen der Organisation in Wirklichkeit von einigen wenigen Industrieländern und hier insbesondere durch die USA dominiert (Green-room-technique). Darüber hinaus ist an eine Beteiligung seriöser nichtstaatlicher Organisationen im Findungsprozess globaler Regeln zu denken, auch wenn kritische Stimmen der Entwicklungsländer eine Demokratisierung der Verfahren zunächst auf sich bezogen wissen wollen. Verbraucherverbände, Umweltschutzbewegungen wie Greenpeace oder Menschenrechtsaktivisten wie Amnesty International haben in den letzten 15 Jahren ständig an Zahl zugenommen, spielen in der öffentlichen Diskussion eine immer wichtigere Rolle und genießen vielerorts mehr Vertrauen als staatliche Verhandlungsdelegationen. Als Beispiel für eine solche Kooperation steht die Initiative des deutschen Auswärtigen Amtes, das seit Anfang der 2000er Jahre nichtstaatliche Organisationen in ihre Überlegungen zu globalen Fragen involviert. Solche Kooperationen können auch auf internationaler Ebene im Vorfeld Konflikte moderieren, die ansonsten zum Scheitern von Bemühungen führen könnten, wie 1999 erstmals das Desaster der WTO-Verhandlungen in Seattle aufgezeigt hat. Die Ministerkonferenz der Wirtschafts- und Handelsminister der WTO in Seattle in den USA sollte vom 30. November bis 2. Dezember stattfinden, konnte aber aufgrund von Auseinandersetzungen zwischen Globalisierungskritikern und Polizei nicht wie geplant durchgeführt werden.

Angesichts der beschleunigten Veränderung globaler Verhältnisse muss die Konstruktion des globalen Miteinanders auch die Notwendigkeit der eigenen Anpassung antizipieren. Notwendig sind also Institutionen, die nicht durch die Bewältigung von zurückliegenden Problemen und Konflikten blockiert werden, um vorausschauendes Handeln zu ermöglichen. Hierzu gehören zeitlich befristete Regelungen, ständige Aktualisierung von Zielen und die Evaluation ergriffener Maßnahmen. Wenn Veränderungen beschleunigt Eingang in gesellschaftliche Realität finden sollen, werden die Institutionen Mechanismen wählen müssen, die ihre eigene Wandelbarkeit ermöglichen. Dass dies außerordentlich schwierig zu bewältigen ist, haben zum Beispiel die Reformbemühungen der Vereinten Nationen in den 2000er Jahren gezeigt. Die UNO hat dies mit den Reformvorschlägen des ehemaligen UN-Generalssekretärs Kofi Annan Mitte der 2000er Jahre versucht. Er schlug insbesondere die Erweiterung des UN-Sicherheitsrats um mehr nichtständige Mitglieder vor sowie einen neuen Menschenrechtsrat, mehr Kompetenzen für den Generalsekretär und mehr Mittel für die Entwicklungsländer. Der Reformvorschlag scheiterte am Votum der Entwicklungsländer, die den Plan mit 108 zu 50 Stimmen ablehnten. Sie befürchteten einen Verlust ihres Einflusses, da die Macht in der Organisation angeblich zu stark zentralisiert würde. Insofern wirkte das Westfälische System für die Entwicklungsländer mittelbar hier mit, da diese Länder sich dieser Reform mit Verweis auf ihre nationalen Interessen und ihr Selbstbestimmungsrecht erfolgreich verweigern konnten.

XII. Bilanz und Perspektiven

In den vorausgegangenen Kapiteln habe ich mich den aus meiner Sicht bedeutendsten Entwicklungen innerhalb der dritten Phase der Globalisierung gewidmet und mich dabei auf die Ereignisse und Trends konzentriert von denen ich überzeugt bin, dass sie wesentliche Probleme und Entwicklungspfade der Gegenwart und Zukunft abbilden. Zu Beginn habe ich mit zwölf spontan arrangierten Schlaglichtern der Globalisierung versucht, das komplexe Zusammenspiel von demographischen, technologischen, politischen, sozio-ökonomischen und kulturellen Faktoren schlaglichtartig zu beleuchten. In Anbetracht der mit diesem Buch gewonnenen Erkenntnisse möchte ich hier, zum Schluss, wieder zwölf Spotlights arrangieren, bevor ich auf fünf Felder nochmals tiefer eingehe, die mir wichtig erscheinen:

- die dritte Phase der Globalisierung wird im 21. Jahrhundert noch komplexer; sie bewirkt durch ihren Sog der Nivellierung die Herausbildung regionaler und lokaler Identitäten, die eigene politische, sozio-ökonomische und kulturelle Interpretationen der Globalisierung präferieren;
- Technologien in den Bereichen Information und Kommunikation, Life Sciences, Nano Engineering und Robotik, Prozesssteuerung und Automatisierung, Genetic Engineering, Material und Logistik verändern Lebenssachverhalte und greifen tiefgreifend in die Existenzbedingungen und Entwicklungschancen der Menschheit ein;
- ›Big Data‹ und die Macht der Algorithmen führen zu erheblichen Konflikten zwischen Bürger und Staat, Wirtschaft und Konsumenten und Arbeit und Kapital;
- Der Wirkungen des Wachstums der Weltbevölkerung auf etwa zehn Milliarden Menschen bis 2050 auf die zweite industrieller Revolution, die Problematiken der Ernährung und des Rohstoff- und Energiebedarfs und des Klimawandels konstruieren das größte sozio-ökonomische Spannungsfeld der Globalisierung;
- Die verfügbaren Ressourcen der Welt und ihr intelligenter und nachhaltiger Gebrauch zeigen indes auf, dass es gelingen kann, auch zehn Milliar-

den Menschen zu versorgen, ihren Energiebedarf durch einen effizienten Energiemix zu gewährleisten und dabei einen noch ausreichenden Klimaschutz aufzubauen;

- Die Voraussetzung dafür sind der politische Wille, die politisch-administrativen Möglichkeiten, erhebliche nationale Bemühungen und eine zumindest in diesen vitalen Politikfeldern funktionierende partielle globale Governance;
- Auch das 21. Jahrhundert wird angesichts des Fortbestands der menschlichen Gewaltnatur sowie existenzieller Konflikte und Verteilungsschwierigkeiten kein friedliches Jahrhundert sein. Die gewaltige Konfrontation zwischen dem laizistischen Westen und einem radikalen Islam kann auch interpretiert werden als Stellvertreterkrieg zwischen den Vertretern einer aufgeklärten Rationalität und den Verfechtern einer traditionalistischen Romantik;
- Die Imprägnierungen der Globalisierung sind ein erheblicher sozialer Wandel, gravierende Veränderung der Demographie und – im Rahmen der Verstädterung der Erde – eine unglaubliche Konzentration auf den urbanen Lebensraum;
- Migration aus kriegerischen, sozio-ökonomischen und ökologischen Gründen wird zum Normalfall des 21. Jahrhunderts;
- Die politische Kultur der Zukunft wird gleichzeitig mitbestimmt durch eigenwillige lokale und regionale Zentren und globale Institutionen. Die internationale Multipolarität ist die bestimmende Erscheinungsform der politischen Machtarchitektur des 21. Jahrhunderts. Innerhalb dieser Architektur ringen Menschen, Interessengruppen, Clans, Parteien oder nationale Regierungen um Vorteile oder Vorherrschaft. Das Ergebnis ist auch die Notwendigkeit einer globalen Ordnungspolitik. Rahmen und Statik einer globalen Ordnungspolitik sind wichtig, dabei aber nur in ihrer Verschränkung mit nationalen oder regionalpolitischen Ordnungsformen denk- und legitimierbar;
- aus deutscher und europäischer Sicht ist eine politisch und eine sozio-ökonomisch gut formierte Ordnung wichtig. Ein gut aufgestellter Nationalstaat und ein besser legitimiertes politisches Mehrebensystem auf der Ebene der EU sind dabei wichtig, wobei insbesondere die Europäische Union im 21. Jahrhundert als regionaler Ordnungsrahmen besser genutzt werden kann;
- das intellektuelle Koordinatensystem der Globalisierung mit ihren Leitprinzipien der Legitimation, Subsidiarität, Integration, Resilienz, Innovation und Humanität bietet einen nachvollziehbaren Kompass, Effizienz, demokratische Qualität und Nachhaltigkeit zu erreichen.

Das 21. Jahrhundert wird vor diesem Hintergrund zweifelsohne umwerfende Weltgeschichte werden. Mit Blick auf das 19. und 20. Jahrhundert wird es in 85 Jahren spannend sein, ob es wirklich eine neue Epoche beschreibt oder, ob es eine Fortschreibung des 20. Jahrhunderts sein wird. Alles spricht allerdings dafür, dass es derart umwälzend sein wird wie das 19. und das 20. Jahrhundert zusammen. Es wäre interessant zu wissen, wie das Epochenportrait des 21. Jahrhunderts an der Schwelle zum 22. Jahrhundert ausfällt: negativ, gemischt oder positiv. Um ein Gefühl für die Zukunft zu entwickeln wähle ich vorsichtig eine spekulative Strategie, um ein Gefühl für das 21. Jahrhundert zu entwickeln. Dazu lege ich zum Abschluss einige Reflexionen für das 21. Jahrhundert mit Rekurs auf das 19. und 20. Jahrhundert vor.

Ich konzentriere mich dabei auf fünf Felder:

- Die Auswirkungen der technologischen Revolution in der globalen Technologiegesellschaft;
- Die Erwartung hinsichtlich einer Versöhnung von Energiesicherheit und Klimaschutz;
- Die Bedeutung von Migration und Integration;
- Die Frage von Krieg und Frieden;
- Die Ausformungen der Multipolarität und ihre geostrategischen Auswirkungen.

Das ›lange‹ 19. Jahrhundert war eine Zeit gravierender sozio-ökonomischer und politischer Umwälzungen

Das 19. Jahrhundert wird von Historikern heute – je nach dem Schwerpunkt der Betrachtung – als das ›lange‹ oder das ›eigentliche‹ Jahrhundert beschrieben. Das lange 19. Jahrhundert gilt inhaltlich als aussagekräftiger als eine rein kalendarische Beschränkung vom 1. Januar 1800 bis zum 31. Dezember 1899, da es Ereignisse mit einbezieht, die dieses Jahrhundert entscheidend prägten, zeitlich aber davor geschahen wie etwa die französische Revolution 1789. Am Ende des 19. Jahrhundert begann eine Zeit des Imperialismus und der staatlichen Expansion, womit die Zeit bis zum Beginn des Ersten Weltkriegs überbrückt wird. Das gleiche gilt für das 20. Jahrhundert, das mit dem Kriegsende des Ersten Weltkriegs 1918 in eine neue Epoche eintrat, die mit dem Ende des Zweiten Weltkriegs 1945 bzw. der Implosion des Ost-West Konflikts 1989 zeitgeschichtlich prägnante Zäsuren erfuhr. Nach 1989 begann dann die dritte Phase der Globalisierung, die bis heute andauert und der wichtigste Prägestempel des begonnenen 21. Jahrhunderts ist. Insofern macht es mehr Sinn mit Blick auf das 21. Jahrhundert diese Verkettungen in ihrem Charakter als Gezeitenwechsel zu beachten und sich nicht formal auf den jeweiligen kalendarischen Anfang bzw. das kalendarische Ende dieser zwei Jahrhunderte zu kaprizieren. Dementsprechend unterteilt der britische und marxistische Historiker Eric Hobsbawn das lange 19. Jahrhundert in das Zeitalter der Revolution (1789 bis 1848), das Zeitalter des Kapitals (1848 bis 1875) und das Zeitalter der Imperien (1875 bis 1914) (Hobsbawn 1996, 2010a und 2010b). Der Historiker Reinhart Koselleck prägte den Begriff der ›Sattelzeit‹, die etwa von 1770 bis 1830 gedauert habe.[1] Nach Jürgen Osterhammel schließt sich daran eine mittlere Periode an, die rückwirkend charakteristisch für das eigentliche 19. Jahrhundert war. Diese Zeit zwischen den 1830er und 1890er Jahren bewirkte große Umbrüche in Politik, Wirtschaft und Gesellschaft wonach eine umfassende Umbruchphase mit dem imperialistischen Wettbewerb der Großmächte und andere Machtverschiebungen etwa mit dem Sieg Japans über China 1895 begann (Osterhammel 2009).

Weltgeschichtlich kann man kein 19. Jahrhundert definieren, da es aufgrund anderer Kalendersysteme oder der Unkenntnis über das, was auf anderen Kontinenten und in entlegenen Gebieten geschah, keinerlei Verknüpfungen gab. Vor dem 20. Jahrhundert gab es keine Zeit, die für die gesamte Welt epochale Bedeutung hatte. Aus europäischer Sicht kann dieses Jahrhundert deshalb den Charakter einer eigenen Epoche für sich beanspruchen. Es war eine Zeit, in der sich die Industrealisierung und der Kapitalismus in Europa und Amerika durchsetzten. Mit dem Imperialismus und Kolonialismus erreichte die europäische Dominanz in der Welt ihren Höhepunkt. In der industrialisierten Welt veränderten sich die Lebensweisen dramatisch. Die industrielle Revolution erzeugte eine prekäre soziale Frage und zerstörte weitestgehend die traditionelle Lebensweise der agrarisch geprägten Gesellschaft. Die neuen Möglichkeiten der Mobilität und die beginnende Urbanisierung ermöglichten eine neuzeitliche Lebensweise, die heute für die gesamte Weltbevölkerung absolute Normalität ist. Im 19. Jahrhundert entwickelte sich nach den Revolutionen in Frankreich, Amerika, Deutschland, Italien und Österreich zunehmend eine bürgerliche Gesellschaft. Das Besitz- und Bürgertum prägte Kunst, Kultur, Geistesgeschichte. Mit dem Nationalismus, dem Liberalismus und dem Sozialismus entwickelten sich ideologische Grundfeste. Sie beeinflussten die politische Kultur und relativierten die Bedeutung der Konfessionen. Adel und Landbevölkerung verloren ihre Wurzeln und an Bedeutung.

Die erste industrielle Revolution

Der Nationalstaat entstand und bekam als eine von ihrer eigenen Wirtschaft lebende Entität die herausragende Bedeutung. Nationalstaaten gerieten mit Blick auf die Kolonisation oder europäische territoriale Ansprüche dann allerdings zunehmend in nationale Konflikte, die, aufgrund von nationalen Befind-

1 | Vgl. http://de.wikipedia.org/wiki/19._Jahrhundert, aufgerufen am 23. Mai 2015.

lichkeiten zu Aufrüstung führten. Der Wettstreit um Kolonien wurde im 19. Jahrhundert zum zentralen Thema nationaler Selbstwahrnehmung. Gleichzeitig führte die industrielle Revolution in Europa dazu, dass der strategische Zugriff auf Rohstoffe wie Kohle, Eisenerz, Kupfer oder Öl zunehmend wichtig wurde. Europa erlebte einen beispiellosen Aufstieg. Die Bedeutung von technologischen Innovationen stieg rasant an. Mit der Industriealisierung wurde die Eisenbahn und die Dampfschifffahrt aufgebaut. Die Telekommunikation wurde entdeckt. Mit dem ersten Transatlantikkabel vernetzten sich Europa und Amerika erstmals direkt. Der Transport von Informationen koppelte sich von der Langsamkeit des Transports von Gütern ab. Der Druck von Zeitungen breitete sich mit der Entwicklung des Postverkehrs erst langsam aus. Die Kommunikation über die Telegrafie erlaubte es dann, dass Nachrichten am selben Tag verfügbar wurden. Eine direkte Kommunikation zwischen Behörden oder Militärs gewann an Bedeutung. Es gab eine zentrale Steuer- und Geldpolitik. Die Einführung der Schulpflicht eröffnete die Möglichkeit für ein modernes Bildungssystem. Die Kirche wurde im Rahmen einer Säkularisationswelle dem Staat untergeordnet. Literatur gewann eine öffentliche Beachtung. Die Naturwissenschaften wurden als Wissenslieferant in den Bereichen Navigation, Zeitmessung oder landwirtschaftliche Anbauverfahren für die industrielle Revolution wichtig. Alles dies veränderte das alltägliche Leben der Menschen und eine Sensibilität für internationale Verflechtungen schuf sich Bahn.

Das ›kurze‹ 20. Jahrhundert verabschiedete Europa 1989 endgültig von einer eurozentrischen Sicht der Dinge ...

Das 20. Jahrhundert wird mit Blick auf die Periodisierung nach Zäsuren innerhalb der Geschichtswissenschaft und mit Blick auf das ›lange‹ 19. Jahrhundert folgerichtig als das ›kurze‹ Jahrhundert bezeichnet. Gleichwohl war es mit Blick auf historische Umbrüche nicht weniger intensiv. Mit Blick auf die Internationalisierung von Krieg und Frieden, des Handels, der wirtschaftlichen Verflechtung bereitete es das Zeitalter der dritten Globalisierung vor. Das 20. Jahrhundert war durch den Imperialismus der europäischen Staaten, die beiden Weltkriege, den Niedergang der europäischen Kolonien, den Kalten Krieg und den Nord-Süd-Konflikt geprägt. Nach dem Fall des Eisernen Vorhangs in Osteuropa wuchs die dritte Globalisierung als Basistrend heran und fegte mit seinen sozio-ökonomischen, politischen und kulturellen Ausläufern in zunehmender Weise durch die Welt. Damit einher gingen die weitere Zunahme der Weltbevölkerung, des Handels und der Wirtschaftsleistung und eine beispiellose Technisierung zum Beispiel im Rahmen der Digitalisierung von Wirtschaftsprozessen.

... und hinterließ eine Scham angesichts des Versagens der frühen europäischen Demokratie und der Greueltaten von Faschismus und Totalitarismus

Politisch realisierte dieses Jahrhundert eine Relativierung des Nationalstaats und das Ende einer eurozentrischen Weltsicht. Im 19. Jahrhundert war Europa ein Ort mit einer unwiderstehlichen Anziehungskraft. Andere Länder nahmen dabei an Europa Maß. Die Geschichte des 19. Jahrhunderts wurde in einem Maße in und von Europa gemacht, wie sich dies weder für das 18. noch für das 20. Jahrhundert sagen lässt. Niemals hat Europa einen ähnlichen Überschuss an Innovationskraft und Initiative, von Überwältigungswillen und Arroganz freigesetzt (ebd.: 20). Diese Attitüde, dieses Image und der Glanz des alten Kontinents fielen mit dem Ersten und Zweiten Weltkrieg in sich zusammen. Dies war insbesondere das Ergebnis der desaströsen imperialen Politik der europäischen Mächte sowie der Verblendung durch totalitäre Ideologien und faschistische Diktaturen. Diese dunkle Zeit war geprägt durch politische Manipulation, Gleichschaltung und Unterdrückung, Holocaust und Vertreibung, rechtswidriger Annektion, Gewalt und Krieg.

Das 20. Jahrhundert ist wesentlich geprägt durch die ›Urkatastrophe‹ der beiden Weltkriege. Auch wenn sich nach dem Ersten Weltkrieg innerhalb der ›goldenen‹ Zwanzigerjahre ein Wirtschaftsaufschwung und eine gewisse sozio-kulturelle Entspannung breitmachten, die USA als demokratisches Beispiel und einer attraktiven Kultur und Lebensart leuchteten und zudem als aufstrebende Weltmacht beeindruckten, dauerte dieser Lichtblick nur ein Jahrzehnt. Er endete mit der Weltwirtschaftskrise 1929/30, die den Anfang einer über 50 Jahre währenden Zeit der militärisch-politischen Konfrontationen markiert, die nach dem Ende des Zweiten Weltkriegs zunächst in die Zuspitzungen des Kalten Kriegs und die Konfrontation zwischen den USA und der UdSSR und später in das ›Gleichgewicht des Schreckens‹ einer prekären bipolaren Weltkriegsordnung mündete. Diese wurden mit der Implosion des Ost-West-Konflikts ab 1989 dann urplötzlich obsolet.

Damit begann einer Erosion der nationalen Überhöhung und der eurozentrischen Sicht der Dinge. Die Kriegsfolgen initiierten eine Konkretisierung der Träume von den Vereinigten Staaten von Europa. Mit dem Schumann-Plan von 1950, der Gründung der Montanunion 1952 und der Unterzeichnung der Römischen Verträge 1957 wurden dazu die ersten Schritte gemacht, die über die Errichtung des europäischen Binnenmarkts, der europäischen Währungsunion, die EU-Osterweiterung bis zur Unterzeichnung des Vertrages von Lissabon immer weiter vorangetrieben wurden. Weltweit lösten sich ehemalige Kolonien von ihren Beherrschern. Dies gelang nicht immer zivilisiert und friedlich und führte wie zum Beispiel im Iran zu einer blutigen Revolution, in deren Anschluss eine islamische Republik installiert wurde. Die Revitalisierung eines politischen Islam bekam damit und mit der Person des Ayatollah Khomeini ein Beispiel und ein konkretes Gesicht. Die Kolonialgeschichte des Mittleren und Nahen Ostens wurde zunehmend durch Bestrebungen einer Islamisierung ersetzt. Im Gefolge entstanden die Konturen einer neuen Weltordnung, die ich einige Seiten vorher beschrieben und problematisiert habe. Wesentlich dabei waren eine Abschwächung des Eurozentrismus und der europäisch-amerikanischen Dominanz über den Rest der Welt. Ende des 20. Jahrhunderts wurden andere Regionen in der Welt zunehmend wichtig. Dies waren Brasilien, Russland, China, Indien und weitere Regionen in Südostasien, später Südafrika, heute auch Australien. Damit gewann besonders die pazifische Region auch in der Wahrnehmung der USA eine weitaus höhere Zukunftsbedeutung als ›Old Europe‹, und die ökonomischen und geopolitischen Schwerpunkte in der Welt verlagerten sich seitdem ständig dorthin.

Das späte 20. Jahrhundert beeindruckt mit seinen vielfältigen Fortschritten in Wissenschaft und Technologie ...

Besonders prägnant waren im 20. Jahrhundert die wirtschaftlichen Entwicklungen und Innovationen und die zunehmende Differenzierung und Komplexität von Wissenschaft und Technologie. Technologischer Fortschritt war bereits im 19. Jahrhundert ein Thema und setzte die wissenschaftliche und technologische Brillanz des 20. Jahrhundert voraus. So entstanden zu dieser Zeit Archive, Bibliotheken, Museen und konservierende Sammlungen als wichtige Erinnerungsorte, welche für den wissenschaftlichen und technologischen Fortschritt herangezogen werden konnten und die wichtige Speichermedien waren, so wie im späten 20. Jahrhundert Speicherchips, Disketten, Festplatten oder virtuelle Bibliotheken. Photographie und Film entstanden. In den 1970er Jahren veränderten sich die ökonomischen Eckdaten in den Industriestaaten. Die zweite industrielle Revolution führte Informatik, Computertechnologie und Mikroelektronik in industrielle Produktion und moderne Dienstleistungswirtschaft ein und führte – nach dem Übergang von der Agrargesellschaft zur Industriegesellschaft – zu einem starken sozio-ökonomischen Impuls, der signifikante Veränderungen in der Sozialstruktur moderner Industriegesellschaften und umgehend auch Befürchtungen hinsichtlich ihrer sozialen Stabilität initiierte (Friedrichs/Schaff (Hg.) 1982).

In Europa brach die schwerste Wirtschaftskrise seit Ende des Kriegs aus. Die Erwerbslosigkeit wurde in vielen Ländern zu einem massenhaften Phänomen. Anstelle starker Lohnsteigerungen in den Jahrzehnten zuvor, die maßgeblich zum Wachstum beitrugen, gab es nun zeitweise reale Lohnsenkungen. Neue Arbeitsverhältnisse kamen auf, zunehmende Beschäftigung in Büros und in der Dienstleistungsbranche konnten die wegfallenden Industriearbeitsplätze allerdings nur unzureichend ersetzen. Mit diesem Wandel, der auch eine Erosion des Normalarbeitsverhältnisses bewirkte, kamen die Mechanismen des wirtschaftlichen Interessensausgleich zwischen Arbeitgebern und Arbeitnehmern im Rahmen der Industriearbeitsverhältnisse ins Rutschen. Es wurde deutlich, dass der Zerfall der alten Ordnung nicht nur ein politisches Großereignis auf internationaler Bühne war, sondern dass im Gefolge der einsetzenden dritten Globalisierung ein Generalangriff auf soziale Besitzstände und etablierte Lebensformen der Arbeitsgesellschaft stattfand.

In Großbritannien feierte der ökonomische Neoliberalismus seinen deutlichsten Triumph. Später, in den 1990er und Anfang der 2000er Jahre und im Anschluss an die rigorose Wirtschaftspolitik seiner Vorgängerin Margaret Thatcher führte der sozialdemokratische Premierminister Anthony Blair diese Politik fort, versuchte aber einen sozialeren Ansatz in der britischen Sozialpolitik der auf der Formel ›Fördern und Fordern‹ beruhte. Auch die deutsche Arbeitsmarkt- und Sozialpolitik ging diesen Weg und etablierte mit der Agenda 2010 ein modernes, an die antizipierten Herausforderungen des 21. Jahrhunderts angepasstes modifiziertes soziales Modell. Seitdem ist der schematische Konflikt zwischen ›Raubtierkapitalismus‹ und neuer gesellschaftlicher Solidarität fast reflexhaft zu einem Kernkonflikt innerhalb der industrialisierten Welt avanciert. Ich habe an anderer Stelle in diesem Buch bereits auf wesentliche Probleme dieses Wandels rekurriert. Festzuhalten ist, dass diese Auseinandersetzung bis in die Gegenwart die industriepolitischen Debatten und sozialen Kontroversen prägt. Mit Blick auf Weltbevölkerungswachstum, soziale Gerechtigkeit und finanzpolitische Verteilung prägt dies als neue soziale Frage das 21. Jahrhundert.

… und es war in jeder Hinsicht ein Jahrhundert der Wissenschaft und der technologischen Innovationen

Das 20. Jahrhundert erlebte eine wahre Explosion an wissenschaftlichen und technologischen Innovationen, die sich in vielfacher Weise in der industriellen Produktion und einem neuen, technologisch geprägten Massenkonsum niederschlugen. Äußerst wichtig waren naturwissenschaftliche Fortschritte in der Physik, Chemie, Biologie und Informatik. Sie legten den Grundstein zu dem, was das 21. Jahrhundert zu einem Jahrhundert machen, das in nie erlebter Weise durch Technologie geprägt werden wird. Das 20. Jahrhundert erlebte die Entfesselung der Atomkraft, die Entschlüsselung des menschlichen Genoms und die Wucht von Moore's Law, die Verdoppelung der Rechnerkapazität alle 18 Monate. Die Verbindung von IT, Materialforschung und Biotechnologie, Nanotechnologie, neue moderne Verkehrstechnik erlaubten Durchbrüche in existenziell wichtigen zivilisatorischen Bereichen. Es entstanden bessere und angenehmere Möglichkeiten der Mobilität; Hochgeschwindigkeitszüge, moderne, mit High-Tech durchdrungene Automobile, bahnbrechende bildgebende Verfahren in der Medizintechnik über Computertomographie und Magnetresonanztomographie, eine hochinteressante High-Tech-Architektur, die gleichzeitig mehr Funktionalität, Ästhetik und ökologische Effizienz im Rahmen von autonomen Häusern erlauben, alles dies kennzeichnet den Aufbruch der Menschheit in ein durch Technologie beherrschtes 21. Jahrhundert.

Im 20. Jahrhundert entwickelten sich technologische und elektronische Geräte zu Massenkonsumgütern wie Haushaltsgeräte, Werkzeuge, Computer, Kommunikationsmittel, Medien, Ton- und Bildwiedergabegeräte und Fortbewegungsmittel. Rein mechanische Geräte verloren zunehmend an Bedeutung; Hygiene, Verpackung und Mobilität wurden wichtiger. Der Verbrennungsmotor sowie die Elektrizität ersetzten zunehmend die Dampfmaschine zum Antrieb von Schienen- und Wasserfahrzeugen. Der individuelle Straßenverkehr gewann gegenüber dem Schienenverkehr an Dominanz, was sich signifikant auf die Stadtplanung auswirkte. Der Luftverkehr kam auf und entwickelt sich zum planmäßigen Linienverkehr. Globaler Personenfernverkehr wurde bald fast ausschließlich in der Luft abgewickelt. Im Schienenverkehr kamen Hochgeschwindigkeitszüge, in der globalen Handelsschifffahrt Tank- und Containerschiffe auf. Gerade der standardisierte Normcontainer und die still die Meere durchpflügende Containerschifffahrt wurden gemeinsam mit den gigantischen maritimen Öl- und Gasfrachtern zum Symbol der wirtschaftlichen Globalisierung schlechthin.

Das 21. Jahrhundert führt die Dynamik der vergangenen 200 Jahre in einer atemberaubenden Geschwindigkeit und Komplexität fort

Das 21. Jahrhundert hatte mit Blick auf nationale, regionale und kulturelle Konflikte, den internationalen Terrorismus, Staatszerfall, die Zunahme sozialer Disparitäten, angesichts globaler Weltprobleme wie Kriegs-, Klima- und Wirtschaftsmigration, Klimakatastrophe oder der Proliferation von Massenvernichtungswaffen nicht den allerbesten Start. Auch die sozialstrukturellen Probleme, die aus dem Bevölkerungswachstum resultieren oder aus den Umstellungszumutungen der Globalisierung, sind problematisch. Die labile Architektur der internationalen Finanzmärkte und die Staatsschulden- und Währungskrise in Europa haben zum Anfang des 21. Jahrhunderts eine besorgniserregende Verletzlichkeit der Weltwirtschaft demonstriert und führten insbesondere in Europa zuerst zu einer großen Angst hinsichtlich der Währungsstabilität, der Sicherheit der Ersparnisse und später einer großen Deflation. Die im 20. Jahrhundert entstandenen Weltprobleme erwiesen sich so als schwieriges Erbe für das angefangene Millennium.

Der technologische Wandel ist ein wichtiger Prägestempel für das Leben der Menschen im 21. Jahrhundert, ...

Der technologische Fortschritt, der im späten 20. Jahrhundert massiv an Fahrt aufnahm, beeinflusst heute in weit stärkerem Maße als früher die menschliche Existenz. Das heisst Daseinsbedingungen, Lebensformen, das soziale Miteinander, das Wissen der Menschen, Versorgungs-, Energie- und Ernährungssicherheit, Sozialstrukturen, Entscheidungsoptionen. Das dichte Netz an Informations- und Kommunikationsstrukturen, was sich als koronares Herzkranzgefäß um den Globus legt, schafft das größte Wissensbecken, das die Menschen jemals nutzen konnte. Bio- und gentechnologische Innovationen, Nanotechnologien, neue Materialien und alternative Energien ermöglichen in den kommenden Jahrzehnten revolutionäre Lösungen in den Bereichen Gesundheit, Hygiene, Fortpflanzung, Ernährung oder Pandemien. Gelingen Durchbrüche in den Bereichen Krebs, Demenz, Herz-Kreislauf-Erkrankungen und Psychiatrie, kann die Menschheit zu Recht auf spektakuläre Fortschritte im Gesundheitswesen hoffen.

Im Rahmen der gesteigerten Entwicklungsgeschwindigkeit technologischer Lösungen stellen neue technologische Möglichkeiten eine entscheidenden Optionen für eine Verbesserung der Existenzbedingungen von Menschen in unterentwickelten Regionen und der Lebensqualität von Menschen in entwickelten Ländern bereit, wenn ihr Einsatz auf den verschiedenen gesellschaftlichen Organisationsebenen marktwirtschaftlich, bürokratisch oder politisch funktioniert. Insofern wird das 21. Jahrhundert auch ›das‹ Jahrhundert der Technologien. Der Toaster, der uns morgens den aktuellen Kurswert unserer Lieblingsaktie auf den Toast brennen könnte wird hierbei das soziale Gefüge im 21. Jahrhundert nicht dramatisch ändern. Ebenso wenig werden das Internet für sich alleine oder einzelne Fortschritte in der Reproduktionsmedizin die sozialen Regeln und politischen Fundamente der Industriegesellschaften hinwegfegen. Auch werden andere technologische Innovationen die Gesellschaften nicht komplett wenden. Aber die Gesamtheit der in Gang gesetzten technologischen Dynamik sowie die Synergien zwischen einzelnen technologischen Entwicklungen verändern die Sozialstruktur und das Miteinander in einer mehr und mehr planetaren Gesellschaft erheblich. Hierbei spielt die Digitalisierung eine herausragende Schlüsselrolle. Das 21. Jahrhundert wird das Jahrhundert der digitalen Revolution. Die durch sie in Gang gesetzten technologischen Möglichkeiten greifen als Schlüsseltechnologien dann in nahezu alle politischen, wirtschaftlichen und gesellschaftliche Lebenssachverhalte in zum Teil erheblicher Weise ein.

... führt zu einer zweiten industriellen Revolution ...

Hierbei sind große Schübe für die Industrie und die Arbeitswelt, das individuelle und familiäre Leben, Ernährung und Gesundheit sowie sowie ein friedliches Zusammenlaben absehbar. Wir haben anhand der Kondratieff-Zyklen gesehen, wie sehr technologische Innovationen von der Agrargesellschaft über die Industrie- und Informationsgesellschaft bis hin zur multidimensionalen Technologiegesellschaft die gesamten Existenzbedingungen und Lebensformen der Menschheit ändern. Und weiterhin im Rahmen der Globalisierung ändern werden. Technologische Innovationen greifen dabei im 21. Jahrhundert noch tiefer als bisher in das Leben ein. Die Gesundheitswirtschaft gilt als mächtiger Treiber des industriellen Wachstums. Die Medizintechnik, eine verbesserte Diagnostik, digitale bildgebende Verfahren und nicht zuletzt der gigantische Markt der Gesundheitstelematik tragen zusammen mit optimierten Konzepten der Ernährung, der Hygiene und der Prävention zu einer weiteren signifikanten Erhöhung der Lebenserwartung bei. Gentechnische Verfahren und Durchbrüche in der onkologischen Behandlung und der Hirnforschung werden helfen, schwerste Krankheiten wie Krebs oder Demenz zu lindern oder gar zu heilen. Eine bessere Beherrschung von Volkskrankheiten wie Schlag- und Herzanfall sowie Diabetes ist flächendeckend zumindest in Europa, Japan, Australien und Nordamerika absehbar. Weltweit wird über die riesigen medizinischen Möglichkeiten sowie die Marktchancen eines digitalisierten Gesundheitssystems debattiert. Insbesondere die Nutzung von Smartphones und Tablets erlauben eine sinnvolle Technisierung im Verhältnis von Ärzten und Patienten und zwischen Leistungserbringern und Leistungsträgern. Beobachtet man die Entwicklung in den USA oder die Präsentationen auf der Medica 2015, scheint nach dem Münchner Arzt und Rechtsanwalt Alexander Ehlers ein »Goldrausch an der Schnittstelle zwischen Gentechnologie, Biotechnologie, modernen Informations- und Kommunikationstechnologien und einem sich dadurch verändernden Gesundheitssystem nicht mehr aufzuhalten zu sein«. Dafür spricht auch, dass das Problem einer Kostenexplosion im Gesundheitswesen durch die Förderung von Innovationen im Bereich digitalisierter Gesundheit gemildert werden kann. Experten sehen hier erhebliche Effizienzpotenziale. Die Nutzung von Big Data und die Erlaubnis einer digitalen Gesundheitswelt sind wesentliche Impulse, um den Herausforderung der medizinischen Versorgung gerecht werden zu können (Ehlers 2015).

... und fordert dabei ein intensives Nachdenken über die Beziehung zwischen Arbeit, Kapital und Information heraus

Die industriellen Produktionsprozesse werden von der Industrie 4.0 revolutioniert. War das 20. Jahrhundert das Zeitalter der Standardisierung, Computerisierung und Automatisierung, wird das 21. Jahrhundert das Zeitalter einer sich intelligent selbst steuernden Produktion, die im Rahmen künstlicher Intelligenz autonome Produktionssysteme ermöglicht und dem Menschen viele Dienstleistungen und Arbeitsformen abnehmen kann. Ende des 20. Jahrhunderts wurden neue Informations- und Kommunikationstechnologien in der industriellen Produktion eingesetzt. Dies führte in der Industriegesellschaft zu hohen Produktivitätsprämien und einer starken Wettbewerbsfähigkeit und veränderte die Wirtschaftswelt und die traditionell geprägten Arbeitsverhältnisse. Damit gerät die ›Seele der Arbeitsgesellschaft‹ unter Beschuss. Die Digitalisierung der Arbeit bietet Unternehmen die Chance, Fachkräfte durch individuelle Arbeitszeitmodelle an Unternehmen zu binden und Arbeitnehmern eine bessere Vereinbarkeit von Arbeits- und Privatleben zu ermöglichen. Es stellt aber auch die Unternehmen und die Beschäftigten vor die Herausforderung, diese Flexibilität effizient und verantwortungsvoll zu nutzen. Die Nutzung der Potenziale der Digitalisierung hängt wesentlich von komplementären Investitionen in organisatorisches Kapital und in Humankapital ab.

Ein Beispiel ist das Crowdsourcing. Dieses Konzept beinhaltet die Auslagerung einer Aufgabe an eine unbestimmte bzw. unbekannte Gruppe, in der Regel über eine Internetplattform. Ziel ist eine interaktive Form der Leistungserbringung. Crowdsourcing ist mit einer Reihe von Chancen und Risiken verbunden. Positiv ist, dass Crowdsourcing für Unternehmen den Zugriff auf einen Pool an Arbeitskräften und auf Wissen ermöglicht, das die eigenen Fähigkeiten übersteigt. Kritisch sind die negativen Auswirkungen auf den Arbeitsmarkt, wenn die Preise für Erwerbsarbeit verfallen und das Normalarbeitsverhältnis weiter erodiert (Bertschek et al. 2015). Die aus heutiger Sicht provozierende Frage ist: bleibt die Masse der Menschen irgendwann im 21. Jahrhundert auf der Strecke? Wohl kaum, aber irgendwie ist diese Fragestellung heute weniger komisch als noch vor 20 Jahren.

Eine der größten Herausforderungen bei dieser Fragestellung sind dabei die Möglichkeiten der Industrie 4.0 und der künstlichen Intelligenz. Ich habe an verschiedenen Stellen dieses Buches darauf hingewiesen, was das revolutionäre Potenzial der Digitalisierung im 21. Jahrhundert ist. Und wie es sich entfalten kann. Es ist erstaunlich, wie schnell sich dieses Thema vom Phantasieprodukt der 1990er Jahre über begründete Ahnungen in den 2000er Jahren in relativ kurzer Zeit zu einer absolut realistischen Perspektive in der Mitte der 2010er Jahre entwickelt hat. Im Gegensatz zu einer entspannten Allianz von Mensch und Maschine können sich in der zweiten Hälfte des 21. Jahrhunderts in zunehmender Weise intelligente und vollautomatische Produktionsprozesse als effektiver erweisen als menschliche Arbeit. Und durchsetzen. 290 Milliarden Euro gingen 2014 an Startups, die auf selbststeuernde Maschinen setzen, um die Arbeit zu erledigen, die bisher nur Absolventen von Business Schools schaffen. In den Fabriken haben Maschinen schon viele Jobs übernommen.

Die Beratungsgesellschaft Boston Consulting Group geht davon aus, dass im kommenden Jahrzehnt der Anteil der Automatisierung in der Fertigung von jetzt zehn auf 25 Prozent steigen wird. Die neuen Maschinen sind nicht nur besser als Menschen, sondern werden auch immer billiger. Die Unternehmensberatung geht davon aus, dass in der Elektronikfertigung in der Regel ein Arbeiter gegen einen Automaten ausgetauscht werden wird, sobald sich mindestens 15 Prozent der Kosten für die menschliche Arbeit einsparen lassen. Schon jetzt kostet ein Roboter in der amerikanischen Elektronikbrache im Schnitt nur vier US-$ pro Stunde gegenüber dem Arbeitslohn von 24 US-$ für einen Arbeiter pro Stunde. Durch die intelligente Robotik könnte die Belegschaft in US-Fabriken bis 2025 um ein Viertel schrumpfen.[2]

Allerdings verspricht diese Entwicklung eine deutlich wachsende Produktivität, die amerikanische, europäische und insbesondere auch deutsche Firmen mit Blick auf ihre asiatische Konkurrenz wettbewerbsfähiger machen. Allerdings drängen automatisierte Produktionssysteme nun auch in die Büros. Sie treten an gegen alle die Dienstleister, die ihr Fachwissen und ihre soziale Intelligenz als Jobgarantie verstanden und sich immun wähnten gegen eine Automatisierung ihrer Arbeitswelt. Anwälte konkurrieren mit Algorithmen, Controller mit schneller Software. Köche werden von Maschinen herausgefordert, die aus Datenbanken zusammengewürfelte Rezepte zubereiten; Journalisten von Maschinen, die mit Textbausteinen jonglieren und Ärzte, die schlechtere Diagnosen oder Therapien empfehlen als ihre artifiziellen Weggefährten. Heute bezweifeln viele Experten, dass Maschinen jemals neues schaffen und kreativ sein können. Aber die Grenze, was ein kreativer und was ein Routinejob ist verschiebt sich, wie Erik Brynjolsoon und Andrew McAfee sagen. Beide halten Massenarbeitslosigkeit in diesem zweiten Maschinenzeitalter als Übergangsphänomen für unausweichlich. Sicher seien nur jene Jobs, die auf Kreativität basieren, wie etwa Architekten oder Künstler oder schlecht bezahlte Jobs wie Krankenpfleger, wo der Mensch die Maschine – aus nachvollziehbaren Gründen – schlicht nicht verträgt (Bernau 2015; Brynjolsoon/McAfee 2012).

Fragen der Beziehung von Kapital und Arbeit werden durch den Faktor der künstlichen Intelligenz neu bestimmt. Bildung und Know-How werden nun zur wichtigsten Absicherung des Menschen in der Wettbewerbsgesellschaft des 21. Jahrhunderts. Es ist wichtig, sich die Fähigkeiten anzueignen, die im 21. Jahrhundert gebraucht werden. Dies weist auf die große Bedeutung der Wissensgesellschaft hin, die ich in diesem Buch aufgegriffen habe. Das 21. Jahrhundert wird eine Zeit der Kontroversen über das Verhältnis von Mensch und Maschine, von Technologie, Wirtschaft und Staat. Das fordert die Politik durch die Problematiken der Besteuerung von menschlicher Arbeit, dem Um-

2 | Vgl. »Der Maschinen-Schwarm«, in: Der Spiegel Nr. 9, 2015.

gang mit betrieblichem Gewinn und dem Erhalt des Gemeinwohls in einer intelligent automatisierten Umgebung heraus.

Nicht nur, dass elementare Fragen der sozialen und altersmäßigen Absicherung in einer automatisierten Welt neu gestellt werden müssen; gleichzeitig kommen für den Staat und Unternehmen heikle Themen wie eine Maschinensteuer auf, die der ehemalige deutsche Arbeitsminister Norbert Blüm bereits Ende der 1980er Jahre in Deutschland zur Finanzierung der Renten aufgebracht hatte. Damals wirkte die Idee mit Blick auf die Wettbewerbsfähigkeit deutscher Unternehmen wie »das Weihwasser auf die Teufelsbrut« (Kampe 1986) und die Debatte darüber verschwand wie der Nebel im Morgengrauen. Wenn aber Maschinen in Zukunft das Gros der Arbeit erledigen, wie können es dann die Menschen sein, die mit ihren Steuern und Sozialabgaben das Gemeinwesen und ihren gesamten Staat finanzieren? Und wie soll es genau gehen, dass diese Kosten über eine Maschinensteuer abgegolten werden? Im 21. Jahrhundert wird diese Frage elementar, will man weiterhin eine menschengerechte und soziale Marktwirtschaft haben.

Auch in diesem Jahrhundert stellt sich die Frage, welche Menschen und Gesellschaften von dieser Entwicklung profitieren, und welche nicht, und wer den technologischen und wirtschaftlichen Fortschritt so nutzen kann, dass er zur baren Münze für die individuelle Bereicherung, gesellschaftliche Prosperität und die Generierung von politischer Macht im nationalen und internationalen Gehege wird. Technologischer Fortschritt treibt die Globalisierung an und Globalisierung beschleunigt wiederum den technologischen Fortschritt. Wir haben gesehen, dass dies starke Veränderungen für die Sozialstruktur und die Entfaltungsmöglichkeiten von Menschen bewirkt. Es entstehen im 21. Jahrhundert unwiderrufliche neue oder andere Fundamentale des Lebens, gegen die kein Widerstand sinnvoll, sondern an die nur eine intelligente Anpassung möglich ist.

Im 21. Jahrhundert wird der Klimawandel als eines der größten Probleme der Menschheit nun konkret

In diesem Jahrhundert spitzt sich der Konflikt zwischen Ökonomie und Ökologie besonders im Spannungsfeld von Energiehunger und Klimawandel zu. Wir haben eingangs gesehen, wie weit der Klimawandel bereits fortgeschritten ist und welche Energieträger, Technologien und Staaten dafür die Verantwortung tragen. Nach den unzählig vorliegenden Daten und der Mehrheit der wissenschaftlichen Expertise gilt es heute als sicher, dass sich die weltweite Durchschnittstemperatur um wenigstens zwei Grad Celsius erhöhen wird. Wenn sich die energiepolitischen Entwicklungen und die weltweite Nutzung fossiler Brennstoffe in den kommenden 35 Jahren nicht signifikant ändern gilt es als ebenso sicher, dass die weltweite Durchschnittstemperatur bis zum Ende des

21. Jahrhunderts um wenigstens 3,7 bis 4,8 Prozent steigt – mit dramatischen Folgen. Insofern wird es mit Blick auf die unabänderlichen Folgen eines starken Klimawandels nun ernst und die Ergebnisse des Weltklimagipfels 2015 in Paris haben eine enorm große Bedeutung – wenn die freiwillige Selbstverpflichtung der Staaten wirklich greift.

Die drei Teile des Klimareports des Weltklimarats (IPCC) haben auf über 3.000 Seiten gezeigt, was (1.) die wissenschaftlichen Erkenntnisse zum Klimawandel sind, (2.) welche Folgen für Natur und Mensch zu erwarten sind und (3.) welche Konzepte es gibt, um das Problem technisch in den Griff zu kriegen. Dies sind der Rückgriff auf erneuerbare Energien, Wind, Sonne, Wasser, Geothermie, und – problematisch – Atomkraft, CO^2 Abtrennung und Speicherung oder Geo-Engieneering. Auf jeden Fall macht die Technologie große Sprünge. Eine Millionenstadt wie München setzt bis 2025 darauf, den gesamten Strombedarf der Wirtschaft, der Bevölkerung und des öffentlichen Wesens alleine durch erneuerbare Energien zu decken. Und alles spricht dafür, dass dies auch gelingt. Insofern sind die technischen Problemlösungen nicht das Problem, sondern der politische Wille der besonders in dieses Problem involvierten Staaten. Dies sind insbesondere China, die USA, Indien, Japan und die Länder der EU. Und die Lobby der Energieförderungs- und Energieverteilungswirtschaft spricht hierbei ein äußerst gewichtiges Wort mit.

Die politische Versöhnung zwischen Energiehunger und Klimawandel

Insofern markiert das 21. Jahrhundert politisch eine Wendezeit und weist erneut auf die dringliche Notwendigkeit einer globalen Governance hin. Dabei ist es nun, am Anfang des 21. Jahrhunderts, für eine nachhaltige Wende in der Klimapolitikschon zu spät. Es bleibt offen, ob sich mit dem Paris-Protokoll, welches das Kyoto-Protokoll durch eine aktuelle und bessere Vereinbarung ersetzt, das Ziel wirklich erreicht werden kann, die Erwärmung der Erdatmosphäre auf zwei Grad zu begrenzen. Die Beiträge der einzelnen Staaten werden de facto bestimmt von nationalen ökonomischen, sozialen und wahltaktischen Aspekten. Demnach wird jedes Land nur so viel zur Reduzierung der Emissionen beitragen, wie es unbedingt muss oder wie es aufgrund der wirtschaftlichen Entwicklungsdynamik kann.

Der Umweltökonom Lutz Wicke hat im Rahmen eines worst-case-scenario negative Erwartung formuliert. Demnach wird China bis 2030 alles abgreifen, was andere Länder – im positiven Fall – an Emissionsminderung leisten. China und Indien werden bis 2030 zusammen etwa neun Milliarden Tonnen an CO^2 mehr emittieren, die EU und die USA gemeinsam nur etwa 2,5 Milliarden Tonnen weniger. Die Bilanz ist negativ. Und alle anderen Staaten zusammen werden ebenfalls mehr emittieren als bisher. Insofern reichert der Rest der Welt die negative Bilanz an. Bis 2100 tritt dann ein desaströser Klimawandel ein, der auf eine Erhöhung der Durchschnittstemperatur auf der Erde von etwa drei bis vier Grad ausgeht, wenigstens. Selbst wenn der Prozess der Klimakonferenzen oder eine wirksame Einführung eines wirksames Emissionshandelssystems im 21. Jahrhundert erfolgreich fortgeführt werden kann, und selbst wenn schon jetzt ein ›Beyond-Paris-Klimaschutzsystem‹ angedacht wird, spricht alles dafür, dass der Klimawandel ein beherrschendes Thema des 21. Jahrhunderts wird und dass es jenseits der zähen internationalen Government-Bemühungen des 20. Jahrhunderts zu neuen Formen der Bemühungen um einen Klimaschutz kommen muss (Wicke 2015).

Sicher dagegen ist, dass der Klimawandel das Antlitz der Globalisierung über Wetterextreme prägt. Dies führt zu der Bedrohung von Siedlungs- und Lebensräumen von Menschen durch Wüstenbildung, Tsunamis, Überflutungen, Dürre, Meeresspiegelanstieg, Gletscherschmelze oder Ozeanversauerung. Ich habe eingangs beschrieben, wie die Szenarios der Wissenschaft zu diesem Thema sind. Selbst bei einigermaßen erfolgreichen Bemühungen, den Klimawandel zu beherrschen, bleiben die bereits aufgetretenen Probleme und ihre Folgen gravierend.

Die Verbindung zwischen Klimawandel und Migration verfestigt sich ...

Eng damit verknüpft damit sind Maßnahmen zum Schutz besonders der Menschen, die in nahen Küstenregionen leben sowie die eventuelle Umsiedlung von gefährdeten Menschen oder sogar eine weitreichende Klimamigration. Selbst wenn ein Großteil der Klimamigration in den betroffenen Ländern selbst stattfinden wird, werden andere Klimamigranten keine andere Chance sehen, als über die Grenzen zu wandern. Diese Problematik hat heute zum Beispiel schon Australien erreicht. Der Schweizer Völkerrechtler Walter Kälin hat die Zahl der Menschen, die zwischen 2008 und 2013 wegen Naturkatstrophen ihre Häuser, Dörfer oder Städte verlassen mussten, mit etwa 160 Millionen beziffert. Er schätzt, dass im Schnitt 27 Millionen Menschen pro Jahr vor Naturkatastrophen flüchten.[3] Insofern wird die Politik auch angesichts eines anhaltenden Bevölkerungswachstums bis zu zehn Milliarden Menschen bis 2050 umfassende Maßnahmen ergreifen müssen, um diese Migration regulatorisch etwa durch eine Aufstockung des globalen Klimafonds der UNO oder durch die Tolerierung von temporärer Arbeitsmigration in den Griff zu kriegen.

3 | Vgl. Interview in Der Tagesspiegel vom 3. Dezember 2014.

… und in diesem Kontext entwickelt sich das Problem von Wirtschafts-, Armuts- und Kriegsmigranten zu einem wirklich relevanten 21. Jahrhundert-Problem

Da der Klimawandel nur ein Grund für Flucht und Wanderung ist, führen zusätzliche Probleme wie wirtschaftliche Unterentwicklung oder Krieg und Terror zu weiteren Impulsen, die eigene Heimat gezwungenermaßen zu verlassen. Dies führt möglicherweise zu einer neuen Völkerwanderung von Süden nach Norden und von Osten nach Westen. Die Analogie zu der Völkerwanderung zum Anfang der Zeitrechnung nach Christi Geburt mag unpassend erscheinen. Allerdings waren damals Zerfall und Neubildung von Reichen oder Flucht und Vertreibung Ursache von massiven Wanderungsbewegungen von Menschen, die Schutz vor Drangsalierung, Knechtschaft oder Tod suchten und die sich neue Lebensräume erschließen mussten. Ganz ohne Bezug zur Gegenwart sind solche Motive zur Flucht und Wanderung allerdings nicht. Auch wenn die Statistik zeigt, dass bei regionalen oder innenpolitischen Problemen die Binnenwanderung der erste Reflex ist, zeigen die aktuellen Flüchtlings- und Wanderungsbewegungen auf, dass der emotionale Bezug zur Region oder dem eigenen Land durch die blanke Not der Menschen schnell an Bedeutung verliert.

Das 21. Jahrhundert bleibt ein blutiges Jahrhundert der Kriege und Konflikte

Die Gewaltnatur von Menschen, ihr Wille zur Herrschaft über andere Menschen, Deutungshoheit, Dinge oder Besitz, ihre ideologische Rechthaberei und geistig-moralische Verbohrtheit, ihre Unversöhnlichkeiten, Dummheit oder dunklen Leidenschaften führen auch in diesem Jahrhundert zu Krieg. Ich habe die Kriegsgründe und -formen eingangs beschrieben und nichts spricht dafür, dass das Krebsgeschwür des Krieges im 21. Jahrhundert beseitigt werden kann. Bekannt dafür sind die Gründe, neu ihre Austragungsformen. Der Terrorismus und die asymmetrische Kriegsführung bestimmen gegenüber den traditionellen militärischen Auseinandersetzungen das Bild. Dabei gewinnen Cyberware und Cyberkriminalität eine große Bedeutung und die Militarisierung der Cyberraums wird eine Quelle globaler Spannungen sein (Dunn/Cavelty 2012). Das Störpotenzial gescheiterter Staaten, ihre Anarchie und Verwahrlosung, Verteilungskämpfe und der Zugriff auf Ressourcen, der internationale Terrorismus und die Geopolitik bleiben weltweit mächtige Triebfedern für Machtkämpfe und schließlich Gewalt und bewaffnete Auseinandersetzungen. Papst Franziskus warnte bei einem Besuch in Sarajewo im Juni 2015 vor einem anhaltenden oder gar zunehmend Klima von Gewalt und Krieg das sich bereits jetzt in vielen bewaffneten Konflikten auf der Welt als »eine Art Dritter Weltkrieg« stückweise entwickelt hat.[4]

4 | Vgl. Süddeutsche Zeitung vom 8 Juni 2015.

Dem gewalttätigen Islamismus, dem Konfliktpotenzial im islamischen Raum zwischen Marokko und Indonesien und den Reibungsflächen zwischen Okzident und Orient kommt dabei eine besondere Bedeutung zu. Wir haben seit Anfang der 2000er Jahre gesehen, welches zerstörerisches Potenzial in dieser schmerzhaften Berührung liegt. Viele Analysen weisen seit den 1990er Jahren auf das Instabilitätsrisiko der Länder in Nordafrika, im Nahen und im Mittleren Osten und auf das Konfliktpotenzial der dortigen politischen Konstellationen mit Blick auf den Westen hin (Scholl-Latour 1996; Lewis 2003). Gleichzeitig wurde mit dem Wüten der Todesengel der Al-Quaida klar, gegen was sich die Wut der arabischen Welt richtet und mit welcher unglaublichen Brutalität der radikale Islamismus bereit ist, gegen den Westen bis aufs Messer zu kämpfen. Der sogenannte Islamische Staat, als noch radikalere Abspaltung des islamistischen Terrorismus, machte dann klar, dass sich die gesamte Region, die islamische Gemeinschaft und der Westen auf eine jahrzehntelange Auseinandersetzung einstellen muss. Martin Zapfe zog dabei in einer strategischen Analyse 2015 den Vergleich zum Dreißigjährigen Krieg (Zapfe 2015). Auch wenn der historische Vergleich schwierig ist: der Mittlere Osten ist zum Teil desintegriert und die regionale Stabilität in der gesamten Region kippt um. Hierbei geht es nicht um einen einzelnen ›failing state‹, sondern mit Blick auf Syrien, den Irak um eine ›failing aera‹, die im 21. Jahrhundert vielen Staaten des Nahen und Mittleren Ostens und damit auch den erdöl- und rohstoffabhängigen Staaten des Westens und darüber hinaus Europa im Rahmen der anschwellenden Flüchtlingsproblematik größte Probleme bereiten wird.

Bei dieser Betrachtung bleiben andere Weltregionen und ihre blutigen Auseinandersetzungen außer acht. Der Krieg Russlands gegen die Ukraine hat gezeigt, dass geopolitische und geostrategische Gründe für Auseinandersetzungen im Stil des Ost-West-Konflikts alte Konfliktformationen revitalisieren können. Dies zeigt zusätzlich die Macht der Geopolitik in einer multipolaren Welt auf. Dies prägt als zweiten Konfliktherd das 21. Jahrhundert.

Die Multipolarität verfestigt sich ...

Spannend ist die Frage, ob es im 21. Jahrhundert nur ein Kontinuum dieser Entwicklung mit graduellen Veränderungen gibt, oder, ob es geschichtlich zu revolutionären Umbrüchen in den uns bekannten Vergesellschaftungsformen und ihren politischen Organisationen kommen wird – eben Zukunft 4.0. Die Globalisierung attackiert die althergebrachten sozialen Umgangsformen oder gesellschaftlichen Verteilungsmechanismen in fast allen Ländern der Erde. Viele Staaten stehen vor dem Problem, sich radikalen Veränderungen mit hohem Anpassungsdruck fügen zu müssen. Sehr viel spricht zudem dafür, dass sich im Laufe der kommenden Jahre bis 2050 auch politisch vieles ändern wird. Ich habe weiter vorne schon skizziert, wohin geopolitisch und geostrategisch die Reise geht. Dementsprechend ist die Verfestigung der Multipolarität von globalen und regionalen Mächten plausibel. Radikalere Prognosen gehen von einem globalen Polyzentrismus aus, der abgeschottete Pole in der Multipolarität vermutet und gegebenenfalls sogar die Entstehung eines regionalen Autismus' kalkuliert (Center for Strategic Studies 2012: 7-13).

Die US-Regierung unter Präsident Barak Obama hat mit dem Rückzug aus Afghanistan und dem Irak sowie mit der zurückhaltenden Intervention im Krieg gegen den IS in Syrien signalisiert, dass die Pax Americana in globaler Perspektive ihre Grenzen erreicht und dem amerikanischen Volk eher sozio-ökonomische als militärische Lasten auferlegt werden müssen. Die These von Paul Kennedy zum Aufstieg und Fall großer Mächte wird mit Blick auf die USA im 21. Jahrhundert konkret (Kennedy 1989). Damit werden die Erwartungen der hegemonialen Abschwächung Amerikas und einer sich verfestigenden Multipolarität verifiziert. Es bleibt dann abzuwarten, inwiefern eine neue amerikanische Administration diese Erkenntnis teilt oder zu einer anderen Lagebeurteilung hinsichtlich der amerikanischen Interessen kommt.

... ökonomisch und geostrategisch

Parallel zu dem relativen Bedeutungsverlust der USA nimmt proportional die Bedeutung Chinas und Indiens im 21. Jahrhundert weiter zu. Der pazifische Raum und die APEC sind aufgrund eines enormen Humankapitals, erheblicher Wachstumsraten und des steigenden Wohlstands der Region wirtschaftlich attraktiv. Trotz einer Abschwächung des Wirtschaftswachstums in China auf ›nur‹ etwa sechs bis sieben Prozent pro Jahr bleibt der chinesische Markt bei einem moderaten Bevölkerungswachstum und der wirtschaftlichen Öffnungspolitik der interessanteste globale Markt im 21. Jahrhundert – wenn das Land die Spannung zwischen dem ›kommunistischen Kapitalismus‹ und anhaltender staatlicher Autorität weiter aushalten kann. Das gleiche gilt für Indien das sich immer weiter als starke Regionalmacht in Südasien etabliert und in der Dekade der 2010er Jahre im Durchschnitt Wachstumsraten von deutlich über acht Prozent realisieren konnte. Auch hier gilt, dass das Land enorme soziale Spannungen im Kontext einer asymmetrischen sozio-ökonomischen Entwicklung verkraften muss, gleichzeitig aber als regionale Großmacht die Gestalt Südasiens dominiert. Mit Internationalisierung, Bildungs- und Industriepolitik und einem militärisch strammen Selbstbewusstsein wird Indien zunehmend auch ein geopolitischer Faktor in der Weltpolitik.

Trotz der wirtschaftlichen Stagnation und dem demographischen Wandel in Japan und aufgrund der Wachstumspotenziale in Südostasien fließen viele Investments in den pazifischen Raum und nicht nach Europa. Die Staaten der

APEC sind in zunehmender Weise wettbewerbsfähig, auch in den innovativen Bereichen der High-Tech-Industrien. Es gehört wenig Phantasie dazu sich auszumalen, was China potenziell leisten kann und dass China im Rahmen seiner Bildungs- und Industriepolitik im 21. Jahrhundert die wirtschaftlich stärkste Nation der Erde sein wird. Die Ökonomie zieht politischen Einfluss und militärische Macht nach. Die Aufrüstung des ›roten Giganten‹ ist erkennbar und erheblich. Die amerikanische Industrie ist mehr auf diese ›Emerging Markets‹ konzentriert als auf den europäischen Binnenmarkt, der mit 500 Millionen Konsumenten zwar reizvoll ist, der aus wettbewerbspolitischer Sicht für amerikanische Anbieter trotz des Freihandelsabkommens TTIP[5] aber auch schwierig bleibt. Demgegenüber bietet das amerikanisch-asiatische Handelsabkommen TTP dann auch in dieser Region die Chance, durch den Abbau von Zöllen und nichttarifären Handelshemmnissen mehr Wohlstand und Wirtschaftswachstum zu generieren.

Die Machtverschiebungen in den eurasischen und pazifischen Raum und der Bedeutungsverlust Europas werden in den Erwartungen der Politik und einer breiten Öffentlichkeit vermutlich immer noch unterschätzt. Unterschätzt wurde in den vergangenen 15 Jahren auch die russische Beharrlichkeit, weiterhin eine gewichtige Rolle in der Weltpolitik zu spielen. Im Rahmen der deutschen Einheit, der Osterweiterung der NATO und der EU wurden dem Land Zusagen gemacht, dass seine territoriale Integrität und Einflusssphären nicht tangiert würden. Mit dem Begehren vieler osteuropäischer Staaten und allen voran der Ukraine, der NATO und der EU beizutreten, wurden solche Zusagen obsolet. Sowohl die NATO als auch die EU breiteten sich – allerdings auf ausdrücklichen und nicht erzwungenen Wunsch der neuen Mitgliedsländer – weit in den ehemaligen Machtgebiet der UdSSR aus und Russland, als Sachwalter des imperialen Erbes der UdSSR, wollte und konnte diese Expansion nicht akzeptieren. Im Ergebnis entstanden die prekären politischen Situationen in der Schwarzmeerregion, im Kaukasus und im südöstlichen Europa, die sich als neue Demarkationslinie zwischen Ost und West fester etablieren. Es folgten im Anschluss an die Annexion der Krim der Rausschmiss aus der Gruppe der G8 (nun G7) und wirtschaftliche Sanktionen, die Russland aufgrund seines Energie- und Rohstoffreichtums und dem Patriotismus seiner Bevölkerung aushalten wird. Im 21. Jahrhundert bleibt der ›russische Bär‹ ein Faktor, der sich weder durch Hard- noch durch Softpower oder wirtschaftliche Sanktionen bändigen lässt und seiner Historie als Weltmacht treu bleiben wird und fortschreiben will (Ruehl 1981).

5 | Wobei TTIP im Gegensatz zu CETA bei Redaktionsschluss weder ausverhandelt noch unterschrieben war und dessen Zukunft angesichts einer zunehmend ablehnenden Haltung sowohl in den USA als auch in Europa als ungewiss galt.

Politik, Wirtschaft und Gesellschaft haben es in der Hand, aus diesen Perspektiven das Beste zu machen

Wie immer gilt auch bei dieser Betrachtung der Globalisierung die »Wenn-dann-Beziehung« der Politik. Wenn legitimierte Regierungen eine gute Innen- und Außenpolitik gestalten, Unterschiede und Interessenskonflikte pfleglich moderieren, ihre fiskalische und verteidigungspolitische Situation beherrschen und gute Beziehungen im internationalen Umfeld pflegen – kurzum, wenn sie den Anforderungen an die allgemeinen Staatszielen genügen –, lassen sich viele politische Handlungs- und Gestaltungsmöglichkeiten realisieren. Das gleiche gilt für die internationale Politik. Wenn Koalitionen und Bündnisse gut funktionieren und konstruktive Kompromisse in der Staatenwelt gelingen, lassen sich Weltprobleme wie der Klimawandel oder die Umweltverschmutzung über Kooperation und Integration lösen. Das hier vorgestellte intellektuelle Koordinatensystem der Globalisierung hält sechs Prinzipien des Handelns bereit (Legitimation, Subsidiarität, Integration, Resilienz, Innovation und Humanität), mit dem sich Staaten lokal, regional und national sowie global gut organisieren und formieren können.

Wie niemals zuvor, stellt die dritte Globalisierung alle technologischen und organisatorischen Möglichkeiten für eine demokratisch, effektiv und transparent organisierte internationale Ordnungspolitik bereit. Dies bezieht die Mitwirkung der Zivilgesellschaft ausdrücklich mit ein, die in demokratischen politischen Systemen weltweit erwünscht ist und dann fruchtbar wirken kann, wenn die Schnittstellen zwischen Politik, Wirtschaft und Zivilgesellschaft gut organisiert sind und es gelingt, jeweils Empathie für die Eigenarten und Eigengesetze der jeweiligen Bereiche zu entwickeln.

Die technologischen Möglichkeiten der Gestaltung der neuen Welt sind atemberaubend, im Mikrokosmos der Nano- und Biotechnologie, im Kosmos der Informations- und Kommunikationstechnologie, in der Chemie, in der Logistik, im Städtebau, in der Agrarwirtschaft, in der Automobil- und Schifffahrtstechnik, bei der Entsorgung und im Recykling, bei den grenzenlosen Möglichkeiten der Energieversorgung und der theoretisch unproblematischen Versorgung von zehn Milliarden Menschen auf diesem Planeten. Alles dies habe ich mit diesem Buch skizziert. Die 200 Jahre von 1800 bis 2000 haben gezeigt, wie unversöhnlich die Zeiten gewesen sind und wie wenig eine reife Humanität greifen konnte. Das 21. Jahrhundert könnte ein ›Aufbruchsjahrhundert‹ werden, welches das europäische Elend der Kriege im 19. und 20. Jahrhundert vergessen macht und ein besseres globales Miteinander sucht und realisiert. Leider zeigen viele Analysen auf, dass diese Vision illusorisch ist. Es liegt jetzt an der Menschheit, wieder einmal an sich selbst furios zu scheitern (worst case scenario), einen erträglichen Mittelweg zu finden (likely case scenario) oder gar eine neue Stufe der Zivilisation zu erklimmen (best case scenario). Insofern erwartet uns eine fragmentierte, eine differenzierte oder eine homogenisierte Welt.

Literatur

Adam, Rudolf G. (2015): »Verheißung mit Nebenwirkung. Europa hat bei Flüchtlingen unerfüllbare Erwartungen geweckt. Jetzt muss sich die EU in den Herkunftsregionen engagieren«, in: Süddeutsche Zeitung vom 17. September 2015.

Algieri, Franco/Bauer, Thomas/Turek, Jürgen (2003): »An einer europäischen Armee führt kein Weg vorbei«, in: Frankfurter Rundschau vom 29. September 2003.

Altmann, Jörn (2009): Volkswirtschaftslehre, Stuttgart: UTB.

Amann, Susanne et al. (2016): »Ungeliebtes Balg«, in: Der Spiegel Nr. 37 vom 10. September 2016.

Andelfinger, Volker P./Hänisch, Till (2014): Internet der Dinge: Technik, Trends und Geschäftsmodelle, Wien/New York: Springer Gabler.

Anderson, Stephanie/Godby, Robert (2014): The Greek Tragedy. The Politics and Economics of the Eurozone Crisis, Leverkusen: Budrich + Leske.

Admati, Anat/Hellwig, Martin (2013): Des Bankers neue Kleider: was bei Banken wirklich schief läuft und was sich ändern muss, München: Finanzbuch Verlag.

Aron, Raymond (1962): Frieden und Krieg. Eine Theorie der Staatenwelt, Frankfurt a.M.: S. Fischer.

Ashton, Kevin (2009): »That ›Internet of Things‹«, in: RFID Journal vom 22. August 2009.

Assange, Julien/Appelbaum, Jacob/Müller-Maguhn, Andy (2013): Cypherpunks. Unsere Freiheit und die Zukunft des Internet, Frankfurt a.M./New York: Campus.

Aust, Stefan (1986): Der Baader-Meinhoff-Komplex, Hamburg: Hoffmann und Campe.

Ders./Amman, Thomas (2014): Digitale Diktatur. Totalüberwachung, Datenmissbrauch, Cyberkrieg, Berlin: Econ/Ullstein Buchverlag.

Avenarius, Tomas/Leyendecker, Hans/Rühle, Alex/Wernicke, Christian (2015): »Euro-Dschihad. Winzig, wendig und total radikal. In Paris wie in Dins-

laken. Auf den Spuren des neuen Terrors«, in: Süddeutsche Zeitung vom 12. Januar 2015.
Bagdikian, Ben (1997): The Media Monopoly, 5. Aufl., Boston: Beacon Press.
Balser, Markus/Braun, Stefan (2015): »Enter: Dunkelheit. Ampeln, Krankenhäuser, Atomkraftwerke – Angreifer aus dem Netz können ganze Städte lahmlegen. Über den Kampf gegen unsichtbare Gegner«, in: Süddeutsche Zeitung vom 14./15. August 2015.
Bamford, James (2001): NSA. Die Anatomie des mächtigsten Geheimdienstes der Welt, München: C. Bertelsmann.
Barber, Benjamin (1995): Jihad versus McWorld. How Globalism and Tribalism are Reshaping the World, New York: Ballantine Books.
Ders. (1997): Wie demokratisch ist das Internet, in: Leggewie, Claus/Maar, Christa (Hg.): Wie demokratisch ist das Internet? Von der Zuschauer- zur Beteiligungsdemokratie, S. 120-134, Köln: Bollmann.
Barret, James (2013): Our Final Invention: Artificial Intelligence and the End of the Human Era, New York: Thomas Dunne Books.
Ders. (2015): Rage Against the Machine. Weshalb Stephen Hawking und Bill Gates vor den Gefahren künstlicher Intelligenz warnen, in: Internationale Politik und Gesellschaft vom 13. Mai, unter: www.ipg-journal.de/kommentar/artikel/rage-against-the-machine-901/, aufgerufen am 13. Mai 2015.
Bartlett, Jamie (2015): The Dark Net: Unterwegs in den dunklen Kanälen der digitalen Unterwelt, Kulmbach: Plassen Verlag.
Bauchmüller, Michael (2015): »Ein gradueller Unterschied. Erstmals gibt es einen Vertrag, der den Temperaturanstieg begrenzen würde. Nun müssen ihn nur noch alle einhalten«, in: Süddeutsche Zeitung vom 14. Dezember 2015.
Bauernhansl, Thomas/ten Hompel, Michael (2014): Industrie 4.0 in Produktion, Automatisierung und Logistik: Anwendung – Technologien – Migration, Wien/New York: Springer.
Baumann, Florian/Fischer, Severin (2014): Energiepolitik, in: Werner Weidenfeld/Wolfgang Wessels, (Hg.): Jahrbuch der Europäischen Integration, Baden-Baden: Nomos, S. 195-200.
Ders./Turek, Jürgen (2008): Die europäische Energiepolitik im Vertrag von Lissabon, in: Werner Weidenfeld (Hg.): Lissabon in der Analyse. Der Reformvertrag der Europäischen Union, Baden-Baden: Nomos, S. 157-170.
Beck, Ulrich (1997): Was ist Globalisierung? Irrtümer des Globalismus – Antworten auf Globalisierung, Frankfurt a.M.: Suhrkamp.
Ders. (Hg.) (1998a): Perspektiven der Weltgesellschaft, Frankfurt a.M.: Suhrkamp
Ders. (1998b): Politik der Globalisierung, Frankfurt a.M.: Suhrkamp.
Ders. (2002): Macht und Gegenmacht im globalen Zeitalter. Neue weltpolitische Ökonomie, Frankfurt a.M.: Suhrkamp.

Beise, Marc/Jakobs, Hans-Jürgen (2011): Die grüne Revolution. Aufbruch in ein neues Industriezeitalter, München: Süddeutsche Zeitung Edition.

Dies (2012): Die Zukunft der Arbeit, München: Süddeutsche Zeitung Edition.

Beise, Marc/Schäfer, Ulrich (2015a): »Unser Valley. Deutschland digital? Gibt es nicht? Ach was, lassen wir doch bitte diesen Defätismus. Denn das Internet der Dinge bietet deutschen Firmen Chancen zuhauf. Man muss sie nur nutzen – und zwar anders als in Kalifornien«, in: Süddeutsche Zeitung vom 26./27. April.

Dies. (2015b): »Auf die Plätze, fertig, los. Nur weil Handys allgegenwärtig sind und in immer mehr Fabriken Software eingesetzt wird, ist die digitale Revolution noch nicht vollendet. In Wirklichkeit geht es jetzt erst richtig los«, in: Süddeutsche Zeitung vom 2./3. Mai 2015.

Dies. (2015c): »Die Zerstörer. Die digitale Revolution erreicht die nächste Stufe: wie wir leben, arbeiten und denken. Alles im Umbruch. Im Silicon Valley sprechen sie von Disruption. In Deutschland haben viele noch nicht begriffen, wie radikal der Wandel ist«, in: Süddeutsche Zeitung vom 4./5. April 2015.

Dies. (2015d): »Alles in die Wolke. Die globale Verteilung des Wissens: warum es künftig nicht nur ein Zentrum der digitalen Revolution gibt – sondern ganz viele. Und warum viele Deutsche diese Vorstellung als bedrohlich empfinden könnten«, in: Süddeutsche Zeitung vom 18./19. April 2015.

Beise, Marc/Bielicki, Jan (2015): »Flüchtlinge: Das Kosten-Nutzen-Kalkül. Wenn Jahr für Jahr Hundertausende Menschen kommen, wird das teuer. So viel ist klar. Doch Ökonomen behaupten, Deutschland profitiere davon. Zeit für eine nüchterne Bilanz«, in: Süddeutsche Zeitung vom 7./8. November 2015.

Beisheim, Marianne et al. (1999): Im Zeitalter der Globalisierung? Thesen und Daten zur gesellschaftlichen und politischen Denationalisierung, Baden-Baden: Nomos.

Bell, Daniel (1973): The Coming of Post-Industrial Society, New York: Basic Books.

Bendiek, Annegret (2014): Digitale Agenda und Cybersicherheit, in: Weidenfeld/Wessels, Jahrbuch zur Europäischen Integration 2014, Baden-Baden: Nomos, S. 189-194.

Berger, Peter L. (Hg.), (1997): Die Grenzen der Gemeinschaft. Konflikt und Vermittlung in pluralistischen Gesellschaften. Ein Bericht der Bertelsmann Stiftung an den Club of Rome, Gütersloh: Verlag Bertelsmann Stiftung.

Berlin Institut für Bevölkerung und Entwicklung (Franziska Woellert, Steffen Kröhnert, Lilli Sippel, Reiner Klingholz) (Hg.) (2009): Ungenutzte Potenziale. Zur Lage der Integration in Deutschland, Berlin: Berlin Institut.

Bernau, Varinia (2015): »Die Roboter kommen«, in: Süddeutsche Zeitung vom 21./22. Februar 2015.

Bertelsmann Stiftung/Jacques Delors Institut – Berlin/Institut Jacques Delors – Paris (Hg.) (2016): Repair and Prepair: Der Euro und Wachstum nach dem Brexit, Gütersloh: Verlag Bertelsmann Stiftung.

Bertelsmann Stiftung (Hg.) (2012): Mittelschicht unter Druck, Gütersloh: Verlag Bertelsmann Stiftung.

Dies. (2014a): Globalisierungsreport 2014. Wer profitiert am stärksten von der Globalisierung?, Gütersloh: Verlag Bertelsmann Stiftung.

Dies. (Hg.) (2003, 2006, 2008, 2010, 2012, 2014b, 2016): Transformations Index (BTI), Gütersloh: Verlag Bertelsmann Stiftung.

Bertram (1997): Familien leben. Neue Wege zur flexiblen Gestaltung von Lebenszeit, Arbeitszeit und Familienzeit, Gütersloh: Verlag Bertelsmann Stiftung.

Bertschek et al. (2015): Industrie 4.0: Digitale Wirtschaft – Herausforderung und Chance für Unternehmen und Arbeitswelt, in: ifo Schnelldienst 68 (10), S. 3-18.

Bethel, Nicolas (1979): The Palestine Triangle. The Struggle between the British, the Jews and the Arabs 1935, London: André Deutsch Limited (deutsch 1979: Ullstein).

Biederbeck, Max/Tanriverdi, Hakan (2013): »Nach Mensch, bald Maschine«, in: Frankfurter Allgemeine Sonntagszeitung vom 3. November 2013.

Boie, Johannes (2015): »Ich will eure Stimmen hören. Der will doch nur spielen: neue Produkte für Kinder sind mit Elektronik vollgestopft. Für den Nachwuchs mag das Spaß sein. Doch tatsächlich werden Daten abgegriffen. Denn das Spielzeug funkt aus dem Kinderzimmer in die Konzernzentrale«, in: Süddeutsche Zeitung vom 18./19. April 2015.

Bonin, Holger (2014): Der Beitrag von Ausländern und künftiger Zuwanderung zum deutschen Staatshaushalt, Gütersloh: Verlag Bertelsmann Stiftung.

Borchardt, Alexandra (2015): »Das Internet zwischen Diktatur und Anarchie. Zehn Thesen zur Demokratisierung der digitalen Welt«, München: Süddeutsche Zeitung Edition.

Bosworth, Barry/Burtless, Gary (Hg.) (1998): Aging Societies (The Brookings Institutions), Washington: Brooking Institutions.

Bluma, Lars (2005): Norbert Wiener und die Entstehung der Kybernetik im Zweiten Weltkrieg, Münster: LIT.

Bode, Thilo/Scheytt, Stefan (2015): TTIP. Die Freihandelslüge, München: DVA.

Bofinger, Peter (2011): Vorwort in Nachdenken über Deutschland. Das kritische Jahrbuch 2011/2012, (Hg. Müller, Albrecht/Lieb, Wolfgang), Frankfurt a.M.: Westend.

Böhm, Wolfgang (2014): »Studie: Britischer Austritt wird teuer«, in: Die Presse vom 19. Mai 2014.

Boie, Johannes et al. (2015): »Massive Attack. Der digitale Raum ist Kriegsgebiet für Terroristen, Hacker und Geheimdienste. Über ein gnadenloses Wettrüsten«, in: Süddeutsche Zeitung vom 26. November 2015.

Brittan, Leon (1995): Die europäische Herausforderung. Strategien für den Aufbruch ins nächste Jahrtausend, Bergisch Gladbach: Gustav Lübbe.

Brössler, Daniel/Kirchner, Thomas (2016): »Eigentlich wunderbar. Nach dem BREXIT: Beim Gipfel in Bratislava startet die EU den Versuch, sich selbst neu zu erfinden«, in: Süddeutsche Zeitung vom 17./18. September 2016.

Brühl, Jannis/ Tanriverdi, Hakan (2016): »Dein Problem. Der Jahreskongress des Chaos Computer Club in Hamburg war so schnell ausverkauft wie ein Popkonzert. Schließlich geht es um große geopolitische Fragen und die Zukunft des Tötens«, in: Süddeutsche Zeitung vom 30. Dezember 2016.

Bryan, Lowell/Farrell, Diana (1999): Der entfesselte Markt, 3. Aufl., Wien/ Frankfurt: Redline Wirtschaftsverlag.

Brynjolsoon, Erik/McAfee, Andrew (2012): Race Against the Machine: Wie die digitale Revolution dem Fortschritt Beine macht, Kulmbach: Plassen Verlag.

Dies. (2014): Second Machine Age: Wie die nächste digitale Revolution unser aller Leben verändern wird, Kulmbach: Plassen Verlag.

Brzezinski, Zbigniew (2015): Die einzige Weltmacht. Amerikas Strategie der Vorherrschaft, Frankfurt a.M.: Kopp.

Bundesakademie für Sicherheitspolitik (Hg.) (2001): Sicherheitspolitik in neuen Dimensionen. Kompendium zum erweiterten Sicherheitsbegriff, Hamburg/Berlin/Bonn: Mittler.

Bundesamt für Sicherheit in der Informationstechnik (2015): Die Lage der IT-Sicherheit in Deutschland, Bonn.

Bundeskriminalamt (2013): Organisierte Kriminalität. Bundeslagebild 2012, Wiesbaden.

Bundesministerium des Inneren (2012): Jedes Alter zählt. Demographiestrategie der Bundesregierung, Berlin.

Bundesministerium für Bildung und Forschung (2015): Weiterbildungsverhalten in Deutschland. Ergebnisse des Adult Education Survey – AES Trendbericht, Berlin.

Bürklin, Wilhelm (1993): Die vier kleinen Tiger. Die pazifische Herausforderung, München: Wirtschaftsverlag Langen Müller/Herbig.

Buschkowski, Heinz (2012): Neukölln ist überall, Stuttgart: Ullstein.

Byung-Chul Han (2005): Hyperkulturalität: Kultur und Globalisierung, Berlin: Merve.

Castel, Robert/Dörre, Klaus (Hg.) (2009): Prekariat, Abstieg, Ausgrenzung: die soziale Frage am Beginn des 21. Jahrhunderts, Frankfurt a.M./New York: Campus.

Castells, Manuel (2002): Das Informationszeitalter II. Die Macht der Identität, Opladen: Leske + Budrich.

Ders. (2003a): Das Informationszeitalter I. Der Aufstieg der Netzwerkgesellschaft, Opladen: Leske + Budrich.

Ders. (2003b): Das Informationszeitalter III. Jahrtausendwende, Opladen: Leske + Budrich.

Center für European Policy Studies (CEPS) (2013): The Global Economy in 2030: Trends and Strategies for Europe, Brüssel.

Center for Security Studies (2012): Strategic Trends 2012, Zürich: ETH Zürich.

Clark, Christopher (2013): Die Schlafwandler. Wie Europa in den Ersten Weltkrieg zog, München: Pantheon Verlag.

Clausewitz von, Carl (1827-1830) (1990): Vom Kriege (ungekürzte Originalausgabe), Augsburg: Weltbild Verlag.

Club of Rome (1972): Die Grenzen des Wachstums. Bericht des Club of Rome zur Lage der Menschheit, Stuttgart: DVA.

Chollet, Derek (2015): After Ukraine, NATO's Chance for a New Normal, in: Defense One unter www.defenseone.com/ideas/2015/06/natos-leaders-have-chance-create-new-normal/115753/, aufgerufen am 24. Juni 2015.

Chomsky, Noam (2000): Profit over People. Neoliberalismus und globale Weltordnung, Menschenrechte und Schurkenstaaten, Berlin/München/Wien: Piper Verlag.

Creveld van, Martin (1998): Die Zukunft des Krieges, München: Gerling Akademie Verlag.

Crichton, Michael (2002): Beute (Prey), München: Blessing.

Crocoll, Sophie/Kuntz, Michael/Slavik, Angelika (2013): »Überall unterwegs, nirgendwo zuhause«, in: Süddeutsche Zeitung vom 2./3. November 2013.

Dahrendorf, Ralf (1997): »An der Schwelle zum autoritären Jahrhundert«, in: DIE ZEIT vom 14. November.

Dapp, Thomas F./Heine, Veronika (2014): Big Data. Die ungezähmte Macht, Deutsche Bank Research vom 4. März 2014, Frankfurt M.

De Greef, Willy (2004): The Cartegana Protocol on Biosafety, in: Nature Biotechnology Nr. 22.

Dennison, Susi/Witney, Nick (2015): Europas Nachbarschaft: Krise als neuer Normalzustand, European Council on Foreign Relations vom 23. Juni unter www.ecfr.eu/berlin/publi/europas_nachbarschaft_krise_als_neuer_normalzustand, aufgerufen am 24. Juni 2015.

Dertouzos, Michael (1997): What will be. Die Zukunft des Informationszeitalters, Berlin: Springer.

Deutsche Post AG (Hg./zusammen mit Z_Punkt. The Foresight Company) (2012): Delivering Tomorrow. Logistik 2050. Eine Szenariostudie, Bonn.

Dies. (2014): Global E-Tailing 2025, Bonn.

Deutscher Akademischer Austauschdienst (DAAD) (2014): Jahresbericht, Bonn.
Dohnanyi von, Klaus (1997): Im Joch des Profit? Eine deutsche Antwort auf die Globalisierung, Stuttgart: DVA.
Dore, Ronald/Watson, Adam/Bull, Hedley (Hg.) (1986): Expansion of International Society, Oxford: Oxford University Press.
Döring, Diether (1999): Sozialstaat in der Globalisierung, Frankfurt a.M.: Suhrkamp.
Drexler, Eric (1986): Engines of Creation. The Coming Area of Nanotechnology, New York: Bantam Doubleday Dell Publishing Group.
Dreyfus, Suelette/Assange, Julien (1997): Underground, München: Heyne.
Dunn Cavelty, Miriam (2012): The Militarisation of Cyber Security as a Source of Global Tension, in: Center for Strategic Studies (Hg.): Strategic Trends 2012. Key Developments in Global Affairs, Zürich, S. 79-102.
Dyson, George (2014): Turings Kathedrale. Die Ursprünge des digitalen Zeitalters, Berlin: Ullstein.
Dyson, Esther (1997): Release 2.0. Die Internet Gesellschaft, München: Droemer Knaur.
Eggers, Dave (2014): Der Circle, Köln: Kiepenheuer & Witsch.
Ehlers, Alexander (2015): Digitalisierte Gesundheit, digitalisiertes Gesundheitssystem und eHealth – Gesetz – Die Zukunft hat begonnen, in: EEP-Nachrichten. Aktuelle Informationen aus dem Medizinrecht/Life Science Law, München.
Eiden, Frank (2012/2013): Bioprozesstechnik. Industrielle Biotechnologie, Recklinghausen: RDN Verlag.
Elias, Norbert (1978): Was ist Soziologie, München: Juventa Verlag.
Elsberg, Marc (2014): Zero. Sie wissen, was Du tust, München: blanvalet.
Emunds, Bernhard (2009): Die Krise der globalen Finanzwirtschaft. Eine Analyse und sozialethische Einschätzung, in: Ethik und Gesellschaft 2/2009.
Engelhard, Marc (2014): Heiliger Krieg, Heiliger Profit, München: blanvalet.
Etzioni, Amitai (1997): Die Verantwortungsgesellschaft, Frankfurt a.M./New York: Campus.
Europäische Kommission (2006): Grünbuch. Eine europäische Strategie für nachhaltige, wettbewerbsfähige und sichere Energie, Brüssel.
Dies. (2007): Eine Energiepolitik für Europa. Mitteilung der Kommission an den Europäischen Rat und das Europäische Parlament, Brüssel.
Dies. (2011): Global Europe 2050, Brüssel.
Dies. (2012): Gesamtbericht über die Tätigkeit 2011, Brüssel.
Dies. (2013): Gesamtbericht über die Tätigkeit 2012, Brüssel.
Dies. (2014): Gesamtbericht über die Tätigkeit 2013, Brüssel.
Dies. (2015): Gesamtbericht über die Tätigkeit 2014, Brüssel.
Dies. (2016): Gesamtbericht über die Tätigkeit 2015, Brüssel.

Faude, Benjamin (2015): Von Konkurrenz zu Arbeitsteilung. Komplexität und Dynamik im Zusammenspiel internationaler Institutionen, Frankfurt a.M./New York: Campus.

Fest, Joachim C. (2002): Das Gesicht des Dritten Reiches: Profile einer totalitären Herrschaft, München: Piper.

Fischer, Joschka (2000): Rede über die Finalität der europäischen Integration, Berlin unter www.europa.clio-online.de/site/lang__de/ItemID__17/mid__11373/40208215/default.aspx, aufgerufen am 22. August 2016.

Ders. (2015): »Wenn der Hegemon geht. Amerika zieht sich militärisch aus dem Nahen Osten zurück. Jetzt kämpfen Iran und Saudi-Arabien um die Vorherrschaft«, in: Süddeutsche Zeitung vom 9. April 2015.

Fischer, Severin (2011): Auf dem Weg zur gemeinsamen Energiepolitik. Strategien, Instrumente und Politikgestaltung in der Europäischen Union, Baden-Baden: Nomos.

Ders./Geden, Oliver (2013): Strategiediskussion in der EU-Energie- und Klimapolitik. Neue Ziele für die Zeit nach 2020, Baden-Baden: Nomos.

Fleisch, Elgar/Mattern, Friedemann (2015): Das Internet der Dinge, Berlin: Springer.

Florida, Richard (2002): The Rise of the Creative Class, New York: Basic Books.

Flottau, Heiko (2004): Vom Nil bis an den Hindukusch. Der Nahe Osten und die neue Weltordnung, München: Droemer.

Follath, Erich (2013): Die neuen Großmächte: Wie Brasilien, China und Indien die Welt erobern, München: Goldmann.

Ford, Martin (2015): Rise of the Robots: Technology and the Threat of a Jobless Future, New York: seajong books.

Forrestier, Vivianne (1999): Der Terror der Ökonomie, München: Goldmann.

Forschungsinstitut der Deutschen Gesellschaft für Auswärtige Politik (DGAP) (1988): Europas Zukunft im Weltraum. Ein gemeinsamer Bericht der DGAP (Bonn), des Institut Francais des Relations Internationales (Paris), des Instituto Affari Internazionali (Rom), des Nederlands Instituut voor Internationale Betrekkingen (Den Haag) und des Royal Institute of International Affairs (London), Bonn: Europa Union Verlag.

Frank, Hans,/Hirschmann, Kai (Hg.): Die weltweite Gefahr. Terrorismus als internationale Herausforderung, Berlin: Berlin Verlag.

Freud, Sigmund (1921/2005): Massenpsychologie und Ich-Analyse, Frankfurt a.M.: Nikol.

Fricke, Thomas (Mitarbeit von Sofia Velasco) (2015): »Amerika im Sinn. Deutschland hält schwäbische Tugenden hoch, während Amerikaner und Briten billiges Geld und Schulden propagieren? Von wegen! Eine Umfrage zeigt, dass deutsche Ökonomen viel amerikanischer sind als gedacht«, in: Süddeutsche Zeitung vom 20./21. Juni 2015.

Friedman, Thomas L. (1999): Globalisierung verstehen. Zwischen Marktplatz und Weltmarkt, Berlin: Ullstein.

Ders. (2006): Die Welt ist flach. Eine kurze Geschichte des 21. Jahrhunderts, Frankfurt a.M.: Suhrkamp.

Ders. (2008): Was zu tun ist. Eine Agenda für das 21. Jahrhundert, Frankfurt a.M.: Suhrkamp.

Friedrich Ebert-Stiftung (2015): Neue digitale Militärtechnologien und autonome Waffensysteme. Internationale Politikanalyse, Berlin.

Friedrich, Günter/Schaff, Adam (Hg.) (1982): Auf Gedeih und Verderb. Mikroelektronik und Gesellschaft. Bericht an den Club of Rome, Wien/München/Zürich: Europaverlag.

Frühwald, Wolfgang (1997): Der Schlüssel für die Zukunft, in: Bild der Wissenschaft 1/1997, S. 6-9.

Fukuyama, Francis (1992): Das Ende der Geschichte, München: Kindler.

Geiß, Robin (2015): »Wenn Maschinen Menschen töten. Die nächste Generation von Waffen entscheidet selbst, wann sie zuschlägt. Es müssen schnell rechtliche Regeln aufgestellt werden«, in: Süddeutsche Zeitung vom 8. Juni 2015.

Gelernter, David (2000): »Warum Sie an Ihrem Computer verzweifeln«, in: Frankfurter Allgemeine Zeitung vom 15. Juni 2000.

Gerlach, Daniel (2014): Das Medellín-Kartell des Nahen Ostens, in: Internationale Politik und Gesellschaft unter www.ipg-journal.de/kolumne/artikel/das-medellin-kartell-des-nahen-ostens-647/, aufgerufen am 29. Oktober 2014.

Giddens, Anthony (1995): Konsequenzen der Moderne, Frankfurt a.M.: Suhrkamp.

Ginsberg, Jeremy et al.(2009): Detecting Influenza Epidemics Using Research Engine Query Data: Mountain View.

Glaab, Manuela/Kießling, Andreas (2001): Legitimation und Partizipation, in: Karl Rudolf Korte/Werner Weidenfeld Hg.), Deutschland-Trendbuch. Fakten und Orientierungen, Opladen, S. 571-611: Leske + Budrich.

Dies./Korte, Karl-Rudolf (Hg.) (2012): Angewandte Politikforschung, Wiesbaden: Springer.

Gloger, Katja (2015): Putins Welt. Das neue Russland, die Ukraine und der Westen, Berlin: Berlin Verlag.

Glotz, Peter (2000): Turbokapitalismus, Frankfurt a.M.: Suhrkamp.

Glucksmann, André (1984): Philosophie der Abschreckung, Stuttgart: DVA.

Görres, Anselm (2016): »Mehr Mut bitte. Nicht der Mangel an Erkenntnis ist unser Problem: wir wissen woran unsere Umwelt leidet, wer sie zerstört und wie man das ändern kann. Warum also handeln wir jetzt nicht?«, in: Süddeutsche Zeitung vom 8./9. Oktober 2016.

Grande, Edgar (2010): Europa auf dem Weg zum Populismus. Droht eine neue »Unregierbarkeit?« Vortrag auf der Herbsttagung Arbeitsgemeinschaft großer Wohnungsunternehmen, Darmstadt am 18. und 19. November 2010.

Grätz, Jonas (2013): The De-Westernisation of Globalisation, in: Center for Strategic Studies (Hg.): Strategic Trends 2013. Key Developments in Global Affairs, S. 15-35.

Greenwald, Glenn (2014): Die globale Überwachung. Der Fall Snowden, die amerikanischen Geheimdienste und die Folgen, München: Droemer.

Gruhl, Herbert (1978): Ein Planet wird geplündert. Die Schreckensbilanz unserer Politik, Frankfurt a.M.: S. Fischer Verlag.

Guérot, Ulrike (2016): Warum Europa eine Republik werden muss. Eine politische Utopie: Bonn: Dietz Verlag.

Dies./Witt, Andrea (2014): Europas neue Geostrategie, unter: www.bpb.de/apuz/28378/europas-neue-geostrategie?p=all, aufgerufen am 20. April 2015.

Guretzy von, Bernhard (2004): Globalisierung und Wissensmanagement unter www.community-of-knowledge.de/beitrag/globalisierung-und-wissens management/, aufgerufen am 29.September 2014.

Gurr, Nadine/Cole, Benjamnin (2000): The New Face of Terrorism. Threats from Weapons of Mass Destruction, London/New York: I.B. Tauris.

Gutschker, Thomas (2014): »Putins Schlachtplan«, in: Frankfurter Allgemeine Sonntagszeitung vom 7. September 2014.

Haarmann, Ulrich/Halm, Heinz (Hg.) (2001): Geschichte der arabischen Welt. 4. vollständig aktualisierte Auflage, München: CH. Beck.

Hafez, Kai/Schmidt, Sabrina (2015): Die Wahrnehmung des Islams in Deutschland, Gütersloh: Verlag Bertelsmann Stiftung.

Haffner, Sebastian (1978): Anmerkungen zu Hitler, München: Kindler.

Hagelüken, Alexander (2015): »In der flüssigen Welt«, in: Süddeutsche Zeitung vom 31. Oktober/1. November 2015.

Hammond, Allen (1999): Projekt Erde. Szenarien für die Zukunft, München: Gerling Akademie Verlag.

Hansen, Alvin H. (1959): Keynes ökonomische Lehren, Stuttgart/Düsseldorf: Ring Verlag.

Hariold, James (2016): »Zeitalter der Verwundbarkeit. Donald Trump ist nur ein Symptom: die Versuchung wächst, die Globalisierung zu leugnen«, in: Süddeutsche Zeitung vom 25. August 2016.

Heinberg, Richard (2004): The Party's Over. Das Ende der Ölvorräte und die Zukunft der industrialisierten Welt, München: Riemann.

Heinemann, Friedrich (2012): Die europäische Schuldenkrise: Ursachen und Lösungsstrategien, in: Jahrbuch für Wirtschaftswissenschaften 1/2012, S. 18-41, Göttingen: Vandenhoeck & Ruprecht.

Heitmeyer, Wilhelm (2000): »Kontrollverluste und Bedrohungsgefühle. Anonymität und Alternativlosigkeit führen zur Versuchung«, zwei Teile, in: Frankfurter Rundschau vom 6. und 8. Mai 2000.

Hennicke, Peter/Müller, Michael (2005): Weltmacht Energie. Herausforderungen für Demokratie und Wohlstand, Stuttgart: Hirzel.

Herzog, Roman (1996): Vision Europa. Antworten auf globale Herausforderungen, Hamburg: Knaur.

Heuser, Uwe Jean (2000): Das Unbehagen im Kapitalismus, Berlin: Berlin Verlag.

Ders. (2006): Humanomics, Frankfurt a.M./New York: Campus.

Hickel, Rudolf (2001): Die Risikospirale. Was bleibt von der New Economy?, Frankfurt a.M.: Eichborn.

Hilpert, Hanns Günther (2014): Asien-Pazifik-Freihandelsgespräche vor dem Finish. SWP-Aktuell 75, Berlin.

Hirn, Wolfgang (2013): Der nächste Kalte Krieg: China gegen den Westen, Frankfurt a.M.: S. Fischer.

Hobsbawn, Eric (1996): The Age of Capital: 1848-1875, London: Vintage.

Ders. (2010a): The Age of Revolution: 1789-1848, London: Vintage.

Ders. (2010b): The Age of Empire: 1875-1914), London: Vintage.

Hoffman, Bruce (1998): Terrorismus. Der unerklärte Krieg, Frankfurt/M: S. Fischer.

Hofmann, Werner (1969): Grundelemente der Wirtschaftsgesellschaft, Hamburg: Rowohlt.

Hofstätter, Ivonne (2014): Sie wissen alles. Wie intelligente Maschinen in unser Leben eindringen und warum wir für unsere Freiheit kämpfen müssen, München: C. Bertelsmann.

Höhler, Gertrud (2002): Die Sinn-Macher. Wer siegen will, muss führen, Düsseldorf: Econ.

Holzer, Verena Leila (2007): Europäische und deutsche Energiepolitik. Eine volkswirtschaftliche Analyse der umweltpolitischen Instrumente, in: Europäische Schriften zu Staat und Wirtschaft 22.

Hoppe, Hans-Joachim (2012): Die Schwarzmeerregion als europäische Kernaufgabe, unter: www.eurasischesmagazin.de/artikel/Die-Schwarzmeerregion-als-europaeische-Kernaufgabe/20121207, aufgerufen am 4. Mai 2015.

Horx, Matthias (1995): Megatrends für die späten neunziger Jahre, Düsseldorf: Econ.

Ders. (2009): Das Buch des Wandels. Wie Menschen Zukunft gestalten, München: DVA.

Hottinger, Arnold (2004): Islamische Welt. Der Nahe Osten: Erfahrungen, Begegnungen, Analysen, Paderborn/München/Zürich: Ferdinand Schöningh.

Huber, Wolfgang (1998): Kirche in der Zeitenwende. Gesellschaftlicher Wandel und Erneuerung der Kirche, Gütersloh: Verlag Bertelsmann Stiftung.

Hummel, Hartwig (2001): Die Privatisierung der Weltpolitik. Tendenzen, Spielräume und Alternativen, in: Brühl, Tanja et al. (Hg.): Die Privatisierung der Weltpolitik. Entstaatlichung und Kommerzialisierung im Globalisierungsprozess, Bonn: Dietz, S. 22-56.

Huntington, Samuel (1996): Kampf der Kulturen. Die Neugestaltung der Weltpolitik im 21. Jahrhundert, München/Wien: Europaverlag.

Hüther, Michael (2015): »Deutsch für alle«, in: Süddeutsche Zeitung vom 8. Mai 2015.

Hutter, Reinhart (2000): Angriffe auf Informationstechnik und Infrastrukturen – Realität oder Science Fiction?, in: Aus Politik und Zeitgeschichte, Bonn, S. 32-38.

Hutton, Will/Giddens, Anthony (2001): Die Zukunft des globalen Kapitalismus, Frankfurt a.M./New York: Campus.

International Monetary Fund (2012): Changing Patterns of Global Trade, Washington D.C.

International Panel on Climate Change (IPCC, 2013): Climate Change 2013. The Physical Science Basis, Genf.

Janning, Josef (2015): More Union for the EU. Note from Berlin, European Council on Foreign Relations, Berlin.

Ders./Turek, Jürgen (2012): Das Centrum für angewandte Politikforschung (C•A•P) – Brückenbauer zwischen Wissenschaft, Politik und Gesellschaft, in: Glaab/Korte (Hg.): Angewandte Politikforschung, Wiesbaden: Springer, S. 101-117.

Joy, Bill (2000): »Warum die Zukunft uns nicht braucht. Die mächtigsten Technologien des 21. Jahrhunderts – Robotik, Gentechnik und Nanotechnologie – machen den Menschen zur gefährdeten Art«, in: Frankfurter Allgemeine Zeitung vom 6. Juni 2000.

Juergensmeyer, Mark (2009): Die Globalisierung religiöser Gewalt. Von christlichen Milizen bis al-Quaida, Hamburg: Hamburger Edition.

Joint Reserach Center (2011): Critical Metals in Strategic Energy Technologies, JRC-IET Petten.

Kahn, Herman (1984): Nachdenken über den Atomkrieg. Konflikt-Szenarios mit simulierten Situationen im Dienst der Friedensstrategie, Bern/München: Scherz.

Kaiser, Karl/Schwarz, Hans-Peter (Hg.) (2000): Weltpolitik im neuen Jahrtausend, Bonn: Europa Union Verlag.

Kampe, Dieter (1986): »Die Maschine muss zur Kasse«, in: Der Spiegel vom 26. Mai 1986.

Kästner, Thomas/Kießling, Andreas (2009): Energie in 60 Minuten. Ein Reiseführer durch die Stromwirtschaft, Wiesbaden: VS Verlag für Sozialwissenschaften.

Kaufmann, Silvie/Kornelius, Stefan (2015): »Das Ende der Ruhe«, in: Süddeutsche Zeitung vom 5. Februar 2015.

Keese, Christoph (2014): Silicon Valley. Was aus dem mächtigsten Tal der Welt auf uns zukommt, München: Knaus.

Kennedy, Paul (1989): The Rise and Fall of the Great Powers, London: Harper Collins Publishers.

Kerami, Navid (2001): Die Revolution der Kinder, München: CH. Beck.

Kindleberger, Charles P. (1996): Manis, Panics, Crashes. A History of Financial Crises, New York: John Wiley & Sons.

Kissinger, Henry (2002): Die Herausforderungen Amerikas. Weltpolitik im 21. Jahrhundert, München: Propyläen.

Ders. (2014): Weltordnung, München: C. Bertelsmann.

Kleger, Heinz (1998): Direkte und transnationale Demokratie, Lasst die Inhalte für sich selbst streiten, in: Leggewie, Claus/Maar, Christa (Hg.) (1998): Internet und Politik. Von der Zuschauer- zur Beteiligungsdemokratie, Köln: Bollmann, S. 97-110.

Klein, Naomi (2000): No Logo. Der Kampf der Global Players um Marktmacht. Ein Spiel mit vielen Verlierern und wenigen Gewinnern, München: Chronik Verlag im Bertelsmann Lexikon Verlag.

Klimenta, Harald/Fisahn, Andreas (2014): Die Freihandelsfalle. Transatlantische Industriepolitik ohne Bürgerbeteiligung – das TTIP, Hamburg: VSA.

Kneissler, Michael (2010): Piratenterror. Organisierte Kriminalität auf den Weltmeeren, Bielefeld: Delius Klasing.

Kogon, Eugen (1974): Der SS-Staat, München: Kindler.

Kohler, Berthold (2015): »Vision ohne Unterleib. Eine europäische Armee wird es noch lange nicht geben. Das Gebot der Stunde ist es, den Gefahren der Gegenwart ins Auge zu schauen«, in: Frankfurter Allgemeine Zeitung vom 9. März 2015.

Kondratieff, Nikolai/Händeler, Erik (Hg.) (2013): Die langen Wellen der Konjunktur: die Essays von Kondratieff aus den Jahren 1926 und 1928, Moers: Marion-Verlag.

Konzelmann, Gerhard (1986): Allahs neues Weltreich, München/Berlin: Herbig.

Ders. (1991): Allahs Schwert. Der Aufbruch der Schiieten, Stuttgart: DTV.

Kornelius, Stefan (2014): »Was Leiden schafft: Populisten sind der neue Dämon der EU. Dagegen hilft nur Leidenschaft«, in: Süddeutsche Zeitung vom 26. Mai 2014.

Ders. (2015): »Pazifische Zeiten«, in: Süddeutsche Zeitung vom 18./19. April 2015.

Ders. (2016): »EU. Kritisch«, in: Süddeutsche Zeitung vom 17./18. September 2016.

Krämer, Gudrun (1999): Gottes Staat als Republik, Baden-Baden: Nomos.

Krause, Joachim (2014): Der »lange Krieg« des jihadistischen Terrorismus geht weiter, in: Hansen, Stefan/Krause, Joachim (Hg.): Jahrbuch Terrorismus 2013/2014, Leverkusen: Verlag Barbara Budrich, S. 15-66.

Kreibich, Rolf (2006): Zukunftsfragen und Zukunftswissenschaft, in: Institut für Zukunftsstudien und Zukunftswissenschaft. Arbeitsbericht Nr. 26/2006, Berlin.

Kreye, Andrian (2002): »Im Namen Gottes. Mission Possible: Die Zahl der Religionen hat im säkularen 20. Jahrhundert gewaltig zugenommen«, in: Süddeutsche Zeitung vom 4. April 2002.

Ders. (2013): »NSA – der Thriller«, in: Süddeutsche Zeitung vom 4. November 2013.

Krugman, Paul (2004): Der große Ausverkauf. Wie die Bush-Regierung Amerika ruiniert, Frankfurt/M/. New York: Campus.

Ders. (2012): »Wie der Euro gerettet werden kann«, in: Der Spiegel vom 23. April 2012, Hamburg.

Kupchan, Charles (2003): Die europäische Herausforderung. Vom Ende der Vorherrschaft Amerikas, Berlin: Rowohlt.

Ders. (2012): No One's World: The West, the Rising Rest, and the Coming Global Turn, New York: Oxford University Press.

Kurzweil, Ray (2000): »Der Code des Goldes. Meine Antwort auf Bill Joy«, in: Frankfurter Allgemeine Zeitung vom 17. Juni 2000.

Lane, Robert E. (1966): The Decline of Politics and Ideology in a Knowledgable Society, in: American Sociological Review 31, S. 649-662.

Langkafel, Peter (Hg.) (2014): Big Data in Medizin und Gesundheitswirtschaft. Diagnose, Therapie, Nebenwirkungen, Heidelberg: medhochzwei Verlag.

Lanier, Jaron (2014): Wem Gehört die Zukunft? Du bist nicht der Kunde der Internetkonzerne. Du bist ihr Produkt, Hamburg: Hoffmann und Campe.

Laqueur, Walter (1998): Die globale Bedrohung. Neue Gefahren des Terrorismus, Berlin: Propyläen.

Le Bon, Gustave (1922/2009) (Entstehungsdatum des ursprünglichen französischen Textes 1895): Psychologie der Massen, Hamburg: Nikol.

Leggewie, Claus (1990): Multi-Kulti. Spielregeln für die Vielvölkerrepublik, Berlin: Rotbuch Verlag.

Ders./Maar, Christa (Hg.) (1998): Internet und Politik. Von der Zuschauer- zur Beteiligungsdemokratie, Köln: Bollmann

Leidhold, Wolfgang (2001): Wissensgesellschaft, in: Korte/Weidenfeld (Hg.), Deutschland-Trendbuch. Fakten und Orientierungen, Opladen: Leske + Budrich, S. 429-460.

Le Monde Diplomatique (2010): Atlas der Globalisierung. Sehen und verstehen, was die Welt bewegt, Paris/Berlin.

Dies. (2012): Atlas der Globalisierung. Die Welt von Morgen, Paris/Berlin.

Dies. (2015): Atlas der Globalisierung. Weniger wird mehr, Paris/Berlin.

Lewis, Bernard (2003): Die Wut der arabischen Welt. Warum der jahrhundertelange Konflikt zwischen dem Islam und dem Westen weiter eskaliert, Frankfurt a.M./New York: Campus.

Leyen von der, Ursula/Korte, Karl-Rudolf (Hg.) (2011): Wer macht die Arbeit morgen?, Berlin: Berlin University Press.

Liebrich, Silvia (2014): »Fracking lohnt sich nicht«, in: Süddeutsche Zeitung vom 10. Januar 2014.

Luckmann, Thomas (1998): Moral im Alltag. Sinnvermittlung und moralische Kommunikation in intermediären Institutionen, Gütersloh: Verlag Bertelsmann Stiftung.

Lübbe, Hermann (1997): Die sogenannte Informationsgesellschaft. Trends zivilisatorischer Evolution, in: Michael Zöller (Hg.) (1997): Informationsgesellschaft – Von der organisierten Geborgenheit zur unerwarteten Selbstständigkeit?, Köln, S. 17-25.

Luttwak, Edward N. (2001): Turbokapitalismus. Gewinner und Verlierer der Globalisierung, Hamburg: Europa Verlag.

Ders. (2003): Strategie. Die Logik von Krieg und Frieden, Lüneburg: zu Klampen Verlag.

Lux, Sophia (2011): Schwarmintelligenz, Bayreuth: NMP-Verlag.

Lynas, Mark (2004): Sturmwarnung. Berichte von den Brennpunkten der globalen Klimakatastrophe, München: Riemann.

Machiavelli, Nicole (1532/1963): Der Fürst, Florenz/Stuttgart: Kröner.

May, Bernhard (2001): Widerstände gegen die Globalisierung, in: Internationale Politik 7/2001, Berlin.

Mankiw, Gregory/Mark P. Taylor (2012): Grundzüge der Volkswirtschaftslehre, Stuttgart: Schäffer-Poeschel.

Martin, Hans-Peter/Schumann, Harald (1996): Die Globalisierungsfalle, Hamburg: Rowohlt.

Mascolo, Georg/Kabisch, Volkmar/Musawy, Amir (2014): »Die Säulen des Bösen«, in: Süddeutsche Zeitung vom 15./16. November 2014.

Matsutani, Akihiko (2006): Shrinking-Population Economics. Lessons from Japan, Tokyo: International House of Japan.

May, Jochen (2011): Schwarmintelligenz im Unternehmen: Wie sich vernetzte Intelligenz für Innovation und permanente Erneuerung nutzen lässt, Erlangen: Publicis Publishing.

Mayer-Schönberger/Kenneth Cukier (2013): Big Data. Die Revolution, die unser Leben verändern wird, München: Redline.

McNamara (zusammen mit Brian VandeMark) (1995): In Retrospect. The Tragedy and Lesson of Vietnam, New York: PN.

McNeil, Martin E. Marty/Appleby, Scott R. (Hg.) (1997): Fundamentalism and Society. Reclaiming the Sciences, the Family and Education, Chicago: University of Chicago Press.

Meadows, Donella/Meadows, Dennis L./Randers, Jorgen (1992); Die neuen Grenzen des Wachstums. Die Lage der Menschheit: Bedrohungen und Zukunftschancen, Stuttgart: DVA.

Dies. (2004): Grenzen des Wachstums: das 30-Jahres-Update. Signal zum Kurswechsel, 2006, Stuttgart: DVA.

Mearsheimer, John (2001): The Tragedy of Great Power Politics, New York/London: W.W. Norton & Company.

Meinert, Sascha/Turek, Jürgen (2000): Das Biosafety-Protokoll in der Praxis. Konflikte bleiben vorprogrammiert, in: Internationale Politik 12/2000.

Menzel, Ulrich (1998): Globalisierung versus Fragmentierung, Frankfurt a.M.: Suhrkamp.

Messner, Dirk: Globalisierung, Global Governance und Perspektiven der Entwicklungszusammenarbeit, in: Nuscheler (Hg.) (2000): Entwicklung und Frieden im 21. Jahrhundert, Bonn: Dietz, S. 267-294.

Meusch, Andreas (2015): Herbst des Kapitalismus. Wie ein Erfolgskonzept den Glauben an sich selbst verliert, Kindle Edition (unter www.amazon.de/Herbst-Kapitalismus-Erfolgskonzept-Glauben-verliert-ebook/dp/B0158755ZE/ref=sr_1_1?ie=UTF8&qid=1441969084&sr=8-1&keywords=Herbst+des+Kapitalismus), aufgerufen am 12. Oktober 2015.

Milanovic, Branko (2012): The Haves and the Haves-Nots. A Brief and Idiosyncratic History of Global Inequality, New York: Basic Books.

Ders. (2016): Global Inequality: A New Approach fort the Age of Globalization, New York: Basic Books.

Miller, Peter (2010): Die Intelligenz des Schwarms. Was wir von Tieren für unser Leben in einer komplexen Welt lernen können, Frankfurt a.M./New York: Campus.

Mitchell, Williams (1996): City of Bites. Space, Place and the Infobahn, Massachusetts: University of Massachusetts Publishing.

Moravec, Hans (2000): »Die Robotik – eine Vorankündigung«, in: Frankfurter Allgemeine Zeitung vom 26. Juli 2000.

Morozov, Evgeny (2014): Datenagenten in eigener Sache, in: Kursbuch 177 vom 3. März 2014.

Münkler, Herfried (2001): Terrorismus als Kommunikationsstrategie. Die Botschaft des 11. September, in: Internationale Politik 12/2001.

Ders. (2004): Die neuen Kriege, Berlin: Rowohlt.

Ders. (2010): Der Wandel des Krieges. Von der Symmetrie zur Asymmetrie, Baden-Baden: Velbrück.

Mutschler, Max M. (2013): Risiken für die Weltraumnutzung. Herausforderungen und Chancen für die transatlantische Kooperation, SWP-Studie März 2013, Berlin.

Nefiodow, Leo A. (2007): Der sechste Kondratieff. Wege zur Produktivität und Vollbeschäftigung im Zeitalter der Information. Die langen Wellen der Konjunktur und ihre Basisinnovation, St. Augustin: Rhein-Sieg-Vfg Nefiodow.

Negroponte, Nicolas (1996): Total Digital, München: Goldmann.

Negt, Oskar (2001): Arbeit und menschliche Würde, Göttingen: Steidl.

Neuffer, Martin (1982): Die Erde wächst nicht mit. Neue Politik in einer übervölkerten Welt, München: C.H. Beck

Neuneck, Götz (2002): Terrorismus und Massenvernichtungswaffen: eine neue Symbiose?, in: Hans Frank/Kai Hirschmann (Hg.): Die weltweite Gefahr. Terrorismus als internationale Herausforderung, Berlin: Berlin Verlag, S. 169-225.

Newhouse, John (1990): Krieg und Frieden im Atomzeitalter, München: Kindler.

Nida-Rümelin, Julian (2016): Die Antwort auf Fanatismus liegt in einem vitalen Humanismus, in: Internationale Politik und Gesellschaft (IPG) (unter www.ipg-journal.de/kurzinterview/artikel/die-antwort-auf-fanatismus-liegt-in-einem-vitalen-humanismus-15411541/ 2016, aufgerufen am 23.Juni 2016.

Notz, Kristina (2006): Energie für Europa – Im Spannungsfeld von Sicherheit, Wettbewerb und Nachhaltigkeit. Globale und europäische Herausforderungen im Energiebereich, C•A•P-Aktuell 5/2006, München.

Nuscheler , Franz (Hg.) (2000): Entwicklung und Frieden im 21. Jahrhundert, Bonn: Dietz.

Nye, Joseph (1990): Bound to Lead. The Changing Nature of American Power, New York: Basic Books.

Obermaier, Frederik (2014): »Im Netz der Gewalt«, in: Süddeutsche Zeitung Magazin vom 27. Juni 2014, S. 30-35.

Ohmae Kenichi (2006), Was kommt nach der Globalisierung?, Düsseldorf: Econ.

O'Neil, Jim (2012): Die Märkte von morgen: Das Potenzial der BRICs und anderer Wachstumsregionen, Frankfurt a.M./New York: Campus.

Opitz, Peter J. (Hg.) (1997): Der globale Marsch. Flucht und Migration als Weltproblem, München: C.H. Beck.

Orsenna, Erik (unter Mitarbeit von Caroline Volkmann) (2012): Die Zukunft des Wassers. Eine Reise um unsere Welt, München: dtv.

Orwell, George (1950): 1984, Zürich: Diana-Verlag.

Osterhammel, Jürgen (2009): Die Verwandlung der Welt, München: C.H. Beck.

Osztovics, Walter/Kovar, Andreas/Mayrbäurl, Cornelia (2012): Arena Analyse. Resilienz oder Katastrophe, Wien: Edition Kovar & Köppl.

Dies./Fernsebner-Kokert, Bettina (2015): Arena Analyse. Generationen-Fairness, Wien: Edition Kovar & Köppl.

Dies. (2016): Neue Arbeitswelt: Arena-Analyse 2016, Wien: Edition Kovar & Köppl.

Pagano, Marco (2012): Fiscal Crisis, contagion, and the future of euro, in: vox.eu Online.

Pearson, Ian (1997): The Future of Communication, London: Ian Pearson.

Peci, Irfan (mit Johannes Gunst und Oliver Schröm) (2015): Der Dschihadist. Terror made in Germany – Bericht aus einer dunklen Welt, München: Heyne.

Perthes, Volker (2002): Geheime Gärten. Die neue arabische Welt, Berlin: Siedler.

Ders. (2015): Das Ende des Nahen Ostens, wie wir ihn kennen. Ein Essay, Berlin: Siedler.

Pflüger, Friedbert (2015): »An russischem Gas führt derzeit kein Weg vorbei«, in: Der Hauptstadtbrief 127/2015, Berlin.

Piketty, Thomas (2014): Capital in the Twenty-First Century, Harvard: Belknap Pr.

Pilny, Karl (2006): Tanz der Riesen. Indien und China prägen die Welt, Frankfurt/M/New York: Campus.

Ders. (2008): Tiger auf dem Sprung: Politik, Macht und Märkte in Südostasien, Frankfurt a.M./New York: Campus.

Politische Ökologie 141 (Mitherausgeber Bischöfliches Hilfswerk Misereor) (2015): Afrika. Kaleidoskop der Möglichkeiten, München: oekom Verlag.

Pongs, Armin (1999): In welcher Welt leben wir eigentlich? Gesellschaftskonzepte im Vergleich, Bd. 1, München: Dilemma Verlag.

Ders. (2000): In welcher Welt leben wir eigentlich?. Gesellschaftskonzepte im Vergleich, Bd. 2, München: Dilemma Verlag.

Ders. (2002): In welcher Welt wollen wir leben? Nationalstaat und Demokratie in Zeiten der Globalisierung, Bd. 1, München: Dilemma Verlag.

Porter, Michael E. (1991): Nationale Wettbewerbsvorteile – erfolgreich konkurrieren auf dem Weltmarkt, München: Droemer Knaur.

Putnam, Robert (Hg.), (2001): Gesellschaft und Gemeinsinn. Sozialkapital im internationalen Vergleich, Gütersloh: Verlag Bertelsmann Stiftung.

Randers, Jorgen (2012): 2052. Eine globale Prognose für die nächsten 40 Jahre. Der neue Bericht an den Club of Rome, München: oekom Verlag.

Rat der Europäischen Union (2007): »Schlussfolgerungen des Vorsitzes«, Europäischer Rat vom 8./9. März 2007, Brüssel.

Ratzel, Friedrich (1897/2012): Politische Geographie oder die Geopolitik der Staaten, des Verkehres und des Krieges, Karlsruhe: Nabu Press.

Reitschuster, Boris (2016): Putins verdeckter Krieg: Wie Moskau den Westen destabilisiert, Düsseldorf: Econ.

Repgen, Konrad/Dickmann, Fritz (2013): Der Westfälische Frieden, 8. Aufl, Münster: Aschendorff.

Reuter, Benjamin (2010): »Wie bekommt man neun Milliarden Menschen satt?«, in DIE ZEIT vom 17. August 2010.

Riesebrodt, Martin (1990): Fundamentalismus als patriachalische Protestbewegung. Amerikanische Protestanten (1920 – 1928) und iranische Schiieten (1961-1979) im Vergleich, Tübingen: Mohr Siebeck.

Rifkin, Jeremy (1998): Das biotechnische Zeitalter. Die Geschäfte mit der Genetik, München: C. Bertelsmann.

Ders. (2000): The Age of Access. Das Verschwinden des Eigentums, Frankfurt a. M./New York: Campus.

Ders. (2011): Das Ende der Arbeit und ihre Zukunft. Neue Konzepte für das 21. Jahrhundert, Frankfurt a.M./New York: Campus.

Ders. (2012): Die dritte industrielle Revolution. Die Zukunft der Wirtschaft nach dem Atomzeitalter, Frankfurt a.M./New York: Campus.

Ritzer, George (1996): The McDonaldization of Society, (deutsch: Die McDonaldisierung der Gesellschaft), Kindle Edition, 2006, Stuttgart: UTB.

Robertson, Roland (1993): Globalization. Social Theory and Global Culture, London: Sage Publications (CA).

Robertson v. Trotha, Caroline (Hg.) (2016): Die Zwischengesellschaft. Aufbrüche zwischen Tradition und Moderne, Baden-Baden: Nomos.

Rosenbach, Marcel/Stark, Holger (2014); Der NSA Komplex. Edward Snowden und der Weg in die totale Überwachung, München: Goldmann.

Ruehl, Lothar (1981): Russlands Weg zur Weltmacht, Düsseldorf: Econ.

Rushdie, Salman (1989): Die satanischen Verse, München: Artikel 19 Verlag.

Said, Behnam T. (2014): Islamischer Staat, IS-Miliz, al-Qaida und die deutschen Brigaden, München: C.H. Beck.

Samad, Hamed Abdul (2015): Der islamische Faschismus. Eine Analyse, München: Droemer.

Sandschneider, Eberhard (2007): Globale Rivalen. Chinas unheimlicher Aufstieg und die Ohnmacht des Westens, München: Hanser.

Sarazzin, Thilo (2010): Deutschland schafft sich ab. Wie wir unser Land aufs Spiel setzen, Stuttgart: DVA.

Sauer, Frank (2014): Autonome Waffensysteme. Humanisierung oder Entmenschlichung des Krieges?, in: Stiftung Entwicklung und Frieden (SEF) Global Governance Spotlight 4/2014, Bonn.

Schäfers, Bernhard (1981): Sozialstruktur und Wandel in der Bundesrepublik Deutschland, Stuttgart: dtv wissenschaft.

Schallbruch, Martin (2013): Cyber-Sicherheit in Deutschland, in: Behördenspiegel vom 20. März.

Scheer, Hermann (2002): Solare Weltwirtschaft. Strategie für die ökologische Moderne, 5. aktualisierte Aufl., München: Kunstmann.

Schellnhuber, Hans Joachim (2015): Selbstverbrennung. Die fatale Dreiecksbeziehung zwischen Klima, Mensch und Kohlenstoff, München: C. Bertelsmann.

Schiller, Herbert (1998) Die Kommerzialisierung von Information, in: Leggewie/Maar (Hg.), Internet und Politik. Von der Zuschauer- zur Beteiligungsdemokratie, Köln: Bollmann, S. 134-144.

Schimmelpfenig, Christian/Wolfgang Jenewein (2014): Der Etikettenschwindel mit der Schwarmintelligenz, in: Harvard Business Manager unter www.harvardbusinessmanager.de/blogs/warum-schwarmintelligenz-falsch-ver standen-wird-a-985858.html, aufgerufen am 21. August 2016.

Schieritz, Mark (2016): »Die Feinde der Weltwirtschaft«, in: DIE ZEIT vom 25. August 2016.

Schirrmacher, Frank (2013): Ego. Das Spiel des Lebens, München: Blessing.

Schlüter, Andreas/Strohschneider, Peter (Hg.) (2009): Bildung? Bildung!. 26 Thesen zur Bildung als Herausforderung im 21. Jahrhundert, Berlin: Berlin Verlag.

Schmitz, Andrea (2015): Islam in Tadschikistan. Akteure, Diskurse, Konflikte, in: SWP-Studie S6, Berlin.

Schmidt, Helmut (1961): Verteidigung oder Vergeltung, Stuttgart: Seewald Verlag.

Ders. (1986): Eine Strategie für den Westen, Berlin: Siedler.

Ders. (1987): Menschen und Mächte, Berlin: Siedler.

Ders. (2004): Die Mächte der Zukunft, München: Siedler.

Schnell, Jürgen (2011): Haushalte und Militärbudgets der EU-Mitgliedsstaaten vor dem Hintergrund der gegenwärtigen dramatischen Finanzlage – Einspareffekte und Effizienzsteigerungen durch eine Europa-Armee?, in: Kaldrack, Gerd F./Pöttering, Hans Gert (Hg.): Eine einsatzfähige Armee für Europa? Die Zukunft der gemeinsamen Sicherheits- und Verteidigungspolitik nach Lissabon (Forum innere Führung. Bd. 34), Baden-Baden: Nomos, S. 199ff.

Schönbohm, Arne (2011): Deutschlands Sicherheit: Cybercrime und Cyberwar, Münster: Monsenstein und Vannerdat.

Ders. (Hg.) (2013): Wie das Internet unser Leben verändert. Perspektiven aus den Bereichen Politik, Sicherheit, Recht, Wirtschaft und Medien, (E.Book), Münster: Monsenstein und Vannerdat.

Ders. (2013): Cybercrime und Cyberware – wie sicher ist das Internet?, in: Schönbohm, Arne (Hg.) (2013): Wie das Internet unser Leben verändert. Perspektiven aus den Bereichen Politik, Sicherheit, Recht, Wirtschaft und Medien, (E-Book), Münster: Monsenstein und Vannerdat.

Scholl-Lator, Peter (1983): Allah ist mit den Standhaften. Begegnungen mit der islamischen Revolution, Stuttgart: DVA.

Ders. (1990): Der Wahn vom himmlischen Frieden, Berlin: Siedler.

Ders. (1996): Das Schlachtfeld der Zukunft. Zwischen Kaukasus und Pamir, Berlin: Siedler.

Ders. (2009): Der Weg in den neuen Kalten Krieg, Berlin: Siedler.

Ders. (2014): Der Fluch der bösen Tat, Berlin: Propyläen.

Schuppert, Gunnar Folke (2015): Wege in die moderne Welt. Globalisierung von Staatlichkeit als Kommunikationsgeschichte, Frankfurt a.M./New York: Campus.

Schütte, Georg (2009): Bildung in der Globalisierung, in: Schlüter/Strohschneider (Hg.): Bildung? Bildung!. 26 Thesen zur Bildung als Herausforderung im 21. Jahrhundert, Berlin: Berlin Verlag, S. 270-281.

Schwarz, Klaus-Dieter (Hg.) (1978): Sicherheitspolitik, Bad-Honnef-Erpel: Osang Verlag.

Seitz, Konrad (1991): Die amerikanisch-japanische Herausforderung. Deutschlands Hochtechnologie-Industrien kämpfen ums Überleben, München: Ullstein.

Sennett, Richard (1998): Der flexible Mensch, Berlin: Berlin Verlag.

Ders. (2007): Die Kultur des neuen Kapitalismus, Berlin: Berlin Verlag.

Servan-Schreiber, Jean-Jacques (1970): Die amerikanische Herausforderung, Hamburg: Rowohlt.

Shell International BV (2013): New Lens Szenarien. Eine Verschiebung der Perspektiven für eine Welt im Wandel, London.

Siebert, Horst (2007): Wirtschaftliche und technologische Perspektiven für Asien, in: Bertelsmann Stiftung (Hg.): Asien verändert die Welt, Gütersloh: Verlag Bertelsmann Stiftung, S. 35-55.

Sinn, Hans-Werner (2003): Ist Deutschland noch zu retten?, Düsseldorf: Econ.

Ders. (2012): Die Target-Falle. Gefahren für unser Geld und unsere Kinder, München: Hanser.

Sinram, Jana (2015): Pressefreiheit oder Fremdenfeindlichkeit? Der Streit um die Mohammed-Karikaturen und die dänische Einwanderungspolitik, Frankfurt a.M./New York: Campus.

Smith, Laurence C. (2011): Die Welt im Jahr 2050. Die Zukunft unserer Zivilisation, München: DVA.

Smith, Greg (2012): Die Unersättlichen. Ein Goldman-Sachs Banker rechnet ab, Hamburg: Rowohlt.

Solschenizyn, Alexander (2008): Der Archipel Gulag, Frankfurt a.M.: Fischer Taschenbuch.

Soros, George (2001): Die offene Gesellschaft. Für eine Reform des globalen Kapitalismus, Berlin: Alexander Fest Verlag.

Spillmann, Kurt R. (2000): Kriegsursache der kommenden Generation? Der Kampf um das Wasser, in: Internationale Politik 12/2000.
Spitzer, Manfred (2012): Digitale Demenz. Wie wir uns und unsere Kinder um den Verstand bringen, Köln: Droemer.
Steeg, Helga (2001): Energiesicherheit im globalen Wettbewerb, in: Internationale Politik 8/2001.
Steinberger, Petra (1999): »Der Feind meines Feindes«, in: Süddeutsche Zeitung vom 27. Mai 1999.
Steingart, Gabor (2004): Deutschland. Der Abstieg eines Superstars, München: Piper.
Ders. (2006): Weltkrieg um Wohlstand. Wie Macht und Reichtum neu verteilt werden, 4. Aufl., München: Piper.
Steinke, Ronen (2015): »Rivalen am Golf. Was der Abschluss des Atom-Abkommens mit Teheran für den arabischen Raum bedeutet, und warum das Wettrüsten zwischen Iran und Saudi-Arabien sich nun verschärfen dürfte«, in: Süddeutsche Zeitung vom 16. Juli 2015.
Steinmüller, Karlheinz (mit Angela Steinmüller) (2006): Die Zukunft der Technologien, Hamburg: Murmann.
Stieglitz (2002): Die Schatten der Globalisierung, Berlin: Siedler.
Sturm, Roland (2008): Die Forschungs- und Technologiepolitik der Europäischen Union, in: Weidenfeld (Hg.): Die Europäische Union. Politisches System und Politikbereiche, Bonn: Bundeszentrale für politische Bildung, S. 237-253.
Tapscott, Don (1995): The Digital Economy, New York u.a.: McGraw-Hill.
Tenbrock (2007): »Das globalisierte Verbrechen«, in: Zeit online vom 28. Juni 2007.
Thränert, Oliver (2002): Biologische und chemische Kampfstoffe in den Händen von Terroristen: Gefahren und Schutzmöglichkeiten, in: Frank/Hirschmann (Hg.): Die weltweite Gefahr. Terrorismus als internationale Herausforderung, Berlin: Berlin Verlag, S. 389-417.
Turek, Jürgen (1999): Treuhandanstalt, in: Weidenfeld/Korte (Hg.): Handbuch zur deutschen Einheit 1949-1989-1999, Frankfurt a.M./New York: Campus, S. 742-752.
Ders. (2001): The Day After. Eine neue Anatomie des Terrorismus, in: Internationale Politik 12/2001.
Ders. (2008): Standort Europa, in: Weidenfeld (Hg.): Die Europäische Union. Politisches System und Politikbereiche, Bonn: Bundeszentrale für politische Bildung, S. 337-362.
Ders. (2010): Space as a Strategic Area for Europe and the European Union, in: European Space Policy Institute (Hg.): Yearbook on Space Policy (Schrogl u.a.), Wien/New York: Springer, S. 179-188.

Ders. (2012): Demographischer Wandel und Telemedizin, in: Glaab/Korte (Hg.): Angewandte Politikforschung, Wiesbaden: Springer VS, S. 367-381.
Ders. (2014): Weltraumpolitik, in: Weidenfeld/Wessels (Hg.): Europa von A – Z, Baden-Baden: Nomos, S. 456-460.
Ders. (1993ff.): Forschungs-, Technologie- und Telekommunikationspolitik, in: Weidenfeld/Wessels (Hg.): Jahrbuch der europäischen Integration, Baden-Baden: Nomos.
Ufen, Andreas (2001): Islam und Politik in Indonesien, in: Internationale Politik und Gesellschaft 2/2001.
United Nations (2001ff.): E-Government Survey, New York.
Urchs, Ossi/Cole, Tim (2014): Digitale Aufklärung. Warum uns das Internet klüger macht, München: Hanser.
Vattimo, Gianni (1992): Die transparente Gesellschaft, Wien: Passagen Verlag.
Vester, Frederic (1983): Unsere Welt – ein vernetztes System, München: DVA.
Vester, Michael (2001): Milieus und soziale Gerechtigkeit, in: Korte/Weidenfeld (Hg.), Deutschland Trendbuch, Opladen: Leske + Budrich, S. 136-183.
Wacker, Gudrun (2015): Sicherheitskooperation in Ostasien. Strukturen, Trends und Leistungsgrenzen. SWP-Studie S 2, Berlin.
Waldmann, Peter (1998): Terrorismus. Provokation der Macht, München: Gerling Akademie Verlag.
Wallrabenstein, Axel/Mache, Lutz/Heyer, Tobias (2013): »Wie das Internet politische Debatten verändert« in: Die Welt vom 21. August 2013.
Wassermann, Felix (2015): Asymmetrische Kriege, Frankfurt a.M./New York: Campus.
Wellershoff, Dieter (1999): Konflikte von morgen. Wahrnehmungen, Kategorien und Folgerungen, in: Aus Politik und Zeitgeschichte B 52-53/99, S. 23-30.
Weiser, Ulrike (2012): »Leben mit dem unperfekten Leben«, in: Die Presse vom 12. Januar 2012.
Wilke, Helmut (1999): Die Wissensgesellschaft, in: Pongs, Armin (Hg.): In welcher Gesellschaft leben wir eigentlich, München: Dilemma Verlag, S. 261-280.
Wilke, Gerhard (2012): John Maynard Keynes. Eine Einführung, Frankfurt a.M./New York: Campus.
Weber, Max (1922/2002): Wirtschaft und Gesellschaft, Tübingen: Mohr Siebeck.
Weidenfeld, Werner/Turek, Jürgen (1993): Technopoly – Europa im globalen Wettbewerb, Gütersloh: Verlag Bertelsmann Stiftung.
Weidenfeld, Werner/Wessels, Wolfgang (Hg) (1980 ff.): Jahrbuch der Europäischen Integration, Bonn/Baden-Baden: Europa-Union Verlag/Nomos.
Weidenfeld, Werner (Hg.) (1994): Das europäische Einwanderungskonzept, Gütersloh: Verlag Bertelsmann Stiftung.

Ders. et al. (1995): »Die Weltgesellschaft entsteht nicht nach dem europäischenModell. Ein Thesenpapier der Bertelsmann Stiftung«, in: Frankfurter Rundschau vom 29. Dezember 1995.
Ders./Turek, Jürgen (1996a): Standort Europa, 2. Auflage, Gütersloh: Verlag Bertelsmann Stiftung.
Ders. (1996b): Kulturbruch mit Amerika?, Gütersloh: Verlag Bertelsmann Stiftung.
Ders./Korte, Karl-Rudolf (Hg.) (1999): Handbuch zur deutschen Einheit 1949-1989-1999, Frankfurt a.M./New York: Campus.
Ders./Turek, Jürgen (2002): Wie Zukunft entsteht. Größere Risiken – weniger Sicherheit – neue Chancen, München: Gerling Akademie Verlag.
Ders. (Hg.) (2005a): Die Europäische Verfassung in der Analyse, Gütersloh: Verlag Bertelsmann Stiftung.
Ders. (2005b): Rivalität der Partner: die Zukunft der transatlantischen Beziehungen – die Chancen eines Neubeginns, Gütersloh: Verlag Bertelsmann Stiftung.
Ders. (Hg.) (2008), Die Europäische Union. Politisches System und Politikbereiche, Bonn: Bundeszentrale für politische Bildung.
Ders. (2013): Die Digitalisierung des Politischen, in: Arne Schönbohm (Hg.): Wie das Internet unser Leben verändert. Perspektiven aus den Bereichen Politik, Sicherheit, Recht, Wirtschaft und Medien, eBook, Münster: Monsenstein und Vannerdat.
Ders. (2014c): Europa. Eine Strategie, München: Kösel.
Ders. (2014a): »Unserer heutigen Politik fehlt ein faszinierender strategischer Entwurf«, in: Handelsblatt vom 7. Januar 2014.
Ders. (2014b): »Der große Wurf ist gelungen, Europas Teilung aufzuheben«, in: Die Presse vom 25. April 2014.
Weisman, Alan (2014): Countdown. Hat die Erde eine Zukunft?, München: Piper.
Welpe, Isabell M. (2016): Neue Regeln in der Berufswelt, in: Ausgezeichnete Arbeitgeber, Sonderveröffentlichung der Süddeutschen Zeitung, Oktober 2016.
Westphal, Siegrid (2015): Der Westfälische Frieden: Das Ende des Dreißigjährigen Krieges, München: C.H. Beck.
Wetzel, Hubert (2015): »Die Bombe tickt weiter«, in: Süddeutsche Zeitung vom 15 Juli 2015.
Wicke, Lutz (2015): »Es ist fast schon zu spät. Wie sich Deutschland schützen muss, wenn alle Bemühungen um ein globales Klimaabkommen scheitern«, in: Süddeutsche Zeitung vom 27. Mai 2015.
Wiener, Norbert (1948/2013): Cybernetics or Control and Communication in the Animal and the Machine, New York/Paris: Martino Fine Books.

Wieland, Thomas (2004): Innovationskultur: theoretische und empirische Annäherungen an einen Begriff, München: C.H. Beck.
Willmroth, Jan (2016): »Ein Elefant erklärt die Welt. Die Armen verdienen mehr, ihre Einkommen weltweit steigen. Aber die Menschen in reichen Ländern wie Deutschland haben von der Globalisierung kaum profitiert«, in: Süddeutsche Zeitung vom 8./9. Oktober 2016.
Winkel, Sicherheit in der digitalen Informationsgesellschaft (2000), in: Aus Politik und Zeitgeschichte B 41 bis 42, Bonn: Bundeszentrale für politische Bildung, S. 19-30.
Wirtschaftsrat Deutschland (2015): Wachstumstreiber Internet – digitaler Ruck durch Deutschland und Europa, Berlin.
Wolski-Prenger, Friedhelm (2002): »Vom großen Globalisierungsbetrug«, in: Das Parlament vom 22. März 2002.
Woltersdorf, Adrienne (2015): Machiavelli in Riad, in: Internationale Politik und Gesellschaft 19. April 2015.
Womack, James P./Jones, Daniel T./Roos, Daniel (1991): Die zweite Revolution in der Automobilindustrie, Frankfurt a.M./New York: Campus.
Yergin, Daniel/Stanislaw, Joseph (1999): Staat oder Markt. Die Schlüsselfrage unseres Jahrhunderts, Frankfurt a.M./New York: Campus.
Zaharan, Geraldo/Ramos, Leonardo (2010): From Hegemony to Soft Power: Implications of a Conceptual Change, in: Inderjeet, Parmar/Fox, Michael (Hg.): Soft Power and US Foreign Policy: Theoretical, Historical and Contemporary Perspectives, New York: Routledge.
Zapfe, Martin (2015): The Middle East's Thirty Years' War?, in: Center for Security Studies, Strategic Trends 2015. Key Developments in Global Affairs, Zürich: ETH Zürich, S. 9-27.
Zick, Tobias (2013): »Unter der Wüste wartet Wasser für Jahrzehnte«, in: Süddeutsche Zeitung vom 13. September 2013.
Ziegler, Jean (2003): Die neuen Herrscher der Welt und ihre globalen Widersacher, München: Goldmann.
Zimmermann, Klaus F. (2015): »Australische Lektionen«, in: Süddeutsche Zeitung vom 13. April 2015.
Zinkant, Kathrin/Becker, Kim Björn (2016): »Ethisch heikel. Politiker und Forscher in Deutschland finden die in Großbritannien genehmigten gentechnischen Versuche an Embryonen problematisch«, in: Süddeutsche Zeitung vom 3. Februar 2016.

Sachregister

C

D

E

F

U

V

W

X

Z

Personenregister

W

Y

Z

Abkürzungsverzeichnis

AAL	Ambient Assisted Living (technologisch unterstütztes Leben zuhause)
AES	Adult Education Service (Erwachsenen Weiterbildungsübersicht)
AGB	Allgemeine Geschäftsbedingungen
APEC	Asia-Pacific Economic Cooperation (Asiatisch-Pazifische Wirtschaftskooperation)
ASEAN	Association of Southeast Asian Nations (Verband Südostasiatischer Nationen)
BDEW	Bundesverband der Deutschen Energie- und Wasserwirtschaft
BIP	Bruttoinlandsprodukt
BKA	Bundeskriminalamt
B2B	Business to Business
B2C	Business to Consumer
CETA	Comprehensive and Economic Trade Agreement (Wirtschaftsabkommen zwischen der EU und Kanada)
CIA	Central Intelligence Agency (der Amerikanische Auslandsgeheimdienst)
CJK-FTA	China-Japan-Korea Free Trade Agreement (Chinesich-japanische-koreanisches Freihandelsabkommen)
COP	Conference of Parties (die Teilnehmer der Konferenz der UN-Klimakonferenz)
DAAD	Deutscher Akademischer Austauschdienst
3D	Dreidimensional
ECFR	European Council on Foreign Relations
EEA	Einheitliche Europäische Akte
EEG	Erneuerbare-Energien-Gesetz
EG	Europäische Gemeinschaft
EGKS	Europäische Gemeinschaft für Kohle und Stahl
EIA	Energy Information Administration (Energie Agentur der USA)

ENISA	European Network and Information Security Agency (Europäische Agentur Für Netz- und Informationssicherheit)
ESA	European Space Agency (Europäische Weltraumagentur)
ETA	Euskadi Ta Askatasuna (separatistische Terrororganisation)
EU	Europäische Union
EUMC	European Union Military Committee (Militärausschuss der Europäischen Union)
EUMS	European Military Staff (Militärstab der Europäischen Union)
EURATOM	Europäische Atomgemeinschaft
EUSC	European Union Satellite Centre Satellitenzentrum der Europäischen Union)
EWG	Europäische Wirtschaftsgemeinschaft für das Baskenland und die Freiheit)
EZB	Europäische Zentralbank
FBI	Federal Bureau of Investigation (Bundespolizei der USA)
FAO	Food and Agricultural Organization (Nahrungs- und Agrarwirtschaftliche Organisation der UNO)
GASP	Gemeinsame Außen- und Sicherheitspolitik (der EU)
GATT	General Agreement on Tariffs and Trade (Allgemeines Abkommen über Tarife und Handelsbeziehungen)
GAU	Größter anzunehmender Unfall
GUS	Gemeinschaft unabhängiger Staaten
GVO	Gentechnisch veränderte Organismen
HDI	Human Development Index (Index zur Messung der menschlichen Entwicklung)
HWWI	Hamburgisches Weltwirtschafts-Institut
IAASTD	Internationale Assessment of Agricultural Science and Technology (Bericht des Weltagrarrats über die globalen Agrarwirtschaft)
IAEA	International Atomic Energy Agency (Internationale Atomenergie-Organisation)
IEUSS	Institute for Security Studies (Institut der Europäischen Union für Sicherheitsstudien)
ILO	International Labour Organization (Internationale Arbeitsorganisation der Vereinten Nationen (UNO)

ISS	International Space Station (Internationale Weltraumstation)
IRA	Irish Republican Army (Irische Republikanische Armee)
IKSP	Institut für Sicherheitspolitik an der Universität Kiel
IKT	Informations- und Telekommunikationstechnologien
IMF	International Monetary Fund
INF	Intermediate Range Nuclear Forces (Vertrag zur Beseitigung aller Mittelstreckenraketen zwischen 500 km und 5.500 km Reichweite)
ISIS	Terrornetzwerk Islamischer Staat
ITO	International Trade Organization (Internationale Handelsorganisation)
IWF	Internationaler Währungsfonds (siehe IMF)
JI	Justiz und Inneres (als Politikfeld der EU)
KI	Künstliche Intelligenz
KSE	Vertrag über konventionelle Streitkräfte in Europa
KSZE	Konferenz für Sicherheit und Zusammenarbeit in Europa
kWh	Kilowattstunde
LLAR	Low Level Armed Robbery (schwach bewaffneter Raub im Zusammenhang mit dem Piratenterror zur See)
LMU	Ludwig-Maximilians-Universität München
LSE	London School of Economics
MBFR	Mutual Balanced Force Reductions (Verhandlungen zur beiderseitigen Reduzierung konventioneller Streitkräfte)
MCHJ	Major Criminal Highjack (schwer bewaffnete Kriminalität im Zusammenhang mit dem Piratenterror auf See)
MDGs	Millennium Development Goals (Millenniums Entwicklungsziele)
MIPEX	Migrant Integration Policy Index
MLAAR	Medium Level Armed Assault and Robbery (mittelschwerer bewaffneter Angriff und Raub im Zusammenhang mit dem Piratenterror zur See)
MOP	Meeting of the Parties to the Protocol (Treffen der teilnehmenden Länder des Kyoto-Protokolls)
NASA	National Agency of Space Affairs (Nationale Raumfahrtagentur der USA)

NOAA	National Oceanic and Atmospheric Administration (Amerikanische Wetterbehörde der U.S-Regierung und der NASA) Administration
OK	Organisierte Kriminalität
OLAF	Office Européen de Lutte Anti-Fraude (Amt für europäische Betrugsbekämpfung)
PABMEC	Prince Abdulazis Bin Mousaed Economic City
Pegida	Patriotische Europäer gegen die Islamisierung des Abendlandes
PKK	Partiya Karkeren Kurdistan (Arbeiterpartei Kurdistans)
NATO	North Atlantic Treaty Organization (Nordatlantisches Verteidigungsbündnis)
PJZS	Polizeiliche und justizielle Zusammenarbeit In Strafsachen (als Politikfeld der EU)
PPP	Private-Public Partnerships (Partnerschaften zwischen dem privaten Wirtschaftssektor und öffentlichen Diensten)
RAF	Rote Armee Fraktion
RCEP	Regional Comprehensive Economic Partnership (Freihandelsvereinbarung der zehn ASEAN-Mitgliedstaaten mit sechs Staaten, mit denen das ASEAN-Staatenbündnis Freihandelsabkommen vereinbarte)
SALT I und II	Strategic Arms Limitation Talks I und II (Gespräche zur Reduzierung strategischer Waffen)
SDGs	Sustainable Development Goals (Nachhaltige Entwicklungsziele)
SMS	Short-Messanger-Service (Kurzmitteilungsdienst der mobilen Kommunikation)
SSA	Space Situation Awareness
START	Strategic Arms Reduction Treaty (Vertrag zur Reduzierung der Langestreckenwaffen mit einer Reichweite von mehr als 5.500 km um 50 Prozent)
›Stasi‹	Staatssicherheitsdienst (der DDR)
TNU	Transnationale Unternehmen
TPP	Trans-Pacific-Partnership
TTIP	Transatlantic Trade and Investment Partnership
UNFCCC	United Nations Framework Convention on Climate Change (Klimarahmenkonvention der UNO)
UNCED	United Nations Conference on Environment and Development (Konferenz der Vereinten Nationen über Umwelt und Entwicklung)
UNDP	United Nations Development Programme

UNO	United Nations Organization (Vereinte Nationen)
UNODC	United Nations Office on Drugs and Crime (Amt der UNO für Drogenbekämpfung)
USAF	United States Air Force (Luftwaffe der USA)
VW	Volkswagen
WTO	World Trade Organization (Welthandelsorganisation)
WWEA	World Wind Energy Association (Weltverband der Windenergieindustrie)

Politikwissenschaft

Torben Lütjen
Partei der Extreme: Die Republikaner
Über die Implosion
des amerikanischen Konservativismus

Oktober 2016, 148 S., kart., 14,99 € (DE),
ISBN 978-3-8376-3609-3
E-Book: 12,99 € (DE), ISBN 978-3-8394-3609-7
EPUB: 12,99 € (DE), ISBN 978-3-7328-3609-3

Lars Geiges, Stine Marg, Franz Walter
Pegida
Die schmutzige Seite der Zivilgesellschaft?

2015, 208 S., kart., farb. Abb., 19,99 € (DE),
ISBN 978-3-8376-3192-0
E-Book: 14,99 € (DE), ISBN 978-3-8394-3192-4
EPUB: 14,99 € (DE), ISBN 978-3-7328-3192-0

Alexander Schellinger, Philipp Steinberg (Hg.)
Die Zukunft der Eurozone
Wie wir den Euro retten
und Europa zusammenhalten

Oktober 2016, 222 S., kart., 19,99 € (DE),
ISBN 978-3-8376-3636-9
E-Book: 17,99 € (DE), ISBN 978-3-8394-3636-3
EPUB: 17,99 € (DE), ISBN 978-3-7328-3636-9

Leseprobe, weitere Informationen und Bestellmöglichkeiten finden Sie unter www.transcript-verlag.de